LAURENT MARTIN

LE CANARD ENCHAÎNÉ

ISBN 2-84736-112-X
Dépôt légal : novembre 2005
N° d'impression : 05-2932
Imprimé en France par Normandie Roto Impression s.a.s.

Laurent Martin

Le Canard enchaîné

Histoire d'un journal satirique
1915-2005

nouveau monde
éditions

À la mémoire de Roger Fressoz,
ancien directeur du Canard enchaîné *(1921-1999).*

REMERCIEMENTS

Les personnes qu'il me faut remercier sont trop nombreuses pour être toutes citées. Que toutes celles qui m'ont aidé dans mon travail par leurs conseils, aide, renseignements, encouragements trouvent ici l'expression de ma gratitude.

Je remercie tout particulièrement :

MM. Pascal Ory et Jean-Yves Mollier, qui m'ont permis de travailler dans les meilleures conditions qui soient à l'université de Versailles/Saint-Quentin-en-Yvelines. Merci à toute l'équipe pédagogique et aux membres du Centre d'histoire culturelle des sociétés contemporaines.

MM. Roger Fressoz, Michel Gaillard et Nicolas Brimo, du Canard enchaîné, *qui m'ont fait confiance et ouvert leurs archives. Merci à tous les collaborateurs du* Canard *enchaîné, et, d'une manière générale, à tous les journalistes, secrétaires, témoins qui ont bien voulu répondre à mes questions.*

Cette histoire, dans sa première version, était épuisée depuis plus d'un an ; nous remercions Nouveau Monde éditions et son pédégé – comme l'orthographierait le Canard *– Yannick Dehée de la rendre de nouveau disponible.*

Enfin un grand merci à mes lecteurs et amis, Nicole Belskis, François Chaubet, Nathalie Fournier, Clara Guibourgé, Nicolas Leroux, Paul-Émile Maurin, Fabrice Urrizalqui.

« Le maître. – Ne sois ni fade panégyriste, ni censeur amer ; dis la chose comme elle est.

Jacques. – Cela n'est pas aisé. N'a-t-on pas son caractère, son intérêt, son goût, ses passions, d'après quoi l'on exagère ou l'on atténue ? Dis la chose comme elle est !... Cela n'arrive peut-être pas deux fois en un jour dans toute une grande ville. Et celui qui vous écoute est-il mieux disposé que celui qui parle ? Non. D'où il doit arriver que deux fois à peine en un jour, dans toute une grande ville, on soit entendu comme on dit. »

Denis Diderot,
Jacques le fataliste et son maître.

AVANT-PROPOS

Le Canard enchaîné est une zone blanche ou, au mieux, grise sur la carte des sensibilités françaises. Beaucoup croient avoir une connaissance de ce journal qui n'en ont qu'une opinion ; sait-on, pour commencer, que le *Canard* est né il y a quatre-vingt-dix ans et qu'il ne s'est lancé dans ce qu'il est convenu d'appeler – malheureusement, peut-être – le « journalisme d'investigation » que depuis les années 1960 ? Les plus avertis connaissent le rôle éminent joué par ce journal dans l'élaboration d'une certaine culture politique, mais ignorent le détail des engagements et des combats et réduisent bien souvent ces derniers à de brefs mouvements d'humeur sans conséquence – en quoi ils ont tort.

« C'est le plus sérieux des hebdomadaires de gauche [...], de très loin celui qui a exercé l'influence la plus durable sur la politique de ce pays, fait ou défait le plus de réputations », écrivait le polémiste d'extrême-droite Pierre-Antoine Cousteau en 1958[1]. Cette appréciation, peu suspecte de complaisance et qui fut si souvent reprise par la suite, donne le ton. Évoquer le *Canard*, aujourd'hui comme hier, c'est parler d'un journal qui est une puissance, c'est citer des noms de hauts personnages raillés et fustigés, c'est entendre le bruit retentissant que font les baudruches ou les scandales quand ils éclatent.

D'où vient que cette puissance et cette longévité n'aient jamais été examinées à fond ? N'est-elle pas frappante, cette incuriosité qui a laissé se développer dans l'ombre un phénomène pourtant si remarquable ? On s'interroge parfois sur la place – jugée par certains excessive – qu'occupe ce journal dans notre démocratie ; on s'avise moins de son caractère véritablement unique au monde et de la particularité qu'il confère de ce fait à notre société médiatique. Quelle est sa fonction ? Est-elle la même en 2005 qu'en 1915 ? Quand *Le Monde*, pour ne nommer que lui, a suscité dix ouvrages, dont certains de grande qualité, comment expliquer que l'on ne puisse compter pour celui qui le précède en âge et peut-être l'égale en mérite, que sur quelques études parfois excellentes mais toujours partielles ?

Nous les avons consultées, la plupart du temps avec profit. Un premier groupe est constitué de travaux universitaires relevant soit de l'économie d'entreprise (ainsi les bilans établis dans les années 1980 par des étudiants appartenant à des écoles de gestion ou de journalisme), soit des sciences politiques, le plus souvent pour la période la plus récente (Sophie Lhoste, Micheline Mehanna), soit encore de l'histoire mais portant sur une période ou un aspect limités, la Première Guerre mondiale (Valérie Bibas), la guerre d'Indochine (Laurence Passérieux), la guerre d'Algérie (Jean-François Phan)[2]. La contribution d'Alain Schifrès à l'ouvrage collectif *Analyses de presse*, version remaniée d'un diplôme d'études supérieures de sciences politiques, entre également dans cette catégorie[3] ; en dépit de son caractère daté et parfois fautif, c'est l'étude la plus savante dont nous ayons disposé.

Non moins précieux que ces travaux furent les quelques articles traitant de points particuliers (par exemple les débuts du *Canard enchaîné* par Jean-Jacques Becker ou l'image du pouvoir dans *Le Canard enchaîné* par Christian Delporte) ou les ouvrages traitant de l'histoire de la presse et comportant des développements sur le *Canard* (celui de Claude Estier, publié en 1962, est le plus notable[4]). Nous n'aurons garde, enfin, d'oublier les deux livres qu'un journaliste, Jean Egen, collaborateur éphémère du journal, consacra à l'histoire (l'historiette, plutôt) de celui-ci[5], et les deux films réalisés il y a quelques années, l'un par un réalisateur indépendant du journal, l'autre par la rédaction elle-même[6].

Cette liste, qui peut paraître longue, est en fait très courte[7], et le nombre fort important d'articles de presse prenant *Le Canard enchaîné* pour objet ne doit pas ici faire illusion : au mieux résultats de brèves visites, au pire copies de copies tout aussi peu informées, ces articles n'atteignent qu'exceptionnellement au reportage éclairant et neuf. Du moins les plus anciens ont-ils l'avantage sur les autres de présenter des états révolus du personnel ou des locaux et d'évoquer, au détour d'une phrase ou au moyen d'une photographie, un nom oublié, un visage effacé des mémoires. Étrangement, c'est parce qu'ils nous apprennent sur le passé le plus lointain que se signalent le plus à notre attention ces écrits qui n'aspiraient qu'à rendre compte de l'actualité la plus vive.

Nous verrons plus loin les conséquences du silence relatif observé autour du *Canard enchaîné*. Auparavant, il nous faut dire quelques mots des causes. Il en est de générales, comme la rareté des archives : le *Canard* souffre en ce domaine des mêmes maux que l'ensemble de la presse française. Ces maux, Pierre Albert en 1965 comme Jean-Noël Jeanneney en 1988 les ont exposés[8]. Certains tiennent au contexte politique et juridique : la loi de 1881, très libérale, a tari les sources judiciaires de l'histoire de la presse, la Seconde Guerre mondiale a détruit ou dispersé les archives des entreprises. D'autres relèvent de la responsabilité des journaux eux-mêmes, peu enclins à conserver les archives qui ont cessé d'être directement utiles à leur administration. Le cas du *Canard* cumule tous ces handicaps et leur ajoute ceux qui sont propres à un type de journalisme réfractaire par nature à l'archive : la chronique et l'écho ne nécessitent pas un fonds documentaire et les archives des journalistes d'« investigation » leurs sont personnelles[9]. Enfin le *Canard*, parce qu'il n'accueille pas de publicité, n'a pas fait l'objet d'enquêtes régulières sur sa diffusion.

Une autre explication du manque de curiosité pour un journal comme *Le Canard enchaîné* doit être recherchée du côté des représentations qui lui sont attachées. L'image d'un journal amusant, satirique, qui utilise un langage codé, a probablement constitué un obstacle à sa prise en considération par les politologues ou les historiens. Parce que la matière n'était pas directement utilisable et paraissait réclamer un appareil de déchiffrement; parce que, aussi, certains aspects de son histoire étaient bien faits pour rebuter des chercheurs avant tout épris de sérieux: qu'auraient-ils été faire au milieu de ces tonneaux en perce, de ces calembours, de ces canulars ? L'histoire, celle qui s'écrit du moins, n'est-elle pas le récit des hauts faits et des gestes graves ? La culture dont ressortissait le *Canard* était si peu légitime qu'on ne voyait pas la nécessité d'en parler; du reste, cela n'empêchait pas de le lire et de s'en amuser.

Nous ne serions pas complet, cependant, si nous omettions certaine cause particulière qui fit jusqu'alors obstacle à une étude approfondie du *Canard enchaîné*. Cette cause, c'est la répugnance des gens du *Canard* à satisfaire la curiosité de qui s'intéresse à eux de trop près. Le vif intérêt manifesté parfois à leur endroit par les autorités politiques et policières y entre à part égale avec le souci de ne pas nuire à l'efficacité du journal par un excès de publicité. Certes, cette répugnance s'accommode de bien des entorses à la règle de discrétion qui s'impose à tous: il n'est pas d'étudiant qui ne soit bien accueilli et chacun, dans l'équipe, prend volontiers sur son temps pour répondre aux questions qui lui sont posées. Mais il y a loin d'un mémoire bâti en peu de mois sur le dépouillement de cent numéros ou sur l'analyse des comptes rendus publics par le journal en l'espace de quelques années à un travail de longue haleine, abordant les points les plus controversés et, peut-être, les plus douloureux d'une histoire riche en événements.

Et pourtant, la direction ancienne et actuelle du *Canard enchaîné* – le regretté Roger Fressoz, son successeur Michel Gaillard

– nous a ouvert larges les portes du journal, et mis à notre disposition archives et bureau ; bien plus, ces journalistes et la plupart de leurs collègues se sont efforcés de répondre à nos questions dont certaines pouvaient être jugées indiscrètes. De sorte que la « volonté de transparence » dont Patrick Eveno faisait honneur au personnel du *Monde* doit dorénavant aussi être reconnue à celui du *Canard*[10]. De notre côté, nous nous sommes imposé le devoir de ne pas abuser de la confiance qu'on nous accordait et de ne pas divulguer les informations relevant de la vie privée des personnes.

L'état de l'historiographie nous y a aidé : quand on aborde un sujet aussi délaissé, chaque pas apporte sa moisson de nouveautés et l'on n'est pas embarrassé pour trouver de quoi remplir sa besace. C'est ici la principale des conséquences que nous annoncions tout à l'heure : si nous ne pouvions guère nous appuyer sur nos devanciers, du moins leurs découvertes n'ont-elles pas découragé par avance celles que nous pouvions faire. Aussi n'avons-nous pas reculé à embrasser très largement – quitte à mal étreindre – et les seules limites qui sont venues contrarier nos efforts sont-elles, dans l'ordre de la recherche, le caractère très lacunaire des sources, et dans celui de l'exposition, les dimensions volontairement réduites de ce volume[11].

Le travail que nous présentons enferme dans ses bornes la totalité de l'histoire du *Canard enchaîné*, 1915-2005, retracée suivant un ordre chronologique. Loin s'en faut cependant qu'il en traite également tous les aspects : sur cette question comme généralement en histoire, l'historien propose et l'archive dispose. Nous avons quand même pu mener une étude économique, grâce aux quelques documents rescapés de la Seconde Guerre mondiale et, surtout, à la comptabilité complète ou à peu près depuis la Libération. La lecture des bilans, l'interprétation des comptes d'exploitation, l'établissement des chiffres de tirage et de vente nous ont permis de restituer au *Canard enchaîné* sa dimension souvent négligée d'entreprise commerciale.

Par ailleurs, la correspondance, les photographies, les cartons d'invitation trouvés pêle-mêle dans les coffres du journal ont dessiné les contours de la rédaction ou, pour mieux dire, des rédactions successives puisque plusieurs générations de journalistes ont incarné cette entité abstraite appelée *Canard enchaîné*. Les interviews que nous avons pu réaliser, les revues professionnelles, les livres d'hommages et de souvenirs, les divers annuaires de la presse et même les enquêtes de police que l'on peut trouver dans les archives publiques ont complété sur ce point notre documentation. L'analyse des positions prises par le journal durant presque un siècle s'est faite, comme bien l'on pense, à partir de la collection complète du journal que nous avons dépouillée dans les locaux mêmes du *Canard enchaîné*, grâce à l'extrême obligeance de ses responsables. C'est également dans la collection que nous avons pu glaner de précieux renseignements sur le lectorat du journal ainsi que dans diverses enquêtes internes et externes[12].

Notre espoir est qu'au terme de ce récit, il soit possible de répondre aux questions qui furent à l'origine de notre enquête : comment un journal, entreprise de presse, aventure humaine, comment ce journal a-t-il pu survivre à quatre-vingt-dix ans d'histoire agitée, pourquoi a-t-il duré, alors que l'histoire de la presse est jonchée de journaux défunts ? Quels sont les secrets de sa longévité et de son succès ? Et s'est-il conservé identique à lui-même, de 1915 à nos jours ? Il n'est guère étonnant que l'historien emprunte tant de mots au biologiste : génération, transformation, conservation, c'est toujours à observer les effets du temps sur les choses que se ramènent leurs deux professions ; et l'on ne saurait dire laquelle y rencontre le plus de difficultés.

PREMIÈRE PARTIE

LA GRANDE GUERRE DU *CANARD ENCHAÎNÉ* 1915-1918

1915 est l'année la plus meurtrière de la Première Guerre mondiale côté français. Entre 300 000 et 350 000 soldats tombent sous le feu allemand, des centaines de milliers d'autres sont estropiés. La guerre de mouvement a pris fin sur le front ouest, une ligne double de fortifications court de la mer du Nord au Jura, des millions d'hommes se terrent dans des trous. Le commandement français en est à l'heure du « grignotage » des positions allemandes selon le mot terrible de Joffre – à la manière et avec les résultats d'une souris s'attaquant à un coffre d'acier[13]. À l'arrière, après plus de douze mois d'une guerre annoncée pour n'en durer que cinq, on garde entière la détermination d'août 1914. Le sentiment très puissant d'être dans son droit, de lutter à la fois pour la justice et la patrie menacée soude la communauté nationale et la tient ancrée dans la certitude de la victoire. Un consensus patriotique s'est installé qui traduit pour l'homme de la rue l'union sacrée des politiques[14].

C'est dans ce contexte d'une France engagée corps et âme dans la guerre que deux journalistes, un rédacteur du nom de Maurice

Maréchal et un dessinateur qui se fait appeler H.-P. Gassier, lancent le 10 septembre 1915 un nouveau journal : *Le Canard enchaîné*.

I

LES DEUX NAISSANCES DU *CANARD ENCHAÎNÉ*

La première naissance du Canard enchaîné

Deux journalistes

Maurice Maréchal fut à l'origine du projet. Sur cet homme discret qui fuyait les mondanités et n'a pas laissé de *Souvenirs* ou de *Mémoires* – à la différence de tant d'autres dans ce milieu de la presse écrite –, on ne sait pas grand-chose et nous ne sommes pas en mesure d'ajouter beaucoup d'éléments à l'excellente notice biographique réalisée par Nicole Racine pour le *Dictionnaire biographique du mouvement ouvrier français*[15]. Né le 27 août 1882 à Château-Chinon (Nièvre), d'un père inspecteur des Forêts, il « fit des études secondaires puis débuta très jeune dans le journalisme d'extrême-gauche » comme nous l'apprend la documentation rassemblée par le journal. Cette documentation précise que ce journalisme d'extrême-gauche s'incarnait sous les espèces de *La Guerre sociale* de Gustave Hervé, de *La Bataille syndicaliste* et du *Bonnet rouge*. Il aurait également, dans les années 1900-1910, collaboré à diverses autres petites feuilles politiques ou littéraires ainsi qu'au grand journal *Le Matin*, où il aurait tenu la rubrique météorologique[16].

Ces renseignements sont corroborés par le rapport établi sur *Le Canard enchaîné* en novembre 1929 et complété en août 1932 par les Renseignements généraux attachés à la Sûreté générale (et donc au ministère de l'Intérieur). La notice concernant Maurice Maréchal indique : « Ancien rédacteur à *La Guerre sociale* et au *Bonnet rouge*, il a collaboré au *Matin* à la fin de la guerre » ; il aurait également été rédacteur à *L'Humanité* en 1916[17]. Il existe un second document, émanant de la même source mais datant de 1921[18] ; à l'occasion d'une enquête sur la fondation d'un journal dont nous aurons à reparler, *Le Pélican*, le policier cite les mêmes journaux mais dans un ordre un peu différent : « Ancien rédacteur au *Matin* puis à *La Guerre sociale*, Maréchal a collaboré également au *Bonnet rouge.* » Nous ignorons la raison pour laquelle est citée *La Bataille syndicaliste.*

Il faut avouer que peu d'indices viennent confirmer cette source policière : le nom de Maurice Maréchal n'apparaît dans les colonnes d'aucun des journaux sus-nommés (il est vrai que l'usage n'était pas de signer dans les journaux militants, sauf pour les rédacteurs les plus en vue, qui pouvaient mener par ailleurs une activité politique ; et la rubrique météo du *Matin* était anonyme). Il n'apparaît pas non plus dans les dossiers qui ont été constitués par la police sur ces journaux ou sur les cercles proches de ces journaux, comme le très complet dossier rassemblé sur Gustave Hervé, directeur de *La Guerre sociale*[19]. Par ailleurs, Gilles Heuré, le biographe de Gustave Hervé, ne mentionne pas Maurice Maréchal dans la thèse qu'il a consacrée au directeur de *La Guerre sociale*[20]. Finalement, c'est dans un document privé que nous avons trouvé la confirmation de la participation de Maurice Maréchal à ces journaux : dans une lettre datée d'avril 1915, Gassier parle d'un « ami journaliste qui a été au *Matin* puis à *La Guerre sociale*, un nommé Maréchal[21] ».

En toute hypothèse, si Maréchal a écrit dans *La Guerre sociale*, il ne semble pas qu'il ait été un activiste bien remuant. Les rapports de police relèvent que Maurice Maréchal « n'est pas défavorablement connu au point de vue conduite et moralité[22] » et qu'il « n'est pas noté aux Sommiers judiciaires non plus que dans les divers services de l'Administration et de la Sûreté générale[23]. » Quant à son « anarchisme », affirmé par les rédacteurs André Sauger et André Guérin, il ne semble pas qu'il se soit jamais traduit par un engagement concret dans les structures du mouvement anarchiste[24].

Au physique, Maréchal était un homme à la fois imposant et discret ; des photos datant des années 1920 et 1930 nous montrent un visage régulier, aux traits pleins, avec une fine moustache. Le dessinateur Jean Effel lui trouvait, aux dires de Jean Egen, une ressemblance avec le diplomate et académicien André François-Poncet : la haute taille, la moustache « et surtout cet air d'extrême dignité qu'on voit à Son Excellence sur les photos qui la représentent entrant sous la Coupole ou remettant ses lettres au maréchal von Hindenburg[25] ». Un autre grand collaborateur du *Canard*, Henri Jeanson, décelait chez Maréchal « cet air correct et sobre qu'ont parfois les artisans. Costume sobre, chemise irréprochable – un côté savon de Marseille[26] ». L'image qu'a laissée de Maréchal son ami Philippe Lamour contraste avec celle, un peu lisse, de Jeanson ou Effel : « C'était un géant, un quintal d'os et de chair, qui découpait la volaille avec autant de dextérité qu'il en mettait à la consommer. Il mangeait comme un ogre et vidait des cruchons tout en donnant ses instructions. Il avait l'allure d'un capitaine de reîtres se restaurant après le sac d'un couvent[27]. »

Sur le cofondateur du *Canard enchaîné*, H.-P. Gassier, on sait plus de choses. La biographie qu'avait entreprise son gendre, Robert Fuzier – lui aussi dessinateur dans la presse de gauche –, et qui n'a pas été publiée[28] est venue compléter et corriger sur quelques points la notice parue dans le *Dictionnaire biographique du mouvement ouvrier français* sous la signature de Jacques Girault[29]. H.-P. Gassier, de son vrai nom Henri-Paul Deyvaux-Gassier, était un Marseillais né à Paris. C'est-à-dire que sa famille était originaire de Marseille mais qu'Henri-Paul naquit lors d'un séjour parisien de ses parents, en 1883. Son enfance devait d'ailleurs se dérouler pour partie à Marseille, pour partie à Paris. Son père, Émile Deyvaux-Gassier, était représentant en tissus ; il avait épousé la fille d'une dame Bassano, propriétaire de la plus importante maison de couture de Marseille, sans que ce mariage se traduise pour lui par une véritable ascension sociale. Le ménage vivait dans une aisance toute relative et son père devait même parler de « gêne » dans la lettre qu'il adressa à son fils, un soir de décembre 1904, pour expliquer le geste par lequel il allait mettre fin à ses jours.

Henri-Paul Gassier ne suivit pas la voie qu'avait tracée pour lui son père. Émile avait rêvé d'une carrière de mathématicien ou de dirigeant d'entreprise pour son fils – ce dernier ressentit très tôt une attirance pour le dessin. Émile militait dans la Ligue des Patriotes et avait fait du général Boulanger son héros – Henri-Paul allait assez vite pencher du côté des socialistes. Après une Académie de peinture où il développa des dons remarqués de caricaturiste et un premier succès dans des journaux méridionaux (*Le Petit Provençal, Le Soleil du Midi*), Henri-Paul Gassier découvrit Montmartre vers 1900 et s'y sentit tout de suite à l'aise. Fondant plusieurs journaux éphémères – *La Panthère des Batignolles*[30], *Le Poil, La Chaudière* –, il s'intégra rapidement aux milieux bohèmes de la « Butte sacrée » parmi lesquels sa réputation de conteur facétieux fut assez tôt établie. Il se lia d'amitié avec les habitués du Lapin Agile[31], avec ceux du Chat Noir[32], avec les farfelus de la Commune libre de Montmartre (dont Jules Dépaquit), avec les artistes du Bateau-Lavoir (Max Jacob, Picasso) ; il y rencontra les dessinateurs les plus fameux de son époque, Steinlen, Poulbot... Il y rencontra aussi Roland Dorgelès qui fit de Gassier le portrait suivant :

> « Les bras fluets, les épaules basses, la barbiche chétive et un binocle de bureaucrate au bout du nez, il paraissait inoffensif, mais armé de son crayon, cela changeait. Il illustrait dans *Fantasio* de courts articles sur les parlementaires

intitulés "Valets de chambre", discrètement signés "l'Huissier à la chaîne"[33].»

Les militants de la gauche socialiste (plus qu'anarchiste) lui firent également bon accueil ; il devait d'ailleurs s'inscrire à la SFIO dès sa création, en 1905[34]. Pour vivre, il collabora à des publications d'extrême-gauche (la principale étant *La Guerre sociale*) et dessina des affiches. C'est précisément cette dernière activité qui devait le faire accéder à un début de célébrité. En mars 1906, Aristide Briand, ancien secrétaire général du Parti socialiste français (qu'il quitta après le Congrès d'Amsterdam en 1904), se vit confier le ministère de l'Instruction publique dans le gouvernement du radical Sarrien. Plus encore que celle de Millerand en 1899, cette initiative fut très mal perçue dans les rangs socialistes qui crièrent à la trahison. Gassier réalisa alors l'affiche qui fit mouche ; sa caricature de Briand portait ce seul mot : « Le Jaune ». C'est avec ses affiches sous le bras – signées, pour la première fois, de son nom d'artiste : H.-P. Gassier[35] – que Gassier rencontra Jean Jaurès. Celui-ci tenait une réunion au manège Saint-Paul :

> « Je m'élançai, feuilles en main, vers le citoyen Jaurès, et lui offris, un peu narquoisement je l'avoue, la silhouette de celui qui était quelques jours plus tôt encore son collaborateur. Il s'arrêta, regarda, un peu triste, me demanda, combien ? – cinquante centimes, citoyen, dis-je, déjà plus timidement. Et il fouilla dans toutes les poches de son gilet pour trouver la piécette. Il partit, sa feuille sous le bras, non sans avoir dit au gosse que j'étais alors : "Ah ! c'est bien triste, citoyen, c'est bien triste." Je devais d'ailleurs, quelque temps après, collaborer à son journal[36]. »

De fait, Gassier donna ses premiers grands dessins au journal de Jaurès, *L'Humanité*, en 1908. C'est qu'en deux ans, il avait pris du galon parmi les dessinateurs politiques, en grande partie grâce à cette affiche qui fit beaucoup de mal à Briand. Au fil des années, les offres se firent de plus en plus nombreuses et alléchantes, et c'est un dessinateur connu dont un rédacteur plus obscur, Maurice Maréchal, s'attacha les services en 1915.

Échapper à l'Union sacrée

Les deux compères se rencontrèrent donc probablement à *La Guerre sociale* de Gustave Hervé. Celui-ci avait été avant la guerre un ardent internationaliste, que tous considéraient comme une haute figure de l'antimilitarisme ; en août 1914, il retourna « sa veste rouge pour en montrer la doublure tricolore », selon le mot de Charles Fraval. Pour les plus attentifs, ce n'était qu'une demi-surprise :

> « De même que l'évolution de Péguy vers le patriotisme belliqueux, rendue publique dès 1905, ne nous avait pas échappé, l'évolution deGustave Hervé qui fut un peu plus tardive n'éclata pas comme une bombe en août 1914. Le directeur de *La Guerre sociale* trouva et rendit célèbre l'expression "changer son fusil d'épaule". [...] Dès avant la guerre, Hervé en était déjà à vanter la repopulation et autres balivernes guerrières. Mais son revirement, son reniement, son bellicisme, son néo-patriotisme, s'ils étaient plus spectaculaires que ceux de Jules Guesde, de Pierre Renaudel, de Jean Longuet, etc., n'étaient point d'essence différente. Tous avant 1914 se disaient contre la guerre. Par peur, par patriotisme, par… "n'importe quoi", ils se découvraient guerriers (avec la peau des autres) et nous ne les suivions point[37]. »

Pour Abel Ferry, député des Vosges et sous-secrétaire d'État aux Affaires étrangères (qui devait se faire tuer peu avant l'armistice), le sens de l'évolution de Gustave Hervé ne faisait pas de doute. En août 1914, il notait dans ses carnets : « J'avais cent fois dit qu'en cas de guerre, Hervé serait un admirable soldat et les « cégétistes », les plus vaillants de nos soldats[38]. » Il est de fait que, dès 1912, Gustave Hervé avait entamé sa marche vers le patriotisme de cœur et de raison et qu'il s'était rangé en juillet 1914 contre les partisans de la grève générale – lui qui en avait si longtemps et si passionnément défendu le principe – comme moyen d'empêcher la guerre qui venait.

Néanmoins, l'article en forme de lettre ouverte au ministre de la Guerre que publia Gustave Hervé dans le numéro de *La Guerre sociale* daté du 2 août 1914 provoqua surprise et indignation chez beaucoup de socialistes ; le ci-devant antimilitariste y écrivait :

> « Quand j'avais vingt ans, je me suis fait réformer parce que j'étais soutien de famille, en arguant de ma myopie. Malgré ma myopie et mes quarante-trois ans, je suis parfaitement capable de faire campagne. Comme, dans la guerre qui va éclater, la France me semble avoir fait l'impossible pour écarter la catastrophe, je vous prie de m'incorporer, par faveur spéciale, dans le premier régiment d'infanterie qui partira pour la frontière[39]. »

Certes, Gustave Hervé n'était pas le seul socialiste, en ces heures décisives de l'été 1914, à remiser hâtivement « la vieille défroque du pacifisme intégral au magasin des accessoires[40] » et à troquer la lutte des classes contre celle des nations. Entre les derniers jours de juillet et les premiers d'août, au mot d'ordre « Non à la guerre » se substitua brusquement celui de « Défense nationale d'abord ». Après l'assassinat de Jaurès le 31 juillet, Miguel Almereyda écrivait, dans *Le Bonnet rouge* du 1er août : «… Bloc autour de la France menacée ! Le bloc que nous réclamions, il y a quatre mois, pour le salut de la République, nous l'appelons de tout notre cœur pour le salut de la patrie. » Trois jours plus tard, Léon Jouhaux, le secrétaire général de la CGT, sur le bord de la tombe de l'« apôtre de la paix », prétendit exprimer le sentiment de la « classe ouvrière au cœur meurtri » en rejetant la responsabilité de la guerre sur les empereurs et les aristocraties d'Allemagne et d'Autriche-Hongrie. Les ouvriers devenaient des « soldats de la liberté » appelés à défendre la patrie où naquit l'idéal révolutionnaire.

Mais si le cas de Gustave Hervé, loin d'être unique, fut au contraire très représentatif de l'élan qui poussa la plupart des socialistes à rejoindre le combat patriotique (mieux : qui considérèrent le combat patriotique comme la modalité nouvelle et impérieuse du combat socialiste), son revirement déclencha des réactions plus violentes que celui de bien d'autres. Sans doute faut-il ici invoquer, comme le fait Gilles Heuré, le décalage entre la perception ancienne qu'avaient de lui les sympathisants socialistes et son évolution rapide et se rappeler que Hervé, pour beaucoup, était resté en 1914 le symbole d'une certaine intransigeance doctrinale et pratique ; il est compréhensible qu'ayant eu à franchir plus de distance que les autres entre son ultra-pacifisme et son ultra-patriotisme, son cheminement parût à certains reniement et sa conversion, trahison. Après tout, Jean Jaurès avait pu défendre le principe de la grève générale jusqu'à son dernier souffle, lui du moins n'avait jamais « planté le drapeau dans le fumier[41] » et le souvenir de son exaltation conjointe et ancienne de l'internationalisme prolétarien et de la défense nationale, aurait peut-être rendu son appel aux armes moins scandaleux que celui du directeur de *La Guerre sociale*, devenue *La Victoire* le 1er janvier 1916.

Ce qui est certain, c'est que Maurice Maréchal et, à un moindre degré, Henri-Paul Gassier, tous deux collaborateurs de *La Guerre sociale*, réprouvèrent le changement de cap imprimé au journal par son directeur. Tout indique que les sentiments qu'inspira à Maréchal la métamorphose d'Hervé furent la colère et le dégoût. La réaction de Gassier, quoique négative, ne fut pas trop virulente ; elle visait moins l'homme que ses idées et l'atmosphère belliciste qui s'était installée à *La Guerre sociale* :

> « Lorsqu'arrivait le samedi et qu'il fallait donner mon communiqué à la *GS*, c'était un supplice et je ne savais jamais quoi faire et puis marier la carpe et le lapin, l'esprit jusqu'au-boutiste de la *GS* et le mien diamétralement opposé, leur donner un dessin qui puisse parler et ne soit pas en contradiction absolue avec moi-même, ça ne pouvait pas durer. Aussi ai-je donné ma démission à Hervé, d'autant plus que je voulais avoir ma liberté pour pouvoir le combattre sur le terrain politique car je sais qu'il est crabe sincère et foncièrement honnête homme[42]. »

Comme les choses n'étaient guère différentes à *L'Humanité* (où ne pesait pas l'unanimité forcée de *La Guerre sociale* mais un climat extrêmement tendu entre partisans et adversaires de la guerre à outrance), Gassier avait fini par y solliciter un emploi de retoucheur de photographies pour ne plus avoir à donner des dessins contraires à ses opinions. Le dessinateur se trouvait donc libre pour une nouvelle aventure de presse. Précisément, cet « ami nommé Maréchal » qu'il mentionnait dans sa lettre du 15 avril lui avait parlé d'un « projet de journal à faire ensemble ; brusquement, ces jours-ci, ayant pu trouver quelques fonds[43], voici l'affaire à peu près sur pattes ». Ces pattes étaient palmées.

Un pseudo-journal du front

Une légende tenace veut faire du *Canard enchaîné* un journal composé par des poilus, un journal des tranchées. Alain Schifrès, par exemple, dans sa pourtant très minutieuse étude sur l'idéologie du *Canard enchaîné*[44], écrit que, « le 6 juillet 1916, *Le Canard du Boyau*, journal du 74e Régiment d'infanterie, prenait ironiquement le nom du *Canard enchaîné* ». Si un *Canard du boyau* a bien existé, poussant ses premiers « coin-coin » en août 1915, il n'a de commun avec l'« enchaîné » que la première moitié de son nom et quelques traits de contenu[45]. En revanche, le *Canard* devait annoncer dans son numéro du 21 août 1918 qu'il parrainait un authentique journal des tranchées, *Le Canard déchaîné*, pour lequel il demandait que lui fussent adressés des mandats.

En réalité, ni Maréchal ni Gassier ne devaient approcher le front de toute la guerre. En avril 1915, le premier « se croyait à l'abri[46] » d'une mobilisation ; le second, réformé en raison d'une très forte myopie, avait été versé dans les services de l'infirmerie d'une caserne parisienne[47]. Les deux amis se lancèrent donc avec ardeur dans la préparation de leur journal, aidés par Jeanne, née Prunier, la femme de Maurice Maréchal.

Gassier, en avril 1915 :

> « Je fais des tas de dessins, de cabochons[48], on s'entend sur les articles, l'imprimeur, les caractères typographiques, on s'organise avec la maison Hachette, les dépositaires en province, la vente à Paris, etc. etc. Tout est fait, on est en train de composer le journal quand, crac ! Maréchal qui se croyait à l'abri reçoit, il y a trois jours, sa feuille d'auxiliaire, devant se rendre le lendemain matin à l'École militaire ! Grand demmerdage [*sic*] aussitôt pour tâcher de trouver la bonne embuscade et pouvoir ainsi faire sortir le *Canard* quand même car ce ne sera, espérons-nous, qu'un retard de quelques jours. La grande crainte c'est qu'il soit expédié en banlieue ou même en province. Et ça se fait en ce moment sur une grande échelle. En tout cas, c'est un sale coup qui nous arrête, jusqu'à quand ? »

Ce témoignage est décidément précieux car il infirme les renseignements fournis par la documentation du journal selon laquelle Maurice Maréchal aurait été mobilisé et versé dans l'auxiliaire *après* la parution des premiers numéros du *Canard enchaîné*. Interprétation qui permettait au rédacteur de la notice d'écrire que la mobilisation de Maréchal pouvait avoir pour but de « paralyser un gêneur[49] ». Il n'est d'ailleurs pas impossible que les démarches entreprises par Maréchal pour faire paraître son journal aient suffi à attirer sur lui l'attention des autorités. Mais dans ce cas, l'eussent-elles maintenu à Paris et surtout, réformé définitivement au bout de quelques semaines ? Il est vrai que la malformation cardiaque dont souffrait Maurice Maréchal aux dires de Jean Egen[50] pouvait suffire à ce qu'il fût rendu à la vie civile – ce qui se produisit après un second passage en conseil de révision, à la fin du mois de mai 1915.

Pendant tout l'été 1915, les deux « auxiliaires » Maréchal et Gassier purent donc reprendre le projet qui leur tenait à cœur. Le 10 septembre enfin, sur quatre pages petit format et au prix de 10 centimes, parut le premier numéro du *Canard enchaîné*, « journal humoristique paraissant provisoirement les 10, 20 et 30 de chaque mois, rédigé par Maréchal, illustré par H.-P. Gassier ». La correspondance devait être adressée au 129 faubourg du Temple, à Paris – l'adresse personnelle de Maurice Maréchal. Mais après le cinquième numéro, daté du 25 octobre-4 novembre 1915, et un dernier appel à ses lecteurs pour qu'ils s'abonnent et fassent abonner leurs amis, *Le Canard* disparut.

Une tentative prématurée

Nous avons vu ce qu'il fallait penser de l'hypothèse d'une « mobilisation-sanction » qui eût frappé le directeur en raison de son impertinence[51]. En réalité, *Le Canard enchaîné* présentait tous les traits et toutes les faiblesses du « prématuré », pour reprendre l'expression de Valérie Bibas[52] qui analyse dans son ouvrage l'échec du premier *Canard*. Il péchait surtout par la mauvaise qualité de sa présentation : le papier était de piètre qualité, le tirage n'était pas meilleur ; dès le deuxième numéro, Maréchal présentait ses « plates excuses pour la façon déplorable dont fut présenté notre premier numéro[53] ». La périodicité, annoncée pour être décadaire, se dérégla rapidement. Sans doute le journal éprouva-t-il des difficultés à trouver son public ; le caractère artisanal du journal, un défaut d'organisation et une fragilité financière firent le reste et obligèrent Maréchal à interrompre l'expérience.

Infructueuse sur le moment, cette première tentative resta néanmoins dans la mémoire du journal comme un acte doublement fondateur, du journal et de son image[54]. Soit donc cette sorte de scène primitive, décrite inlassablement par les anthologies, les historiographes du journal – anciens du *Canard* ou non –, les textes de présentation : *Le Canard enchaîné* « est né pendant l'été de 1915 rue de Bondy[55], dans l'appartement de Maurice et Jeanne Maréchal. Un trois-pièces-cuisine pour accoucher d'un journal, c'est presque aussi modeste qu'une étable pour accueillir un messie[56] ». « Longtemps, la salle à manger du modeste appartement que Maréchal occupait rue de Bondy servit de salle de rédaction. Le service des abonnements, tenu par Juliette[57], était situé dans la cuisine, dans l'entrée, dans la chambre à coucher. Chaque semaine, le conseil de rédaction siégeait sous la suspension. Mme Maréchal servait l'apéritif et l'on préméditait le prochain numéro[58]. »

À bon nombre de ceux qui écrivirent par la suite sur *Le Canard enchaîné*, cette anecdote parut contenir tout le sens de l'histoire du journal : intégrée dans une vision du monde fortement clivée entre bien et mal, entre propre (car libre) et souillé (car asservi), elle disait l'humilité de la naissance et la gloire à venir. Tandis que les grands journaux possédaient de vastes bureaux, des équipes nombreuses, de l'argent – cet argent corrupteur, sale, maudit –, le *Canard* est né pauvre et donc pur, protégé par sa modestie même des tentations auxquelles a succombé la grande presse. Bien plus, l'humilité de la condition première du *Canard* était le meilleur gage de la sincérité de son combat en faveur des humbles. Parce qu'un riche ne pouvait légitimement s'engager en faveur des pauvres, selon l'idéologie de beaucoup des rédacteurs du journal, un journal « populaire » au meilleur sens du terme ne pouvait vivre dans l'opulence.

La seconde naissance du Canard enchaîné

Pérennité du projet, élargissement de l'équipe

« Résurrection » est le titre du dessin de H.-P. Gassier paru à la une du premier numéro de 1916. On y voit un canard enchaîné salué par Clemenceau, en présence de quelques illustres représentants de la presse (assistent à la scène le Barrès de *L'Écho de Paris*, en habit d'académicien, Gustave Téry avec, accrochée au cou, une pancarte portant le slogan publicitaire détourné de *L'Œuvre* – « les imbéciles ne me lisent pas[59] » –, Arthur Meyer du *Gaulois*, Gustave Hervé de la rebaptisée *Victoire*, enfin un vieillard portant faux et sablier, l'allégorie du *Temps*).

Ce n'était pas un nouveau journal que fondait Maurice Maréchal le 5 juillet 1916 : c'était le même qu'il relançait. Le titre était repris du *Canard* de 1915 ainsi que le format[60], la pagination (quatre pages), les dessins de Gassier (qui ajoutait quand même sous le titre le dessin d'un canard menacé par une grande paire de ciseaux et ce qui allait devenir la devise du journal : « Tu auras mes plumes, tu n'auras pas ma peau. »). Beaucoup d'articles parus dans les numéros de 1915 reparurent au cours de l'année 1916, à commencer par l'article de présentation du premier numéro de 1915, intégralement redonné, sous le titre : « Représentation ![61] ».

La continuité fut également privilégiée dans la mise en page. Celle-ci était très sage, comparée à celle qui prévaut aujourd'hui :

feuilletons, authentiques ou parodiés, au « rez-de-chaussée » (bas de page), grands titres à la « tête » (haut de page), éditorial à la une et en chandelle (la première colonne sur toute sa longueur), respect de la colonne comme unité informationnelle (la disposition du texte et l'ordre de lecture suivent la succession des colonnes). On trouvait des renvois d'une page à l'autre mais uniquement sur deux pages successives. Les ruptures étaient rares dans les deux dimensions de la page, des cartouches[62], des filets[63] créaient seuls un maigre relief sur les quatre colonnes. La répartition des dessins apparaît comme remarquablement stable et équilibrée : en moyenne un à deux dessins par page pendant toutes les années de guerre. La « titraille » était d'une sobriété très XIXe siècle, avec une prédominance des corps de petite taille et une largeur excédant rarement la colonne, sans titre-bandeau.

Quelques modifications furent néanmoins apportées : le principe des numéros thématiques fut abandonné[64] ; une progressive stabilisation du contenu, un figement graduel de la matière textuelle accompagnèrent les progrès du journal vers une définition plus précise de son projet rédactionnel. Les rubriques envahirent l'espace du journal, plus libre dans ses premiers numéros, et se fixèrent sur un emplacement stable. Il n'y avait guère que deux rubriques stables dans les numéros de 1915 (« Dernière heure » en page trois et « Revue de la presse » en page quatre), à quoi on peut ajouter « Les Échos » qui paraissaient, faute de mieux, sous ce titre peu original en page deux. En 1918 on trouvait assez régulièrement : « La Mare aux Canards » – apparue dans le premier numéro de 1916 – en page deux ou trois, « Le Point de vue du fumiste » en page une puis trois, « Le Conte du Canard » en page trois, « Dans les bégonias », « Le Carnet de la bonne ménagère », « Petite correspondance », « À travers la presse déchaînée », « Les Livres », « Le Courrier théâtral » en quatre ; sans compter les rubriques semi-régulières comme « On écrit au Canard », « Le Plus beau mot de la guerre », « Dans le *No man's land* » de Gaston de Pawlowski ou « Les vers s'y mettent » de

Paul Vaillant-Couturier. En quatre années, le journal s'était donc structuré, rigidifié, il avait créé les rubriques régulières qui permettaient au lecteur fidèle de se retrouver en situation de familiarité. Il est frappant de voir la pérennité de certaines de ces rubriques, jusqu'à nos jours pour quelques-unes, soit sous leur titre initial (« La Mare aux canards », « Petite correspondance[65] », « À travers la presse déchaînée ») soit dans leur forme d'origine (« Les Livres »). Au fil des années, cette stabilité du cadre rédactionnel devint l'une des marques de fabrique du *Canard enchaîné.*

De 1915 à 1916, d'autres changements étaient intervenus : le journal avait emménagé au 142, rue Montmartre, dans le deuxième arrondissement de Paris (un nouveau déménagement aura lieu le 17 juillet 1917, pour le 38 de la rue de Bondy, dans le même arrondissement) ; le tarif des abonnements avait baissé (deux francs cinquante centimes pour six mois au lieu de trois francs) ; la périodicité était plus claire (l'hebdomadaire sortait désormais chaque mercredi). Enfin, de nouvelles signatures avaient fait leur apparition. Les dessinateurs Lucien Laforge, Jules Dépaquit, Paul Bour puis Bécan (Bernhard Kahn), André Foy et Raoul Guérin rejoignaient Gassier. Du côté des rédacteurs, plus difficilement identifiables en raison des multiples pseudonymes ou de l'absence pure et simple de signature, le journal pouvait maintenant compter sur la collaboration régulière de Victor Snell – rédacteur en chef de 1916 à 1931, date de sa mort – et de Georges de la Fouchardière (de son vrai nom Georges Delafouchardière) ; dans les deux dernières années de la guerre, ils devaient être rejoints par André Dahl (Léon Kuentz), Rodolphe Bringer (Rodolphe Bérenger), Géo Friley (dit Whip), René Buzelin. Enfin, des collaborateurs occasionnels, souvent prestigieux ou qui le deviendraient, venaient renforcer une équipe déjà bien étoffée : Henri Béraud, Tristan Bernard, Roland Dorgelès, Paul Vaillant-Couturier en 1917, Pierre Mac Orlan en 1918 ; nous rangerons également Gaston de Pawlowski dans cette catégorie. Maurice Maréchal, du coup, écrivit moins dans son journal, se réservant le rôle d'animateur et de directeur ; on ne compte guère plus d'une vingtaine d'articles au bas desquels apparaît sa signature entre 1916 et 1918.

De nouveaux dessinateurs

Deux générations sont très inégalement représentées[66] : Jules Dépaquit fait figure d'ancien avec ses quarante-sept ans, les cinq autres (et Gassier lui-même) étant nés dans les années 1880. Seuls deux d'entre eux (Laforge et Bécan) avaient suivi les cours d'une école des Beaux-Arts ; la règle était plutôt à la formation « sur le tas », aux petits métiers pour survivre, aux bonnes fortunes. À l'exception de Bécan et de Guérin, aucun n'était nouveau dans le métier quand éclata la guerre : Laforge avait débuté en 1910, Bour en 1908, Foy en 1906, Dépaquit en 1893. De près ou de loin, ils avaient tous fréquenté les milieux montmartrois – Dépaquit présentant jusqu'à la caricature tous les traits de l'artiste de Montmartre 1900, fastueux et criblé de dettes, grandiloquent et amateur de canulars. Il fut le premier maire de la Commune libre de Montmartre (en 1920, le maire-adjoint s'appellera... Gassier). Jean-Paul Lacroix a rapporté quelques anecdotes savoureuses sur le compte de ce dernier. Ainsi, dans le but d'éviter les créanciers qui le harcelaient, Dépaquit écrivit sur la porte de son appartement à la peinture rouge : WC. « Quand un quidam heurtait à l'huis, il criait de l'intérieur : "Occupé !" » Le visiteur, un recors généralement, repartait bredouille. Il ne lui restait plus qu'à écrire en marge de son assignation : « Inconnu à l'adresse indiquée. » Le concierge, un jour, se permit d'insister :

« Je sais que vous êtes chez vous, monsieur Dépaquit ! Je vois vos souliers à la porte.

– Je suis sorti en pantoufles ! » cria le dessinateur.

On racontait aussi que, son tailleur ayant eu l'audace de lui réclamer une vieille facture, il lui avait adressé cette lettre :

> « Monsieur, votre insistance est inadmissible. J'ai donc décidé de vous infliger une sanction. J'ai coutume, tous les débuts de mois, de mettre les noms de mes créanciers dans un chapeau et d'en tirer un au sort ; c'est celui-là que je règle. Étant donné votre attitude, j'ai le regret de vous informer que vous ne participerez pas au prochain tirage[67]. »

Les itinéraires de Dépaquit, de Bour ou d'André Foy sont typiques d'une évolution qui conduisait des journaux d'humour ou d'échos aux journaux politiques sans négliger pour autant les collaborations à la « grande presse d'information » : des journaux humoristiques comme *Le Char Noir, Le Rire, Le Sourire,* ou *L'Assiette au Beurre* pour commencer (même si les vrais débuts se faisaient souvent dans des publications plus obscures), des feuilles politiques orientées à gauche comme *Les Hommes du Jour* ou *Le Journal du Peuple* de Henri Fabre juste avant ou pendant la guerre, et des journaux à grand tirage comme *Le Journal* ou *Le Petit Parisien* à la même époque. Accéder aux catégories deux et trois n'impliquait d'ailleurs nullement l'abandon de la première. Bécan connaîtra lui aussi cette évolution, mais accélérée puisque, inconnu en 1917 (il débuta au *Carnet de La Semaine* cette année-là), on le trouvera au tout début des années 1920 plaçant des dessins au *Rire* ou au *Grand Guignol* mais aussi au *Progrès civique* ou à *L'Œuvre,* sans oublier *Le Journal.* Le parcours de Raoul Guérin, qui commença lui aussi par des dessins dans des journaux de poilus, est assez semblable. Lucien Laforge – « géant doux et indigné » selon la description que nous en fit Roger Fressoz – était finalement le plus impliqué politiquement parmi ces quatre dessinateurs, sans dédaigner les journaux de divertissement comme *Pages folles* ou *Tout-Paris,* il donna la préférence à ceux qui lui permettaient d'exprimer ses idées de gauche – sans plus de précision : il dessina pour *Les Hommes du Jour* dès 1910, pour *Le Journal du Peuple* en 1917-1918, en attendant *L'Humanité, Clarté* ou *Le Libertaire* dans les années 1920. Au total, on a donc une équipe de dessinateurs confirmés, connus du grand public et qui penchaient nettement à gauche. Ce qu'il fallait pour assurer le succès d'un journal politique où le dessin tenait une si large place.

De nouveaux rédacteurs

Le groupe des rédacteurs est peut-être moins homogène. La moyenne d'âge était un peu plus élevée que celle des dessinateurs : Bringer était né la même année que Dépaquit – 1869 –, Snell et La Fouchardière avaient déjà 42 ans en 1916, les autres étaient nés dans les années 1880. Au moins quatre d'entre eux peuvent être considérés comme des journalistes professionnels : Rodolphe Bringer collabora probablement à *L'Humanité*, certainement au *Sourire* – il en fut le secrétaire de rédaction puis le rédacteur en chef quand le titre devint *Le Sourire de France* – et donna des échos à *L'Heure* et des articles à *La Rampe* pendant la guerre. Georges de la Fouchardière fit ses débuts à *Paris-Sport* en 1908 puis à *La Liberté* l'année suivante avant de collaborer à *L'Œuvre* de Gustave Téry à partir de 1916. Victor Snell commença comme secrétaire de rédaction à *L'Humanité* dans la deuxième moitié des années 1900 (il y tint une rubrique littéraire et théâtrale dans les années 1920[68]) puis travailla à *L'Œuvre*. André Dahl, enfin, donna avant-guerre des articles aux *Hommes du Jour*, au *Matin*, au *Journal* et à *L'Assiette au Beurre*. Si l'on ajoute à ces titres ceux auxquels certains des premiers rédacteurs du *Canard enchaîné* collaborèrent pendant la guerre – *Le Bonnet Rouge*, *Le Journal du Peuple*, *Le Front* pour Bringer, *La Vague* de Pierre Brizon pour la Fouchardière –, on conviendra sans peine que le tropisme des premiers rédacteurs du *Canard enchaîné*, comme celui des dessinateurs, était nettement orienté à gauche.

S'écartaient de ce modèle à la fois professionnel et militant des hommes comme Géo Friley (qui signait « Whip » ou « docteur Whip ») et René Buzelin. Il faut d'abord avouer que, sur le premier, nous disposons de fort peu de renseignements. Pour l'auteur du rapport de police de 1929, Whip correspondait à un pseudonyme collectif. Mais des témoignages et des souvenirs des uns et des autres, on doit conclure à l'existence véritable de ce personnage fabuleux. Jean Egen rapporte que Friley était, dans le civil, auteur de discours destinés à l'inauguration des monuments aux morts à la préfecture de la Seine. Comme Buzelin, qui était employé à la Banque de France, Friley exerçait donc une autre profession que celle de journaliste, représentatif en cela d'une presse à la fois trop pauvre pour rétribuer à plein temps des collaborateurs professionnels et trop incertaine encore de sa spécificité pour dresser des barrières corporatistes à l'entrée des rédactions. On ne sait rien par ailleurs des engagements politiques de Géo Friley – le plus probable est qu'il n'en eut pas. Le parcours de René Buzelin, lui, jure dans le décor du premier *Canard enchaîné*. Si l'on en croit l'auteur du rapport de police de 1929, Buzelin, vers 1910, « donnait fréquemment des poèmes dans les almanachs [catholiques] ou dans *La Démocratie quotidienne* et c'est avec joie que les patronages et les associations post-scolaires libres jouaient les petites pièces qu'il écrivait pour eux[69] ». Le même rapport le classe d'ailleurs « à droite », seul de son espèce parmi les hommes de gauche du *Canard enchaîné*. Comment donc expliquer sa présence dans le journal de Maurice Maréchal ? Sans doute par ses activités chansonnières et montmartroises.

À ses débuts, un peu avant 1910, René Buzelin plaça quelques textes à *La Bonne Chanson* de Théodore Botrel, chansonnier régionaliste et cocardier surnommé le « barde breton » – qui devait d'ailleurs devenir une cible de prédilection pour *Le Canard* durant la Première Guerre. Il y brocarda le président Fallières et les parlementaires dans une chanson qui fit le tour des cabarets montmartrois. Quelques années plus tard, il devait même diriger un organe satirique, *La Girouette de Montmartre*, illustré de dessins à la plume[70]. C'est dire que Buzelin était du même monde montmartrois que Gassier et que ses activités de chansonnier n'étaient sans doute pas passées inaperçues d'un Maréchal passionné par le monde du cabaret, de la revue et de la chanson humoristique ou satirique – une profonde communauté d'esprit existait alors entre *Le Canard enchaîné* et cet univers du spectacle joyeux. Gassier et Dépaquit, tout comme Roland Dorgelès et Gaston de Pawlowski, étaient « montmartrois », André Dahl était revuiste, Georges de la Fouchardière avait fait ses débuts à Montmartre. Ce dernier a raconté à Frédéric Lefèvre, dans un entretien de 1930, comment la chanson montmartroise le tira de l'emploi de bureaucrate qu'il occupait depuis 1895 dans une grande banque parisienne :

> « C'était aux alentours de 1905. Les chansonniers de Montmartre avaient organisé une course. Il fallait partir du cabaret des Quatz'Arts. Au départ, on nous donnait le sujet de la chanson. Nous devions aller signer à Suresnes, revenir aux Quatz'Arts et, à l'arrivée, chanter devant les spectateurs la chanson composée en couvrant les quinze derniers kilomètres de la course. Il y avait deux notes, une pour la course, une pour la chanson. J'arrivai avec une demi-heure d'avance sur le second et ma chanson aussi fut classée première[71]. »

Remarqué à cette occasion par un imprudent qui s'était chargé d'une tâche au-dessus de ses capacités – une revue pour l'Automobile-Club –, La Fouchardière consentit à écrire le spectacle sans en revendiquer la paternité et fut assez heureux pour voir son travail reconnu par un patron de presse. Celui-ci, L[ouis ?] Aubineau, le fit entrer à *Paris-Sport* en 1908, où il commença par donner une chronique fantaisiste chaque semaine.

Enfin, et c'est un trait qu'ils partagent avec la troisième catégorie de collaborateurs que nous allons maintenant aborder, la majorité de ces rédacteurs étaient sur le point d'entamer ou s'étaient déjà lancés dans une carrière littéraire parallèle à celle qu'ils menaient dans le journalisme. Avant la fin de la guerre, La Fouchardière avait déjà publié au moins six ouvrages, Bringer cinq; mais pour eux comme pour André Dahl et René Buzelin, les années 1920 seront la grande période de production. Constatons seulement ici la perméabilité des frontières entre le journalisme de ce début de siècle et le monde littéraire; tous les littérateurs n'étaient pas des rédacteurs; mais presque tous les rédacteurs étaient des littérateurs, au moins dans les journaux parisiens à contenu littéraire ou politique.

Les grandes plumes du Canard *de guerre*

On ne s'étonnera donc pas de retrouver, parmi les rédacteurs moins réguliers du *Canard enchaîné* – et qui, pour la plupart, ne poursuivront guère leur participation au-delà de l'armistice – les noms d'écrivains fameux ou qui le deviendront dans les années 1920. Leur nombre et leur qualité impressionnent: Henri Béraud, Tristan Bernard, Lucien Descaves, Roland Dorgelès, Jean Cocteau, Pierre Mac Orlan, Paul Vaillant-Couturier donnèrent un ou plusieurs articles au *Canard*. Du reste, le sens qu'il faut attribuer à ces collaborations diffère selon la nature de l'intervention, le renom et le statut, la publicité faite à l'événement: entre Anatole France qui n'y écrivit pas mais fit connaître l'estime dans laquelle il tenait le journal[72] – il connaissait personnellement H.-P. Gassier, qu'il avait invité à la Béchellerie –, et Henri Béraud qui y fit vraiment ses débuts parisiens en publiant de nombreux articles de 1917 à 1919, il y avait tous les degrés de la notoriété littéraire, une différence de stratégie intellectuelle et un écart de quarante ans.

Dans la catégorie des interventions ponctuelles, citons pour mémoire les quelques articles de Pierre Mac Orlan (un bref feuilleton – « La Clique de la brebis » –, un entrefilet signalant la sortie d'un album de dessins de Gus Bofa); c'étaient là des incursions de faible conséquence et de retentissement nul. Nous n'en dirons pas autant de celles qu'opérèrent Lucien Descaves et Tristan Bernard, l'un et l'autre annoncés en une à grand renfort d'avis en gros caractères et titraille avantageuse en 1917 ; ainsi pour Tristan Bernard :

> « Sonnez tambours, battez trompettes ! *Le Canard enchaîné* fait savoir à ses lecteurs qu'il publiera mercredi prochain un article dû à la plume de Tristan Bernard. Tout commentaire serait superflu[73]. »

Ces articles n'eurent guère de suite. Lucien Descaves ne fit plus rien paraître dans *Le Canard* ; quant à Tristan Bernard, outre un conte l'année suivante, il se contenta de donner, de loin en loin, dans les années 1920, le témoignage de sa sympathie en participant notamment à *L'Almanach des vacances* de 1921. La publicité faite à leur modeste contribution témoigne néanmoins de l'importance qu'y attachait Maréchal ; publier Tristan Bernard et Lucien Descaves, s'assurer de leur double patronage, c'était adresser un signal double au lectorat : *Le Canard enchaîné* serait drôle, fin et parisien puisque Bernard ; il serait aussi polémique, engagé et « fort en gueule » puisque Descaves. Les contes et bons mots du premier, les pamphlets antimilitaristes du second, voilà les deux traditions auxquelles se référait publiquement le journal en quête d'identité.

Plus proches des collaborateurs réguliers car plus assidus furent Gaston de Pawlowski, Henri Béraud, Roland Dorgelès et Paul Vaillant-Couturier. De ces quatre personnages, qui tous eurent une personnalité et un destin peu communs, Gaston de Pawlowski n'est pas le moins étonnant. Son parcours est singulier et contradictoire : né d'un père ingénieur des Chemins de fer de l'Ouest, élevé dans les meilleurs lycées parisiens, diplômé de l'École des sciences politiques, docteur en droit, auteur d'un essai sur la définition de l'État et d'une thèse sur la philosophie du travail, c'est le même homme que l'on trouve à vingt ans parmi les premiers collaborateurs du *Rire* que Félix Juven vient de créer. Dans les années 1900, il est rédacteur en chef du *Vélo* puis de *L'Opinion*, de 1907 à 1914 il dirige la rédaction de *Comœdia* tout en assurant la critique dramatique au *Journal*, puis, la guerre venue, publie dans *Le Rire rouge* – le journal n'avait pas viré au communisme mais son patriotisme était devenu bien sanglant – ses « Inventions », trouvailles farfelues et inutiles, représentatives d'un humour proche du loufoque. Toute cette activité de journaliste qui n'entretenait, comme on voit, que de lointains rapports avec ses austères débuts dans l'Université, ne l'empêcha pas de publier, lui aussi, un certain nombre de livres[74]. Au *Canard enchaîné*, Gaston de Pawlowski donna des articles marqués au coin d'une fantaisie amère – ainsi celui qui parut le 28 mars 1917 dans lequel il proposait la création de « forceries d'enfants » pour fournir le front en troupes fraîches. Il se distingua surtout par les commentaires sur l'actualité, grande et petite, qu'il présentait dans sa rubrique « Dans le *no man's land* » en une des numéros de la fin de 1917 et du début de 1918. Pioché dans la livraison du 14 novembre 1917 :

> « Tout cela évidemment ne représente pas une mentalité générale très supérieure et l'on vit, je le répète, à l'arrière, dans le *no man's land*, c'est-à-dire dans la zone où l'on ne rencontre véritablement aucun homme.[...] On savait bien que le parti royaliste ne comprenait plus que quelques rares personnes, mais on pensait, tout au moins obscurément, qu'il avait quelques armes : deux ou trois *brownings*, peut-être du dernier modèle. On sait maintenant, grâce à la police, qu'il ne compte que quelques drôles de pistolets un peu désuets et c'est une grosse désillusion pour toutes les âmes pieuses. »

Les chemins qui ont conduit Pawlowski au *Canard enchaîné* sont difficilement repérables ; il collaborait à des journaux humoristiques que fréquentaient d'autres collaborateurs du *Canard*, il semblait assez introduit dans les milieux montmartrois – cela a pu suffire. Pour Roland Dorgelès, c'est plutôt la multiplicité des chemins qui pouvaient le conduire à Maréchal qui apparaît. Un premier chemin passe par Rodolphe Bringer. Celui-ci s'occupait d'un magazine intitulé *La Petite Semaine* (« Le seul quotidien hebdomadaire du monde ! »), composé de quatre feuilles insérées dans un grand hebdomadaire humoristique, *Le Sourire*, dont il devait prendre la rédaction en chef en 1917 ; or Roland Dorgelès collabora à *La Petite Semaine* avant la création du *Canard*. De Bringer à Maréchal, le lien était facile à faire…

Un second chemin passe par Gassier. Roland Dorgelès fréquentait les mêmes cercles montmartrois que le dessinateur du *Canard* ; avec ses amis André Salmon et Warnod, il était un commensal du Lapin Agile et s'était signalé non seulement par ses articles dans *Le Sourire* ou dans *Fantasio* mais aussi par ses canulars bien dans le ton et l'esprit du Montmartre début de siècle. C'est ainsi qu'il installa discrètement, dans la salle des Antiques du Louvre, un petit plâtre de bazar… et vint quelques jours après, à une heure d'affluence, le briser en criant : « C'est un faux ! » Et un autre jour, toujours au Louvre, pour protester contre les verres épais dont on recouvrait certains tableaux illustres, il apporta son nécessaire de toilette et se fit la barbe devant un Rembrandt qui lui servait de glace. Le canular le plus célèbre de Roland Dorgelès reste cependant celui dont Le Lapin Agile fut le théâtre : Dorgelès avait fait peindre par Aliboron, l'âne du patron, auquel il avait attaché un pinceau au bout de la queue, un tableau qu'il intitula *Coucher de soleil sur l'Adriatique* et qui obtint un prix au Salon des indépendants de 1910[75]. Dans son livre de souvenirs intitulé *Au beau temps de la Butte*, Roland Dorgelès prétend avoir proposé à Clemenceau le nom de Gassier pour illustrer la première page de *L'Homme enchaîné* ; il serait donc à l'origine de la fameuse entrevue de la fin de l'année 1916[76].

En 1917, l'année de son entrée au *Canard enchaîné*, Roland Dorgelès publia un roman satirique intitulé *La Machine à finir la guerre*, exploitant une veine qui allait être celle de ses articles au *Canard* entre 1917 et 1920. Certains de ces articles parurent sous le pseudonyme de Roland Catenoy, la plupart – feuilletons, contes, articles polémiques... – furent publiés sous son vrai nom. Les profiteurs de guerre, les députés, les forces de police furent particulièrement visés, ainsi que ceux qui tentaient de diaboliser les bolcheviques pour mieux assurer leur propre pouvoir. L'un de ses articles les plus remarquables parut dans le numéro du 9 avril 1919, sous le titre: « L'alcool tue! » qui commençait et finissait de la façon suivante:

> « – Qu'est-ce qui tue?
>
> Est-ce la balle, est-ce l'obus, les gaz, la baïonnette? Non, c'est l'alcool... Après un égorgement de cinquante-deux mois, qui a coûté au pays un million et demi de tués, et des plus sains, des vieillards vertueux découvrent que la population tend à décroître, que la natalité diminue et que pour sauver la France, il ne faut plus boire que de la tisane. [...] Depuis 1914, un million et demi de jeunes hommes sont morts, et nous pouvons assurer à messieurs les tempérants que ça n'est pas de la cirrhose du foie. »

On ne sait qui, d'Henri Béraud ou de Paul Vaillant-Couturier, fit entrer l'autre au *Canard enchaîné* mais ils y entrèrent certainement l'un par l'autre. Le plus probable est que le second introduisit le premier au 142 de la rue Montmartre: Vaillant-Couturier fut engagé en janvier 1917, Béraud en février. Béraud et Vaillant-Couturier, en tout cas, sympathisèrent immédiatement – et formèrent avec Dorgelès, entré la même année, un trio d'amis soudés au sein de la rédaction; soudés essentiellement par leur expérience de combattants, au milieu d'une rédaction composée en grande partie de non-combattants[77]. Pour Paul Vaillant-

Couturier, le plus jeune – vingt-cinq ans en 1917, quand Béraud et Dorgelès avaient déjà doublé le cap de la trentaine –, ces années de guerre furent celles d'un basculement décisif ; entré dans la guerre dandy et croyant, il en sortit socialiste et pacifiste. Roland Dorgelès se souvenait de sa rencontre avec Paul Vaillant-Couturier en des termes qui nous apprennent beaucoup sur l'état d'esprit d'une partie de l'équipe du premier *Canard enchaîné* :

> « Je m'étais lié avec Vaillant-Couturier au *Canard enchaîné* où nous nous retrouvions chaque semaine autour du rituel pâté en croûte. Il m'avait tout de suite plu par sa fougue, sa franchise. Après une guerre courageuse, il était revenu des tranchées antimilitariste. Je ne me rappelle pas que nous ayons jamais eu de discussion politique. Nous étions « contre », cela suffisait. Contre l'injustice, contre la force brutale, contre la bêtise, contre l'argent[78]. »

En décembre 1916, Paul Vaillant-Couturier adhérait à la SFIO. Son expérience de journaliste se réduisait encore à quelques participations à des revues de jeunes artistes du début du siècle mais l'avocat savait déjà écrire vite, bien et dans tous les genres. De la collaboration de Paul Vaillant-Couturier au *Canard enchaîné*, nous retiendrons surtout sa rubrique « Les vers s'y mettent » d'où il décochait de délicieux épigrammes et bouts rimés à l'adresse d'institutions ou de personnalités en vue ; ainsi celui daté du 3 janvier 1917, intitulé « Nos poilus ont répondu » :

> « Leur offre de paix va bien mal ;
> Le soldat y répond : "J'avance"
> Ça n'est pas gentil pour le général :
> Le soldat se bat, le chef pense. »

Mais sa contribution la plus intéressante fut sans nul doute l'article qui parut en deux parties dans les pages intérieures les 18 et 25 juin 1919 sous le titre « De l'inutilité du poilu pendant la guerre »; Vaillant-Couturier s'y livrait à une analyse à chaud de la guerre et dénonçait la paix « impérialiste » et belligène que les chancelleries allaient imposer à l'Allemagne. Il y développait également le thème d'un « poilu imaginaire » fabriqué de toutes pièces par l'arrière et celui de la fraternité d'armes entre adversaires ayant vécu les mêmes souffrances.

Henri Béraud arrivait tout droit de Lyon. Né en 1885 d'un père boulanger, élevé par les Frères, il employa sa juvénile énergie à bien des activités mais, poète débutant, fondateur de revues éphémères, un temps fort des halles, représentant en vins et spiritueux, collecteur de beurre, négociant en charbon, antiquaire, Henri Béraud était avant tout un journaliste. Au début de l'année 1917, il ne comptait guère encore que de nombreuses mais modestes collaborations à des journaux lyonnais[79] – par quelle voie atteignit-il le 142 de la rue Montmartre ? Nous n'avons pu le déterminer en toute certitude. La recommandation de Vaillant-Couturier est une explication. Son amitié ancienne avec Albert Londres, dont le début de la guerre avait révélé les talents, a pu lui servir de carte de visite. Il est possible enfin, tant était grande son audace, qu'il se soit de lui-même présenté au journal. Quoi qu'il en fût, *Le Canard enchaîné* trouvait en Henri Béraud un collaborateur de taille – et pas seulement en raison de sa corpulence, qui ne tardera pas à être fameuse dans la presse parisienne. À la fin de la guerre, Jean Galtier-Boissière, qui allait le recruter pour son *Crapouillot*, dressait de lui ce portrait :

« Béraud à l'armistice avait trente-trois ans et, déjà obèse, déplaçait beaucoup d'air. Ayant exercé les métiers les plus divers et fréquenté les milieux les plus variés, l'ancien directeur de *L'Ours* de Lyon était devenu à Paris un remarquable journaliste, capable de tenir toutes les rubriques d'un journal avec un éclat incomparable. Grand buveur de bière et connaisseur en beaujolais, solide fourchette à table, orateur de café d'une truculence extraordinaire, Béraud savait par cœur tous les airs de la grande Opéra, était conscient de ses talents et savait déjà fort bien se faire payer[80]. »

Jean Oberlé, qui le rencontra dans les journaux de Gustave Téry, *Bonsoir* et *L'Œuvre*, confirme et complète ce portrait :

> « Béraud, au large visage rose bordé de favoris courts, les cheveux en arrière, avait l'air d'un ténor de province. Il connaissait tout le répertoire et les couloirs de *L'Œuvre* retentissaient chaque soir de : *Voici les histrions mandés par vous, Seigneur !* par quoi il s'annonçait. Il était gai, bavard et m'éblouissait, comme il éblouissait tout le monde par sa faconde et sa culture, au café Raoul, place Boildieu, devant l'Opéra-Comique, café des journalistes où les soucoupes s'empilaient à des hauteurs vertigineuses[81]. »

Au *Canard enchaîné*, Béraud publia des contes, un court feuilleton (en 1918 : « L'angoisse du mercanti ou le compte du tonneau »), une étude sur l'humour lyonnais et surtout des articles polémiques dirigés contre l'Action française, le Parlement, l'Académie française, le gouvernement, les officiers antirépublicains. Dans un article du 18 septembre 1918, voici la façon dont il fustigeait les manières monarchiques des parlementaires :

> « Vous êtes, messieurs, des types dans le genre de Louis XV lequel, assure la légende, dit [...] : "Après moi le déluge." Alors que les sénateurs se promeuvent souverains, vous prenez des façons royales. Du coup, voici les deux Chambres réconciliées avec M. Léon Dadais, qui adore les belles manières, les chaises percées et le langage des cours.

> [...] Cependant le peuple n'est pas content de vous ; on murmure. Et quand je dis le peuple, j'entends aussi bien les poilus de l'avant que les chauves de l'arrière. »

Laissaient-ils, ces articles, prévoir les engagements futurs de leur auteur, et entrevoit-on dans leurs trouées le chemin – marqué surtout par l'étape 1934 – qui mènera le Béraud du *Canard* de 1917 au Béraud du *Gringoire* de 1941-1942 ? Ce que l'on peut déjà dire, c'est qu'une certaine forme d'antiparlementarisme était, à cette époque, la chose du monde la mieux partagée au *Canard enchaîné*. Mais les principaux adversaires du journal restaient la grande presse et la censure.

II

CONTRE LA CENSURE ET LE BOURRAGE DE CRÂNE

Un « canard... »

Pourquoi ce nom de *Canard enchaîné* ? Il s'est dépensé beaucoup d'encre pour expliquer un titre que la liberté de ton et d'esprit des fondateurs rendait paradoxal. Ce paradoxe fait évidemment partie de la stratégie d'écriture de Maréchal. Il est aussi le produit d'un jeu de références.

Les canards avant le Canard

Le « canard », « nouvelle quelquefois vraie, toujours exagérée, souvent fausse » (Gérard de Nerval) est un terme d'argot journalistique qui désigne couramment une erreur, mystification volontaire ou article fait à l'avance ou « de chic » ; on le distingue généralement du « bobard » qui est une fausse nouvelle lancée dans un but intéressé. Le mot fait référence aux premières feuilles – après les occasionnels – faisant le commerce des nouvelles au XVIe siècle. Mal présentés sur un méchant papier couvert d'une typographie aléatoire et d'un dessin imprimé à partir d'une gravure sur bois, ces canards rapportaient les phénomènes naturels et surnaturels, les faits divers sanglants et les exécutions sous la forme d'un récit entrelardé de formules de véridicité particulièrement malhonnêtes. Tant sur le fond que sur la forme, cette forme de presse apparut donc comme un repoussoir à celles qui lui succédèrent, depuis le journalisme semi-officiel du type de *La Gazette* de Théophraste Renaudot, jusqu'au journalisme de l'opposition de principe dont *Le Canard enchaîné* de Maurice Maréchal fournit un bon exemple.

Celui-ci choisit le nom de son journal par dérision et antiphrase; il n'était pas le premier à agir ainsi. Il y avait déjà eu un *Canard* dont le premier des onze numéros qu'il publia avait paru le 9 avril 1848. Sa présentation plut à son lointain descendant, qui ne le découvrit qu'en 1954[82]; mais Xavier de Mentépin, son fondateur, eut le grand tort, aux yeux des journalistes de l'*enchaîné*, de s'en prendre à Victor Hugo qui réclamait l'amnistie des communards dans les années 1870. Un autre *Canard* publia son premier numéro le 1er avril 1882. Son existence fut tout aussi éphémère que celle de son homonyme de la Deuxième République. Il se présentait lui-même à la une, sous un canard jouant d'un instrument à vent, comme un « journal humoristique, politique et littéraire » et son administration était établie rue Montmartre. Il n'est pas impossible que Maurice Maréchal ait eu ce précédent en tête quand il fonda son propre journal. Le programme du numéro un, rédigé par un certain Léon Séché, présente en effet de troublantes similitudes avec celui que proposa Maréchal en septembre 1915:

> « [...] et l'Agence Havas; y a-t-il au monde une fabrique de canards plus importante? Pourtant elle fait autorité et le gouvernement ne jure que par elle. Eh bien! le *Canard* a été créé et mis au monde exprès pour redresser les entorses faites à la vérité par l'officieuse agence. C'est dire qu'il sera bien informé; tant pis s'il est mal en cour! [...] Mais enfin, direz-vous, quelle sera votre ligne de conduite; – Oh! bien simple: une ligne de fond. Ni radicale ni opportuniste [...] »

Même volonté d'indépendance, même ton mi-goguenard mi-sérieux, même esprit très parisien… Mais l'emploi systématique de l'ironie – qu'expliquent des raisons très précises qui tiennent à la restriction de la liberté d'expression pendant la Première Guerre mondiale –, et le caractère essentiellement politique et polémique du *Canard* de Maréchal faisaient ici défaut. Dans le *Canard* de 1882, les dessins étaient exclusivement humoristiques, les échos légers et sans danger… et la publicité occupait toute la quatrième page.

Signalons également parmi les « grands aînés » du *Canard enchaîné, Le Canard sauvage* ; hebdomadaire satirique, anticlérical, antimilitariste et libertaire, fondé par Édouard Chatenay et Roubille en mars 1903 et qui ne vécut que quelques mois mais rassembla une cohorte de collaborateurs digne de *L'Assiette au Beurre* (Steilen, Caran d'Ache, Faivre, Willette, Vallotton, etc.)

La transformation de la guerre de mouvement en guerre de position à la fin de l'année 1914 fut à l'origine de l'éclosion d'une flopée de *Canards* aux plumes bleu-horizon : l'immobilisation des troupes permettait en effet l'installation du matériel rudimentaire indispensable à la composition des feuilles ; un certain nombre d'entre elles furent du reste composées ou imprimées à bonne distance du front. Outre *Le Canard du Boyau* déjà cité, il y eut *Le Canard poilu*, « journal du front, hebdomadaire torsif et antiboche » comportant un supplément illustré (*Le Lapin à plumes*), qui fut lancé en octobre 1915 ou encore *Le Canard des poilus*[83] (ou *Canard du Père Hilarion*, « organe irrégulier, illustré, paraissant à l'improviste ») dont les premiers numéros datent de 1916. Lancé avant *Le Canard enchaîné, Le Canard poilu* peut l'avoir inspiré ; mais outre qu'il ne paraissait que sur une feuille imprimée recto-verso, qu'il n'accueillait pas de dessins (à l'exception de celui, toujours identique, qui agrémentait son titre), il ne se donnait pas d'autre but que de « distraire la troupe », à cent lieues de tout projet politique[84]. À moins que l'on ne considère comme politique le projet de soutenir le moral des combattants et de prévenir toute défaillance ou toute contestation de la part d'hommes durement éprouvés par les conditions de la guerre moderne. Car là réside l'ambiguïté de ces journaux du front qui distrayaient pour mieux conditionner, qui prétendaient refléter le quotidien des soldats mieux que ne le faisaient les journaux de Paris mais qui leur disputaient souvent la palme du patriotisme le plus outrancier – le rédacteur de la *Nomenclature des journaux et publications ayant paru pendant la guerre* écrivait ainsi en 1917 :

> « Ah ! pessimistes qui cherchez à travers les lignes de votre journal les aliments propres à attiser votre inquiétude, abonnez-vous aux journaux du front et des tranchées. La lecture des titres seuls est un réconfort [*Le Bochofage, Face aux boches, On les aura*, etc.]. Colorée, truculente, spirituelle, gauloise [...] cette littérature nouvelle n'a pas une minute de défaillance. [...] Nous remercions tous ces directeurs [...], tous ces journalistes belliqueux qui nous ont apporté – lorsque les bombardements, les attaques et les assauts le leur permettaient – le réconfort de leur belle humeur, de leur esprit français, de leur gaieté gauloise[85]. »

Le Canard enchaîné n'est pas entièrement exempt de l'ambiguïté propre aux journaux du front ; il montra à plusieurs reprises qu'il ne permettait pas que l'on doute de son patriotisme, « le plus certain et le moins tapageur », ainsi qu'il le précisait dans un article de juin 1918. Le 13 décembre 1916, il apostrophait son censeur en ces termes :

> « Que vous ai-je fait ? J'étais folâtre, badin ; j'étais gai ; j'étais Gaulois ; j'étais Français, en un mot... Et vous, avec vos grands vilains ciseaux, crac ! crac ! vous me coupez tout. [...] Certes, vous êtes patriote en coupant ; mais vous le seriez bien davantage en tolérant. Car le *Canard* est aussi

> patriote que vous. Il l'est parce qu'il s'efforce de faire rire les gens qui sont tristes et qui n'ont, hélas ! que trop de raisons de l'être. Tout petit soit-il, *Le Canard enchaîné* divertit et tient en belle humeur, lui, quand tant de grands journaux font pleurer et bâiller avec leurs homélies stratégiques, leurs pronostics et leurs oraisons funèbres. C'est de quoi on devrait lui savoir un gré infini, car un Français qui pleurniche n'est plus un Français ; c'est presque un Boche. Laissez rire, M. le Censeur, car le jour où la France deviendra sinistre, votre affaire à vous pourrait bien devenir mauvaise… »

Il est fort possible qu'en protestant de son patriotisme, l'équipe du *Canard enchaîné* n'ait voulu que donner des gages aux autorités ou aux lecteurs qu'aurait pu heurter un pacifisme trop ouvertement affiché ; mais, que ce fût en raison de la censure ou en raison des convictions profondes des membres de l'équipe, il est de fait qu'on n'y déclara jamais la « guerre à la guerre », mais plutôt à une certaine « culture de guerre[86] », mélange d'optimisme trompeur, d'exaltation du sacrifice d'autrui, de diabolisation de l'ennemi. C'est aux propagateurs de cette culture de guerre que Maurice Maréchal et ses collaborateurs s'en prirent surtout, bien plus qu'aux vrais responsables, politiques et militaires. En même temps, *Le Canard* participait de cette culture de guerre, en en reprenant parfois, quoique de façon atténuée, le vocabulaire et les catégories de pensée ; et surtout en proposant sa propre vision du conflit, vision démythifiante mais déformante à sa manière. Épurée de toute justification transcendante mais aussi de tout élément susceptible de lui redonner du sens, la guerre devenait dans ses colonnes une sarabande grotesque, un théâtre de Guignol, un monde privé de logique où les hommes ne tenaient plus que par la force de l'habitude et du devoir. D'où l'accusation portée contre lui de démoraliser ses lecteurs. On peut penser qu'au contraire, en rencontrant le sentiment profond de combattants ou de civils qu'aucun journal avant lui n'avait exprimé de cette manière à la fois pugnace et souriante, *Le Canard enchaîné* a pu contribuer à soutenir le moral des Français de la Grande Guerre[87].

Reste que tout son projet contredisait la vocation cocardière des feuilles du front ; le journal de Maréchal cherchait à démonter « le joujou patriotisme » et à contester la vision d'une guerre franche et joyeuse que la presse dans sa quasi-totalité – au moins au début de la guerre – s'était employée à répandre. C'est là le sens profond du choix de ce vocable dépréciatif : le *Canard* avait pour vocation première de combattre ceux qui, s'intitulant « journaux », se comportaient vraiment comme des « canards », déformant la réalité, conditionnant les esprits, « bourrant les crânes » selon une expression apparue au début du siècle mais que la Première Guerre popularisa.

Le bourrage de crâne

Dans un numéro spécial du *Crapouillot* intitulé « Le bourrage de crâne », paru en juillet 1937, Jean Galtier-Boissière indique un certain nombre de définitions :

> « "Bourrer le crâne", "bourrage de crâne", "crâne bourré", expressions populaires dont Chautard dans son *Dictionnaire d'argot* signale l'apparition vers 1905. C'est la guerre qui, par l'intermédiaire du poilu, fit passer le "bourrage de crâne", avec bien d'autres mots, du langage populaire au langage courant. L'expression, qui fait image, est relevée dans tous les lexiques d'argot des tranchées : pour le savant Sainéan (*L'Argot des tranchées*, 1915) "bourrage de crâne = (*sic*) mensonge" ; Esnault, dans son *Poilu tel qu'il se parle* (1919) déclare que "bourrer le crâne" signifie : "tromper par de trop belles paroles" et il commente : "Le crâne est le caisson de la nourriture intellectuelle ; y mettre de la bourre, c'est lui

> faire un plein en trompe-l'œil." Enfin, Dechelette (*L'Argot du poilu*, 1918) définit "bourrer le crâne" (synonyme: "gonfler le mou"): "En faire accroire, imposer une opinion toute faite à quelqu'un" et explique que le "bourrage" consiste à fournir aux hommes privés d'intelligence par la catastrophe de la guerre, des jugements tout faits, de même qu'on leur fournit les uniformes, le pain et le tabac; le bourrage de crâne, conclut-il, c'est l'état de siège de la raison humaine. »

Cette expression de « bourrage de crâne » a été contestée par un certain nombre d'historiens, et avec elle l'image d'une propagande incessante, quasi-générale, constante du début à la fin de la guerre qui avait fini par s'imposer. Pour Jean-Jacques Becker, il s'agit d'une « expression évidemment inadéquate parce qu'il n'y a pas toujours eu volonté consciente de travestir les faits[88] »; Stéphane Audoin-Rouzeau déplore quant à lui que l'information dispensée durant la guerre fût « souvent assimilée ou résumée à un « bourrage de crâne » pur et simple, c'est-à-dire à une entreprise de mensonge délibéré[89] ». Les deux auteurs ont mis en avant l'absence d'un contrôle total des organes d'information par l'appareil d'État, à l'inverse de ce qui put se faire ensuite dans les pays totalitaires de l'entre-deux-guerres. Ils ont souligné les nuances qui existaient dans la presse française de l'époque, entre différents journaux plus ou moins engagés dans l'effort de guerre, ou au sein d'un même journal, selon les périodes et les rédacteurs. Enfin ces auteurs ont fait remarquer à juste titre que l'illusion patriotique atteignit son comble au tout début de la guerre, avant que les réalités ne le viennent démentir de façon répétée et brutale, avant aussi que ne remonte jusqu'aux « bourreurs de crâne » eux-mêmes l'écho du mécontentement de leurs lecteurs; par la suite, les journaux, qui n'étaient d'ailleurs pas les seuls vecteurs de l'information, seraient revenus à une vision plus juste de la guerre.

Le bourrage de crâne que dénonçait *Le Canard enchaîné* recouvrait plusieurs choses liées mais distinctes. Il y avait d'abord le « mensonge délibéré » ou la « volonté consciente de travestir les faits » qui caractérisèrent bel et bien un certain nombre de journaux dans les premiers mois du conflit. « L'inefficacité des projectiles ennemis », « les *shrapnells* [qui] éclatent mollement et tombent en pluie inoffensive », « les balles [qui] traversent les chairs de part en part sans faire aucune déchirure[90] » furent une réalité imprimée, à défaut d'avoir été une réalité militaire ; comme furent les caves de Verdun « confortables[91] », les Allemands pris avec des tartines, les vaches patriotes qui bloquaient les avions ennemis, les Cosaques à cinq étapes de Berlin, les espions des laiteries Maggi, l'histoire de la poudre de Turpin, les multiples morts du Kaiser et de son fils[92], autant de « mensonges » et de « travestissements » qu'il faut bien mettre au discrédit d'une presse pliant toute vérité à l'exigence de la mobilisation des esprits.

Au vrai, ces mensonges importaient moins aux journalistes du *Canard enchaîné* que l'optimisme patriotique et la légitimation de la violence qui les sous-tendaient et qui persistèrent après eux. Ce bourrage-là, personne ne l'a contesté, ni les contemporains[93] ni les historiens. Jean-Jacques Becker et Stéphane Audoin-Rouzeau ont eux-mêmes mis au jour les ressorts principaux de cette forme persistante du bourrage de crâne, appelée par eux « propagande » : la plupart des rédacteurs et dessinateurs insistèrent sur l'excellence des soldats français, héroïques, chevaleresques, durs à la peine, sur la supériorité de leur armement, la bassesse et la cruauté allemandes, la puissance de la Russie. C'est ce « mensonge optimiste sur les opérations, [ce] dénigrement enfantin de l'adversaire, [cette] présentation idyllique des tranchées[94] » que dénoncèrent inlassablement les journalistes du *Canard enchaîné*, et aussi les excitations belliqueuses, les appels permanents au meurtre et au sacrifice suprême diffusés par la presse écrite mais aussi les cartes postales, les affiches, les premiers films, toute cette « culture de guerre » dont a parlé Stéphane Audoin-Rouzeau et que François Bédarida a assimilé à une « gigantesque machine à conditionner les cerveaux[95] ».

Pour s'en tenir à la seule presse écrite, *Le Canard enchaîné* se fit l'ennemi aussi bien des journaux d'opinion bellicistes, tel *L'Action Française*, que des grands journaux d'information, dominés par les « Quatre Grands[96] » auxquels était venu s'adjoindre *L'Écho de Paris*. *Le Matin* de Maurice Bunau-Varilla, *L'Écho de Paris* où écrivait Maurice Barrès, *La Victoire* de Gustave Hervé, *Le Figaro* avec son académicien-vedette Alfred Capus, *Paris-Midi*, dirigé par Maurice de Waleffe, *Le Journal* avec l'ancien compère de Gustave Téry, Urbain Gohier, *L'Action française* de Charles Maurras, enfin *Le Gaulois* d'Arthur Meyer furent, dans l'ordre décroissant, les journaux les plus souvent pris à partie par *Le Canard enchaîné* durant les quatre années de guerre. On peut, à cette première liste, ajouter celle que le *Canard* publia en février 1918, en réponse à *La Voix nationale* qui l'avait rangé en 1918 parmi les journaux « défaitistes » ; en inversant les catégories de l'organe nationaliste, *Le Canard enchaîné* jugeait « défaitistes » *L'Action française, Le Figaro, Le Gaulois, La Libre Parole, Le Rappel, La Victoire, L'Intransigeant, La Liberté, Paris-Midi, La Presse, La Voix nationale, L'Effort, La Vieille France.*

Chacune de ces feuilles abritait divers types de propagandistes : les directeurs eux-mêmes dont certains, dans la grande tradition du XIXe siècle, continuaient d'écrire à la une de leur journal ; les rédacteurs et dessinateurs professionnels ; les écrivains, éventuellement académiciens, souteneurs de moral ; les spécialistes militaires, dont bien peu étaient militaires[97] ; les artistes, chanteurs, poètes, revuistes qui mirent leur art au service de l'effort de guerre. Tous ces gens, à des degrés divers, poussaient, encourageaient, exaltaient l'effort guerrier de la nation sans prendre eux-mêmes le moindre risque. Tel était du moins l'avis des journalistes du *Canard* et c'est là le troisième scandale, le troisième aspect du bourrage de crâne qu'ils dénoncèrent avec ironie[98] ou virulence. Le contraste entre la bravoure des écrits et la prudence des actions leur était insupportable ; ils rappelèrent sans relâche (et parfois non sans quelque mauvaise foi) qu'un certain nombre de ces harangueurs avaient promis de joindre le geste à la parole et n'en avaient rien fait : Gustave Hervé avait demandé à être incorporé « dans le premier régiment d'infanterie qui partir[ait] pour la frontière », Léon Jouhaux avait parlé, aux obsèques de Jaurès, « au nom de ceux qui partent » – dont il disait être –, Maurice de Waleffe avait annoncé, dans le numéro de *Paris-Midi* daté du 6 août 1914, sa décision de partir « comme simple soldat, dans un régiment de marche de l'active »… Le faux départ le plus fameux devait cependant rester, pour *Le Canard enchaîné*, celui de Maurice Barrès.

Dans le numéro de *L'Illustration* daté du 8 août 1914, Henri Lavedan racontait avoir rencontré, quelques jours plus tôt, place de la Concorde, Maurice Barrès. Les deux académiciens se serrent la main, ne trouvent rien à dire tant les submerge l'émotion patriotique puis…

> « […] avec un accent de simplicité charmante, jeune, et un gentil mouvement de menton relevé comme s'il s'agissait d'un coup de tête qu'il fallait lui pardonner, il me déclara : « Je m'engage. » Et c'est sur ce mot que me quitta le Président de la Ligue des patriotes pour se perdre dans la foule, qui s'entr'ouvrait, cordiale et respectueuse, devant lui, comme si elle avait compris et deviné qu'il ne fallait pas le mettre en retard. »

Comme le rappelait Henri Jeanson, « Maurice Barrès n'atteignit jamais, jamais le bureau de recrutement – Paris est si grand ! – et il se retrouva dans la calme tiédeur d'un cabinet de travail où s'enracina l'auteur des *Déracinés*[99] ». Peut-être s'était-il effectivement rendu dans un bureau de recrutement et avait-il été refusé ; peut-être cette entrevue n'avait-elle jamais existé que dans l'imagination de Lavedan[100]. Quoi qu'il en soit, le « gentil mouvement du menton » de celui que Jean Guéhenno appelait « l'ordonnateur des pompes funèbres nationales » et Romain Rolland le « rossignol du carnage » allait lui rester comme un stigmate ineffaçable ; comme le faisait remarquer Alain en 1926, « les bonnes plaisanteries ne s'usent point. Celle-là a toujours produit son effet ; l'homme de l'avant se moquait, l'homme de l'arrière s'irritait. [...] Ce ridicule démesuré, je dirais presque inespéré, a vengé un peu la plèbe combattante. Mais, quoique l'expérience m'ait fait voir beaucoup de choses propres à user l'étonnement, je m'étonne encore qu'un homme en vue ait pu braver à ce point le mépris[101]. »

« ... enchaîné »

Mais nous n'avons encore fait la lumière que sur la première moitié du nom du journal que lancèrent Maréchal et Gassier en septembre 1915. La seconde s'éclaire au contact d'une réalité aussi contraignante que le bourrage de crâne : la censure, et d'un autre journal, bien différent de ceux que nous venons de mentionner : *L'Homme enchaîné*. En mai 1913, quatre ans après la chute du gouvernement qu'il présidait, Georges Clemenceau, grand homme de presse autant que politicien redoutable, avait fondé *L'Homme libre*[102] auquel collaborèrent des hommes comme Georges Mandel ou Émile Buré, mais aussi Francis Carco ou Roland Dorgelès. Au début du mois d'octobre 1914, après avoir été suspendu pour un article dénonçant les mauvaises conditions d'hygiène des trains sanitaires[103], *L'Homme libre* devint *L'Homme enchaîné*. Clemenceau entendait ainsi protester contre une censure qui ne se bornait pas à filtrer les informations de nature militaire mais tendait à empêcher toute critique envers la manière dont les autorités menaient la guerre. Il fait peu de doute que Maréchal ait voulu, en manière de clin d'œil, faire du *Canard* le parent de celui qui, plus illustre que lui, avait avant lui défié la censure. L'indiquerait assez la conformité des traits du clown triste de Gassier, dessiné pour la une du premier numéro de 1915, avec ceux de Clemenceau ; ou, plus clairement encore, le dessin qui orne la une du premier numéro de 1916, où l'on voit un canard enchaîné salué d'un « Bath ! un frère » par un Clemenceau tout aussi enchaîné.

Usage et abus de la censure

La lutte contre la censure fut, avec celle menée contre le bourrage de crâne, l'autre grand combat fondateur du *Canard enchaîné*. La censure avait été instituée par le gouvernement dès le début des hostilités. Marcel Berger et Paul Allard rapportent que, le 3 août 1914, Adolphe Messimy, ministre de la Guerre, adressa le télégramme suivant au préfet de police Hennion :

> « Prière de faire connaître d'extrême urgence à la presse, l'interdiction qui lui est faite, par le Gouvernement, à partir d'aujourd'hui même, de publier aucune nouvelle relative aux événements de guerre (concentration, transport des troupes, composition des armées), qui ne lui aurait pas été communiquée par le Bureau de la presse fonctionnant au ministère de la Guerre[104]. »

La veille, l'état de siège avait été déclaré, qui donnait aux autorités militaires, selon des dispositions qui dataient de 1849, le pouvoir de suspendre ou d'interdire toute publication périodique. Le 4 août, ces dispositions étaient précisées et renforcées par une loi. Étaient prohibées « toutes indiscrétions de la presse en temps de guerre, toute appréciation des événements militaires ou diplomatiques qui serait de nature à favoriser l'ennemi ou à exercer une mauvaise influence sur l'état d'esprit de l'armée et du pays ». Les services de la censure, rattachés d'abord au gouvernement militaire de Paris (à l'hôtel des Invalides) et dirigés par des militaires, relevèrent par la suite du cabinet du ministre de la Guerre, rue de Grenelle. Ils retrouvèrent un directeur militaire en septembre 1917, le capitaine Nusillard, dont l'arrivée coïncida avec le déménagement des services à la Bourse, à proximité du quartier de la presse[105]. Un Bureau de la presse répartissait les supports d'information entre ses trois services, le premier chargé des télégrammes et dépêches, le deuxième des quotidiens, le troisième des périodiques (hebdomadaires et mensuels). Les journaux présentaient avant le tirage leurs épreuves ou « morasses » aux censeurs de ce Bureau de la presse qui étaient habilités à ordonner des coupures – les « échoppages[106] » –, au vu des consignes qui leur étaient transmises par les autorités. En cas de non respect des observations émises par les censeurs, les journaux pouvaient être avertis, suspendus, voire saisis et leurs responsables étaient passibles du conseil de guerre.

En 1914 et pendant toute l'année 1915, le délai entre la présentation des morasses, leur examen par les censeurs et le retour aux journaux était si court qu'il obligeait ceux-ci – en particulier les quotidiens mais *Le Canard enchaîné*, qui était comme eux composé à la dernière minute, subissait les mêmes inconvénients – à paraître avec des blancs, qui réduisaient encore un contenu déjà amoindri par les restrictions de papier. Les protestations des directeurs des journaux s'amplifièrent jusqu'à décider le gouvernement à réorganiser les services de la censure en janvier 1916. À partir de cette date, le Bureau de la presse eut à cœur de prévenir à l'avance les journaux, par téléphone, des consignes de la journée et des échoppages demandés, de manière à ce que les journalistes aient le temps d'adapter leur production aux exigences de la censure ou de remplacer les articles, photographies et dessins qui posaient problème. Les blancs se firent donc plus rares, ce qui ne signifie pas forcément que la presse s'en trouvait plus libre ; l'autocensure rendit seulement le travail de la censure moins visible.

La censure, sans doute, était nécessaire pour éviter que les Allemands ne tirent parti des informations délivrées par la presse française, comme ils l'avaient fait – on le rappelait assez ! – en 1870 ; elle n'était d'ailleurs devenue vraiment opérationnelle qu'après que des abus eurent été commis. Mais à son tour, elle se rendit coupable d'abus tantôt ridicules, tantôt scandaleux en s'étendant à d'autres domaines que les seules informations à caractère militaire. « La liste des interdictions était fabuleuse[107] » et, dans *Le Figaro*, Alfred Capus pouvait renouveler la tirade du héros éponyme de Beaumarchais :

> « Pourvu qu'on ne parle en ses écrits ni de l'autorité, ni du gouvernement, ni de la politique, ni des corps en crédit, ni des blessés, ni des atrocités allemandes, ni du service des postes, on peut tout imprimer librement sous la surveillance de deux ou trois censeurs[108]. »

Le contrôle du droit de critique de l'action gouvernementale – instauré explicitement par la circulaire adressée le 19 septembre 1914 par le ministre de la Guerre Alexandre Millerand aux généraux commandant les régions – autorise à parler d'une censure politique. Les directeurs de journaux ne s'y opposèrent d'abord que mollement, convaincus que la guerre serait courte et qu'il fallait avant tout faire preuve de patriotisme. Leurs associations avaient d'elles-mêmes constitué une Commission de la presse française le 13 août 1914 sous la présidence du directeur du *Petit Parisien*, Jean Dupuy. Cette commission s'émut ensuite de l'extension démesurée du champ d'application d'une loi par elle-même fort dangereuse et de l'incohérence à laquelle la multiplicité des instances de décision donnait lieu. Prenant ses ordres et ses consignes auprès de la présidence du Conseil, des différents ministères, principalement les ministères de la Marine et de la Guerre, ou du Grand Quartier Général (GQG), le Bureau de la presse laissait passer dans certains journaux des articles qu'il refusait à d'autres, autorisait le matin ce qu'il interdisait le soir, favorisait tantôt Paris au détriment de la province tantôt la province aux dépens de Paris. Des informations anodines étaient retenues puis délivrées pour des motifs mystérieux – Berger et Allard citent en exemple la mort de l'académicien Paul Hervieu, qui fut annoncée avec retard parce que, sans doute, on avait estimé que la mort d'un personnage si considérable était « de nature » à affaiblir le moral de la nation... D'où la montée d'un mécontentement chez les *leaders* d'opinion, directeurs et rédacteurs de journaux, hommes politiques, qui, de droite comme de gauche, ne cessèrent plus de vouloir réduire les prérogatives de la censure.

Nous avons dit la lutte entamée par Clemenceau contre la censure, qui aboutit à la transformation de son *Homme libre* en *Homme enchaîné*. Appelé à la présidence du Conseil par Poincaré en novembre 1917, le directeur de journal n'abolit pas pour autant la censure[109], se contentant de l'assouplir – considérablement – pour toutes les informations et commentaires ne touchant pas directement aux questions militaires. Les journaux recouvrèrent la liberté de critiquer le gouvernement et le Parlement[110]. Quant au reste, Georges Mandel, de qui dépendait le Bureau de la presse, exerça un contrôle aussi tatillon que ses prédécesseurs.

La rédaction du *Canard enchaîné* salua l'arrivée de Clemenceau au pouvoir avec prudence. Pour ce qui était de la censure, elle décrivit ainsi la situation nouvelle :

> « La censure est supprimée mais les censeurs continueront à veiller que rien ne s'imprime qui soit contraire aux vues des militaires, des diplomates et du gouvernement. »

Dans ce même numéro du 21 novembre 1917, le *Canard* prenait acte du changement de nom du journal de Clemenceau – redevenu *Homme libre* quatre jours plus tôt – mais refusait de suivre son exemple : « *Le Canard enchaîné* se méfie. On a déjà tant de fois annoncé la mort de la censure... » Il enfonça le clou dans les numéros qui suivirent, annonçant par exemple, le 5 décembre : « L'homme libre est libre. *Le Canard enchaîné* est enchaîné. »

De fait, la censure fut maintenue après le 11 novembre 1918, officiellement pour ne pas gêner les négociateurs français avant la signature des traités de paix. Le 1er janvier 1919, un rédacteur anonyme du *Canard* ironisait : « Où en serions-nous aujourd'hui si tout le monde pouvait faire connaître son avis ? [...] Ce ne serait vraiment pas la peine d'être en République si chacun pouvait lire et écrire ce qu'il pense. » La censure ne fut levée que le 12 octobre 1919, en même temps que l'état de siège – le *Canard* se crut alors autorisé à changer de nom et d'« enchaîné » devint « déchaîné ». Huit mois plus tard, il reprenait son ancien titre. La rédaction mit ce revirement sur le compte de poursuite intentées contre le journal par le gouvernement, qui montraient selon elle que la liberté de la presse n'avait pas été rétablie avec la paix.

Le Canard *censuré*

La censure n'épargna pas *Le Canard enchaîné*. En cela, l'hebdomadaire n'échappait pas au sort commun de la presse mais, contrairement au *Temps* ou au *Figaro*, c'était moins ses indiscrétions que l'on censurait que ses commentaires acerbes sur les institutions civiles et militaires[111]. Il est possible de suivre, semaine après semaine, les démêlés du *Canard enchaîné* avec la censure en étudiant les registres où étaient consignés les échoppages exigés de l'hebdomadaire[112]. Valérie Bibas, qui nous a précédé dans cette voie, livre les conclusions suivantes : dès les premiers numéros, *Le Canard enchaîné* fut surveillé par les autorités du Bureau de la presse. Mais les échoppages restèrent peu nombreux jusqu'au mois de novembre 1916. À partir de cette date et jusqu'en septembre de l'année suivante (à l'exception d'une fois, en janvier

1917), au moins dix articles ou dessins du *Canard enchaîné* furent censurés chaque mois. Le rythme et l'ampleur des échoppages se ralentirent ensuite, certains mois (mars, mai, juin, août 1918) voyant même presque disparaître les coupures. Les mois où la censure s'exerça avec une particulière rigueur contre *Le Canard enchaîné* correspondent à des moments de crise nationale. En mai et juin 1917, notamment, les mutineries dans l'armée firent craindre aux autorités l'émergence d'un mouvement de contestation radicale de la guerre : tout ce qui semblait propre à entretenir ce mouvement était donc étroitement surveillé. Cependant, même dans ces périodes de tension et en dépit de l'irrésistible progression des échoppages de l'été 1916 à l'été 1917, certains numéros passèrent sans subir de coupure (par exemple ceux du 21 mars ou du 8 août 1917) tandis que d'autres étaient copieusement censurés[113]. Au reste, la consultation du registre de la censure montre que, si *Le Canard enchaîné* fut incontestablement une victime de la censure, il n'en fut pas le martyr ; d'autres publications furent traitées bien plus sévèrement. Ainsi, il n'est pas de numéro de *La Vague* de Pierre Brizon qui ait échappé aux ciseaux du censeur et, sur le registre, la liste des observations relatives à ce journal occupe fréquemment un espace double ou triple de celui réservé au *Canard enchaîné*.

Sur les thèmes des articles et dessins supprimés, on peut se faire une idée à partir des annotations du censeur, même si celui-ci reste souvent vague sur les motifs qui l'ont conduit à demander une coupure. Selon les calculs effectués par Valérie Bibas, plus de 60 % des échoppages dont fut victime le *Canard* concernaient une information ou un commentaire politiques (le plus souvent teintés de pacifisme), 20 % des renseignements d'ordre militaire et diplomatique, 15 % la vie des soldats, le reste, soit 5 %, étant guidé par le « respect de la moralité ».

Voici quelques exemples de passages censurés. Le premier date du 25 juillet 1916 ; l'observation est extrêmement courte :

> « Un entrefilet insultant pour Barrès. »

Le second est beaucoup plus long et date du 10 juillet 1917 :

> « 1) Dans « Défaitistes » trois passages inopportuns.
> 2) Dans « Rosaire » [ou Russoire ?] passage désobligeant.
> 3) Dans « Sur le nez » l'épithète (*sic*) « von » appliquée à un Français.
> 4) Dans « Poèmes civiques » attaque au (*sic*) chef de l'État.
> 5) Dans « Philémon, vieux de la vieille », ironie sur les agents de la force publique.
> 6) Dans « Benefs de guerre » passages pessimistes.
> 7) Dans « À travers la presse déchaînée » passage inopportun au sujet du discours [?] d'A. Thomas sur l'Alsace-Lorraine.
> 8) Dans « Petite correspondance »
> a) ironie désobligeante pour un général allié.
> b) histoire macabre. »

Enfin, cet « avis » qui nous semble assez savoureux date du 18 février 1918 :

> « Exposé d'une théorie déprimante sur la guerre. »

On le voit, les censeurs employaient un vocabulaire à la fois vague et précis : vague en ce qu'il décrivait moins un contenu qu'un effet ; précis en ce que les mots n'étaient pas choisis au hasard mais étaient exactement proportionnés à l'infraction. Ce sont en effet toujours les mêmes adjectifs qui reviennent : échos « injurieux », entrefilets « insultants », passages « désobligeants » ou « tendancieux », plaisanteries « inopportunes » ou « fâcheuses » ou « déplacées », mots « trop pessimistes », phrases « antipatriotiques » et caricatures « pacifistes », commentaires « ironiques ». Les journalistes du *Canard enchaîné* ne se firent pas faute d'interpeller directement leurs censeurs. Les dessinateurs personnifièrent la censure sous les traits d'Anastasie, vieille fille acariâtre et castratrice aux longs ciseaux[114]. Quant aux rédacteurs, tantôt ils signalaient des articles censurés dans certains journaux et passés dans d'autres, tantôt ils réclamaient que le censeur rendît plus vite les épreuves qu'il était chargé de contrôler.

Le *Canard* utilisa aussi des moyens de lutte plus détournés, par exemple en jouant de l'incohérence de la censure. Ainsi, l'article « Un nouveau jour », où Georges de la Fouchardière imaginait un jour sans guerre comme il y a des jours sans travail, censuré dans le numéro du *Canard* daté du 6 décembre 1916, était passé dans *L'Œuvre* de Gustave Téry trois jours plus tard; sous le titre « D'un tour de canard que nous avons joué à un censeur bête comme une oie », il reparut dans le numéro du *Canard* du 13 décembre puisqu'il avait été accepté dans un autre journal[115]. Un autre tour de Georges de la Fouchardière est raconté par Jean Galtier-Boissière, directeur du *Crapouillot* et collaborateur du *Canard* dans les années 1930:

> « Une énigme transparente permit à La Fouchardière d'exprimer ce qu'il pensait de la Révolution russe: une demi-colonne de phrases incohérentes dont il suffisait de retenir et d'assembler les premières lettres se résolvait en cette franche déclaration: "Au premier de ces messieurs. Quand Nicolas sera pendu, on passera au suivant. Jusqu'au bout. On les aura tous. Mort aux tyrans[116]!" »

Un autre procédé était de publier sous pseudonyme ou sans signature des textes que la censure mettait à mal et qui se révélaient être de Voltaire ou de Victor Hugo. Inutile de dire que ce jeu du chat et de la souris avec la censure faisait la joie des lecteurs du *Canard enchaîné* qui y voyaient la marque de l'indépendance et du courage du journal. Les « blancs » eux-mêmes étaient comme les blessures d'un glorieux combat. On en trouvait parfois qui ne devaient rien à la censure, ainsi que le précisait malicieusement le journal.

Ce qu'on trouvait dans le Canard *de guerre*

Le sous-titre du *Canard enchaîné* fut « journal humoristique » de 1915 à 1917 ; il devint alors « journal hebdomadaire » jusqu'en 1925 puis « journal satirique paraissant le mercredi », ce qu'il demeure encore aujourd'hui. En choisissant l'humour et la satire, en alliant le texte au dessin, Maurice Maréchal inscrivait *Le Canard enchaîné* dans la tradition des journaux humoristiques et satiriques illustrés. Héritière des pamphlets et feuilles volantes apparus dès le XVIe siècle et utilisés à grande échelle lors des guerres de Religion, dans la lutte qui opposa Louis XIV aux Provinces-Unies ou encore sous la Révolution française, cette tradition débuta véritablement avec *La Caricature*, l'hebdomadaire fondé en novembre 1830 par Charles Philippon. Ce genre de presse connut son apogée au début de la Troisième République, grâce, surtout, à la liberté permise par la loi de juillet 1881 et aux progrès accomplis dans les techniques de reproduction (apparition de la photogravure vers 1880, amélioration des tirages en couleurs[117]). L'immédiat avant-guerre vit s'amorcer son déclin, avec la progressive ouverture de la presse d'information quotidienne aux dessinateurs, la régression du dessin au profit de la photographie et la sclérose d'une forme d'humour qui n'était plus adaptée aux nouveaux goûts du public.

Par rapport à cette tradition, *Le Canard enchaîné* se situait à la fois en continuité et en rupture. En continuité parce qu'il associait texte et dessin pour faire rire ; en rupture puisque sa visée était essentiellement politique et polémique, alors que, sauf exception, les feuilles humoristiques illustrées pratiquaient un humour inoffensif. Christian Delporte, dans sa thèse sur le dessin et les dessinateurs de presse, a souligné le fossé qui séparait le journal de Maurice Maréchal des journaux humoristiques; ses caractères, prises de position et diffusion le classaient à part de l'ensemble dans lequel on le rangeait communément[118]. Cette distinction était d'autant plus indispensable aux yeux de Maurice Maréchal que la plupart des feuilles humoristiques et des dessinateurs avaient versé, sitôt la déclaration de guerre – et, même, pour certains, bien avant – dans l'hystérie anti-allemande et anti-pacifiste. Le recueil *L'Esprit satirique* en France, paru en 1917, en témoigne, qui félicitait les dessinateurs d'avoir « à la fois compris et soutenu le peuple français dans sa tragique belle humeur », leur reprochant seulement quelques débordements au début du conflit:

> « La scatologie et l'assimilation de l'Allemand au porc, cet animal incompris, si doux, et plus soucieux que tout autre de propreté au dire des naturalistes, ce qui rend la comparaison au moins défectueuse, faisaient à peu près tous les frais de ces placards et de ces cartes postales[119]. »

Le *Canard* épingla plus d'une fois les dessinateurs coupables à ses yeux d'avoir mis leur talent au service de la haine belliciste; ainsi le 30 janvier 1918, sous le titre « Deux saloperies »:

> « Dans *La Victoire*, c'est un dessin signé Hermann Paul – celui-là même qui avait du talent au temps de l'affaire Dreyfus[120] – et représentant des officiers boches disant: « Retardons notre offensive, les socialistes français nous suffisent. » Dans *Le Journal*, c'est un dessin signé de Poulbot. Il représente des gosses s'amusant à fusiller un petit camarade. Ces gosses-là jouent, vous comprenez, à l'Affaire. Hermann Paul, Poulbot. Vraiment, Messieurs les « humoristes » nous gâtent! »

Mais la rupture avec la presse satirique ou humoristique illustrée dépassait de loin le souci immédiat de se démarquer du patriotisme excessif de celle-ci. Plus fondamentalement, le *Canard* de Maurice Maréchal se distinguait par le primat reconnu au texte. Alors que dans les feuilles comme *Le Rire*, le dessin avait souvent pris le pas sur le texte au point de faire des dessinateurs des « vedettes » plus connues que les rédacteurs qui travaillaient à leurs côtés, le dessin, s'il n'était pas négligé au *Canard*, demeurait dans une position subordonnée, tant dans l'espace du journal que dans l'esprit de Maurice Maréchal. *Le Canard enchaîné*, malgré les souhaits et en dépit des plaintes exprimés par les générations de dessinateurs qui s'y sont succédées, ne fut jamais un journal de dessinateurs, fait et dirigé par des dessinateurs ; il a toujours été un journal auquel collaborent des dessinateurs, ce qui n'est pas du tout la même chose.

Quant au contenu du *Canard*, il répondait à trois objectifs : informer, amuser et dénoncer. Informer, le journal de Maréchal ne fut guère en mesure de le faire à cause de la censure ; ses échos contenaient cependant nombre d'allusions à la situation intérieure, surtout politique, qui pouvaient en apprendre beaucoup à un lecteur attentif. Par exemple, le *Canard* rendit compte de manière assez complète aussi bien du scandale Humbert-Bolo[121] que des menaces allemandes pesant sur le Paris de la première moitié de l'année 1918. Il amusa également par des histoires drôles, des contes un peu lestes, des feuilletons humoristiques. Mais, en examinant la collection des premiers numéros, il apparaît nettement que le principal objectif que s'était fixé le journal était de dénoncer les pouvoirs anciens et nouveaux auxquels la guerre profitait.

Cette dénonciation s'exerçait surtout contre l'ennemi intérieur – le journal lança quelques traits contre les Prussiens impérialistes mais n'exploita pas une veine qui sentait par trop son union sacrée. Après les « bourreurs » et les censeurs furent visés les « embusqués » – ceux qui devaient à leurs relations de se tenir loin du front –, les stratèges du Café du commerce, les policiers et les gendarmes, le clergé, tous les corps constitués. L'Académie française fut présentée comme un repaire de vieillards pousse-au-crime, tout comme le Sénat – les journalistes du *Canard* poursuivirent cette dernière institution, déjà suspecte d'antirépublicanisme, d'une vindicte particulière pour le rôle qu'elle joua dans la mise en accusation de Joseph Caillaux et de Louis Malvy. Les idées pacifistes qu'on prêtait à ces derniers ne pouvaient qu'inciter le *Canard* à les défendre contre leurs accusateurs et le journal mena effectivement campagne en leur faveur. Ces personnalités ne bénéficièrent cependant que d'un appui passager du journal de Maréchal : hommes politiques, députés et ministres, ils endossaient leur part de la responsabilité collective des dirigeants politiques dans le déclenchement de la guerre. Si le gouvernement fut relativement épargné – la censure y veillait –, on ne saurait en dire autant des députés : ceux-ci, aux yeux des journalistes du *Canard*, avaient pour principal objectif de conserver leur situation très profitable aussi longtemps que possible, même si cela devait signifier la poursuite de la guerre pendant des années[122].

Les plus gros profiteurs étaient cependant ailleurs qu'au Palais-Bourbon : on les trouvait dans ce milieu des fournisseurs aux armées – les « mercantis » –, industriels, munitionnaires, intermédiaires astucieux, accapareurs de toutes sortes dont la guerre avait fait de « nouveaux riches ». On les trouvait encore, à un moindre niveau, chez les commerçants arrogants – la figure du bougnat est en particulière défaveur dans les colonnes du *Canard* de guerre –, chez les paysans qui faisaient monter les prix ou chez les propriétaires qu'impatientait le moratoire des loyers. Les difficultés matérielles, comme les problèmes d'approvisionnement en charbon ou la mauvaise qualité du pain, fournirent le thème de bon nombre de papiers et de dessins qui désignaient en même temps les responsables parmi ces catégories de la population. Tous ces accusés avaient partie liée selon *Le Canard enchaîné*. Le clergé encourageait l'armée qui engraissait l'industriel, lequel commandait au politicien. Le dessin permettait de montrer cette association de criminels avec une grande efficacité. C'était un riche industriel accueillant – non sans maugréer – les représentants de *L'Action française* et du clergé venus lui demander de l'argent ; c'était une petite fille priant Dieu de prolonger la guerre pour son papa munitionnaire...

Contre toutes ces cibles, les journalistes du *Canard* employèrent ce que Freud a désigné comme des « procédés visant au rabaissement[123] ». La caricature, la parodie, le burlesque, le démasquage visent des personnes ou des objets « sublimes » et « éminents », c'est-à-dire qui possèdent une autorité et prétendent au respect, soit en isolant et en exagérant tel trait particulier (la caricature), soit en détruisant l'unité entre les paroles et les actions de tel personnage (la parodie, le burlesque), soit encore en attirant l'attention sur une faiblesse propre à ruiner le « sublime » dont les détenteurs du pouvoir cherchent à imposer l'évidence, par exemple la dépendance des réalisations psychiques à l'égard des besoins corporels : « Le démasquage devient alors synonyme de cet avertissement : tel ou tel que tu admires à l'égal d'un demi-dieu n'est lui-même qu'un être humain comme toi et moi. »

Mais le détour par le rire avait une autre utilité, plus contingente. L'état de siège avait imposé la censure des opinions ; un journal qui aurait manié la polémique « sérieuse » aurait été réduit au silence. L'emploi de l'ironie, du sarcasme, du pastiche, de la parodie, le « canard » et le « bobard » assumés et revendiqués, le terme et l'image mêmes d'un journal « humoristique » protégèrent quelque peu *Le Canard enchaîné* des foudres de la censure – vérifiant en cela le mot de Karl Kraus selon lequel « une satire que le censeur comprend mérite d'être bannie ». L'article de présentation paru dans les premiers numéros de 1915 et 1916 dévoilait la stratégie du mensonge délibéré qui allait être suivie :

> « *Le Canard enchaîné* a décidé de rompre délibérément avec toutes les traditions journalistiques établies jusqu'à ce jour. En raison de quoi, ce journal veut bien épargner, tout d'abord, à ses lecteurs, le supplice d'une présentation. En second lieu, *Le Canard enchaîné* prend l'engagement d'honneur de ne céder en aucun cas à la déplorable manie du jour. C'est assez dire qu'il s'engage à ne publier, sous aucun prétexte, un article stratégique, diplomatique ou économique quel qu'il soit. [...] Enfin, *Le Canard enchaîné* prendra la liberté grande de n'insérer, après minutieuse vérification, que des nouvelles rigoureusement inexactes. Chacun sait, en effet, que la presse française, sans exception, ne communique à ses lecteurs, depuis le début de la guerre, que des nouvelles implacablement vraies. Eh ! bien, le public en a assez ! Le public veut des nouvelles fausses. Il en aura. » (10 septembre 1915).

Bien entendu, les censeurs ne furent pas toujours dupes de cette stratégie ; mais la comparaison que nous avons faite entre les coupures imposées à un journal comme *La Vague* de Pierre Brizon et *Le Canard enchaîné* en montre la relative efficacité.

Enfin, le recours aux procédés satiriques s'explique par la nature même de l'événement dont s'emparèrent les journalistes du *Canard*. Si la Grande Guerre fut par excellence « l'événement-monstre » dont a parlé Pierre Nora, un événement démesuré, disruptif, si violent que toute une société vacilla sur ses bases et remit en cause ses croyances les mieux établies, il est compréhensible que le rire polémique soit apparu comme un moyen privilégié d'appréhension de la réalité. Parmi ces croyances battues en brèche par la guerre figurait en effet la nécessité, fondée en valeur, de la discussion entre adversaires qui se respectent pour qu'émerge la vérité et que soit établi l'intérêt général. La guerre sembla à toute une partie de la société montrer l'inanité de ce postulat démocratique ;

la force irrationnelle avait tout emporté sur son passage. D'un tel constat, on pouvait tirer des conclusions fort diverses; l'une d'elles a pu être que le rire était seul à même de traduire (au double sens de rendre compte et de convoquer devant un tribunal) l'absurdité sanglante du monde moderne[124].

III

LE *CANARD* DANS SON MILIEU

Une famille de journaux

Les collaborations extérieures des premiers journalistes du *Canard enchaîné* attestent l'existence d'une famille de journaux proches par leur sensibilité, leur forme ou leur engagement politique. Parmi les titres qui reviennent le plus souvent, on trouve d'abord le journal de la section française de l'Internationale ouvrière, *L'Humanité* ; nous avons vu qu'y avaient travaillé ou y travaillaient encore en 1916 Victor Snell, H.-P. Gassier, Lucien Laforge, peut-être Rodolphe Bringer et Maurice Maréchal lui-même. Viennent ensuite les journaux d'Henri Fabre : *Les Hommes du jour* (Lucien Laforge, André Dahl), *Le Journal du peuple* (Rodolphe Bringer, Lucien Laforge), *Le Carnet de la semaine* (Bécan). Enfin le journal de Gustave Téry, *L'Œuvre*, comptait dans ses rangs bon nombre de collaborateurs du *Canard enchaîné* : Victor Snell, Georges de la Fouchardière, Bécan, en attendant tous ceux des années 1920. Les journaux d'extrême-gauche comme *Le Bonnet rouge* ou *La Guerre sociale* complètent ce que l'on serait en droit d'appeler le « milieu matriciel » du *Canard enchaîné*. Il ne faudrait pas oublier les journaux humoristiques comme *Le Rire* ou *Le Sourire*, non plus que les journaux d'information comme *Le Matin* ou *Le Journal* ou encore le monde des revues.

La liste des journaux ayant favorablement accueilli le lancement du *Canard enchaîné* en septembre 1915 par un message de bienvenue recoupe celle déjà fournie par la reconstitution des collaborations. Huit publications signalèrent la naissance du nouveau confrère : *La Bataille syndicaliste, Le Bonnet rouge, Le Carnet de la semaine, L'Humanité, Les Hommes du jour, Je dis tout, Le Petit Bleu, Ruy Blas*. Certaines se contentèrent d'un message de sympathie, comme *Le Carnet de la semaine* :

> « Souhaits de bienvenue et de succès à notre nouveau confrère, *Le Canard enchaîné*, dont notre spirituel collaborateur Gassier dirige les ébats, tandis que son camarade Maréchal lisse les plumes[125]. »

D'autres saluèrent plus précisément l'arrivée d'un allié dans la lutte idéologique en cours ; ainsi *Les Hommes du jour* :

> « Le bon dessinateur Gassier s'étant chargé du plumage, le bon écrivain Maréchal s'étant chargé du ramage, *Le Canard enchaîné* fait une apparition dans la presse qui peut suffire à mettre en joie et en belle espérance ceux que la guerre n'a pas encore ravis à la Libre Pensée, et qui croient que le plus grand courage sera toujours de considérer sincèrement les hommes et les choses. Longue et bonne vie au *Canard enchaîné*, qui la mérite[126]. »

Un dernier moyen de reconstituer l'ensemble dans lequel s'inscrivait *Le Canard enchaîné* nous est fourni par le journal lui-même. Pendant toute la guerre, en même temps qu'il désignait explicitement ses adversaires, le *Canard* multiplia encouragements et citations de ses confrères en « débourrage ». Ainsi, en septembre 1916, des publicités parurent pour *Le Carnet de la semaine* et *Les Hommes du jour*; en décembre, le *Canard* protesta contre la saisie et la suspension du *Bonnet rouge* tout en signalant les débuts de *La Griffe*, félicitée en mars de l'année suivante pour un « remarquable dessin » – qui fut décrit – sur les « mercantis »; en août 1917, c'est Victor Basch et toute la rédaction du *Pays* qui étaient soutenus par le *Canard* contre ceux qui les accusaient de menées antipatriotiques; en septembre 1917 était annoncée la reparution du *Journal du peuple* après une suspension motivée par l'oubli d'un échoppage et, en avril 1918, la sortie du *Populaire*[127]. Un dernier article mérite d'être commenté, c'est celui qui parut dans le numéro du 27 février 1918: en réponse à *La Voix nationale*[128] qui avait publié un tableau expliquant « comment les patriotes [devaient] classer les journaux politiques » (*Le Canard enchaîné* étant rangé parmi les journaux « défaitistes » en compagnie de la plupart de ceux que nous venons de citer), le *Canard* publia son propre tableau, double inversé du premier: étaient rangés parmi les journaux « patriotes » les hebdomadaires *Le Canard enchaîné, Les Hommes du jour, La Vague, Le Carnet de la semaine, Le Bloc, La Griffe*, les quotidiens du matin *Le Journal du peuple, Le Pays, L'Humanité, L'Œuvre, La Lanterne, La Bataille*, les quotidiens du soir *La Vérité*, et *L'Heure*. Tous ces journaux étaient régulièrement cités dans la rubrique intitulée « À travers la presse sérieuse » qui faisait pendant à « La presse déchaînée » réservée aux adversaires du *Canard*.

Des journaux situés en majorité à gauche

Quelle sorte de journaux avons-nous là et quelle fut leur ligne politique durant la guerre? Réglons d'abord rapidement le problème des journaux non directement politiques; ils disent peu de chose sur l'orientation idéologique du *Canard enchaîné* et renseignent seulement sur la *forme* du nouveau journal, qui tenait de la feuille d'échos (type *Ruy Blas*), du périodique illustré (type *Petit Bleu illustré*) et du journal humoristique (type *Le Rire*). Quant à la collaboration de Maurice Maréchal au *Matin* et d'André Dahl au *Journal*, elle est là pour tempérer l'impression d'amateurisme qui baigne les débuts du *Canard*.

Les liens établis avec les revues politiques et littéraires sont déjà plus significatifs. L'article que fit paraître Victor Snell dans *Le Canard enchaîné* le 31 octobre 1917 les éclaire avec une particulière intensité ; il y faisait l'éloge d'un certain nombre de titres, dont la plupart se classaient à gauche : tendance radicale-socialiste ou socialiste minoritaire (hostile à l'union sacrée, voire pacifiste) pour *La Caravane* et *Lutetia* (deux titres auxquels collaborait George-Armand Masson, qui entrera au *Canard* dans les années 1920), *Les Écrits libres, La Forge* (cette dernière revue avec une forte coloration anarchiste) ; pacifisme humanitariste pour *Le Scarabée* ; non-conformisme ancré à gauche pour *Le Crapouillot*.

La frontière entre les revues et les journaux d'opinion peut être difficile à reconnaître. Certains petits journaux touchaient un public guère plus fourni que les revues les plus importantes. La périodicité distingue parfois seule des publications aux idées semblables, aux équipes partagées. Les journaux d'opinion que soutenait le *Canard* et qui lui apportaient en retour leur soutien étaient, sans grande surprise, majoritairement des journaux de gauche qui tentèrent, pendant la guerre, de concilier les nécessités de la défense nationale avec les idéaux internationalistes de la gauche française du début du siècle. Des situations, des statuts, des prises de position bien différents coexistaient cependant au sein de cet ensemble. Faisaient partie de ce « milieu matriciel » des organes anciens et officiels d'organisations de masse, SFIO pour *L'Humanité*, CGT pour *La Bataille syndicaliste* – devenu *La Bataille* tout court. L'un et l'autre s'obligèrent à une grande prudence dans leurs commentaires sur la guerre et dans leurs critiques du gouvernement ou du commandement puisque les deux organisations s'étaient engagées dans l'union sacrée. Leur ligne indécise et sans relief refléta les débats internes au sein des directions et leur évolution, vers une contestation toujours plus grande de l'union sacrée, épousa celle de la majorité des militants et dirigeants en ce sens. On pourrait rapprocher *L'Heure* de Marcel Sembat des positions de *L'Humanité*, à ceci près que *L'Heure* resta toujours attachée aux positions des majoritaires de la SFIO du début de la guerre – elle disparut en novembre 1919 après que la majorité fut devenue minoritaire.

Liés encore de quelque façon aux partis et syndicats, d'autres journaux ont représenté davantage l'aile contestatrice œuvrant au sein de ces organisations ; ce fut le cas de *La Vague* de Pierre Brizon, député socialiste, lui aussi partisan de l'union sacrée en 1914 mais qui s'en éloigna l'année suivante pour se rallier à la minorité pacifiste au sein de la SFIO et participer à la conférence de Kienthal[129] en avril 1916 ; plus encore que *Le Populaire* de Jean Longuet et Paul Faure, lui aussi favorable à l'initiative de Kienthal, *La Vague* osa une ligne presque ouvertement pacifiste et fut durement malmenée par la censure. *La Vérité* de Paul Meunier adopta la même ligne que *Le Populaire* dont elle fut le concurrent direct (Henri Barbusse écrivait d'ailleurs dans les deux publications). Les journaux du socialiste Henri Fabre appartiennent également à cette catégorie, aussi bien ses hebdomadaires *Les Hommes du jour* et *Le Carnet de la semaine* que son quotidien *Le Journal du peuple*, qui fut « ouvert à la cause des bolchevistes dès novembre 1917[130] » après avoir, comme les deux autres publications de Fabre, manifesté une sensibilité autant libertaire que socialiste.

Si nous poursuivons le chemin qui nous éloigne des organisations politiques et syndicales, nous rencontrons les journaux de Gustave Hervé et Miguel Almereyda, *La Guerre sociale* et *Le Bonnet rouge*. Nous avons déjà enregistré le virage à angle droit de *La Guerre sociale* en direction du nationalisme, virage marqué par son changement de nom, mais il nous faut ajouter que *La Victoire* ne devint pas tout de suite un journal de droite : Gustave Hervé, poursuivant le projet d'un socialisme national, tint à lui conserver un ton de critique sociale dans le même temps qu'il exaltait le courage des poilus. Le rêve qu'il conçut de rallier la majorité des socialistes à son point de vue se brisa définitivement quand ceux-ci, revenus de leurs premiers enthousiasmes, exclurent de leurs rangs le « traître » Hervé en octobre 1916. Le cas du *Bonnet rouge* d'Almereyda, l'ancien lieutenant de Hervé à la *Guerre sociale*, est un peu spécial puisque les hésitations de sa ligne éditoriale durent beaucoup à l'argent que les Allemands versèrent à son administrateur, Émile-Joseph Duval. On ne sait trop si Almereyda lui-même toucha personnellement de l'argent mais il se montra pour le moins insoucieux de l'origine des ressources de son journal. Au reste, après avoir présenté tous les signes d'une conversion au nationalisme, conversion dont la brutalité n'avait rien à envier à celle de son ancien patron de *La Guerre sociale*, Almereyda s'était replié sur un pacifisme que ne pouvaient qu'encourager les agents allemands.

Enfin, presque totalement indépendants du socialisme et du syndicalisme officiels, si ce n'est éventuellement par l'engagement individuel de tel de leurs collaborateurs, on trouve trois journaux d'inégale importance : *La Griffe*, qui était un journal humoristique dont le titre faisait allusion au lion populaire – lequel, après avoir terrassé l'aigle allemand, promettait de se tourner contre le vautour des grands intérêts ; *Le Pays*, qui était lié à la Ligue des Droits de l'homme et comptait beaucoup d'universitaires dans sa rédaction ; et, surtout, *L'Œuvre* de Gustave Téry, fondé en 1904. Ce quotidien de gauche avait été, à ses débuts, un mensuel puis un hebdomadaire nationaliste et antisémite ; son papier à lettres, rapporte Jean-Paul Lacroix[131], portait cette mention : « Pas un juif n'est abonné à *L'Œuvre.* » Mais en 1915, les choses avaient un peu changé, Téry s'était débarrassé d'Urbain Gohier – aussi antisémite qu'antimilitariste – et le journal pratiquait un anticonformisme de gauche, luttant aussi bien contre les excès de la censure que contre les patriotes de salon.

Il est remarquable que beaucoup des journaux que nous venons de citer apparurent ou se transformèrent de façon décisive pendant la guerre : avant 1915 n'existaient ni *L'Œuvre* quotidienne, ni *Le Carnet de la semaine*, ni *L'Heure*, ni *La Griffe*, ni *La Vérité*, ni *Le Journal du peuple*, ni *Le Populaire*, ni *La Vague*[132]. Si l'on met à part *L'Heure* qui demeura fidèle à l'union sacrée jusqu'à sa disparition, l'apparition et le succès de ces journaux témoignent certainement de la formation d'une opinion publique de gauche de plus en plus hostile à cette suspension de la lutte économico-idéologique en quoi consistait l'union sacrée. La prolongation d'une guerre jugée sans issue, la collaboration de classe avec l'ennemi bourgeois et la dérive de l'union sacrée, d'une pratique exigée par l'urgence de l'heure à un conformisme politique et idéologique, poussèrent un nombre croissant de lecteurs vers ces publications. Ainsi, alors que *L'Humanité* avait commencé la guerre aux alentours de 90 000 exemplaires tirés, elle la finit à 30 000 ; dans le même temps, *L'Œuvre* passa d'environ 60 000 à 116 000 en 1918, tandis que *Le Journal du peuple* approchait les 50 000 et que *La Vague* tirait à plus de 100 000 exemplaires en novembre 1918. Pour sa part, *Le Canard enchaîné* revendiquait 40 000 lecteurs en 1918.

Les premiers lecteurs du Canard enchaîné

En l'absence d'un fichier d'abonnés, disparu, comme l'essentiel des archives de l'ère Maréchal, dans la tourmente de la Seconde Guerre mondiale (il n'aurait d'ailleurs eu d'utilité, par définition, que pour une fraction du lectorat), nous sommes réduit à extorquer des aveux à des sources bien peu loquaces. Le référendum pour l'élection du « grand chef de la tribu des bourreurs de crâne » en 1916 et 1917 constitue l'une de ces sources. Les extraits des lettres des votants, outre des commentaires bien peu amènes sur les « bourreurs de crâne » les plus connus, contiennent des indications permettant souvent de connaître l'état, la profession et le domicile du lecteur. Croisées avec les données fournies par les autres rubriques qui offraient la parole aux lecteurs – « On écrit... », « Envoi du front » – on obtient entre cent cinquante et deux cents documents utiles pour donner un visage au premier lectorat du *Canard enchaîné.*

L'un des premiers enseignements d'un tel recensement est que le *Canard* était lu partout en France dès ses débuts – encore un trait qui le distingue des « journaux du front » qui n'étaient le plus souvent diffusés qu'à l'échelle d'un régiment ou d'un secteur. Le gros des lecteurs recensés – 40 % – habitait Paris et sa région ; la capitale groupait à elle seule le quart des lecteurs qui s'étaient signalés au journal. Le caractère parisien du journal trouve ici une nouvelle confirmation. Les soldats, sur le front, constituaient le deuxième groupe en termes d'importance numérique : 20 %. Trois régions de province se partageaient l'essentiel des autres lecteurs : les Pays de la Loire (autour d'Angers) ; la région lyonnaise ; la Normandie (autour de Rouen).

Le Canard enchaîné fut sans doute, en 1915, distribué par la poste aux abonnés et par Jeanne Maréchal et Mme Victor Snell aux kiosques parisiens ; mais, contrairement aux hypothèses avancées par Valérie Bibas dans son travail sur l'hebdomadaire satirique pendant la guerre[133], il bénéficia dès 1916 du service de distribution Hachette : une lettre datée du 5 juillet 1916 (le jour même de la sortie du premier numéro), adressée par les Messageries de journaux parisiens Hachette à l'administrateur du *Canard enchaîné,* M. Parmentier, récapitulait les conditions de l'accord[134]. En janvier 1919, un avis informa les lecteurs qu'ils pouvaient trouver leur journal à Strasbourg, à Metz, dans toute l'Alsace-Lorraine en le réclamant aux dépositaires de la maison Hachette.

Le Canard enchaîné recourut pendant la guerre aux procédés classiques d'auto-promotion d'une jeune publication mais en leur imprimant la marque de son esprit particulier. Des avis encourageaient la lecture du journal sur le mode de la plaisanterie tout en se moquant des avis publicitaires des autres journaux : « Jeunes filles qui voulez vous marier, n'épousez qu'un lecteur du *Canard enchaîné !* » ; « Si votre curé ne lit pas *Canard enchaîné*, changez de paroisse ! » ; « Oncle à héritage ! Si vos neveux ne lisent pas *Le Canard enchaîné*, déshéritez-les ! » ; « Il est plus facile de vivre sans charbon que sans *Canard enchaîné* », etc. Plus sérieusement, le journal organisait parfois de véritables opérations de propagande publicitaire en sa faveur. En novembre 1916, il informa ses lecteurs qu'il faisait éditer des cartes illustrées au format carte postale ; ces cartes, par paquet de vingt-cinq, étaient tenues à la disposition des lecteurs pour qu'ils les distribuent autour d'eux[135], « excellente manière de faire connaître ce journal qui ne peut se payer, comme d'autres, le luxe d'un affichage coûteux » et qui voyait pourtant, ajoutait-il, son tirage augmenter chaque semaine. Des cartes de propagande furent également tirées à l'occasion de la publication des résultats du référendum pour l'élection du « grand chef de la tribu des bourreurs de crâne ».

L'acheminement du journal aux abonnés combattant sur le front rencontra de sérieuses difficultés. Un lecteur ayant découvert *Le Canard enchaîné* durant la Première Guerre se souvenait que « le *Canard* était interdit dans la zone des armées » et qu'il recevait donc son journal sous « enveloppe fermée[136] ». Un autre lecteur – qui revendiquait en 1962 le titre de « plus ancien lecteur du *Canard* » – se souvenait que ses parents lui adressaient les numéros « vachement censurés et toujours intercalés dans ceux du journal de Rouen car tu n'étais pas, à cette période, un canard très goûté à l'état-major où j'étais radio[137] ». Les renseignements fournis par le Service historique des armées ne permettent pas de confirmer une interdiction générale : quand, en 1919, le service des Renseignements généraux transmit au commissaire général à la Sûreté nationale (rattaché à la présidence du Conseil) « une liste de journaux sur lesquels l'attention du Grand Quartier Général [devait] plus particulièrement s'exercer du point de vue de la propagande ou des idées révolutionnaires susceptibles d'ébranler le moral des troupes », *Le Canard enchaîné* n'y figurait pas[138]. Pas plus qu'il ne figurait sur la liste des « publications interdites ou dangereuses pour le moral des troupes » établie par le Grand Quartier Général[139]. S'il ne fait pas de doute que la diffusion sur le front était étroitement surveillée par les autorités militaires, il semble cependant que l'interdiction pure et simple du *Canard enchaîné* ait été due davantage à l'initiative de certains officiers plutôt qu'à une consigne générale. Ce que confirme la lettre d'un troisième lecteur, parvenue au journal en octobre 1918 :

> « Quelque embusqué, d'une main sûre / Pour s'économiser deux ronds / Te garde au nom de la Censure / En volant nos poilus du Front[140] ».

Tous les lecteurs du *Canard enchaîné* n'étaient pas des combattants. Mais Maurice Maréchal se montrait particulièrement fier de la composante militaire de son lectorat qui faisait du *Canard* un quasi-journal du front. Selon Jean Galtier-Boissière – directeur d'un vrai journal du front, *Le Crapouillot* – les mêmes raisons qui avaient assuré le succès du *Pays* et de *La Vague* expliquent le succès du *Canard enchaîné* pendant la guerre ; comme ces journaux, le *Canard* avait « trouvé une large audience auprès des poilus parce qu'il répudiait la grandiloquence des ridicules « gardiens de la flamme » et donnait une masse considérable de lecture[141] ». Maurice Maréchal était friand des témoignages qui attestaient la lecture du *Canard* par les combattants durant la Première Guerre. Ainsi, en 1932, parut sous la signature de César Fauxbras, *Jean le Gouin*, un « roman subversif de la guerre maritime » comme le présenta *Le Canard enchaîné*. Dans le compte-rendu élogieux qui lui fut consacré, un large extrait montrait un marin très attaché au *Canard* :

« Je tiens à mes *Canards* comme à la prunelle de mes yeux. Je n'en possède malheureusement qu'une douzaine de numéros bien qu'on m'ait expédié, sous pli fermé, tous ceux qui ont paru. Les manquants sont restés dans les sales pattes qui violent notre correspondance. Ils sont passablement chiffonnés, mes *Canards* : je les ai lus dix fois, vingt fois peut-être et tous mes amis du *Robespierre* les ont lus aussi. Quand chaque jour depuis trois ans des milliers de pieds plats emplissent des milliers de feuilles de toutes les inepties imaginables, on est heureux de se désintoxiquer de temps en temps. [...] L'ennuyeux c'est que la censure y fasse tant de blancs. Mais, disait Lemaire, dans un blanc du *Canard*, il y a plus à lire que dans une année du *Matin*[142]. »

Ces lecteurs combattants démontraient que *Le Canard enchaîné* n'était pas un journal de l'arrière qui parlait légèrement de choses graves mais lointaines. Ils fournissaient un argument de poids dans les polémiques qui opposaient le *Canard* aux autres journaux : aux détracteurs qui dénonçaient son « défaitisme » ou à tout le moins la tiédeur de son patriotisme, le *Canard* pouvait répondre qu'il était lu par ceux-là mêmes qui donnaient tous les jours des preuves du patriotisme le plus exigeant ; à ceux qui s'interrogeaient sur les sources de financement du journal, il mettait en avant la fidélité de ces lecteurs glorieux. Ainsi, en juillet 1917, s'engageant dans la polémique opposant *Le Pays* et *La Victoire* au sujet de la provenance de leurs fonds et de l'identité de leurs commanditaires, Maurice Maréchal répondait dans son journal et pour son propre compte au directeur de *La Victoire* :

« D'où vient l'argent ? De nos acheteurs, monsieur Gustave Hervé, des quelques quarante mille braves gens qui l'achètent. Les noms de ces quarante mille lecteurs, nous

> vous les livrerons avec un certain délai. [...] Beaucoup de nos lecteurs sont au front et si, après ce mois de répit que je vous demande, quelques-uns d'entre eux, parce qu'ils sont tués, ne sont plus en mesure, hélas! de nous donner leur nom ni leur adresse, je compte sur votre grande bonté pour ne pas leur en vouloir. » (11 juillet 1917)

Le rapport du premier *Canard enchaîné* à ses lecteurs combattants allait cependant bien plus loin qu'une simple caution morale. Il était d'identification au double sens de s'identifier à et de s'identifier comme. S'identifier au poilu, à l'homme qui sait de quoi il parle, qui n'est pas dupe. S'identifier – et se faire identifier – comme le journal qui donne la parole à ces hommes-là, aux hommes à qui toute parole est refusée. Dans cette construction de l'identité du nouveau journal, les forces perçues comme ennemies jouaient un rôle essentiel. Il y avait « eux » – la « grande presse », les jusqu'auboutistes, tous ceux qui parlaient beaucoup et se battaient peu – et il y avait « nous », nous les poilus ou nous qui sommes du côté des poilus en ne nous permettant pas de les encourager à se battre quand nous-mêmes ne nous battons pas. On sent bien les formidables ambiguïtés d'un tel discours. Comment justifier une prise de parole au nom de ceux qui ne parlent pas, surtout lorsqu'on n'est pas soi-même combattant; sur quoi fonder la prétention à représenter une opinion majoritaire quand on tire à quelques dizaines de milliers d'exemplaires? Maurice Maréchal répondait en citant les poilus qui manifestaient leur soutien au *Canard*; tout le projet du journal reposait sur leur adhésion:

> « Dans le moment présent, quand toute la jeunesse de France qui est notre espoir, quand tout ce que la nation comporte de fort et de sain, quand nos amis les plus chers soutiennent avec abnégation les plus effroyables luttes,

> nous regrettons presque les innocentes plaisanteries dont est fait ce journal. Mais tant de lettres reçues de *là-bas* nous ont prémunis contre nous-mêmes, tant de conseils désintéressés nous sont parvenus de poursuivre, que nous poursuivons donc ! » (29 mai 1918).

Pourtant, de place en place, on trouve la trace de l'inquiétude minoritaire qui est proprement la marque du pamphlétaire. Ainsi, en date du 3 janvier 1917, une série de considérations sur « Le Soldat » laissaient percer l'amertume du rédacteur ; l'obstination du poilu à lire les journaux qui lui mentaient était relevée :

> « Le soldat achète un journal. À la première page, il dit : « Il n'y a rien ! » À la seconde page, il s'écrie : « Ah ! Ils en racontent, des blagues ! » À la troisième, il avoue : « Ça me dégoûte ! » Et il jure de ne plus acheter aucun journal. Le lendemain, quand même, il attend le cycliste qui les apporte. »

C'est qu'en effet, et nous touchons ici aux vraies limites de la dénonciation du bourrage de crâne, les journaux de la grande presse allaient au-devant des désirs, répondaient à la demande des soldats eux-mêmes. Charles Daudet, cité par André Ducasse, écrivait que « les crânes voulaient être bourrés ; les cerveaux étaient heureux de ne croire que ce qu'il était bon qu'ils crussent[143] ». Le dénuement culturel de beaucoup de soldats explique la faveur en laquelle ils tenaient ces écrivains qui savaient hausser leur quotidien misérable à l'épique des chansons de geste ; le prestige des mots, le prestige aussi des statuts – ce n'était pas pour rien que les grands journaux entretenaient chacun leur académicien – en imposaient à des hommes à qui l'on avait appris le respect du bien parler et la supériorité du lettré. D'où la « stupeur » de Gide qui se souvenait, en 1929, d'avoir découvert que les soldats utilisaient, pour décrire leur situation, les mots de ceux qui ne l'avaient jamais partagée[144]. Mais il y avait plus que la simple imposition d'un discours. De même que les soldats embellissaient souvent la réalité dans les lettres qu'ils envoyaient à leurs proches pour ne pas les effrayer, il leur arrivait d'apprécier sans toujours se l'avouer ces récits qui les décrivaient plus courageux, plus stoïques, de meilleure humeur qu'ils n'étaient. Comment, aussi, un soldat n'eût-il pas fait un accueil favorable à une presse qui lui promettait une victoire rapide, synonyme de la fin de son calvaire ? Et puis, l'on ne peut nier qu'un sentiment national ait animé la plupart. L'espérance d'en réchapper s'alliait intimement au sentiment de contribuer au salut collectif; comme l'écrivait Marcel Proust :

> « Le véritable bourrage de crâne, on se le fait à soi-même par l'espérance qui est une figure de l'instinct de conservation d'une nation, si l'on est vraiment membre vivant de cette nation[145] ».

Le rapport des soldats de 1914-1918 à la « grande presse » fut donc à la fois de répugnance et de plaisir. S'il faut relativiser la thèse selon laquelle les mensonges des journaux durant la Première Guerre mondiale furent la cause de la désaffection du public que l'on observa par la suite – d'autres facteurs intervinrent, notamment l'émergence des nouveaux médias audiovisuels –, il n'est pas douteux qu'une crise de confiance se produisit à cette époque. Beaucoup de lecteurs parmi les plus modestes cessèrent de tenir une chose pour vraie parce qu'elle était écrite dans le journal. Cette crise fut particulièrement prononcée dans le cas des soldats, qui constataient mieux que les civils le décalage entre la réalité de la guerre et la présentation qu'en faisait la presse écrite ; la fabrication d'un « poilu mythique » leur fut particulièrement pénible. D'un autre côté, les soldats étaient grands consommateurs de la presse ; elle était leur distraction, leur évasion, peut-être leur consolation ;

elle leur donnait des nouvelles de l'arrière et même si – ou parce que – celui-ci leur paraissait frivole, il les attirait. Dans cette perspective, la lecture du *Canard enchaîné* pouvait satisfaire une double aspiration : échapper au « bourrage de crâne », ne pas être la dupe des grands journaux ; et connaître pourtant cette gaieté parisienne dont les échos retentissaient dans les colonnes du spirituel hebdomadaire.

Le Canard enchaîné n'est pas né par hasard à la fin de l'été 1915 : pour les deux journalistes qui sont à son origine, Maurice Maréchal et H.-P. Gassier, il est urgent d'échapper au consensus patriotique qui règne sans partage depuis août 1914. La France s'enfonce dans une guerre dont elle ne voit plus l'issue, la plupart des leaders de la gauche pacifiste ont « changé leur fusil d'épaule » à l'exemple de Gustave Hervé. L'entreprise connaît pourtant un premier échec en 1915, faute d'une préparation suffisante ; elle repart d'un meilleur pas en 1916, bénéficiant du concours de rédacteurs et de dessinateurs talentueux qui imposent en deux ans *Le Canard enchaîné* comme l'une des premières publications de la gauche française. Quelque chose s'est passé dans les esprits, dont ce succès témoigne : en 1918, au moment où il pousse son « Ouf ! » de soulagement dans la manchette de son numéro du 13 novembre, *Le Canard enchaîné* revendique déjà 40 000 lecteurs. Le problème de la reconversion en journal de temps de paix va maintenant se poser.

DEUXIÈME PARTIE

SURVIVRE À LA PAIX
1919-1940

La période qui s'ouvre avec l'armistice pose à l'équipe du *Canard enchaîné* le problème de la reconversion. L'image d'un journal exprimant avant tout le point de vue des poilus cesse d'être un atout. Les soldats revenus du front ne songent pour la plupart qu'à renouer avec une vie normale et fuient tout ce qui leur rappelle leur ancien état ; les civils aspirent eux aussi à effacer au plus vite les traces de la guerre. La très grande majorité des journaux de guerre disparaissent une fois la paix revenue. *Le Canard enchaîné* connaît lui aussi des difficultés financières mais passe toutefois le cap de l'après-guerre. Son équipe s'étoffe, son audience s'accroît. Il ne tarde pas à occuper une place originale et reconnue dans l'espace public de la France de l'entre-deux-guerres, ne relâchant sa critique qu'à l'occasion des brefs épisodes de conquête du pouvoir par les partis de gauche.

I

UNE RECONVERSION DIFFICILE

Comment durer ? Comment transformer un journal conçu comme une protestation contre l'esprit de guerre en un journal de temps de paix ? Dans un premier temps, l'équipe du *Canard enchaîné* fit appel à la fidélité et à la mémoire de ses lecteurs. Ceux-ci étaient invités à se souvenir de ce qu'avait représenté le *Canard* durant ces années :

> « Poilus qui allez être démobilisés, poilus qui allez regagner vos foyers et rentrer dans la vie civile. Souvenez-vous ! Souvenez-vous de ce modeste « Canard » qui fut souvent votre joie aux heures les plus sombres et qui toujours prit votre défense. Souvenez-vous que nous fûmes votre ami et que, malgré la censure et les imbéciles, nous avons trouvé le moyen de dire en riant dans nos quatre petites pages hebdomadaires plus de vérités qu'il n'en fut jamais dit dans les grands quotidiens. Souvenez-vous ! Souvenez-vous de tout cela et continuez de nous lire à l'arrière comme vous l'avez fait à l'avant. Souvenez-vous ! lisez-nous ! Soutenez-nous ! » (8 janvier 1919).

Il faut croire que le soutien ne fut pas suffisant puisque, en dépit de la hausse continuelle des tirages au début des années 1920 – 70 000 exemplaires en 1919, 110 000 en 1920, 125 000 en 1921, 150 000 en 1923[146] –, *Le Canard enchaîné* connut de sérieuses difficultés financières entre 1919 et 1925 au moins ; difficultés dont on relève les traces, à défaut de sources comptables, dans les colonnes du journal.

Les difficultés financières

Premières explications

À quoi étaient dues ces difficultés ? En premier lieu, nous l'avons suggéré, à un changement d'époque. Au moment où les journaux de guerre n'étaient plus d'actualité et où la presse illustrée et humoristique entrait dans une crise profonde, la proximité du *Canard* avec ces deux types de presse a pu lui porter préjudice. Mais il y avait des éléments plus objectifs. D'abord la hausse du prix du papier. En 1920 et à nouveau en 1924, Maurice Maréchal tire la sonnette d'alarme à la une du *Canard* : l'augmentation du prix du papier condamne à brève échéance la presse d'opinion en général et *Le Canard enchaîné* en particulier. Pour André Billy et Jean Piot qui écrivent en 1924 un ouvrage sur « le monde des journaux », cette augmentation est « la grosse question, [...] la question dont toutes les autres [sont] en quelque sorte de simples corollaires[147] » car le papier constitue le principal poste de dépenses d'un journal. Cent kilos de papier valaient en 1914 moins de trente francs ; en 1920, les prix avaient été multipliés par sept et plus ; le coefficient multiplicateur atteignit quinze ou vingt par la suite[148]. La guerre avait accru la consommation de bois et l'après-guerre déprécié les monnaies nationales ; la matière première avait donc enchéri dans des proportions vertigineuses.

En France, le gouvernement prit des mesures pour répartir le papier par le biais de l'Office national de la presse – mais celui-ci cessa son activité dès mars 1920 – tandis que les directeurs de journaux œuvraient à la stabilisation des prix au sein des organismes professionnels. Néanmoins, le prix du papier demeura au cours des années 1920 et 1930 à un niveau que n'approcha jamais l'augmentation du prix du journal. D'autant que cette hausse du prix du papier s'accompagnait d'un gonflement général des coûts d'édition. Les fonds nécessaires au lancement et au fonctionnement d'un journal s'accrurent fortement, traduisant la transformation de la presse en secteur capitalistique. Conséquence de ce phénomène : le prix de vente des journaux de l'entre-deux-guerres couvrait à peine le prix du papier. Le reste – les frais d'imprimerie, le clichage, l'administration, les frais généraux, la rédaction, l'achat des nouvelles – était le plus souvent payé par les rentrées publicitaires.

Or Maurice Maréchal refusait par principe d'accueillir la publicité dans son journal. C'est là une seconde cause de la gêne financière où il se trouvait au début des années 1920 ; quand les autres journaux avaient avec la publicité de quoi équilibrer des budgets mis en péril par l'inflation, *Le Canard enchaîné* connaissait, pour prix de sa vertu, des fins de mois difficiles. Maurice Maréchal voyait dans la publicité l'une des manifestations du mal social. Il réagissait en journaliste qui avait baigné dans les courants libertaire et socialiste du début du siècle, pour lesquels l'argent et les idées ne pouvaient entretenir que des rapports contre nature ; il réagissait aussi en Français méfiant à l'égard de la publicité, qui ne voyait pas la nécessité qu'avait un bon produit de recourir à elle pour s'imposer. C'était un lieu commun, dans l'entre-deux-guerres, que de constater les réticences des Français envers la publicité et de l'expliquer par « un esprit français fait d'indépendance de caractère, de refus de se laisser imposer des jugements tout faits[149] ». Dans la formation de ce lieu commun, dans la cristallisation d'une idéologie antipublicitaire dont les contemporains avaient conscience qu'elle constituait une originalité nationale, *Le Canard enchaîné* a joué un rôle considérable.

Dans la presse, Maurice Maréchal jugeait l'action de la publicité particulièrement néfaste[150]. Qui accueille de la publicité aliène une part de sa liberté, tel est l'axiome de base qu'il légua au *Canard enchaîné*, lié à cet autre : qui paie commande. Les annonceurs, de qui dépend l'équilibre des budgets, peuvent dicter leurs volontés aux journaux qui les accueillent. Certains se contentent de décourager toute information négative les concernant directement, d'autres utilisent l'influence qu'ils ont ainsi acquise pour favoriser leurs intérêts en pesant sur le contenu rédactionnel du journal. En s'affranchissant de cette contrainte, le *Canard* se donnait les moyens de la liberté, sinon ceux de la prospérité. « Seul dans la presse française, *Le Canard enchaîné* n'insère pas de publicité. Il peut donc tout dire et il dit tout avec le sourire », affirmait le *Canard* en 1925 – avec le refus des emprunts, des subventions, de l'ouverture du capital à des actionnaires extérieurs et le choix d'un développement autofinancé, cette particularité constitue encore de nos jours un trait marquant de la personnalité financière de ce journal.

La concurrence du Merle blanc

Une deuxième explication aux difficultés financières du *Canard enchaîné* est à chercher du côté de la concurrence. En 1919, un Marseillais revenu du front avec le grade de sergent fondait un journal satirique qui allait faire de l'ombre au *Canard* ; ce Marseillais s'appelait Eugène Merlo, dit Merle, et son journal, *Le Merle blanc*[151]. Eugène Merle était un personnage extravagant, une figure unique dans la presse de l'entre-deux-guerres pourtant si riche en personnalités insolites. Ancien apprenti maçon à Marseille, il était monté à Paris vers 1900 et avait fait ses premières armes de journaliste dans les milieux anarchistes et socialistes. Il rencontra lors d'un séjour à la prison de Clairvaux Gustave Hervé, lequel le fit à la sortie administrateur de sa *Guerre sociale* – Maurice Maréchal le rencontra très probablement au « marbre » de ce journal. Eugène Merle fit aussi la connaissance de celui qui avait été le secrétaire de rédaction d'Hervé, Eugène Vigo, dit Miguel Almereyda, avec lequel il fonda *Le Bonnet rouge* en 1913. Son habileté, sa superbe, ses idées firent de lui, en peu de temps, un personnage-clef de la presse parisienne d'extrême-gauche. La guerre venue, Merle ne suivit pas Almereyda dans sa descente aux enfers[152]. Pendant ces années de guerre – qu'il passa en combattant avec bravoure – il mûrit des projets inspirés notamment de la réussite du *Canard enchaîné*.

Ces projets, aux dires d'Henri Jeanson, qui fut son collaborateur, étaient « cyclopéens » ; Henri Béraud, autre collaborateur de ses années de prospérité, utilise le même adjectif pour qualifier l'homme et ses entreprises :

> « Dire qu'il voyait grand ne donnerait qu'une faible idée de sa puissance optique. Il voyait gigantesque, il voyait colossal, il voyait cyclopéen. À l'entendre, nul ne pouvait résister à ses invites. Il lui fallait tous les talents, tous les succès ! Il se prenait pour un marchand de gloire et ce n'était, assurait-il, qu'une question de prix[153]. »

Le Merle blanc fut le premier de ces projets cyclopéens. Eugène Merle, avec ce journal satirique qui paraissait le vendredi, n'apportait rien de nouveau par rapport à la formule du journal de Maréchal ; le trait était seulement plus gros, les effets plus appuyés, la matière plus abondante – plus de texte, plus de dessins, Merle voulait un *Canard* exagéré. Ce fut plutôt par sa technique commerciale qu'il innova : il submergea les dépositaires sous les exemplaires de son journal, pensant que la masse de papier convaincrait le client hésitant qu'il avait affaire à un journal à succès ; il offrit une montre ou une paire de bas de soie à tout nouvel abonné ; il couvrit les murs d'affiches à la gloire de son journal, lança des prix littéraires.

Raoul Guérin, qui quitta Maréchal pour Merle, rapporte que, dans les campagnes, le garde-champêtre annonçait la sortie du *Merle blanc* au son du tambour[154]. Le succès ne se fit pas attendre : au milieu des années 1920, *Le Merle blanc* « sifflait et persiflait » aux oreilles de 800 000 lecteurs[155]. Après *Le Merle blanc*, Eugène Merle lança coup sur coup *Froufrou*[156] en 1922 et *Paris-Soir* en 1923 ; sa folie des grandeurs ne connut dès lors plus de bornes.

> « Il lança *Paris-Soir* à grands coups de cymbales. Barnum-Soir. Il forma une rédaction du tonnerre où toutes les académies [l'Académie Goncourt au complet et les deux tiers de l'Académie française, précise ailleurs Henri Béraud, non sans quelque exagération], toutes les avant-gardes étaient représentées. Et l'on vit Merle exultant, pétaradant, faire dans le Tout-Paris une entrée fracassante – un peu de roi-nègre[157]. »

Maurice Maréchal vécut très mal la concurrence du *Merle blanc*. Car le journal de son ancien compagnon en gauche extrême ne se contenta pas de lui « voler » des lecteurs et sa formule : il pilla également ses rédacteurs et dessinateurs. Henri Béraud, André Dahl, Georges de la Fouchardière, les dessinateurs Gassier, Bour, et Guérin partirent travailler au *Merle*. Selon Raoul Guérin, Maréchal devenait « neurasthénique » devant le succès de Merle et la trahison de ses collaborateurs[158]. Il accusait son rival de tremper dans des combines louches, de renseigner la police, de recevoir de l'argent du ministère de l'Intérieur – Merle répliquait, se souvient Jean Galtier-Boissière, « en tirant de la poche de son veston une grande enveloppe titrée : ministère de l'Intérieur, bourrée de gros billets : À partir d'une cer... tai... ne somme, déclarait-il [il bégayait légèrement], on ne tou... tou... touche plus : on émarge[159]... ». Car, et voici la troisième facette ou la troisième vie de cet homme si divers, après le militant anarchiste et l'intuitif homme de presse,

Eugène Merle devint un homme d'argent et d'influence, qu'on payait pour des services ou des renseignements, et qui n'hésitait pas, à en croire ceux qui l'ont approché, à recourir au chantage pour récolter des fonds. Il vivait dans une somptueuse villa à Barbizon, donnait les dîners les plus fastueux de Paris, traitait ses invités comme des envoyés du Négus. Mais, jetant l'argent par les fenêtres, il n'en avait jamais assez pour couvrir ses frais, honorer ses dettes et payer les gens qui travaillaient pour lui ; « son mépris des échéances atteignait au grandiose » selon Béraud et s'il fut un animateur hors pair, il se révéla un piètre administrateur qui coula toutes les affaires lancées par lui avec tant de talent. Jean Galtier-Boissière estime que ce sont ses ambitions politiques qui le perdirent, et surtout sa candidature malheureuse à la députation, en avril 1928. Mais c'est dès 1927 que sombra Eugène Merle : cette année-là, *Le Merle blanc* s'arrêta de paraître[160] et *Paris-Soir* passa sous le contrôle du *Journal* – Jean Prouvost reprendra *Paris-Soir* en 1930 pour en faire le plus grand quotidien des années 1930.

L'échec du Quotidien de Paris *et du* Pélican

L'alerte avait été chaude. D'autant que les tentatives du *Canard* pour contrer *Le Merle blanc* n'avaient pas été couronnées de succès. La vente du journal piétina à partir de 1924, ses tentatives de diversification connurent des fortunes diverses. Si *L'Almanach des vacances*[161] lancé pour la première fois en 1921 rencontra l'adhésion du public – pas au point, cependant, de pousser Maréchal à renouveler chaque année l'expérience –, *Le Quotidien de Paris* puis *Le Pélican* furent des échecs qui coûtèrent certainement de l'argent au *Canard*. *Le Quotidien de Paris* fut lancé le 1er février 1918 pour répondre, écrivait Maréchal à la une du numéro du 31 janvier 1918, à la demande des lecteurs que frustrait le rythme hebdomadaire du *Canard*. Rédigé pour l'essentiel par les journalistes du *Canard enchaîné* mais sur un ton plus sérieux et un contenu plus littéraire, ce nouveau quotidien avait pour mission de « démontrer, par des faits précis, contrôlables et contrôlés, qu'un journal sans argent – mais aussi sans histoires – peut paraître et vivre avec les seules ressources de sa vente, sans commanditaire, sans affichage préalable, sans compromission d'aucune sorte – ni souscription ». En somme, il s'agissait de prouver qu'un journalisme pauvre mais propre, sourcilleux – jusqu'au rigorisme – sur ses principes et sur ses ressources pouvait trouver chaque jour suffisamment de lecteurs pour atteindre le seuil de la rentabilité.

La preuve ne fut pas apportée et l'expérience tourna court : dès le 20 février, le *Canard* annonçait dans sa manchette qu'il ne servait à rien de demander *Le Quotidien de Paris* puisqu'il ne paraissait déjà plus. Maurice Maréchal ne fournit aucune explication à cette brusque disparition. Tout juste cita-t-il largement, dans le numéro daté du 27 février 1918, un article de *L'Opinion* – un hebdomadaire politique indépendant des partis – qui refusait de croire à « l'incuriosité de la foule » et émettait l'hypothèse de pressions exercées par « certaines puissances commerciales » qui auraient vu d'un mauvais œil la concurrence du dernier-né de Maurice Maréchal. Cette hypothèse n'est pas absurde : les tentatives d'étouffement des initiatives nouvelles par les journaux en place n'ont pas manqué dans l'histoire de la presse – dont certaines quasi contemporaines du lancement raté du *Quotidien de Paris* : citons celles qui visèrent son homonyme, *Le Quotidien* de Pierre Dumay en 1923 puis *L'Ami du peuple* de François Coty en 1928[162], en butte à l'hostilité du consortium des « Cinq Grands[163] ». Mais dans ce cas, *Le Canard enchaîné* n'aurait pas manqué de mener une campagne virulente pour dénoncer ce scandale. Or *Le Quotidien de Paris* disparut sans causer le moindre remous dans les colonnes du journal-frère ; la grande discrétion qui entoura son naufrage ne montre-t-elle pas assez que l'échec fut de nature exclusivement commerciale ?

Quand Maurice Maréchal récidiva, six années plus tard, ce ne fut pas avec un quotidien mais avec un hebdomadaire, *Le Péli-*

can, un journal humoristique que le directeur du *Canard enchaîné* lança fin avril 1924. Rodolphe Bringer, rédacteur au *Canard*, en était officiellement le directeur-gérant et le rédacteur en chef mais en fait, c'était Maréchal qui avait fourni les fonds nécessaires et qui pilotait en sous-main le nouveau journal. *Le Pélican* avait du reste son siège au 38, rue de Bondy, dans les locaux du *Canard*, et leurs administrations étaient confondues. Maurice Maréchal avait soigné le lancement du nouveau journal, grande publicité dans *Le Canard enchaîné*, prix spécial pour le premier numéro – daté du samedi 30 avril 1921. Après le lancement, l'optimisme était de rigueur :

> « Le succès de l'enfant adoptif du *Canard* a été considérable. À Paris comme dans les départements, les exemplaires se sont presque tous enlevés dans la journée de Samedi. L'ami Bringer a le sourire et ses lecteurs itou. Il n'y a plus qu'à continuer samedi prochain[164]. »

La réalité semble avoir été sensiblement différente, comme l'expose un rapport de police au début du mois de mai 1921 :

> « Le premier numéro vendu exceptionnellement dix centimes au lieu de vingt a été tiré à 15 000 exemplaires mais on croit que les tirages des numéros suivants n'atteindront pas ce chiffre. En effet, *Le Pélican* n'a pas eu un très grand succès et il en est resté un bon nombre d'invendus. On attribue ce demi-échec à ce que le journal ne présente aucune innovation et qu'il ne constitue, en somme, qu'une doublure du *Canard enchaîné*. En lançant *Le Pélican*, on désirait surtout concurrencer *Le Merle blanc*, mais il semble d'ores et déjà que ce dernier journal n'aura pas trop à souffrir de cette rivalité[165]. »

De fait, *Le Pélican* tint quelques mois puis disparut devant l'irrésistible montée en puissance du *Merle blanc*[166]. Si *Le Pélican* a échoué, c'est peut-être, justement, parce qu'il ne constituait pas une « doublure » du *Canard enchaîné* – sinon sur le plan institutionnel – mais une pâle copie. Alors que le *Canard* ou le *Merle* étaient des journaux satiriques, qui exprimaient des points de vue que l'on pouvait aisément rattacher à des courants de pensée socialiste, anarchiste ou pacifiste, *Le Pélican* n'était qu'un journal humoristique qui publiait, ainsi que le *Canard* l'avait annoncé dans son numéro du 27 avril, « des romans, des contes, des nouvelles, des échos et des dessins », des articles un peu lestes, un peu bachiques dus à la plume de quelques-uns des collaborateurs du *Canard* ou à celle d'amis proches[167].

L'échec du Théâtre du Boulevard

Nul doute que *Le Quotidien de Paris* et *Le Pélican* coûtèrent de l'argent à Maurice Maréchal et affaiblirent *Le Canard enchaîné*. Entre ces deux aventures vint s'en intercaler une troisième qui dut jouer son rôle dans la mise en péril des finances du journal : elle eut pour cadre et objet le Théâtre du Boulevard. Comme beaucoup de directeurs de journaux de cette époque, Maurice Maréchal éprouvait une véritable fascination pour l'univers du spectacle. En 1922, il se rendit acquéreur d'une salle, 8 rue du Faubourg-Montmartre, qu'avait aménagée l'année précédente le roi du music-hall parisien, Léon Volterra. L'Éden fut rebaptisée Théâtre du Boulevard, la salle inaugurée le 16 juin avec la première revue du *Canard enchaîné*, en trois actes et huit tableaux dus à Maurice Maréchal, Jules Rivet et Victor Snell pour le texte, Malet pour la musique, Max Péral pour la mise en scène, Max, Pruvost et Guilac pour les décors.

Parodie de drames à la mode, de romans célèbres, de ballets russes (une *Danse du Canard*, interprétée par Lysana qui mimait les attitudes d'un canard qui trouve un ver, le mange et s'en va, clôturait le spectacle), variations sur l'actualité parisienne, série de sketches s'inspirant du grand-guignol, du vaudeville et du théâtre satirique, empruntant encore au music-hall et au cabaret, la revue du *Canard enchaîné* s'inscrivait, selon le critique Pascal (de *Comœdia*), dans la « tradition boulevardière » tandis que Georges Ponsot (de *La Lanterne*) y voyait plutôt une « formule moderne : la revue des ridicules, des injustices, des sottises et des erreurs contemporaines par la simple présentation des événements connus et commentés par chacun », ajoutant : « Ce genre est celui de l'heure. »

Mais le théâtre acquis par Maréchal était une salle de mille places que Volterra lui-même avait échoué à remplir. Le directeur du *Canard enchaîné* pensait que le renom du journal serait suffisant pour attirer un public nombreux. Cet espoir, exaucé d'abord – la première revue semble avoir été un réel succès – se trouva rapidement déçu. Le journal n'avait pas les reins assez solides pour supporter les frais d'exploitation d'une salle de cette ampleur. Le spectacle qui succéda à la revue – une comédie intitulée *Un ange passa* – n'attira que peu de monde. Une seconde revue fut montée pour la fin de l'année 1922 mais fut arrêtée « en plein succès » selon Maurice Maréchal. Une cabale avait-elle été montée contre lui ? C'est ce que le directeur du *Canard* laissa entendre en publiant à la une du numéro daté du 10 janvier 1923 une lettre de Jean Galtier-Boissière qui se déclarait « abasourdi » par la brusque interruption des représentations et demandait le nom des « quelques salauds » qui en étaient responsables. Mais, comme pour *Le Quotidien de Paris*, le silence se fit sur la triste fin du Théâtre du Boulevard et il y a tout lieu de croire que seules des raisons financières expliquent le retrait de Maurice Maréchal. Celui-ci passa la main au début de 1923 à Oscar Dufrenne et Henri Varna qui surent trouver la recette pour faire du théâtre, sous le nom de Palace, l'un des temples du music-hall parisien. Une autre « revue du *Canard enchaîné* » – tel était son titre – fut écrite par la rédaction et créée en octobre 1931 aux Folies-Wagram mais Maurice Maréchal ne possédait pas d'intérêts dans ce théâtre.

Comment le Canard enchaîné *sut se tirer d'affaire*

Toutes ces difficultés auraient pu conduire à la disparition du *Canard enchaîné*. Il sut néanmoins se tirer d'affaire grâce à ses lecteurs, auxquels il fit régulièrement appel, et à des atouts qui lui épargnèrent de connaître le lot commun de tant de jeunes journaux.

L'effort des lecteurs et des dépositaires

Les lecteurs et les dépositaires furent en permanence sollicités pendant les années 1920. Des multiples avis qui émaillent les colonnes du *Canard* de cette époque, il est aisé de déduire l'importance fondamentale du dépositaire et du marchand de journaux : les lecteurs étaient invités à acheter leur journal toujours au même marchand, ils devaient aussi lui recommander de le mettre bien en vue. La concurrence entre les journaux était – est toujours – féroce à l'étalage du marchand de journaux ; comme dans une forêt tropicale, c'est à qui se ménagera la plus belle place au soleil. La recommandation était d'autant plus insistante que, selon Roger Fressoz, Maurice Maréchal avait délibérément privilégié la relation avec les dépositaires au détriment de la vente par abonnement. Le dépositaire était en effet, pour le directeur du *Canard* (qui faisait lui-même, très souvent, les tournées d'inspection), plus qu'un simple intermédiaire : c'était un agent de propagande pour le journal en même temps qu'un agent de renseignement qui le tenait informé des particularités sociologiques et politiques de sa zone de rayonnement.

Journal très majoritairement acheté au numéro, *Le Canard enchaîné* n'a jamais pour autant méconnu les vertus de l'abonnement, la fidélisation de la clientèle, la régularité des rentrées d'argent... Des campagnes en faveur de l'abonnement furent donc menées, par exemple en avril 1922. « L'abonnement, même à tarif réduit, est la principale sinon l'unique ressource d'un journal indépendant, rappelait le journal, vous réaliserez une grande économie et vous nous rendrez un grand service » ; des dessins montraient la bonne humeur censée caractériser les abonnés du *Canard*, d'autres vantaient les avantages de la lecture du journal sur d'autres divertissements ; des parodies d'articles mettaient en scène des femmes d'âge mûr qui, s'étant abonnées au *Canard*, devenaient tout à coup spirituelles et séduisantes et trouvaient enfin à se marier...

Mais ni l'effort porté sur l'achat au numéro ni les appels à l'abonnement ne suffirent à équilibrer les comptes. Pour suivre – fût-ce de loin – la hausse des frais, le *Canard* se trouva dans l'obligation d'élever son prix de vente. Là encore, le lecteur fut tenu informé des dures nécessités qui gouvernaient l'existence de son journal et fut même convié à se prononcer sur cette augmentation. Ainsi celle qui porta l'exemplaire de vingt-cinq à trente centimes en 1924 ne fut-elle décidée qu'après une consultation des lecteurs : entre l'augmentation du tarif et la diminution du format, une « écrasante majorité de lecteurs » – selon le directeur du journal – se prononcèrent pour la première solution. C'est d'ailleurs un trait permanent de l'histoire du *Canard enchaîné* que cette réticence avouée à augmenter ses tarifs. Trait bien commun, sans doute, puisqu'aucun journal ne s'y résoud de gaieté de cœur. Mais au *Canard*, il y entre un élément de nature idéologique que les considérations accompagnant les avis de hausse ne cessent de rappeler : le prix de vente doit être calculé au plus juste de manière à ce que les moins fortunés puissent lire le journal qui les défend. Et pourtant, *Le Canard enchaîné* a toujours été un journal cher si l'on considère le rapport prix/pagination et les tarifs pratiqués par la presse quotidienne. Alors que la grande presse populaire, grâce à la publicité, pouvait vendre ses vingt pages à un sou (cinq centimes), *Le Canard enchaîné* demanda, pour ses quatre pages, d'abord dix centimes puis quinze, vingt-cinq ; il atteignit quarante centimes en 1925[168]. Et cela alors que le *Canard* n'avait pas à supporter certains des frais des grands journaux, rédaction et administration nombreuses, entretien d'une imprimerie, achat de nouvelles, correspondants et envoyés à l'étranger, etc.

Les lecteurs furent encore sollicités pour assurer la propagande en faveur du *Canard*. Comme le rappelait l'avis paru dans le numéro daté du 24 novembre 1926, le journal ne pouvait se permettre de dépenser les sommes considérables qu'exigeait le moindre affichage ; c'était aux lecteurs de faire connaître leur journal, en pratiquant le bouche-à-oreille, cette « publicité parlée, la meilleure de toutes et la moins coûteuse » qui avait permis les premiers succès du *Canard*. Ils furent également invités à acheter des exemplaires supplémentaires qu'ils distribueraient à leur entourage. À l'occasion des élections de mai 1924, le journal annonça un numéro spécial qui permettrait aux lecteurs de faire « une intéressante propagande, notamment dans les réunions publiques » (30 avril 1924). Dans les années 1930, de véritables numéros publicitaires furent réalisés et distribués gratuitement ainsi que des affichettes destinées aux dépositaires.

Enfin, dernière forme de l'appel au lecteur, une souscription fut lancée par Maurice Maréchal à l'automne 1923. Fallait-il que la situation fût grave pour que le directeur du *Canard* consente à cette mesure extrême ! Outre l'humiliation qui s'attachait à cette démarche – et qui dut sembler bien dure à un journal et à un directeur aussi attachés à un idéal d'indépendance du type « charbonnier-maître-chez-soi » –, il y avait comme une ironie amère à voir un journal qui s'était cruellement moqué des souscriptions lancées par *L'Action française* et *La Victoire* en 1917 en venir à son tour à quémander auprès de ses lecteurs. D'ailleurs, Maurice Maréchal se refusa dans un premier temps à parler de souscription, préférant le terme d'« emprunt ». Au début de l'été 1923, Maurice Maréchal avait envoyé aux abonnés du *Canard enchaîné* une lettre dans laquelle il expliquait la grave crise financière que traversait le journal, son refus d'augmenter davantage le prix de vente ou de recourir à la publicité et leur demandait de souscrire des bons remboursables. Devant le succès – impossible à vérifier – rencontré par sa requête, il décida de faire appel à l'ensemble des lecteurs ; il lança donc à titre personnel des bons dits du *Canard enchaîné*, des bons de cent francs remboursables au bout d'un an, à volonté du prêteur, et qui portaient un intérêt de 7 % l'an. Ces bons furent acquis en grand nombre : le 26 décembre 1923, 40 000 francs avaient déjà été rassemblés et au début de 1924, le *Canard* pouvait annoncer le plein succès de l'emprunt, qui fut ensuite très rapidement remboursé.

En plus des renseignements précieux qu'il apporte sur la situation financière du *Canard enchaîné* dans les années 1920 et sur son rapport phobique à la publicité, cet épisode de l'emprunt-souscription témoigne du fort attachement de nombreux lecteurs à *leur* journal ; du reste, « notre *Canard* » était une formule dont Maurice Maréchal usa fréquemment à cette époque, dans le but évident d'aviver chez les lecteurs, qu'il appelait ses « amis », le sentiment qu'ils collaboraient à la vie du journal au même titre que les journalistes. Réflexe de journal militant, cet appel à soutenir une juste cause montre l'écart qui séparait *Le Canard enchaîné* du tout-venant de la presse humoristique ou de la presse d'échos.

Les atouts du Canard enchaîné

Par rapport à ces deux types de presse, le journal de Maurice Maréchal bénéficiait encore d'atouts qui, au-delà de l'aide ponctuelle que lui apportèrent ses lecteurs, lui permirent de survivre dans une conjoncture difficile. Ces atouts tenaient essentiellement aux modes de fabrication et de présentation du journal. Tandis que les illustrés étouffaient le texte sous le dessin et recouraient à la couleur, fort coûteuse, *Le Canard enchaîné* donna au public le texte qu'il demandait et sut le contenter d'un noir et blanc meilleur marché ; d'autre part, alors que les journaux d'échos classiques étaient tirés « à plat » et parvenaient au public avec une couverture et un brochage qui en renchérissaient le prix, *Le Canard enchaîné* fut imprimé sur papier journal et tiré sur rotative – en quoi il ouvrit la voie aux nombreux périodiques politiques de l'entre-deux-guerres. De plus, pour un prix de revient sensiblement moindre sur de grands tirages, Maurice Maréchal pouvait tirer plus vite et insérer des articles et des dessins à la dernière minute. Ainsi, c'est dès ses débuts que *Le Canard enchaîné* connut, une fois par semaine, le rythme de composition d'un quotidien, cette urgence du bouclage qui lui permettait, sauf événement survenu le mardi après-midi, de paraître toujours « coller » à l'actualité.

Fort de ces atouts, du soutien de ses lecteurs et d'une identité bien marquée, *Le Canard enchaîné* franchit donc la passe délicate des années 1920 et, la concurrence du *Merle blanc* une fois disparue, devint sans conteste le premier hebdomadaire de gauche et l'un des journaux d'opinion les plus lus de France. Les chiffres de tirage que nous avons pu réunir pour les années 1930 sont aussi sujets à caution que ceux des années 1920 mais la tendance laisse peu de place au doute : une hausse constante jusqu'en 1936, année-clé, apogée du journal à bien des égards. *Le Canard enchaîné* tire à 85 000 exemplaires en 1929, 135 000 en 1932, 225 000 en 1935, 275 000 en 1936, 200 000 en 1939[169]. Ces tirages en faisaient, avec les quotidiens *L'Œuvre et L'Humanité*, le leader de la presse de gauche – loin devant *Marianne* qui ne parvint guère à dépasser les 60 000 exemplaires au milieu des années 1930. Mais il faut tout de suite ajouter que les plus gros tirages de la presse politico-culturelle étaient assurés à cette époque par les deux grands hebdomadaires, classés à droite, qu'étaient *Candide* et *Gringoire* avec, respectivement, 350 000 et 640 000 exemplaires en 1936[170].

Le fixe et le casuel

Pour autant qu'on puisse le deviner, les années 1920 furent, pour les collaborateurs du *Canard enchaîné*, des années de vaches maigres. Du reste, elles le furent dans la plupart des journaux : devant la hausse continuelle de leurs frais de fabrication, les directions cherchèrent à réaliser des économies en comprimant les frais de rédaction. Les salaires des collaborateurs réguliers n'augmentèrent que très lentement, bien plus lentement que l'inflation. Selon Marc Martin[171], au lendemain de la Première Guerre mondiale, un rédacteur moyen gagnait rarement plus de cinq cents francs par mois. Dix ans plus tard, son salaire atteignait mille à mille cinq cents francs – mais entre-temps, le coût de la vie avait été multiplié par quatre. En 1925, comme le rappelle Théodore Zeldin[172], un reporter touchait à peu près le même salaire qu'un instituteur ; un secrétaire de rédaction commençait au niveau d'un professeur débutant du secondaire. Les collaborateurs occasionnels, quand ils ne pouvaient monnayer une signature prestigieuse, étaient plus mal lotis encore ; un écho, une chronique, un conte se vendaient mal ; le paiement à la pièce ou à la ligne n'assurait le plus souvent que des gains médiocres qui obligeaient à multiplier les collaborations. André Billy et Jean Piot voyaient dans cet affaissement des rémunérations et dans la précarisation des emplois « un des traits frappants de l'incapacité où [étaient] les travailleurs intellectuels de défendre leurs droits[173] ». En fait, poursuivaient ces auteurs, la plupart des journalistes étaient contraints de se faire employés et commerçants pour survivre : employés d'un journal qui leur assuraient un fixe en échange d'une collaboration régulière ; commerçants à l'égard d'autres journaux à qui ils vendaient, le plus cher possible, un papier de temps à autre… un papier ou un dessin car la majorité des dessinateurs se trouvaient dans ce cas.

La condition des dessinateurs de presse dans l'entre-deux-guerres a été bien décrite par Christian Delporte et nous renvoyons à sa thèse pour le détail[174]. Plus encore que pour les rédacteurs, le casuel dépassait souvent le fixe dans les revenus ; les contrats d'engagement avec un salaire mensuel étaient rares, les journaux préférant se réserver la possibilité de changer à tout moment de dessinateur. Seules les compositions publiées étaient rémunérées – plusieurs semaines après avoir été acceptées – et, souvent, les dessinateurs ne pouvaient récupérer celles qui n'avaient pas été retenues. Le tarif variait selon la notoriété du dessinateur et la nature du journal : les journaux d'opinion payaient souvent moins que la grande presse d'information et les journaux de gauche moins que ceux de droite.

Par la suite, en partie grâce au combat des syndicats, des règles plus favorables aux dessinateurs furent établies ; des barèmes fixèrent leurs niveaux de rémunération. Pour les plus demandés des dessinateurs, les contrats d'engagement devinrent la condition que les journaux devaient remplir pour s'attacher leurs services. Les contrats d'exclusivité restèrent cependant l'exception en raison de la répugnance manifestée par les dessinateurs eux-mêmes : un tel contrat signifiait pour eux la perte de l'indépendance… et des profits que permettaient les collaborations multiples.

Les sources font presque totalement défaut pour connaître le sort économique réservé aux collaborateurs du *Canard* pendant les années 1920 ; tout juste peut-on recueillir, de-ci, de-là, dans les souvenirs de tel ou tel – chez les dessinateurs, souvent –, des bribes d'informations. Nous disposons de plus d'éléments pour les années 1930 et pour l'année 1940 dans les archives du journal[175]. Ces documents présentent au moins deux intérêts : d'abord, ils permettent d'établir un état du personnel dans les années 1930 ; ensuite, ils permettent de comprendre le système interne de rémunération du journal et rendent possible une comparaison avec ce qui se pratiquait à l'extérieur.

Voici d'abord la liste des rémunérations annuelles – en francs courants[176] – pour les années 1934 et 1935 (nous avons fusionné les deux listes) ; les quatre derniers noms appartiennent au personnel technique et administratif :

	1934	1935
Pierre Bénard	55 200	62 000
Alexandre Breffort		18 000
Rodolphe Bringer		12 000
René Buzelin	18 000	19 400
Robert Dieudonné		18 000
Jean Galtier-Boissière	37 000	52 000
Yves Grosrichard		18 000
André Guérin	39 500	39 000
Henri Guilac	22 000	24 000
Henri Jeanson	38 215	45 300
Claude Martial		18 000
Auguste Nardy	22 500	24 000
Ernest Raynaud	36 000	37 000
Jules Rivet	40 000	49 000
Roger Salardenne		18 000
Bascoulary	19 350	
Duc	31 000	38 500
Huon	19 100	22 500
Lucien Prunier	28 900	32 300

Un simple coup d'œil sur les numéros de 1934 et 1935 convainc qu'il s'agit là de listes bien incomplètes ; sans même parler de ceux qui travaillèrent pour le journal de façon anonyme, manquent un grand nombre de dessinateurs dont les noms apparaissent durant ces années dans les colonnes du *Canard enchaîné* : Effel, Frick, Pruvost, Monier, Pedro, Ferjac. D'autre part, des rédacteurs comme Alexandre Breffort ou Rodolphe Bringer signèrent des articles dans le *Canard* de 1934 sans être mentionnés dans la liste de cette année-là. Sans écarter totalement l'hypothèse de listes produites pour une fin déterminée et volontairement incomplètes (par exemple, Maurice Maréchal aurait souhaité connaître les noms de ceux qui avaient touché de son journal plus de 10 000 francs dans l'année), il nous semble préférable de considérer que ne figurent dans ces deux listes que ceux qui recevaient un salaire, un traitement fixe ; les journalistes payés exclusivement au dessin ou au papier en seraient absents. Nous aurions donc avec ces deux listes le « noyau dur » des collaborateurs réguliers du *Canard*.

Cette équipe était de taille réduite, quand les grands quotidiens entretenaient une rédaction de plusieurs dizaines de journalistes, *Le Canard enchaîné*, en dépit de son tirage, comptait sur une quinzaine de journalistes réguliers et quatre administratifs en sus du couple Maréchal. C'est que le *Canard* n'avait pas les mêmes besoins qu'un grand quotidien : la pagination n'était que de quatre pages, les enquêtes et reportages étaient rares, il n'y avait ni correspondants à l'étranger ni reporters ultra-spécialisés nécessaires à une feuille généraliste. Mais cette image d'un journal fabriqué par un petit groupe de permanents doit être aussitôt corrigée en deux sens presque contraires : d'une part, la plupart des « réguliers » continuaient de se partager entre plusieurs journaux ; à l'inverse, nous l'avons dit, une bonne part du contenu du journal était dû à des journalistes qui, pour collaborer régulièrement au journal, n'en étaient pas moins payés « à la pièce », en particulier des dessinateurs : Henri Guilac était, en 1934-1935, le seul dessinateur à être payé au mois.

L'analyse des sommes portées dans ce tableau doit tenir compte de ces réalités. La hiérarchie des salaires établis entre le plus bas et le plus élevé un rapport du simple au triple environ, qui a tendance à s'accroître d'une année à l'autre. Si nous mettons à part le cas de Rodolphe Bringer – qui s'éloigne du journal à cette époque et ne peut donc plus être considéré comme un « régulier » à part entière –, la rémunération annuelle de base au *Canard enchaîné* semble avoir été à cette époque de 18 000 francs, soit 1 500 francs par mois. Il est difficile d'établir des comparaisons avec ce qui se pratiquait dans d'autres journaux, trop de paramètres nous échappent, mais on peut remarquer que cette somme de 1 500 francs mensuels correspond au traitement minimal fixé par le premier barème qui sera mis en place en février 1936 pour les journalistes du département de la Seine ; ou au traitement minimal d'un rédacteur de périodique aux termes de la convention signée entre le Syndicat national des journalistes et les syndicats patronaux le 23 novembre 1937. À la même époque, rappelle Christian Delporte dans l'ouvrage qu'il a consacré aux journalistes[177], un instituteur débutant gagnait moins de 900 francs par mois. La seule comparaison interne à la profession qui ne risque pas trop la critique est celle qui s'intéresse à une fonction définie, par exemple celle de rédacteur en chef : Pierre Bénard recevait en 1935 un peu plus de 5 000 francs mensuels : c'était le salaire minimal auquel pouvait prétendre un rédacteur en chef de quotidien.

Ce n'est pas l'ancienneté dans la maison qui déterminait le niveau de rémunération mais la notoriété propre au journaliste, la nature de sa collaboration et l'importance accordée à celle-ci : René Buzelin, qui était entré au *Canard enchaîné* en 1918, ne touchait en 1934 que 18 000 francs alors que Jean Galtier-Boissière, qui avait déjà écrit occasionnellement dans le journal de Maurice Maréchal mais qui n'en devint un collaborateur régulier qu'à partir du mois d'avril 1934, figurait déjà au second rang des rémunérations à la fin de cette même année. Mais Buzelin était un humoriste de faible renom qui donnait au *Canard* de courtes pièces en vers sur les sujets les plus variés tandis que Galtier-Boissière était directeur du *Crapouillot*, fréquentait des importants et donnait chaque semaine au *Canard enchaîné* de longs papiers bien informés sur l'actualité nationale et internationale. Dans ses *Souvenirs d'un Pari-*

sien, Jean Galtier-Boissière précise que chacun de ses articles au *Canard* lui était payé 1 000 francs.

Il est difficile d'aller plus loin dans le commentaire de ces deux listes puisque nous ignorons la nature exacte des rémunérations qu'elles indiquent : s'agissait-il du seul salaire ou incluaient-elles des primes dont on sait qu'elles pouvaient représenter une part non négligeable des revenus ? Selon que l'on décide pour l'une ou l'autre des hypothèses, l'image économique du *Canard enchaîné* durant les années 1930 change considérablement, d'un journal qui paye ses collaborateurs au minimum syndical à un journal plus que généreux[178]. Tout au moins n'avons-nous relevé nulle part trace d'une mauvaise volonté ou d'un retard de Maurice Maréchal à payer ses collaborateurs, à la différence d'un Eugène Merle, d'un Henri Fabre ou d'un Jean Galtier-Boissière, pour ne citer que des exemples proches du *Canard*.

Par rapport aux listes de 1934-1935, celles de 1940 introduisent peu de modifications. Les rémunérations sont clairement désignées sous le nom de salaires, leur montant mensuel est indiqué. Rapportées à l'année, elles ont peu augmenté en cinq ou six ans et la hiérarchie des salaires n'a pas été modifiée. L'équipe salariée a légèrement grossi mais rien de spectaculaire – le plus remarquable est que les dessinateurs payés au mois sont passés de un à quatre[179]. Mais les documents de 1939-1940 sont surtout intéressants en ce qu'ils mentionnent le tarif des dessins et des papiers.

Voici, au 1er janvier 1940, ces tarifs en francs[180] :

Dessins :
1 colonne : 75
2 colonnes : 100
3 colonnes : 125
4 colonnes : 150
5 et 6 colonnes : 175
tête : 75

Illustrations :
1/2 colonne : 15
1 colonne : 25
2 colonnes : 50

Papiers :
Manchette : 50
Mare : 50
Presse : 15
1 à 15 lignes : 15
1 à 40 lignes : 40
1 à 75 lignes : 50
1 à 100 lignes : 75
au-dessus de 100 lignes : 100

On voit donc qu'articles et dessins étaient payés – bien payés, si l'on compare ces tarifs à ceux qu'imposaient les accords syndicaux[181] – en proportion de leurs dimensions. Ne venait corriger ce système que la prise en compte de l'emplacement pour les dessins (la « tête » est le haut de la page, ce qui se remarque le mieux, les meilleurs dessins sont censés y figurer) et de la nature des papiers : le titre d'une manchette, l'écho de la Mare ou la citation cocasse extraite de la presse ne pouvaient être payés à la ligne. Pour le reste, qui pouvait faire passer un papier ou un dessin de bonne taille était payé en conséquence. Ce système, répandu très largement dans la presse de l'époque, explique bien des bizarreries. Ainsi des dessins tout en hauteur :

> « Henri Guilac, chargé d'illustrer un feuilleton que publiait dans *Le Journal du peuple* Jules Rivet, se vit octroyer pour ses dessins quelque chose de l'ordre de cinq sous la ligne. Ainsi fut-il gratifié de prébendes montant de 3,75 à 6,25 par illustration. De ce jour, il ne dessina plus que des

> personnages juchés sur d'interminables échelles ou des paysages qu'éclairait, monté au zénith, un soleil rayonnant. Et le dessin, dégagé de ce sordide rase-motte, atteignait à des altitudes peu compatibles avec les mesquineries de la trésorerie[182]. »

On comprend mieux, aussi, les particularités d'un style très « entre-deux-guerres », fait de phrases courtes et comme hachées d'incessants retours à la ligne : il s'agissait de faire le plus long possible pour être payé le plus possible. Henri Jeanson s'en souvenait, cinquante ans plus tard :

> « Mes ellipses et la multiplication de mes paragraphes n'étaient que des expédients pour augmenter cette feuille de paie qu'on appelle une pige. Chaque fois que j'allais à la ligne, je gagnais trois sous de plus[183]. »

Selon Jean-Paul Lacroix, qui devait collaborer au *Canard enchaîné* au lendemain de la Seconde Guerre mondiale, c'est, précisément, Henri Jeanson et Pierre Bénard qui introduisirent au *Canard* ce style particulier ; le calcul pécuniaire des rédacteurs et l'hostilité de Maurice Maréchal envers le journalisme lyrique se conjuguèrent pour faire de la phrase courte une règle d'or au *Canard*. Une règle que faisait encore respecter le rédacteur en chef des années 1950 et 1960, Ernest Raynaud dit Tréno[184].

II

LA BELLE ÉQUIPE

Les journalistes qui ont joué les premiers rôles dans *Le Canard enchaîné* de l'entre-deux-guerres constituaient un groupe de vingt à trente rédacteurs et d'une quinzaine de dessinateurs.

Trois vagues de recrutement

Trois vagues de recrutement se sont succédées au *Canard enchaîné* : la première fut celle des années 1916-1918. À la veille de la Seconde Guerre mondiale, il ne restait plus guère de ces « grands anciens » que Rodolphe Bringer, René Buzelin, Jules Rivet. L'immédiat après-guerre enregistra en effet un grand nombre de départs : les dessinateurs Gassier, Laforge, Dépaquit, les rédacteurs Béraud, Pawlowski, Dorgelès, Vaillant-Couturier, Coriem[185] quittèrent à cette époque *Le Canard enchaîné*. Un deuxième groupe de journalistes fit son entrée dans la première moitié des années 1920. Puis quelques années s'écoulèrent, entre 1927 et 1931, sans qu'aucun nouveau journaliste ne fût venu s'adjoindre au « noyau dur » de l'équipe. À partir de 1933 et surtout de 1934, le recrutement reprit, mais sans atteindre les chiffres de la première moitié des années 1920. En regard, les départs se produisirent surtout au cours des années 1930, avec un pic en 1934. Dans les années 1920 comme dans les années 1930, les recrutements avaient d'abord pour fin de compenser les départs, parfois poste à poste : c'est ainsi que, dans la troisième vague de recrutement, Jean Galtier-Boissière et Pierre Châtelain-Tailhade (ce dernier commença à placer quelques articles en 1932 mais ne devint un « régulier » qu'à partir de 1934) remplacèrent Pierre Scize et Georges de la Fouchardière renvoyés par Maurice Maréchal en 1933 et 1934[186] ; Michel Duran, quant à lui, reprit la critique cinématographique des mains d'Henri Jeanson, démissionnaire en 1937 par solidarité avec Jean Galtier-Boissière. Au total, du début à la fin de la période considérée, les effectifs augmentèrent très peu.

Un phénomène de génération peut-il être observé ? En partie seulement. Si l'on se réfère à l'événement traumatique majeur que fut la Première Guerre mondiale, la première vague des journalistes du *Canard* fut majoritairement en âge d'y participer : cinq journalistes sur neuf – auxquels il convient d'ajouter ceux qui partirent au lendemain de la guerre. La vague des années 1920 en compta sept autres ; et celle des années 1930 trois encore. Cela suffit-il à faire du *Canard enchaîné* un journal de la « génération du feu », à l'instar du *Crapouillot*[187] ? Non, si l'on considère que près de la moitié des journalistes entrés avant 1926 n'étaient pas en âge de combattre entre 1914 et 1918, une proportion qui augmenta encore dans les années 1930 ; et qu'un nombre difficile à évaluer des journalistes qui eurent entre vingt et trente-cinq ans pendant la guerre ne combattirent pas – à commencer par Maurice Maréchal, réformé pour déficience physique. Mais il n'est pas douteux que la majorité des journalistes furent marqués par la guerre, se reconnurent dans le projet d'un journal né pendant la guerre pour en combattre les excès et vivant après la guerre pour en prévenir le retour ; dans ce sens seulement, on peut parler du *Canard enchaîné* comme un journal de la « génération du feu ».

Considérons maintenant les données biographiques dont nous

disposons. Même si l'on prend pour année de référence 1920 (alors que la plupart entrèrent au journal postérieurement à cette date), on obtient une moyenne d'âge de vingt-sept ans pour les rédacteurs; c'est-à-dire que bon nombre d'entre eux avaient déjà un passé professionnel avant d'entrer au journal, une expérience dans la presse ou ailleurs. Et si l'on rapporte les dates de naissance de ces rédacteurs aux dates auxquelles ils sont effectivement entrés au *Canard enchaîné*, la moyenne d'âge est plus élevée encore, puisqu'elle est de trente-trois ans. Un seul entra au *Canard* avant l'âge de vingt-cinq ans, Ernest Raynaud dit Tréno, mais c'était en tant que correcteur; il ne devint rédacteur que par la suite. Les mêmes calculs pour les dessinateurs donnent respectivement vingt-deux et vingt-huit ans; une première expérience dans la presse apparaissait comme moins indispensable pour cette catégorie de journalistes.

Le deuxième enseignement qu'apporte la collation des données biographiques est la surreprésentation des journalistes originaires de Paris (et encore avons-nous considéré comme « provinciaux » des gens qui étaient nés et avaient passé leur enfance dans la banlieue parisienne): 30 %, alors que la population parisienne représente dans l'entre-deux-guerres environ 7 % de la population française; le caractère « parisien » du *Canard enchaîné* trouve ici sa confirmation et l'image, donnée par Patrick Champagne[188], d'une équipe composée de provinciaux, doit être nuancée. Le parcours, classique depuis la Révolution française et qu'ont mis en scène bien des récits du XIXe siècle, du provincial « monté à Paris » armé de son seul talent n'est cependant pas absent: Pierre Scize[189] l'illustre bien, qui ouvrit la voie à cette génération de Lyonnais investissant les journaux parisiens au tout début des années 1920.

Les quelques indications que nous avons pu réunir sur le milieu familial et les études suivies mettent à mal l'image du « journal-prolétaire » que certains journalistes du *Canard* se sont appliqué à donner. La grande majorité de ceux dont nous avons pu retrouver les origines sociales – en l'espèce, la profession exercée par le père – étaient issus de la petite ou de la moyenne bourgeoisie. On compte parmi eux peu de fils de journalistes, ce qui corrobore les études réalisées sur le milieu des journalistes de cette époque, qui tendent à montrer la large ouverture de la profession. Une profession à laquelle accédaient des gens qui avaient le plus souvent achevé leurs études secondaires et s'en étaient tenus là.

Parcours professionnel

L'exercice d'une autre activité professionnelle que celle de journaliste, antérieure ou parallèle, revêtait un caractère presque général. Parmi ceux dont nous connaissons le parcours professionnel et qui n'ont pas immédiatement embrassé la carrière de journaliste au sortir de leurs études, on peut distinguer trois groupes d'inégale importance. Le premier ne rassemble guère que Victor Snell et André Sauger ; ces deux-là avaient à leur actif une carrière assez brillante avant de tâter du journalisme[190]. Un deuxième groupe rassemble les employés de bureau, fonctionnaires ou non : au moins six collaborateurs du journal étaient dans ce cas, qui n'avaient pas tous renoncé à la sécurité et à l'appoint que représentait cet emploi. Ce phénomène du second métier, de préférence peu gourmand en énergie et en temps, est typique d'une époque où la presse nourrissait mal son homme et où la professionnalisation du métier de journaliste était un processus inachevé. De sorte que pour une fraction non négligeable des collaborateurs du *Canard enchaîné* se pose la question de leur statut exact : étaient-ils des journalistes qui complétaient leurs revenus par une activité professionnelle « alimentaire » ou étaient-ils des fonctionnaires et des employés à qui la presse offrait l'occasion de s'évader de leur état ?

Enfin, une dernière catégorie ne diffère de la deuxième que par l'extrême instabilité professionnelle qui caractérisait ceux qui la constituent : n'ayant pu ou voulu trouver cet emploi de bureau qui leur aurait permis de « voir venir », ces journalistes exercèrent d'abord un grand nombre de métiers qui n'étaient le plus souvent que des « petits boulots » ; les dessinateurs sont particulièrement nombreux à illustrer ce cas[191], en raison de leur tempérament « artiste » et de la mythologie bohème mais aussi des obstacles bien réels que dressaient devant le succès les conditions du marché.

C'est cependant un rédacteur, Alexandre Breffort, engagé en 1934, qui remporte la palme du parcours le plus chaotique et le plus pittoresque[192] : chassé de l'école communale d'Ivry, il suivit d'abord des cours de gravure sur acier à l'école Boulle, les abandonna, poussa des voitures à bras pour le compte de passementiers du Sentier, prépara distraitement les Arts et Métiers à l'école Lavoisier, devint employé de bureau pour une maison qui fabriquait des appareillages électriques, correcteur d'imprimerie à Orléans, photograveur à Paris… et tout cela avant ses vingt ans ! Il fut par la suite débardeur de péniches sur la Seine, ripeur[193], représentant en machines à écrire, vendeur de toiles de peinture, à nouveau employé de bureau, cette fois dans une compagnie d'assurances, chauffeur de taxi – pendant cinq ans –, camelot en toiles et couvertures. C'est à cette occasion qu'il rencontra « Jo-les-Yeux-Sales », repris de justice qui s'associa à lui pour faire ce que l'argot désigne sous le nom de « batouse » : il s'agissait de vendre de la toile, le plus souvent sur la voie publique, en s'efforçant de créer dans l'esprit de la clientèle une confusion entre le prix au mètre et le prix total de la pièce. Bien entendu, cette pratique était illégale. Selon René Lefèvre, qui avait assisté à la scène, le boniment de Breffort était prodigieux ; « La fin était une sorte d'avertissement solennel, capable d'émouvoir un pavé. Cette péroraison flétrissait la sordide avarice qui pousse les gens trop économes à négliger la bonne couverture préservatrice des rigueurs de l'hiver. En voici les derniers mots, lancés d'une voix lugubre sur l'auditoire déjà frissonnant. «… et c'est la rue, l'hôpital et la mort ! »[194]. » En 1934,

Breffort envoya au *Canard enchaîné* une réponse à un poème de Pierre Châtelain-Tailhade, qui venait lui-même d'entrer au journal ; cette missive le fit remarquer, appeler au journal et engager en tant que rédacteur. Cela étant, l'engagement d'un rédacteur qui n'avait jamais auparavant connu la moindre expérience de presse était un fait rarissime ; la plupart des collaborateurs du *Canard enchaîné* avaient précédemment travaillé pour d'autres journaux. C'était notamment le cas de Pierre Bénard, entré en 1923 et qui devint rédacteur en chef en 1936[195].

Un autre trait frappant de cette « belle équipe » est le nombre de journalistes qui, tout en rédigeant leurs articles au *Canard* et ailleurs, furent les auteurs d'une production littéraire souvent abondante[196]. Beaucoup de leurs ouvrages ressortissent à un genre que, faute de mieux, nous avons appelé la « littérature frivole » : comédies légères, « romans gais[197] », recueils – souvent illustrés par les dessinateurs du *Canard* – de contes, d'histoires drôles, d'aphorismes humoristiques, de chansons bachiques. Les bouffonneries militaires, les aventures polissonnes, les histoires de curés joviaux que ces auteurs de l'entre-deux-guerres publiaient en volume trouvaient leur exacte équivalence dans les chroniques amusantes, récits cocasses, contes humoristiques que ces mêmes auteurs faisaient paraître dans *Le Canard enchaîné* ; les situations stéréotypées, les personnages campés comme des types sociaux se retrouvaient d'un support à l'autre – l'adjudant et le soldat, le curé et la bigote, le bourgeois propret racolé par la prostituée ou détroussé par le bandit au coin de la rue, les patriotes de comptoir, le propriétaire et le locataire, le locataire et la concierge, les innombrables variations sur le triangle mari-femme-amant formaient un univers cohérent et répétitif, fantaisiste, certes, mais où les costumes, les paroles, les attitudes, les rôles respectaient les valeurs et interdits familiers à la bourgeoisie petite et moyenne.

De la même façon, les spectacles de revue (de cabaret et de music-hall) qu'écrivirent ou montèrent les journalistes du *Canard enchaîné* furent à l'origine ou le résultat d'articles rédigés pour le journal. Georges de la Fouchardière, Alexandre Breffort, Henri Jeanson, Pierre Bénard, René Buzelin, André Dahl sacrifièrent à ce genre apparu au XVIIIe siècle dans les baraques de foire et qui avait connu une seconde jeunesse dans les cabarets montmartrois de la fin du XIXe siècle. Leurs sketches se retrouvèrent dans les colonnes du *Canard* : après avoir donné le texte de la revue présentée au Théâtre du Boulevard en 1922, d'autres « revues » furent proposées aux lecteurs du *Canard* sous une forme identique, alors même que le journal n'organisait plus le spectacle correspondant. Intitulé « Revue de fin d'année », ce long article trouva peu à peu sa place régulière dans le dernier numéro de décembre ou, à défaut, dans le premier de janvier. Il consistait en une série de sketches ou tableaux, rimés ou non, mettant en scène des personnalités de la politique, des arts, des spectacles dont les paroles et actions prêtaient à rire. Par ailleurs, tout au long de l'année, de nombreux articles affectaient la forme de sketches ou de saynètes dont le modèle provenait directement de la revue.

Un réseau de collaborations

Non seulement la plupart des journalistes du *Canard enchaîné* avaient acquis leur expérience avant d'entrer au journal mais, à quelques exceptions près, et qui tiennent peut-être à l'absence de sources, ils continuaient de travailler pour d'autres publications. Ce dernier trait distingue nettement le *Canard* d'hier de celui d'aujourd'hui, tout au moins en ce qui concerne les rédacteurs permanents.

Une logique proche de celle que nous avions mise au jour pour la Première Guerre mondiale gouverne ces collaborations. Les journalistes du *Canard* ont surtout travaillé dans la presse de gauche : un passage aux *Hommes du jour*, à *L'Humanité* ou au *Journal du peuple* dans les années 1920 à *Marianne, Vendredi, Regards* ou *Messidor* dans les années 1930 faisait partie du cursus classique d'un collaborateur du *Canard enchaîné*. Il ne faudrait pas pour autant négliger trois autres catégories de journaux, la presse humoristique, dominée – quant au nombre de collaborateurs du *Canard* qui s'y trouvaient employés – par les déjà anciens *Rire et Sourire*, la grande presse d'information – *Le Petit Journal, Le Petit Parisien* –, et les hebdomadaires d'opinion, parmi lesquels *Gringoire*, semble avoir connu une particulière faveur chez les collaborateurs du *Canard*.

Ce n'est d'ailleurs pas une mince surprise que de trouver aussi bien représentés des journaux qui servirent de cibles à tant d'attaques du *Canard enchaîné*; certains de ses journalistes ne répugnaient donc pas à travailler pour la « grande presse pourrie » ou les « journaux réactionnaires » ! À leur décharge, l'orientation extrémiste d'un journal comme *Gringoire* ne fut nettement perceptible qu'à partir du tournant de 1934; c'est d'ailleurs à cette date que la plupart de ceux des journalistes du *Canard* qui travaillaient pour cet hebdomadaire cessèrent leur collaboration. Par comparaison, le concours apporté à des journaux comme *Le Petit Journal* ou *Le Petit Parisien* apparaît comme moins aisément justifiable, si l'on considère que la dénonciation d'une grande presse manipulée par l'argent et manipulatrice de l'information était à l'origine et demeurait au cœur du projet de Maurice Maréchal. Sans doute celui-ci devait-il tenir compte des nécessités économiques qui obligeaient ses collaborateurs à se louer à l'ennemi; sans doute aussi la réalité des rapports humains n'entretenait-elle que des rapports assez distants avec les idées lancées dans les colonnes des journaux. C'est qu'à Paris, dans le quartier de la presse, entre les stations Opéra et Réaumur-Sébastopol, les occasions de fraterniser avec l'adversaire étaient fréquentes. Dans les imprimeries, dans les cafés se côtoyaient des ennemis acharnés, les journaux mêmes étaient voisins de trottoir, quand ils ne l'étaient pas de palier. Les soucis communs, les expériences partagées relativisaient beaucoup les clivages idéologiques, comme s'en souvenait Henri Jeanson, parlant au présent d'un temps révolu :

> « J'aime beaucoup les imprimeries de journaux ; c'est un *no man's land* où les journalistes de toutes opinions se coudoient pacifiquement au marbre. Le polémiste d'extrême-droite et le pamphlétaire d'extrême-gauche vivent là en bonne intelligence, on se passe ses morasses, on se blague gentiment dans une atmosphère d'armistice. À deux heures du matin, on va casser la croûte au tabac de la rue Montmartre et, si l'on habite ensemble, on fait le chemin ensemble... J'ai moi-même souvent traversé les Halles en compagnie de mon ennemi intime Georges Suarez, collaborateur de Clemenceau à *L'Homme libre*. Nous avions des opinions opposées mais notre camaraderie fut la plus forte, jusqu'à la guerre d'Espagne exclusivement. Là, tout fut rompu[198]... »

Le réflexe corporatiste, qui servit à excuser toutes les compromissions et à justifier toutes les indulgences, était encore une réalité vivante dans l'entre-deux-guerres ; les tensions des années 1930 et la guerre qui en résulta devaient l'affaiblir sans le faire disparaître.

Ces collaborations « scandaleuses » restaient cependant minoritaires. Parmi les journaux qui accueillaient le plus grand nombre de journalistes du *Canard enchaîné*, quelques-uns se détachent avec une particulière netteté. En premier lieu, *L'Humanité*. Le rapport de la Préfecture de police que nous avons déjà eu l'occasion de citer affirmait en 1929 que, « depuis quatorze ans, *Le Canard enchaîné* [était] en somme rédigé par des journalistes qui, pour la plupart, avaient des attaches avec *L'Humanité*[199] ». Cette affirmation paraît un peu exagérée puisque, à notre connaissance, quatre rédacteurs ont collaboré à ce journal dans l'entre-deux-guerres (et Tréno, qui fut l'un des quatre, n'y était que correcteur) et quatre dessinateurs ; elle traduit cependant la bonne qualité des relations établies entre *L'Humanité* et *Le Canard enchaîné*, depuis les premiers pas de ce dernier jusqu'en 1939.

Pour Maurice Maréchal, *L'Humanité* était d'abord ce journal qu'avaient fondé en 1904 quelques-uns de ses « héros » : Jean Jaurès, Anatole France, Octave Mirbeau, Jules Renard ; ensuite, la principale feuille de la gauche socialiste et pacifiste d'avant-guerre ; enfin, l'organe d'un parti communiste français dont il partageait nombre des points de vue et dans lequel écrivaient des amis, collaborateurs actuels ou anciens de son propre journal. On peut dire sans excès que les bonnes relations entretenues par *Le Canard enchaîné* et *L'Humanité* durant l'entre-deux-guerres reflétaient la bienveillance d'une bonne partie des membres de l'équipe du *Canard* envers l'espérance et le combat communistes, une bienveillance qui ne se démentira vraiment qu'à partir de la signature du pacte germano-soviétique en août 1939.

Au même titre que *L'Humanité* – quoique s'opposant à ce journal et à ce qu'il représentait, au point d'en dénoncer l'influence en des termes très violents –, *Le Crapouillot* faisait partie de la famille proche du *Canard enchaîné*. Fondé en juillet 1915 par le caporal Galtier-Boissière qui se trouvait alors à Neuville-Saint-Vaast, en Artois, il empruntait son nom à l'argot militaire qui désignait ainsi le mortier de tranchée. Pendant toute la durée de la guerre, copies et dessins furent confiés au vaguemestre qui les adressait au père du directeur, le docteur Galtier-Boissière, place de la Sorbonne, Paris, lequel se chargeait de les faire imprimer. Quarante numéros de huit pages virent ainsi le jour entre le front et Paris, jusqu'en 1919, date à laquelle la revue devint un bimensuel[200].

Henri Béraud a évoqué le journal de Jean Galtier-Boissière dans ses souvenirs et cette « génération sans maître, surgie d'un effondrement » :

« Dans le public, on commençait à parler de la « génération du feu » et déjà les augures de la « psychologie collective » montraient du doigt ces démobilisés, avec leur penchant au sarcasme, à la turbulence, à l'indiscipline, à l'irrespect – penchants contractés « dans la promiscuité des tranchées et des cantonnements ». Bonne affaire, se dit Galtier. Pourquoi *Le Crapouillot*, gardant son titre, ne se ferait-il pas l'organe de ces mauvais garçons ? À titre de début dans la vie civile, pourquoi n'emploierait-il pas leur ton d'ironie froide et de violence calculée à dire aux ratapoils, aux pères la Colique, aux sucreurs de fraises, tout le bien que nous autres, rescapés de la bagarre, pensions de leurs vertus ? [...] Pour nous, qui ne croyions plus à grand-chose, il fallait bien s'accommoder du désarroi. Nous nous en tirions par l'élan de ceux qui partent de zéro et par une sorte de gaieté militaire. [...] Certains, les meilleurs, s'en tirèrent par une sorte d'esprit sans jactance, et cette pudeur virile du soldat chère à Vigny. Pour le reste, notre règle d'existence se bornait moqueusement à l'aversion des pontifes, des rabâcheurs, des revendicateurs. Tel fut, en réalité, l'esprit du *Crapouillot*, seul journal de soldats qui survécut à la guerre, esprit où, par la force des choses, communisaient [*sic*] les hommes les plus divers[201]... »

Journal né de la guerre contre une certaine culture de guerre, faisant profession d'anticonformisme et de pacifisme, dénonçant tous les pouvoirs, la proximité avec le *Canard* de Maurice Maréchal s'imposait déjà aux contemporains (même si *Le Crapouillot* n'était encore tiré qu'à 6 000 exemplaires en 1930 et qu'il accueillait de la publicité). Comme s'imposaient la prestance, le charisme du « Commodore » à tous ceux qui l'approchaient, « sa taille cuirassière, ses gilets brochés, ses bonnes fortunes, ses melons gris, son épouse Charlotte, ses balthazars à la Petite Chaise ou chez Dagorno, sa grande g... et ses colères, son amour carnassier de la vie[202] ».

L'estime que se portaient Jean Galtier-Boissière et Maurice Maréchal redoublait le soutien que leurs deux publications se prodiguaient dans leurs combats communs. À plusieurs reprises, *Le Canard enchaîné* se fit l'écho des aimables commentaires de Jean Galtier-Boissière à son endroit, les citant parfois *in extenso* comme en décembre 1921 ou en mars 1931. Selon le directeur du *Crapouillot*[203], *Le Canard enchaîné*, « cette petite feuille gaie, satirique et roublarde, ce journal sans fil à la patte, frondeur, irrespectueux, impeccable » n'avait, pendant la Première Guerre mondiale, fait rien de moins que « sauver l'honneur de la presse française » ; sa critique par l'absurde et la parodie des grands journaux en quoi se résumait l'essentiel de son esprit l'avaient inscrit dans « la grande tradition de la fronde parisienne », dans le droit-fil des *Nain Jaune*, *Charivari* et autre *Éclipse*. En retour, le *Canard* salua dans *Le Crapouillot* « un des journaux du front les plus vivants, une revue littéraire et satirique dont tout le monde parl[ait] » et qu'il fallait suivre ; il lui assura une abondante publicité gratuite.

En fait, au moins deux ambiguïtés fragilisaient la complicité affichée par les deux journaux. La première tenait à la confusion entretenue par *Le Canard enchaîné* sur ses origines : seul *Le Crapouillot* était un authentique journal des tranchées et son directeur un ancien combattant ; à certaines nuances dans les souvenirs de Jean Galtier-Boissière, on devine que la prétention du *Canard* à représenter les poilus et un certain esprit ancien combattant ne fut pas reçue sans agacement du côté de la place de la Sorbonne. La deuxième ambiguïté, plus spectaculaire puisqu'elle aboutit au départ de Jean Galtier-Boissière – et d'Henri Jeanson – en 1937, résidait dans la divergence d'appréciation des périls totalitaires par les deux directeurs. Le directeur du *Crapouillot* professait un pacifisme intégral et un anticommunisme sans concessions qui l'amenèrent à refuser la guerre antifasciste sous l'égide de l'URSS ; Maurice Maréchal, pour sa part, laissa s'exprimer au sein de son journal ceux qui hiérarchisaient les périls et craignaient l'Allemagne bien plus que l'URSS.

Mais les deux journaux qui ont le plus compté dans la vie du *Canard enchaîné* de Maurice Maréchal restent les journaux de Gustave Téry, *L'Œuvre* et sa version vespérale, *Bonsoir*. Pour tous ceux qui y travaillèrent, *L'Œuvre* fut un journal à part dans la presse française de la première moitié du XXe siècle. *L'Œuvre* était « le journal le moins édulcoré de l'époque[204] » selon Henri Béraud, « l'enfant terrible des journaux du matin[205] » à en croire Henri Monier ; il possédait un « ton qui tranchait sur celui des grands quotidiens parisiens[206] » d'après Jean Oberlé. Pour Henri Jeanson, le journal de Gustave Téry fut un journal « qui révolutionna le monde de la presse par la nouveauté de son format, par l'élégance de sa typographie, par sa fameuse manchette – si souvent imitée – et par le ton de ses articles ». Jeanson se souvenait d'avoir trouvé à *L'Œuvre*, pour la première fois de sa jeune carrière de journaliste, « l'atmosphère des salles de rédaction conforme à l'idée que peut s'en faire l'amateur de souvenirs de Dumas père. [...] Quel tohu-bohu ! Quelle tabagie ! Partout, des groupes discutant, plaisantant, philosophant, échangeant des secrets d'État contre des épigrammes. Tout l'esprit de Paris tenait dans ces quelques mètres carrés. L'art de la conversation était pratiqué là par des virtuoses, dont les articles si légers, mais si nourris, prolongeaient spirituellement les bavardages[207]. » La rédaction, complète André Billy, « représentait certainement, avec celle de *L'Action française*, ce qu'il y avait de mieux à Paris en fait d'esprit et d'intelligence appliquée au journalisme[208] ».

Les ressemblances entre *L'Œuvre* et *Le Canard enchaîné* sont frappantes : même mise en page (jusqu'au bon mot dans la « manchette », que le *Canard* copia sur *L'Œuvre* à partir de 1918), même alliance du texte et du dessin, et, quant au contenu, mêmes attaques contre les institutions, en particulier l'Église ; de l'esprit et de l'anticonformisme – sans excès – à toutes les pages. Il n'y avait guère que le radicalisme militant de *L'Œuvre* qui pût importuner le *Canard* même si celui-ci en partageait nombre d'attendus. Selon Henri Monier, *L'Œuvre* était lue par « la petite bourgeoise frondeuse, rouspéteuse, voltairienne » plus que par l'ouvrier ou l'artisan – indirecte et précieuse indication sur le lectorat du *Canard enchaîné.*

La rédaction de *L'Œuvre* se confondait en grande partie avec celle du *Canard enchaîné*; les deux tiers des rédacteurs et des dessinateurs du *Canard* travaillaient ou avaient travaillé à *L'Œuvre*[209]. Quant à *Bonsoir*, ce quotidien du soir installé rue du Faubourg-Montmartre, il fut la rampe qui lança la carrière de journalistes comme Pierre Bénard, Michel Duran, Henri Jeanson, Pierre Scize, Henri Monier, des hommes qui firent ensuite une belle carrière à *L'Œuvre* et au *Canard*[210]. Beaucoup des journalistes du *Canard* considéraient les journaux de Téry, bien davantage que le journal de Maréchal, comme leurs ports d'attache: Henri Béraud, par exemple, désigne dans ses souvenirs *L'Œuvre* comme le journal où il fit ses débuts dans la presse parisienne, en décembre 1918 – alors qu'il avait en réalité débuté au *Canard* plus d'un an auparavant. De la même façon, Georges de la Fouchardière, interviewé par Frédéric Lefèvre en avril 1930, reçoit le journaliste dans son bureau de *L'Œuvre*, parle longuement du travail qu'il y effectue mais ne dit pas un mot du *Canard enchaîné* dont il est pourtant un collaborateur régulier et important.

La périodicité explique en grande partie ce qui pourrait facilement passer pour de l'ingratitude: la plupart des journalistes qui collaboraient au *Canard* n'y faisaient une apparition qu'une ou deux fois par semaine; à *L'Œuvre*, ils se retrouvaient tous les jours. Mais la périodicité n'explique pas tout. Sans doute était-il alors plus valorisant de se réclamer d'une collaboration à un quotidien d'opinion qu'à ce qui restait, en dépit de tout ce qui l'en distinguait, un hebdomadaire satirique. Ce qui éclaire d'un autre jour les *satisfecit* que *Le Canard enchaîné* prit précocement l'habitude de s'accorder et la complaisance avec laquelle il a toujours cité les éloges que tel journal ou telle personnalité pouvait lui avoir décernés : il importait à Maurice Maréchal – comme il importera à ses successeurs – de faire reconnaître la valeur de son journal en neutralisant ce qui pouvait reléguer le *Canard* au rang de vulgaire amuseur public. En même temps, et nous touchons là au rapport très problématique du *Canard enchaîné* à son identité, il ne pouvait être question pour sa direction de renoncer à ce qui fondait la spécificité du journal et lui permettait d'échapper en grande partie aux conséquences de ses hardiesses : la satire. En somme, tout l'art consistait – consiste encore – à se faire prendre au sérieux quand le prestige en dépendait, à la légère quand la prudence l'exigeait.

Les équipes de *L'Œuvre* et du *Canard enchaîné* étaient donc pratiquement confondues ; les deux journaux logeaient dans le même immeuble, au 9 de la rue Louis-le-Grand[211] mais dans des locaux distincts et qui ne communiquaient pas (ceux de *L'Œuvre* donnaient sur la rue, *Le Canard enchaîné* occupait un troisième étage sur cour) ; l'imprimerie leur était commune puisque le *Canard* fut tiré par les presses de *L'Œuvre* à partir de 1921 ; enfin, les lieux de convivialité étaient les mêmes, en particulier le Café du Cadran, rue Louis-le-Grand, dans le deuxième arrondissement – non loin de la station de métro Opéra. Tout le monde s'y retrouvait pour commenter l'actualité, rivaliser de mots d'esprit et boire autre chose que de l'eau.

Sociabilités et convivialité

Au *Canard*, l'alcool, en particulier le vin, a toujours occupé une place importante dans la vie quotidienne des journalistes et dans les représentations d'eux-mêmes et du monde qu'ils privilégiaient.

Dans les dessins de Guilac, Ferjac ou Monier, dans les articles d'Alexandre Breffort, les journalistes du *Canard* sont souvent comparés à de « bons moines paillards », au « nez mauve », au « teint rubicond », à « l'équilibre instable ». Le vin renforçait le lien social, était présenté comme un gage d'amitié et d'harmonie. Il était relié à des thèmes connexes : la gastronomie, la grivoiserie, la paresse et les loisirs paisibles[212]. Il instaurait une convivialité proche de la sociabilité chansonnière. C'est particulièrement flagrant dans les suppléments qu'édita *Le Canard enchaîné* à l'occasion des « fêtes du vin » de 1933 et 1934, où l'on trouve tous les *topoï* de la chanson bachique, gastronomique et grivoise. Comme les chansonniers de la Lice ou du Caveau, les journalistes du *Canard enchaîné* buvaient entre eux « pour se débrider l'esprit, jouir intensément de la convivialité qu'ils [avaient] choisie et tenter, par amour du défi, de ne pas déroger aux codes plus ou moins coercitifs de leur communication[213] ».

Pendant tout l'entre-deux-guerres et jusqu'aux années 1950, le vin de juliénas passa pour le vin du *Canard enchaîné* par excellence. Il est toujours présent dans les textes et les dessins par lesquels la rédaction se met elle-même en scène. Il pourra sembler étrange que les journalistes du *Canard enchaîné* aient tant et si tôt écrit sur le juliénas alors qu'aucun d'eux n'avait séjourné dans le village du Beaujolais avant 1934. Selon Georges Montagné, qui avance des arguments convaincants dans la lettre qu'il adressa à ses « chers amis du *Canard* » en 1984[214], c'est Henri Béraud qui introduisit au *Canard* cette référence devenue quasi obligée dès les années 1920 et qui le demeura jusqu'aux années 1960. Le polémiste lyonnais, entré au *Canard enchaîné* en 1917, était lié à la famille Rivier, qui possédait à Juliénas des vignes et des bâtiments. Il venait parfois dans le village et descendait au Coq au Vin ; à Paris, il servait à ses compatriotes lyonnais qu'il recevait chez lui ce vin qui avait baigné sa jeunesse… Le goût en serait resté au *Canard* après son départ, concurremment au vouvray[215].

À la fin du mois de septembre 1934, une partie de l'équipe du *Canard enchaîné*, accompagnée de quelques amis, se déplaça dans le vignoble de Beaujolais, plus précisément à Juliénas (département du Rhône). Jules Rivet en a fait le récit dans les colonnes du *Canard*: visite (s) de cave (s), déjeuner au Coq au Vin de Gabriel Perroton ponctué de discours et de toasts, épreuves en plein air organisées à Vaux emplirent la journée. Le *Canard* récidiva l'année suivante pour fêter dans le village qui l'avait si bien accueilli la sortie de son millième numéro. Comme en 1934, la journée se passa en dégustations et libations et les « Parisiens » eurent à cœur de montrer aux vignerons qui les recevaient que leur réputation de francs buveurs n'était pas usurpée[216].

Plus régulièrement, Maurice Maréchal organisait des banquets pour fêter les numéros-anniversaires du journal: les archives ont conservé les traces du banquet des quinze ans (1931) et de celui des dix-neuf ans (1934), qui eurent pour cadre le pavillon Dauphine, dans le bois de Boulogne, et qui furent présidés par Tristan Bernard. Conçus sur un modèle qui tenait à la fois du banquet républicain et des agapes chansonnières, ces longs déjeuners rassemblaient plusieurs dizaines de convives dont les membres de l'équipe, leurs épouses et l'indispensable « représentant des lecteurs », toujours le même, Yves Le Guillerm, facteur breton. Mais le cadre quotidien ou hebdomadaire de la sociabilité *Canard* était le bistrot aux abords du journal. L'entre-deux-guerres fut l'âge d'or du bistrot en France et à Paris. Le bistrot avait hérité de l'assommoir de la fin du XIXe siècle sa clientèle populaire, et des « cafés splendides » fréquentés par la bourgeoisie une partie de son décor. De l'assommoir parisien, et, avant lui, du troquet de province – estaminet et cabaret –, le bistrot avait aussi recueilli l'image et le rôle d'une contre-société construite en opposition aux grandes institutions astreignantes, un lieu de liberté et de fraternité, l'atelier de la démocratie et de la république face au Presbytère, au Château, à l'Usine[217].

On en retrouve les traits dans les représentations qu'en donna *Le Canard enchaîné* lui-même : micro-société aux frontières nettement délimitées, possédant ses rites et langage, composée presque exclusivement d'hommes, empruntant, pour les tourner en dérision au moyen d'un détournement parodique, aux modèle et vocabulaire des associations religieuses, l'univers du café informait de manière directe la vision du monde développée dans les colonnes du *Canard enchaîné* et son mode de fonctionnement. Les normes de comportement qui y étaient valorisées en faisaient l'institution antibourgeoise par excellence (quand bien même s'intégrait-elle dans l'économie générale d'un mode de vie caractéristique des classes moyennes) : le dérèglement des sens, le tapage, l'accent mis sur la prouesse (l'accumulation des consommations, manifestée par l'empilement des soucoupes), l'insouciance financière (le thème de l'« ardoise ») permettaient aux journalistes de se penser comme une communauté marginale et en rupture par rapport à l'ordre social.

La fonction la plus importante des bistrots était de rassembler les membres épars de la rédaction. Raoul Guérin et Jean Galtier-Boissière utilisent le terme de « bande » pour évoquer le groupe dont ils firent partie dans les années 1920 et 1930. Les journalistes se retrouvaient au café pour discuter, échanger les nouvelles et les idées, réfléchir au numéro suivant ; les uns rédigeaient leurs articles tandis que les autres refaisaient le monde. Plus encore que les locaux mêmes du journal, et autant que le « marbre » des imprimeries, c'est dans les cafés que se forgeait l'esprit de l'équipe du *Canard enchaîné* ; on y accueillait les nouveaux, on y revoyait les anciens ; le café était le lieu où se transmettaient les souvenirs communs, l'espace par excellence où se construisaient identité, tradition et sentiment d'appartenance au journal.

Les établissements environnant les bureaux du *Canard* répondaient à des besoins et à des usages divers. Au Café du Cadran, on ne mangeait pas et on s'attablait à peine ; la vie se passait au comptoir auquel les journalistes venaient s'accouder presque tous les jours. Aux Caves Murat, en revanche, surtout lorsqu'au milieu des années 1920 le *Canard* quitta ses abords immédiats, l'équipe venait manger selon un rythme plus ample, hebdomadaire le plus souvent. Dans l'entre-deux-guerres, cet établissement accueillait les journalistes de Maurice Maréchal le mardi, après le bouclage; « vers deux heures et demie, après les six tournées rituelles, la rédaction s'installait dans l'arrière-boutique pour déguster le boudin du patron en éclusant du beaujolais[218] ». Le déjeuner du mardi, qui se prolongeait très tard l'après-midi, était la principale des « cérémonies » du *Canard enchaîné*. Il commençait par l'apéritif pris en commun avec les typographes et linotypistes qui avaient participé à la composition du journal (chaque page du *Canard* avait ses « typos » attitrés qui faisaient donc un peu partie de l'équipe). Puis venait le repas proprement dit. La quasi-totalité de l'équipe s'y trouvait rassemblée et sa fonction était avant tout cohésive. Il servait également à introduire les nouveaux venus et à tester les pressentis, une fonction qu'il conserva jusqu'au cœur des années 1970, alors que l'esprit communautaire du *Canard enchaîné* donnait des signes nets d'affaiblissement. Dans l'entre-deux-guerres, on déjeunait également le samedi et le lundi. Lors de la réunion du samedi, Maurice Maréchal distribuait les articles à rédiger et recueillait les propositions; le lundi, il organisait la dernière heure.

Ces agapes étaient déjà, du temps de Maréchal, anachroniques: au début du siècle, la tradition des déjeuners périodiques où le directeur réunissait ses principaux collaborateurs était en voie de disparition dans la presse française[219]. Il n'y eut plus guère, dans les années 1920, que *Le Crapouillot* de Jean Galtier-Boissière à maintenir vivante cette tradition. Il n'est du reste pas fortuit que les deux seuls journaux qui aient continué de pratiquer cette forme de sociabilité aient été des journaux si semblables par nombre de traits et entre lesquels existaient de forts liens personnels. Les dîners du *Crapouillot*, comme les déjeuners du *Canard enchaîné*, étaient le moyen qu'avaient trouvé leurs directeurs respectifs pour insuffler un esprit de groupe à des collaborateurs qui passaient le plus clair de leur temps dans d'autres journaux ; ces réunions représentaient également une occasion de traduire concrètement les valeurs défendues par les deux journaux anticonformistes, au premier rang desquelles le goût du bien vivre et la camaraderie ; enfin, la petite taille des deux rédactions, l'ascendant qu'exerçait dans chacune le directeur-fondateur et l'absence d'échelons hiérarchiques intermédiaires expliquent également cette survivance du repas de rédaction, à l'heure où les relations internes avaient tendance à se distendre au sein des grandes rédactions de la presse moderne.

Lecteurs du Canard enchaîné

Les documents relatifs au lectorat du *Canard enchaîné* manquent cruellement pour l'entre-deux-guerres. Les statistiques sont lacunaires et sujettes à caution, les archives sont absentes qui auraient pu nous donner quelques indications par le biais d'un courrier des lecteurs ou d'une enquête auprès des dépositaires.

Nous ne disposons guère que des articles du journal lui-même pour nous faire une idée des lecteurs de cette époque. On peut penser qu'ils se recrutaient en majorité dans les groupes sociaux dont le *Canard* prenait régulièrement la défense, salariés, citadins, classes moyennes et populaires ; quelques articles permettent d'être plus précis, comme en 1938 et 1939 lorsque le *Canard* s'éleva contre les mesures fiscales de Paul Reynaud qui touchaient tous les salariés, « du lampiste au gratte-papier, du tourneur de métaux au professeur de lycée » et épargnaient avocats et médecins, agriculteurs et industriels. De même, les nombreux articles dans lesquels les journalistes du *Canard enchaîné* prirent le parti des instituteurs renseignent au moins sur le public visé par le journal. Mais il serait bien hasardeux de tracer d'après ces catégories le portrait des « vrais » lecteurs du *Canard.*

Outre ces articles et l'aide fournie par les lecteurs au début des années 1920 sous la forme de la souscription proposée par Maurice Maréchal, le « Club des canetons » est la seule trace que les archives nous aient laissée concernant le lectorat d'avant-guerre. « Société amicale et humoristique » regroupant des « amis et lecteurs » parisiens du *Canard enchaîné,* le club se donna pour but l'« organisation de fêtes de bon goût, de promenades, de réunions » régulièrement annoncées ou rapportées dans les colonnes du journal à partir d'août 1922 : élection de la Reine des canetons, fête de la Sainte-Catherine, banquets, concerts, bals, réveillon de Noël avec spectacle de revue ; elle organisa encore des « tribunaux comiques » et des « jeux de massacre » où étaient brocardés les hommes politiques et surtout des concours de chansons et de poèmes humoristiques gratuits et réservés aux non-professionnels dans son « caveau » sis au 100 de la rue du Mont-Cenis (dix-huitième arrondissement de Paris) puis à la Taverne du Gymnase, 31, boulevard Bonne-Nouvelle (deuxième arrondissement). Mais l'expérience ne dura guère plus d'un an et demi et, à l'exception – éphémère – de Marseille, ne s'étendit pas à d'autres villes que Paris. À peu de choses près contemporain de l'expérience du Théâtre du Boulevard – pour les spectacles duquel elle obtint des tarifs préférentiels –, le Club des canetons montre à la fois le goût des journalistes de l'époque pour le spectacle comique, leurs efforts pour créer des événements permettant de faire la promotion du *Canard* et les difficultés auxquelles se heurtait un journal disposant de faibles moyens financiers en dépit d'un noyau de lecteurs passionnés.

Une des grandes originalités du *Canard enchaîné* par rapport à la plupart de ses confrères fut la relation très forte qui s'instaura rapidement entre le journal et ses lecteurs. Ceux-ci participèrent à la vie du *Canard enchaîné* de multiples façons. Par le soutien financier et la propagande spontanée, nous l'avons vu; par la participation aux jeux-concours, qui apparurent dans le journal au tout début des années 1920[220]; par l'envoi de contes, de poèmes, d'anecdotes, d'informations, de coupures de presse; par des offres de service et des demandes d'aide; enfin par tout un courrier dont, à défaut de pouvoir toujours consulter les originaux, on retrouve de-ci de-là la trace dans les colonnes du journal:

> « La correspondance du *Canard*, écrit Pierre Scize en 1930, est toujours diverse, joyeuse, réconfortante. On y trouve pêle-mêle les graves admonestations des purs, qui ont toujours quelque chose à reprocher aux consciences d'autrui, les adhésions des jeunes, les conseils, les colères; celui qui veut « couper aux Assurances sociales et ne sait comment s'y prendre » (moi non plus, mon vieux, moi non plus!); le groupe de lecteurs anonymes dont le placet commence invariablement ainsi: « Vos articles sont généralement idiots quant à la forme. Pour le fond, ils sont d'un vaseux congénital... etc. » et heureusement, par-ci par-là, les effusions des amis inconnus. Merci à tous, même aux compatriotes injurieux! » (29 janvier 1930).

Quelques semaines plus tard, le même Pierre Scize parlait de la « race élue » des lecteurs qui savent encore s'indigner pour de justes causes.

En 1934, *Le Canard enchaîné* publia l'une de ces lettres, signée d'un certain L. Perrotin; ce lecteur parlait d'une « sorte de franc-maçonnerie du *Canard* »:

> « Mon cher *Canard*,
>
> Permets-moi tout d'abord, au seuil de cette nouvelle année, de t'adresser mes vœux de prospérité en te serrant fraternellement la patte. Je prends la liberté de t'écrire, sûr

d'être l'interprète d'un grand nombre de tes lecteurs. Ce caractère de collectivité étant posé, j'en arrive au sujet.

Parmi tous ceux qui se désintéressent de la nouvelle voiture de M. Bonhoure et de la façon dont Cécile descend l'escalier, parmi tous ceux qui n'ont plus d'illusions sur la foi patriotique des maîtres de forges et sur « toute la lumière » apportée aux scandales publics, le *Canard* crée une amitié.

Cette amitié, tu la connais au sein de ta rédaction, tu l'ignores peut-être chez tes amis anonymes.

Quand je vois, dans la rue ou ailleurs, un de ces derniers te lisant, il est rare que sa physionomie ne me soit pas aussitôt sympathique. J'ai presque envie de lui dire mystérieusement : « Moi aussi, je le lis ! » Il me semble, en un mot, avoir en face de moi un coreligionnaire ! Et nous sommes ainsi beaucoup, je le sais, à partager cette impression. Si « les imbéciles ne lisent pas *L'Œuvre* », les couillons ne te lisent pas, ô *Canard* ! C'est pour cette raison que j'ai souvent pensé à une sorte de franc-maçonnerie du *Canard* !

Non, cher ami, le vouvray ne m'a pas obnubilé l'entendement, mais il me semble que tu devrais créer l'insigne de tes lecteurs, une patte palmée par exemple, oh ! non pas à la pointure de certain godillot élyséen mais quelque chose de fin comme tes critiques et de discret comme tes allusions.

C'est que nous t'aimons, toi qui n'as jamais pataugé en eau trouble, toi qui as le verbe haut pour flétrir toutes les petites et grandes saloperies dont se gargarisent quotidiennement les « journalistes-sic ».

Si tu nous es tellement cher c'est que, vois-tu, cher vieux palmipède, nous avons l'impression en te lisant, que tous les coups de pied au cul prodigués par toi aux salopards, c'est un peu nous qui les donnons[221] ! »

On trouve dans cette lettre de 1934 tous les traits qui seront ceux du courrier laudateur conservé par le journal dans les décennies suivantes : le tutoiement, le ton familier, la personnification et le jeu sur l'animalité sympathique, bref, tout ce qui établit un rapport personnel et amical du lecteur au *Canard* ; le thème de l'amitié au sein de la rédaction ; les allusions épicuriennes à la « bonne vie », au vin ; les qualités d'honnêteté, d'intégrité, de pureté attribuées au *Canard*, d'irrévérence aussi, qui le distinguent du reste de la presse et assurent à ses lecteurs une sorte de vengeance par procuration. L'image de la communauté, confrérie, franc-maçonnerie des lecteurs, d'une société un peu secrète fondée sur une vision du monde commune, un goût partagé pour un type d'humour et de langage se retrouve dans un article de la même année que la lettre citée ci-dessus : « D'un mot à l'autre, d'un écho à l'autre, d'un numéro à l'autre, et toujours par allusion [...] les lecteurs du *Canard* devenaient peu à peu les membres d'une spirituelle société secrète dont ils apprenaient peu à peu les mots de passe, qui restaient incompréhensibles au vulgaire et à la censure[222]. »

III

LA FRANCE POLITIQUE DE L'ENTRE-DEUX-GUERRES

La France de l'après-guerre

La France de l'après-guerre n'offrait qu'une apparence de force. Officiellement, elle était un pays vainqueur, ayant recouvré les provinces perdues, disposant de la plus puissante armée d'Europe. En fait, la saignée démographique et les destructions entraînées par la guerre l'avaient considérablement affaiblie et appauvrie[223]. Des difficultés économiques d'une ampleur ou d'une nature inédites affectèrent les équilibres auxquels les Français s'étaient accoutumés depuis les débuts de la Troisième République, parfois même depuis le Consulat, en particulier le rapport entre les monnaies ou entre les prix et les produits. Une première crise des changes frappa le franc en mars 1919, une deuxième survint à l'automne 1923 ; on accusa la spéculation étrangère, alors que les accès de faiblesse de la monnaie nationale étaient plutôt liés à l'importance de la dette publique, à l'augmentation mal contrôlée de la masse monétaire et aux tensions inflationnistes. Les prix de détail, qui étaient passés de l'indice 100 en 1914 à l'indice 200 en 1918, atteignirent 400 en 1925 et 600 en 1929. Le thème de la « vie chère » fut en particulière faveur dans la presse française des années 1920, et pas seulement dans *Le Canard enchaîné*. Ce journal y ajouta cette nuance que la responsabilité de ces difficultés incombait à ceux qui avaient décidé et mené la guerre. La victoire n'y changeait rien ; et même, pour ce qu'elle avait rapporté, il aurait peut-être été préférable de ne pas la remporter :

> « Nous sommes incontestablement les vainqueurs. Ça se voit bien d'ailleurs à mille et mille choses qui ne sauraient tromper les esprits attentifs : l'enthousiasme du peuple, l'extraordinaire opulence dans laquelle nous vivons depuis près de deux années, la cordialité des rapports entre les individus, la facilité, chaque jour accrue, de l'existence, la supériorité de notre change etc. » (3 novembre 1920).

C'est pourtant sur son statut de vainqueur que le gouvernement français comptait pour résoudre ses difficultés financières : « L'Allemagne paiera », avait dit le ministre des Finances Lucien Klotz en 1919. Ce n'était pas seulement une déclaration destinée à rassurer la presse de droite effrayée par la perspective d'un impôt sur le capital : une grande partie de la classe politique, en phase avec une opinion publique violemment anti-allemande, pensait que l'Allemagne avait le devoir et les moyens de payer les réparations et s'en dispensait en invoquant de mauvais prétextes. Le journal de Maurice Maréchal railla cette illusion, comme il railla la prétention des Américains à se faire rembourser les prêts consentis pendant la guerre. En fait, puisque tous ces comptes en suspens empoisonnaient le climat d'après-guerre, la meilleure façon de les régler était de les annuler purement et simplement.

Comme l'argent de l'Allemagne se faisait attendre, les gouvernements des années 1920 augmentèrent les impôts et les taxes, levèrent des emprunts. Roland Dorgelès s'indigna en 1920 du peu de succès rencontré par cette dernière initiative. Remarquant que, si le sang se montre, l'argent se cache, il se déclarait « écœuré par la conduite de tous ces enrichis qui ne [voulaient] pas lâcher une parcelle de leur argent volé » :

> « Pourtant, voyez avec quelle politesse l'État vous demande vos sous. Là-haut, on faisait moins de façons pour nous demander notre peau ! [...] Faudra-t-il leur vider leurs proches ? *Hands up* ! les profiteurs, *hands up* ! les mercantis... » (17 mars 1920).

Cinq ans plus tard, Victor Snell faisait le même constat, comparant l'empressement des Français à sacrifier des vies humaines pendant la guerre et leur réticence à faire payer la paix par les riches :

> « Tant qu'il ne s'est agi que de vies humaines, ça allait. Mais du moment qu'on veut toucher à l'argent, halte-là ! [...] Au nom du Bloc national qui veut de saines finances, notre ami Bokanowski, dont le nom même est un magnifique symbole, a au contraire montré que la vraie solution, la seule qu'approuvent les classes dirigeantes placées aux responsabilités, consiste à prendre l'argent où il n'est pas. [Allusion à la phrase prononcée par le socialiste Pierre Renaudel : « Il faut prendre l'argent là où il est. »] Voilà le vrai programme ! Voilà ce que veulent, ce qu'exigent notre haute Finance et notre grande industrie. » (22 février 1925).

On le voit, le constat, du reste communément partagé, des difficultés avec lesquelles le pays se trouvait aux prises du fait de la guerre dérivait rapidement, dans les colonnes du *Canard enchaîné*, vers une critique en règle de l'ordre politique et social. En quoi le journal pouvait se trouver en phase avec le discours développé par les associations d'anciens combattants[224]. Les points communs ne manquaient d'ailleurs pas entre le discours du *Canard* et les thèmes formant le fond commun de ces associations : la dénonciation du bourrage de crâne qui avait prévalu durant la guerre, le rejet du militarisme, la perception d'un écart entre l'arrière et l'avant ou entre ceux qui prennent les décisions et ceux qui les appliquent, l'accent mis sur le « vécu » de la guerre, l'hostilité à l'encontre des partis et des politiciens d'où découlait un indéniable antiparlementarisme, une certaine attitude moraliste; et peut-être aussi la frustration démocratique qui put conduire ceux qui se sentaient rejetés par le système économique et qui rejetaient le système politique à cultiver le mythe du « coup de balai » contre les élites. Le fait que les mouvements d'anciens combattants aient recruté principalement dans les classes moyennes travaillées par un sentiment de déclassement pourrait fournir une nouvelle indication sur le lectorat du *Canard enchaîné*.

Sur bien des points, cependant, les vues développées par le journal de Maurice Maréchal différaient du « patriotisme pacifique » qu'Antoine Prost a décrit dans sa thèse. En particulier, l'image du combattant de la guerre de 1914-1918 qui se dégage des papiers et dessins du *Canard enchaîné* de l'entre-deux-guerres ne coïncide que très imparfaitement avec celle que l'on voit se dessiner à travers les discours des associations d'anciens combattants. Pour les gens du *Canard*, en effet, le combattant n'était pas un héros: c'était une victime, un « PCDF », comme on disait dans les tranchées – un sigle que les journalistes du *Canard* traduisirent différemment selon les circonstances: Pauvre Combattant Du Front, Pauvre C… De Français, Pauvre Contribuable De France…

Cette victime n'avait pas cessé de souffrir pour avoir cessé de combattre: la guerre était finie mais l'injustice continuait. Les papiers et dessins dans lesquels était souligné le contraste entre l'opulence des profiteurs et l'indigence des anciens combattants sont très nombreux. Un dessin de Guilac montre des mutilés défilant pour le 14 juillet sous les yeux de tous les profiteurs installés confortablement dans les tribunes (14 juillet 1920); un autre, de Guérin, représente un homme avec une jambe de bois qui déclare: « Moi, je ne veux pas dissimuler mes bénéfices de guerre. » (9 février 1921). C'étaient les pensions et retraites de guerre sur lesquelles rognaient les ministres et les députés, c'étaient les emplois refusés à des mutilés, c'était l'exploitation commerciale du souvenir, les armements que l'on continuait de fabriquer alors que cette guerre devait être la dernière… La guerre n'aurait pas été totalement nuisible ou inutile si elle avait été suivie de grands changements dans l'ordre social ; mais rien n'avait changé, les soldats étaient redevenus des exploités, les exploiteurs étaient toujours là, et plus gros, plus cyniques qu'avant, monstrueusement enrichis par les profits de la guerre qui venait de s'achever, pensant déjà à la prochaine. L'armistice signé, *Le Canard enchaîné* comptait sur les combattants démobilisés pour renvoyer ces profiteurs et leurs complices, les parlementaires bellicistes : à l'approche des élections législatives de novembre 1919, il multiplia les appels aux anciens combattants pour qu'ils votent et sanctionnent députés et gouvernement sortants : « La vraie démobilisation, voilà quand c'est que nous la ferons ! [...] Quand on renouvellera les chambres ! J'ai dans l'idée qu'on en démobilisera un bon tas, et que ça ira vite et qu'on leur donnera pas bezef comme carnet de pécule ! » (1er janvier 1919). « Ohé les démobilisés ! Faites comme nous qui, jusqu'à ce jour n'avons jamais voté par principe mais qui cette fois tenons essentiellement à prendre part à la fête. Bientôt, camarades, nous serons en mesure de manier le balai. Et on rigolera ! » (26 mars 1919). La victoire du Bloc national en 1919, l'impuissance ou la nocivité des organisations de combattants entraînèrent une désillusion qui s'aigrit au fil des années[225].

Le bloc national

Le Bloc national était le prolongement ambigu de l'union sacrée. Constitué en octobre 1919, il rassemblait les forces politiques désireuses de perpétuer dans la paix la coalition du temps de guerre. En réalité, cette coalition était réduite, en 1919, aux formations politiques situées au centre et à la droite de l'éventail politique : les socialistes avaient repris leur complète indépendance, les radicaux ne se présentèrent pas sous cette bannière aux élections de novembre 1919. Toutefois, les gouvernements qui se succédèrent jusqu'en 1923 s'appuyèrent sur une majorité plus large que celle de 1919 puisqu'elle comprenait des socialistes indépendants et les radicaux.

La subtilité de ces nuances n'échappait pas aux journalistes du *Canard enchaîné*, ce qui ne les empêcha pas d'en faire une présentation assez grossière. Selon eux, avec la victoire du Bloc national, c'était la France la plus réactionnaire qui s'était emparée du pouvoir. Un dessin de Raoul Guérin montra, fin novembre 1919, les députés qu'une majorité de Français avait élus : officiers, curés, gras bourgeois. Un autre dessin, du dessinateur Bour, intitulé « Orphelin de guerre », montre une femme portant un bébé et qui regarde une affiche du Bloc national (où l'on voit les mots : armée ; force ; finances ; honneur ; patrie) : « Hélas, mon pauvre enfant, je n'avais pas le droit de parler et toi, tu étais trop petit pour voter » (19 novembre 1919). Le secret de la victoire du Bloc, selon le *Canard* – qui n'admettait pas la réalité politique et sociologique du moment – résidait dans les manipulations auxquelles s'étaient livrés les privilégiés : électeurs fictifs, agents provocateurs dans les meetings de l'adversaire, loi électorale injuste ; et surtout, une formidable campagne d'intoxication par voie de presse et d'affichage, destinée à convaincre l'opinion publique du danger bolchevique.

C'est l'un des traits dominants du *Canard* de l'entre-deux-guerres, et surtout des années 1920, que de chercher à contrer la diabolisation des communistes par la propagande de droite. Il le fit en renchérissant sur l'image négative répandue par celle-ci. En particulier, l'affiche de « L'homme au couteau entre les dents », éditée par une organisation patronale en cheville avec le Bloc national (l'Union des intérêts économiques d'Ernest Billiet) fit l'objet de multiples détournements, tant textuels que graphiques. Ainsi, en 1925, le *Canard* se moqua de l'utilisation du bolchevique par Alexandre Millerand lors de ses tournées au bénéfice de la Ligue républicaine nationale :

> « À l'entrée d'un emplacement réservé, un écriteau porte en lettres rouges ces mots redoutables : « Le péril communiste ». Dix minutes de terreur !!! À l'intérieur, on voit un homme à la mine patibulaire qui ressemble à M. Marcel Cachin et qui tient un couteau entre les dents. Toutes les cinq minutes, il prend son couteau qu'il plante dans une silhouette figurant un bourgeois. Après quoi, en roulant des yeux terribles, il chante le premier couplet de l'Internationale. L'effet est terrifiant. »

Ou encore, les dessinateurs du *Canard* proposèrent des affiches antibolchevistes parodiques s'inspirant de ce modèle (Guilac dessine en 1919 un être de cauchemar serrant une fourchette entre ses dents : « Si vous vous n'avez pas de tabac... Si la Seine monte... S'il y a des accidents de chemin de fer : c'est sa faute ») ; Jules Rivet lança en février 1920 son feuilleton intitulé « La fiancée du bolchevik ou le Couteau sanglant » qui accumulait les clichés véhiculés par la droite[226].

Le Bloc national, c'était la réaction. La répression de la vague de grèves qui balaya le pays de février à mai 1920, les violences policières le 1er mai de la même année, le rétablissement des relations diplomatiques avec le Vatican en 1921, l'aggravation de la situation économique confortèrent le *Canard* dans son opposition de principe, sans parler de l'attitude jugée étroitement nationaliste qu'adoptèrent les gouvernements français en matière de politique étrangère. Les chefs de la droite étaient soit médiocres soit dangereux et toujours mauvais républicains ; Millerand[227] et Briand étaient des renégats, Maginot un ivrogne, Loucheur un affairiste,

Poincaré un « médiocre bourgeois haineux » ayant des complaisances suspectes pour les royalistes et les milieux d'affaires[228].

Dans ces conditions, les journalistes du *Canard enchaîné* ne purent qu'applaudir au passage des radicaux à l'opposition en juin 1923 et à la victoire du Cartel des gauches sur le Bloc national aux élections législatives de mai 1924. Au passage, le *Canard*, sous la signature collective Maurice Morice, se félicita d'avoir contribué à la défaite du Bloc national, citant largement un article de *L'Impartial français* qui reconnaissait que « la propagande par le rire avait eu des effets irrésistibles » :

> « Le Bloc national a été dégonflé par l'ironie. C'est parce que les Humoristes les avaient transformés en têtes de Turcs que certaines têtes de listes ont été abattues. » (28 mai 1924).

De fait, *Le Canard enchaîné* a concouru à fixer l'image très négative qui est restée de l'épisode du Bloc national.

Le Cartel des gauches

Le Canard enchaîné allait-il devenir un journal de gouvernement ?

> « On nous avait dit : Herriot à la présidence du Conseil, et Painlevé chef de l'État. Notre indéfectible républicanisme y trouvait son compte, évidemment : mais qu'allait devenir le *Canard* ? Un organe non seulement ministériel mais encore présidentiel ? Et cela par conviction ? Sans être, comme on dit, « payé pour » ? L'hypothèse était tragique. [...] Heureusement, ils ont élu Doumergue. Ils ont pensé au *Canard* ! » (18 juin 1924).

En fait, la personnalité de Paul Doumergue, radical, parpaillot, libre-penseur et franc-maçon, élu le 13 juin 1924 à la présidence de la République, n'était pas non plus pour déplaire au *Canard*: elle était simplement plus facile à caricaturer que celle de Paul Painlevé. Ce qui allait, bien plus sûrement, détourner le *Canard* d'une improbable carrière ministérielle, ce fut la timidité et bientôt les reniements qui caractérisèrent selon lui la politique du Cartel des gauches.

Le premier gouvernement Herriot avait été constitué le 15 juin 1924; dès le 6 août, « Maurice Morice » se faisait l'écho des électeurs de mai qui commençaient à murmurer que le Bloc des gauches et le Bloc national se ressemblaient beaucoup. En novembre, sous le titre « Le Cartel va-t-il s'arrêter ? » Guilac dessina une pendule où les heures étaient remplacées par les mesures promises par le Cartel (en fait, les plus audacieuses correspondaient aux espoirs que les journalistes du *Canard* avaient formés et qui ne s'étaient pas concrétisés plutôt qu'à des promesses électorales trahies): les six mille francs comme traitement de base des petits fonctionnaires, la reconnaissance des soviets[229], la suppression de l'ambassade du Vatican, l'arrestation d'Ernest Billiet, l'adoption du scrutin d'arrondissement, le service de dix mois, la suppression du double décime[230], l'amnistie totale et la réintégration des cheminots révoqués après la grève de 1920, les poursuites contre les spéculateurs, la révision des marchés de guerre, la fin du scandale des régions libérées[231]. En janvier 1926, le *Canard* ajouta à ces griefs « la remise de la barrette de cardinal au nonce Ceretti, la désignation de M. Alexandre Varenne comme vice-roi de l'Indochine[232], celle de M. Doumer comme ministre des Finances, la croix de M. Cornuché[233], le grand cordon de la Légion d'honneur au prince des Asturies et enfin l'augmentation de l'indemnité parlementaire ».

Mais la rupture franche avec le Cartel et avec Herriot intervint dès mars 1925, quand Maurice Maréchal signa un éditorial intitulé: « Trop de demi-mesures »; il n'était plus question de retard mais de trahison et Édouard Herriot y était jugé ou malhonnête ou incapable. Les jugements du *Canard enchaîné* sur Édouard Herriot se firent de plus en plus durs au fil des années: Herriot avait trahi ses convictions politiques, son camp naturel était la droite, il mentait à ses électeurs. On dauba ses déclarations d'un républicanisme farouche, la « main sur le cœur ». Herriot avait justifié son entrée au cabinet d'union nationale de Poincaré (juillet 1926) en disant qu'« on ne se bat pas au chevet de sa mère malade » – le *Canard* plaisanta sans fin sur ce mot qui lui semblait masquer maladroitement la soif de pouvoir du *leader* radical[234].

Son successeur Paul Painlevé ne devait pas avoir plus de succès auprès des journalistes du *Canard*, de sorte que « de plus en plus cette vérité qui eût semblé naguère un paradoxe [leur apparut] comme évidente: jamais la politique du Bloc national n'a été mieux faite que par le Cartel. Déjà, avec M. Herriot ce n'était pas douteux mais avec M. Painlevé c'est plus certain encore. [...] On peut donc concevoir la création prochaine d'un grand parti de coalition décidé à remplacer la suppression de l'ambassade du Vatican par l'expédition du Maroc et la réforme électorale par l'augmentation de l'impôt ». (10 juin 1926). Les journalistes du *Canard enchaîné* ne furent donc ni chagrinés par l'échec du deuxième cabinet Herriot en juillet 1926 ni surpris par la constitution d'un gouvernement de rassemblement sous l'autorité de Poincaré et avec le soutien des radicaux: à leurs yeux, rien ne différenciait vraiment la politique du Cartel et celle poursuivie à partir de 1926 par les gouvernements d'union nationale.

« Plus ça change... »

En juillet 1926, Poincaré forma un gouvernement « dans un esprit de réconciliation nationale », selon les termes qu'il employa dans sa déclaration à la Chambre. Ce gouvernement, soutenu par une majorité allant de la droite la plus nationaliste aux radicaux, bénéficia d'une exceptionnelle longévité puisqu'il dura presque en l'état jusqu'à octobre 1929, malgré la défection des radicaux en novembre 1928 et le retrait de Poincaré en juillet 1929[235]. Succédèrent à l'Union nationale des gouvernements de centre-droit jusqu'en 1932, au sein desquels André Tardieu et Pierre Laval jouèrent les premiers rôles. En 1932, les élections législatives ramenèrent à la Chambre une majorité de gauche et les radicaux formèrent l'ossature de majorités de centre-gauche que les socialistes soutinrent sans enthousiasme sous le nom d'Union des gauches.

Ces déplacements du centre de gravité politique vers la droite ou vers la gauche n'affectèrent que très peu le jugement que portaient les journalistes du *Canard enchaîné* sur la politique suivie par les différents gouvernements; ces formules de concentration républicaine, de gouvernement par les centres ou d'union nationale, ces cabinets de droite bénéficiant de la neutralité critique des radicaux, ces ministères de gauche pratiquant une politique de droite leur paraissaient dictés non par l'urgence des problèmes et la nature essentiellement consensuelle des solutions à leur apporter mais par le désir des politiciens de n'être pas privés des avantages liés à l'exercice du pouvoir.

Du coup, le *Canard* de ces années semble à peine enregistrer l'évolution des choses; il ne prend acte ni du redressement financier ni des succès enregistrés par la politique étrangère (par exemple le pacte Briand/Kellog de février 1928 ou la détente franco-allemande) ni enfin des réformes engagées en matière économique et sociale, comme, en décembre 1927, l'extension de la gratuité à l'ensemble du secondaire, ou, en avril 1928, la loi sur les assurances sociales. Il continue de réclamer à l'Union nationale les mesures qu'il attendait du Cartel, d'honnir Poincaré et Herriot (le premier jugé « haïssable », le second « méprisable ») et de chercher en vain dans les allées du pouvoir un « vrai républicain ». Ni Tardieu ni Laval ne pouvaient selon lui prétendre à ce titre : le premier était un homme autoritaire aspirant au pouvoir personnel, « entré pauvre en politique [... qui] a montré comment, avec de la méthode, un labeur avisé et les subsides de puissances étrangères habilement choisies, on peut réaliser bien vite une honorable fortune[236] » ; le second était un homme à la Briand ou à la Millerand, qui avait renié ses convictions socialistes de jeunesse pour rejoindre le camp des réactionnaires[237]. La crise économique qui ne toucha vraiment la France qu'à partir de 1931 n'améliora pas le jugement porté sur l'action des différents gouvernements, tous accusés de mener une politique favorable aux grands intérêts. Mais au vrai, les journalistes du *Canard enchaîné*, qui partageaient avec l'ensemble de la presse une inculture économique préjudiciable à la compréhension du phénomène, ne s'étendirent guère sur la crise et se contentèrent d'y voir un nouvel argument contre le désordre capitaliste. Pour eux, la vraie crise du début des années 1930 était politique ou morale ; c'était peut-être une crise de régime, c'était en tout cas une crise qui touchait aux relations entretenues par les dirigeants politiques avec les milieux d'affaires.

Un régime miné par les scandales

La dénonciation des scandales politico-financiers est une vieille tradition du *Canard enchaîné*. À la fin des années 1920, deux grandes affaires devaient alimenter sa méfiance instinctive envers les pouvoirs politique et économique et leur malsaine complicité : en novembre 1928, le journal rapporta et commenta longuement l'affaire Marthe Hanau, du nom de cette femme de presse et d'affaires qui escroqua des milliers de petits épargnants pour un montant de plus de cent millions[238] ; un an plus tard, l'affaire Oustric confirma aux yeux des journalistes du *Canard* la collusion existant entre milieux politique, médiatique et financier[239].

Le Canard enchaîné publia des articles qui replaçaient ces affaires dans le droit fil de celle de Panama et les reliaient à d'autres scandales mineurs des années 1920 (souvent pour se plaindre de l'absence de suite donnée par la justice) ; il fit également paraître de fausses interviews des personnalités concernées, des pastiches de la presse (*La Gazette du Franc* de Marthe Hanau devint *La Galette du Franc* dans les colonnes du *Canard*), des contes ayant pour thème les liaisons dangereuses du pouvoir, de la presse et de l'argent, des comptes-rendus de livres sur les affaires (ainsi *Oustric et cie* de Maurice Privat, en 1931 ; Jules Rivet concluait : « Un scandale qui ne scandalise même plus. On a l'habitude »), sans oublier de nombreux dessins et même un jeu de l'oie du Canard et du Financier. Mais c'est avec l'affaire Stavisky que le journal de Maurice Maréchal devait donner sa pleine mesure.

Le 23 décembre 1933, le directeur du Crédit municipal de Bayonne était arrêté. On l'accusa d'avoir émis de faux bons de caisse pour plus de deux cents millions de francs[240]. Il mit aussitôt en cause le député-maire de Bayonne, qui avait couvert l'opération de son autorité. Mais derrière ces deux hommes s'en cachait – pour peu de temps – un troisième, Alexandre Stavisky, plusieurs fois poursuivi pour escroquerie dans les années précédentes. L'enquête, menée tambour battant, permit de découvrir les nombreuses relations entretenues par l'escroc dans les milieux de la politique, de la justice et de la presse : le député Bonnaure, le sénateur Renoult, le ministre des Colonies et ancien ministre de la Justice Dalimier, les directeurs de journaux Dubarry et Aymard avaient profité de ses largesses en échange de leur appui ; le procureur général Pressard, beau-frère du président du Conseil Camille Chautemps, avait fait en sorte que Stavisky vît son procès indéfiniment reporté. Beaucoup d'autres personnalités avaient été du dernier bien avec « le beau Sacha » et comptaient sur son silence, de sorte que lorsque la police retrouva Stavisky agonisant dans un chalet de Chamonix, le 7 janvier 1934, on se demanda à qui le suicide ou le crime – car les circonstances de la mort étaient mystérieuses – profitait le plus.

À la gauche, aux radicaux, à Chautemps !, s'exclamèrent en chœur les adversaires du gouvernement. André Tardieu publia une liste fantaisiste de parlementaires ayant « touché » qui rappelait les « chéquards » de Panama, Léon Daudet dénonça en Chautemps le chef d'une bande de voleurs et d'assassins. Les adversaires du régime voyaient dans cette affaire une nouvelle preuve de son abaissement. Un accès d'antiparlementarisme saisit le pays, plus violent que ceux auxquels avaient donné lieu les affaires Hanau et Oustric[241]. *Le Canard enchaîné* était à la fois proche et éloigné de ces prises de position.

Il en était proche puisqu'il critiquait lui aussi les hommes et le système qui avaient permis à Stavisky de prospérer avant de le réduire au silence (les journalistes du *Canard* ne crurent jamais à la thèse du suicide : « Stavisky se suicide d'un coup de revolver qui lui a été tiré à bout portant » titra le journal le 10 janvier 1934). Mais, contrairement à Tardieu, il jugeait la droite classique aussi coupable que la gauche au pouvoir[242] ; pour autant, et contrairement à Daudet, la critique du système ne le conduisait pas à la condamnation du régime. Il s'étonna d'abord, par la plume de Pierre Bénard, de ce que tout le monde parût découvrir des agissements depuis longtemps connus ; les contretemps apportés à l'instruction des multiples affaires dans lesquelles Stavisky avait été impliqué avant celle de Bayonne rendaient évidente l'existence de hautes protections. Le *Canard* insista particulièrement sur les complicités politiques dont l'escroc avait bénéficié. Après la mort de ce dernier, un écho de la « Mare aux canards », en page 2, rapporta qu'« à la nouvelle du coup de revolver de Chamonix, il y eut dans les couloirs de la Chambre une minute de surprise. Puis… Puis on vit, peu à peu, les fronts se détendre, des joues reprendre des couleurs, des gens qui depuis quatre jours avaient un peu perdu le souffle le retrouver miraculeusement. » (9 mai 1934).

L'affaire Stavisky permit aussi au *Canard* d'instruire de nouveau le procès de la presse vénale[243]. S'appuyant sur les travaux des commissions d'enquêtes parlementaires mises sur pied après la révélation des affaires Oustric et Stavisky, Pierre Bénard s'en prit au directeur de *La Liberté*, Camille Aymard, que le *Canard* avait déjà épinglé pour son super-patriotisme verbal lors du premier conflit mondial : Aymard, qui dénonçait dans son journal les compromissions financières de certains politiciens, avait néanmoins « touché » d'Albert Oustric quelques dizaines de milliers de francs en 1929. Le rédacteur du *Canard* s'en prit surtout à Paul Lévy, directeur d'*Aux écoutes*, qui, lui, avait bien connu Alexandre Stavisky. Paul Lévy riposta en avril 1934 en poursuivant en diffamation quatre collaborateurs du *Canard enchaîné* ; il réclamait alors vingt mille francs au titre de dommages-intérêts. Au cours des années suivantes, cette somme connut une inflation constante, cent mille début 1935, six cent mille début 1936, qui témoignait à la fois de la poursuite de la campagne du *Canard* et de la lenteur de la justice à se prononcer sur cette affaire. Il semble – nous n'avons pas sur ce point de certitude – que les journalistes du *Canard enchaîné*, défendus par Me Henry Torrès, Pierre Masse, et Tony Truc, aient obtenu gain de cause ou, du moins, qu'ils aient réussi à ne pas acquitter les sommes qui leur étaient demandées.

Paul Lévy, le fait est établi maintenant, pratiquait le chantage de presse. À la tête de ses différents journaux (il fonda aussi *Le Rempart* en 1933), il faisait pression sur des banquiers ou des industriels pour obtenir des contrats publicitaires ; quand il ne les obtenait pas, il publiait des « informations » défavorables sur le compte du récalcitrant jusqu'à amener celui-ci à composition. Ainsi prospéraient quelques journaux sans lecteurs et quelques chevaliers d'industrie audacieux, un Eugène Merle (*Paris-Soir*), un Georges Anquetil (*La Rumeur*), un Pierre Darius (*Bec et Ongles*). La confiance était si indispensable au développement des affaires, le public devenu tellement méfiant à la suite des différents scandales que les dirigeants d'entreprises préféraient souvent acheter le silence de ces feuilles de chantage plutôt que de voir leur nom cité dans leurs colonnes. Le combat que *Le Canard enchaîné* livra à ces feuilles était d'autant plus indispensable que sa formule en était très proche : comme elles, le *Canard* était un journal d'échos et de caricatures ; il lui était donc vital de s'en distinguer pour éviter que le discrédit dans lequel elles tombèrent les unes après les autres ne l'atteigne également.

Derniers accusés, la justice et la police parurent, aux yeux des journalistes du *Canard enchaîné*, avoir fait preuve dans cette affaire Stavisky de lenteur ou de mansuétude ; ils soupçonnaient le préfet de police Jean Chiappe – déjà coupable à leurs yeux d'entretenir des liens étroits avec Tardieu, d'encourager les violences policières contre les « rouges » et de faire preuve de complaisance envers les ligues d'extrême-droite – d'avoir protégé Stavisky sous couvert de le « surveiller ». Son maintien à la tête de la préfecture de police après le départ de Chautemps et l'arrivée de Daladier confirmèrent leurs soupçons et nourrirent leurs craintes d'un complot de droite contre la République[244]. Cette dernière préoccupation marque bien les limites que le *Canard* entendait fixer aux développements de l'affaire Stavisky : celle-ci devait être l'occasion d'une profonde épuration du personnel et des pratiques politiques, non le signal d'un changement de régime ; à mesure que se radicalisait l'antiparlementarisme des ligues dont les militants défilaient en conspuant les « voleurs » du gouvernement et du Parlement, le propre antiparlementarisme du *Canard* s'estompa et l'exploitation de l'affaire Stavisky laissa place aux rumeurs d'un coup de force préparé par les factieux d'extrême-droite.

Curieusement, l'onde de choc du 6 février 1934 ne troubla guère, sur le moment du moins, les eaux de la « Mare » du *Canard*. Peut-être les journalistes éprouvèrent-ils quelque difficulté à se muer soudain en défenseurs de l'ordre établi. Mais la raison principale de cette discrétion est sans doute plus prosaïque : les événements se produisirent dans la nuit du mardi 6 au mercredi 7 février, donc après le bouclage du journal, ce qui explique le total silence observé sur les événements par le numéro daté du 7 février. Une semaine après, les cendres étaient froides, le *Canard* préféra titrer sur le départ de Jean Chiappe, tout en rapportant, en page deux, tant les violences policières que celles des manifestants.

Finalement, la principale victime du 6 février fut, pour *Le Canard enchaîné*... Georges de la Fouchardière. Le journaliste-vedette du *Canard* et de *L'Œuvre* avait en effet voulu prendre la défense de Chiappe après sa mise à pied par Daladier ; c'était une faute impardonnable aux yeux de Maurice Maréchal qui se sépara sur-le-champ de son vieux collaborateur, non sans lui avoir accordé la possibilité de faire ses adieux aux lecteurs du *Canard*[245]. Selon Jean Galtier-Boissière, qui succéda à la Fouchardière, ce dernier avait voulu remercier le préfet d'un geste qui l'avait touché – rien de pécunier ni de louche dans sa démarche, la simple expression d'une reconnaissance[246]. Il faut, en tout cas, que Maréchal ait entretenu une inimitié solide envers Chiappe pour se séparer ainsi d'un collaborateur de l'envergure de La Fouchardière[247]. Comme le rappelait le rédacteur du rapport de police de 1929, « Delafouchardière (*sic*) a été pour beaucoup dans le succès qu'a connu *Le Canard enchaîné*. Il y apporta un esprit critique mordant et ses attaques contre les parlementaires, les corps constitués, les personnalités en vue du monde politique, diplomatique ou littéraire et les journaux de la grande presse étaient fort goûtées[248] ». Avec « sa barbiche et ses cheveux à la chien, étalés librement sous le large feutre[249] », c'était, en même temps qu'un humoriste célèbre et un polémiste redouté, une figure du Tout-Paris des lettres et de la presse dont il dut être bien difficile de se priver, même si les tirages du *Canard* ne paraissent pas en avoir souffert.

Au fond, ce qui était reproché à Georges de la Fouchardière, c'était de n'avoir pas su choisir son camp. Après le 6 février, les journalistes du *Canard enchaîné* s'attachèrent à clarifier les rapports qu'ils entretenaient avec les forces politiques en présence. Avec la droite, tout d'abord. Plus qu'avant, le *Canard* sut distinguer une extrême-droite factieuse d'une droite républicaine (même s'il continua d'exclure de celle-ci un homme comme Tardieu et d'associer à celle-là un La Rocque qui avait pourtant refusé de franchir le Rubicon le 6 février). La première ne fut pas épargnée[250] mais les attaques du *Canard* se concentrèrent sur les mouvements, les journaux, les hommes, les idées qui lui semblaient menacer directement la République : les royalistes de l'Action française, les faux républicains des Croix de Feu puis du Parti social français, les vrais fascistes du PPF, les hommes de main de la « Sidilarité française[251] » furent les plus malmenés.

Depuis le début des années 1920, le *Canard* guerroyait contre l'Action française, s'étonnant de la mansuétude dont les autorités faisaient preuve à l'égard de ce mouvement ouvertement antirépublicain et du poids qu'avaient acquis Maurras et Daudet dans la vie politique et intellectuelle française[252]. Les journalistes du *Canard* avaient bien entendu peu apprécié le saccage des bureaux et de l'imprimerie de *L'Œuvre* et de *Bonsoir* après le meurtre de Marius Plateau en janvier 1923 ; l'agression dont fut victime Léon Blum en février 1936 et le suicide de Roger Salengro en novembre de la même année aggravèrent le contentieux. « L'odieux attentat de M. Léon Blum contre M. Charles Maurras a piteusement échoué », titra le *Canard* le 19 février 1936, épinglant la version que l'AF donna de l'incident, une réaction populaire à la tentative du *leader* socialiste, bloqué dans sa voiture par un cortège funèbre, de forcer le passage. « Silence aux assassins ! » s'exclama Jean Galtier-Boissière à la une du numéro du 25 novembre 1936, désignant parmi les responsables de la mort de Salengro « M. Charles Maurras, virtuose du couteau de cuisine, [...] M. Léon Daudet, grand écrivain mais pleutre entre les pleutres, qui fit la guerre en bas mouchard dans les tranchées de la caponnière ».

De 1934 à 1936, c'est cependant les Croix de Feu du colonel de la Rocque qui tinrent le haut du pavé. Jean Galtier-Boissière voyait dans le colonel de la Rocque un successeur du général Boulanger, autoritaire et dangereux pour la démocratie, mais « gêné par les visées contradictoires de ses partisans, voire de ses commanditaires, et obligé de remettre toujours au lendemain le coup d'État qui le ferait automatiquement renier par une moitié de ses partisans[253] ». Pour les gens du *Canard*, le colonel de la Rocque était indiscutablement antirépublicain et partisan du renversement du régime[254] et le passage des Croix de Feu au Parti social français ne marquait pas de vraie rupture dans ce projet. Un projet que devait reprendre Jacques Doriot, surtout à partir de la transformation du rayon de Saint-Denis en Parti populaire français en juin 1936. À partir de cette date, les journalistes du *Canard enchaîné* considérèrent que Jacques Doriot était le continuateur du colonel de la Rocque ; par rapport à La Rocque, Doriot avait ceci de plus déplaisant pour le *Canard* qu'il avait renié ses convictions communistes pour embrasser la cause la plus réactionnaire. Les journalistes s'attachèrent donc à dénoncer la « trahison » de Doriot et à dissiper la confusion entretenue par lui sur la nature de son parti : loin de défendre les intérêts de la classe ouvrière, Doriot servait en fait les grands intérêts qui le finançaient[255].

Les journaux proches de tous ces mouvements, en particulier les hebdomadaires de droite à grand tirage comme *Gringoire*, *Candide* et *Je suis partout*, se substituèrent à la grande presse d'information (à laquelle cependant le *Canard* les assimilait) comme cible principale des attaques du journal de Maréchal. Les journalistes du *Canard* qui travaillaient encore pour ces hebdomadaires s'en éloignèrent (quelques dessinateurs continuèrent cependant d'y porter leurs dessins) ; en particulier, Pierre Bénard cessa sa collaboration à *Gringoire*. De même, le *Canard* rompit avec certains de ses amis les plus anciens qui avaient pris le parti des manifestants du 6 février, notamment Henri Béraud[256]. Pour ce journal comme pour l'ensemble du monde politique et journalistique de l'époque, le 6 février 1934 fut vraiment la crête où se partagèrent les eaux.

Le Canard enchaîné clarifia également ses rapports avec la gauche institutionnelle. Comme elle, il vit dans le 6 février 1934 une tentative manquée de prise de pouvoir par des forces fascisantes et éprouva la nécessité d'œuvrer à l'union des mouvements de gauche. Le journal dirigé par Maurice Maréchal s'engagea donc sans ambiguïté dans le processus de rassemblement des forces de gauche qui prit le nom de Front populaire.

Vie et mort du Front populaire

À côté du soutien apporté dans les colonnes du journal à ce processus et à la politique menée après la victoire de mai 1936, cet engagement – nouveau dans l'histoire du *Canard enchaîné* et qui ne devait plus se reproduire par la suite – se concrétisa par une série de gestes, individuels ou collectifs, qui suffiraient à montrer le caractère exceptionnel qu'a revêtu l'épisode du Front populaire pour les journalistes du *Canard*. En 1935, les dessinateurs participèrent aux expositions organisées par le Front littéraire de gauche[257], Henri Jeanson donna des conférences sur la presse en 1936, Effel accompagna André Wurmser[258] la même année dans sa tournée de conférences, à Paris et en province, intitulée « Le rire est à gauche » tandis qu'une exposition consacrée à la presse et la littérature du Front populaire, en janvier 1936, réservait une place de choix au *Canard enchaîné*. Enfin, à l'occasion du 14 juillet 1936, une délégation du *Canard enchaîné*, Maurice Maréchal en tête, se joignit à la grande manifestation des partisans du Front populaire ; Guilac avait dessiné une pancarte où se trouvait parodié un mot d'ordre communiste (« Les soviets partout » était devenu « Les soviets par-ci, par-là »)[259].

Quant au soutien apporté dans les colonnes du *Canard enchaîné* au Front populaire, il suivit une pente ascendante puis descendante jalonnée de quelques prises de bec avec les autres journaux de gauche. Engagée dès le lendemain du 6 février[260], la dynamique du rassemblement à gauche passa d'abord inaperçue du *Canard enchaîné*. Il s'en avisa en juillet 1935, avant et surtout après les manifestations auxquelles donnèrent lieu le 14 Juillet[261]. Six mois plus tard, dans la perspective des législatives de mai, Pierre Bénard prédisait un réveil fracassant du « Français moyen » en faveur du Front populaire et s'engageait à fond dans la campagne ; une série d'articles, plus ou moins fantaisistes, prétendirent couvrir les principaux points chauds de la France électorale et donnèrent une image très partiale des batailles qui s'y préparaient. *Le Canard enchaîné* accueillit avec joie la victoire de mai dont il s'attribua une part du mérite[262], fit avec délectation le compte des défaites enregistrées par la droite, décrivit le « déménagement des deux cents familles » délogées des palais républicains[263], prédit la ruine prochaine du « mur de l'argent » et constata qu'aucune des catastrophes prédites par la droite en cas de victoire de la gauche ne s'était produite. Il s'employa également à minimiser les désordres entraînés par les grèves de juin-juillet, à montrer des ouvriers résolus et responsables, à dénoncer les provocateurs tout en applaudissant à toutes les initiatives mi-ludiques mi-revendicatives que l'été fit éclore[264]. Ce faisant, les journalistes du *Canard* s'essayaient à un style nouveau d'écriture (plus lyrique, plus sérieux) et de rapport au pouvoir (moins critique) ; pour un bref moment, *Le Canard enchaîné* sembla préférer l'unisson à la discordance[265].

Ce moment ne dura pas, même s'il faut ici distinguer l'adhésion au projet initial ou idéal du Front populaire, qui ne se démentit pas, du soutien de plus en plus réticent apporté à la politique de la majorité et des gouvernements de Front populaire. Il ne fallut pas attendre plus d'un mois (si l'on considère que le gouvernement dirigé par Léon Blum se mit au travail au début du mois de juin) pour voir les journalistes du *Canard* émettre leurs premières critiques; elles portèrent sur la validation de l'élection de Louis Malvy, soupçonné d'avoir « arrosé » ses électeurs avec de l'argent public, par une majorité de droite à laquelle s'étaient joints des élus étiquetés Front populaire: « Alors, tous les beaux serments, c'était de la rigolade. Et les petites plaisanteries recommencent », s'indigna le *Canard* à la une du numéro du 1er juillet 1936.

D'autres désillusions suivirent, plus directement imputables au gouvernement: la nationalisation des usines d'armement se faisait à des conditions qui avantageaient scandaleusement les munitionnaires, l'épuration des administrations était trop lente, la droite factieuse relevait la tête; en fait, selon Henri Jeanson, Léon Blum était « trop chic, jouait le fair-play avec des tricheurs, leur prêtait une honnêteté, une franchise, un courage dont ils étaient dépourvus » (5 août 1936) et il y avait lieu de craindre que les adversaires du Front populaire ne profitent de sa candeur, comme cela s'était passé en Espagne.

Les mesures économiques décidées par Léon Blum et Vincent Auriol à la fin de 1936 et au début de 1937 (des mesures mal reçues par l'ensemble de la gauche) achevèrent de détacher le *Canard* du gouvernement: la dévaluation de septembre 1936, la « pause » de février 1937 étaient de nouvelles preuves de la faiblesse coupable des dirigeants du Front populaire devant le « mur d'argent » et les « deux cents familles ». L'échec de la tentative de moralisation de la presse fut également mal ressenti. Après la victoire du 5 mai, les journalistes du *Canard* – avec la quasi-totalité des journaux de gauche – avaient réclamé du gouvernement des mesures contre ce qu'ils appelaient la « presse pourrie ». Il fallait délivrer la presse de la « tyrannie de l'argent » en discriminant les journaux d'opinion et la presse d'information par le moyen d'une tarification légale et en mettant fin au monopole de l'agence Havas, « grand responsable de la vénalité de la presse française » (Jean Galtier-Boissière, novembre 1936), sur les marchés de la publicité et de l'information ; mais aussi lutter contre le mensonge délibéré en réprimant les fausses nouvelles et en admettant la preuve des affirmations devant la justice correctionnelle.

Ces recommandations trouvèrent une pertinence nouvelle avec le suicide, le 18 novembre 1936, du ministre Roger Salengro, accusé depuis des mois par des journaux comme *Gringoire* ou *L'Action française* d'avoir déserté durant la Première Guerre mondiale. Sous le titre « Silence aux assassins », Jean Galtier-Boissière livra le 25 novembre à la vindicte publique les noms de ceux qui avaient mené la campagne mensongère contre l'« ancien combattant au cœur trop tendre » et réclama leur châtiment. Il ne s'agissait pas d'« exploiter un cadavre » mais de « mater une bande de gangsters et, avant d'organiser la presse propre de demain, de châtier durement la presse immonde d'hier ». On comprend dès lors avec quelle satisfaction l'équipe du *Canard* accueillit le projet de loi sur la moralisation de la presse présenté le même jour par Léon Blum ; et quelle fut sa déception et sa colère de constater en juin 1937 le blocage législatif dû au Sénat[266].

Juin 1937, c'est la chute du gouvernement Blum et l'arrivée au pouvoir du radical Chautemps, dont on se souvient que le *Canard* avait fait, en mai 1934, un « chef de bande ». Avec Georges Bonnet aux Finances, c'était un « retour à la tradition », « le train du Front populaire qui roulait vers la gauche [se trouvait] brusquement aiguillé vers la droite », toutes les avancées des premiers mois du gouvernement Blum étaient remises en cause même si, officiellement, la politique du Front populaire demeurait inchangée : « La semaine de quarante heures en aura quarante-cinq et voilà tout [...] et rien ne s'oppose à ce que, dorénavant, on occupe ses congés à travailler, ce qui n'empêcherait pas d'être payé » (22 septembre 1937). Le coup de grâce fut enfin donné au Front populaire avec l'échec rapide du deuxième gouvernement Blum en avril 1938 et, de nouveau, la constitution d'un cabinet à direction radicale, le gouvernement Daladier[267].

De l'« échec » du Front populaire, les journalistes du *Canard enchaîné* rendirent responsables, outre la noble candeur de Léon Blum, les « grands intérêts », qui s'étaient sentis menacés par le programme mis en place dans la deuxième moitié de 1936, et leurs instruments politiques, les radicaux. Ceux-ci avaient en effet « torpillé » l'action du gouvernement Blum avant de s'emparer du navire et de lui imprimer un brutal changement de cap. Après la chute du cabinet Chautemps en janvier 1938 (suivie aussitôt de la formation d'un nouveau cabinet dirigé par le même homme), Pierre Bénard dénonça le retour des vieux chevaux radicaux, « ceux qui ont tout trahi, ceux qui, la main sur leur cœur républicain, ont repris pour Marianne les jeux de l'amour et de la banque Lazard. [...] Un gouvernement de Front populaire à direction anti-front populaire ». Ce que les journalistes du *Canard enchaîné* constataient finalement, c'était qu'une fois de plus, une majorité de gauche avait porté au pouvoir des politiciens qui finissaient par appliquer une politique de droite ; en ce sens, l'expérience du Front populaire couronnait pour l'équipe de Maurice Maréchal vingt ans de politique des dupes.

Le Canard enchaîné de Maurice Maréchal a su négocier le difficile passage du temps de guerre au temps de paix. En l'espace d'une quinzaine d'années, la petite feuille satirique est devenue un journal tirant à plusieurs centaines de milliers d'exemplaires, le premier hebdomadaire politique de la gauche. La formule du journal a rencontré le succès, l'équipe dont Maurice Maréchal s'est entouré – et qu'il dirige d'une main qui n'est débonnaire qu'en apparence, n'hésitant pas à se séparer de collaborateurs importants qui ont contrevenu aux principes édictés par lui – l'a portée à son maximum d'efficacité satirique. Cette force aurait pu être mise au service d'un projet politique – il n'en a rien été, ou si brièvement que l'effet en fut presque nul. Si le *Canard* a participé à la dynamique qui a porté le Cartel des gauches et le Front populaire au pouvoir, il s'en est rapidement désolidarisé au point de passer pour infidèle à ses engagements. C'est que le premier engagement contracté par Maurice Maréchal l'a été envers lui-même ou plutôt envers son œuvre; la transformation du *Canard* en journal gouvernemental lui eût été fatale et en ce sens, paradoxalement, les succès électoraux de la gauche représentaient une menace mortelle pour l'hebdomadaire satirique. Mais le succès du *Canard enchaîné* ne s'est pas construit seulement sur le riche terreau de la politique intérieure française; les questions étrangères ont eu également une grande importance, et grandissante à mesure que l'on est passé de l'ombre de la Grande Guerre à celle du second conflit mondial.

TROISIÈME PARTIE

LE CANARD ENTRE DEUX GUERRES 1919-1944

Durant les années 1920 et 1930, le risque d'un retour de la guerre donne aux articles et dessins du *Canard enchaîné* sur la politique étrangère des accents parfois angoissés. Hostiles à tout geste susceptible de raviver les tensions entre les anciens belligérants, les journalistes du *Canard* militent pour un désarmement matériel et spirituel. Très vite, cependant, se posent une série de questions auxquelles l'hebdomadaire satirique apporte des réponses parfois embarrassées : comment recevoir l'effort des gouvernements pour mettre en place une sécurité collective ? Comment concilier pacifisme et antifascisme ? Ces questions sont sources de division pour l'ensemble de la gauche française et la rédaction du *Canard* n'échappe pas à l'ébranlement général. Elle ne s'en est pas complètement remise quand la guerre tant redoutée frappe le pays, dispersant les journalistes, provoquant l'arrêt de la publication pendant quatre longues années.

I

PRÉSERVER LA PAIX DANS LES ANNÉES 1920

L'ombre portée de la Première Guerre mondiale

L'expérience de la Grande Guerre, qui marqua si profondément les premières années d'existence du *Canard enchaîné*, ne cessa pas d'exercer son influence une fois la paix revenue. Non seulement parce que le *Canard* conserva la plupart des traits de forme et de fond acquis à cette époque, mais encore parce qu'il y fit constamment – et jusqu'à nos jours – référence à l'occasion des anniversaires et commémorations, ou de la sortie de livres et de films qui en avaient fait leur sujet. Quatre idées principales se dégagent de la lecture du *Canard* de l'entre-deux-guerres.

La première est que la justification qui fut donnée de la guerre par les autorités ne correspondait pas à la réalité. On n'avait pas combattu pour la paix, le droit ou la civilisation mais, au mieux, pour le sol sur lequel le hasard vous avait fait naître, au pire pour les intérêts de quelques grands profiteurs de guerre. La responsabilité « sociale » fut avant tout celle des dirigeants civils et militaires; des deux côtés de la frontière, une minorité belliciste a conduit une majorité pacifique à l'abattoir. « Le point de vue du poilu allemand que décrit Erich Maria Remarque dans *À l'ouest, rien de nou-*

veau est sensiblement le même que celui du poilu français, note Jules Rivet en 1929, à savoir que la guerre a été voulue par des criminels et a été faite par de pauvres bougres qui n'avaient aucune raison de se haïr[268]. » (17 juillet 1929).

Les responsables de cette « contagion de fureur meurtrière », comme avait dit Romain Rolland, très en vogue au *Canard* dans les années 1920, étaient les manieurs d'opinion, « bourreurs de crâne » de la grande presse, parlementaires soucieux de préserver leurs avantages en même temps que le moral de la nation, ecclésiastiques selon lesquels « la France, fille aînée de l'Église, qui avait failli à sa mission, devait se rédimer en immolant le meilleur de son sang » (10 octobre 1934). Mais ceux qui tiraient les ficelles de tout ce monde étaient les banquiers et les industriels, au premier rang desquels les munitionnaires, les « marchands de canons », de Wendel[269], Schneider [...] (« des der » ajouta plaisamment le *Canard* à la une du numéro daté du 1er août 1934). Le peuple devait apprendre « à discerner sous les conflits diplomatiques les intrigues des gens d'affaires, sous les grands mots : honneur, patrie, sécurité nationale, les commandes, les concessions, les emprunts qui sont les vrais mobiles de la guerre ».

Alors que ceux qui y avaient intérêt faisaient tout pour déclencher puis prolonger la guerre, ceux qui auraient dû tout faire pour l'empêcher ou y mettre fin faillirent à leur devoir – c'est une deuxième idée qui apparaît dans nombre d'articles et de dessins du *Canard enchaîné*. Cette accusation fut portée dès la guerre, de façon atténuée d'abord – « ils ne firent pas de bien mais ils ne firent pas de mal » inscrivit Gassier sous un dessin de 1916 représentant Jules Guesde et Léon Bourgeois. La thèse d'un Parti socialiste et d'un Parti radical ayant renié leur engagement à gauche pour s'être prêtés à l'union sacrée apparaissait déjà en filigrane. En 1919, elle fut affirmée plus vigoureusement : des gens qui avaient voté les crédits militaires, la participation ministérielle et fait bon marché de la misère du poilu pouvaient-ils encore se dire de gauche ?

Le souvenir de l'union sacrée explique en partie la sévérité du jugement porté par les journalistes du *Canard enchaîné* à l'encontre de la gauche institutionnelle; plus généralement, ce souvenir fut par eux utilisé à charge contre une classe politique qui avait consenti presque en son entier à la guerre. Par contraste, l'émergence d'une extrême-gauche se construisant en réaction à la guerre ne pouvait qu'attirer sa sympathie et c'est ainsi, d'abord, qu'il faut comprendre l'accueil favorable réservé à la révolution soviétique. Par tempérament, les journalistes du *Canard enchaîné* préférèrent cependant célébrer les quelques justes qui s'étaient placés en travers de la marche inexorable à la guerre, le payant de l'exil, comme Romain Rolland, ou de la mort, comme Jean Jaurès, martyr de la paix auquel le *Canard* voua un culte qui dure encore[270].

L'assassinat de Jaurès préfigurait les crimes du militarisme auxquels la guerre allait donner libre cours. Les morts et les blessés innombrables des champs de bataille, bien sûr, mais aussi les mutins de 1917 et autres « fusillés pour l'exemple » de la Première Guerre dont les journalistes du *Canard* – troisième thème de la mémoire de la guerre propre au journal – s'attachèrent à réhabiliter le souvenir. Les procès en réhabilitation devant la Cour spéciale de justice, les ouvrages qui paraissaient sur ces questions (ainsi celui d'Henry Andraud en 1935: *Quand on fusillait des innocents*) furent, durant l'entre-deux-guerres, autant d'occasions de rappeler le contentieux qui existait entre les pacifistes et les militaristes et entre les hommes de troupe et les officiers. On insista sur la soif de gloriole, sur l'insensibilité du commandement aux souffrances des hommes, sur son incompétence – ce dernier argument devait beaucoup resservir. Le haut commandement français, Joffre, Nivelle, Mangin, fut décrit comme un gang d'assassins; on insista moins sur les chefs allemands qui avaient le défaut d'être utilisés par l'argumentation de droite.

Enfin, les journalistes du *Canard enchaîné* soutinrent l'idée que les responsabilités dans le déclenchement du conflit, loin d'être imputables à la seule Allemagne, furent partagées entre les belligérants. La rédaction contesta dès le lendemain de la guerre l'image d'une France agressée, en état de légitime défense. En 1925, le *Canard* fit un accueil très favorable au livre d'André Colomer *À nous deux Paris*, qui décrivait les milieux politiques et littéraires du Paris d'avant-guerre :

> « A. Colomer a noté beaucoup de choses dont il sait tirer la moralité ou plutôt l'immoralité. Se basant sur des faits, il prouve qu'à la veille de la guerre, nous étions moralement prêts à l'accepter. Tout avait été mis en action pour nous faire trouver normal à la présidence de la République le médiocre bourgeois haineux [il s'agit de Poincaré] qui s'y trouvait pour les besognes qu'on préparait. L'Agathon venait de pervertir la jeunesse intellectuelle[271]. Il l'avait tellement pervertie que cela nous a valu la belle floraison de fascistes littéraires dont on nous vante actuellement le talent catholique et bien-pensant à grand renfort de grosse caisse[272]. » (1er juillet 1925).

Pour la réconciliation franco-allemande

À partir de ces postulats, la réflexion des journalistes du *Canard enchaîné* ne pouvait qu'aboutir au souhait d'une réconciliation rapide entre les peuples français et allemand. Or l'Allemagne souffrait, au lendemain de la guerre, d'une image extrêmement négative en France. Pour la majorité des meneurs d'opinion (et, on peut le supposer avec quelque vraisemblance, pour la majorité des Français), une réconciliation paraissait impossible à court terme ; si elle se produisait un jour, ce ne pourrait être qu'après que l'adversaire vaincu se fût acquitté des réparations réclamées par son vainqueur. En exigeant l'exécution intégrale du Traité de Versailles, en envoyant des troupes occuper des villes rhénanes en 1920 et 1921 puis la Ruhr en 1923 pour obtenir le paiement des réparations, les gouvernements du Bloc national firent le choix d'une politique de fermeté qui flattait le ressentiment d'une grande partie du pays.

Les journalistes du *Canard enchaîné* s'inscrivirent en faux contre cette vision. Ils furent d'abord wilsonistes, à l'instar de la quasi-totalité de la gauche des années 1918-1919. L'idée d'une recomposition de l'Europe sur la base de la volonté des peuples à disposer d'eux-mêmes aurait pu heurter leur internationalisme : ils retinrent surtout qu'on allait enfin demander leur avis aux populations au lieu de les jouer aux dés sur un champ de bataille. Quand le songe wilsonien fut passé, ils se replièrent sur un pacifisme intransigeant et beaucoup moins consensuel, même à gauche. Dès 1919, Paul Vaillant-Couturier écrivait que la paix imposée à l'Allemagne préparait une nouvelle guerre. L'occupation de la Ruhr fut présentée comme un attentat à la paix : les vexations et les violences, souvent impunies, auxquelles se livrèrent les troupes d'occupation semaient les graines d'une violence future ; les Français, en se retirant en 1925 de la Ruhr, en 1929 du reste de la Rhénanie, laissaient derrière eux des populations assoiffées de revanche. Quant aux grandes manœuvres effectuées en Allemagne, par exemple celles de septembre 1926, « au moment même où les accords de Locarno entr[aient] en vigueur, elles ne manque[raient] pas de rapprocher encore un peu plus les deux peuples. Cette marche militaire marqu[ait] un pas décisif et cadencé vers la paix définitive » (15 septembre 1926).

Ces manœuvres militaires et la politique de force du gouvernement français démentaient, selon les journalistes du *Canard enchaîné*, les discours sur la paix prononcés par les responsables politiques. Comme les démentaient le maintien d'une armée « pléthorique » en temps de paix, la modernisation et la multiplication des armements. Si la guerre de 1914-1918 avait vraiment été la dernière, à quoi servaient toutes ces dépenses[273] ? À quoi bon même une armée, puisqu'il avait été dit et répété qu'on ne se battrait plus ? Dès 1918, *Le Canard enchaîné* prôna un désarmement général ; et puisque l'Allemagne était désarmée par les traités, c'était à la première puissance militaire d'Europe, la France, de donner l'exemple. Non pas en faisant le choix d'une stratégie « défensive », en demandant l'interdiction de certains armements ou en bâtissant des casemates sur la frontière[274] : ces demi-mesures ne privaient pas les adversaires potentiels des moyens de se combattre. Le « pacifisme jusqu'auboutiste » du *Canard enchaîné* ne cessa de réclamer le désarmement intégral et unilatéral de la France.

Ces prises de position étaient loin de faire l'unanimité, même à gauche. On trouve cependant trace, dans et hors des colonnes du *Canard enchaîné*, de liaisons plus ou moins durables avec des groupes, des associations, des syndicats développant un discours proche. C'est ainsi que le journal manifesta sa solidarité avec certains cercles intellectuels de gauche animés par l'idéal pacifiste, par exemple ceux que l'on trouve à l'origine de la revue *Europe*[275] ou du mouvement *Clarté*[276]. Le nom de Maurice Maréchal figure dans la liste des personnalités ayant soutenu la création de la revue *Clarté*, aux côtés de Paul Vaillant-Couturier, Roland Dorgelès, Henri Barbusse ou Georges Duhamel. En fait foi une lettre datée du 3 juin 1919, adressée par le Comité d'initiative de la revue à Victor Snell. La liste est accompagnée de très intéressantes considérations sur les motifs que se donnaient le mouvement *Clarté* et la revue du même nom :

> « *Clarté* travaillera à la création de l'esprit nouveau qui s'élabore dans le monde et d'où sortira la liberté réelle des peuples éternellement trompés, des peuples qui réclament le droit de composer eux-mêmes leur bonheur tranquille. [...] Ce groupement fraternel d'esprits libres, que nous voulons constituer, aura son organe, un organe de combat

> dressé devant la presse de réaction et de mensonge. [...] Grâce à ce périodique et aux échanges d'idées que nous entretiendrons avec tous ceux qui luttent au-delà des frontières pour le même idéal, nous pourrons aider à la formation de cette internationale de la pensée dont le défaut se fait sentir plus gravement que jamais à cette heure d'universelle défiance et d'universel malheur. »

Le *Canard* relaya aussi les appels de quelques intellectuels tout en doutant fortement de la capacité des intellectuels en général à se mobiliser pour la paix[277] ; les initiatives des grandes figures du pacifisme de gauche tels Romain Rolland ou Henri Barbusse se trouvèrent souvent rapportées et approuvées.

Vis-à-vis des anciens combattants, on retrouve au *Canard enchaîné* la même distance critique que pour l'analyse de la situation intérieure. Contrairement à la plupart des organisations, même classées à gauche, comme l'Union fédérale des associations françaises d'anciens combattants et victimes de guerre, le *Canard* refusait de rejeter l'entière responsabilité de la guerre sur l'Allemagne – fût-elle réduite à son empereur –, l'idée d'une guerre pour le droit, d'un patriotisme même pacifique ou la dissociation entre patriotisme et militarisme ; enfin, puisque l'union sacrée lui semblait avoir correspondu non seulement à une mystique guerrière mais à un instrument de réaction sociale et politique, les appels à une politique d'union nationale fréquemment lancés par les anciens combattants dans les années 1920 et 1930 ne rencontrèrent au journal de Maréchal que critique et dérision. Il n'y eut guère, finalement, que la Ligue des anciens combattants pacifistes qui trouva grâce aux yeux des journalistes du *Canard enchaîné*, plus précisément à ceux de Pierre Scize, lui-même ancien combattant, engagé volontaire et mutilé de guerre[278] : selon ce dernier, qui prit grand soin de justifier un engagement auquel ne préparait pas sa critique ancienne des organisations d'anciens combattants[279], la Ligue, fondée en janvier 1931, se donnait pour seule tâche la paix par tous les moyens et laissait pour le reste ses adhérents libres de leurs opinions. Tous les « pacifiques », « bourgeois ou communistes, catholiques ou athées, juifs ou protestants, hommes ou femmes, riches ou pauvres, anciens combattants ou non » y étaient les bienvenus mais seuls les anciens combattants pouvaient accéder aux instances dirigeantes, de manière à prévenir la « calomnie » de l'adversaire. La Ligue organisa des soirées de propagande avec la participation d'artistes et la projection de films à message pacifiste ; elle fournit également des troupes de choc qui protégèrent d'autres manifestations du même type[280].

Là ne s'arrête pas la liste des groupes d'orientation pacifiste avec lesquels *Le Canard enchaîné* ou certains de ses collaborateurs entretinrent des liens privilégiés : nous la compléterons dans le contexte particulier des années 1930. Mais la préférence de la plupart des journalistes du *Canard* allait à des initiatives isolées. Répondant en 1927 à des lecteurs qui lui suggéraient la création d'une nouvelle ligue pacifiste, Pierre Scize cita Duhamel (« Je n'entreprends pas de purifier le monde. Je veux me pacifier moi-même ») et recommanda plutôt une « réforme personnelle ». Cinq ans plus tard, il déclarait encore :

> « [...] répudier les solutions de masse. Il faut refuser tout crédit, toute confiance à la foule. Il faut attaquer l'individu. Il faut aller chercher dans les ténèbres où elle dort la conscience individuelle et l'éveiller. [...] Travaillez donc à vous éclairer vous-même. Puis l'illumination venue, tâchez qu'elle soit assez forte pour éclairer d'autres personnes autour de vous. Quand nous serons un million, peut-être alors serons-nous vainqueurs. Un million d'hommes pensant *individuellement* d'accord, ça ne fait pas une foule. » (26 janvier 1927).

L'insoumission, la désertion et surtout l'objection de conscience, formes de révolte contre l'institution militaire individuelles et non violentes, méprisées par la « foule », correspondaient bien à la sensibilité dominante au sein du journal[281]. Pierre Châtelain-Tailhade, qui fit beaucoup, au *Canard*, pour soutenir les réfractaires de toute nature, était lui-même un ancien insoumis : incorporé au 5e Régiment de chasseurs d'Afrique, il fut déclaré insoumis en 1925 et dut s'enfuir en Belgique ; officiellement, il n'en revint pas mais, en réalité, il se rendit souvent en France sous des noms d'emprunt. En 1967 encore, écrivant à Jean-Paul Lacroix, autre journaliste du *Canard*, qui lui demandait des renseignements pour son livre *La Presse indiscrète*, Pierre Châtelain-Tailhade lui demanda de ne pas révéler la véritable identité qui se cachait sous tous ses pseudonymes : « N'oublie pas que mon vrai nom figure en bonne place dans les sommiers de la police belge et dans ceux des poulets de Paris[282]. »

À côté d'articles et de dessins faisant l'apologie de la désertion ou tournant en ridicule le patriotisme, le *Canard* défendit la cause d'un grand nombre d'insoumis, de déserteurs, d'objecteurs d'« inconscience », comme l'écrivit Jules Rivet en 1933. Ce fut le cas, toujours pendant l'entre-deux-guerres, de René Gérin et de Georges Leretour[283]. Le premier, normalien, sorti de la guerre de 1914-1918 avec blessure, citation, grade de capitaine et Légion d'honneur, s'était déjà signalé en 1928 en démissionnant du *Quotidien* après que Jean Hennessy en eut pris le contrôle – il avait refusé, précisait le *Canard*, « d'obéir contre sa conscience aux consignes belliqueuses » de son nouveau patron – puis, en 1931, en faisant paraître un livre qui dénonçait les responsabilités françaises dans le déclenchement de la Première Guerre[284]. Pour avoir renvoyé son fascicule de mobilisation, il fut emprisonné quelques jours en octobre 1933 ; de nouvelles initiatives et déclarations, notamment dans le cadre de l'action menée par la Ligue internationale des combattants de la paix, lui valurent la prison et le régime de droit commun en 1935. Tous ces faits furent rapportés et commentés par *Le Canard enchaîné* qui exprima sa solidarité avec René Gérin et relaya la campagne d'opinion orchestrée en sa faveur[285].

Un soutien presque aussi marqué fut apporté à la cause de Gérard Leretour[286], un objecteur de conscience, ancien membre des Jeunesses communistes devenu libertaire, arrêté à la fin de 1930 pour avoir refusé d'effectuer son service militaire et qui se réfugia à l'étranger après s'être évadé de prison. Condamné par défaut en 1931 à trois ans de prison pour désertion à l'étranger en temps de paix, il vint se constituer prisonnier l'année suivante[287] et entama alors une grève de la faim. C'est à ce moment que Pierre Châtelain-Tailhade lui apporta son soutien dans les colonnes du *Canard* et dans celles du *Huron*, un périodique satirique fondé au début de 1933 ; *L'Œuvre, La Volonté, La Patrie humaine, L'Humanité* firent également campagne pour Leretour. Gérard Leretour attesta de ce soutien dans le livre qu'il fit paraître à la fin de cette même année 1933, *Soldat, jamais !* dans lequel il défendait ses opinions, racontait son combat et remerciait ceux qui étaient intervenus en sa faveur, notamment Pierre Châtelain-Tailhade et Georges de la Fouchardière, groupés dans un comité pour sa libération[288].

Qu'ils aient apporté leur soutien aux objecteurs de conscience ou aux ligues pacifistes, les journalistes du *Canard enchaîné* des années 1920 et 1930 défendirent une conception radicale et marginale du pacifisme de gauche, à un moment où celui-ci était par ailleurs loin d'être majoritaire dans l'opinion publique française. Le journal de Maurice Maréchal continua de se singulariser en boudant les initiatives prises par les gouvernements en matière de sécurité collective dans la deuxième moitié des années 1920.

Scepticisme sur les moyens de la sécurité collective

Sceptiques sur la volonté du gouvernement français de mener une véritable politique de paix en Europe, les journalistes du *Canard* l'étaient tout autant envers toutes les formules de sécurité collective en faveur dans l'entre-deux-guerres, que celles-ci reposent sur un équilibre de la menace et des alliances militaires ou qu'elles prétendent emprunter les voies de la conciliation et du désarmement. Les conférences de désarmement qui se succédèrent dans les années 1920, le pacte de Locarno d'octobre 1925, la mise de la guerre hors-la-loi par le pacte Briand-Kellog en 1928 n'étaient selon eux que des diversions totalement dénuées d'effets qui n'avaient pour but que de donner le change aux opinions publiques. Imposture suprême, la Société des Nations permettait aux gouvernements de faire étalage de leur bonne volonté tandis qu'ils poussaient au réarmement. Les critiques sur l'impuissance et l'inertie de l'organisation fondée en 1919 se multiplièrent à partir de la deuxième moitié des années 1920 dans *Le Canard enchaîné*; pour le journal, la SDN était au mieux un club mondain où l'on parlait beaucoup et agissait peu, au pire un nid où de « lugubres volailles couv[aient] l'œuf des prochaines batailles » (16 mars 1927). Que ce fût lucidité ou méfiance instinctive envers toute initiative venue des gouvernements, l'équipe du *Canard enchaîné* ne crut jamais à tout ce qui paraissait pourtant, aux yeux de bon nombre de contemporains, comme une chance unique d'instaurer un ordre nouveau en Europe, un ordre fondé sur la paix et le dialogue. Les regrets que le journal exprima lors du « constat de décès » de la SDN établi dans les années 1930 n'en paraissent que plus ambigus.

Le nom d'Aristide Briand est resté étroitement attaché à cette politique de sécurité collective. Pour les journalistes du *Canard enchaîné*, Briand incarna d'abord jusqu'à la caricature l'hypocrisie à quoi ils réduisaient la réalité de la SDN : traître à ses convictions socialistes de jeunesse, n'épousant jamais une opinion qui ne serve ses intérêts personnels, prêchant la paix pour préparer la guerre, son engagement en faveur de l'organisation internationale suffisait à condamner celle-ci. Pourtant, parce que sa politique remporta quelques succès spectaculaires et parce qu'il fut très attaqué par la droite en raison même de ces succès, le ton des commentaires du *Canard enchaîné* à son égard évolua considérablement en l'espace de quelques années : au début des années 1930, le journal prit sa défense contre « la meute militariste » – comme le titre Pierre Scize dans un article d'avril 1931 – et soutint même sa candidature à l'élection du président de la République :

> « Il a été socialiste. Il a même été révolutionnaire. Puis il a été l'homme qui a combattu la grève des cheminots. Il a même été ci. Et peut-être ça [...] Mais depuis dix ans, Aristide Briand est à tenir entre ses doigts le rameau d'olivier. Alors, aujourd'hui, ça vaut bien la palme. » (6 mai 1931).

L'échec qui sanctionna ce dernier combat politique fut interprété comme un nouveau camouflet infligé à l'esprit de paix par les parlementaires français, le départ de Briand du gouvernement puis sa mort, au début de l'année 1932, comme la perte d'un allié dans le combat pacifiste. À ces occasions, Pierre Scize, Roger Salardenne, André Guérin, André Dahl, les dessinateurs Guilac et Dubosc, d'autres encore, rendirent dans le *Canard* un hommage à l'œuvre du nouvel « apôtre de la paix » dans des articles parfois emplis d'une étonnante piété – à les relire, on mesure le chemin parcouru par le journal et par Aristide Briand entre 1928 et 1931. Les journalistes rappelaient ses formules les plus fameuses – « Tant que je serai là, il n'y aura pas la guerre » ou bien : « Arrière les canons, les fusils et les mitrailleuses[289] ! » – et défendaient sa mémoire contre ses ennemis. Ils étaient cependant partagés entre la conviction que son combat avait été noble mais vain et celle que l'esprit de paix ne pouvait mourir avec l'homme qui avait fini par l'incarner[290]. À la mort d'Aristide Briand, tout le monde se découvrait briandiste, avait observé Rodolphe Bringer en mars 1932 : *Le Canard enchaîné* ne faisait pas exception.

II

ÉVITER LA GUERRE DANS LES ANNÉES 1930

La montée des menaces

Dans un dessin de mars 1932, Dubosc représenta « La Colombe de la paix nouveau modèle » : l'oiseau était blindé et ressemblait à un char d'assaut. C'était, assurément, donner le ton de l'époque nouvelle ; il reste que la question a été posée d'une « illusion pacifiste » qui aurait désarmé la France face aux dictatures. Quelle a été la part de responsabilité du *Canard enchaîné* dans la propagation de cette illusion ? Le journal a-t-il contribué à détourner l'opinion française de réalités qu'il eut mieux valu affronter ? Il semble que la question puisse être posée à deux niveaux : le premier est celui du ton employé ; le second, celui des faits rapportés et de leur analyse.

Le traitement de l'actualité propre au *Canard enchaîné* n'était peut-être pas le plus à même de faire prendre conscience aux lecteurs de la gravité des enjeux. L'Italie fasciste était souvent décrite comme un pays d'aimables joueurs de mandolines, Mussolini comme un tyran de carnaval à qui Victor Snell ne cessait de réclamer le montant d'une dette contractée dans sa jeunesse[291] ; la lutte entre Japonais et Chinois fut longtemps réduite à une mêlée confuse de noms imprononçables, à des communiqués farfelus en pseudo-idéogrammes ponctués de : « On ne saurait mieux dire » ; quant à l'Allemagne hitlérienne, ses violences étaient le fait de doux imbéciles. Seul de son espèce parmi les humoristes et satiristes, Pierre Scize écrivait des articles sérieux, parfois solennels, qui répudiaient tous les tours de l'humour *Canard*, calembours, ironie filée, sarcasme etc. Mais au total, le mot d'ordre du journal qui était de « faire rire de ce qui fait pleurer » était bien respecté et put avoir pour effet d'ôter à l'actualité une grande part de son caractère dramatique.

Sur le fond, la vision commune aux journalistes du *Canard enchaîné* les conduisait à minimiser la portée d'évolutions lourdes de menaces pour la paix en Europe et dans le monde. Certes, le fascisme de Mussolini, le militarisme japonais, le nazisme firent l'objet de nombreux papiers et dessins et les journalistes du *Canard* ont toujours et sans équivoque condamné ces régimes violents, autoritaires, bellicistes tout en soulignant la complaisance dont les démocraties faisaient preuve à leur égard. Mais l'incontestable antifascisme du journal était fortement tempéré par le souci de ne pas donner d'arguments à ceux qui prônaient des solutions de force à leur encontre. Relativement à l'Allemagne, ce souci fut à l'origine d'un tragique aveuglement de la part de certains journalistes du *Canard enchaîné*.

En 1929, Pierre Scize estimait que le chiffre de quatre millions pour les effectifs des mouvements nationalistes allemands était somme toute faible et rassurant, au regard de la situation sociale et politique qui prévalait dans ce pays depuis dix ans ; d'ailleurs, affirmait-il encore en 1932, ce nationalisme n'était que le reflet exact du militarisme français (de la même façon qu'en 1935, l'instauration du service militaire obligatoire en Allemagne n'était que la réponse au service de deux ans en vigueur en France). Rodolphe Bringer trouva encore le moyen de se montrer optimiste après le plébiscite de novembre 1933 qui vit 95 % des votants approuver le départ de l'Allemagne de la SDN : selon l'humoriste, trois millions d'Allemands avaient quand même voté contre ce départ. En août 1932, Roger Salardenne rapporta ses impressions de voyage en Allemagne : là où Kessel dépeignait à la même époque pour *Le Matin* une Allemagne en proie à l'agitation hitlérienne et communiste, le journaliste du *Canard enchaîné* « n'[avait] encore rien remarqué en quinze jours de voyage » et nota seulement deux chiens qui se battaient sur une place de village.

Qui pis est, certains journalistes du *Canard* se méprirent sur le sens de l'ascension d'Hitler et sur ses intentions. En 1931, Pierre Scize ne voyait en Hitler qu'un « épouvantail » monté par les militaristes français pour étouffer le pacifisme ; son antisémitisme était « une sottise » qu'il n'oserait jamais traduire en actes ; d'ailleurs, parvenu au pouvoir, il n'aurait rien de plus pressé que de se concilier la Haute Banque et l'Industrie qui, comme chacun le sait, prisent les régimes d'autorité. Et Scize concluait :

> « Allons, votre Hitler est laid, brutal, méchant. Mais il n'est pas effrayant. Réactionnaire et militaire, il est condamné. Vainqueur, il entrera dans le bal et tâchera de sourire. Vaincu, il sera balayé comme une épluchure. Enlevez votre épouvantail. Il effraie peut-être les moineaux : pas la colombe. » (16 décembre 1931).

En 1934, Jean Galtier-Boissière voyait d'abord en Hitler un ancien combattant et comme tel un partisan de la paix en Europe, un homme qui voulait légitimement renégocier des traités injustes et dont les propos étaient déformés par une presse qui dressait le peuple français contre le peuple allemand pour le plus grand profit de ses commanditaires. Henri Jeanson écrivit quant à lui en 1933 que « les juifs de Berlin nous émeuvent dans la mesure où ils comprennent que le conflit de races proclamé par Hitler n'est qu'un conflit de classe maquillé » (24 mai 1933). En tout état de cause, il fallait discuter avec le dictateur allemand et ceux qui s'y refusaient étaient d'affreux bellicistes. Ce n'est qu'en 1939 que Pierre Bénard avoua qu'Hitler « ne le faisait plus rigoler » depuis que sa volonté d'appliquer *Mein Kampf* point par point ne faisait plus de doute. À la décharge des journalistes du *Canard*, il faut dire que cet aveuglement sur la réalité de l'Allemagne nazie fut partagé par une grande partie des faiseurs d'opinion fort avant dans la décennie 1930; mais les journalistes de l'hebdomadaire satirique furent quand même parmi les derniers à recouvrer la vue.

L'acharnement mis à ôter leurs arguments aux partisans d'une solution de force contre les dictatures conduisit *Le Canard enchaîné* à insister davantage sur les faits qui n'engageaient pas directement la responsabilité de celles-ci. Furent ainsi jugés responsables de l'aggravation de la situation internationale : les gouvernements français et anglais, la SDN, les grands intérêts financiers et industriels – en particulier les marchands d'armes –, la presse et tous ceux, écrivains, cinéastes, politiciens, qui concouraient à installer un climat de haine et de peur un « nouveau bourrage de crâne ». Les alliances militaires renforcées par le ministre des Affaires étrangères Louis Barthou en 1934 menaient la France « tout droit à la guerre », comme en 1914, selon Jean Galtier-Boissière ; les pays liés à la France par ces alliances, en particulier la Pologne et la Tchécoslovaquie, étaient présentés par Pierre Bénard comme les « gigolos de Marianne », qui profitaient de son appui pour poursuivre leurs intérêts propres; la SDN n'avait rien fait pour empêcher les conflits, protéger les victimes, sanctionner les coupables (mais quelle action concrète aurait reçu l'assentiment du journal ? Celui-ci se garda bien de le préciser), elle s'était contentée d'entériner la loi du plus fort.

Plus directement intéressés que les gouvernements par la dégradation des relations internationales, les industriels et intermédiaires de l'armement, en particulier De Wendel, Schneider[292] et le marchand d'armes Basile Zaharoff furent la cible de nombreux articles, dont beaucoup signés par Jean Galtier-Boissière. Ces hommes n'étaient cependant pas placés sur le même plan par les journalistes du *Canard* : si Zaharoff n'avait à rendre compte à personne qu'à l'humanité de son commerce de mort, les munitionnaires français se rendaient coupables de trahison en même temps que d'homicide car, non contents d'agir à l'encontre du peuple français en le dressant contre le peuple allemand, les industriels de l'armement possédaient des intérêts en Allemagne même et vendaient à ce pays le matériel militaire qui lui faisait défaut. Hitler était donc le meilleur ami des munitionnaires français, à court terme puisqu'il leur achetait de quoi réarmer, à moyen terme puisqu'ils pouvaient compter sur lui et ses adversaires pour déclencher une guerre très profitable. On le voit, l'argumentation de Galtier-Boissière offrait de curieux paradoxes : d'une part, elle confirmait implicitement le réarmement allemand que le *Canard* s'employait par ailleurs à minimiser ; d'autre part, elle accusait les industriels français de manquer à un patriotisme dont d'autres articles disaient l'inanité. On ne pouvait à la fois relever les peuples de l'obligation patriotique et y astreindre les industriels ; mais les gens du *Canard* avaient beau jeu de faire remarquer que le raisonnement inverse était également vrai et que la réalité lui apportait bien plus de démentis. Le véritable paradoxe, affirmait ainsi Jean Galtier-Boissière dans un article de 1935, était de voir « l'Internationale de l'Industrie de guerre » alliée, en France comme dans chaque pays, aux « professionnels du patriotisme et aux spécialistes de la défense nationale » (13 mars 1935).

Les « spécialistes de la défense nationale » étaient les militaires, censés vivre dans l'espoir d'une nouvelle guerre qui leur permettrait de se mettre en valeur ; quant aux « professionnels du patriotisme », le terme désignait sans ambiguïté les journalistes, écrivains, artistes qui acceptaient de prêter leur concours à la mobilisation des esprits. *Le Canard enchaîné* dénonça avec une belle vigueur le climat installé en France par la presse, le cinéma, l'édition. Le souvenir même de la guerre de 1914-1918, si nécessaire, devenait odieux aux mains des « patriotes ». Pire encore, des films, des livres, des articles de presse, les actualités cinématographiques prétendaient informer la population des dangers qu'elle courait et ne faisaient en fait qu'entretenir son ignorance et cultiver ses peurs :

> « La masse qui combattra demain ou qui sera brûlée, étouffée, asphyxiée dans les villes de l'arrière n'a aucun moyen d'être prévenue de ce qui l'attend. Ne lui reprochons pas son inertie, sa passivité. Profondément abrutie par le conformisme béat des journaux qu'elle lit, trompée par ses représentants au Parlement, plongée dans la stupeur euphorique du sport, du mauvais cinéma, des basses et faciles distractions de la ville, elle ne sait rien... » (3 décembre 1930).

André Dahl tenta de susciter un mouvement hostile à ce qu'il appelait les « actualités bellicistes ». Il s'agissait de manifester bruyamment son mécontentement lors de la projection ; pour coordonner les efforts isolés, il proposait la création d'une association, dite des ACAC (Anciens Combattants Amis du Cinéma), sur le modèle d'un groupe qui sévissait déjà contre les « mauvais films », la ligue des CID (pour : « C'est IDiot »). Dahl justifiait ainsi son initiative :

> « Les journaux filmés luttent entre eux à qui projettera les plus belles mitrailleuses et les plus longues torpilles ; nous sommes en présence d'une propagande affreuse et d'ailleurs magnifiquement orchestrée par les grands cartels internationaux [...]. Alors sans se lever et sans pousser de cri, on prononce à haute voix les initiales de la ligue. [...] En quinze jours, on aura nettoyé les écrans de ces saletés. On les aura rendus au printemps, aux belles filles, aux fêtes

joyeuses, aux travaux de la paix, aux arts, aux paysages, au calme. » (27 avril 1932).

Une autre initiative, presque contemporaine, consista en l'organisation de séances de ciné-club autour de films, souvent pacifistes, menacés ou mutilés par la censure. Le Groupement des spectateurs d'avant-garde invitait des personnalités à prendre la parole à l'issue de ces séances dont le *Canard* annonçait régulièrement la tenue, obtenant pour ses lecteurs des tarifs préférentiels.

Par ailleurs, le journal fit une abondante publicité (gratuite) à tous ceux qui luttaient pied à pied contre le bourrage de crâne sur le théâtre même où il paraissait avoir remporté ses plus grandes victoires; la liste est longue de ces créateurs soutenus par *Le Canard enchaîné*, du Dorgelès des *Croix de Bois* jusqu'au Giraudoux de *La guerre de Troie n'aura pas lieu*, en passant par Erich Maria Remarque, Ludwig Renn, Léon Werth, Victor Margueritte, Henri Barbusse, Romain Rolland, Jean Giono, le Céline du *Voyage au bout de la nuit*, le philosophe Alain, les physiciens Paul Langevin et Albert Einstein. La rubrique « cinéma », qui apparut vraiment en 1931, faisait une large place aux films qui présentaient un contenu proche des idées défendues par *Le Canard enchaîné* tels les films pacifistes sur la Première Guerre mondiale : *À l'Ouest rien de nouveau* de Lewis Milestone, *Quatre de l'infanterie* de Wilhelm Pabst ou *No Man's Land* de Victor Trivas, les adaptations des romans d'H. G. Wells, *La Vie future* ou *L'homme qui fait des miracles*, les films américains *Les Marchands de mort* et *Héros à vendre* – un temps interdits de projection par la censure française, ce que contestèrent vivement les organisations pacifistes –, ou encore *On lui donna un fusil*, de W. S. Van Dyke, considéré par le critique Michel Duran comme plus authentiquement pacifiste que *La Grande Illusion* de Jean Renoir, sorti l'année précédente[293].

Mais pouvait-on sauver ce qui ne voulait pas l'être ? Dans certains articles de la décennie 1930 perce la même inquiétude que celle qui parcourait le journal des années 1915-1918 : la propagande belliciste ne fonctionnait peut-être si bien que parce qu'elle répondait à une attente ; au vrai, les crânes voulaient être bourrés. Un pessimisme corrodait par endroits la confiance en l'homme que l'on continuait d'afficher et ce pessimisme débusquait dans la tête des victimes elles-mêmes l'ultime nœud des responsabilités. La guerre était voulue, désirée par ceux-là qu'elle tuerait. Pierre Scize incrimina l'instinct de violence puis « l'ennui de la paix », un ennui inspiré aux hommes par des vies trop bien rangées, tracées droites du berceau à la tombe et qui les faisait soupirer après la guerre comme après leur seule chance de connaître l'aventure. On trouve la même analyse dans *Arcane 17* d'André Breton, écrit en 1944 (l'écrivain découvre les causes de l'euphorie guerrière dans « la platitude et les contraintes de la vie sociale [...], *l'ennui* de repasser aujourd'hui, à si peu près, par où ils sont passés hier »), mais alors que Breton fait de la poétisation du monde le remède à cet *ennui mortel*, Scize se borne à un constat désabusé. Il peut bien en appeler à une réforme personnelle, à la résistance individuelle ; il s'agit plus, dans son esprit, de témoigner que de s'opposer à la guerre avec quelque chance de succès.

Nombre d'articles, empreints d'un noir pessimisme, soulignaient également que, moins de vingt ans après l'armistice de 1918, les hommes semblaient avoir oublié les leçons de la Grande Guerre ; en 1930, Pierre Scize parla des « bains du Léthé » pour évoquer cet effacement, en 1937, Pierre Bénard parodiait Giraudoux en déclarant que « la guerre de 1914 n'avait pas eu lieu » : les hommes se souciaient si peu de ne pas la revivre qu'elle aurait aussi bien pu ne s'être jamais produite. Dans ces articles, les spécificités du temps étaient gommées au profit de l'affirmation d'une identité étroite des deux avant-guerres et du caractère fatal des enchaînements : les mêmes causes produiraient les mêmes effets.

Le pacifisme intégral

Après tout ce qui vient d'être dit, on ne s'attendra pas à ce que *Le Canard enchaîné* prône une solution de force pour arrêter la progression fasciste et nazie en Europe. Malgré quelques tentations et défaillances, *Le Canard enchaîné* adopta en effet une position que l'histoire a identifiée sous le nom de « pacifisme intégral[294] ». Elle fut formulée dans les revues comme *Évolution* de Victor Margueritte[295] (1926), *La Volonté de la paix* de Madeleine Vernet (1928) et dans des pétitions révisionnistes telles que « l'Appel aux consciences » (1925) ou « l'Appel au bon sens » (1928). Selon cette doctrine, rien ne pouvait justifier une guerre opposant entre elles des nations, pas même le secours à des populations opprimées. Ce refus était à la fois moral puisque le meurtre était le mal absolu, et pratique puisque si l'on peut revenir de la servitude, on ne peut revenir de la mort. Ce raisonnement était d'autant plus présent à l'esprit des pacifistes qu'ils soulignaient les capacités d'intervention et de destruction des armes modernes, les gaz, l'aviation : une nouvelle guerre abolirait la limite entre avant et arrière, soldats et civils, les pertes seraient immenses et peut-être irréparables – il n'est d'ailleurs pas inintéressant de mettre en regard la clairvoyance de certains pacifistes des années 1930 et la myopie de nombre de militaires sur ces questions stratégiques.

Dans *Le Canard enchaîné* de l'entre-deux-guerres, on doit la formulation la plus nette et la plus forte de ces idées à l'inévitable Pierre Scize. Sollicité en 1930 par des lecteurs de préciser l'attitude à adopter en cas d'agression italienne de la France, Scize, après avoir envisagé les conséquences néfastes de son pacifisme, affirma :

> « Le devoir est net, facile à distinguer : refuser à la guerre toute espèce de collaboration, toute espèce de consentement. Refuser en bloc toutes ses obligations. Refuser d'argumenter sur ses causes, sur sa plus ou moins grande justice : il ne peut y avoir de juste guerre. » (11 juin 1930).

Il réitéra cette affirmation au long de très nombreux articles où il déclarait préférer la perte de tout ou partie du territoire plutôt que celle d'un seul homme. Sa volte-face de juillet 1932 n'en paraît que plus surprenante : il justifia dans un article une « guerre de défense exceptionnellement motivée par l'importance humaine et sociale de ce qui est attaqué », en l'occurrence la Révolution soviétique ; et il reprocha à Victor Méric et à sa Ligue internationale des combattants pour la paix, qu'il avait toujours soutenus jusque-là, d'avoir refusé de participer au Congrès mondial contre la guerre pour des raisons de rivalité avec les communistes[296]. Cet article préparait le ralliement de Pierre Scize au camp des antifascistes disposés à lutter les armes à la main – ses articles dans *L'Œuvre, Marianne* ou *Regards* à partir du milieu des années 1930 iront dans ce sens.

Au *Canard*, cette conversion ne fut pas goûtée de tout le monde. Peut-être Pierre Scize lui doit-elle en partie son renvoi brutal du journal, en janvier 1933. La raison qui fut donnée de cette éviction, néanmoins, fut tout autre : le polémiste était accusé d'avoir accepté la Légion d'honneur. Or une tradition imposée par Maréchal faisait que l'on ne pouvait à la fois porter le ruban rouge et travailler au *Canard* ; l'origine militaire et l'usage mondain de ce « hochet » en discréditaient les récipiendaires. Pierre Scize s'étonna de sa disgrâce et tenta de se justifier dans deux lettres que le directeur du *Canard enchaîné* porta à la connaissance de ses lecteurs. Dans la seconde, le journaliste demandait à Maréchal de faire la différence entre les « honneurs qu'on quémande et ceux qu'on accepte ». À quoi Maurice Maréchal répondit qu'il existait une troisième sorte d'honneurs : « Ceux qu'on refuse[297] ».

Cependant, le cas d'un autre journaliste du *Canard enchaîné* semble indiquer que la raison officielle du renvoi de Pierre Scize en cachait une autre. Les archives du *Canard enchaîné* ont conservé quelques lettres adressées à Victor Snell, le premier rédacteur en chef du journal, qui le félicitent pour cet « honneur trop tardif »

(Pierre Varenne), un « hommage que l'on rend au vigoureux journaliste et au bon romancier » (Georges Lecomte). Ces lettres datent de 1925 ; la Grande Chancellerie de la Légion d'honneur nous a confirmé que Victor Snell avait bien été fait chevalier de l'ordre à cette date[298]. Il demeura pourtant au *Canard* jusqu'à sa mort, en 1931. Il est possible que Maurice Maréchal ait décidé de faire une exception à la règle en faveur de son ami Victor Snell. Roger Fressoz pensait que la véritable raison du départ de Pierre Scize était son entrée à l'hebdomadaire *Candide* : le directeur du *Canard* n'aurait pas accepté ce qu'il considérait comme une trahison[299].

La relève était assurée avec Alexandre Breffort (qui se souvenait de Pierre Scize quelques années plus tard en termes peu amènes : « Brave Pierre Scize : il avait un critérium pour savoir s'il était toujours dans la bonne voie ! Quand, de pacifiste bêlant, il devenait partisan de la Croisade des démocraties : "Je regarde avec qui je suis, disait-il, toujours avec des hommes de gauche ! Je suis rassuré[300] !" »), Jean Galtier-Boissière, Henri Jeanson, Pierre Chatelain-Tailhade, d'autres encore. Mais il est de fait que l'« irrésistible ascension » d'Adolf Hitler en Allemagne fragilisa le consensus pacifiste des années 1925-1930. *Le Canard enchaîné* prit congé d'un certain nombre de ses alliés d'hier, notamment, en 1933, de Victor Basch et d'Albert Einstein, accusés – dans des articles d'où suinte parfois un antisémitisme pénible – pour l'un de vouloir « refaire le coup de la guerre du droit » contre l'Allemagne, pour l'autre de se découvrir partisan de la guerre au moment où ses coreligionnaires se trouvaient menacés[301].

De manière générale, les journalistes du *Canard enchaîné* dénoncèrent l'union sacrée qui était en passe de se reconstituer contre l'Allemagne ; « Le bolchevik a refilé au boche son couteau entre les dents », résuma Jean Galtier-Boissière en 1935, tous les prétextes étaient bons pour souder la nation contre l'ennemi héréditaire ; « Nous ne marchons pas » renchérit Pierre Bénard en 1936 : il ne fallait pas compter sur *Le Canard enchaîné* pour pousser à la croisade contre les dictatures. Le risque existait de voir cette position confondue avec celle des « néo-pacifistes », ces gens de droite que leurs sympathies pour l'Italie fasciste, voire l'Allemagne nazie, poussaient à la conciliation avec ces régimes. Les journalistes du *Canard enchaîné* prirent donc soin de distinguer un pacifisme de principe d'un pacifisme de circonstances.

Sur cette position, *Le Canard enchaîné* se retrouvait en compagnie de quelques personnalités marquantes, comme Jean Rostand ou Jean Giono, de journaux comme *La Patrie humaine* de Victor Méric[302], *La Flèche* de Gaston Bergery, *Le Peuple, La Lumière, L'Europe nouvelle, Le Populaire*, d'une partie de la SFIO autour de Paul Faure, de Marceau Pivert ou de Félicien Challaye[303], du Syndicat national des instituteurs dirigé par André Delmas (SNI)[304], du Centre syndical d'action contre la guerre (CSACG), de la Ligue internationale des combattants pour la paix (LICP). Les manifestations de cette dernière organisation furent régulièrement annoncées et commentées dans le *Canard*: Henri Jeanson, qui en était l'un des animateurs, prêchait pour sa chapelle[305]. Au-delà de ces groupes attachés à un ultra-pacifisme, une grande partie de la société française du milieu des années 1930 paraissait gagnée par les idées pacifistes[306].

La guerre d'Espagne et la question communiste

L'unité de vue de l'équipe du *Canard enchaîné* se brisa sur la guerre d'Espagne. C'est le seul conflit qu'aient traité à fond et souvent avec une gravité non feinte les journalistes du *Canard enchaîné*; le seul aussi pour lequel certains d'entre eux aient envisagé de se départir de leur pacifisme intransigeant. C'est que le conflit en Espagne était une guerre civile, non une guerre internationale; des républicains représentant un gouvernement légal se battaient contre des militaires furieux de voir le pays leur échapper. Ce combat était donc légitime, à la différence d'une guerre entre peuples séparés seulement par des frontières[307]. D'autant qu'il opposait, aux yeux d'une bonne partie de la gauche française, tout à la fois un pouvoir civil contre une armée factieuse, la liberté contre la dictature, les lumières contre le cléricalisme et l'obscurantisme, la gauche contre la droite, voire les pauvres contre les riches. C'était toute la vision du monde propre au *Canard enchaîné*, une vision volontiers manichéenne, qui trouvait là sa confirmation éclatante – dès lors, on comprend la passion avec laquelle ses journalistes rendirent compte des événements, et le déchirement qu'ils vécurent, écartelés entre leur sympathie pour le combat des républicains espagnols (manifestée notamment par des avis appelant à soutenir financièrement leur cause) et leurs convictions pacifistes.

Celles-ci l'emportèrent sur celles-là. Aucun journaliste du *Canard enchaîné* ne réclama ouvertement l'intervention militaire de la France en Espagne, en raison des risques d'extension du conflit qu'elle faisait courir. Pouvait-on pour autant s'en tenir à la stricte neutralité que s'imposa le gouvernement Blum et interdire les envois d'armes aux républicains ? C'est d'abord sur cette question que les avis divergèrent au sein de l'équipe du *Canard enchaîné*, particulièrement entre Jean Galtier-Boissière et Pierre Bénard en septembre 1936 : le premier tenait pour « éviter le piège sentimental », refusait décidément la croisade des démocraties contre les dictatures et trouvait autant de risques à livrer des armes qu'à envoyer des troupes[308] ; le second faisait remarquer que la neutralité était bafouée par l'Allemagne et l'Italie qui ne se privaient pas d'envoyer armes et « volontaires » pour soutenir les nationalistes espagnols. Le rédacteur en chef du *Canard enchaîné* se refusait certes à une guerre pour l'Espagne mais ne voyait pour l'heure s'ébranler en Europe qu'une « croisade » : celle des dictatures contre les démocraties.

Les deux points de vue coexistèrent au *Canard enchaîné* un an encore. La crise ouverte qui survint en juillet 1937 eut pour prétexte un article de Jean Galtier-Boissière intitulé « Conversation avec un diplomate » dans lequel le directeur du *Crapouillot* exposait les règles du bluff diplomatique ; un paragraphe accusait les communistes espagnols soutenus par Moscou d'avoir fait emprisonner par centaines les anarcho-syndicalistes du POUM – « Nous oublions trop, ajoutait-il, que la Catalogne est libertaire et déteste toutes les dictatures, qu'elles viennent d'extrême-droite ou d'extrême-gauche. » Ce paragraphe sauta à l'impression. Jean Galtier-Boissière protesta auprès de Maurice Maréchal ; la semaine suivante, le 7 juillet, le paragraphe parut dans *Le Canard enchaîné* sous le titre : « Post-scriptum », accompagné de ce curieux commentaire : « Les lecteurs auront rectifié d'eux-mêmes. » Mais ni Jean Galtier-Boissière ni Henri Jeanson – qui se solidarisa avec lui – ne devaient plus écrire dans le *Canard* du vivant de Maurice Maréchal. Les deux journalistes donnèrent leur version des faits dans *La Flèche* : une *camarilla* communiste au sein du journal avait persuadé Maurice Maréchal de « caviarder » l'article de Jean Galtier-Boissière ; une dérive du *Canard enchaîné* vers un antifascisme manipulé par Moscou était à craindre. La polémique fut relayée par d'autres journaux de gauche, notamment *Le Populaire*, pas mécontents de trouver là l'occasion de régler quelques comptes avec le *Canard*.

Maurice Maréchal, Pierre Bénard et Jules Rivet répliquèrent par trois articles, parus dans les numéros datés des 14 et 21 juillet 1937. Dans le premier, adressé à Gaston Bergery, ils réfutèrent les accusations de « stalinisme » que celui-ci avait cru devoir porter contre eux et rappelèrent que *Le Canard enchaîné* avait été par le passé un des rares journaux à le soutenir contre ses détracteurs ; dans le deuxième, les journalistes du *Canard* « avouaient » rendre un culte à Staline, émarger aux fonds secrets de l'Ambassade soviétique et festoyer de vodka et de caviar. Enfin dans le troisième article, Maurice Maréchal répondit au rédacteur du *Populaire*, Oreste Rosenfeld, qui le mettait personnellement en cause, qu'il n'était « pas assez dictateur pour retenir au *Canard enchaîné* un collaborateur qui désirait le quitter depuis septembre dernier et que c'était vraiment forcer un peu les termes que de traiter de scandale ce départ volontaire[309] ». Le directeur du *Canard* confirmait ainsi que la crise couvait depuis un an déjà. Dans ses *Mémoires d'un Parisien*, Jean Galtier-Boissière affirme que, durant cette période, il offrit par deux fois sa démission à Maurice Maréchal qui la refusa :

> « Au vrai, se souvient-il, Maurice Maréchal se trouvait dans une situation extrêmement délicate : d'une part, il ne voulait pas d'ennemis à gauche ou à l'extrême-gauche, et les staliniens le faisaient chanter à ce propos ; d'autre part [...] s'il se séparait du directeur du *Crapouillot* et d'Henri Jeanson qui le suivrait sans doute, il pouvait craindre une certaine baisse de tirage[310]. »

Un faisceau de critiques convergea sur *Le Canard enchaîné* dans ces années 1936-1937 qui toutes touchaient à ses rapports avec le parti communiste. Du côté de la gauche radicale ou socialiste, on n'appréciait guère les critiques formulées à l'encontre des gouvernements de Front populaire : la non-intervention dans l'affaire espagnole, la politique économique, la timidité de l'épuration administrative formaient le fond de la querelle et *Le Populaire* ou *Les Humbles* remarquèrent que les positions du *Canard* sur tous ces points étaient proches de celles du parti communiste ; un parti dont le journal de Maréchal regretta le rejet par les radicaux hors de la majorité de Front populaire à partir de l'été 1937, ce qui aggrava les soupçons d'un alignement du *Canard* sur les positions du parti communiste français et, au-delà, sur les consignes édictées par l'URSS. Bien évidemment, cette polémique ponctuelle avait pour toile de fond la vieille méfiance entretenue entre socialistes et communistes depuis 1920, entre les radicaux et la gauche « révolutionnaire » depuis le début du siècle.

Autres méfiances anciennes, celles qui séparaient d'une part les pacifistes intégraux et les communistes et, d'autre part, les anarchistes et les communistes, ce sont ces deux autres qui sont à l'origine de la crise interne au *Canard enchaîné* en 1937. Les pacifistes intégraux avaient toujours considéré que le pacifisme des communistes dans les années 1920 n'était que de circonstance; la mise sur pied d'organisations à la fois pacifistes et antifascistes au début des années 1930 avait donné lieu à d'assez vives empoignades – nous avons cité le cas du Congrès mondial contre la guerre en juillet 1932 qui vit Pierre Scize s'opposer à Victor Méric, nous aurions pu évoquer encore les remous créés par l'emprise communiste sur les comités Amsterdam-Pleyel, les tensions au sein du Comité de vigilance des intellectuels antifascistes ou encore la création, en 1936, du Comité pour l'enquête sur les procès de Moscou et pour la défense de la liberté d'opinion dans la révolution[311]. Le revirement patriotique du parti communiste en 1935, après la visite de Pierre Laval à Moscou, confirma les doutes des pacifistes intégraux et rendit tout dialogue presque impossible; la guerre d'Espagne n'était donc qu'un nouvel épisode des relations conflictuelles entre pacifistes intégraux et communistes.

Au *Canard enchaîné*, la situation se compliquait encore en raison de la superposition des fidélités libertaire et pacifiste-intégrale: Henri Jeanson, Jean Galtier-Boissière, Alexandre Breffort ou Pierre Châtelain-Tailhade étaient attachés à la fois à la cause des anarchistes espagnols et à celle de la paix à tout prix, celle-ci l'emportant toutefois sur celle-là. Ils trouvaient avec l'anticommunisme le moyen de réconcilier ces fidélités contradictoires, se rappelant que la tradition anti-autoritaire du socialisme français s'était toujours opposée au socialisme d'inspiration marxiste qui leur semblait avoir pris l'ascendant au *Canard enchaîné*. L'équivoque idéologique du pacifisme intégral comme du courant libertaire (malaisément réductibles à la classique opposition droite-gauche mais toujours anticommunistes) explique la proximité des critiques émanées de ces courants avec celles exprimées à la même époque par des hommes classés à l'extrême-droite ou en passe de l'être ; ainsi Jacques Doriot, qui fustigeait en 1936 dans *L'Émancipation* le stalinisme du *Canard enchaîné*[312].

Cette représentation d'un *Canard* communisant, pour polémique qu'elle fût, était suffisamment répandue et dans des milieux assez divers pour appeler un commentaire. Quelle en était la réalité ? Sur le plan du contenu, nous avons souligné l'effort qu'avait soutenu l'équipe du *Canard enchaîné* pour contrer la diabolisation du communisme français par la droite ; l'Union soviétique bénéficia du même traitement de faveur, au moins jusqu'au pacte germano-soviétique de 1939. Le *Canard* s'était « sincèrement réjoui » de la révolution de février 1917[313], il soutint clairement l'Union soviétique à partir du milieu des années 1920, s'employant à dissiper la « peur du rouge » (ces atroces soviétiques qui mangeaient leurs enfants sauvaient des Occidentaux en détresse et produisaient « comme en se jouant, en pays qui peut se moquer parfaitement des contingences mercantiles » des œuvres admirables auxquelles la censure française ne permettait pas de rendre justice), et s'étonnant de l'ostracisme décrété par la France du Bloc ou de l'Union nationale (la France ménageait les ambassadeurs de l'Italie fasciste et non ceux de l'URSS, pliait devant les exigences américaines en fait de dettes de guerre et refusait les offres de remboursement soviétiques, proposait des pactes de non-agression à la Pologne nationaliste et menaçait constamment l'URSS).

Par peur, là encore, de fournir des armes à la droite au moins autant que par sympathie pour la révolution soviétique, le journal de Maréchal refusa longtemps d'ajouter foi aux informations négatives en provenance de l'URSS ; les rumeurs de lutte interne au sein des dirigeants soviétiques ? Si l'on en croyait les journaux dits « d'information », Trotski était mort aussi souvent que, naguère, Guillaume II et le Kronprinz. L'enlèvement du général russe blanc Koutiepov en 1930 ? La responsabilité des bolcheviques était plus que douteuse; serait-elle établie, « permettez, ô Voix sévère, qu'on choisisse ceux-là qu'on saluera d'abord: ceux qui luttèrent pour un idéal de justice et pour abolir des privilèges iniques » – et Pierre Scize d'évoquer « les corps froids et sanglants des jeunes communistes tombés pour leur cause[314] ». L'exécution d'intellectuels russes à l'automne 1930 ou les procès de Moscou de l'hiver 1937 rencontrèrent la même incrédulité. Quand les faits, pourtant, ne pouvaient être niés, le *Canard* demandait toujours si ceux qui protestaient avaient également protesté contre les crimes perpétrés par les régimes de droite.

Nul étonnement, de ce fait, à constater les réticences du journal devant les témoignages d'intellectuels ou de journalistes revenus d'URSS même s'il faut distinguer tant entre les auteurs de ces témoignages qu'entre les journalistes qui les commentèrent dans le *Canard*: le reportage d'un journaliste de la « grande presse » n'avait aucune chance d'être reçu, à l'inverse d'une relation due à un « intellectuel de gauche »; Pierre Bénard et Ernest Raynaud étaient très méfiants, tandis que Jean Galtier-Boissière trouvait dans ces témoignages de quoi confirmer son anticommunisme. C'est ainsi que les reportages du *Matin* étaient considérés comme « absolument fantaisistes » mais que le livre *Les Deux Russies* de Paul Marion (homme de gauche qui n'avait pas achevé son évolution vers la droite), aux conclusions « nettement réformistes et social-démocratiques » n'était qu'« un peu attristant. Ça faisait si bien, si joli, si réconfortant, pour les travailleurs du monde entier, ce drapeau rouge – le premier – qui flottait là-bas! » (10 septembre 1930). L'exemple du *Retour d'URSS* d'André Gide (1936) est significatif: si Pierre Bénard et Ernest Raynaud s'employèrent à désamorcer le livre en imaginant le voyage d'un Soviétique en France et en recourant aux traditionnelles attaques personnelles contre Gide, Jean Galtier-Boissière fit au contraire l'éloge de son esprit de justice et de vérité – ce dont devait le remercier l'écrivain.

Les liens entretenus par un certain nombre de journalistes du *Canard* avec les milieux communistes, journaux, hommes, parti, n'étaient sans doute pas étrangers à cette indulgence pour le régime soviétique. Rappelons que *L'Humanité* avait réservé un accueil favorable au jeune *Canard enchaîné*, que ce titre avait fourni ou accueilli certains de ses journalistes dont quelques-uns étaient eux-mêmes communistes ou sympathisants, qu'il soutint le *Canard* dans la polémique qui l'opposa au *Populaire* en 1937. Paul Vaillant-Couturier était un ami (une bonne partie de la rédaction assista à ses obsèques, le 15 octobre 1937[315]) et le *Canard* relaya les initiatives de l'Association des écrivains et artistes révolutionnaires (AEAR). Peut-on aller plus loin ? Jean Galtier-Boissière – relayé par des polémistes d'extrême-droite comme Pierre Monnier[316] – le fit, qui dénonça en Martial Bourgeon, *alias* Claude Martial, sinon un « agent de Moscou », en tout cas une courroie de transmission des consignes du Parti. Cela est douteux. Quand bien même ce spécialiste des échos politiques aurait été communiste[317], nous doutons fortement qu'il ait pu exercer une influence déterminante sur Maurice Maréchal et sur *Le Canard enchaîné* ; d'ailleurs, arrivé au *Canard* vers 1936, il y demeura après que le journal eut manifestement cessé de ménager l'URSS[318].

Finalement, que conclure sur cette question cruciale du rapport du *Canard* au communisme dans l'entre-deux-guerres ? *Le Canard enchaîné* pris dans sa globalité éprouvait de la sympathie pour le communisme ; 1) pour une raison négative : contre lui se liguaient, à l'intérieur comme à l'extérieur, tout ce que les journalistes du *Canard* détestaient, les partis et groupements de droite, la « presse réactionnaire », les « grands intérêts » ; 2) pour une raison positive : quelles qu'aient été les arrière-pensées des dirigeants, les militants communistes étaient animés d'un idéal généreux et émancipateur. Selon Colette Ysmal, la révolution bolchevique était perçue au *Canard* avant tout comme le triomphe d'un peuple secouant les tutelles traditionnelles et s'organisant au sein de structures de pouvoir déconcentrées[319]; de plus, alors que la SFIO avait consenti à l'union sacrée, les bolchevistes avaient bâti leur projet sur une double rupture qui, en théorie du moins, pouvait séduire la plupart des journalistes du *Canard enchaîné*: avec la logique de guerre et avec l'ordre bourgeois. À partir du début des années 1930, toutefois, les sympathisants communistes du *Canard enchaîné* se trouvèrent obligés de tenir compte de la réalité du régime soviétique telle qu'elle apparaissait au travers de multiples témoignages, et de tenir compte aussi de ceux d'entre eux que n'avait jamais vraiment séduits la « grande lueur qui s'était levée à l'Est ». La pression des événements – rapprochement franco-soviétique de 1935, Front populaire, guerre d'Espagne – entraîna le rejeu de failles qui couraient au milieu de la rédaction du *Canard* en 1937 mais qui trouvaient leur origine ailleurs et avant[320]. Entre deux plans qui s'éloignaient l'un de l'autre, Maurice Maréchal tenta le grand écart, soucieux de ne s'aliéner aucune des composantes de sa rédaction comme de son lectorat. Sans ce souci, le directeur du *Canard enchaîné* aurait-il consenti, des mois durant, à ne prendre connaissance du papier de Jean Galtier-Boissière *qu'après* la parution du journal[321] ? Sans doute ce numéro d'équilibriste devait-il tôt ou tard prendre fin; peut-être aussi la rupture entre deux personnalités telles que le directeur du *Canard enchaîné* et celui du *Crapouillot* était-elle inévitable à brève échéance: un journal ne pouvait avoir deux têtes qui eussent prétention à le diriger.

Vers la guerre

Si *Le Canard enchaîné* connut une crise interne à propos de la guerre d'Espagne, une crise qui aboutit au départ des deux représentants les plus notoires du pacifisme intégral, il convient de remarquer que, sur tous les autres sujets, la ligne du pacifisme intégral ne fut abandonnée ni avant ni après ces départs. Du reste,

Pierre Bénard ne réclama jamais une intervention armée de la France en faveur des républicains espagnols mais seulement la livraison d'armes. Il faut reconnaître ici une constance sinon une cohérence qui permit au *Canard* de se démarquer aussi bien du « gribouillisme des néo-pacifistes » – selon l'expression de Jean Galtier-Boissière – que des revirements communistes.

Aucun des coups de force dont se rendirent coupables les régimes autoritaires au cours des années 1930 ne l'amena à infléchir la ligne qu'il s'était fixée. Certes, il protesta contre les invasions japonaise en Mandchourie (1931) et italienne en Éthiopie (1935), mais ces pays étaient bien lointains et la question ne se posait guère d'une riposte armée de la part des démocraties européennes. Par contre, la remise en cause brutale des traités par l'Allemagne de Hitler et les avancées territoriales qui en résultèrent étaient autrement embarrassantes. Dans certains cas, suggéra *Le Canard enchaîné*, les revendications allemandes n'étaient pas absurdes ; la remilitarisation de la Rhénanie ? L'Allemagne faisait ce qu'elle voulait chez elle et la remilitarisation était surtout un argument aux mains des militaristes français. L'Autriche ? L'*Anschluss* était un mot qui faisait peur et qu'agitaient, là encore, les militaristes français ; mais les Autrichiens ne faisaient après tout que passer d'un protecteur à un autre, de Mussolini à Hitler. Les Sudètes ? Si une majorité d'entre eux s'était prononcée pour le rattachement à l'Allemagne, pourquoi les en empêcher ? La non-intervention en faveur de l'Espagne fut brandie jusqu'en 1939 contre tous ceux qui souhaitaient arrêter Hitler par la force.

Les positions adoptées par *Le Canard enchaîné* sur ces questions montrent avec quelle facilité une partie de la gauche française passa du thème de la révision nécessaire de traités injustes et belligènes à celui de la non-intervention, même en faveur de populations subjuguées. En 1938, le journal de Maurice Maréchal combattit aux côtés de *La Patrie humaine*, du *Barrage*, du *Libertaire*, du *Merle*, du *Populaire* de Paul Faure, de *L'Œuvre* de Jean Piot, de *La*

Flèche de Gaston Bergery pour s'opposer à ce que la France se trouvât entraînée dans une guerre contre l'Allemagne à cause de la Tchécoslovaquie. En mai, Tréno exhortait les gouvernements européens à « laisser la paix avoir vingt ans » ; en septembre, les accords de Munich – par lesquels la Tchécoslovaquie était abandonnée à Hitler pour prix de la paix – furent accueillis avec beaucoup de soulagement et un peu de honte par l'équipe du *Canard*, à l'instar de la majeure partie de l'opinion publique française :

> « Nous avons laissé dépecer la Tchécoslovaquie sans obtenir même qu'on y mît les formes. Mais nous avons évité la guerre, qui n'aurait eu pour résultat que d'aligner quelques millions de cadavres. Seulement, il n'y a pas de quoi bomber le torse. » (12 octobre 1938).

Après Munich et le pacte germano-soviétique, la position du *Canard enchaîné* devient moins nette. Sans doute ses journalistes ne voyaient-ils guère plus de raison de se battre pour la Pologne, qu'ils avaient toujours considérée comme un pays ultra-nationaliste, que pour la Tchécoslovaquie[322]. Ils ne le dirent pas clairement – la musique pacifiste se jouait désormais en sourdine, et plus encore lorsque la censure fut de nouveau instaurée, en septembre 1939. C'est aussi qu'entre Munich et l'invasion de la Pologne, l'opinion publique avait fait du chemin, de l'espoir que la paix serait maintenue grâce à l'alliance franco-britannique à la conviction que le conflit était désormais inévitable[323]. L'influence des pacifistes recula à mesure que s'ancrait cette conviction. En septembre 1939, cette influence était réduite presque à néant, la plupart des pacifistes se taisaient ou avaient abjuré, ceux qui demeuraient fidèles à leur foi étaient marginalisés, pourchassés, arrêtés. D'un certain point de vue, l'échec des pacifistes de 1940 était plus patent encore que celui des pacifistes de 1914.

III

UNE SI LONGUE SEMAINE

La drôle de guerre du Canard enchaîné

Avec le retour de la guerre, Anastasie reprit du service. Préparée par toute une série de décrets-lois de mars à juillet 1939 mais instituée par celui du 27 août 1939, la censure toucha tous les secteurs liés à la communication des idées, télégrammes, presse écrite, radio, cinéma, théâtre, édition, affiches, publicité, chansons, photographie. Officiellement, la censure relevait du Commissariat général à l'information – créé le 29 juillet 1939 – à travers sa Direction de la presse et du contrôle, deux structures confiées à des civils (successivement Jean Giraudoux, Ludovic-Oscar Frossard et Jean Prouvost au Commissariat, Léon Martinaud-Déplat et Barthélémy Montagnon pour la Direction). Mais la direction effective des équipes revenait aux militaires du 2e Bureau, le colonel de Massignac secondé par le commandant de Paleirac, cependant que les consignes venaient, comme lors de la Première Guerre, de l'État-major, des ministères des Affaires étrangères et de l'Intérieur, à quoi s'était ajoutée la présidence du Conseil[324]. La direction de Jean Giraudoux était donc toute théorique.

La censure des années 1939-1940 offrit beaucoup de ressemblances avec celle des années 1914-1919. Comme sa devancière, elle refusait en principe la censure politique mais la pratiqua sans retenue jusqu'à ce que les protestations des directeurs de journaux, des grands éditorialistes et de quelques hommes politiques parviennent à en modérer les excès. Même alors, elle ne se cantonna jamais aux seules informations de nature militaire mais surveilla et empêcha en partie toute critique trop vive de l'action du gouvernement, du Parlement, du régime, des services publics, toute information sur la vie chère ou discutant les cartes de ravitaillement, toute appréciation pouvant porter atteinte au moral de la nation et, bien entendu, toute expression d'un sentiment pacifiste. Comme sa devancière, davantage peut-être, la censure de la drôle de guerre fut souvent injuste, arbitraire, capricieuse, incohérente, ridicule. À sa décharge, le volume des informations à contrôler et surtout les techniques de diffusion avaient considérablement changé en vingt ans.

À partir du numéro daté du 30 août 1939, *Le Canard enchaîné* parut avec des coupures plus ou moins importantes[325]. Les journaux étaient tenus de ne pas laisser apparaître de blancs dans leurs colonnes et devaient donc remplacer les articles incriminés par d'autres mais le *Canard* sortit jusqu'en juin 1940 avec des blancs ; simplement, à partir du mois de novembre, il les orna de dessins, représentant des ciseaux ou Anastasie elle-même, assortis parfois de commentaires : « Menu Continental : caviar, beurre blanc, blanquette, et blanc de blanc », « Contrairement à ce qu'on pourrait croire, ce numéro ne constitue pas une réclame pour la Maison du blanc[326] ». Les articles que nous avons pu déchiffrer malgré les indications portées sur la morasse par les censeurs montrent bien que la censure sur le *Canard* était politique et que les échos étaient particulièrement visés : interdiction de parler du remaniement ministériel, du retour chez eux des parlementaires en septembre 1939, des sympathies hitlériennes de Pierre-Étienne Flandin, de l'arrestation des députés communistes et de la réaction d'Édouard Daladier aux attaques de la droite contre Léon Blum en octobre, des articles pronazis de *Je suis partout* et de la susceptibilité du nouvel inspecteur général de la radiodiffusion française, Georges Duhamel, en novembre...

Le Canard enchaîné réussit néanmoins à donner des nouvelles de ses amis pacifistes poursuivis par les autorités militaires, en particulier d'Henri Jeanson et de Jean Giono. Le premier avait déjà été condamné en juillet 1939 à dix-huit mois de prison pour avoir publié dans *SIA*, le périodique fondé en novembre 1938 par Louis Lecoin[327], un article dans lequel il félicitait Grynspan pour son attentat contre Von Rath, conseiller à l'ambassade d'Allemagne à Paris. Il n'effectua pas cette peine puisqu'on l'arrêta de nouveau, en novembre 1939, alors qu'il avait déjà rejoint son régiment à Meaux, pour des articles parus en mars et août 1939[328] et pour avoir signé le tract de Louis Lecoin « Paix immédiate[329] ». André Guérin se moqua en octobre de ceux qui criaient à la trahison sans même avoir lu le tract, le « rat de cave » prit la défense de Jeanson en novembre, décembre et janvier, citant les personnalités venues témoigner en faveur de l'ancien rédacteur du *Canard* (José Germain mais aussi Antoine de Saint-Exupéry, Joseph Kessel, François Mauriac, Tristan Bernard, Louis Jouvet, Antoine et même son supérieur immédiat), et signalant, pour s'en indigner discrètement, sa condamnation[330]. Quant à Jean Giono, arrêté en septembre 1939 pour avoir renvoyé son fascicule et déchiré des affiches de mobilisation, le *Canard* en rappela de temps à autre le souvenir et réclama pour lui le régime politique. Par ailleurs, tout en soutenant qu'ils s'étaient trompés et avaient été trompés par leurs dirigeants et par Staline, les journalistes du *Canard enchaîné* prirent la défense des communistes traqués par la police et, contre leurs accusateurs, se demandèrent si les traîtres véritables n'étaient pas plutôt ceux qui affichaient et continuaient d'afficher des positions pronazies. Ce genre de polémique non plus n'était guère goûté par la censure et les articles qui s'y risquaient étaient souvent blanchis.

En somme, entre les sujets interdits, la rareté des informations internationales et le refus de commenter stérilement les communiqués officiels, le *Canard* était en danger de manquer de matière. Pour cette raison, on vit réapparaître le roman-feuilleton humoristique au rez-de-chaussée et de nouvelles rubriques être créées: « Le Carnet du rat de cave », qui se voulait une chronique de l'arrière (principalement de la vie parisienne) et les « Feuilles de route de l'ami Bidasse » censées refléter le quotidien d'un soldat de l'avant[331]. Sans que l'arrière et l'avant offrent le même contraste que durant la Première Guerre, les journalistes du *Canard enchaîné* retrouvèrent les réflexes et procédés de la vieille équipe – plus guère représentée, à cette époque, que par René Buzelin et Maurice Maréchal –: M. Dupond-Darrière gagnait la guerre au moyen d'allumettes sur les tables du Café du Commerce, les nantis dînaient chez Maxim's, héroïsme bon marché et solide égoïsme se disputaient les esprits des civils sous l'œil goguenard des soldats en permission et des « correspondants » dépêchés à Paris par les journaux du front.

Ce qui n'avait pas changé non plus d'une guerre à l'autre, c'était le « bourrage de crâne », à ceci près qu'à la grande presse s'était entre-temps ajoutée la radio, dont *Le Canard enchaîné* stigmatisa l'indigence. Le journal de Maréchal retrouvait de vieilles connaissances: Rip, Léon Daudet et Charles Maurras, Henry Bordeaux, Abel Hermant, l'Académie française tout entière reprenaient du service:

> « On les revoit tous, bobards aux lèvres. En somme, ils sont des victimes. Il y a, maintenant, trop peu d'intervalles entre les guerres. Et ce sont toujours les mêmes qui réservent. La guerre de 1914-1918 a eu ses bourreurs de crânes. On les retrouve aujourd'hui. Ils ont rempilé. Mais ils sont un peu usés. » (4 octobre 1939).

Les absents s'étaient trouvé des remplaçants, « chaque grand homme de l'autre guerre ayant pris soin, avant de disparaître, de nous léguer un successeur. Celui du lieutenant-colonel Rousset est M. Charles Morice. Celui du général Cherfils est le général Duval. Jusqu'à Mme de Thèbes qui, de l'autre monde, inspire celle qui lui a acheté son fonds de cafetière: Mme Geneviève Tabouis. » D'où l'emploi, là encore, de procédés éprouvés lors de la Première Guerre, notamment les parodies (*Le Bailbyard* pour *Le Jour*; *Le Couteau de cuisine* pour *l'Action française*; *Le Matin pêcheur*; *Le Fusil de Gringoire*; *À pied d'œuvre*; *J'essuie partout*) et pastiches (*Le Bobard déchaîné*) de journaux « bourreurs ». Au fond, le sentiment dominait, au *Canard enchaîné*, d'une répétition des événements survenus vingt ans plus tôt:

> « [...] l'impression qu'après une mi-temps, la partie reprend avec les équipes de remplacement. Sur le même terrain. [...] Les spectateurs sont, à dire vrai, un peu surpris de voir que la deuxième partie ressemble tant à la première. Ce n'est pas du tout ce qu'on leur avait promis pendant l'entracte. »

Cette impression était infondée: en mai, l'offensive allemande balaya l'armée française; Paris était conquis à la mi-juin, les journaux se replièrent ou se sabordèrent. *Le Canard enchaîné* fit paraître son dernier numéro, sur un feuillet recto-verso, le 5 juin 1940.

Nord, sud

Ce dernier numéro n'était pas un numéro d'adieu: le journal promettait même d'offrir à ses lecteurs, « à bref délai », une meilleure présentation. On sait maintenant que ce bref délai devait durer plus de quatre années mais, sur le moment, Maurice Maréchal n'imaginait peut-être pas que le jour tarderait tant où paraîtrait un nouveau numéro du *Canard*, encore moins qu'il mourrait avant ce jour. Ce qui, en revanche, apparaissait avec clarté dès ce moment, c'était l'impossibilité de faire paraître *Le Canard enchaîné* dans un Paris occupé par les Allemands et même le danger qu'il y avait à demeurer dans la capitale. Jeanne et Maurice Maréchal prirent donc la décision de partir pour le sud de la France, non sans emporter avec eux les documents administratifs et comptables les plus récents, au cas où une reparution se révélerait possible[332].

Jeanne et Maurice Maréchal partirent donc pour Clermont-Ferrand en juin 1940. Une partie de l'équipe les accompagna dans la capitale auvergnate. Henri Monier, qui s'y rendit lui-même (au mois d'août ?), se souvenait avoir rencontré, place Jaude, Maréchal, Bénard, Bourgeon, Salardenne et Effel qui se moquèrent copieusement de sa tenue, prêtée par un sien cousin. Le directeur de feu *Le Canard enchaîné* l'emmena alors chez « Chonchon-Chinette, le grand tailleur local » et lui offrit « un splendide costume de premier communiant », toutes les tailles pour adulte ayant été « réquisitionnées » par les Allemands[333]. En l'espace de quelques semaines, Clermont-Ferrand vit sa population plus que doubler avec l'afflux des réfugiés[334], dont une bonne partie du personnel des journaux parisiens. « C'est à Clermont qu'on peut connaître Paris », nota Albert Camus, lui-même arrivé dans une voiture de *Paris-Soir*, en cet été 1940. Un mélange de solidarité professionnelle et d'intérêt économique détermina les propriétaires des presses et des journaux locaux à accueillir bon nombre de leurs confrères : les presses de *La Montagne* imprimèrent *Le Populaire, Le Lorrain, Le Mot d'ordre, L'Œuvre, Le Jour* et *L'Effort*, celles du *Moniteur* – dont le propriétaire n'était autre que Pierre Laval – offrirent l'hospitalité à tant de publications que le 37 de la rue Blatin, où elles logeaient, fut bientôt surnommé « Papyropolis[335] ». Henri Monier se souvenait des deux trottoirs de la rue Blatin, empruntés l'un par les journalistes et techniciens ayant retrouvé du travail, l'autre par ceux qui étaient encore à la recherche d'un emploi.

Maurice Maréchal ne fit pas reparaître le *Canard* à Clermont-Ferrand; en compagnie de son épouse, il quitta Clermont pour Magny-sur-Yonne, où il possédait une maison, puis Vichy. C'est à Vichy, à l'hôtel où il était descendu, que le directeur du *Canard enchaîné* devait mourir, le 15 février 1942, d'un cancer. Certains des journalistes du *Canard enchaîné* demeurèrent dans un premier temps à Clermont-Ferrand: ce fut le cas de Pierre Bénard et d'André Sauger, peut-être celui de Martial Bourgeon, qui trouvèrent à s'employer à *La Montagne*, grâce à l'intervention de deux journalistes de la maison qui avaient collaboré occasionnellement au *Canard* avant la guerre, Jean Rochon et Maurice Felut[336]. Le quotidien *La Montagne* était dirigé par le socialiste Alexandre Varenne (un homme que *Le Canard enchaîné* n'avait pas ménagé quand le gouvernement Herriot l'avait nommé gouverneur d'Indochine, en 1925), lequel en avait fait dans les années 1930 le quotidien régional des gauches; il observa à l'égard de Vichy et de l'Allemagne une réserve non dénuée de coups d'épingles, au moins jusqu'à l'invasion de la zone Sud en novembre 1942. À l'instar du *Progrès* de Lyon, *La Montagne* constitua un foyer de résistance à l'occupant et « ceux du *Canard* » jouèrent un rôle non négligeable dans cette partie. Avant même que le journal ne se saborde le 28 août 1943, la plupart de ses collaborateurs avaient plongé dans la clandestinité.

Les journalistes-résistants de *La Montagne* se partagèrent entre les mouvements « Libération-Sud » et « Défense de la France » qui tous deux lancèrent en juillet 1941 le premier numéro des feuilles clandestines qui portaient leur nom[337]. Jean Rochon déploya une activité considérable, comme s'en souvenait l'écrivain et journaliste Louis Parrot en 1945:

> « Son activité de journaliste militant [...] ne lui suffisait pas; c'était un organisateur à qui l'on doit la mise au point de tout le réseau de complicités dont devaient béné-

> ficier les maquis du Centre. Je le revois dans ce petit café de Clermont où Paul Éluard qui venait surveiller à Saint-Flour l'impression d'un tract de la *Bibliothèque française* s'arrêtait à chaque voyage. Animateur du plus haut mérite, responsable des postes d'émission clandestins, c'était un des chefs de la Résistance d'Auvergne. Il fut, avec Emmanuel d'Astier, qu'il rencontrait souvent à Lyon, un des promoteurs de *Libération*[338]. »

André Sauger, accrédité par *La Montagne* à Vichy, était l'informateur privilégié de Jean Rochon pour tout ce qui se décidait au sommet de l'État français. Cet ancien secrétaire de Léon Bourgeois et de Gaston Doumergue, ex-journaliste parlementaire à *La République*, à *L'Œuvre* et au *Canard enchaîné* (dans lequel il était entré en 1938) exerça en outre ses talents dans les instances de la presse résistante, participant au Comité national des journalistes de zone Sud, basé à Lyon, et au Bureau d'information et de presse (BIP) lancé par Jean Moulin et Yvon Morandat et dirigé par Georges Bidault[339]. Aux côtés de ce dernier, André Sauger participa également, en 1943, au sein d'une toute nouvelle « Commission de propagande et de presse », aux discussions sur les réformes à apporter à la presse une fois venue la libération.

Maurice Felut avait, comme Jean Rochon, beaucoup œuvré à la mise en place des réseaux d'Auvergne. Quand les Allemands envahirent la zone Sud, il passa en zone Nord, imité par Pierre Bénard. Le début de 1944 les trouva à Paris ; ils y furent recrutés par l'équipe du journal clandestin *Défense de la France*. Au printemps 1944, Robert Salmon, un des dirigeants de cette feuille et du mouvement du même nom, cherchait des journalistes professionnels pour étoffer son équipe ; la perspective d'une libération prochaine rendait urgente la montée en puissance de la rédaction clandestine. Il s'adressa à son ancien professeur de Louis-le-Grand, Albert Bayet, homme de presse, membre du mouvement « Franc-Tireur », qui avait été élu président de la Fédération de la presse clandestine à la création de celle-ci, en novembre 1943. Selon Robert Salmon, Albert Bayet avait collaboré au *Canard enchaîné* avant la guerre et en partageait « le sens de la provocation »; Bayet recommanda Pierre Bénard à Salmon et Bénard à son tour présenta Maurice Felut et sans doute Henri Rochon – frère de Jean – au responsable de *Défense de la France*: c'est ainsi que les anciens « montagnards » firent leur entrée à la rédaction de *Défense de la France*. Selon Robert Salmon, Pierre Bénard et ses amis du *Canard enchaîné* introduisirent une note très drôle, une atmosphère de franche rigolade, faisant découvrir en même temps à leurs camarades un journalisme sceptique et professionnel assez éloigné du premier *Défense de la France*[340].

C'est à Maurice Felut et Pierre Bénard que la direction du mouvement Défense de la France confia la tâche de faire paraître le journal dans la zone que ne manquerait pas de libérer en premier le débarquement allié attendu par tout le monde. Selon Patrice Blank, autre dirigeant du mouvement, cette zone ne pouvait être située… qu'en Bretagne – Maurice Felut, Pierre Bénard, Henri Rochon partirent donc pour Rennes en avril-mai 1944 (où se trouvait déjà Maurice Delarue), accompagnés de Francis Cleirens et Pierre Herbart qui devaient pour leur part réorganiser le Mouvement de libération nationale en Bretagne. En juillet, un autre ami de Felut, Robert Danger (qui avait travaillé pour *L'Œuvre* de Déat, ce qui devait lui valoir des ennuis à la Libération), vint compléter l'équipe. Dès la libération de Rennes, début août 1944, ce groupe fit paraître le premier numéro « libre » de *Défense de la France*, non sans s'être heurté à l'opposition du gouverneur militaire de la région Ouest[341]. Pierre Bénard écrivit par ailleurs dans *Combat* et dans *Les Lettres françaises* clandestines des articles non signés mais au style immédiatement identifiable, avec bons mots, calembours et incessants retours à la ligne[342].

Tout cela n'était pas qu'affaire d'encre et de plume. Ces combattants de l'esprit couraient de réels dangers physiques. André

Sauger fut arrêté par la police de Vichy en 1944 et échappa de peu à la Gestapo (selon Maurice Mandon, Pierre Laval affirma qu'il avait fait arrêter Sauger pour lui éviter, précisément, la déportation). Jean Rochon fut arrêté en mai 1944 à Paris, torturé par la Gestapo; Louis Parrot l'aperçut par hasard, le 15 août, dans un des autobus qui conduisaient vers la gare de l'Est les détenus de Fresnes.

> « J'étais immobile sur le bord du trottoir, regardant avec une rage impuissante le long défilé des voitures qui traversaient Paris, lorsque je vis dans l'une d'elles un homme qui me faisait signe. C'était Jean Rochon. À travers la vitre poussiéreuse, son visage s'était soudainement transfiguré. Ses mains me faisaient un signe que nous comprenions bien tous les deux. Cela ne dura que quelques secondes. Mais jamais je n'oublierai l'image de mon ami Jean qui me disait, à moi dont le sort ne pouvait être en rien comparable au sien – que les jours allaient enfin venir où toutes nos espérances communes allaient enfin se réaliser. Nous devions apprendre plus tard qu'il était mort à Dora[343]. »

Un autre journaliste – clef du *Canard* de l'avant, et surtout de l'après-guerre – courut des risques semblables quoiqu'étant engagé de manière moins nette dans la Résistance: nous voulons parler d'Ernest Raynaud, dit Tréno. Mobilisé dans le génie en 1939, il avait été fait prisonnier par les Allemands et détenu à Meaux. Après deux tentatives d'évasion, il réussit à fausser compagnie à ses gardiens, rejoignit sa femme et sa fille à Paris et passa en zone Sud avec sa famille, guidé par un passeur. Au début de 1941, il était à Lyon, qu'il ne devait plus quitter jusqu'à la Libération. Henri Amoretti a raconté[344] la scène de la visite de Paul Marion, ancien journaliste antimilitariste à *L'Humanité* devenu secrétaire général de l'Information de Vichy, à la maison de la presse de Lyon:

> « Ministre bon enfant, Marion serra des mains, prodigua des mots aimables. Reconnaissant notre confrère Ernest Reynaud [*sic*], il lui demanda des nouvelles de sa famille, de son travail. Reynaud qui ne répondait que par monosyllabes, finit par interrompre le ministre et lui dit : "Et toi, qu'est-ce que tu deviens ?"... »

Dans la troisième capitale de la presse française (avec Paris et Clermont-Ferrand), Tréno collabora au *Journal* replié et à l'hebdomadaire humoristique *Guignol*, qui accueillait également la plume de Roger Salardenne. *Guignol* était dirigé par Joanny Lorge, personnage haut en couleur, vigoureusement anti-allemand ; rédigé en partie en vieux lyonnais, le journal multiplia les allusions irrévérencieuses à l'encontre de l'occupant, pour le plus grand plaisir de lecteurs en nombre croissant... dont le père de Tréno, que ses collègues venaient trouver pour lui dire : « Tu as vu ce que ton fils leur a encore passé[345] ! »

Selon son fils Marcel, Tréno ne s'en tint pas à cette résistance individuelle et intellectuelle : il avait des contacts avec les résistants de Lyon, en particulier Georges Altman, un des dirigeants de Franc-Tireur. Le 12 août 1944, de retour du maquis de l'Ardèche, il fut arrêté sur dénonciation, comme le lui apprit l'Allemand qui l'interrogea. Par chance, les Allemands qui l'arrêtèrent à son domicile ne trouvèrent pas le laissez-passer du maquis mais « seulement » la notice en anglais d'un poste de radio. On lui reprochait essentiellement d'avoir collaboré à *L'Humanité* dans l'entre-deux-guerres. Tréno fit valoir que Doriot avait été communiste, mais ce qui joua surtout en sa faveur et le fit libérer, aux dires de Marcel Raynaud, ce fut la présence d'un crucifix et d'un buste de Napoléon dans l'appartement que son père occupait : un homme qui croyait en Dieu et en l'Empereur ne pouvait sérieusement être communiste ! Tréno avait eu raison de ne pas déplacer ces objets qui appartenaient à son propriétaire corse...

Tel quel, le cas de Tréno nous entraîne déjà vers les redoutables questions que pose la collaboration à des organes de presse visés par la censure allemande et/ou française entre 1940 et 1944. Tout collaborateur à de tels journaux était-il un « collaborateur » ? Plus généralement, suffit-il d'avoir participé de près ou de loin à une entreprise liée directement ou indirectement à l'État français ou à l'occupant allemand pour être taxé de pronazisme ou de pétainisme ? Des critères retenus pour juger tel cas individuel dépend l'appréciation globale de cette période ; selon que l'on adopte une définition large ou restrictive du fait de collaboration, c'est la France entière ou une minorité qui peut avoir quelque chose à se reprocher.

Pascal Ory dans son livre et Christian Delporte dans sa thèse ont apporté une réponse très nuancée à ces questions difficiles[346]. Ces travaux et d'autres nous permettent de distinguer une collaboration « chaude » d'une collaboration « froide ». La première serait le fait de gens ayant pris une part active et consciente à l'effort de guerre allemand, la seconde caractériserait l'action, souvent involontaire, menée à contre-cœur, de gens qui n'avaient pas de sympathies pour l'Allemagne hitlérienne ni même pour l'État français, mais que la stricte nécessité poussait à travailler pour des entreprises ou des organismes liés de quelque façon à ces régimes. Nous apercevons bien la pente dangereuse sur laquelle une telle discrimination, fondée sur l'intentionnalité du geste collaborationniste, risque de nous entraîner : toute collaboration n'était-pas dictée par la nécessité du temps ? Le risque n'existe-t-il pas d'absoudre les formes de collaboration non idéologiques ? Il nous semble cependant que l'effort de précision doit être tenté pour éviter de confondre dans une même réprobation, apparemment commode et en fait non opératoire, les divers visages qu'a présentés la collaboration entre 1940 et 1944. Cet effort ne s'arrête d'ailleurs pas à la distinction, au vrai assez grossière, entre ces deux grandes formes de la collaboration. Ainsi dans la collaboration « chaude », d'infinies nuances séparent la collaboration « idéologique » de la collaboration « réaliste » (résultant d'un froid calcul des forces en présence) et celle-ci de la collaboration par intérêt personnel ; et chacune de ces branches se divise encore en multiples rameaux (par exemple, on peut écrire des articles violemment anglophobes, comme Béraud, sans éprouver de sympathie particulière pour l'Allemagne nazie). Ce que nous voulons dire, c'est que, pas plus que la Révolution, la Collaboration n'est un bloc et qu'il faut faire la part des responsabilités, des contraintes, des revirements ; l'espace (c'est-à-dire le lieu où l'on exerça son activité) compte dans cette affaire autant que le temps (il y eut de zélés collaborateurs qui firent d'excellents résistants).

Christian Delporte a fait le point pour les dessinateurs et insisté sur les grandes diversité et complexité des comportements. Certains dessinateurs cessèrent, plus ou moins rapidement et complètement, de dessiner pour les journaux ou pour des expositions : Ferjac à partir de janvier 1941, Grove à son retour de captivité ; Monier et Ferjac dessinèrent des albums pour enfants pour l'éditeur Gründ et des illustrations, Ferjac et Picq firent de la scène, Ferjac, Grove et Monier et Van Rompaye décorèrent de fresques un restaurant parisien (qui furent transportées au siège du *Canard* quand ce restaurant ferma ses portes) ; c'est d'ailleurs à cette occasion qu'ils rencontrèrent Magrum qui devait dessiner dans *Le Canard enchaîné* après la guerre sous le nom de Grum. Cabrol redevint retoucheur photographique du côté de Rodez (il s'engagea dans la Résistance), Jean Oberlé gagna Londres où il anima l'émission « Les Français parlent aux Français », Bécan, qui était juif, se vit interdire l'entrée des rédactions – « eût-il été aryen qu'il n'eût pas davantage collaboré à la presse nazie » selon Frédéric Delanglade[347].

À l'inverse, d'autres dessinateurs allèrent jusqu'à la collaboration « chaude » : Frick, Pruvost[348], Pedro, Bour, Dubosc travaillèrent pour des journaux de zone Nord comme de zone Sud et, s'ils « contribuèrent fort discrètement à la vague d'antisémitisme qui agita les journaux, [ils] s'attaquèrent aux Alliés, responsables de la poursuite du conflit[349] ». D'autres firent plutôt dans la collaboration « froide » en s'efforçant de ne donner aux journaux aucune composition politique : Henry, Picq furent dans ce cas. Les mêmes, ou d'autres qui avaient renoncé à dessiner pour les journaux, acceptèrent de participer à des entreprises liées à l'État français : Henry fabriqua un jeu de massacre et un jeu de labyrinthe pour le compte du ministère de l'Information vichyste en décembre-janvier 1944, Effel travailla pour le ministère de l'Agriculture et du Ravitaillement en 1943, beaucoup exposèrent dans des manifestations patronnées par l'État français, par exemple les salons « Humour 41 » et « Humour 42 ». Ces « collaborations », et un certain nombre de recueils qui parurent à cette époque avec le visa de la censure allemande ou française (voire commandés par les services officiels, comme le furent les albums collectifs parus en 1943 *Devant le marché noir* et *Humour toujours*) posent avec insistance la question du degré de collaboration et de sa motivation : Effel n'avait pas l'intention d'aider l'Allemagne hitlérienne ou le régime de Vichy, pas plus que Soro quand il donnait des dessins humoristiques à *Ric et Rac* ; du côté des rédacteurs, les articles humoristiques de La Fouchardière dans *Paris-Soir, L'Œuvre* ou *La Semaine* n'appelaient pas à la victoire de l'Allemagne, pas davantage ceux de Jules Rivet dans *Le Petit Parisien* ; ces journalistes ne dessinaient et n'écrivaient que pour remplir leur assiette. Mais ils cautionnaient par leur présence l'ensemble de la publication ou de l'organisme qui leur donnait pitance, ils présentaient l'image d'une France opposant son éternelle bonne humeur aux misères du temps, ce qui pouvait aller dans le sens de la propagande maréchaliste.

Restent quelques cas plus difficiles encore, ceux d'André Guérin et d'Henri Jeanson. André Guérin, ancien échotier politique au *Canard enchaîné*, devint le rédacteur en chef de *L'Œuvre* dirigé par Marcel Déat ; à première vue, donc, un « collabo » classique, et des plus « chauds », désigné comme tel par Pierre Bénard dans son article des *Lettres françaises* de juillet 1944[350]. Mais le dossier des Renseignements généraux sur *Le Temps de Paris* contient incidemment les indications suivantes sur Guérin : « Il aurait appartenu aux organisations de résistance CDLR[351] depuis 1943 et serait en possession d'un certificat de M. François Neuville, directeur du cabinet du Commissaire régional de la République de Rouen, à la Libération. Il serait également titulaire d'un certificat provisoire n° 544 de la 3e région militaire, subdivision du Calvados, attestant qu'il a servi volontairement, de septembre 1943 au 2 août 1944, au titre du « Service spécial »[352]. » Tout cela peut ressortir aux précautions prises du côté de la Résistance par bon nombre de collaborateurs qui sentirent le vent tourner ; reste que le parcours d'André Guérin durant les années noires est plus complexe qu'il n'y paraît au premier abord. Le cas de son homonyme, le dessinateur Raoul Guérin, ne nous intéresse ici que pour la brochure qu'il réalisa en 1940 pour le journal *Aujourd'hui* à la tête duquel on retrouve un certain… Henri Jeanson. Cette brochure, intitulée *Bajus rentre à Paris…* opposait des Allemands « dignes, polis et courtois » aux Anglais éternels fauteurs de guerre. Aux dires de Guérin, *Aujourd'hui* la rejeta faute de place[353].

Elle aurait pourtant donné le ton du quotidien dont la rédaction en chef fut confiée à Henri Jeanson à l'été 1940. Jeanson, dont on se souvient qu'il avait été mis en prison pour ses écrits pacifistes, s'y trouvait encore quelques jours avant l'entrée des Allemands à Paris et ce fut César Campinchi, avocat et ministre, qui obtint sa levée d'écrou avant de s'embarquer lui-même sur le *Massilia* pour l'Afrique du Nord. Jeanson ne quitta pas Paris ; il entra en contact (on ne sait qui des deux prit l'initiative) avec un mandataire des Halles qui fut un temps directeur du Théâtre des Ambassadeurs, M. Capgras, et se vit confier par lui la rédaction en chef d'*Aujourd'hui*. Le premier numéro sortit le 10 septembre 1940. Selon ses animateurs, le projet semble avoir été d'opposer à la force brute des envahisseurs l'esprit parisien, frondeur et brillant, de profiter de l'espace de liberté laissé par l'occupant pour créer un journal d'opposition. Les difficultés ne manquèrent pas, comme le rappelait Henri Jeanson lui-même, interrogé à la Libération :

> « [...] avec un petit carré d'amis sûrs et fidèles, dont quelques-uns depuis sont morts en camps de concentration, je me suis évertué à contrer la propagande allemande. Mes articles étaient le plus souvent censurés, les typos en tiraient des épreuves à la brosse, qu'ils distribuaient ensuite clandestinement dans leur quartier[354]. »

De fait, « on ne trouvera dans *Aujourd'hui*, Henri Jeanson régnant, ni appel en faveur du parti unique, ni éloge de l'arbitraire du pouvoir personnel, ni aboiements contre le syndicalisme ouvrier, ni délation inspirée par le fanatisme antijuif ou antimaçon. Et Henri Jeanson refusera obstinément de se rendre aux conférences de presse mises sur pied par la propagande allemande à l'intention des directeurs de journaux[355]. » Cette prétention à l'indépendance de ton et de contenu fut fatale à Jeanson[356] : en novembre 1940, les autorités d'occupation sommèrent le polémiste de prendre publiquement position contre les juifs et en faveur de la politique de collaboration scellée à Montoire – Jeanson démissionna plutôt que de se soumettre ; encore six semaines et il retournait en prison d'où viendra le tirer, quelques mois plus tard, son vieil ami Gaston Bergery, néoradical passé à la collaboration par ultra-pacifisme. Mais Henri Jeanson était désormais marqué au fer ; interdit de presse et de cinéma, il travailla au noir, écrivant des dialogues de films qu'il ne signait pas. Avec Pierre Bénard, il participa à l'élaboration de feuilles clandestines – il manqua d'être une nouvelle fois arrêté en 1942.

Il paraît difficile, au vu de ces éléments, d'accuser Henri Jeanson de collaboration « chaude » ou même « froide ». Peut-on pour autant réduire l'épisode à la naïveté politique de son protagoniste, comme s'y sont essayé certains de ses amis ? Il nous semble au contraire que l'aventure d'*Aujourd'hui* illustre à merveille les contradictions et compromissions du pacifisme intégral : la volonté d'aboutir à une entente avec l'Allemagne pour éviter la guerre put se transformer, après la défaite, en désir de coexistence « correcte », voire en offre de service. Tout n'était d'ailleurs pas innocent dans l'*Aujourd'hui* première manière : le dolorisme national, la chasse aux responsables de la défaite, l'anglophobie et le recours au mythe du coup de balai purificateur entraient en résonance avec le discours maréchaliste ; comme allait dans le sens de la propagande allemande la seule existence de ce journal « frondeur » qui montrait à la fois le retour à la normalité du commerce des idées et la magnanimité aussi souriante qu'éclairée du vainqueur[357].

Autre pacifiste intégral, Alexandre Breffort présente une dernière variante du comportement des journalistes du *Canard enchaîné* : en août 1939, il gagna la Belgique, passa en Hollande et de là s'embarqua pour Oslo, en compagnie d'amis partageant ses idées, dont Roger Monclin, administrateur de *La Patrie humaine*. Les Norvégiens ne voulaient pas de ces Français déserteurs, ils réembarquèrent donc en direction de Stockholm. Breffort resta quelques mois en Suède, dans la région montagneuse de Dalécarlie ; il continuait d'envoyer ses papiers au *Merle blanc*, qui avait reparu en mars 1939 sans retrouver le ramage ni le plumage des années 1920. Puis lui et ses compagnons connurent les prisons suédoises, jusqu'à la signature des accords d'armistice. En mai 1941, Alexandre Breffort était de retour à Paris, sans Roger Monclin, dont les Allemands refusaient le retour en raison de ses liens avec les anarchistes espagnols ; on ne sait trop de quoi Breffort vécut mais en mars 1942, il était de nouveau arrêté pour insoumission : quatre mois de cellule. Après, on perd sa trace. Marcel Raynaud affirme qu'il s'était réfugié en Suisse, qu'il donnait des cours de danse par correspondance… Il s'agit probablement de plaisanteries que l'humoriste servit après coup pour mystifier les enfants Raynaud.

Sur les autres membres de l'équipe du *Canard enchaîné*, nous savons encore moins de choses : Martial Bourgeon dit Claude Martial fut, dans la clandestinité, attaché à l'Agence d'information documentaire (AID), Yves Grosrichard reprit un poste à l'Éducation nationale et s'engagea dans la Résistance[358], Auguste Nardy écrivit dans des journaux collaborationnistes, Rodolphe Bringer mourut en 1943, dans sa chère retraite de Gonfle-Boufigue, *alias* Pierrelatte (Drôme)... Diversité des trajectoires après la collision de mai-juin 1940, choix et hasards... Il est frappant de voir à quel point la petite équipe du *Canard enchaîné* fut une sorte de métonymie historique, un modèle réduit de ce que put être la vie des Français durant ces années 1940-1944.

D'autres Canard

Sabordé en juin 1940, *Le Canard enchaîné* survécut dans les esprits de ses journalistes et lecteurs, au point d'apparaître à beaucoup comme le symbole d'une liberté à recouvrer – en 1969, Jean-Pierre Melville fera dire à l'un des personnages de *L'Armée des ombres* : « La liberté, c'est quand *Le Canard enchaîné* reparaîtra. » Il n'est donc pas étonnant que l'on ait tenté d'utiliser cette force symbolique à des fins de propagande : selon Jean Galtier-Boissière, les Allemands proposèrent à Jeanne Maréchal de faire reparaître *Le Canard enchaîné* avec une « totale liberté de ton » – la veuve de Maurice refusa ce marché de dupes ; mais de faux *Canard* virent le jour entre 1940 et 1944.

On eut ainsi deux *Caneton déchaîné*. Le premier sortit en avril 1941 des presses anglaises et fut « distribué » par la Royal Air Force. Sur quatre pages, les auteurs surent restituer le ton du vrai *Canard* – dès les « oreilles » qui, encadrées par des canards portant l'un un casque anglais, l'autre un casque soviétique, contenaient cette phrase : « Heureusement qu'ils l'avaient... le couteau entre les dents. » Les articles d'une racontaient que Hitler avait buté sur des obstacles imprévus (il n'avait pu tuer assez d'Anglais ; les morts soviétiques avaient ressuscité), « démentaient » des bruits infondés sur Vichy (« Il est mensonger de prétendre qu'avant la guerre, M. de Brinon[359] reçut de l'Ambassade d'Allemagne une subvention de 25 000 francs par mois. M. de Brinon ne travaillait pas à moins de 30 000 »). L'occasionnel assimilait les membres du gouvernement de Vichy à des malfaiteurs, publiait une fausse lettre du cardinal Baudrillart... Les pages intérieures reprenaient, en les adaptant, les grandes rubriques du *Canard enchaîné*, « La mare aux canetons », « La presse enchaînée », « Lettres ou pas lettres » et « La Petite Correspondance ».

Par comparaison, l'autre *Caneton déchaîné*, qui sortit en mars 1944 (probablement composé à Rouen) fut beaucoup moins réussi ; semé cette fois par l'aviation allemande, il ne comportait que deux pages qui peinaient à atteindre la qualité de son modèle : les auteurs plaisantaient l'habitude qu'avaient prise les Français de rendre les Allemands responsables de tous leurs malheurs, se moquaient des zazous et de l'Assemblée consultative d'Alger, justifiaient la réquisition des postes de TSF en Normandie (« Il fallait bien que ça arrive, depuis le temps que la fine fleur du gaullisme et le reste, colportaient toutes les insanités débitées dans les micros de Londres »), dénonçaient le ramassis de juifs, de communistes et d'homosexuels qui composaient selon eux les Forces françaises libres.

Ces deux pastiches étaient ponctuels, à la différence du *Canard sauvage*, édité à Alger à partir de 1944 (une publication très favorable aux communistes et de bonne facture, l'un des plus proches, dans sa composition, du vrai *Canard*), et du *Canard libre* qui parut pendant quelques mois, en 1941-1942, à Beyrouth. Composé et édité par le Bureau de propagande de la France libre, ce dernier fut probablement imprimé par les presses de l'université jésuite Saint-Joseph – un détail qui ne manque pas de saveur quand on le met en rapport avec l'anticléricalisme du *Canard enchaîné*. Un beau canard à croix de Lorraine surmontait des pages consacrées aux reculs des troupes de l'Axe, à la servilité de la France de Vichy (en particulier de Laval : « Afin d'être nommé *gauleiter* du pays / Il se fit du Fuhrer le complice et l'ami / Mais attendons la fin, car un jour bientôt nous pendrons / Par sa cravate blanche, le sinistre marchand de marrons ») et à quelques plaisanteries sur les adjudants propres à rappeler aux nostalgiques un antimilitarisme qui n'était plus de saison.

Il y eut encore *Le Canard clandestin*, qui parut en mai-juin 1944 et dont il est difficile de définir la ligne politique : probablement s'agissait-il d'une publication autorisée (malgré son titre), distribuée en kiosque et poursuivant des fins commerciales au moyen d'un humour bon enfant. *Le Coq enchaîné*, quant à lui, naquit en 1942 d'une scission au sein du mouvement Franc-Tireur de Lyon. Georges Dunoir, Lucien Degoutte, d'autres encore voulaient faire de *Franc-Tireur* un organe plus nettement anticlérical ; devant le refus des autres rédacteurs, ils formèrent un groupe indépendant et fondèrent *Le Coq enchaîné*, financé en partie par l'argent anglais[360] – le rapport au *Canard* ne tenait qu'au titre : il n'y avait ni dessin ni humour, mais sur quatre pages des exhortations au courage et à l'espérance, à côté d'articles très violents dirigés contre l'occupant et ses affidés français.

Enfin, parmi les pastiches avoués que le journal ou nous-même avons pu rassembler figurent deux journaux de prisonniers, l'un signalé par le *Canard* en novembre 1944 (qui le salua pour « son courage, son esprit et son bon travail »), *Le Canard embaumé*, qui parut régulièrement à la prison des Petites-Baumettes, près de Marseille ; l'autre fut composé par les prisonniers d'un *oflag* de Moravie et s'appelait *Le Canard en KG*. Sur quatre pages très soignées, cet hebdomadaire proposait des dessins et des articles humoristiques sur la vie du camp, des romans-feuilletons, des textes historiques et géographiques sur telle région ou ville de France, des jeux, des annonces, enfin le programme – impressionnant – des cours et conférences dispensés par les érudits du camp.

Ainsi, il y eut une vie du *Canard* après sa mort en juin 1940 et avant sa résurrection en septembre 1944 : tous ces journaux (qui ne représentent eux-mêmes, certainement, qu'une partie de l'ensemble des pastiches du *Canard* durant cette période) entretinrent le souvenir de l'hebdomadaire satirique. Le *Canard* survécut encore à travers ses journalistes, même s'ils en trahirent parfois l'esprit. Il survécut surtout dans la mémoire de ses lecteurs, comme en témoigne le triomphe qu'ils lui réservèrent dès sa reparution, quatre ans et trois mois après le dernier numéro dirigé par Maurice Maréchal.

Sur le plan idéologique, le pacifisme fut le trait dominant du *Canard enchaîné* durant cette période d'entre-deux-guerres ; nous avons vu qu'il conduisit certains de ses journalistes à s'engager, d'un cœur plus ou moins léger, dans la collaboration de presse, ce qui n'a pas manqué d'être souligné par les détracteurs du journal. Un autre type d'attaque fut celui qui consista à faire du *Canard enchaîné* l'un des responsables de l'esprit de démission qui aurait caractérisé la France de l'entre-deux-guerres et expliquerait en partie « l'étrange défaite » de mai-juin 1940. Jean Dutourd est même allé plus loin, dans des accusations proférées en 1956 :

> « Au *Canard enchaîné*, ce flambeau de l'intelligence, revient la gloire d'avoir énoncé la devise de la France actuelle : "Nous, on veut bien !" Formule ironique et désabusée, que l'on prononce avec un haussement d'épaules devant le spectacle du monde, parole de sage, qui conjugue à merveille, au prix d'une faute de français, l'indulgence et le mépris. Hélas ! *Le Canard enchaîné*, sans le savoir, avait trouvé la devise de l'esclavage. À force de répéter : "Nous, on veut bien", on a *bien voulu* perdre la guerre,

être occupé, être déshonoré, être foulé aux pieds ; on a bien voulu les chambres à gaz et le camp de Buchenwald, et le reste. Lira-t-on un jour, dans un journal, entendra-t-on un jour, crié par quelques millions de personnes : "Nous, on ne veut pas" ? "La guerre n'est pas si onéreuse que la servitude", disait Vauvenargues. Vieille vérité que chaque événement confirme. Il faut toujours choisir entre Verdun et Dachau[361]. »

L'auteur de *Au bon beurre* ne fut pas le seul, en 1956, à mettre en cause le rôle du *Canard enchaîné* dans l'avant-guerre. Étienne Borne, dans *Forces nouvelles*, l'organe du MRP, loua le courage de Dutourd qui « [osait] nommer parmi les symptômes de notre décadence le succès du *Canard enchaîné* et de son conformisme du non-conformisme ». Maurice Schumann avait, quelques semaines auparavant, rappelé que l'hebdomadaire satirique s'était opposé aux sanctions contre l'Allemagne de Hitler en 1936 et affirmé qu'il avait « approuvé l'*Anschluss* ». Pierre-Étienne Flandin avait de son côté protesté contre les jugements négatifs portés par le *Canard* sur l'opération du canal de Suez. De sorte que Tréno crut voir une opération coordonnée contre un « Canard-émissaire ». C'était à notre sens, et plus simplement, la rançon du succès retrouvé du journal dont la voix se faisait entendre avec une vigueur nouvelle depuis 1954, et la conséquence de ses prises de positions sur l'Algérie et l'intervention franco-anglaise sur le canal de Suez. Tréno répondit à Dutourd en invoquant le Marc Bloch de *L'Étrange défaite* :

« Max [*sic*] Bloch, avant d'être assassiné par la Gestapo, semblait avoir découvert, lui, des coupables plus sérieux… Des coupables cousins de ceux qui ont fait gagner Franco… Des coupables descendants de ces Jules de la IIIe République qui, en 1870, préférèrent abandonner la partie plutôt que d'avoir une révolution en France (voir le dernier livre d'Henri Guillemin)[362]. »

Tréno aurait également pu répondre à Jean Dutourd que, pour les Français de l'entre-deux-guerres, toutes opinions confondues, l'horreur absolue ce n'était pas Auschwitz, c'était Verdun. En 1956, le souvenir de la Seconde Guerre mondiale a déjà occulté en partie celui de la Première ; les camps ont chassé les tranchées dans les cauchemars des hommes. Avant 1940, dans les représentations courantes, les camps étaient loin (dans l'espace et dans le temps), les tranchées étaient proches. Le souvenir en était constamment ravivé par les commémorations, l'action des organisations d'anciens combattants, les textes de grands écrivains ou de journalistes[363]. Beaucoup de familles avaient connu l'épreuve d'un père mort au combat, d'un frère mutilé. La culpabilité née de la défaite et de l'impuissance devant l'ignominie a transformé rétrospectivement en faute la volonté de tout un peuple de ne pas revivre cette épreuve ; elle s'est fortifiée d'une lecture « fataliste » des événements passés qui allait à l'encontre du volontarisme pacifiste des années 1920 et 1930. Les pacifistes intégraux sincères se distinguaient du reste de la population par la continuité et l'intransigeance de leur engagement en faveur de la paix, par l'absolutisation de l'horreur qu'inspirait la guerre à la majorité de la population ; pour eux, seule l'acceptation, même théorique, de la guerre rendrait celle-ci inévitable. Les journalistes du *Canard enchaîné* ne voulurent pas démordre de cette foi et d'autant moins qu'elle paraissait démentie par les faits ou reniée par beaucoup de ceux qui l'avaient un jour embrassée. Il y a une sorte de *credo quia absurdum est* propre au pacifisme intégral.

QUATRIÈME PARTIE

NOUVEAUX DÉPARTS
1944-1956

En septembre 1944 comme en septembre 1954, *Le Canard enchaîné* tire à 100 000 exemplaires environ. Cette apparente stagnation masque d'importantes fluctuations, qui propulsent d'abord le journal à des sommets jamais atteints avant de l'entraîner dans une chute qui met en péril son existence même. Comment expliquer de tels contrastes ? L'équipe n'est pas en cause, qui demeure remarquablement stable malgré un renouvellement à la marge et le changement de direction. Il faudra chercher ailleurs les facteurs d'explication, et d'abord dans le contexte historique très particulier de la Libération et de la guerre froide. Il sera également question dans cette partie de la représentation de la Quatrième République par les journalistes du *Canard enchaîné*, de l'espoir au désenchantement et à la condamnation, malgré les efforts du seul politicien qu'aient durablement soutenu les journalistes du *Canard*, Pierre Mendès France.

I

LA LIBÉRATION

Le redémarrage

Sans feu ni lieu

La Libération a constitué un moment clef de l'histoire de la presse française. Des journaux établis depuis des décennies disparurent, tandis que d'autres, vieux à peine de quelques mois, s'installaient en leur lieu et place. Une série d'ordonnances et de lois mirent en pratique les idées de renouvellement et d'épuration agitées par les instances de la Résistance : l'ordonnance d'Alger du 22 juin 1944 prévoyait la suspension et la mise sous séquestre des biens des journaux parus quinze jours après l'armistice franco-allemand en zone Nord (22 juin 1940) ou quinze jours après l'entrée des Allemands en zone Sud (11 novembre 1942) ; celle du 30 septembre 1944 en précisa les dispositions[364] et ratifia les suspensions déjà décrétées par le Gouvernement provisoire, les commissaires régionaux et les Comités départementaux de libération ; celle, enfin, du 5 mai 1945 introduisit le concept de responsabilité criminelle des sociétés[365]. Toutes ces ordonnances ne mettaient cependant pas les nouveaux journaux à l'abri des revendications des anciens ; il y fallut une loi, du 11 mai 1946, qui expropria la quasi-totalité des journaux parus sous l'Occupation, remit leurs biens à une holding d'État, la Société nationale des entreprises de presse (SNEP), chargée de les revendre ou de les louer à bail. Aucune compensation n'était consentie aux journaux déclarés coupables de collaboration tandis que les autres ne recouvraient pas leurs biens mais étaient dédommagés.

Dans cette confusion, *Le Canard enchaîné* éprouva quelques difficultés à faire entendre sa voix. Non qu'on lui disputât le droit de reparaître : le questionnaire adressé dès avril 1944 par Pierre Bénard au Secrétariat général provisoire à l'Information, à Alger, montre que le *Canard* offrait toutes les garanties souhaitables, date et motifs de la suspension de publication en 1940, états de service et professionnalisme du rédacteur en chef et de ses collaborateurs... Mais le journal ne pouvait faire montre de l'autorité avec laquelle les grands journaux d'information et d'opinion issus de la Résistance s'emparèrent des presses et des bureaux de la presse déchue. Il avait d'abord réclamé les locaux de *Je suis partout* ; le ministère de l'Information les lui refusa. Il demanda alors ceux du *Mérinos*, un journal humoristique ; nouveau refus. Finalement, après des tribulations dont le journal se fit l'écho, l'équipe trouva à s'abriter à la fin du mois d'octobre 1944 dans les locaux du *Petit Provençal*, 1-3 rue Caumartin, dans le neuvième arrondissement de Paris ; ce n'était d'ailleurs pas une réquisition mais le résultat d'un accord passé avec la direction du journal marseillais. Ce n'est qu'en septembre 1946 que *Le Canard enchaîné* emménagea dans ce qui allait constituer son gîte pendant plus de vingt-cinq ans, au 2 de la rue des Petits-Pères, dans le deuxième arrondissement, à quelques pas de l'ancien siège de la très légitimiste *Gazette de France*[366].

Les difficultés furent à peine moindres pour ce qui concerne les autres conditions matérielles du redémarrage. Certes, l'intervention personnelle du secrétaire général à l'Information, Jean Guignebert, permit au *Canard enchaîné* de bénéficier rapidement des mesures de soutien mises en place par le Gouvernement provisoire, savoir un prêt d'un million de francs, 300 000 francs en espèces et 700 000 francs en crédit de papier d'impression. Mais l'allocation de papier fut débloquée avec retard et les deux premiers numéros, des 6 et 13 septembre 1944, ne purent sortir que grâce à l'« aimable confraternité » des autres journaux imprimés sur les presses de feu *Paris-Soir*, au 37 de la rue du Louvre, *Ce soir, Libération et Front national*. À partir du troisième numéro, *Le Canard enchaîné* put compter sur son propre papier mais dans des limites imposées par la pénurie de cette précieuse matière première : dans un premier temps, le tirage autorisé ne fut que de 50 000 numéros de deux pages ; et le format était réduit à 42 centimètres de hauteur (il le restera jusqu'en avril 1948). Un Comité des papiers de presse se chargeait des attributions. Cela dit, il faut relativiser ces difficultés : *Le Canard enchaîné* bénéficia d'un traitement de faveur parmi les journaux humoristiques et satiriques. Pour preuve une lettre, en date du 2 mai 1945, du ministre de l'Information Pierre-Henri Teitgen au directeur régional de l'Information dont relevait Paris. Le ministre ordonnait au haut fonctionnaire de refuser dorénavant les allocations de papier aux journaux de ce type en raison de l'insuffisance des approvisionnements en papiers de presse. Le ministre soulignait que la même mesure avait auparavant été prise à l'encontre des « journaux sportifs, de courses, de spectacles, d'enfants et philatéliques » ; mais, dans la marge, une note manuscrite précisait : « Exception faite pour *Le Canard enchaîné*[367]. » À nouveau, le caractère double du *Canard* se trouvait mis en lumière, à la fois journal d'amusement et journal d'opinion indispensable au pluralisme politique de la presse nationale.

La reconstitution de l'équipe

L'équipe d'avant-guerre du *Canard enchaîné* fut reconduite avec quelques changements notables. Maurice Maréchal n'était plus là mais sa veuve, Jeanne, prit en main les destinées du journal[368]. Son mari ayant émis le vœu que le *Canard* devienne un jour la propriété de ceux qui l'animaient, journalistes et personnel administratif, deux sociétés furent fondées en 1946 qui régissent aujourd'hui encore la vie de l'entreprise[369]. L'une est une société civile, qui possède le titre et dont font partie les rédacteurs et dessinateurs les plus anciens ainsi que les héritiers Maréchal, Jeanne puis ses nièces. L'autre est une société anonyme qui, sous la dénomination « Les Éditions Maréchal-Le Canard enchaîné », exploite le titre, c'est-à-dire édite et vend l'hebdomadaire *Le Canard enchaîné*. Le capital initial de cette société anonyme fut d'un million de francs, divisé en mille actions de mille francs; il fut porté à dix millions de francs en 1958 et à vingt-cinq millions en 1962 par incorporation de réserves et élévation de la valeur nominale de chacune des actions. Les actionnaires de la société anonyme sont les collaborateurs permanents du journal. Lorsque Jeanne Maréchal prit la succession de son mari, elle conserva pour elle 60 % des actions de la société anonyme, distribuant les 40 % restant à quelques rédacteurs. Les actions de l'une et l'autre société sont incessibles et, en principe, ne rapportent pas de dividendes (cela pour éviter une réévaluation des actions et l'acquittement de droits sur les plus-values lors des transferts d'actions); en cas de départ du journal, elles sont transmises gratuitement à d'autres collaborateurs[370]. De cette façon, le capital reste entre les mains du personnel du journal. Le 5 avril 1946, trois administrateurs furent nommés par l'assemblée générale constitutive: Pierre Bénard, Maurice Felut et Émile Grognet, Jeanne Maréchal étant présidente du conseil d'administration; Antonin Chabrillat et Robert Danger furent nommés commissaires aux comptes[371].

La direction rédactionnelle du journal fut confiée d'abord à Pierre Bénard, qui ne faisait que retrouver le poste qu'il occupait depuis 1936 mais avec une marge de manœuvre accrue puisque le directeur n'était plus le premier journaliste du *Canard*. Il ne put jouir longtemps de cette liberté puisqu'il mourut, le 22 décembre

1946, de la grippe, dit pudiquement Jean Egen, « à force de pernods et de "tomates" » corrige Jean Galtier-Boissière (qui rapporte qu'au chevet de Bénard sanglotait un vieux monsieur : le premier abonné du *Canard enchaîné*), lequel s'inquiète aussitôt : « Que va devenir le *Canard* ? ». Jeanne Maréchal choisit alors de nommer deux rédacteurs en chef, Ernest Raynaud dit Tréno et Yves Grosrichard. Cette situation perdurera jusqu'en octobre 1953, date à laquelle Tréno exercera seul cette responsabilité. Comme on le voit, les postes de commande étaient réservés aux anciens de la maison.

Yves Grosrichard, né en 1907 à Paris, était un petit-neveu de Gustave Téry, qui dirigea *L'Œuvre* jusqu'à sa mort en 1928 ; c'est d'ailleurs à *L'Œuvre* que ce licencié ès Lettres fit ses premières armes de journaliste en tant que rédacteur parlementaire. Comme beaucoup de rédacteurs et dessinateurs de *L'Œuvre*, il profita de la porosité des frontières entre ce journal et *Le Canard enchaîné* pour placer articles et échos à l'hebdomadaire satirique – sa signature y apparut pour la première fois en mai 1935. Comme pour compenser le silence observé durant la guerre, il multiplia les collaborations à la Libération, *L'Ordre, Carrefour, Ambiance, La Bataille, La France intérieure, La Voix de Paris, France-Soir* ; il fut même rédacteur en chef du « Journal parlé » de la Radiodiffusion française de 1944 à 1946. Comme Yves Grosrichard, Tréno travailla en même temps à *L'Œuvre* et au *Canard* ; il était entré dans le journal de Maurice Maréchal en 1924, comme correcteur, grâce à Jules Rivet, passa quelques papiers dans la deuxième moitié des années 1920 mais devint véritablement rédacteur en 1932[373]. Né en 1902 à Vias (Hérault) dans un milieu très modeste, il fit dans sa jeunesse de la prison pour des articles parus dans des journaux socialistes[374] et compléta son éducation politique dans le milieu des correcteurs, où les idées anarchistes plus encore que socialistes étaient très en faveur. Replié à Lyon durant la guerre, il revint à Paris dès septembre 1944, grâce à un ordre de mission délivré par un ami, ce même Jean Guignebert qui allait peu après faciliter la reparution de l'hebdomadaire satirique. À la différence d'Yves Grosrichard, on ne lui connaît qu'une seule collaboration extérieure au *Canard enchaîné* à la Libération, *Franc-Tireur*.

Faisaient également figure d'anciens, parmi cette équipe du *Canard enchaîné* des années 1940-1950, les rédacteurs René Buzelin (qui deviendra administrateur du journal), Roger Salardenne, Alexandre Breffort, Martial Bourgeon *alias* Claude Martial, Raymond Dior, André Sauger (autre futur administrateur), Michel Durant, les dessinateurs Grove, Henri Monier, Pol Ferjac, Henri Guilac, Jean Effel, Cabrol, René Desjouis dit KB2, revenus en ordre dispersé qui de la zone Sud, qui de la zone Nord. Ils furent rejoints, au fil des années, par des gens qui n'avaient pas connu de l'intérieur le *Canard* de l'entre-deux-guerres : dès 1944, les rédacteurs Robert Danger, Henri Rochon, Maurice Felut, Guy Verdot, les dessinateurs Soro et Sennep ; par la suite, et jusqu'en 1953, les rédacteurs Pierre Laroche, Gabriel Macé, Jean-Paul Lacroix, Marcel Rioutord, Yvan Audouard, René Ferrey, Morvan Lebesque, René Fallet, Jean-Paul Grousset, Roger Fressoz, les dessinateurs André Escaro (autre futur administrateur), Lap, Grum et César[375]. Nous manquons d'éléments pour reconstituer le parcours de tous ces nouveaux collaborateurs et les circonstances de leur entrée au *Canard enchaîné* ; pour quelques-uns d'entre eux, néanmoins – les plus importants, ceux qui resteront de nombreuses années au *Canard* –, les sources sont un peu moins avares de renseignements.

Les raisons de la présence dans cette liste des noms de Danger, Felut et Rochon ne font pas mystère : compagnons de Pierre Bénard dans sa lutte clandestine, ils profitaient du retour en ses murs du rédacteur en chef. Après la mort de Bénard, c'est Tréno qui fit office de portier : par lui entrèrent notamment Macé, qu'il avait connu à Lyon, et Audouard ; Macé était par ailleurs lié d'amitié à Guy Verdot, entré avant lui, ainsi qu'à Jean-Paul Lacroix, entré après : les trois hommes avaient collaboré à *L'Essor satirique et humo-*

ristique fondé en septembre 1944 à Périgueux par Pierre Fanlac (à noter que, dans ce petit journal disparu en 1947, on relevait les signatures de Monier et de César parmi les dessinateurs). Lacroix fut le dernier des « périgourdins » à forcer les portes du *Canard*, grâce à son livre *Je suis un aboulique* remarqué par Jeanson. Ce mode de recrutement (une production appréciée, par exemple un livre, et saluée par une critique favorable dans le *Canard*; une prise de contact personnelle; une collaboration, irrégulière d'abord puis régulière) fut abondamment pratiqué, avant et après-guerre: Laroche, Ferrey, Fallet, entre autres, illustrèrent ce cas de figure. Audouard, quant à lui, fut remarqué par Tréno pour des articles parus dans *Libération* et *Gavroche* qu'il signait « François Fontvieille » – il connaissait par ailleurs le rédacteur en chef du *Canard enchaîné* pour travailler avec lui à *Franc-Tireur*[376]. Enfin, côté dessinateurs, Henri Monier fut le grand intercesseur: il fit entrer Lap, Escaro, Grum; Grove joua également un rôle dans le choix de nouveaux dessinateurs. En fait, tout se passait par relations personnelles, un tel, déjà dans la place, recommandait au rédacteur en chef un copain qu'il côtoyait dans un autre journal, ce copain en amenait d'autres, on essayait tout le monde et ne restaient, pour une durée plus ou moins longue, que ceux qui parvenaient à s'intégrer dans le groupe… et à plaire au rédac'chef. Les dessinateurs, particulièrement, fonctionnaient de cette manière, comme l'a confirmé André Escaro, qui s'est souvenu devant nous de ses débuts:

> « Un ami d'enfance, René Fallet [qui collaborera lui-même à titre régulier au *Canard* quatre ans plus tard] travaillait comme secrétaire de rédaction à *Libération*. Il me conseilla d'envoyer mes dessins à Monier – ce que je fis. Celui-ci me demanda très gentiment de venir le voir et me fit une lettre de recommandation pour *La Marseillaise*. J'y allai, y rencontrai la fille de Modigliani qui apprécia les des-

> sins et me demanda de passer régulièrement. Après, j'entrai à *Action*, avec Lap, Grove, Monier ; ceux-là me firent ensuite passer au *Canard enchaîné*. À l'époque, c'était beaucoup plus facile qu'aujourd'hui[377]. »

Ce qui était beaucoup plus facile à l'époque, c'était donc de débuter dans la presse et de collaborer à de multiples journaux. Christian Delporte y a insisté, la Libération a représenté une époque faste pour les dessinateurs de presse – en élargissant son propos, nous dirons : pour tous ceux qui voulaient travailler dans la presse nouvelle et qui, soit s'étaient abstenus durant les années d'Occupation, soit débutaient dans la carrière dans la deuxième moitié des années 1940. La conjoncture était en effet exceptionnellement favorable : le marché du travail s'était à la fois élargi, par suite de la création d'une multitude de journaux, et désencombré en raison des interdictions prononcées à l'encontre des journalistes compromis.

Les liens du Canard enchaîné *avec les journaux issus de la Résistance*

Le réseau tissé par les collaborations multiples des journalistes travaillant pour *Le Canard enchaîné* à la fin des années 1940 décourage par son ampleur ; il serait vain d'essayer de le décrire dans son intégralité, surtout pour les dessinateurs : les caricaturistes les plus demandés de l'après-guerre, Sennep, Grove, Ferjac, Soro, Effel, Monier, Henry dessinaient tous pour le *Canard* (le premier pour peu de temps, le dernier fit un bref retour au début des années 1950) et l'on est étonné de voir le nombre de journaux auxquels chacun vendait ses compositions. Quelques titres semblent cependant avoir eu la faveur du plus grand nombre, dessinateurs comme rédacteurs : *Libération, Franc-Tireur, Défense de la France* (devenu

France-Soir en novembre 1944), dans une moindre mesure *Action, La Marseillaise, Carrefour, Le Parisien libéré.* Tous ces titres étaient, à l'origine, imprégnés à des degrés divers de l'idéologie « résistancialiste », en particulier les trois premiers qui furent rapidement considérés – avec *Combat,* curieusement absent de la liste – comme les fleurons de la presse issue de la Résistance.

Non seulement les journalistes du *Canard* y figuraient en nombre[378] mais encore y occupaient-ils des postes de responsabilité : Martial Bourgeon était rédacteur en chef adjoint à *Libération,* André Sauger fut rédacteur en chef de ce même journal de 1948 à 1965 (et chef du service politique de *Franc-Tireur* de 1944 à 1948), Pierre Bénard était rédacteur en chef de *France-Soir,* comme Maurice Felut ; Robert Danger devint chef des informations de *France-Soir* et Yves Grosrichard y dirigeait le service de politique intérieure – ce fut d'ailleurs pour se consacrer entièrement à *France-Soir* que Grosrichard abandonna les commandes du *Canard* à Tréno en 1953. Ce dernier, à son tour, donna sa démission de *Franc-Tireur* en septembre 1954 pour ne plus s'occuper que du *Canard* ; il assumait jusqu'alors la rédaction en chef de ce quotidien avec Georges Altman[379]. En somme, *Le Canard enchaîné* partageait avec les grands organes issus de la Résistance la plupart de ses principaux journalistes[380].

Il en partageait également les idées et les valeurs, en particulier la conception d'une presse nouvelle, émancipée des tutelles politiques et économiques. Le journal ne cessa, de 1945 aux années 1950, de dénoncer la situation faite à la presse de la Résistance par un gouvernement soupçonné d'avoir intérêt à sa perte, le retour des journalistes collaborateurs et des usages de la « presse pourrie ». Le pouvoir politique – surtout en la personne du MRP Pierre-Henri Teitgen, ministre de l'Information de septembre 1944 à mai 1945 – fut accusé de susciter des journaux nouveaux dans le dessein d'aggraver la pénurie de papier et donc les difficultés des journaux qui lui étaient hostiles. C'est ainsi que fut interprétée la création du journal *Le Monde* en décembre 1944, jugée par les journalistes du *Canard enchaîné* avec d'autant plus de sévérité qu'elle semblait se placer sous un double patronage, politique avec le rôle joué par le courant de la démocratie chrétienne, économique avec la référence au journal *Le Temps*, symbole de la corruption de la presse sous la Troisième République (il faudra attendre le début des années 1950 pour que les journalistes du *Canard* révisent publiquement leur jugement sur le journal dirigé par Hubert Beuve-Méry). *Le Canard enchaîné* était, sur tous ces points, parfaitement à l'unisson de la presse nouvelle, au moins des organes qui se situaient à gauche de l'éventail politique. Ses prises de position sur l'épuration le montrent à l'envi.

L'épuration...

Selon Jean Egen, « l'épuration fait rage et le *Canard* répugne à piétiner les vaincus, eussent-ils cent fois mérité le fouet ou les crachats. On trouve bien, çà et là, quelques échos vengeurs...[381] ». Si l'hagiographe du *Canard enchaîné* veut dire que ses journalistes furent plus modérés que d'autres dans leurs attaques contre les collaborateurs ou présumés tels, ou encore qu'ils se lassèrent des excès ou des erreurs de l'épuration, un peu à la manière d'un Camus écrivant que la chose, après le mot, lui faisait horreur, nous ne pouvons que lui donner raison[382].

Mais, dans un premier temps – qui dura, quand même, jusqu'à l'été 1945 –, *Le Canard enchaîné* réclama avec force une justice plus prompte et plus sévère à l'encontre de ceux qui avaient pactisé avec l'ennemi, renvoyant aux pratiques de l'occupant ceux qui reprochaient à l'épuration sa rigueur[383]; et non à l'occasion de « quelques échos vengeurs » mais bien au long d'une campagne de plusieurs mois au cours de laquelle les journalistes nommèrent les personnalités inquiétées et celles qui auraient dû l'être. L'hebdomadaire satirique ne se contenta pas, en effet, de relater les ennuis judiciaires des hommes politiques, journalistes, artistes poursuivis pour collaboration : il réclama des têtes, s'indignant par exemple qu'un Montherlant, qu'un Ajalbert échappent à la justice pour s'être reconvertis hâtivement dans la Résistance ou qu'un Mauriac appelle à la clémence en faveur des collaborateurs les plus notoires. Dans la célèbre polémique qui opposa François Mauriac à Albert Camus à partir d'octobre 1944, *Le Canard enchaîné* se rangea du côté du second. En janvier 1945, le journal multiplia les articles et dessins sur « Saint-François des Assises » dont les appels à la charité et à la clémence étaient jugés excessifs et déplacés. Bientôt, le journal allait dénoncer le retour et la prospérité nouvelle des anciens collaborateurs, un thème que l'on verra refleurir tout au long des années 1950 et 1960 chaque fois que les feux de l'actualité se porteront sur une personnalité en vue durant les années sombres[384].

On peut très légitimement considérer que, ce faisant, le journal fondé par Maurice Maréchal ne sortait pas de son rôle traditionnel ; ce n'était pas des vaincus pitoyables contre lesquels il s'acharnait mais des hommes qui avaient été puissants, qui avaient profité de tous les avantages liés à leur position sociale et à la faveur de l'occupant, des hommes, au surplus, dont beaucoup étaient encore en place. Les journalistes du *Canard enchaîné* concentrèrent d'ailleurs bientôt leurs tirs sur les secteurs ou institutions qui leur paraissaient avoir été scandaleusement épargnés par l'épuration : l'Église, le monde industriel et financier – eux aussi remarquèrent qu'avoir écrit à propos du mur de l'Atlantique semblait plus condamnable, aux yeux des tribunaux d'épuration, que de l'avoir construit. Ils mirent en regard l'indulgence de ces mêmes tribunaux pour certains hauts responsables et leur sévérité à l'encontre de quelques « lampistes », parfois amis de longue date du *Canard*, comme René Gérin[385]. À l'instar de bon nombre de confrères, les journalistes du *Canard enchaîné* adoucirent notablement leur sévérité de principe à l'égard de certains collaborateurs en raison des liens personnels qu'ils avaient pu nouer avec ceux-ci, peut-être aussi par réaction contre l'activisme épurateur déployé par les organes communistes[386].

Le cas particulier des journalistes du *Canard enchaîné* compromis durant l'Occupation posait évidemment problème – d'autant que des membres de la rédaction du *Canard* faisaient partie des instances de l'épuration professionnelle : André Sauger était membre de la commission supérieure de la carte d'identité des journalistes, Henri Monier de la commission ordinaire. Dans l'éditorial du premier numéro de la Libération, Pierre Bénard distingua « les signatures que vous ne reverrez pas. Celles-là, elles ont trop servi depuis quatre ans. Il est normal, en effet, de donner à ceux qui, pendant cette période, ont tant travaillé, un juste repos » ; et les journalistes qui, par « naïveté » avaient commis une « erreur » dont ils étaient rapidement revenus, ce qui permettait de les en excuser et de les accueillir de nouveau[387].

Le premier groupe (aucun nom n'était cité) était composé d'André Guérin, rédacteur en chef de *L'Œuvre* (attaqué, comme on le sait, par Pierre Bénard dans ce numéro des *Lettres françaises* de juillet 1944), de Jules Rivet, rédacteur au *Petit Parisien*, des dessinateurs René Dubosc, Louis Frick, Augusto Pedro de Pedrals, Robert Picq, Jacques Pruvost. Nous avons vu les éléments à charge et à décharge du dossier Guérin[388] ; inculpé d'intelligence avec l'ennemi en juillet 1945, l'ancien échotier politique du *Canard enchaîné* vit son dossier classé sans suite en décembre de la même année. En 1946, il entra à *L'Aurore* et en devint peu de temps après rédacteur en chef[389]. Jules Rivet supporta beaucoup moins bien que Guérin le climat de l'après-guerre (lui fut condamné à cinq ans d'interdiction professionnelle) et son éviction du *Canard* ; Jean Galtier-Boissière fit même de celle-ci la cause du décès, en 1946, de ce compagnon de la première heure de Maurice Maréchal[390].

Quant aux dessinateurs, ils connurent des sorts divers : si Frick s'en tira sans condamnation (il recommença à publier au début des années 1950), Picq fut suspendu pour un an, Pruvost pour deux ans, Dubosc fut également suspendu et condamné de surcroît à cinq ans de privation des droits civiques ; enfin Pedro s'évanouit dans la nature en 1944 – Solo, comme Christian Delporte, pense qu'il trouva refuge dans l'Espagne franquiste. Tous ces rédacteurs et dessinateurs ne travaillèrent plus jamais pour *Le Canard enchaîné*.

Le second groupe distingué par Pierre Bénard, celui des journalistes du *Canard* ayant « fauté » mais s'étant repris par la suite, au point de pouvoir réintégrer l'équipe à la Libération, n'était guère représenté que par Henri Jeanson :

> « Nous nous étions séparés deux ans avant la guerre. L'Occupation nous a rapprochés. En octobre 1940, Henri Jeanson avait eu l'idée, peut-être un peu naïve, l'armistice signé, qu'on pouvait fonder un journal libre à Paris. Après quelques numéros, il s'aperçut de son erreur. Et lorsqu'on exigea de lui – le mois de novembre avait à peine commencé – un article en faveur de la collaboration, il refusa et s'en alla. Cela lui valut, grâce aux bons soins de la Gestapo, deux séjours prolongés au Cherche-Midi, en même temps qu'il lui était interdit [...] de travailler désormais pour le cinéma. [...] Il nous plaît aujourd'hui d'être les premiers à lui rendre sa signature. » (6 septembre 1944).

Pour « dédouaner » (un vocable en vogue dans le *Canard* de l'époque) Jeanson, Bénard mit l'accent sur sa naïveté (il ne savait pas ce qu'il faisait, la réalité de la situation politique lui échappait), sur l'indépendance d'esprit conférée par le polémiste à son journal et sur les souffrances qu'il endura pour prix de cette indépendance. Était ainsi passée sous silence l'aide, même involontaire, apportée par *Aujourd'hui* aux Allemands telle que nous l'avons décrite dans le chapitre précédent[391] ; omission qui dépassait la seule réhabilitation d'Henri Jeanson pour s'accorder au refus, plus général, de reconnaître autrement qu'en passant les dérives du pacifisme intégral de l'entre-deux-guerres et d'en penser la logique[392]. Cette attitude doit être rapprochée de l'indulgence dont bénéficièrent certains journalistes qui entrèrent par la suite au *Canard* malgré leur participation à des publications ayant paru durant l'Occupation. Tel fut le cas de Morvan Lebesque et du dessinateur Moisan, entrés au *Canard enchaîné* respectivement en 1952 et 1955. Le premier collabora fugacement à *Je suis partout* en 1940-1941, au *Petit Parisien* en 1941 ; il avait été en outre le premier rédacteur en chef de l'éphémère *Heure bretonne* (l'hebdomadaire des nationalistes bretons pro-allemands) et rempli la fonction de secrétaire auprès du critique dramatique de *Je suis partout*, Alain Laubreaux[393]. Le second donna des compositions à des journaux engagés dans la collaboration, notamment *L'Œuvre* en 1943, réservant toutefois les plus politiques aux périodiques qui, tout en collaborant avec l'occupant, étaient classés plutôt à gauche, comme *Le Rouge et le Noir*[394]. Le passé de ces deux hommes ne les empêcha pas de devenir des piliers du *Canard enchaîné* – « On s'en foutait, convient le dessinateur et administrateur André Escaro, on leur demandait seulement d'être bons » ; ce que confirme le fils de Tréno, Marcel Raynaud, pour lequel son père pensait agir dans l'intérêt du journal en ne se montrant pas trop regardant sur le passé des gens qu'il engageait.

La rémission des péchés n'allait cependant pas jusqu'à en effacer le souvenir à l'intérieur du journal, si nous en croyons les quelques anecdotes qui nous ont été rapportées. Ainsi, raconte le dessinateur Escaro, « un jour, au repas du mardi, il y a une engueulade entre Fressoz et Moisan ; Moisan balance des trucs méchants contre Fressoz. Il y a un silence. Et Lap de sortir : "On entendrait passer un bombardier de la Luftwaffe..."[395] ». Mais, vis-à-vis de l'extérieur du moins, le journal afficha toujours une solidarité sans faille envers ceux des siens qui s'étaient compromis durant la Seconde Guerre mondiale.

... et autres thèmes dans le Canard enchaîné *des années 1944-1945*

Si l'épuration fut l'un des thèmes principaux du *Canard enchaîné* des années 1944-1945, il n'occupa pas seul les colonnes du journal. La France était ruinée. Si les pertes humaines étaient deux fois moins élevées que lors du premier conflit mondial (600 000 contre 1 350 000), les dégâts furent sans commune mesure. Sur la totalité du territoire, 23 % du capital immobilier était anéanti, un million de familles n'avaient plus de toit. Le revenu national avait pratiquement baissé de moitié depuis 1938. La pénurie touchait tous les produits[396]. Les difficultés quotidiennes, les restrictions, la vie chère, le marché noir furent abondamment traités (beaucoup plus que la poursuite de la guerre, dont il ne parvenait que des échos étouffés dans le *Canard*). Le manque de charbon et de sucre fit l'objet de plusieurs articles où il apparaissait à chaque fois que les problèmes de ravitaillement ne se posaient pas dans les mêmes termes selon que l'on était commerçant ou consommateur, Français moyen ou doté de relations. Périodiquement, le *Canard* annonçait des arrestations ou des mesures énergiques prises contre les « profiteurs » de la pénurie – la lecture des articles détrompait ceux que le titre avait abusés : les « malfaiteurs » arrêtés (fictivement) étaient non les gros trafiquants du marché noir mais les modestes consommateurs qui n'avaient d'autre choix que de s'y approvisionner. La plupart des Français manquaient de tout et quelques privilégiés vivaient dans un confort scandaleux, voilà ce qui ressort de la lecture du *Canard* de ces années-là[397].

De tout cela, les circonstances, bien sûr, mais aussi le gouvernement étaient tenus pour responsables. Les critiques envers les autorités administratives et politiques se firent de plus en plus vives et nominatives dans *Le Canard enchaîné* à partir du début de l'année 1945 ; les titulaires des portefeuilles « sensibles » furent pris à partie – les républicains populaires François de Menthon pour les lenteurs de l'épuration et Pierre-Henri Teitgen pour son hostilité présumée contre la presse de la Résistance et la censure de l'information, mais aussi les socialistes Robert Lacoste et Paul Ramadier, jugés responsables des difficultés de ravitaillement en charbon et en produits alimentaires, le radicalisant René Pleven, auquel le journal attribua l'augmentation des impôts. *Le Canard enchaîné* n'a pas fait mine d'espérer en un renouveau du personnel et des pratiques politiques à l'occasion de la Libération tout en dénonçant le retour des « anciens », compromis ou non, sur lesquels il rejeta la responsabilité du désastre de 1940 ; en revanche, il se déclara tôt « déçu » par les « ex-nouveaux » qui n'avaient pas convaincu.

Ce jugement, à beaucoup d'égards très injuste, visait surtout les personnalités se réclamant de la démocratie chrétienne. Le Mouvement des républicains populaires, né à la fin du mois de novembre 1944, fut assez rapidement désigné comme le principal ennemi intérieur (après les anciens collaborateurs, tout de même) par les journalistes du *Canard enchaîné*, ce qui était un moyen commode pour eux de militer concrètement en faveur du rapprochement des gauches. Dès février 1945, l'influence exercée par les catholiques sur la politique de la France fit l'objet de vives critiques (le gouvernement était assimilé à un « Sacré-Collège ministériel », le Palais-Bourbon devenait « Notre-Dame-des-Victoires » après la percée du MRP aux élections législatives d'octobre 1945). Deux thèmes retenaient surtout l'attention : la censure et le problème des subventions à l'école privée.

Concernant la première, on observe dans les colonnes du *Canard*, un glissement de sens facilité par la « polysémie polémique » du terme, de la censure militaire, qui resta en vigueur jusqu'en octobre 1945[398], à la censure « morale » et idéologique opérée par le gouvernement ou les groupes de pression catholiques sous couvert de protection des bonnes mœurs. La censure militaire – surnommée « Lodoïska » par allusion phonétique à celui qui la supervisait pour le compte du gouvernement provisoire, Gaston de Palewski, ancien attaché de presse de Paul Reynaud – suscita au *Canard enchaîné* quelques impatiences par sa propension, traditionnelle, à dilater indûment le champ de ses compétences (en octobre 1944, l'hebdomadaire se dit prêt à suivre l'exemple de *Combat* qui avait annoncé son intention de passer outre les injonctions de la censure pour les informations non strictement militaires) ; mais cette irritation ne pouvait se comparer à la guérilla livrée par le *Canard* de 1916 à Anastasie. L'accent de sa protestation se déplaça sur un terrain plus idéologique, celui de la pression exercée par certains groupes confessionnels pour empêcher la diffusion d'œuvres – cinématographiques le plus souvent – considérées par eux comme dégradantes. Ainsi l'action menée par ces groupes à Bordeaux, en février 1945, contre la projection de *La Bête humaine* adaptée de Zola par Renoir fut-elle élargie par Henri Jeanson aux dimensions d'un « vaste complot depuis longtemps prémédité contre tout ce qui en France donne encore signe de vie ».

Ce complot comprenait également la campagne menée par les catholiques pour maintenir les subventions accordées à leurs écoles et empêcher le vieux rêve laïque d'unification scolaire sous la bannière de l'École publique de se réaliser. Dans le débat, le passé récent prenait autant d'importance que les références à l'œuvre de Jules Ferry ou à la séparation de l'Église et de l'État : *Le Canard enchaîné*, comme les autres journaux partisans de la suppression des subventions (en particulier ceux liés à la Ligue de l'enseignement et au Syndicat national des instituteurs), ne se fit pas faute de rappeler l'engagement d'une bonne partie de l'Église catholique française en faveur de la Révolution nationale, au risque de faire l'amalgame entre les éléments les plus douteux de cette Église et les dirigeants du MRP qui plaidaient sa cause – les dessins et les textes anticléricaux du *Canard enchaîné*, nombreux au début de l'année 1945, vont tous dans ce sens[399].

Par contraste, les résistants tiennent le beau rôle dans le *Canard* de cette époque, du moins ceux qui ne militaient pas sous la bannière MRP. Nous avons déjà évoqué la complicité qui liait l'hebdomadaire satirique aux journaux se réclamant de la Résistance; elle s'étendait à tout ce qui portait la marque de la lutte clandestine contre l'occupant, souvent pour en déplorer le recul dans l'opinion et les institutions. Dans les premiers numéros de 1944, les journalistes du *Canard* mêlèrent, pour leur rendre hommage et les opposer en bloc aux « collabos », les amis morts au cours de la guerre et les personnalités qui s'étaient « bien comportées »: Tristan Bernard, Robert Desnos, Max Jacob, aux côtés de Jean Painlevé, Louis Jouvet, et aussi Steve Passeur, Jacques Prévert, Francis Carco, Malraux, Camus, Sartre et Aragon (il faudra peu de temps pour que le *Canard*, tout au moins Henri Jeanson, découvre en Sartre un cabot imbu de lui-même et en Aragon un inquisiteur sinistre – parce qu'il se trouva en butte à leurs critiques?) Tous n'avaient pas été à proprement parler des « résistants », mais tous participaient, selon *Le Canard enchaîné*, de l'esprit qui avait animé les combattants de l'ombre.

Cet esprit, le *Canard* le voyait sur la défensive, attaqué à la fois par les « collabos » regaillardis et les opportunistes. Le journal regretta en novembre 1944 le désarmement des milices patriotiques[400] et la disparition de la référence à la Résistance dans les noms des journaux parisiens; il fit écho en février 1945 à la brochure de Philippe Viannay, un des fondateurs de *Défense de la France* – rebaptisé, justement, *France-Soir* par un Lazareff pressé de tourner la page de la guerre –, accusant le pouvoir de vouloir écarter les dirigeants issus de la Résistance[401]; il s'insurgea en mars de la même année contre *La Dépêche* qui dénonçait la « nouvelle féodalité » constituée par les résistants; enfin il admit, en mai, l'échec de la Résistance, imputable à tous ceux dont son succès aurait dérangé le sommeil ou les appétits. Même si, en effet, les journalistes du *Canard enchaîné* n'appelèrent pas aussi clairement que le *Combat* d'Albert Camus à une « révolution », il est clair, à les lire, qu'ils attendaient un changement qui ne vint pas[402].

Dans ces conditions, la position du *Canard enchaîné* vis-à-vis du général de Gaulle ne pouvait être qu'embarrassée. D'abord parce que, comme à tout le monde ou presque, il leur était inconnu. Il faut attendre le 1er novembre 1944 pour voir dans *Le Canard enchaîné* le premier dessin (de Jean Effel) représentant de Gaulle[403]. Ce caractère d'*homo novus* plaidait plutôt en sa faveur, dans un journal qui réclamait le renouvellement des dirigeants du pays. Une autre raison qui suspendit un temps le jugement des journalistes du *Canard* et le tempéra même après que le Général eut été identifié par eux comme un homme de droite fut le caractère contradictoire du personnage. Voulait-il le changement ou la continuité, s'appuierait-il sur les partis de gauche pour contraindre les conservateurs à accepter les réformes ? Les journalistes du *Canard* opposaient d'abord de Gaulle à son gouvernement[404]. Ils appréciaient le grand résistant, le dirigeant intègre, l'homme qui avait nationalisé les usines Renault et fustigé les dynasties bourgeoises, celui qui parlait d'une voix ferme aux Alliés tentés par une mise sous tutelle de la France ; mais ils redoutaient l'homme sans humour, trop grand, trop lointain, qui mettait la France au piquet et nourrissait peut-être le rêve d'un pouvoir personnel et autoritaire.

Le débat constitutionnel ne leva pas complètement l'ambiguïté : certes, le *Canard* se prononça contre le projet gaullien d'un exécutif fort, feignant en novembre 1945 de s'indigner que les parlementaires refusent de signer le chèque en blanc réclamé par de Gaulle, mais lorsque le chef du gouvernement prétendit tirer la conclusion de son isolement au sein du jeu des partis en donnant sa démission, le 20 janvier 1946, les journalistes semblèrent regretter cette décision et penser que le remplaçant ferait forcément moins bien[405]. C'est que le tripartisme en germe dans les élections à la Constituante d'octobre 1945 n'enthousiasmait guère, au *Canard enchaîné*. Rarement vit-on avec plus de netteté qu'à cette occasion le décalage existant entre les principes auxquels s'attachait l'équipe du journal et leur traduction dans la vie politique du pays : en bons républicains de la Troisième, ils souhaitaient une Assemblée nationale toute-puissante (et rejetaient donc de Gaulle) mais en refusaient les conséquences, les tractations de couloirs et les querelles d'appareils (ils rejoignaient ainsi le Général). Ce qu'il y avait « en germe » dans l'embarras des journalistes du *Canard enchaîné* à l'égard du général de Gaulle et du problème constitutionnel à partir de l'été 1945, c'était, outre la fascination exercée sur eux par le personnage[406], toute l'ambiguïté qui allait caractériser leur propre rapport à la Quatrième République.

II

LA QUATRIÈME RÉPUBLIQUE

Renouveau constitutionnel et jeu des partis

La rédaction du *Canard enchaîné* s'engagea résolument en faveur du renouveau constitutionnel à partir de l'été 1945. La Troisième République avait fait son temps ; plus que sa faillite de 1940, les journalistes du *Canard* lui reprochaient les scandales financiers, la dépendance du pouvoir politique et de la presse à l'égard des milieux d'affaires, les trafics d'influence, les promesses non suivies d'effets et les serments trahis. Cette volonté de renouvellement commençait par les hommes eux-mêmes, y compris les moins suspects de complaisance envers Vichy : Jules Jeanneney, Édouard Herriot, Louis Marin ou encore Joseph Paul-Boncour, qui firent leur retour sur la scène politique en 1944, étaient considérés (et représentés, par le dessin) comme des dinosaures ; il n'y avait guère que Léon Blum – le plus apprécié des *leaders* politiques de l'entre-deux-guerres au *Canard enchaîné* – qui, selon le journal, eût compris la nécessité de s'effacer ; encore son parti refusait-il de lui accorder le repos qu'il méritait, faute de trouver un autre dirigeant de sa trempe.

L'hésitation du journal était cependant encore perceptible avant le référendum d'octobre 1945 ; si sa réponse à la première question

(« Voulez-vous que l'Assemblée élue ce jour soit constituante ? ») ne faisait guère de doute puisqu'il souhaitait bel et bien une nouvelle constitution, il n'en allait pas de même pour la seconde (« S'il y a une majorité de oui à la première question, approuvez-vous l'organisation provisoire des pouvoirs publics proposée par le gouvernement ? ») dont on pouvait craindre qu'elle ne conduisît à prolonger la position subalterne de l'Assemblée vis-à-vis du gouvernement. Seule l'incertitude où la rédaction se trouvait des intentions de De Gaulle en cas de victoire des partis de gauche (car on élisait en même temps les membres de la Constituante) l'empêcha de se prononcer clairement pour le « oui-non » à l'instar des communistes.

Sept mois plus tard, à l'occasion du référendum constitutionnel, de Gaulle était parti, ces hésitations n'étaient plus de mise et le journal fit campagne pour le « oui », comme toute la gauche socialiste et communiste. Ce qui séduisait surtout le rédacteur en chef Pierre Bénard, dans le projet présenté en avril 1946 par la Commission de la Constitution, c'était l'Assemblée unique, la disparition du Sénat dont le rôle de frein à la volonté populaire (sous-entendu : de gauche) lui avait toujours paru insupportable :

> « Pendant vingt ans, la France a voté à gauche et pendant vingt ans elle a été gouvernée à droite. Voilà le rôle du fameux frein. » (1er mai 1946).

D'ailleurs, montrait Effel dans ses dessins, les partisans du « non » se recrutaient dans la clientèle traditionnelle de la droite, du marchand de canons au militaire en passant par le curé. On sait pourtant que le projet fut repoussé en mai par une majorité de Français et que, lors des élections à la seconde Constituante, le 2 juin, c'est le parti qui s'était le plus fortement engagé en faveur du « non », le MRP, qui enregistra la progression la plus spectaculaire du nombre de ses voix.

Le second projet constitutionnel, guère différent du premier, fut beaucoup moins bien accueilli par le *Canard enchaîné* quand il fut proposé à l'approbation populaire, en octobre 1946 : d'abord parce qu'il rendait au président de la République une part de ses attributions et réintroduisait une pointe de bicaméralisme en créant un Conseil de la République, ensuite parce qu'il entérinait un système auquel les journalistes du *Canard* commençaient à trouver beaucoup de défauts : le tripartisme[407]. Le partage du pouvoir entre les trois grands partis issus des élections de novembre 1945 – le MRP, le parti communiste et la SFIO – conduisait selon eux à la paralysie, en tout cas à une politique plus à droite que ne l'aurait voulu l'électorat majoritaire ; ils eussent préféré à ces gouvernements d'union nationale une alliance solide des deux partis « ouvriers », communiste et socialiste, pour mener une « véritable politique de gauche ».

On peut penser que l'hostilité du *Canard enchaîné* au tripartisme fut, après l'été 1946, d'autant plus accusée que juin avait vu les progrès électoraux du MRP et le glissement à droite de l'électorat – concrétisés par l'accession à la présidence du Conseil du MRP Georges Bidault en remplacement du socialiste Félix Gouin. Jean Galtier-Boissière rapporte que, lors de l'annonce par Vincent Auriol du choix de Georges Bidault à l'Assemblée constituante, les dessinateurs Sennep, Gassier et Monier, installés dans la tribune des journalistes, manifestèrent bruyamment leur désapprobation, le premier en lançant des « Croa ! Croa ! », le deuxième en déclarant « C'est demain qu'on installe les bénitiers dans les couloirs du Palais-Bourbon ! », le troisième en entonnant le chant des maquisards « Ami, entends-tu le vol noir des corbeaux… » Les journalistes du *Canard* redoutaient les projets du « Mouvement des Révérends Pères » en matière de contrôle de l'information, de moralité publique et surtout d'enseignement[408].

C'est également en juin 1946 que le général de Gaulle prononça son fameux « discours de Bayeux » où il défendit une tout autre conception constitutionnelle que celle présentée par les trois grands partis ; loin de convenir à la rédaction du *Canard enchaîné*, ce projet alternatif lui sembla correspondre à une négation de la tradition républicaine :

> « Le discours de Bayeux nous ramène sur le droit chemin. On aura deux chambres. L'une élue au suffrage universel. L'autre par un scrutin qui, pour être plus restreint, n'en sera pas moins impérial. Ainsi tout le monde sera satisfait. Le peuple souverain élira une assemblée de son goût. Celle-ci votera toutes les mesures que l'électeur réclame. On s'amusera bien. Mais ce sera pour de rire. Car l'autre assemblée traitera des affaires vraiment importantes. Avec elle, rien à craindre. Bien sûr, l'électeur a le droit de voter républicain. Il n'en est pas moins vrai que le PRL doit gouverner. Certes, on est partisan du suffrage universel. Pas au point, toutefois, qu'il soit admis à s'occuper des choses sérieuses[409]. »

D'où le choix par le journal, pour le second référendum constitutionnel du 13 octobre 1946, d'un « ni-ni » – ni de Gaulle ni le tripartisme – qui devait beaucoup resservir au prix de menues adaptations aux circonstances. Ce choix – ou cette absence de choix – présentait entre autres avantages celui de pouvoir critiquer la pratique politicienne des institutions sans mettre celles-ci en cause ; on retrouvait là un air connu, celui des « institutions-qui-sont-ce-que-les-hommes-en-font ». Selon le *Canard*, pas plus que ceux de la Troisième, les textes constitutionnels de la Quatrième République n'étaient responsables des multiples blocages de la vie politique française. Il n'y avait pas de mauvaise constitution, il n'y avait que de mauvais politiciens dont les ambitions personnelles expliquaient seules la succession rapide et stérile des ministères[410]. La tendance naturelle des partis était de jouer un jeu solitaire ; quand ils se rassemblaient dans des coalitions, celles-ci n'étaient que d'intérêt et de circonstance. On ne s'étonnera donc pas de constater qu'aucune des formules de gouvernement expérimentées au cours des deux premières législatures de la Quatrième République ne trouva grâce aux yeux des journalistes du *Canard enchaîné*, ni la Troisième force de 1947 à 1951 (la SFIO alliée au MRP, aux radicaux et à quelques modérés), ni les gouvernements de centre-droit de 1952 à 1954 (modérés et indépendants, soutenus par le MRP et un groupe de gaullistes « dissidents »). Aucun parti ou homme politique – à l'exception du seul Pierre Mendès France – ne les séduisit vraiment. Le MRP était le parti clérical, la SFIO celui des demi-mesures[411] – avant de se discréditer par sa politique algérienne –, Pinay et Laniel représentaient les grands intérêts... La critique du journal visait toujours, à travers ces hommes interchangeables, ces partis impuissants ou malfaisants, des mœurs et des pratiques dignes de la Troisième République avec laquelle ils avaient prétendument rompu ; un certain nombre d'affaires et de scandales vinrent encore renforcer ce sentiment de *déjà-vu*.

Quelques scandales de la Quatrième République

Le premier grand scandale de la Quatrième République n'attendit même pas pour éclater la naissance officielle du nouveau régime (au choix : en octobre 1946 avec l'adoption de la Constitution par le peuple ou en janvier 1947 avec l'élection de Vincent Auriol à la présidence de la République et l'investiture du gouvernement Ramadier) : au début du mois d'octobre 1946 parurent les premiers articles sur le scandale des vins[412]. Yves Farge avait été appelé en juin 1946 par Georges Bidault au ministère du Ravitaillement, selon l'usage de l'époque qui réservait ce poste délicat et impopulaire à un « technicien » hors parti (à ceci près qu'Yves Farge était depuis la guerre proche des communistes). Le nouveau ministre n'avait pas tardé à s'aviser de malversations touchant à l'approvisionnement en vin (en particulier celui que la métropole faisait venir d'Algérie pour compléter sa propre production) dont la trace remontait jusqu'à son propre ministère. Yves Farge déclencha donc une enquête qui s'ébruita très vite à la suite de ses propres indiscrétions, indiscrétions volontaires car il utilisa la presse pour court-circuiter les procédures et déstabiliser ses adversaires. L'affaire des vins ne serait cependant pas devenue le « scandale des vins » (et ne se serait pas distinguée de toutes celles qui eurent pour objet les produits renchéris par la pénurie et la réglementation[413]) si les noms de hauts fonctionnaires et d'hommes politiques n'avaient pas été prononcés : celui de Pierre Malafosse, maire de Béziers et directeur du service des boissons au ministère du Ravitaillement, congédié par Yves Farge ; celui de Félix Gouin, ancien président de l'Assemblée consultative et président du Conseil de janvier à juin 1946. La SFIO fut éclaboussée et accusa les communistes de manœuvres pré-électorales.

Mais des journaux de toutes tendances menèrent l'enquête, relayant les informations distillées par les parties en présence, violant le secret de l'instruction : l'AFP révéla l'affaire puis des feuilles aussi diverses que *Combat, L'Aurore, L'Humanité, Le Monde* ou *France-Soir* s'en emparèrent. Le rôle joué par *Le Canard enchaîné* ne fut pas négligeable : outre l'article de mai 1946 sur le Lacydon, il « sortit » en juin 1947 le témoignage d'un contrôleur des installations mécaniques des PTT qui prétendit avoir intercepté des conversations téléphoniques entre Félix Gouin et un haut fonctionnaire faisant allusion à une commission versée pour une transaction illicite[414]. Entre-temps, l'hebdomadaire satirique avait consacré à l'affaire bon nombre d'articles très sévères pour Félix Gouin – pour lequel il réclama la Haute Cour en octobre 1947 – et son entourage[415]. Ses rédacteurs, rompus au journalisme parlementaire, se trouvaient très à l'aise en présence de ce type d'affaires dont beaucoup de rebondissements avaient pour cadre les couloirs du Palais-Bourbon. Ce sont probablement les échotiers Yves Grosrichard et Martial Bourgeon qui renseignèrent les lecteurs du *Canard enchaîné*: ils avaient en charge la page deux où parut l'essentiel des informations nouvelles; Martial Bourgeon occupait un poste de responsabilité à l'AFP par laquelle fut révélée l'affaire cependant qu'Yves Grosrichard découvrait la nature du trafic grâce au témoignage d'un petit armateur qu'il avait connu à l'occasion d'un reportage pour *L'Œuvre* vers 1933-1935[416].

Suivirent un certain nombre d'autres affaires jusqu'en 1954, l'affaire des Généraux[417], le trafic des Piastres, l'affaire des tableaux du duc de Luynes, l'affaire des Fuites, dans lesquelles l'hebdomadaire satirique joua un rôle plus effacé, se contentant le plus souvent de reprendre avec retard les informations rendues publiques par ses confrères. À l'exception de l'affaire des tableaux (au demeurant assez modeste et qui ne nous intéresse que dans la mesure où *Le Canard enchaîné* y prit une part notable), toutes ces affaires avaient pour toile de fond la guerre d'Indochine – cette guerre qui était le véritable scandale, selon le journal. Le *Canard* traita ces trois affaires dans le prolongement l'une de l'autre à partir de janvier 1950, trouvant l'occasion avec l'affaire des Généraux d'alimenter son antimilitarisme (« L'honneur et le prestige des généraux a f… le camp en l'an 40 avec les généraux eux-mêmes »), de dénoncer avec le trafic des Piastres l'affairisme prospérant sur l'exploitation des colonies et le sacrifice des hommes de troupe, enfin de dévoiler les agissements d'une clique politique et policière dans le cas de l'affaire des Fuites. À trois reprises, *Le Canard enchaîné* donna cependant à sa protestation un tour plus personnel: en juin 1950, lorsque le journaliste François-Jean Armorin, de retour d'Indochine, trouva la mort à vingt-sept ans dans un accident d'avion, un accident « dont les circonstances, malgré tous les rapports techniques, resteront toujours entourées de mystère[418] »; en septembre 1953, après que le haut fonctionnaire Jacques Despuech eut révélé le trafic des Piastres et eut été sanctionné par sa hiérarchie; en avril 1955, lorsque Roger Stéphane, journaliste à *France-Observateur*, fut arrêté dans le cadre de l'enquête sur les Fuites.

François-Jean Armorin était un ami de Tréno – et d'Yvan Audouard –, qu'il avait côtoyé au *Journal* replié à Lyon avant de le suivre à *Franc-Tireur* en 1944[419]. Le « meilleur reporter de la nouvelle génération », ainsi que le qualifia le rédacteur en chef du *Canard*, périt alors qu'il rapportait probablement d'Indochine des documents sur le trafic des Piastres[420] (mettant notamment en cause le patron du plus grand hôtel de Saïgon, Mathieu Franchini, considéré comme le chef du milieu corse opérant en Indochine), et Tréno laissa entendre qu'on avait assassiné son ami pour l'empêcher de les divulguer[421]. Les archives du *Canard enchaîné* ont gardé les traces de l'activité déployée à l'époque par Tréno pour éclaircir les circonstances de la mort de François-Jean Armorin et connaître le déroulement de son séjour en Indochine[422]. Les articles que Tréno fit paraître en juin et juillet 1950 dans *Franc-Tireur* lui valurent d'être assigné à comparaître devant le tribunal compétent en matière de délits de presse, la dix-septième Chambre du tribunal civil de Première Instance de la Seine jugeant en police correctionnelle, le 5 avril 1951. Comme il ne pouvait faire la preuve de la totalité de ses accusations, il fut condamné, et avec lui le directeur du journal, à verser 12 000 francs d'amende à Mathieu Franchini, plus un franc au titre des dommages intérêts ; par ailleurs, le jugement dut être publié dans *Franc-Tireur* ainsi que dans cinq autres journaux.

Toujours dans le cadre du trafic des Piastres, Jacques Despuech fut l'« imbécile », comme le surnomma *Le Canard enchaîné*, celui qui refuse les combines des « malins », qui met l'honnêteté et le respect de la vérité au-dessus de ses intérêts personnels. « C'est l'Ingénu. Oui, l'Ingénu en personne, le Huron, qui tout frais débarqué dans notre société n'a pas compris la règle du jeu. Autrement dit, l'imbécile. Le courageux, le téméraire, le pauvre con » (16 septembre 1953). Le livre de Despuech intitulé *Le Trafic des Piastres* était en vente au journal. Comme ses révélations avaient fait de Jacques Despuech un « pestiféré » privé de toute ressource, Henri Jeanson proposa en septembre 1953 d'ouvrir une souscription en sa faveur, et pendant quatre semaines, le journal publia les listes de « souscripteurs pour l'Imbécile », sur lesquelles s'inscrivirent tous les journalistes du *Canard enchaîné*.

Enfin, le troisième héros du *Canard* de ces années-là fut le journaliste Roger Stéphane, arrêté par la DST « sur dénonciation du *Flicaro* », comme l'écrivit Tréno à la une du *Canard*, le 6 avril 1955, pour ses articles parus dans *France-Observateur* depuis juillet 1953 sur l'affaire des Fuites[423]. Roger Stéphane avait divulgué – de façon partiellement inexacte – le compte-rendu d'une réunion du Comité supérieur de la défense nationale, probablement à partir d'informations recueillies auprès d'un des deux hauts fonctionnaires du Secrétariat général de la défense nationale qui furent par la suite condamnés ; il partageait avec son informateur le désir de contribuer à la fin rapide d'une guerre jugée à la fois injuste et sans issue. Cette motivation généreuse, la personnalité de Roger Stéphane, l'identité de ses adversaires (Pierre Brisson du *Figaro*, le général Navarre, les ministres MRP) déterminèrent *Le Canard enchaîné* à soutenir, avec d'autres, le journaliste « embastillé » à Fresnes durant trois semaines. Pour les journalistes de l'hebdomadaire satirique, cet épisode s'inscrivait dans l'offensive générale engagée par le MRP – dont quatre représentants figuraient en bonne place dans le gouvernement d'Edgar Faure, déjà « coupable » d'avoir succédé à Pierre Mendès France – contre la liberté d'expression ; « Les MRP font la loi ! » s'exclama Tréno à la une du numéro du 27 avril 1955. Les éditoriaux, les pages spéciales sur cette affaire sont du plus haut intérêt pour comprendre la représentation que le *Canard* se faisait de lui-même, de son rôle et de celui de l'ensemble de la presse.

Cette représentation – grossièrement : la presse doit lutter pour sa liberté contre l'État-Moloch – forme encore l'arrière-plan de la dernière affaire que nous voudrions évoquer ici, celle des tableaux volés du duc de Luynes. On avait volé au duc, en juillet 1952, deux tableaux de valeur; en octobre, le directeur adjoint de la police judiciaire, Georges Ballyot, informa la victime que ses tableaux avaient été retrouvés grâce à un indicateur mais que celui-ci demandait un million de francs pour prix de ses services. Le duc protesta, refusa, et se plaignit au ministre de l'Intérieur; il mit également la « Commère » de *France-Soir* au courant de l'offre qui lui avait été faite. Le 9 octobre, *France-Soir* révélait la démarche du policier; le 10, les voleurs étaient arrêtés mais une enquête était ouverte à l'encontre de M. Ballyot, suspendu de ses fonctions; le 15, l'enquête ayant conclu à sa bonne foi et à sa parfaite intégrité, il était réintégré. Mais, le même jour, Morvan Lebesque faisait paraître dans *Le Canard enchaîné* un article vigoureux intitulé « Vous tenez un flic, ne le lâchez pas! » dans lequel il réclamait pour Georges Ballyot, « filou ou incapable », la mise à pied immédiate et sans retraite. Le directeur adjoint de la police judiciaire porta alors plainte contre Morvan Lebesque, sa directrice Jeanne Maréchal et contre la société anonyme des Éditions Maréchal; et non seulement celui qui s'estimait personnellement victime d'une diffamation se constitua partie civile mais aussi le Syndicat des commissaires de police de la Ville de Paris, l'Association des gradés de la police municipale, et la Fédération des syndicats du personnel de la préfecture de police!

L'affaire fut jugée à nouveau par la dix-septième Chambre du tribunal correctionnel, le 3 mars 1953, entre Georges Ballyot et le *Canard*, et le 19 mai de la même année entre les syndicats et le *Canard*. Si cette seconde procédure ne semble pas avoir été suivie d'effet, celle engagée par le directeur adjoint de la police judiciaire aboutit à la première lourde condamnation du *Canard enchaîné* dont nous ayons connaissance[424]: Jeanne Maréchal et Morvan Lebesque furent condamnés à payer 50 000 francs d'amende pour diffamation et injures envers un fonctionnaire en raison de sa fonction ou de sa qualité, à verser à Georges Ballyot

100 000 francs de dommages-intérêts, enfin à faire paraître le jugement dans dix journaux au choix du plaignant. Le *Canard* ne se le tint pas pour dit et publia sur l'affaire deux nouveaux articles, anonymes, les 24 et 31 mars 1954 – à nouveau pris à partie, Georges Ballyot réagit par une lettre qui fut insérée dans le numéro du *Canard enchaîné* daté du 7 avril 1954.

Cette affaire des tableaux volés du duc de Luynes révèle – quelle que soit par ailleurs la réalité des faits reprochés à Georges Ballyot – la mauvaise qualité des relations existant entre *Le Canard enchaîné* et l'institution policière ; liée à d'autres mises en cause (mise en cause des méthodes d'enquête et de l'emploi d'indicateurs et de provocateurs ; des violences policière ; des relations politiques de certains hauts fonctionnaires de police ou des relations policières de certains hommes politiques), elle s'inscrivait dans une dénonciation en règle de l'institution qui semble constitutive de l'identité du journal. La campagne menée dans ces mêmes années contre un presque homonyme du directeur adjoint de la police judiciaire, le préfet de police Jean Baylot, doit également se comprendre en référence à cet ensemble. Non sans arrière-pensées, les journalistes du *Canard enchaîné* prenaient prétexte des affaires auxquelles se trouvaient mêlés « les messieurs de la Tour pointue » pour dénoncer une police et une justice complices des malfaiteurs.

Me Floriot, l'un des deux défenseurs du *Canard enchaîné* dans le procès qui opposa Georges Ballyot au journal, replaça d'ailleurs l'affaire des tableaux du duc de Luynes dans son contexte et rappela qu'après l'affaire des bijoux de la Bégum, « l'opinion publique avait quelque raison d'être émue de ces collusions entre policiers et gangsters » (*Franc-Tireur*, 8 décembre 1953). De fait, à lire le *Canard*, l'« enterrement de première classe » semble avoir été l'invariable conclusion de ces affaires. En conséquence, le *Canard* jugea très tôt que la Quatrième République ne pouvait se prévaloir d'aucun progrès moral sur la Troisième défunte ; dès janvier 1950, Tréno écrivait à la une du *Canard* :

« [...] Les scandales aujourd'hui, ne scandalisent plus personne. C'est peut-être qu'on est saturés. Quand on vous glisse en vrac, dans le tuyau de l'oreille les noms des "chéquards" supposés, on n'est pas autrement étonné.

– Untel et untel ont touché...

– Ah!

Et c'est tout. On trouve ça presque naturel. Et pourtant, bien souvent, il s'agit de personnages sans doute aussi probes, aussi honnêtes que vous et... enfin quoi, que vous et moi. Mais voilà. On ne croit plus à l'honnêteté. Ou du moins on s'en moque. On est blasés. » (25 janvier 1950).

La guerre d'Indochine

S'il n'y avait eu que les scandales – dont, après tout, la longue Troisième République n'avait pas été avare –, sans doute la Quatrième aurait-elle tenu plus longtemps; en tout cas, elle n'aurait pas aujourd'hui cette image détestable qui résiste à toutes les tentatives de réhabilitation. Mais l'Indochine ne fut pas seulement le *Far East* de quelques affairistes, elle fut aussi le théâtre d'une guerre. Et puis il y eut Madagascar. Et l'Afrique du Nord. À chaque épreuve surmontée, la République laissa un peu de son âme et beaucoup de la – faible – considération dont elle jouissait dans l'opinion.

L'attention portée par *Le Canard enchaîné* à l'Indochine précéda la révélation de l'affaire des Généraux et du trafic des Piastres, en 1949-1950. Après le bombardement d'Haïphong par l'artillerie française le 23 novembre 1946 et la réplique vietnamienne le 19 décembre – ces deux événements sanglants donnant le branle à une guerre qui allait durer sept années –, Tréno fit paraître le 1er janvier 1947 une « Lettre ouverte à Ho Chi Minh » où il ironisait sur le refus de la « patrie des Droits de l'homme » récemment libérée du joug nazi d'accorder aux Vietnamiens « la liberté de se gouverner tout seul » (le mot « indépendance » n'était pas utilisé). Puis l'émotion retomba et l'Indochine, pendant presque trois années, disparut des colonnes du *Canard*, comme elle disparut des colonnes de la plupart des journaux, y compris d'extrême-gauche. Les historiens ont souligné l'ignorance dans laquelle étaient tenus les Français sur ce qui se passait dans les colonies d'Extrême-Orient, ignorance qui, à son tour, explique la relative indifférence avec laquelle l'opinion accueillit les rares informations – souvent visées par la censure – provenant de cette région du monde[425]. En janvier 1949, Tréno pouvait parler d'une « guerre oubliée » pour désigner un conflit que les autorités françaises s'obstinaient pour leur part à appeler une « simple opération de police » – il n'en fallut pas moins les affaires que nous avons citées pour ramener régulièrement l'Indochine à la une du *Canard* en 1950. Et ce n'est qu'à partir d'août 1953 que la guerre d'Indochine – déjà presque perdue – s'imposa pour elle-même parmi les sujets majeurs traités par les journalistes du *Canard enchaîné*[426].

Tréno ne laissa à personne d'autre (si ce n'est, rarement, à Morvan Lebesque), le soin de définir la position du *Canard* sur la guerre d'Indochine – une position qui se fondait notamment sur les informations recueillies auprès de journalistes comme François-Jean Armorin ou Jean Rous, tous deux de *Franc-Tireur*[427]. Le rédacteur en chef du *Canard enchaîné* orienta sa critique dans deux directions : la dénonciation de la guerre ; la mise en accusation des responsables de la guerre. Soit souci d'efficacité, soit loi de la perspective, la guerre d'Indochine fut moins dénoncée pour les dommages qu'elle causait au peuple vietnamien que pour les conséquences qu'elle entraînait en métropole[428]. Selon Tréno, la guerre était à la fois inutile, meurtrière et coûteuse, ce dernier argument prenant de plus en plus de place au fil du temps. Inutile parce que l'Indochine n'était plus, et depuis belle lurette, qu'un repaire de trafiquants, un paradis pour gangsters (les gros coloniaux), et que la « présence de la France » n'avait plus pour fonction que de permettre à quelques-uns de s'enrichir sur le dos de l'indigène: meurtrière, puisque des soldats tombaient là-bas dans l'indifférence générale[429]; coûteuse, enfin, si l'on additionnait les milliards qui, chaque année, étaient engloutis dans cet effort désespéré pour conserver un territoire qui ne voulait plus de nous – des milliards qui, justement, faisaient défaut à la reconstruction de la métropole, aux écoles, aux hôpitaux. De surcroît et en raison même de son coût, la guerre plaçait la France dans la dépendance humiliante des Etats-Unis – auxquels Tréno se déclarait pour sa part tout prêt à abandonner l'Indochine – et le *Canard* s'indigna de l'habitude prise par Paris de quémander auprès de Washington crédits et assistance militaire:

> « L'époque est aux changements de sexe, persiflait Tréno en juillet 1954, le fier coq gaulois est devenue une coquotte. Mais une coquotte doit se plier à certaines exigences. On sait le lui rappeler quand elle l'oublie. »

Pour toutes ces raisons, Tréno réclama dès 1950 l'évacuation de l'Indochine; il désigna avec une force et une précision croissantes les responsables qui, ayant tout intérêt à ce qu'elle dure, faisaient en sorte d'empêcher tout débat sur la guerre (on retrouve là un argumentaire très proche de celui développé par *Le Canard enchaîné* pendant et surtout après la Première Guerre mondiale): les gros coloniaux et les hauts fonctionnaires de l'administration française en Indochine (notamment les dirigeants de la Banque d'Indochine) qui cherchaient à protéger leurs intérêts; les généraux français que l'appétit de pouvoir avait rendu incontrôlables et dont l'incompétence était la cause du désastre de Diên Biên Phu (le général Leclerc, clairvoyant mais trop tôt disparu, étant opposé à l'amiral d'Argenlieu, « capucin botté »); les politiques, membres du gouvernement comme parlementaires, qui n'avaient justement pas exercé le contrôle nécessaire, les premiers sur les militaires et les fonctionnaires, les seconds sur le gouvernement, et avaient donc permis, par idéologie ou faiblesse, la « guerre absurde » dénoncée, entre autres, par Maurice Duverger dans *Le Monde* en juin 1950[430]. Tous responsables, auxquels Tréno ajouta *in fine*, en avril 1955, les Français dans leur ensemble, contribuables et électeurs « cocufiés » et complaisants, qui avaient payé la guerre sans mot dire et réélu sans faiblir ceux qui la menaient depuis sept ans, « les Bidault, Teitgen, Letourneau, Schuman(n) et autres révérends jusqu'auboutistes ».

Si l'on ajoute à la guerre d'Indochine la répression de l'insurrection malgache en 1947-1948[431] et celle du nationalisme maghrébin des années 1945-1954[432] – en attendant la guerre d'Algérie –, on admettra aisément que la décolonisation fut le grand échec de la Quatrième République et l'instrument de sa perte. D'où les espoirs placés en Pierre Mendès France en 1954 par tous ceux qui, comme les journalistes du *Canard enchaîné*, aspiraient à une solution rapide du problème colonial et à un recentrage de l'action gouvernementale sur les priorités intérieures.

Pierre Mendès France

Pierre Mendès France, le seul homme politique, comme le remarquait Pascal Ory, qui bénéficia de l'indulgence du *Monde* fut aussi, et demeure, le grand homme politique du *Canard enchaîné*. Plus constant qu'Aristide Briand, moins timoré que Léon Blum, il fut véritablement l'incarnation de l'idéal politique du journal tel que put l'exprimer Tréno à cette époque (c'est une autre chose de savoir si cette incarnation n'était pas le fruit d'un malentendu ou si l'idéal politique du journal se réduisait à ce qu'en disait Tréno dans ses éditoriaux). On aurait cependant tort de croire que l'attachement de la rédaction du *Canard enchaîné* à la personne et à l'action de Pierre Mendès France était à l'abri des déceptions ; ni passade ni passion, cet attachement de cœur et de raison connut ses éclipses – mais il ne fut jamais durablement remis en cause.

Le nom de Pierre Mendès France apparut pour la première fois dans le *Canard* en septembre 1944 sous la plume d'Alexandre Breffort. Celui-ci saluait le courage et le parler-vrai du ministre de l'Économie :

> « M. Mendès-France [*sic*] est un homme brutal mais sincère. Un mensonge lui coûterait. Et c'est pour cela qu'étant ministre de l'Économie, il nous dit la vérité. [...] M. Mendès-France est un homme nouveau qui répudie les formules périmées. Cet homme de tact nous a épargné le fameux slogan « le boche paiera ». Oui, décidément, il y a quelque chose de changé. »

Texte extraordinaire que celui-là, où un journaliste du *Canard enchaîné* – et l'un des plus critiques sur le personnel politique en général – fait l'éloge d'un ministre ! D'emblée, Pierre Mendès France était à part, hors norme, aux yeux des journalistes de l'hebdomadaire satirique. Il n'empêche que le journal s'abstint d'embrasser la cause du ministre de l'Économie dans le débat qui l'opposait au ministre des Finances ; certes, la planification et la lutte contre l'inflation avaient de quoi séduire les journalistes du *Canard* (pour autant qu'ils en eussent perçu toute la pertinence), mais lorsqu'en mars 1945 Pierre Mendès France demanda un blocage et une ponction de la masse monétaire en circulation, le *Canard* exprima son scepticisme. C'était la personnalité de l'homme politique plus que la politique du ministre qu'approuvait la rédaction du *Canard*, ainsi qu'il apparut clairement lorsque celui-ci donna sa démission au début du mois d'avril[433].

Moins de deux années plus tard, changement de ton. Lors des tractations qui précédèrent la formation du gouvernement tripartite de Félix Gouin, le nom de Pierre Mendès France circula parmi ceux des possibles successeurs du général de Gaulle à la tête du gouvernement. Les échotiers du *Canard enchaîné*, qui rapportèrent ces « manœuvres », jugèrent sévèrement cette candidature : Pierre Mendès France prétendait n'être candidat à rien et se présenta « comme par hasard » avec un plan tout préparé, y compris la liste des membres de son cabinet : son plan aurait pu, vingt ans plus tôt, être défendu par Poincaré ; l'homme et son projet étaient rejetés par les socialistes et les communistes qui formaient la majorité de l'Assemblée ; ils étaient au contraire soutenus par les radicaux désavoués par le suffrage universel et qui avaient refusé toute participation au gouvernement – bref, l'homme nouveau s'était mué en politicien classique, soucieux de sa carrière. « Mendès d'abord, France après », comme le résuma durement un entrefilet. Le silence qu'observa alors le journal sur Pierre Mendès France jusqu'en juin 1953 ne fut rompu qu'une fois, en janvier 1952 ; à l'inverse de 1946, le *Canard* reprocha à l'homme d'État de se dérober devant l'exercice du pouvoir[434].

Pierre Mendès France ne regagna la faveur du *Canard enchaîné* qu'à la mi-1953. Lors de l'interminable crise ministérielle (trente-six jours) qui suivit la démission du président du Conseil René Mayer, sept personnalités furent tour à tour pressenties puis récusées ou renoncèrent d'elles-mêmes, faute de majorité pour les soutenir à l'Assemblée. Parmi elles, entre Paul Reynaud et Georges Bidault, vint s'intercaler Pierre Mendès France, « pour mémoire », dit Jean-Pierre Rioux ; mais son court échec (à treize voix près), son discours ferme et lucide, la vigueur de ses propositions et l'effet qu'elles produisirent jusque dans les rangs de ses adversaires replacèrent ce radical-pas-comme-les-autres au centre de l'attention publique, en même temps qu'ils suscitaient un retour de flamme au *Canard enchaîné*. Tréno retint surtout de l'épisode la coalition des grands partis et des petits intérêts contre la candidature du « franc-tireur de la politique », l'hostilité de tous les

« professionnels de la politique, les caïds, les caciques des partis[435] ». Une légère rechute, au début du mois de novembre, quand Tréno traita Pierre Mendès France de « cher lâcheur » et que Ferjac le représenta en lapin – le *Canard* lui reprochait de ne pas être intervenu lors du débat parlementaire sur l'Indochine – n'entama qu'à peine le capital de sympathie accumulé par le député de l'Eure. Et lorsqu'en juin 1954 se représenta pour celui-ci la possibilité de briguer la présidence du Conseil – cédée par un Joseph Laniel en perdition depuis le désastre de Diên Biên Phu –, le soutien de la rédaction du *Canard enchaîné* à sa candidature fut sans ambiguïté.

Les sept mois de gouvernement de Pierre Mendès France, de juin 1954 à février 1955, constituent peut-être une parenthèse dans l'histoire de la Quatrième République ; ils sont à coup sûr une anomalie dans celle du *Canard enchaîné*. « Enfin un gouvernement d'opposition ! » s'exclama Tréno à la une, le 1er septembre 1954, avouant aussitôt son embarras :

> « Nous sommes, il faut bien le dire, très embêtés, au *Canard*. Nous voilà, en effet, devenus gouvernementaux ! C'est du propre ! Un moment, on a pu penser qu'à la faveur du débat sur la CED Mendès-France serait renversé, ce qui nous eût remis à notre aise. Cet espoir s'est, hélas ! évanoui. P.M.F., une fois de plus, les a eus jusqu'au trognon, et nous nous trouvons là, tout bêtes, à l'applaudir, alors que notre rôle traditionnel serait de l'enguirlander : puisqu'il est le chef du gouvernement. Ça viendra, remarquez. Ça ne peut pas durer ainsi. Il est sans exemple qu'un homme au pouvoir ne finisse par décevoir ceux qui ont le plus compté sur lui. Mais, en attendant, nous voilà bien embarrassés. [...] Est-ce notre faute, après tout, si nous avons enfin, au pouvoir, un homme intelligent ? D'ailleurs, qu'on soit tranquille : il n'y restera pas longtemps. »

P.M.F., comme l'appelait désormais Tréno à l'exemple des collaborateurs de *L'Express*, fut d'abord « Paix-M.F.[436] ». Les dessins de l'été 1954 le montrent franchissant en vainqueur une ligne d'arrivée, portant une colombe dans une cage ; ou bien conversant avec les représentants du Viêt-Minh et les chefs d'État étrangers dans une parfaite décontraction. La rédaction du *Canard* salua à la fois les intentions du nouveau président du Conseil (délivrer la France du « fardeau indochinois[437] », obtenir une paix honorable) et la manière dont il les concrétisa ; son fameux « pari » (trouver un accord avant le 20 juillet ou démissionner) fut salué comme un coup d'audace qui réussit. D'ailleurs, ce qu'on a appelé la « méthode Mendès France » et qui consistait en des objectifs clairement définis et programmés dans le temps, des mesures inspirées par un pragmatisme non dénué d'ambition, des résultats sanctionnés régulièrement par la représentation nationale et l'opinion publique, enfin une pédagogie de l'action, cette méthode exauçait les vœux de la rédaction du *Canard*. L'hebdomadaire satirique suspendit un moment sa critique pour reconnaître au président du Conseil une intelligence, un courage, une franchise et une honnêteté d'autant plus remarqués qu'ils avaient fait défaut à ses devanciers. Son dynamisme fut également loué, qui tranchait avec l'immobilisme des gouvernements antérieurs – « Arrive M. Mendès-France qui, en quatre semaines, prétend en faire plus que les autres en huit ans » (30 juin 1954) ; « Ce petit homme brun en a fait plus, en quatre coups de cuiller à pot, que naguère tel président de gouvernement provisoire, malgré tout son prestige et l'étendue de ses pouvoirs. [C'est bien entendu de Gaulle qui est ici visé.] » (20 octobre 1954). Il n'y avait pas jusqu'à sa sobriété que l'équipe du *Canard* ne fût prête à lui pardonner[438].

Une impatience, toutefois, se fit jour dans les dernières semaines de 1954 et dans les premières de 1955. Soit que la rédaction se rebellât contre une admiration jugée contre-nature, soit qu'elle découvrît dans la politique menée par P.M.F. d'authentiques motifs de mécontentement – le plus probable étant qu'elle profitât des premiers signes d'usure pour renouer avec sa vocation première d'opposant –, le mendésisme fut alors moins bien porté du côté de la rue des Petits-Pères. Fin novembre, Tréno commença de penser que Pierre Mendès France n'était peut-être, après tout, qu'un « météore » dont les réalisations n'étaient pas à la mesure des espérances que l'on avait placées en lui. En janvier, peu de temps avant la chute du grand homme, le rédacteur en chef du *Canard* s'adressa à lui dans une sorte de lettre ouverte intitulée « Non, P.M.F., non ! » pour protester contre la perquisition opérée dans les locaux de *France-Observateur* – qui devait précéder de quelques mois la fameuse arrestation de Roger Stéphane. « On sait combien il est difficile pour vous de gouverner avec cette Assemblée, concédait Tréno, la plus réactionnaire depuis la Libération. Il vous faut une grande et beaucoup de petites habiletés. Mais ce que vos meilleurs amis ne vous pardonneraient pas, c'est la lâcheté. » Il est probable qu'il n'eût pas fallu attendre longtemps avant de voir le *Canard enchaîné* rompre avec P.M.F. comme il avait rompu avec le Front populaire, dès février 1937.

Mais les ennemis de Pierre Mendès France ne laissèrent pas à l'hebdomadaire satirique le temps de connaître vraiment le goût amer et revigorant de la déception. Le 5 février 1955, en effet, une majorité se trouva pour renverser le trop audacieux président du Conseil. Ce fut, il est vrai, au terme d'un débat de vaste portée sur l'Afrique du Nord, motivé notamment par les suites de l'insurrection algérienne du 1er novembre 1954 ; il est cependant permis de penser que ce débat laissa dans l'ombre les motifs les plus urgents de la destitution, qui tenaient pour partie à l'habitude acquise de faire tomber les gouvernements, pour partie à l'hostilité suscitée par la personne même de Pierre Mendès France. L'indépendance d'esprit, de ton et d'action de ce dernier, un certain air d'évidence et de modestie supérieure qu'il affichait, sa popularité surtout exaspéraient jusque dans les rangs radicaux. On trouve d'ailleurs dans le spectacle de cette solitude assiégée le ressort secret, l'explication profonde du soutien apporté à Pierre Mendès France par les journalistes du *Canard enchaîné*. Le bruit des couteaux qui s'aiguisaient était parvenu à leurs oreilles bien avant septembre 1954, quand François Mauriac s'en avisa à son tour; ils reconnaissaient dans la position isolée, menacée de l'homme bataillant contre les pouvoirs établis, leur propre rapport à la société; en le défendant, ils se défendaient[439].

Les partis d'opposition

De ce que les journalistes du *Canard enchaîné* combattaient le jeu politique de la Quatrième République et la quasi-totalité des hommes à qui ce jeu permettait de gouverner, il ne faudrait pas conclure qu'ils se rangeaient du même coup aux côtés des partis d'opposition. Si nous considérons les trois grandes formations qui refusèrent – ou furent écartées de – l'exercice du pouvoir dans les années 1950, soit le Parti Communiste Français, le Rassemblement pour la France et l'Union et Fraternité française, aucune ne bénéficia du soutien du *Canard enchaîné*. Par contre, il n'est pas rare de noter la proximité des thèmes développés, la convergence des attaques dirigées contre les règles du jeu ou ses bénéficiaires, le recoupement des indignations entre le journal et tel parti ou *leader* de l'opposition.

Ainsi du parti de Pierre Poujade, l'Union et Fraternité française (UFF). Le papetier-libraire de Saint-Céré fit l'objet d'un premier article dans le numéro du 12 janvier 1955; il monta au « Cocotier », une rubrique créée en 1950 et consistant en un portrait, le plus souvent au vitriol, d'une personnalité en vue. Quelques jours avant le grand rassemblement de la porte de Versailles, le signataire de l'article – Jean Clémentin – prenait nettement position contre celui qui, depuis un an et demi, animait le combat antifiscal des travailleurs indépendants – « Voir rosser M. Lefisc ce serait pour nous aussi réconfortant que de voir rosser le commissaire, si l'on ne pouvait se demander qui tire les ficelles de ce guignol-là. » Dès ce moment, les termes du problème Poujade étaient posés; ils allaient l'être avec une précision accrue dans les premières semaines de 1956, après la poussée poujadiste aux élections législatives.

D'un côté les journalistes du *Canard* appuyaient la lutte contre les représentants de l'État, convenaient du caractère excessif et injuste de la pression fiscale, reconnaissaient en Poujade un autre de ces hommes nouveaux, de ces « amateurs » dont s'effrayait tant l'*establishment*, ils approuvaient ses attaques contre les parlementaires, les ministres et les grands intérêts qui les manipulaient, appuyaient sa demande d'ouverture des dossiers opportunément clos et pouvaient aller jusqu'à apprécier le débraillé du personnage; de l'autre, ils s'inquiétaient de ses attaques contre les étrangers et les juifs, du passé et du présent extrémistes de certains membres de son entourage (Jean-Marie Le Pen, notamment, qui fait sa première apparition dans les colonnes du *Canard enchaîné* en même temps qu'au Palais-Bourbon à cette époque) et ils s'irritaient de le voir défendre les producteurs agricoles et les intermédiaires indépendants alors qu'ils estimaient que les premières victimes de l'impôt et de la vie chère étaient les salariés urbains[440]. Comme pour expliquer leur propre embarras, les journalistes soulignaient les contradictions de Poujade, prônant un allégement fiscal et en même temps une politique de force, obligatoirement coûteuse, en Algérie, s'élevant contre les hommes en place et lançant des appels du pied au MRP, réclamant l'exhumation des affaires enterrées et se « dégonflant » lors du procès qui l'opposa en janvier 1956 à l'ancien président de l'Assemblée nationale, Pierre Schneiter.

Ces contradictions et la perplexité qui en résulta au journal furent telles qu'un débat s'éleva au sein de celui-ci entre les pro et les anti-Poujade au lendemain des élections législatives. Fait exceptionnel, ce débat fut rendu public sous la forme d'une longue discussion entre cinq journalistes parmi les « piliers » du *Canard*; il se prolongea par la publication, dans le numéro suivant, de lettres de lecteurs défendant eux aussi des opinions opposées[441]. Selon que l'on était plus sensible aux aspects « positifs » de Pierre Poujade ou à ses tares, l'appréciation variait considérablement, d'un Henri Jeanson qui refusait de prendre Poujade pour un « fasciste », ne voyait en lui qu'un « monsieur qui en [avait] marre » et réclamait un nouveau Front populaire regroupant communistes, socialistes et poujadistes[442], à un Pierre Laroche déclarant « Poujade, c'est Hitler[443] ». Alexandre Breffort se rangea du côté de Jeanson – accordant à Poujade le « bénéfice du doute » –, tandis qu'Henri Monier et Tréno considérèrent avec Laroche que Poujade était un « dangereux énergumène » avec lequel le *Canard* ne pouvait se compromettre. La suite des événements, si elle ne confirma guère les craintes des « anti », vit le progressif ralliement des « pro » à la ligne qu'ils défendaient; les positions de Poujade sur l'Algérie française éloignèrent de lui ses partisans au *Canard enchaîné*. Au reste, il avait cessé d'être le trublion dont l'existence menaçait les caciques du régime et la déconfiture rapide de son mouvement le fit disparaître des colonnes de l'hebdomadaire satirique, impitoyable révélateur des rapports de force politiques. Il ne réapparut brièvement qu'en 1962, à l'occasion d'un procès qu'il avait intenté au *Canard* et dont on ne connaît pas l'issue[444].

Comme celui de l'UFF, le sort du RPF fut intimement lié à celui de son inspirateur et dirigeant; à sa différence toutefois, la disparition du parti ne signifia pas la mort politique de son chef. Fondé par le général de Gaulle en avril 1947, le Rassemblement du peuple français connut un succès croissant jusqu'aux élections législatives de 1951 où il devint le premier parti de France. Cet apogée fut suivi d'un rapide déclin, à mesure que les parlementaires et sympathisants du parti se lassaient d'une opposition intransigeante et stérile au « système »; on put le vérifier à l'occasion des élections municipales d'avril-mai 1953 où le RPF enregistra un net recul de ses voix. Cet échec détermina le général de Gaulle à décréter l'arrêt de toute activité électorale et parlementaire du parti et à se retirer sur un Aventin dont il ne descendit qu'en 1958.

Tout en recevant certaines des critiques adressées par de Gaulle et son parti à la Quatrième République, les journalistes du *Canard enchaîné* les attaquèrent vivement (et le Général davantage que ses troupes) dans les années où ils semblèrent représenter un danger pour celle-ci. La rédaction dans son ensemble voyait en de Gaulle un homme essentiellement double – un trait qu'il partageait avec Poujade –, grand résistant contre l'oppression et aspirant au pouvoir personnel[445], ennemi du maréchal Pétain et peut-être allié objectif de celui-ci[446], associé aux communistes avant de les combattre, se voulant rassembleur et au-dessus de la mêlée mais fondant un parti et descendant dans l'arène. Elle lui reprocha tout à la fois d'avoir abandonné le pouvoir (en 1946) et d'y prétendre de nouveau (en 1951). La duplicité prêtée au Général ne faisait que refléter l'ambivalence des sentiments des journalistes à son égard ; ils lui en voulaient de contredire tant de titres à leur estime par tant de raisons de le détester. Le jugement porté sur le RPF fut moins nuancé : selon les journalistes du *Canard*, ce parti rassemblait les sympathisants du traditionnel parti de l'Ordre, les nostalgiques du pétainisme, les profiteurs d'un régime qu'ils dénonçaient par ailleurs ; de Gaulle commandait à des troupes composées en grande partie de ses ennemis de la veille, qui le considéraient comme l'homme providentiel et le sauveur de leurs intérêts menacés. Leur débandade – par attraction au centre des parlementaires et dispersion des électeurs sur les autres formations – fut accueillie avec dérision et soulagement. En 1954, « celui qui avait été le premier résistant de France n'était plus que le troisième clocher de son pays ».

Les rapports du *Canard enchaîné* avec le communisme de l'après-guerre, enfin, présentent des ressemblances avec ceux qui viennent d'être décrits, en particulier l'ambivalence et la discordance – des troubles schizophréniques, selon la terminologie de Bleuler. Mais nous voudrions plutôt insister sur les différences. Si, dans la présentation qu'en fit *Le Canard enchaîné*, l'UFF était le parti de Poujade et le RPF celui de De Gaulle, on ne saurait dire de la même façon que le PCF était le parti de Thorez. Nulle analyse des rapports de pouvoir à l'intérieur des trois formations dans cela, seulement le sentiment – fondé – que le Parti était une réalité historique indépendante du sort de ses dirigeants. On trouve bien des papiers et des dessins qui ont le secrétaire général pour sujet; mais ils sont peu nombreux et l'on en trouve autant qui prennent pour cible Duclos ou Aragon. Cette absence de personnalisation est une première singularité. Une deuxième, et de bien plus grande conséquence, est que le parti communiste était un parti de gauche et le plus représentatif peut-être de ce « peuple » dont le *Canard* entendait être l'une des voix. Qui plus est, une longue coexistence pacifique, voire amicale, entre les deux guerres, avait créé des attaches et des habitudes dont il n'était pas facile de se déprendre; la guerre et la lutte clandestine les avaient même renforcées, ainsi qu'il apparut à la Libération. Enfin, l'impossibilité de séparer la situation nationale des événements internationaux constitue la dernière particularité du rapport du *Canard enchaîné* au communisme.

Le Canard enchaîné *au temps de la guerre froide*

Telle était donc la situation de départ: l'URSS avait contribué autant que les États-Unis à la victoire sur le nazisme et les Français lui devaient une reconnaissance égale à celle qu'ils manifestaient à l'endroit des alliés occidentaux, américains en particulier. Remarquant qu'on voyait peu de drapeaux rouges aux fenêtres parisiennes et que les marchands n'en vendaient pas, un rédacteur anonyme de la page deux se demanda, dans le premier numéro du *Canard* en septembre 1944, si les Français croyaient, « par hasard que, s'il n'avait pas flotté sur les maisons-redoutes de Stalingrad, le drapeau rouge, les armées alliées maintenant seraient en train de libérer la France ? ». En novembre, Yves Grosrichard reprenait le procédé qui consistait à tourner en dérision les attaques des adversaires de l'URSS en leur donnant exagérément raison (« Les peuplades de l'Orient barbare ont des mœurs terrifiantes[447] ») et Jean Effel dessinait les classiques soviétiques mangeurs d'enfants.

Le lecteur de 1944 qui, parti pour un long voyage, n'aurait recommencé d'acheter *Le Canard enchaîné* qu'au début de 1948, l'aurait trouvé fort changé sous le rapport de la présentation du communisme. D'un philosoviétisme assez marqué, le journal était passé à une vigilance critique voire à une dénonciation franche du stalinisme. La première allusion aux camps de concentration soviétiques date de janvier 1948[448] ; en juillet, Tréno faisait publiquement appel à Yves Farge pour qu'il appuie une demande de libération des prisonniers républicains espagnols détenus dans ces camps. Entre 1948 et 1953, les journalistes du *Canard* remarquèrent la tendance du cinéma soviétique à produire des films aux accents patriotiques voire nationaux-bellicistes, parlèrent des enfants-délateurs de Tchécoslovaquie ; s'ils ne prirent pas nettement position dans l'affaire Kravchenko[449], ils dénoncèrent le mépris dans lequel les autorités soviétiques tenaient les droits de la défense dans un procès politique. Tréno ironisa sur les campagnes pacifistes et anti-américaines menées par l'URSS et ses partisans français[450] (sans disculper pour autant les États-Unis), accusa explicitement Staline d'exercer une dictature féroce et d'aspirer à la conquête de l'Europe entière. Tous ceux qui ont connu le rédacteur en chef du *Canard* insistent sur son anticommunisme en même temps que sur la vigueur de son engagement à gauche.

Cette évolution du *Canard enchaîné* échappa à certains observateurs[451] ; elle n'échappa pas aux communistes français ni à leurs alliés. Dès 1947, de violentes polémiques opposèrent l'hebdomadaire satirique à la presse communiste ou « progressiste », en particulier *L'Humanité* et *Les Lettres françaises* qui dénonçaient son orientation « pro-américaine » ou « pro-gouvernementale ». Tréno rompit des lances avec Pierre Hervé, André Wurmser, Jean Kanapa, Louis Aragon, tous accusés de verser dans le « déroulédisme exacerbé[452] ». Aragon, surtout, eut les honneurs du *Canard*: le « rat de cave » railla en janvier 1946 ce communiste à chauffeur tandis qu'Henri Jeanson et Tréno, l'un et l'autre accusés par l'écrivain communiste d'avoir entretenu des liens avec l'extrême-droite avant et pendant la guerre, répliquaient en évoquant les liens d'Aragon avec Denoël; ils rappelèrent que le très patriote poète avait écrit, du temps de sa jeunesse surréaliste, qu'il « conchiait l'armée française ». En avril 1953, le *Canard*, à propos de l'affaire dite du « portrait de Staline », ironisa sur la souplesse d'échine dont devaient faire preuve les intellectuels et artistes du Parti: le secrétariat du Parti Communiste Français avait tancé Aragon pour avoir accepté dans *Les Lettres françaises* le portrait très peu « réalisme-socialiste » de Staline réalisé par Picasso après la mort du Petit Père des Peuples[453]. Dans le même numéro, Lacroix pastichait le poème écrit par Aragon pour le retour de Maurice Thorez:

> « Il revient il revient il revient ô prodige
> Qui il Lui Non Mais si écoute métallo
> Doux Jésus c'est pas vrai Mais il revient te dis-je
> Eblouir le nickel et parler aux vélos… ».

Après la mort de Staline, en mars 1953, et les débuts de la « coexistence pacifique », une certaine accalmie s'établit; on ne relève pas, en 1954-1955, de « prise de bec » sérieuse entre le *Canard* et les journaux proches du parti communiste français. C'est, on s'en doute, l'invasion de la Hongrie par les troupes soviétiques au début du mois de novembre 1956 qui relança les hostilités sur le front intérieur. Le 31 octobre, Morvan Lebesque avait salué la victoire des insurgés hongrois dont « personne ne [pouvait] croire qu'ils étaient des voyous fascistes aux poches bourrées de dollars » ; le 7 novembre, il lançait un « Non ! » indigné à la une du *Canard* :

> « Lundi matin, à l'heure où les rebelles agonisaient, j'ai lu attentivement la presse communiste, je me suis rappelé quel espoir le marxisme représentait, à tort ou à raison, pour des millions d'hommes, j'ai imaginé – sans grand'peine – quel parti eût tiré la bourgeoisie internationale de la révolution hongroise et à quelles fins elle allait maintenant utiliser son échec ; enfin, sachant qu'au surplus nul n'est absolument pur, j'ai tenté de toutes mes forces de donner raison à cette déraison. En vain. L'os ne passe pas. La raison recrache avec un haut-le-cœur les arguments-erzatz qu'on veut lui faire avaler. La victoire des chars russes ne peut être la victoire d'aucun homme pensant, d'aucun homme juste, d'aucun homme libre. »

Tréno, quant à lui, s'en prenait avec une vigueur inaccoutumée à « L'Humanité entre guillemets », se scandalisant de voir ce journal, « qui fut celui de Jaurès, [faire] chaque jour l'éloge des pires flics, [exalter] les tribunaux militaires, les geôliers, les bourreaux ». Il était manifeste, dans ces derniers textes comme dans ceux des années 1948-1953, que le jugement des journalistes du *Canard* était d'autant plus sévère qu'il émanait de gens dont tout l'univers de référence, toute la culture politique se situaient à gauche. C'est le souvenir même de *L'Humanité* de Jaurès et des « braves soldats du 17e » qui condamnait *L'Humanité* de 1956 ; ce sont les massacrés de la Semaine sanglante qui accusaient les massacreurs russes et leurs partisans, ces nouveaux Versaillais. Au reste, le journal prit garde, même en cette heure tragique, de ne pas verser dans l'anticommunisme primaire ou d'oublier les torts de « ceux d'en face ».

À plusieurs reprises, depuis le tournant de 1947, le journal exprima son souci de ne pas voir sa critique du communisme confondue avec celle de ses adversaires « de droite » (un peu à la manière dont ses pacifistes des années 1930 avaient tenu à se distinguer des néopacifistes de droite). C'est ainsi que *Le Canard enchaîné* se fit l'écho des déceptions exprimées par des dissidents, des hommes en rupture d'Église qui, pour certains, gardaient la foi mais ne croyaient plus aux idoles, aux rites ni aux prêtres – un Pierre Hervé, par exemple, que Tréno avait interpellé publiquement en 1947 et 1948, fut salué en 1956 pour son livre *La Révolution et les Fétiches*[454]. Un autre des procédés les plus couramment utilisés par la rédaction fut de distinguer entre une base respectable, généreuse, aux revendications légitimes, sympathisante ou non du communisme – le « peuple », en somme, qui n'appartenait à personne – et un parti, des dirigeants poursuivant des objectifs fort éloignés des intérêts populaires qu'ils prétendaient défendre. Cette vision très classique d'une base manipulée par un appareil aux mœurs et aux ambitions dictatoriales se retrouve par exemple dans l'analyse que fit le journal de la grande et dure grève des mineurs en 1947 ; Tréno reconnut parfaitement l'instrumentalisation de la grève par les communistes mais n'en considéra pas moins comme juste le combat des grévistes, poussés à bout par l'impéritie gouvernementale. De la même façon, la critique cinématographique du *Canard* – Henri Jeanson, Alexandre Breffort, Michel Duran – entrevit, derrière la propagande indigeste de certains films soviétiques, la finesse, la bonhomie et la gaieté du peuple russe. Enfin, une dernière façon de ne pas se mêler au chœur des anticommunistes était de veiller constamment à équilibrer la critique adressée au camp communiste par celle adressée au camp capitaliste ou occidental.

Les papiers et dessins du *Canard enchaîné* sont innombrables, qui marquent l'effort de la rédaction pour tenir la balance égale entre les camps antagonistes ; rarement une attaque contre l'un ne s'accompagne pas d'un reproche contre l'autre[455] ; souvent sont pris à partie ceux qui s'exprimant sur tel sujet se taisent sur tel autre. Il s'agissait de montrer que l'engagement partisan rendait aveugle aux torts de son parti et que le ralliement aux États-Unis ou à l'URSS, au PCF ou au MRP (puis au RPF, quoique ce dernier parti se laissât plus difficilement ranger dans cette opposition simple) n'était pas une fatalité. « Entre le mur d'argent et le rideau de fer », entre la « gentille peste et le mignon choléra », la rédaction du *Canard* revendiqua son droit de ne pas choisir et afficha un neutralisme qui n'était pas sans rappeler celui du *Monde* à la même époque. À ceci près, qui n'est pas rien, que Hubert Beuve-Méry ou Étienne Gilson tenaient pour une Europe fortement armée qui pourrait se passer de l'assistance militaire des États-Unis[456]. C'était trop demander, sans doute, à un journal tel que *Le Canard enchaîné* dont l'identité était indissociable d'un pacifisme intransigeant.

Celui-ci avait évolué, sans doute, puisqu'en 1945 Pierre Bénard pouvait se résigner en première page à l'existence d'une armée, se bornant à réclamer la fin des brimades, vexations et ridicules qui avaient affligé l'armée ancienne[457]. On ne vit pas non plus *Le Canard enchaîné* s'emporter trop fortement contre le projet de Communauté européenne de défense. Du chemin avait donc été fait ; il en restait trop à parcourir cependant pour que le journal pût se rallier à l'option d'une paix armée et d'un équilibre des menaces, fût-ce au profit et sous la direction effective d'un commandement européen. Le réarmement de l'Allemagne, en particulier, le trouva très hostile. Un antigermanisme tenace allié à une volonté de désarmer l'ensemble du continent européen l'empêchèrent longtemps d'approuver l'intégration militaire de la RFA dans le système militaire occidental[458]. Il sembla aux journalistes du *Canard enchaîné* que l'on oubliait un peu vite les griefs passés au profit des urgences du moment ; et, tout autant, que l'on se trompait d'urgence.

L'urgence n'était pas, selon eux, de réarmer l'Allemagne mais de désarmer le monde. La course aux armements, l'hypothèse d'une guerre nucléaire éveillèrent dans le journal dirigé par Tréno des échos angoissés. Les succès technologiques dont s'enorgueillissaient les puissances nucléaires furent enregistrés par le journal comme autant de défaites, autant d'accélérations données à la course vers l'abîme. Personne n'aurait raison en cas de conflagration mondiale, disait en substance *Le Canard enchaîné* avec d'autres auxquels il faisait un large écho – Jean Rostand, Albert Einstein, Bertrand Russell, Louis Lecoin – et le dualisme idéologique par quoi se résumait le monde perdait de ce fait toute pertinence. De là l'irritation de Tréno devant les lenteurs, les arrières-pensées, les faux-semblants du dialogue Est-Ouest ; de là les reproches adressés à une ONU inefficace et bavarde, digne héritière en cela de la SDN ; de là ses appels pour un vrai « gouvernement mondial » ; de là, enfin, le soutien apporté au mouvement des Citoyens du monde de Gary Davis[459].

En novembre 1948, le jeune Américain Gary Davis avait perturbé une séance de l'Assemblée générale des Nations-Unies, qui se tenait au palais de Chaillot, à Paris. Devant les délégués il s'était déclaré « citoyen du monde », avait déchiré son passeport américain et demandé l'asile. *Le Canard enchaîné* se rallia d'enthousiasme à cette initiative : le journal fit état des centaines de lettres qui lui étaient parvenues et dans lesquelles les lecteurs demandaient le moyen de soutenir concrètement l'action de Davis ; il fit une large publicité à la tournée entreprise par Gary Davis en 1949 pour recueillir des adhésions[460]. La rédaction, Tréno en particulier, se reconnaissait bien dans la démarche de ce citoyen ordinaire en lutte contre les gouvernements, de ce « terrien moyen » protestant contre les entraves mises à sa liberté ; elle retrouvait le geste des objecteurs de conscience dont, plus que jamais, elle soutenait le combat ; elle retrouvait également la voix des peuples couverte par celle de leurs dirigeants. Comme le journal avait opposé le peuple soviétique à ses maîtres et le peuple français à ceux qui prétendaient le représenter, il fit dialoguer John Smith, Ivan Popov, Van Duc Pong, Dupont-Durand par-dessus la tête de leurs gouvernants, montrant que tous aspiraient à la paix et à l'harmonie universelle et que seule la méfiance exploitée par quelques-uns les séparait encore.

L'exercice d'équilibre ou d'équité qui consistait à désigner les torts d'un camp sans donner pour cela raison à son adversaire n'était pas aisé ; on le vit par exemple à l'occasion de la guerre de Corée où le journal oscilla constamment entre la dénonciation sévère de l'agression du Nord communiste et la mise dos à dos des deux adversaires. La « défense du monde libre », Tréno n'y croyait qu'à moitié[461] ; le problème était que cette moitié, jugée insuffisante par les uns et excessive pour les autres, était également intolérable aux partisans des deux camps.

Triomphe et chute

En dépit des difficultés administratives et matérielles liées aux conditions du redémarrage, *Le Canard enchaîné* afficha dans les années 1944-1946 une santé éclatante. Il bénéficia de la faim de nouvelles qui porta vers la presse un public sous-alimenté depuis quatre années ; on lui sut un gré particulier de s'être sabordé à temps, de rappeler l'époque où l'on pouvait rire de tout, et de proposer désormais une détente d'où n'étaient pas exclues les grandes préoccupations du moment[462]. Les tirages et les ventes flambèrent. Tiré fin septembre 1944 à 100 000 exemplaires[463], *Le Canard enchaîné* atteignit en janvier 1946 un tirage moyen de 522 977 exemplaires, soit près du double de son plus haut de l'avant-guerre ; en juin, le tirage était de 646 883 exemplaires[464] ! Le résultat net s'éleva à plus d'1 600 000 francs en 1945, à plus de 1 300 000 en 1946[465]. La société d'édition ERGE se vit confier par la direction du journal la fabrication du premier almanach annuel du *Canard enchaîné* en décembre 1945 ; une grosse publicité fut faite dans les colonnes du *Canard* et le directeur de la Presse autorisa une attribution exceptionnelle de dix tonnes de papier pour 150 000 exemplaires qui furent bien vendus. En mars 1946, Maurice Felut recevait l'autorisation de diffuser le *Canard* en Afrique du Nord (« dans la mesure où cette autorisation n'entraîne aucune attribution supplémentaire de papier » précisaient cependant les services de Gaston Defferre, nouveau secrétaire d'État chargé de l'Information[466]) et en octobre Jean Galtier-Boissière pouvait noter cette rumeur significative : « *Le Canard*, dont la santé est florissante, aurait avancé trois millions à *France-Soir* pour une échéance difficile[467]. » En janvier 1948, l'académicien Jacques de Lacretelle se lamentait dans *Le Figaro littéraire* du succès rencontré par *Le Canard enchaîné* :

> « La seule réaction du Parisien devant les malheurs qui fondent quotidiennement sur lui est de se précipiter vers le kiosque le plus proche où il achètera le petit journal satirique favorable à son idéologie. – Hé ! Hé ! répondit un rédacteur anonyme du *Canard*, ça prouve que la lecture du Canard est pour le Parisien – et les autres aussi – une petite revanche qu'il prend, et à bon compte, sur les malheurs du temps. » (28 janvier 1948).

Mais en janvier 1948, les « malheurs du temps » étaient devenus ceux du *Canard*. Dès 1947, le résultat net était tombé à 136 000 francs et fut jusqu'en 1950 en constant recul malgré une hausse brutale du prix de vente[468] – cette année-là, le journal enregistra même une perte de près de 180 000 francs. Les charges n'étaient pas en cause, qui en francs constants avaient régulièrement décru depuis 1945 pour atteindre un total d'environ 5 millions de francs en 1950 (le papier ne représentant plus que 16 % du total, pour 30 % en 1945) ; c'était le recul des ventes qui était à l'origine de l'effondrement comptable : de plus de 23 millions de francs en 1945, le total des produits d'exploitation était passé à 4 700 000 en 1950, un résultat divisé par 4,8 en cinq ans ! Le total des produits d'exploitation s'améliora légèrement dans les années qui suivirent mais le tirage n'atteignit son étiage qu'en 1953 : cette année-là, le tirage réel moyen fut de 103 440 exemplaires et la vente tourna autour des 80 000 exemplaires.

Le retard mis à admettre le phénomène fut cause d'un décalage entre le tirage autorisé et le tirage réel, pour ne rien dire de celui existant entre le tirage réel et les ventes. Ainsi en février 1947, le tirage autorisé (c'est-à-dire le tirage permis par la Direction de la Presse au vu de la vente antérieure) était encore de 590 000 quand le tirage réel était déjà descendu à 390 000. Le taux de « bouillonnage » avait franchi la barre des 23 %[469]. Le 1er mars 1947, les responsables du journal décidaient la suppression de l'édition d'Algérie ; en avril et juin 1948, la direction de la Presse les avertissait qu'en raison du taux de bouillonnage élevé (28,4 % en janvier 1948, 26 % en février), les attributions de papier allaient devoir être revues à la baisse. La dégringolade se poursuivit de semaine en semaine jusqu'au début des années 1950. À cette époque, se souvient « Paco » Fuzier, ancienne secrétaire au *Canard enchaîné*, « le journal n'était plus coté[470] ».

Quelles étaient les raisons d'une telle chute ? Il en était de générales, il en était de particulières. Passé l'euphorie de la Libération, la presse française connut des temps difficiles, surtout la presse issue de la Résistance. Cette presse était fortement politisée et animée d'un louable mais contraignant souci moral ; or une partie importante du public voulait une presse plus insouciante, moins prêcheuse – c'est ce que comprit Pierre Lazareff et c'est pourquoi *Défense de la France* devint *France-Soir* malgré l'opposition des gardiens de la flamme résistante. Le déclenchement de la guerre froide en 1947 accentua cette tendance et éloigna des journaux à contenu trop directement politique des lecteurs partis à la recherche d'une information plus distrayante qu'engagée.

D'autre part, les capacités gestionnaires des équipes nouvelles étaient rarement à la hauteur de leurs ambitions rédactionnelles ;

la contraction du marché, le surcoût engendré par les difficultés des Messageries françaises de presse et les conflits sociaux des années 1946-1947 rendirent cette déficience létale dans beaucoup de cas[471]. D'où une série d'affaiblissements, de conversions à la logique commerciale (assorties parfois d'un changement de nom), de fusions de titres, de disparitions. Yves Guillauma a montré la défaite de ce qu'il a appelé la « presse des partis et des familles spirituelles » devant la « presse d'information » : celle-là, après une grande croissance en 1945 (+ 22,85 %), régressa dès 1946 et de manière presque continue jusqu'en 1955. De 1945 à 1958, la presse d'opinion perdit près du cinquième de ses titres et plus de la moitié de ses quotidiens, tandis que la presse d'information dans son ensemble connaissait une augmentation de 218 %, dépassant en 1953 les tirages de la presse d'opinion. « Loin d'avoir fait la *révolution* par la presse des partis et des familles spirituelles, la presse de l'après-Libération a abouti à la *restauration* de la presse d'information à partir de 1953[472]. »

Le Canard enchaîné se situait du côté des vaincus ; il était incontestablement un journal d'opinion et un journal imprégné de ces idéaux de rénovation auxquels la réalité politique et économique de la Quatrième République apporta un si brutal démenti[473]. Était-il pour autant un journal partisan ? Est-ce en raison de son engagement en faveur de tel ou tel parti que ses lecteurs le quittèrent en nombre de 1947 à 1953 ? C'est ce que soutenait déjà, en décembre 1946, Jean Loraud, comparant dans *L'Écho de la presse et de la publicité* les mérites respectifs du *Bavard déchaîné* – un journal satirique marseillais – et du *Canard enchaîné* : selon lui, le *Bavard* était plus lu sur la Canebière que le *Canard* parce que « le fait de prendre parti, qui est une grave erreur pour un organe satirique, est un défaut dans lequel l'équipe du *Bavard* évite de tomber[474] ». Le même *Écho* donnait acte en 1958 au *Canard enchaîné* « d'avoir retrouvé son indépendance soigneusement dosée de l'entre-deux-guerres » mais rappelait les liens qui unissaient, à la Libération, plusieurs de ses rédacteurs au parti communiste[475]. Ce sont ces liens que de Gaulle avait à l'esprit lorsqu'il rédigea le tome III de ses *Mémoires de guerre* (« Le Salut »), publié par les éditions Plon en 1959 ; à la page 114, il avait d'abord écrit :

> « Profitant des dispositions arrêtées par l'ordonnance du 6 mai 1944, les journaux de la Résistance s'étaient jetés en avant. Bien entendu, les communistes n'avaient pas été les derniers. Sous leur coupe, deux quotidiens de Paris, *L'Humanité* et *Ce soir*, soixante-dix hebdomadaires, parmi lesquels : *Action, L'Avant-Garde, La Terre, Les Lettres françaises, Le Canard enchaîné*, etc. »

Ce type de nomenclature était courant dans l'immédiat après-guerre, quand il s'était agi de répartir les autorisations de paraître entre les diverses forces politiques légitimes. Claude Bellanger en cite quelques-unes dans l'*Histoire générale de la presse française*, établies par des responsables politiques ou des journaux ; il en est d'autres[476]. Mais la vigueur de la réaction de Tréno montre que de Gaulle avait touché un point sensible : le rédacteur en chef du *Canard enchaîné* refusait de laisser écrire que son journal avait été « sous la coupe du parti communiste ». « La raison d'être du *Canard* est son indépendance, rappela-t-il au directeur des éditions Plon dans une lettre datée du 6 novembre 1959. Notre journal n'a jamais appartenu à quelque parti que ce fût, jamais été « sous la coupe » d'aucune organisation politique, confessionnelle ou autre. Prétendre le contraire, c'est nous porter un tort réel[477]. » Les presses française et étrangère firent un large écho à la polémique, ce d'autant plus qu'elle venait après une affaire récente où *Le Canard enchaîné* avait, avec d'autres, forcé les éditions Larousse à corriger l'article de leur dictionnaire portant sur Léon Blum[478].

Le général de Gaulle s'inclina ; les *Mémoires* corrigées firent du *Canard enchaîné* un journal où « les communistes détenaient une large part dans la rédaction ». Tréno se contenta de cette nuance, certes importante, non sans contester le fond dans une nouvelle lettre au directeur des éditions Plon, le 20 novembre 1959 :

> « Sur l'essentiel, mon journal obtient satisfaction : ce qui était une affirmation (l'appartenance communiste du *Canard enchaîné*) n'est plus désormais qu'une appréciation. Nous ne figurons plus dans une nomenclature de feuilles authentiquement communistes, mais parmi ceux qui, de l'avis du Général, étaient fortement noyautés. Cela se discute mais c'est le droit de chacun de le supposer, et je reconnais que pour d'aucuns il y avait de fortes présomptions. En ce qui concerne le *Canard*, le Général me permettra de n'être pas d'accord avec lui. À cette époque, toute la « gauche » faisait un bout de chemin avec les communistes, mais cela n'était pas particulier au *Canard* : le gouvernement du général de Gaulle comprenait beaucoup plus de communistes que notre journal sans être pour autant « sous la coupe » du PC. À dire vrai, c'est une grande partie des lecteurs du *Canard* qui étaient communistes. Les responsables de ce journal à la Libération étaient Pierre Bénard, également rédacteur en chef de *France-Soir* ; moi-même, également rédacteur en chef de *Franc-Tireur* (j'y représentais avec Georges Altman la tendance non communiste) ; Yves Grosrichard, chef du service politique de *France-Soir* ; Maurice Felut, administrateur de *France-Soir*. Vous voyez qu'il serait excessif de soutenir que « les communistes tenaient une grande part » dans notre rédaction. « L'air du temps » changea chez nous comme ailleurs, à peu près à la même époque[479]. »

Il y avait donc bel et bien des journalistes communistes au *Canard enchaîné* dans les années 1944-1946, convient Tréno ; mais ils n'exercèrent jamais l'influence que les adversaires du journal leur prêtèrent. Ils se heurtaient à trop forte opposition au sein de la rédaction – de fait, les bouclages du mardi au marbre étaient encore « sportifs » au milieu des années 1950, selon le témoignage de l'ancien directeur du journal, Roger Fressoz, sans approcher pourtant les batailles rangées à *Franc-Tireur* ou *Libération* de la fin des années 1940[480]. Les plus marqués des journalistes quittèrent le journal : en 1948 l'échotier Martial Bourgeon dit Claude Martial, que Jean Galtier-Boissière avait surnommé « l'œil de Moscou », en 1949 le dessinateur François Lejeune dit Jean Effel. L'anticommunisme du *Canard enchaîné* se précisa encore après leur départ – nous avons vu que la presse communiste ne s'y était pas trompée. Mais la désaffection des lecteurs, déclenchée quand les communistes étaient encore puissants au sein de la rédaction du *Canard*[481] ne se ralentit pas quand ils cessèrent tout à fait de l'être et il faut chercher les motifs de la baisse des ventes ailleurs que dans la volonté du lectorat de sanctionner l'orientation communiste de l'hebdomadaire satirique.

Peut-être les trouvera-t-on dans certains événements de 1947. Le départ d'Henri Jeanson en avril, d'abord. Le polémiste, signataire de la pétition sur « le cas Nizan » en mars[482], avait durement attaqué Aragon, se demandant comment on pouvait s'estimer sans mépriser le poète national-communiste ; une partie de son article, qui s'en prenait également à Elsa Triolet et à Maurice Thorez, fut coupé – éclat, démission, règlements de comptes dans la presse. Quelques mois plus tard, le *Canard*, par la plume d'un rédacteur anonyme, mettait en cause le gouvernement bulgare dans l'affaire Petkov[483] – *L'Humanité* s'indigna, parla d'« ignominie » et accusa le *Canard* de « porter livrée maintenant aux couleurs de M. Truman ». Le rapprochement qu'entre ces deux affaires fit Jean Galtier-Boissière, ami de longue date d'Henri Jeanson et comme lui attaché à une ligne anarchisante violemment anticommuniste, est instructif :

> « Le petit cloporte de rédaction Renaut (*sic*) dit Treno, est un gaffeur magistral. En obligeant par des manœuvres tortueuses Jeanson à cesser toute collaboration, il a fait perdre au *Canard* toute sa clientèle anarchisante. Et voilà qu'un article équivoque sur la pendaison de Petkov, « Il y a maldonne », va lui faire perdre également la clientèle communiste[484]. »

Comme est instructive la réponse que donna Tréno dans le numéro suivant, « s'accusant d'avoir touché » des deux côtés puisque les deux côtés l'accusaient d'avoir « trahi ». Le départ de Martial et d'Effel, après celui de Jeanson et de Sennep et pour des raisons exactement opposées, créèrent un effet de symétrie bien propre à aliéner au *Canard* les pro- comme les anticommunistes. Aussi, à l'inverse de Jean Loraud et surtout de ceux qui continuèrent à taxer le *Canard* de communisme après 1947, émettrons-nous l'hypothèse que c'est justement son *refus* de prendre parti, en un temps où les journaux d'opinion étaient sommés de choisir leur camp, qui explique le recul du *Canard* dans les années 1947-1953. Nous rejoindrons sur ce point l'analyse qu'a faite Jean Egen d'un *Canard* victime de la guerre froide et du durcissement des antagonismes politiques qui la caractérisa; la difficile et coûteuse affirmation d'un non-alignement idéologique, telle fut la contribution du *Canard enchaîné* à la « culture française de guerre froide » qu'évoquait Pascal Ory dans un article du *Débat*[485].

La rédaction du *Canard enchaîné*, sous la conduite de Tréno, refusa de verser dans « l'anticommunisme primaire »; des lecteurs le lui reprochèrent. Elle refusa aussi de rejoindre les rangs des « compagnons de route » du parti; d'autres lecteurs, plus nombreux peut-être, le lui reprochèrent[486]. Il est probable que le *Canard* perdit davantage sur sa gauche que sur sa droite, comme l'indique le déséquilibre observé en faveur des procommunistes dans le nombre de lettres de protestations conservées par le journal. Tréno se plaignit du brouillage des repères et du conformisme de ses contemporains:

« Un pas à droite et nous voilà du parti américain. Un pas à gauche et nous voilà du parti russe. [...] On n'a plus de points de repère. Les points de repère, c'était, par exemple, l'instituteur socialiste, le métallo communiste, voire le bon petit-bourgeois libre-penseur. Quand on les apercevait, on était sûr d'être dans la bonne direction. Par contre, la simple vue d'un képi galonné, d'une soutane ou du classique quidam à gibus et à gros cigare, symbole des fameuses deux cents familles, indiquait clairement qu'il ne fallait pas aller par là. C'était un peu sommaire, on en convient. Mais ça simplifiait bougrement les choses. Tout ça est bien changé. Si d'aventure on s'arrête pour faire un brin de causette avec l'instituteur socialiste, voilà le métallo communiste qui vient nous tirer par les basques : "Hé ! camarade, attention ! Vous vous compromettez avec le parti américain." Et si l'on boit un coup avec le métallo communiste, on vous crie de toutes parts : "Alors quoi, vous êtes du parti russe ?" » (5 novembre 1947).

Même constat, en plus amer, deux ans plus tard :

« Les hommes d'aujourd'hui, que voulez-vous, ont besoin de conformisme. C'est si commode de n'avoir pas à penser. Si pratique, quand on est pressé, de recevoir son opinion toute faite [...]. Pas besoin de se casser la nénette. On admet une fois pour toutes que le monde est divisé en deux. Comme au jugement dernier : d'un côté les bons, de l'autre côté les méchants. D'un côté les civilisés. De l'autre côté les barbares. Les premiers sont tous pour la paix ; les seconds tous des bellicistes. [...] Les uns ont pris pour fétiche le tuyau de poêle étoilé. D'autres lui ont préféré le colback de kalmouk. » (7 décembre 1949).

Affaibli par l'hémorragie de ses lecteurs, miné par des dissensions internes, *Le Canard enchaîné* fut en réel danger de mort. L'argent manquait. Les journalistes n'étaient plus guère payés. Ceux qui l'étaient – une poignée – vivaient de peu; les autres travaillaient au *Canard* « pour la gloire », en tout cas pour l'amitié et la liberté; ils gagnaient leur vie ailleurs. Certains mois, l'été en particulier, Tréno faisait marcher le journal presque seul. Un rachat par un groupe d'édition fut envisagé. La société d'édition Franpar, une filiale presse du groupe Hachette qui exploitait notamment le quotidien *France-Soir*, proposa à Jeanne Maréchal de lui acheter son journal. C'est Maurice Felut lui-même, l'administrateur du *Canard enchaîné*, qui présenta cette proposition à sa directrice; le poste-clef qu'il occupait à *France-Soir* le destinait naturellement à ce rôle.

Rôle de traître ou rôle de sauveur ? Les avis diffèrent : pour les uns, Maurice Felut ne faisait que proposer une solution tout à la fois honorable et généreuse; il fallait penser à vendre le *Canard* pendant qu'il valait encore quelque chose. Pour les autres, l'administrateur songeait avant tout à réaliser une bonne opération financière pour la Franpar, société-symbole du capitalisme de presse; il s'était d'ailleurs largement « payé sur la bête » depuis la Libération et, à l'instar de ceux qui quittèrent en 1953 le *Canard* pour *France-Soir* (Yves Grosrichard, Henri Rochon), il avait cherché à vendre ses propres actions au plus offrant. Mais, quelle que fût l'intention qui présida au projet, celui-ci constituait une menace mortelle pour un hebdomadaire qui avait construit toute sa réputation sur l'indépendance absolue de sa rédaction; la seule introduction de la publicité dans le journal, qui eût peut-être été l'une des conséquences d'une telle transaction, aurait sans doute achevé le moribond.

Le Canard enchaîné a connu un triomphe aussi éclatant qu'éphémère à la Libération. Journal de la gauche résistante – malgré toutes les ambiguïtés et du journal et de cette gauche résistante –, journal symbole de la liberté retrouvée, il a semblé, pendant un ou deux ans, avoir acquis une dimension inédite dans son histoire. Mais il n'a pu longtemps la conserver et le journal, dès la mi-1946, a entamé une descente due essentiellement à l'inconfort de son positionnement dans un contexte politique fortement bipolarisé. Par-delà ces évolutions contrastées, la permanence est remarquable, tant au niveau de la composition de l'équipe qu'à celui de la thématique utilisée dans une République qui offrait beaucoup de ressemblances avec sa devancière. Moyennant quelques mises à l'écart des plus compromis, le *Canard* a pu conserver presque intact le noyau dur de l'équipe d'avant-guerre (dirigé, le fait est significatif, par le même rédacteur en chef de part et d'autre de la guerre ; seule la mort mettra un terme à l'action de Pierre Bénard, remplacé par un autre « ancien », Ernest Raynaud dit Tréno). Pourtant, quelques indices mettent sur la piste d'un premier changement en profondeur du journal, en particulier l'adoption d'une nouvelle structure juridique et une façon plus incisive de traiter quelques grandes affaires politiques. Mais ce sont les événements de la deuxième moitié des années 1950 qui allaient permettre au *Canard enchaîné* d'éviter la marginalisation à laquelle il semblait condamné.

CINQUIÈME PARTIE

LE *CANARD* CONTRE DE GAULLE
1954-1969

À partir du milieu des années 1950, les ventes du *Canard enchaîné* repartent à la hausse, la situation financière s'améliore. Une tendance continue et rapide d'augmentation des tirages hisse le journal à des hauteurs qu'il n'avait que rarement atteintes par le passé. La nouveauté est qu'il y demeure, retrouvant même un second souffle à la fin des années 1960. La coïncidence de ces épisodes de hausse avec l'actualité politique est trop évidente pour ne pas être d'emblée notée : la guerre d'Algérie et les circonstances du retour au pouvoir du général de Gaulle au début, Mai 68 et le départ du Général à la fin encadrent cette période. Entre les deux, ce qu'il est convenu d'appeler la « République gaullienne », rejetée par la tradition politique dont se réclament les journalistes du *Canard enchaîné*. Comment l'hebdomadaire satirique, dirigé par le tandem Jeanne Maréchal-Ernest Raynaud, s'adapte-t-il à cette nouvelle configuration du pouvoir et de la presse, quel regard porte-t-il sur la Cinquième République naissante et sur celui que les Français continuent majoritairement de considérer comme leur plus grand homme politique du siècle ?

I

LES COMBATS DU *CANARD ENCHAÎNÉ*

Le redressement financier

Le même article de *L'Écho de la presse et de la publicité* qui, en 1958, félicitait *Le Canard enchaîné* d'avoir retrouvé son esprit d'indépendance (c'est-à-dire, pour dire plus clairement les choses, d'avoir rompu avec les communistes), saluait dans l'hebdomadaire satirique « une des entreprises les plus prospères de France, une de celles qui distribu[aient] le plus d'argent à leurs rédacteurs. Comme quoi, ajoutait son auteur Pierre-Antoine Cousteau, la défense des humbles peut être en définitive d'un meilleur rapport que la défense des capitalistes à ventres dorés[487]... » Si cette description de la situation financière de l'hebdomadaire satirique péchait par optimisme, il est de fait qu'une nette amélioration avait été enregistrée en l'espace de quelques années, en grande partie grâce à Tréno; celui que Jean Galtier-Boissière avait rendu responsable du déclin du journal fut le principal artisan de son redressement. Il s'appuya sur la volonté de Jeanne Maréchal de préserver l'indépendance du journal pour repousser les offres de la Franpar[488]; il prit les rênes du journal avec l'aval d'André Sauger, qui reconnut en Tréno un meneur plus énergique que lui-même. La directrice lui abandonna la direction effective, les autres rédacteurs le reconnurent pour chef incontesté, l'héritier de l'œuvre et des pouvoirs de Maurice Maréchal. À partir de 1953 (date importante en cela aussi qu'elle marque un nouveau point d'inflexion des ventes, dorénavant orientées à la hausse), l'ancien correcteur imposa sa rigueur morale et une austérité nouvelle au journal le plus gai de France. Et les lecteurs revinrent.

Oh! pas en foule, au début. Un certain frémissement se fait sentir à la mi-décembre 1953 où le journal augmente son tirage de... 1 000 exemplaires; de mois en mois, le frémissement se confirme, devient une tendance lourde. *Le Canard enchaîné* avait terminé l'année 1953 avec un peu plus de 103 000 exemplaires tirés; il en tire presque 111 000 l'année suivante, 121 000 en 1955; la barre des 200 000 est nettement franchie entre 1958 et 1959, celle des 300 000 entre 1960 et 1961. Les années 1960 voient ce score s'améliorer encore et la période Tréno s'achève aux alentours de 400 000 exemplaires tirés chaque semaine. Sous le « règne » de Tréno, le tirage et sans doute les ventes ont été multipliés par quatre.

Une incontestable prospérité fut la conséquence de ce regain de faveur auprès du public. Le taux de croissance annuel du chiffre d'affaires ne fut jamais inférieur à 10 % entre 1954 et 1963 (1962 étant la plus « mauvaise année » de cette période avec 9,98 %...) ; un léger tassement caractérisa les années 1965-1967 mais les années 1968-1969 furent brillantes. Les charges d'exploitation reprirent leur rythme d'expansion élevé, indice d'une activité plus soutenue (plus de journalistes[489], plus de papier[490]) mais furent aisément couvertes par les produits: le résultat net passa de 24 000 francs en 1952 à plus de 150 000 l'année suivante; la barre des 200 000 francs fut franchie en 1955, celle des 300 000 en 1958, celle des 900 000 en 1961; puis une décrue continue de 1962 à 1967 ramena ce chiffre à un peu plus de 187 000 francs (décrue liée, non à une baisse des ventes, mais plutôt à une hausse proportionnellement plus forte des charges). C'est en 1968 que le *Canard* devint millionnaire: cette année et celle qui la suivit, le résultat net fut de plus de 3 millions de francs, soit une multiplication des ressources disponibles par dix-sept en un an ! Les salaires et primes accordés aux journalistes s'accrurent en proportion[491] ; à plusieurs reprises, il fut même procédé à une distribution de dividendes, en dépit de la nature particulière des actions qui composaient le capital de la société anonyme. L'essentiel des bénéfices vint grossir les réserves statutaires, une autre partie fut investie dans des placements financiers, obligations et Bons du Trésor gérés par la BRED et l'Union parisienne.

Les premières explications de cette reprise tiennent aux efforts consentis par les responsables du journal pour le rendre plus attrayant. L'évolution de la maquette, qui n'avait pas cessé depuis la fin de la Première Guerre mondiale, fut poursuivie. Dans l'entre-deux-guerres étaient apparus les « oreilles » encadrant le titre (1925), les articles de une entièrement imprimés en italiques (1935), les « cabochons » ou petits dessins à l'intérieur des articles (1936) ; le format s'était accru de plus de 40 % à partir de 1921 et le colonage avait également augmenté[492]. La fin des années 1940 introduisit de nouvelles modifications. À la manchette (apparue en 1918) s'ajouta, à partir de 1947, le titre en « tribune » sur toute la largeur de la une, lui aussi porteur d'un calembour. Nul doute que ces deux éléments et le dessin *leader* en tête de la première page ont beaucoup fait pour assurer la renommée du *Canard enchaîné* dans le grand public, y compris parmi ceux qui ne l'ont jamais acheté mais qui ne peuvent s'empêcher, au moment d'acheter au kiosque leur journal préféré, de regarder les dessins et de lire les bons mots imprimés en gros et grands caractères à la une du *Canard.*

À l'intérieur du journal, sur un nombre croissant de pages (six pages à partir de 1957, huit pages à partir de 1965[493]), on passa de six à sept colonnes, les filets entre elles disparurent, ce qui aéra notablement la page ; ces lignes ne servaient plus, désormais, à délimiter des unités physiques (la colonne) mais matérialisaient l'unité rédactionnelle de l'article. Dans cet espace devenu plus malléable, l'hétérogénéité de la page se développa : la « titraille » devint plus variée, la taille moyenne des caractères des titres s'accrut, les dessins s'évadèrent du cadre étroit de la colonne pour aboutir aux dessins gigantesques de Moisan sur une pleine page ; les encadrés et les décrochements à l'intérieur des articles devinrent la règle au *Canard* ; les renvois se multiplièrent et se compliquèrent, de la page 1 à la 3 au début des années 1950, de la 1 à la 5 et à la 8 dans les années 1960, avec annonce en « bandeau » (au-dessus de la manchette) pour les articles des pages intérieures.

Par ailleurs, des efforts de diversification accompagnèrent la reprise. À la fin de l'année 1954, le journal fit paraître son *Almanach* pour la première fois depuis 1946[494]. À partir de 1957 parut chaque année le *Dictionnaire Canard* sur un format moindre mais une pagination plus importante que l'almanach. Une troisième publication, le *Canard vacances*, parut à partir de 1963 ; des suppléments « vacances » avaient déjà été insérés en pages intérieures pour les étés 1960 à 1962[495]. Enfin, un *Canard de poche* fut lancé pour la première fois en 1966 et proposa une anthologie du journal. Tous ces suppléments, prévus pour une parution le plus souvent annuelle, furent en fait irréguliers ; ils ne représentèrent jamais qu'un tirage et des rentrées financières limités. Il faut chercher ailleurs les véritables raisons du succès retrouvé du *Canard enchaîné.*

Lecteurs et combats du Canard enchaîné

Le courrier des années 1940 à 1960 complète les thèmes déjà présents dans les lettres de l'entre-deux-guerres[496]. Quelques idées-forces reviennent constamment. On reconnaît au *Canard* son « esprit », sa « finesse », son « sens de l'humour ». La communauté des lecteurs est « une tour de Babel où l'on se comprend à demi-mot » (1955). Il est le champion de la vérité : le *Canard* est le « seul à porter le flambeau de la vérité » (1954) ; il « contient des vérités sans fard, dites bien franchement, à la bonne franquette, à seule fin que tous les Français comprennent bien ce que vous écrivez » (1963). L'honnêteté, l'indépendance, le caractère personnel des prises de position sont également appréciés : « *Le Canard enchaîné* est le symbole de l'indépendance et de la liberté » (un ancien déporté, en 1954) ; « C'est le seul journal vraiment libre, le seul à émettre des idées qui ne sortent pas d'une cathédrale mais sont essentiellement personnelles » (1956). Libre et soucieux avant tout de dire la vérité, le *Canard* est « impartial » et donc « nécessaire », même si l'on ne partage pas toutes ses idées : « Même lorsque je ne suis pas d'accord avec toi, j'admire le courage, l'esprit de justice qui t'animent » (1954) ; « J'apprécie beaucoup votre impartialité dans la mise en boîte. « Tout le monde y passe » doit être votre doctrine » (1955). Il procure un « réconfort », une « bouffée d'air pur », il est l'instrument de la justice, voire de la revanche : « Vous êtes ou vous paraissez souvent comme une manifestation de cette justice immanente. [...] Continuez, ce sera comme une compensation à notre impuissance ! » (1949) ; « Le *Canard*, c'est un peu pour nous autres, les humbles, une revanche morale et intellectuelle sur notre modeste condition, une bouffée d'air pur, une lumière dans le tunnel de notre terre-à-terre (*sic*) » (1954).

De là les encouragements apportés par les lecteurs dans les polémiques qui opposaient le *Canard* à ses concurrents commerciaux et adversaires politiques. Les journalistes du *Canard* se firent souvent l'écho du soutien qu'ils trouvaient parmi leurs lecteurs à l'occasion des procès intentés au journal. On peut même dire que, dans certains cas (procès Lévy en 1935, affaire Ballyot au début des années 1950), les journalistes, qui se savaient dans l'incapacité de l'emporter juridiquement contre leur adversaire, recherchèrent sciemment l'affrontement au tribunal pour la tribune qu'il leur offrait. Dans la position du citoyen bravant la loi au nom de principes supérieurs, les journalistes du *Canard enchaîné* trouvaient tous les avantages symboliques de la posture de l'intellectuel.

La relation très forte des lecteurs à leur journal favori se traduit encore, dans le courrier que nous avons dépouillé, par des invitations, des propositions d'aide, des odes au *Canard* dont les auteurs demandent qu'on excuse la maladresse. On regrette que le journal ne soit pas plus épais ou quotidien, le mercredi est bien long à venir. On promet qu'on fera toute la publicité nécessaire autour de soi, qu'on parle du journal à ses collègues, à ses amis dont certains sont déjà devenus des lecteurs. On assure le journal et certains de ses collaborateurs (le plus fréquemment cité est Morvan Lebesque, véritable directeur de conscience pour nombre de lecteurs) de son affection, on lui « serre la patte/palme », on l'« embrasse sur le bec ». Surtout, qui ne se trouvait pas dans les témoignages de l'entre-deux-guerres, cette affection s'inscrit dans la durée : on est lecteur depuis vingt, trente, quarante ans, et pendant tout ce temps « le *Canard* est resté le même, humain, lucide, fidèle à une façon de penser et de sentir » (1956) ; on a avec lui « des souvenirs communs, comme avec un vieil ami » (1955) on le lit de père en fils et l'on ne manque jamais le « rendez-vous du mercredi » (1954).

Au début des années 1950, le *Canard* fit appel à ses lecteurs pour qu'ils l'aident à traverser la passe difficile dans laquelle il se trouvait, renouant ainsi avec des pratiques datant du début des années 1920. Les billets engageant les lecteurs à s'abonner et à parler du *Canard* autour d'eux sont nombreux de 1950 à 1953. À partir du milieu des années 1950, la rédaction multiplia les tentatives d'un contact direct avec les lecteurs pour fidéliser les anciens et en attirer de nouveaux : consultation sur le changement de format en 1956, cartes à découper dans le journal et à adresser à diverses personnalités prises à partie dans des campagnes de presse, appels à participer au *Dico Canard* en envoyant anecdotes et histoires drôles, nouveaux jeux-concours. Au fur et à mesure que le journal retrouva une audience, les appels à le soutenir financièrement s'espacèrent puis disparurent ; la générosité des lecteurs continua d'être sollicitée de temps à autre mais cette fois au profit de causes humanitaires défendues le plus souvent dans la rubrique « Le Courrier des Canettes ». On trouve ainsi de nombreux appels à soutenir l'association Terre des Hommes. Par ailleurs, le *Canard* versait des fonds à La Vie au grand air pour l'enfance, l'Hôpital des enfants malades et le Comité antituberculeux d'entraide et d'éducation sanitaire de Paris.

Qui étaient ces lecteurs ? En l'absence de statistiques fiables, nous en sommes réduit aux conjectures, comme les auteurs des études parues dans les années 1960 ; de la lecture de ces dernières ressort une image double, celle d'un journal à la fois lu par toutes les couches de la population française et plus particulièrement par certaines d'entre elles. Répondant au début des années 1960 à une demande de renseignements sur le profil sociologique de ses abonnés, l'équipe du *Canard* répondit que « les lecteurs du *Canard* n'[avaient] aucune origine sociale particulière, [étaient] de toutes races et de tous milieux », soulignant que cette diversité conférait au journal « une place bien à lui dans la presse française » et ce « depuis la fondation par Maurice Maréchal ». L'auteur de l'étude, Alain Schifrès, commentait justement cette réponse qu'il qualifiait lui-même d'« évasive » en la mettant en rapport avec la prétention du journal à l'indépendance par rapport à tous les clivages politiques, culturels, sociaux ; sur la base d'« observations personnelles très limitées, dans la rue ou l'entourage », il se risqua néanmoins à avancer que les lecteurs du *Canard enchaîné* se recrutaient plutôt parmi les « fonctionnaires moyens et cadres inférieurs, les instituteurs publics, professeurs de l'enseignement secondaire et les étudiants, chez les ingénieurs, architectes et médecins, enfin chez les rappelés du contingent ». En somme, selon l'auteur de *L'Idéologie du Canard enchaîné*, l'hebdomadaire satirique s'adressait « plus à la moyenne et petite bourgeoisie libérale et socialisante et aux « travailleurs intellectuels » qu'à la classe ouvrière et à la paysannerie », ajoutant que le « Français de gauche » se reconnaissait dans *Le Canard enchaîné*[497].

Que les enseignants et particulièrement les instituteurs aient constitué une fraction non négligeable du lectorat du *Canard enchaîné*, on en trouvera de multiples indices dans le journal de cette époque : la publication d'une lettre des responsables de l'École émancipée protestant en 1958 contre un écho défavorable et soulignant qu'en tant que fidèles lecteurs du *Canard*, ils ont été habitués à un autre traitement ; une promotion d'élèves de l'École normale qui choisit le canard pour emblème en 1959 ; la critique élogieuse que fait en 1967 Yvan Audouard du livre-témoignage de l'instituteur Pierre Hulin, *Les Rentrées d'octobre*, « conte de fées laïque », et surtout le besoin que ressent le journaliste du *Canard* de justifier son enthousiasme : « J'en entends qui ricanent bêtement, qui disent : – Du moment que les « instits » lisent le *Canard*, le père Audouard essaie de leur fourguer du produit conditionné avec étude de marché préalable[498]... »

Des indices du même type existent pour les étudiants, la jeunesse en général, encadrée par des organisations de gauche : c'est, en 1956, Henri Monier qui parle d'une réunion d'étudiants étrangers sous la houlette des Francs-Camarades, où il a été dit du bien du *Canard enchaîné* ; en 1958 le journal est fait « ajiste d'honneur » par le mouvement des Auberges de jeunesse ; en 1969, l'exposition itinérante des dessinateurs du *Canard* est réalisée avec le concours des Maisons internationales de la Jeunesse et des Étudiants. Le journal précise à cette occasion que c'est au secrétariat des Maisons internationales qu'il convient de s'adresser pour connaître les dates limites de l'exposition, ajoutant que « les éducateurs, amis du *Canard*, peuvent demander la préparation de voyages scolaires peu onéreux et élaborés avec soin » (15 janvier 1969). Le thème du soutien de la jeunesse est une constante du discours du *Canard enchaîné* ; on trouvait déjà, dans les années 1936-1937, des allusions à des clubs d'« Amis du *Canard* » créés dans les lycées Henri- IV et Louis-le-Grand. Cette idée d'une association des « Amis du *Canard* » fut reprise dans les années 1950.

Par rapport aux initiatives de l'entre-deux-guerres, limitées pour l'essentiel à quelques lycées parisiens, l'association qui fut mise sur pied à partir de 1954 se caractérisa d'abord par son ampleur. Dans le registre des adhérents du Club des amis du *Canard* (CAC) qui a été conservé par *Le Canard enchaîné*, sept cent vingt-six noms sont répertoriés, de toute la France métropolitaine et d'outre-mer, avec une nette majorité de Parisiens et d'habitants du département de la Seine. Tout nouvel adhérent devait être parrainé par un membre de l'association. Des groupes furent créés en Belgique et en Suisse. En France, une structure nationale coiffait les groupements nés d'initiatives locales[499]. Ses statuts, déposés à la préfecture de police le 9 décembre 1954 comme l'y obligeait la loi de 1901, donnaient pour objet à l'association de « grouper les Amis du *Canard enchaîné* et d'organiser, au profit du but moral et intellectuel [*sic*], toutes manifestations, réunions, expositions, concerts, conférences qu'il appartiendra [*sic*], ainsi que, d'une manière générale, d'augmenter le cercle de ceux qui sont fidèles à la mémoire de Maurice Maréchal et de maintenir la tradition de son journal, *Le Canard enchaîné*[500]. »

De fait, le « Club des Amis du *Canard* » organisa de nombreuses manifestations : apéritifs, dîners d'avant et d'après-vacances, dîners-débats, soirées animées par des journalistes du *Canard* ou par des personnalités proches du journal. Un insigne particulier fut créé (un canard par Ferjac, sous forme de broche pour les dames, de bouton pour les hommes), un bulletin de liaison lancé en septembre 1955 ; *Le Coin-Coin des amis du Canard* relaya les initiatives locales et nationales des différents groupes d'amis et ouvrit ses quatre pages petit format à un abondant courrier des lecteurs, à côté de dessins de Lap et de Monier, de textes de chansons bachiques et d'appels à la réérection de la statue de Voltaire, quai de Conti.

Le Club des amis du *Canard* entretenait des liens étroits avec *Le Canard enchaîné.* Le siège de la structure nationale était celui du journal, au 2, rue des Petits-Pères ; ce dernier annonça ou rendit compte régulièrement des réunions et manifestations du club ; les journalistes participaient à ses soirées de gala. Certes, comme le rappela un avis paru dans le *Canard* en mars 1954, c'était aux lecteurs qu'il appartenait de fonder des groupes, mais sitôt cette première étape accomplie, il leur était demandé de se mettre en contact avec le journal. La motivation de la direction du *Canard* était sans doute de perpétuer la mémoire de Maurice Maréchal et d'aider à la tenue de réunions à caractère festif, dans la grande tradition des sociétés chansonnières du XIXe siècle ; elle était surtout d'assurer le développement commercial du journal en faisant du club un outil de promotion. Les statuts de l'association mentionnaient d'ailleurs explicitement cet objectif et le bulletin de liaison comprenait un certain nombre d'appels aux lecteurs pour qu'ils s'abonnent au *Canard enchaîné.* C'est peut-être parce qu'il avait rempli sa mission et cessait d'être utile – les ventes s'envolant à la fin des années 1950 – que le *Canard* cessa de soutenir le club à cette époque ; Roger Fressoz pensait même que Tréno en avait un peu assez du Club des amis du *Canard* dont les exigences en matière d'annonces et de comptes-rendus n'avaient cessé de croître depuis sa création. Le rédacteur en chef du *Canard enchaîné* aurait également redouté que l'accent mis sur le folklore et la tradition du journal n'écartent les nouveaux lecteurs qu'il voulait séduire ; à l'heure où le *Canard* renouait avec le succès, l'« esprit de chapelle des amis du *Canard,* le langage codé et le côté "un contre tous" » (Roger Fressoz) n'étaient plus de mise[501].

Toute idée d'action collective des lecteurs du *Canard* ne disparut pas avec le Club des amis du *Canard* : en 1958 fut créé le Ciné-Club du *Canard,* à l'initiative des journalistes, notamment de Michel Duran et de Morvan Lebesque. Son but, comme l'indiquait ce dernier dans le journal, en mars, était de « passer des films « libres » de ton, d'esprit, des films que les pouvoirs n'aiment pas beaucoup ». C'était une idée ancienne, qui animait déjà l'association Ciné-liberté[502], à l'époque du Front populaire, et que l'on trouve également à l'origine du Club des amis du *Canard* auquel le journal avait initialement assigné l'objectif de « défendre la liberté d'expression au cinéma et au théâtre, ainsi que le droit d'appréciation du spectateur, au besoin par les mêmes armes que les adversaires de ces droits élémentaires » (24 mars 1954). De 1958 à 1962, le Club du *Canard*, rattaché à la Fédération des ciné-clubs, proposa des soirées-débats après la projection de films dont le contenu pouvait être rapproché des options libertaires ou pacifistes du journal. Il organisa des voyages à Bruxelles pour voir des films que la censure française ou la frilosité des distributeurs ne permettaient pas de voir en France : en janvier 1960, un groupe de deux cent trente lecteurs se déplaça pour *Les Sentiers de la gloire* de Stanley Kubrick, en novembre 1962, c'est cinq cents lecteurs que Michel Duran emmena voir *Tu ne tueras point*, de Claude Autant-Lara, dans la capitale belge. Cette affluence s'explique par le contexte de la guerre d'Algérie et l'engouement de l'époque pour cette forme de loisir savant qu'était le ciné-club ; elle montre aussi la capacité du *Canard enchaîné* d'organiser des événements de grande ampleur, l'audience qu'il avait retrouvée auprès de ses lecteurs et la nature des combats dans lesquels la rédaction du journal s'engagea à cette époque.

L'arme cinématographique fut encore utilisée pour contrer l'influence catholique. Celle-ci s'exerçait sur la création par le biais de divers organismes tels que l'Office catholique international du cinéma (OCIC), la Centrale catholique du cinéma, de la radio et de la télévision (CCCRT), l'Office familial de documentation artistique (OFDA). Leurs avis aux producteurs, la « cote morale » des films – placardée dans les églises et publiée dans la presse catholique – et les « notes pour les programmateurs et directeurs de salle » exerçaient une influence non négligeable sur le devenir commercial d'un film. À côté des actions de représailles qui furent envisagées par le *Canard*, la fondation, en 1956, du prix Chevalier-de-la-Barre marqua clairement l'engagement anticlérical de l'hebdomadaire satirique. Ce prix était destiné à récompenser annuellement une œuvre cinématographique qui « exaltait l'esprit de tolérance et de fraternité humaine ou dénonçait l'intolérance et l'injustice de quelque origine qu'elles soient[503] ». Le chevalier de la Barre était ce jeune aristocrate qui, en 1766, avait refusé de se découvrir au passage d'une procession religieuse et qui, dénoncé, subit d'abord la question avant d'être décapité puis brûlé en même temps que *Le Dictionnaire philosophique* de Voltaire découvert chez lui. Le dernier Français à avoir été condamné sur accusation judiciaire de blasphème avait eu sa statue érigée face au Sacré-Cœur de Paris, que la Fédération nationale des libres penseurs venait fleurir tous les 1er juillet – les Allemands la fondirent lors de la Seconde Guerre mondiale[504]. Avant qu'une action soit entreprise par les militants laïques de la capitale pour réinstaller la statue, le prix fondé par le *Canard* et décerné lors du festival de Cannes rappela le souvenir du jeune homme chahuteur devenu martyr de la cause anticléricale. Marcel Pagnol[505], ami proche d'Henri Jeanson, présida le jury composé de Pierre Bost, Louis Daquin, Maurice Deixonne, Henri Jeanson, Pierre Laroche, René Lefèvre, Roger Peyrefitte, Albert Ravé, Raymond Queneau, Émile Languy, Henri Storck, Jeander, Étiemble et des représentants du Centre laïque du cinéma, de la radio et de la télévision[506] ; Tréno représentait le *Canard enchaîné* et Roger Mottelet l'association des Amis du *Canard*. La remise du prix – une réplique miniature de la statue détruite – donnait lieu à des dîners-débats en présence des membres du jury et des artistes. Le premier film récompensé fut *Storm Center* (*Au cœur de la tempête*) de Tadarash, qui stigmatisait le maccarthysme ; en 1966, autre exemple, c'est *La Religieuse* de Rivette qui reçut le prix.

Le souvenir du chevalier de la Barre se prolongea encore d'une autre manière avec ce que le *Canard* appela la « Médaille du Président ». Comme le président de la République René Coty s'était vu offrir par un comité catholique une médaille commémorant le centenaire de l'apparition de la Vierge à Bernadette Soubirous[507], le *Canard* prit l'initiative d'une souscription destinée à offrir au chef de l'État la médaille du chevalier de la Barre. Cinq listes totalisant environ cinq cent cinquante personnes et rassemblant près de 200 000 francs[508] furent publiées dans les numéros du *Canard* de février à mars 1958. Le *Canard* avait lui-même versé cinq mille francs et la plupart de ses journalistes faisaient partie de la première liste ; dans les autres listes on trouvait, au milieu des particuliers, des groupes du mouvement des Auberges de jeunesse, des Sociétés de vigilance laïque, des syndicalistes PTT, l'Union agnostique de Caen, des Sociétés de libre pensée. Tréno demanda au député des Vosges Maurice Poirot de conduire la délégation qui demanderait audience au président de la République[509]. Mais quand la médaille (par Collamarmi) fut prête et la délégation constituée, René Coty n'était déjà plus Président. Le *Canard* remit donc en octobre 1958 la « Médaille du Président » à un souscripteur tiré au sort, au terme d'un banquet à la Maison des journalistes, rue du Louvre, auquel assistaient notamment Roger Peyrefitte, Jean Calvel, Charles Hernu, Guy Valot et l'équipe du *Canard* au grand complet.

Autre exemple de combat auquel la rédaction du *Canard enchaîné* appela ses lecteurs dans les années 1950, l'abolition de la peine de mort suscita de nombreux articles et dessins, surtout à partir de 1958. L'argumentaire développé était des plus classiques : 1) la peine de mort est un acte de barbarie commis par la société ; 2) elle est inefficace pour prévenir les crimes et n'est qu'un instrument de la vengeance collective ; 3) cette vengeance s'accomplit au prix d'erreurs judiciaires par définition irréparables. C'est Pierre Châtelain-Tailhade qui fut le plus virulent sur ce sujet dans toute une série d'articles datant pour l'essentiel des années 1960, instruisant sans relâche « l'affaire de la peine de mort, peine toujours mal justifiée, découlant le plus souvent d'un méli-mélo de hasards et d'arbitraires (lieu géographique du procès, composition du jury, rôle du président, incidents d'audience, etc.); peine absurde puisque d'une inefficacité universellement démontrée; assassinat légal dont la justice elle-même a honte puisqu'elle se cache pour le commettre... » (30 mars 1960). Le journaliste du *Canard* commentait dans cet article de 1960 le livre de l'avocat Albert Naud, *Tu ne tueras pas!* Deux ans et quelques articles abolitionnistes plus tard, Pierre Châtelain-Tailhade invitait les lecteurs du *Canard* à se prononcer sur la peine de mort: 75 000 d'entre eux, assura-t-il en février 1963, avaient signé son appel à l'abolition. La liste en avait été remise à Georgie Viennet, présidente de l'Association française contre la peine de mort, « qui [était] à l'abolition de la peine de mort ce que Louis Lecoin [était] à l'objection de conscience » et dont le *Canard* soutint à plusieurs reprises les initiatives[510].

Louis Lecoin était une vieille connaissance du *Canard enchaîné*: son engagement pacifiste avait déjà été salué dans le *Canard* d'avant-guerre, notamment quand, en août 1939, il était passé en jugement pour des articles parus dans son hebdomadaire pacifiste *SIA*. Ses mémoires parues à compte d'auteur en 1947, *De prison en prison*, furent signalées par Henri Jeanson. Au début du mois de juin 1962, Louis Lecoin entama une grève de la faim qui allait durer vingt-deux jours. De Gaulle – de qui il avait déjà obtenu en 1958 la libération des objecteurs de conscience emprisonnés depuis plus de cinq ans[511] – lui aurait promis l'adoption d'un statut des objecteurs de conscience sitôt signé le cessez-le-feu en Algérie; trois mois après la fin des hostilités, le pacifiste avait décidé de mettre sa vie en jeu pour rappeler au Général ses promesses. « À son âge, notre vieux pote déjà durement touché, voilà quelques années, par la disparition de son admirable femme, et forcément meurtri par toute une vie de militantisme ardent, généreux, héroïque, prend un risque terrible », s'émut Pierre Châtelain-Tailhade le 6 juin[512]; « Holà! les grandes gueules ! Laisserez-vous mourir Louis Lecoin ? », lança Henri Jeanson une semaine plus tard à la une du *Canard*, écrivant que « dans l'état de décomposition où est ce qu'on appelle encore, je ne sais pourquoi, la presse, il n'est qu'un grand journal à grand tirage où l'on puisse parler comme il convient de Lecoin. Et ce journal, bien sûr, c'est notre vieux *Canard*[513]. » Cet appel fut entendu : Yves Montand, Simone Signoret, Jean Cocteau, François Truffaut, Serge Reggiani, Henri-Georges Clouzot, entre autres célébrités, signèrent fin juin une lettre adressée à Lecoin dans laquelle ils affirmaient soutenir son combat et l'adjuraient de mettre un terme à sa grève de la faim, ce qu'il fit.

C'est qu'entre-temps, le gouvernement s'était engagé à déposer un statut des objecteurs de conscience – « un résultat énorme ! », soulignaient les signataires de la lettre.

> « Lecoin a gracié de Gaulle, écrivit Tréno le 27 juin. Gracié aux yeux de tous ceux qui doutaient que cet homme d'État eût un cœur et qui le condamnaient sans circonstances atténuantes pour cette carence. »

Mais une année allait encore s'écouler avant le vote du statut des objecteurs de conscience (qui ne résolut d'ailleurs pas entièrement le problème[514]), année rythmée par les menaces de Lecoin de « remettre ça » et les articles du *Canard* prenant sa défense ou celle de son journal, *La Liberté*[515]. Pour Jeanson, Lecoin était un « saint », Pierre Châtelain-Tailhade le voyait en « saint Vincent de Paul de l'anarchie » et Tréno le présentait toujours comme un « héros », aux dires de Paco Fuzier[516]. Il incarnait par excellence l'antimilitarisme et le pacifisme tels que l'entendait majoritairement la rédaction du *Canard enchaîné* : un combat moral mené par des individus isolés contre une institution toute-puissante.

Toutes ces prises de position et initiatives, en particulier celles qui touchaient à la peine de mort, au pacifisme ou à l'objection de conscience, éveillèrent d'autant plus d'échos parmi les lecteurs du *Canard enchaîné* qu'elles entraient en résonance avec l'engagement du journal en faveur d'une paix juste et négociée en Algérie. Cet engagement explique en grande partie le succès retrouvé du journal.

II

LA GUERRE D'ALGÉRIE

Dans le discours qu'il prononça lors du banquet organisé pour fêter le quarantième anniversaire du *Canard enchaîné*, en 1956, Tréno cita comme les chiffres les plus caractéristiques du redressement du journal ceux de l'Afrique du Nord, notamment de l'Algérie : 7 500 exemplaires à Alger en 1956 contre 3 500 l'année précédente, « ce qui laisse supposer, ajoutait-il, que notre position sur l'Afrique du Nord, aussi nuancée qu'elle puisse paraître, ne reste pas sans écho[517] ».

Cependant, au cours de la première phase de la guerre, de l'insurrection de novembre 1954 jusqu'à l'arrivée du général de Gaulle au pouvoir, en mai 1958, le thème fut inégalement présent dans les colonnes du *Canard enchaîné*. Se basant sur l'étude des « oreilles » qui encadrent la manchette du journal et sur celle des articles rédigés par les principaux journalistes du *Canard* qui s'exprimèrent sur le sujet (Tréno, Morvan Lebesque, Pierre Châtelain-Tailhade *alias* Jérôme Gauthier[518]), Jean-François Phan a noté qu'après deux années, 1954 et 1955, où l'Algérie est peu présente dans le *Canard*, 1956 marque la prise de conscience de la rédaction, qui coïncide avec l'envoi massif du contingent : sont consacrés cette année-là à l'Algérie une quinzaine de manchettes, plus de vingt éditoriaux à la une par Tréno, une douzaine d'articles chacun pour Lebesque et Gauthier en pages deux et trois. L'intérêt reste soutenu pendant 1957 et 1958 mais les chiffres sont un peu en retrait. Les années 1960 à 1962 affichent des résultats très supérieurs, autour de vingt-cinq occurrences tous les ans pour chacun des auteurs et rubriques considérés, parfois trente – soit une moyenne supérieure à 50 % de l'ensemble des articles écrits par ces auteurs durant cette période[519].

Des journalistes...

Le Canard enchaîné n'eut jamais les moyens ni la volonté d'entretenir en Algérie une équipe permanente de correspondants. Seuls trois journalistes du *Canard* y effectuèrent de brefs séjours: Pierre Laroche en 1954 et 1956, Morvan Lebesque en 1957 et 1960, et Jean Clémentin; ce dernier s'y rendit une demi-douzaine de fois[520]. Ces journalistes donnèrent des reportages, trouvèrent (du moins Clémentin) des informateurs. La rubrique de « l'ami Bidasse », qui apparut en août 1956, racontait le quotidien des militaires en Algérie sur la base de renseignements fournis par les intéressés eux-mêmes, « du deuxième classe au commandant en chef » selon Jean Clémentin[521]. La description était si exacte qu'elle conduisit les autorités militaires à chercher à en identifier les sources: le 6 mai 1959, le *Canard* se faisait l'écho des recherches engagées dans ce sens par le service psychologique de la Xe région militaire; les officiers psychologues devaient repérer les cadres suspects, désignés comme « B.E. » (« Bidasse éventuel ») ou « B.P. » (« Bidasse probable »). Le 8 février 1961, le journal rapportait qu'un colonel était chargé, au ministère des Armées, de noter les éléments qui, dans les « Carnets de route de l'ami Bidasse » pouvaient aider à identifier les informateurs du *Canard*. Par ailleurs, les journalistes « travaillaient au corps » les responsables politiques à Paris, au Parlement, dans les ministères, de sorte que le journal fourmillait d'échos qui permettaient de déchiffrer la position de tel ministre ou de tel parlementaire sur la question – par exemple, Roger Fressoz se souvenait de Robert Buron, ministre de la France d'outre-mer dans le cabinet Mendès France puis ministre des Travaux publics dans le gouvernement de Gaulle, comme d'un « grand bavard, ayant toujours des informations à donner[522] ». C'est encore un « membre des milieux gouvernementaux » qui, selon Morvan Lebesque, révéla au journal « l'affaire du bazooka[523] ». Le *Canard* recevait aussi des renseignements en provenance de journalistes extérieurs dont certains éprouvaient des difficultés à placer leurs informations auprès de leur propre rédaction; c'est à cette époque (exactement à l'automne 1961) que Claude Paillat, alors envoyé spécial de *Paris-Presse* en Algérie (il était auparavant chef du bureau d'Afrique du Nord de *Match*), rejoignit l'équipe du *Canard enchaîné*, se signalant notamment par les renseignements très précis qu'il fournit sur le séjour madrilène du général Salan en 1960-1961.

La guerre d'Algérie marque le premier tournant de l'information au *Canard enchaîné*; ou, plus exactement – puisqu'il y a toujours eu de l'information dans le *Canard* –, un premier tournant dans la nature et les méthodes de l'information du journal. Grâce à des journalistes entrés du milieu des années 1950 au début des années 1960, l'image du *Canard* évolua sensiblement, d'un journal certes bien introduit dans les couloirs du Parlement et les antichambres des ministères mais dont l'essentiel du propos consistait en un commentaire satirique d'événements connus de tous, à un journal placé à la pointe de l'information, bénéficiant de renseignements confidentiels et exclusifs en provenance des sources les plus diverses mais toujours proches des lieux de décision.

De ce point de vue, Roger Fressoz, entré au *Canard enchaîné* en 1952, appartenait encore à la vieille école, celle des journalistes parlementaires traquant le député ou pistant le ministre dans l'espoir d'une indiscrétion échappée par mégarde; ce savoyard, né en 1921, licencié ès Lettres, avait fait ses débuts fin 1944 comme critique cinéma à *Cordées* mais avait vraiment commencé sa carrière l'année suivante en entrant au bureau parisien de *L'Union de Reims*, où il devait rester jusqu'en 1967[524]. À *L'Union*, comme à *L'Indépendant de Perpignan* ou à *Franc-Tireur*, il se spécialisa dans l'écho politique et la rubrique parlementaire ; Tréno, qui codirigeait la rédaction de *Franc-Tireur*, lui demanda des échos pour le *Canard* avant de l'engager définitivement à l'hebdomadaire, en 1952 ou 1953. Comme Roger Fressoz l'a maintes fois rappelé, le Palais-Bourbon sous la Quatrième République était sinon le centre du pouvoir, du moins le lieu où se déroulait le spectacle du pouvoir : « C'était un observatoire étonnant, on y voyait le jeu des passions, des vanités, des ambitions[525] » ; « Je ne dis pas qu'autrefois tout se passait au Palais-Bourbon mais tout passait par le Palais-Bourbon[526] » ; la connaissance du jeu politique et des parlementaires qu'avait acquise Roger Fressoz lui permit d'alimenter *Le Canard enchaîné* en informations de premier ordre.

Jean Clémentin, entré quelques années plus tard, introduisit un nouveau style au journal, diversifia ses sources d'information. Sur cet homme clé du *Canard* des années 1960-1970, trop d'éléments encore nous manquent pour que nous puissions nous risquer à un portrait prétendant à la ressemblance mais l'importance de son action au sein du journal est attestée par tous les témoins[527]. Il semble établi qu'il naquit à Douvres-la-Délivrande (Calvados) en 1924, d'un père petit agriculteur, qu'il suivit l'enseignement des Jésuites avant de se lancer dans des études commerciales, qu'il apprit l'allemand. Première zone d'ombre à la fin de la guerre : alla-t-il en Allemagne y travailler volontairement, comme l'affirme le rapport établi par la Direction des renseignements généraux de la Préfecture de police ? Ou s'engagea-t-il dans l'armée à la Libération – ce qui expliquerait sa présence en Allemagne où ses compétences linguistiques pouvaient être utiles ? Cette première alternative ouvre sur une seconde : contracta-t-il un engagement pour échapper aux poursuites intentées contre lui (selon les Renseignements généraux), par goût de l'aventure (selon André Escaro, qui fut l'un de ses plus proches amis), ou effectua-t-il simplement à cette époque son service militaire (comme nous l'écrivit Claude Paillat, un autre de ses amis proches) ? Toujours est-il qu'il partit en Indochine, d'abord comme soldat (rapidement détaché au service d'information) puis comme journaliste pour le compte de l'*Associated Press*. Les rapports de police le présentent à cette époque tantôt comme un activiste communiste pro-indépendantiste, tantôt comme un pacifiste d'extrême gauche, faisant l'objet en 1953 d'une enquête pour « participation volontaire à une entreprise de démoralisation de l'armée et de la nation ». Ses collaborations pendant la période indochinoise et après son retour en France, en 1950, le situent en tout cas clairement à gauche : *Combat, Action, Les Temps modernes, Les Cahiers internationaux, Regards, Libération*. Comme Fressoz, Clémentin commença par donner quelques échos au *Canard enchaîné* avant d'y être embauché à titre définitif à la fin des années 1950. Lui-même fit entrer en 1961 Claude Paillat après un long entretien où celui-ci lui résuma la teneur de son livre-enquête à paraître, *Le Dossier secret de l'Algérie 1958-1961*[528].

Les contacts de Clémentin dans l'armée, ceux de Paillat « au sein de la société dirigeante et des clubs mondains[529] » enrichirent considérablement le contenu du *Canard enchaîné* d'informations en provenance de milieux jusqu'alors fermés ou hostiles au journal. Grâce à Jean Clémentin et aux journalistes et informateurs qui l'entouraient, *Le Canard enchaîné* put s'adapter au déplacement – politique, institutionnel, géographique – du pouvoir qui fut le signe le plus visible et le plus immédiat de l'arrivée de De Gaulle à la tête de l'État en 1958 ; avec la fondation de la Cinquième République en effet, le Palais-Bourbon cessa d'être le principal centre pourvoyeur d'informations, remplacé par l'Élysée, les ministères, les administrations. Cette diversification des sources d'information n'allait pas de soi ; certains, au journal, craignirent un noyautage ou à tout le moins une dérive droitière en raison de la présence de gens comme

Pierre Fontaine, spécialiste des questions pétrolières, ou Claude Paillat – ce dernier attribua à cette méfiance originelle son éviction en 1985, « les gens « de gauche » voyant en [lui] le dernier « anarchiste de droite » encore présent dans la Maison[530] ».

La guerre d'Algérie eut un effet bénéfique sur les tirages du *Canard enchaîné*: de 1954 à 1962, ils furent multipliés presque par trois; les numéros qui connurent les tirages les plus élevés des années 1960 et 1961 sortirent dans un contexte saturé par l'actualité algérienne (le numéro du 2 mars 1960 se situe entre la « semaine des barricades » et la « tournée des popotes »; le numéro du 18 octobre 1961 sort juste après la sanglante répression des manifestations musulmanes à Paris). Il est bien possible que la qualité nouvelle des informations dont disposait *Le Canard enchaîné*, surtout en un temps et sur un sujet où celles-ci étaient une denrée rare et précieuse, ait suffi à attirer à lui de nouveaux lecteurs. Nous pensons cependant que les prises de position du journal, le commentaire et l'indignation, jouèrent également un rôle déterminant dans le succès du journal à cette époque; le *Canard* adopta un style plus combatif; pour beaucoup de ses journalistes, la guerre d'Algérie était plus qu'un sujet, c'était une cause et de nombreux lecteurs se reconnurent dans leur engagement.

Tréno, Gauthier, Lebesque furent les principaux rédacteurs engagés dans ce combat – nous avons déjà présenté le premier, rédacteur en chef de 1944 jusqu'à sa mort en 1969, disons quelques mots des deux autres. Jérôme Gauthier – ou Valentine de Coin-Coin ou Clément Ledoux – s'appelait en réalité Pierre Châtelain-Tailhade. Né en 1904 à Vitry-sur-Seine, il avait épousé en 1927 la fille du polémiste anarchiste Laurent Tailhade et hérité de son beau-père, outre la moitié de son nom, une bonne part de sa véhémence libertaire. Deux ans auparavant, il avait été déclaré insoumis et s'était réfugié en Belgique. De son exil bruxellois, il collabora notamment au journal pacifiste *La Nature humaine*, au *Merle blanc*, au *Canard enchaîné* – il écrivit dans le journal de Maurice Maréchal à partir de 1932 et, mis à part une interruption entre 1936 et 1938, régulièrement jusqu'à la guerre. On ne retrouve pas sa signature à la Libération[531]. Il reprit sa collaboration au *Canard* au début des années 1950, d'abord sous le pseudonyme de Valentine de Coin-Coin pour la rubrique « Le Courrier des Canettes » – un pastiche des courriers du cœur des journaux féminins devenu, au fil du temps, une rubrique « sérieuse » où s'exprimait un certain progressisme en matière de mœurs[532] – puis, en 1953, sous ceux de Jérôme Gauthier et d'Arsène ex-Lupin, bientôt rejoints par le Cousin Jérôme (tous trois spécialisés dans l'indignation anti-étatique, antimilitariste, antipolicière, développée notamment dans la rubrique « Faits divers ») et enfin, en 1954, sous celui de Clément Ledoux (et même, en 1966, « la Doucette Clément » !), chargé d'abord de la critique radiophonique puis, à partir du milieu des années 1960, de la critique télévisuelle (« La Boîte aux images »). Pendant de nombreuses années, Pierre Châtelain-Tailhade tint *en même temps* toutes ces rubriques signées de ses divers pseudonymes ; par sa longévité et la diversité de ses articles, il fut un journaliste parmi les plus importants du *Canard enchaîné* des années 1950 aux années 1970.

Morvan Lebesque (de son vrai nom : Maurice Lebesque) était un autre de ces journalistes du *Canard* qui avait à se faire pardonner une guerre peu glorieuse ; ce Nantais né en 1911 commença de collaborer à l'hebdomadaire satirique en 1952, trouvant tout de suite sa rubrique (en page deux, une chronique d'humeur) et son style, entre polémique et pamphlet, pessimisme actif et humanisme laïc ; Albert Camus était son modèle, son idole. Il acquit rapidement une très grande popularité auprès des lecteurs du *Canard enchaîné*, comme en témoigne le courrier abondant et élogieux qui lui fut adressé ; mais il se tint en marge du reste de la rédaction, dont il prisait peu la convivialité bachique et l'ironie calembouresque – rapidement, il se contenta d'envoyer ses papiers par la poste ou par coursier et n'apparut plus que pour les grandes occasions.

D'autres rédacteurs, dessinateurs, secrétaires de rédaction entrèrent au *Canard enchaîné* pendant la guerre d'Algérie : Roland Bacri[533], Charles Bernard, Max de Bonnefous de Caminel, Robert Escarpit, Luc Étienne, René Lefèvre, Roger Semet pour les rédacteurs et secrétaires de rédaction ; Claude et Moisan pour les dessinateurs.

... et une cause

Les débuts de la guerre d'Algérie (1954-1956)

L'Algérie du *Canard enchaîné* de l'entre-deux-guerres ne se distinguait pas du reste du Maghreb ni même du reste de l'Afrique ; c'était un lieu pittoresque peuplé de Noirs parlant petit nègre et qui servait de miroir aux ridicules et scandales de la métropole. C'est bien l'insurrection du 1er novembre 1954 qui éveilla l'intérêt du *Canard* – et de la plupart des titres de la presse française – pour cette région du monde. Les premiers articles datent du mois de décembre 1954 : Pierre Laroche y coud ensemble des scènes de la vie quotidienne qui sont autant d'accusations contre l'ordre colonial ; le sénateur Henri Borgeaud, le député Georges Blachette fournissent le type du grand colon, arrogant, raciste, hostile au statut de 1947 (d'ailleurs non appliqué) et ayant construit sa fortune sur l'exploitation des indigènes. Les méthodes de l'armée et des services de renseignements y sont déjà stigmatisées, la torture dénoncée. Les dessins de Lap et de Kb2 qui paraissent dans ce numéro du 1er décembre 1954 sont encore assez discrets mais vont dans le même sens.

Le ton était donné. La dénonciation des grands colons – que Châtelain-Tailhade appelait les « fellagras » – et du système établi à leur profit fut l'une des constantes de la campagne menée par la rédaction du *Canard enchaîné* tout au long de la guerre d'Algérie. Leur responsabilité dans le déclenchement de la guerre, engagée tant par leur refus ancien des réformes nécessaires que par leur violence actuelle, fut soulignée. Le plus souvent, les journalistes du *Canard* parvinrent à les distinguer du reste de la population d'origine européenne ; parfois, ils confondirent les uns et les autres dans une même réprobation. L'injustice qui caractérisait les rapports entre pieds-noirs et musulmans interdisait d'ajouter foi au thème de l'« œuvre civilisatrice » de la France ; mythe ou échec, celle-ci fut niée par Lebesque aussi bien que par Gauthier, ce dernier retraçant à plusieurs reprises la calamiteuse histoire de la colonisation française de l'Algérie. La mission de la France cachait mal, selon le *Canard*, des intérêts économiques autrement plus substantiels : concurremment avec l'intransigeance du colonat, l'explication de la guerre d'Algérie par l'enjeu pétrolier domina le raisonnement du journal jusqu'en 1958[534]. Mais l'intérêt des grandes compagnies pétrolières ou même de l'État n'était pas celui du « Français moyen » : tout au contraire, soutenait le *Canard*, l'Algérie représentait un fardeau financier pour le contribuable. On retrouve ici l'anticolonialisme économique que l'on avait déjà relevé pendant la guerre d'Indochine. Empruntant ses chiffres au rapporteur de la commission des Finances à l'Assemblée, Tréno énuméra en mars 1956 les charges que représentait l'Algérie ; son article s'achevait sur cette prédiction :

> « La France deviendra peu à peu un pays de clochards sans que la situation des prolifiques Algériens en soit le moins du monde améliorée. […] Au train où vont les choses, avant cinquante ans, 45 millions de Français devront entretenir 45 millions d'Arabes. D'aucuns continueront d'appeler cela la colonisation. D'autres diront : l'esclavage. (Des Français, bien entendu.) Qu'on ne nous reproche pas de manquer de cœur. Nous avons simplement laissé parler les chiffres. » (14 mars 1956).

L'ambiguïté de l'argument économique n'échappait pas au rédacteur en chef du *Canard enchaîné*: peuple dominant et peuple dominé échangeaient leurs positions, la libération attendue était celle des dominants, la justification de la décolonisation n'était plus fournie par l'humanisme généreux mais par l'intérêt bien compris. Jusqu'à quel point la rédaction du *Canard* fit-elle sien ce type d'arguments, il est bien difficile de le savoir; il est de fait qu'elle y revint souvent et jusqu'en 1962. L'argent investi en pure perte dans les colonies (sans que l'on sache très bien s'il s'agissait, dans l'esprit de Tréno, de l'argent de la guerre ou de celui consacré au développement économique de l'Afrique du Nord) fut constamment rapporté à l'abandon dans lequel était tenu le territoire métropolitain; ainsi en juin 1961 l'agitation de la paysannerie française, bretonne en particulier, fut-elle interprétée non comme une nouvelle manifestation de l'éternelle cupidité des campagnes (comme le *Canard* avait accoutumé de le faire), mais comme la révolte légitime de Français négligés par un État qui préférait dépenser des milliards en Algérie plutôt que de construire hôpitaux et écoles en métropole. Cet argument était en contradiction avec le regret, maintes fois exprimé par le *Canard*, que l'on n'eût pas accordé à la population algérienne, quand il en était encore temps, l'égalité de plein droit dans le cadre de la République française. Il est permis de penser que l'intégration paraissait aux journalistes du *Canard* plus redoutable que souhaitable; en 1958 en tout cas, au moment où les partisans de l'Algérie française en découvraient – bien tard et non sans arrière-pensée – les vertus, elle avait, selon le journal, cessé d'être possible.

Égoïste ou altruiste, la conception que la rédaction du *Canard* avait des rapports entre métropole et Algérie débouchait toujours sur le souhait d'une séparation; l'indépendance du Maroc et de la Tunisie, précisément en mars 1956, fut accueillie par le *Canard* avec soulagement et comme un exemple à suivre. « Le sultan reconnaît l'indépendance de la France » titra le journal; qu'attendaient les Algériens, pieds-noirs et musulmans, pour en faire autant ? Les situations de l'Algérie et des protectorats étaient cependant bien différentes, et les journalistes du *Canard* ne l'ignoraient pas. L'existence d'une communauté européenne nombreuse, anciennement implantée et qui ne voulait pas de l'indépendance rendait les choses infiniment plus compliquées.

> « Pour l'instant, le problème est là : neuf millions de musulmans contre un million de Français. La solution est une simple addition : dix millions d'Algériens. Il semble qu'elle ne soit pas encore au point. Légitimement exacerbés [*sic*] par les crimes et les excès commis des deux côtés, les deux éléments de la *nation* algérienne voient se creuser entre eux un fossé de haine. Comment les uns et les autres comptent-ils en sortir ? Faut-il tuer neuf millions d'Algériens musulmans ? Faut-il jeter à la mer un million d'Algériens d'origine française ? Ou faut-il préparer une communauté où les fils des premiers et les fils des seconds pourront enfin vivre et travailler en paix ? Une communauté où il n'y aura plus de *premiers* et de *seconds.* » (29 février 1956).

L'alternative n'était pas entre la réconciliation des communautés et l'indépendance ; l'indépendance passait par la réconciliation. De sorte que le *Canard* n'était pas obligé de renoncer à son idée de séparation pour souhaiter que pieds-noirs et musulmans trouvent un terrain d'entente. Reste que la mise à plat des torts respectifs rendait singulièrement plus complexe la vision que la rédaction du *Canard enchaîné* avait du problème algérien. Il n'y avait plus d'un côté des exploiteurs d'origine française et de l'autre des exploités indigènes mais, dans chacune des deux communautés, des hommes de bonne volonté entraînés vers l'abîme par la logique de guerre et leurs extrémistes respectifs. Poussant jusqu'au bout –

jusqu'à la déréalisation – la volonté de rompre avec le manichéisme simpliste qui organisait selon lui les représentations communes du conflit algérien – y compris au *Canard enchaîné* –, Morvan Lebesque en vint à ne plus pouvoir trouver nulle part de coupables; la guerre nourrissait la guerre, expliqua-t-il, bourreaux et victimes étaient indistinctement mêlés.

Le *Canard* voulut contribuer au dialogue entre les pacifiques; ainsi en mars 1956, il permit aux différents points de vue de s'exprimer dans ses colonnes. Extrayant de l'abondant courrier qu'il avait reçu les arguments les plus significatifs, il les mit dans la bouche de quatre personnages fictifs, sorte d'*ideal-types* de la population algérienne et française: Lavigne, « petit colon français d'Algérie », Bertrand, « instituteur français d'Afrique du Nord », Mustapha, « étudiant musulman nationaliste » et Pradier, « professeur français de Paris, anticolonialiste ». La forme du débat était caractéristique d'un certain type de « populisme » propre au *Canard*: les « petits » ou les « moyens », le peuple, les gens-comme-tout-le-monde (mais quand même, le plus souvent, des étudiants ou des enseignants) désiraient la paix; seule une minorité de violents y faisait obstacle[535]. Il ressortait de la discussion la légitimité de la colère musulmane, la non moins légitime aspiration des petits colons à demeurer sur la terre qui les avait vus naître, la condamnation des violences d'où qu'elles vinssent et l'appel à une solution négociée, politique, du conflit.

Cet appel, les journalistes du *Canard* espéraient que le gouvernement de Guy Mollet l'entendrait; le nouveau président du Conseil, investi le 5 février 1956, n'avait-il pas déclaré pendant la campagne électorale que la guerre d'Algérie était « imbécile et sans issue »? N'était-il pas à la tête d'une coalition de gauche, le Front républicain, qui succédait à un gouvernement dominé par le très détesté MRP[536]? L'illusion dura peu de temps (même si les traces en restèrent quelques mois visibles) puisqu'il apparut bien vite que Guy Mollet, « retourné » par les pieds-noirs qui le reçurent avec des tomates lors de sa visite à Alger au lendemain de son investiture, n'entendait pas rompre avec la politique de ses prédécesseurs mais au contraire accroître la présence militaire de la France en Algérie. La participation française à l'intervention en Égypte, en novembre 1956, ajouta encore à l'image belliqueuse du président du Conseil[537]. De sorte qu'en janvier 1957, faisant le bilan d'un an de Front républicain, Tréno accusa Guy Mollet (et le Résident général Robert Lacoste) d'avoir trahi engagements électoraux et convictions socialistes ; il est vrai qu'aucun dirigeant ou parti politique ne trouvait alors grâce à ses yeux et que, selon lui, les gouvernements Bourgès-Maunoury et Gaillard ne firent par la suite guère mieux que celui dirigé par le secrétaire général de la SFIO.

Les journalistes du *Canard enchaîné* luttèrent à la fois contre le gouvernement et contre les jusqu'auboutistes de l'Algérie française. Ils trouvèrent de leur propre aveu des alliés à *Europe 1*, *France-Observateur*, *L'Express*, *Témoignage chrétien*, *La Croix*, *Les Temps modernes*, *Le Monde*[538], ils en trouvèrent aussi chez les francs-maçons, les libres penseurs, parmi les intellectuels, Albert Camus et Jean-Paul Sartre en tête. Les saisies de journaux, les poursuites contre les journalistes (Robert Barrat en septembre 1955, Claude Bourdet en avril 1956[539]) furent dénoncées, même quand ceux-ci n'appartenaient pas au camp dont se réclamait le *Canard*. Pourtant, l'hebdomadaire satirique fut relativement épargné par la censure : Jean-François Phan signale seulement deux saisies administratives avant 1958 (les numéros du 10 octobre et du 17 novembre 1956 furent saisis à Oran sur ordre du préfet Lambert)[540]. Le *Canard* fournit en juin 1958 l'explication de la mansuétude des autorités à son égard : « On demandait un jour à Robert Lacoste, alors proconsul à Alger, pourquoi il ne faisait jamais saisir le *Canard*. – Je ne veux pas passer pour un c..., répondit-il[541]. » Ainsi protégé par sa nature de journal satirique, *Le Canard enchaîné* put se permettre les plus vives attaques contre la politique du gouvernement et les pratiques de l'armée. On le vit dans le traitement qu'il fit de l'affaire Maurice Audin[542]. On le vit encore lorsque, dans le numéro du 12 mars 1958, parurent, en petits caractères et barrés d'une croix mais tout à fait lisibles, deux articles que *France-Observateur* et *L'Express* avaient été contraints d'ôter pour pouvoir paraître, le premier d'André Philip sur le bombardement par l'aviation française du village tunisien de Sakhiet[543] (« Le Suicide de la France »), le second de Jean-Paul Sartre à propos de la torture et du livre d'Henri Alleg, *La Question* (« Une victoire »[544]). La dénonciation des exactions de l'armée répondait, selon Tréno, à la fois au devoir de vérité et au devoir de justice. À l'instar de beaucoup d'intellectuels de la gauche française, les journalistes du *Canard* avaient le sentiment de vivre un nouvel épisode de la lutte qui, depuis l'affaire Dreyfus au moins, opposait la raison d'État et la morale des droits de l'homme ; la constante référence à Émile Zola dans les articles du *Canard* de cette époque est un indice probant de cette hantise.

Ce faisant, le *Canard* se rangeait parmi les « traîtres » et les « défaitistes » que dénonçaient Georges Bidault ou Jacques Soustelle au début de la guerre. D'intéressantes représentations figurent amis et ennemis du *Canard* aux différentes étapes du conflit : en mai 1956, Ferjac dessine un canard fusillé par un peloton comprenant Jean-Louis Tixier-Vignancourt, Pierre Poujade, Jacques Chaban-Delmas, Jean-Baptiste Biaggi, Roger Duchet, Georges Bidault, Pierre-Henri Teitgen ; en juillet 1957, le même dessinateur représente un camp d'internement gardé par Biaggi, Duchet, Tixier-Vignancourt mais aussi Maurice Bourgès-Maunoury et Robert Lacoste ; dans ce camp sont enfermés, avec un canard (et lisant *Le Monde* et *Témoignage chrétien*) Daniel Mayer, Gaston Defferre, François Mauriac, Jean-Paul Sartre, Pierre Mendès France, Claude Bourdet, Édouard Depreux. Telles étaient encore, selon le *Canard*, les forces en présence à la veille de la journée du 13 mai et du retour du général de Gaulle au pouvoir.

La fin de la guerre d'Algérie (1958-1962)

Pour qui relit la presse du début de l'année 1958, le retour de Gaulle était annoncé par la place croissante que le personnage prit en quelques mois dans les esprits et les articles des journalistes. *Le Canard enchaîné* ne fit pas exception : le numéro du 5 mars 1958 marqua le grand retour du Général dans ses colonnes ; il ne devait plus les quitter avant 1970. La position de la rédaction du *Canard* à l'égard de ce qui n'était encore qu'une hypothèse était défavorable mais non sans nuances. Ce qui amusait, irritait, inquiétait les journalistes du *Canard*, c'était le costume du sauveur providentiel que l'exilé de Colombey endossait avec tant de naturel sous les vivats d'une foule hétéroclite ; par ailleurs, les rôles que les uns et les autres espéraient lui voir jouer étaient si divers, le silence que l'intéressé avait observé depuis 1956 laissait tant de place à l'imagination, que même une contribution positive au règlement du conflit algérien n'était pas à exclure.

Le 13 mai dissipa certains doutes, en fit naître d'autres. Le numéro du *Canard enchaîné* qui parut le lendemain de l'insurrection algéroise n'en parlait pas ; imprimé le 14 au matin, il ne disposait pas des informations nécessaires. Ce n'est que le 16 que Tréno fit paraître un numéro spécial, sur deux pages, proclamant la République en danger ; et le 21, que les conséquences de la journée du 13 mai et le rôle joué par, ou attribué à de Gaulle formèrent l'essentiel des informations de l'hebdomadaire satirique[545]. Pour Ferjac, Marianne était menacée par de Gaulle manipulant le général Massu ; pour Moisan, elle était tiraillée entre de Gaulle et le président Coty. Tous les articles mettaient en doute l'attachement du Général à la République, parlaient de « coup d'État *new-look* » ; son hostilité jamais démentie à la Constitution de la Quatrième République, aux partis, voire au Parlement était rappelée ; Gabriel Macé lui prêta l'intention de recourir au plébiscite pour accéder à la présidence du Conseil tandis que Tréno, faisant parler « M. Durand-

Dupont, citoyen français », disait sa préférence pour une consultation électorale classique.

Après que le général de Gaulle eut obtenu les pleins pouvoirs de l'Assemblée, le 2 juin, Ferjac représenta par un dessin ceux qui avaient triomphé avec lui : derrière les principaux *leaders* politiques venaient les « bandits corses » (les militaires insurgés s'étaient rendu maîtres de la Corse les 24 et 25 mai), Jacques Soustelle, Robert Lacoste, les généraux Massu et Salan, Alain de Sérigny (le directeur ultra de *L'Écho d'Alger*), l'orchestre des journaux de droite (*L'Aurore, Le Figaro*), les anciens cagoulards, les activistes du mouvement Jeune Nation et de la milice de Rivarol, les fidèles de la paroisse, très marquée à droite, de Saint-Pierre de Chaillot et d'autres groupes qui, pour être imaginaires, n'en étaient pas moins très révélateurs de la perception qu'avait le dessinateur des soutiens du Général (les « anciens de la brosse à reluire », le « Syndicat national des journalistes-sic », les « tireurs des toits », ces derniers reliant explicitement de Gaulle aux nostalgiques de la collaboration). Mais les échos des pages intérieures soulignaient l'absence des « trois S » (Salan, Soustelle, Sérigny) dans le nouveau gouvernement, où figuraient par ailleurs les représentants de la plupart des grands partis, et rapportaient les propos très durs échangés, par confidents interposés, entre de Gaulle et les ultras d'Alger. De sorte que Tréno pouvait déjà se demander qui, des gaullistes de gauche ou des gaullistes de droite, seraient les « premiers cocus » (4 juin 1958).

En attendant, l'une des conséquences immédiates des événements du 13 mai fut la multiplication des saisies administratives qui frappèrent le *Canard* en Algérie[546]. Les treize numéros qui se succédèrent du 13 mai au 30 juillet 1958 furent tous saisis ainsi que ceux du 27 août et du 10 septembre de la même année. Après la saisie du numéro du 4 juin 1958, Tréno envoya au nouveau ministre des Affaires culturelles André Malraux un télégramme ainsi rédigé : « Protestons contre saisie *Canard enchaîné* à Alger. Nous nous imaginions qu'autorité République était rétablie et libertés garanties. »

Durant l'été 1958, l'administration du *Canard* envoya le journal sous enveloppe banalisée en Algérie.

Dans les années qui suivirent, d'autres saisies furent ordonnées mais à un rythme très inférieur : en 1959, le numéro du 9 décembre, en 1960 celui du 16 novembre[547]. Pour autant, la censure en bonne et due forme ne fut établie que pour peu de temps, à la suite de l'instauration de l'état d'urgence le 17 mai 1958. N'ayant jamais admis qu'elle était en guerre contre l'Algérie, la République française ne put utiliser les outils préventifs et répressifs liés à une telle situation ; la presse en profita, qui fut plus libre pendant la guerre d'Algérie qu'elle ne l'avait été pendant les deux conflits mondiaux. *Le Canard* signala régulièrement les mesures qui frappaient les confrères dont la sensibilité était proche de la sienne ; il s'éleva également contre celles qui visaient des organes plus éloignés voire hostiles : *Rivarol* en juillet 1959, *L'Aurore*, *Paris-Presse* et *France-Soir* en septembre 1960, *Aspects de la France* en avril 1962. « Une seule chose nous unit à eux tous, et parfois malgré nous, expliqua Pierre Châtelain-Tailhade : la haine de tous les pouvoirs à l'égard de toutes les libertés et d'abord celle de l'expression[548]. »

Le Canard enchaîné ne ménagea pas ses critiques envers le nouveau pouvoir qui n'avait pas mis fin aux exactions de l'armée française. Aux alliés de la première heure vinrent s'ajouter ponctuellement ou régulièrement la Ligue des droits de l'homme (le numéro du 29 mars 1961 cite une lettre de Daniel Mayer, président de la Ligue, se disant « en accord avec la plupart des thèses du *Canard* sur les droits de l'homme »), les étudiants de l'UNEF[549], les signataires du manifeste des 121[550], et même l'épiscopat français[551] ; les journalistes du *Canard* s'engagèrent aussi aux côtés de ceux que la justice poursuivait en raison de leur opposition à la guerre d'Algérie[552]. C'est toutefois un autre procès, dont il était cette fois l'accusé, qui permit au *Canard enchaîné* de prendre la mesure de son audience dans la fraction de l'opinion publique hostile à la guerre.

Le 1er mars 1961 parut un article intitulé « Les fils de généraux ne meurent pas dans leur lit » et signé par Jérôme Gauthier (Pierre Châtelain-Tailhade) ; les officiers de l'armée française y étaient dépeints comme des « professionnels du carnage » à « l'esprit demeuré », « se prévalant d'un alibi de province : la patrie ». Cet article ne déclencha d'abord aucune réaction officielle et l'ensemble du numéro ne fut d'ailleurs ni bloqué ni saisi à Alger. La citation à comparaître devant la dix-septième Chambre correctionnelle du département de la Seine qui parvint au journal trois mois plus tard n'en parut que plus surprenante. Pierre Messmer, ministre des Armées, poursuivait Jérôme Gauthier et *Le Canard enchaîné* pour « injures publiques à un corps constitué » ; l'ensemble de l'article était visé et notamment les passages que nous avons cités[553].

La rédaction répondit par un article collectif dans le numéro du 31 mai 1961, par des dessins de Lap, Ferjac, Moisan, des articles de Tréno, Morvan Lebesque, Jérôme Gauthier, par un florilège de citations littéraires et politiques – de Montaigne à Albert Camus, de Clemenceau à... Charles de Gaulle – constituant autant d'« insultes à l'armée » que n'avait poursuivies aucun gouvernement ; elle produisit également les témoignages de soutien de ses lecteurs[554] et les réactions, le plus souvent hostiles à la décision du gouvernement, de la presse française et étrangère ; des pages spéciales intitulées « L'ex-*Canard enchaîné* » puis « Le Canard emmesmerdé » regroupèrent régulièrement les articles consacrés à l'affaire. Au cours des mois qui suivirent, les journalistes s'interrogèrent sur les véritables mobiles du ministre des Armées ; quatre explications furent avancées. La première faisait des poursuites intentées par le gouvernement une vengeance après les révélations de l'hebdomadaire sur le Comptoir national du logement[555] ; la vengeance pouvait aussi être celle de l'entourage du comte de Paris – auquel les journalistes du *Canard* prêtaient une grande influence sur de Gaulle et son gouvernement – que Pierre Châtelain-Tailhade avait malmené dans son article ; des dissensions au sein du gouvernement fournissaient une troisième explication, selon laquelle Michel Debré aurait voulu embarrasser Pierre Messmer en lui faisant endosser le costume du Père fouettard ; enfin – et nous pencherions plutôt pour cette dernière explication –, ces poursuites pouvaient correspondre à une compensation accordée à l'armée ainsi qu'à la partie de l'opinion publique qui lui était favorable au moment où l'on jugeait les généraux Challe et Zeller et où l'institution militaire était de plus en plus vivement critiquée pour ses agissements en Algérie[556]. S'y ajoutait peut-être la volonté du pouvoir de démontrer que ce journal satirique, qu'aucun gouvernement n'avait encore poursuivi depuis la fin de la Première Guerre mondiale, n'était pas intouchable.

En un sens, la démonstration fut donnée, puisque le 11 janvier 1963 – le délai entre les faits et le jugement montre assez l'embarras du pouvoir et des autorités judiciaires[557] –, les magistrats de la Chambre correctionnelle, considérant que le texte incriminé renfermait « incontestablement, à l'égard de l'armée, des expressions outrageantes, termes de mépris et invectives constituant des injures » selon les termes de la loi, que « le ton de l'ensemble de l'article et les termes ci-dessus rappelés démontr[aient] bien que l'intention de l'auteur n'était pas de stigmatiser des actes individuels blâmables mais bien, à quelque mobile qu'il [eût] obéi, d'outrager et de déconsidérer l'ensemble de l'armée », les magistrats déclarèrent Jeanne Maréchal coupable du délit d'injures publiques envers l'armée et la condamnèrent à mille francs d'amende ainsi qu'aux dépens[558]. Mais, comme s'en félicita la rédaction du *Canard enchaîné*, le retentissement donné à cette affaire et au jugement assura la promotion de l'hebdomadaire satirique bien mieux qu'une campagne publicitaire classique ne l'aurait fait ; pour des milliers de lecteurs supplémentaires (20 000 selon une estimation fournie par Jean Clémentin) ainsi que pour une bonne partie de la presse étrangère, le *Canard* était devenu par excellence le journal de l'opposition au pouvoir. Le procès Messmer déclencha un vaste mouvement de sympathie – curiosité ou soutien – en faveur du journal : le numéro du 16 janvier 1963, qui succédait au jugement rendu en défaveur du *Canard*, réalisa le plus fort tirage de l'année 1963.

Cette réputation n'était pas sans danger, en particulier celui d'apparaître comme un journal pro-FLN, ce que le *Canard* n'était pas ; il le rappela périodiquement dans des articles dénonçant les méthodes et le « racisme à rebours » de la résistance algérienne. Ces réserves apparurent de nouveau en septembre 1960, à l'occasion de la querelle des manifestes et du procès Francis Jeanson : le recours à l'insoumission pouvait rencontrer la sympathie de tel ou tel rédacteur du journal, l'aide directe aux combattants du FLN ne fut jamais envisagée[559]. Ce n'était pas seulement que la rédaction se refusait – par prudence ou par solidarité avec les « bidasses » – à appeler à la trahison ; elle éprouvait aussi, et particulièrement Tréno, une grande méfiance envers la principale organisation politique et combattante algérienne. Lorsque l'Algérie lui fut remise, aux termes des accords d'Évian de mars 1962, le rédacteur en chef du *Canard enchaîné* exprima son inquiétude au moyen d'un dialogue entre « Ahmed, musulman d'Algérie » et « Gonzalès, rapatrié » dans lequel les chefs de la résistance algérienne étaient décrits comme les « saboteurs de l'Algérie nouvelle » confisquant à leur profit la victoire du peuple algérien[560]. La parole fut également donnée aux « pieds-noirs sincères » qui protestèrent dans le *Canard* contre l'amalgame fait par la presse de gauche entre le grand colonat et les activités de l'OAS d'une part, la majorité modeste et paisible des pieds-noirs d'autre part. L'exil forcé de ces derniers fut un nouveau sujet d'indignation pour le rédacteur en chef du *Canard enchaîné* qui lui consacra des articles dont on peut penser que toute trace de remords n'était pas absente[561]. Un Châtelain-Tailhade, un Lebesque firent en 1962-1963 des bilans de la guerre dans lesquels ils s'interrogèrent également sur leur propre traitement du conflit, pour conclure qu'il avait été équilibré mais n'avait pas toujours évité les erreurs et les simplifications abusives.

En mai 1958, on n'en était pas encore là. La réponse à la question posée par Tréno au lendemain de la prise du pouvoir par le général de Gaulle – qui trahirait-il en premier, ses soutiens de droite ou ceux de gauche ? – mit quelque temps à être apportée et, quand elle le fut, les détours de la politique suivie par le Général semblèrent parfois la démentir. Les intentions du chef de l'État restèrent en effet longtemps obscures, ses propos suscitèrent des interprétations divergentes, son plan – s'il existait – demeurait caché. En juin 1958, Gabriel Macé signalait l'apparition d'un nouveau métier : « interprète des discours de De Gaulle » ; selon que c'était le Président ou le Général qui s'exprimait, selon qu'il s'adressait aux « ultras » ou aux « républicains », l'interprétation d'une même déclaration différait considérablement. La réponse était d'autant moins aisée à fournir que l'interrogation sur l'Algérie se doublait d'une autre, qui interférait sans cesse avec elle, portant sur les projets nourris par de Gaulle en matière constitutionnelle. À la question : « De Gaulle est-il partisan de l'intégration souhaitée par les ultras et de la guerre à outrance contre le FLN ou est-il ouvert à d'autres hypothèses sur l'avenir de l'Algérie et, dans tous les cas, à une solution négociée ? » s'ajoutait cette autre : « De Gaulle est-il le meilleur défenseur de la République ou son fossoyeur ? » Les deux questions pouvaient appeler des réponses contradictoires tout en se recoupant en partie, dans la mesure notamment où les ultras représentaient une menace directe contre la République. Toutes les prises de position des journalistes du *Canard enchaîné* entre 1958 et 1962 – en particulier de Tréno – sont à replacer dans ce double questionnement.

Concernant la question algérienne, il apparut au fil des mois que les « gaullistes de droite », ceux du moins qui avaient compté sur de Gaulle pour maintenir à tout prix l'Algérie dans le giron français, avaient fait un plus mauvais calcul que les « gaullistes de gauche ». Le mois d'octobre 1958 marqua à cet égard une étape importante selon *Le Canard enchaîné* : si le discours de Constantine du 3 octobre, prononcé à l'occasion du quatrième voyage du Général en Algérie, semblait la mise en œuvre de la politique d'intégration souhaitée par les partisans de l'Algérie française, les initiatives prises dans le courant du mois furent interprétées par l'équipe du *Canard* comme autant de signes encourageants, en particulier la remise au pas de l'armée. Le discours du 23 (avec sa fameuse « paix des braves ») parut engager la France sur la voie de négociations directes avec le FLN. Dès lors, comme l'affirma Tréno – avec une hâte qui n'avait d'égal que l'empressement des « intégrationnistes » à interpréter les propos sybillins du Général dans le sens qui leur était le plus favorable – les « premiers cocus [étaient] les types qui [avaient] hissé de Gaulle au pouvoir ». Le 22 octobre, le rédacteur en chef du *Canard enchaîné* alla jusqu'à féliciter pour sa politique algérienne celui dont il continuait de combattre les visées politiques :

> « [...] ce sabre est en train d'accomplir un prodige. Il ouvre une voie dans laquelle Pierre Mendès-France [*sic*] lui-même aurait hésité à s'engager, et cela aux applaudissements, un peu mitigés il est vrai, de ceux qui auraient écharpé P.M.F. s'il avait osé. [...] Que dois-je faire sinon dire : « *Bravo* » ? [...] C'est un monde, avouez-le, qu'un général, même en retraite, se mette à faire le boulot du chef du parti socialiste, que dis-je ? à réparer les dégâts causés par celui-ci, à remédier à tout cet irrémédiable. Jules Guesde s'en arracherait la barbe. Quelle époque de c... ! » (22 octobre 1958).

Par la suite, les journalistes du *Canard* se félicitèrent de l'évolution du général de Gaulle, de son acceptation progressive de l'idée d'une entité algérienne spécifique, de l'accord donné par lui au processus d'autodétermination puis d'indépendance de l'Algérie[562]. Quitte à s'impatienter devant les lenteurs de ce processus et les sinuosités du Général, quitte à solliciter un peu ses propos, à en brusquer les réticences – comme au lendemain de l'allocution du 16 septembre 1959 dans laquelle le Général affirma le droit de l'Algérie à l'autodétermination et passa en revue ses avenirs possibles, en rejetant par avance deux – la « francisation » et la « sécession » – au profit d'un troisième, l'association avec la France d'une Algérie gouvernée par les Algériens eux-mêmes. Cette « sécession » que le général de Gaulle qualifiait de « démoniaque », dont il prévoyait qu'elle déboucherait sur « un affreux chaos politique », était précisément l'issue souhaitée par le rédacteur en chef du *Canard enchaîné*.

Mais le premier mouvement d'adhésion aux propositions novatrices du général de Gaulle concernant les rapports de la France et de l'Algérie était toujours contrarié par un autre, qui tenait aux intentions antirépublicaines prêtées au chef de l'État. On le vit bien lors des différents référendums sur l'avenir de l'Algérie. La dimension plébiscitaire n'en était jamais absente puisqu'en même temps que de Gaulle soumettait au vote les modalités de l'évolution algérienne, il vérifiait le soutien populaire à sa personne et à sa politique. De là l'embarras perceptible dans la position du *Canard enchaîné* lors du référendum de janvier 1961 – d'autant que la perspective de l'autodétermination du peuple algérien semblait contredite par le projet provisoire d'organisation des pouvoirs publics et que le FLN s'était déclaré hostile au principe même de ce référendum. Tréno passa en revue les arguments « pour » et « contre », trouvant dans la personne du général de Gaulle la principale raison de voter « non » et dans les opposants d'extrême droite la principale raison de voter « oui » ; il s'avoua finalement incapable de trancher. De même lors des référendums des 8 avril et 1er juillet 1962 approuvant les accords d'Évian : tandis que Morvan Lebesque appelait à voter « oui » pour mettre fin à la guerre, Tréno annonçait sa décision de « rester chez lui », refusant de se « prêter à la comédie [de De Gaulle] qui consiste à exploiter la paix dans une intention connue de lui seul[563] ».

Pendant toute la durée de la guerre, ce qui permit aux journalistes du *Canard enchaîné* d'accorder à de Gaulle, à défaut d'un brevet de républicanisme, le bénéfice du doute, fut l'antirépublicanisme des ultras d'Alger. Ce trait s'accentua dans les derniers mois de la guerre. L'Organisation de l'armée secrète était née durant l'hiver 1960-1961. Ses attentats furent comme une irruption de la violence algérienne en métropole, les menaces qu'elle fit peser sur la presse reléguèrent au second plan la lutte sourde que se livraient les journaux de gauche et le pouvoir. Les journalistes recevaient chaque semaine des lettres d'injures et de menaces[564]. Mais la rédaction du *Canard*, par la voix de Gabriel Macé, refusa la protection que lui offraient les services du préfet de police Maurice Papon. Si l'on ne plastiqua pas le 2 de la rue des Petits-Pères durant cette période, les journalistes du *Canard* n'en firent pas moins mentir le général Bigeard, pour qui ces derniers ne montrèrent jamais que « le courage de ceux qui critiquent dans un café, derrière leur pastis[565] ».

Les remous provoqués par les partisans désespérés de l'Algérie française rejetèrent donc périodiquement vers de Gaulle des hommes qui désiraient avec ardeur s'en éloigner. Ainsi après la « semaine des barricades », à la fin du mois de janvier 1960, déclenchée par la sanction prise à l'encontre du général Massu : Tréno assura le général de Gaulle du soutien du « cher et vieux pays » tandis que Moisan renversait la perspective en dessinant un de Gaulle résistant, sur la barricade, aux adversaires de la République et ravitaillé en café par une Marianne prévenante. Ainsi encore à l'occasion du putsch des généraux en avril 1961 : « Aidez-moi ! » avait lancé de Gaulle aux Français – « Qui de nous s'y refuserait dans les circonstances actuelles », répondit Tréno ; « L'heure est venue d'empêcher les fascistes de passer » s'écria Morvan Lebesque qui trouva pour l'occasion des accents dignes d'un Debré. Mais ce soutien était circonstanciel ; sitôt la menace écartée, voire dans le même temps qu'ils lui faisaient face et qu'ils assuraient de Gaulle de leur soutien, les journalistes du *Canard* reprenaient le thème du pouvoir personnel, de la suspension de la légalité, de la dictature à laquelle devrait un jour succéder la République. « Merci et partez vite ! », tel fut en résumé le message, frappé au coin de l'ingratitude républicaine, que la rédaction du *Canard enchaîné* fit inlassablement passer au général de Gaulle entre 1958 et 1962. La fin de la guerre d'Algérie le simplifia encore, en ôtant à de Gaulle la justification de sa présence à la tête de l'État ; celle-ci redevint ce qu'elle n'avait jamais cessé d'être mais que les circonstances avaient en partie occulté, un attentat contre la République et la démocratie.

III

DE GAULLE
ET LA CINQUIÈME RÉPUBLIQUE

Contre la Cinquième République

Les journalistes du *Canard enchaîné* regrettèrent-ils la Quatrième République ? Rien n'est moins sûr. Avant 1958, ils en dénonçaient régulièrement les tares, en prédisaient la fin. « Mademoiselle Q., vous êtes une salope[566] ! » lança Tréno à la une du numéro du 14 août 1957, lui reprochant pêle-mêle les scandales politico-financiers et l'impunité dont jouissaient les coupables, les restrictions apportées à la liberté de la presse, les guerres coloniales et les atteintes aux Droits de l'homme, l'incurie des gouvernements successifs et des partis politiques, le retard mis à la reconstruction, l'influence des groupes de pression agricoles et des États-Unis. Mais la Constitution de 1946 n'était pas visée ; seuls ceux qui avaient la charge de la traduire dans la pratique politique étaient en cause, de sorte que la Quatrième apparaissait à Tréno comme une « République sans républicains ». Malgré toutes ses attaques contre le fonctionnement de la Quatrième République, *Le Canard enchaîné* ne pouvait donc se joindre à ceux qui s'en prenaient au « système » dans son entier ; ceux-là, qui en dénonçaient les faiblesses, étaient aussi ceux qui avaient travaillé à l'affaiblir. Ce double réquisitoire

– contre les politiciens en place, contre leurs adversaires, gaullistes en particulier – n'était pas sans rappeler la position du *Canard* des années 1930, qui avait dû ferrailler aussi bien contre les mauvais défenseurs de la République que contre les admirateurs des régimes totalitaires.

On fera remarquer que de Gaulle n'était pas La Rocque, encore moins Hitler ; et qu'en 1958 ce n'était pas l'existence même de la République qui était en jeu mais sa forme. À cela nous répondrons que, sincèrement ou non, beaucoup à cette époque – et les journalistes du *Canard enchaîné* furent de ceux-là – affichèrent leur crainte de voir la République tomber aux mains d'un dictateur ; la boutade du Général lors de sa conférence de presse du 19 mai (« ce n'est pas à 67 ans que je vais commencer une carrière de dictateur ») était pour eux une preuve de son humour, non de ses intentions réelles. Les conditions de son accession au pouvoir alimentèrent les soupçons d'un complot ou d'un coup d'État ; l'encadrement constitutionnel de son pouvoir fut jugé insuffisant ; sa pratique du pouvoir, enfin, parut rien moins que républicaine.

Nous ne reviendrons pas sur le 13 mai 1958 – sinon pour dire que le *Canard* y revint souvent, lui, dans le but de rappeler que la Cinquième République était née d'un coup de force perpétré par des militaires révoltés. Quelle fut la responsabilité exacte de de Gaulle et de son entourage dans les événements de mai ? Le Général était-il au courant du putsch qui se préparait, l'encouragea-t-il par le biais de ses émissaires, donna-t-il ensuite son feu vert à l'opération « Résurrection » (parachutages sur la région parisienne) et n'en interdit-il le déclenchement que parce que le gouvernement de Pierre Pfimlin avait cédé à son chantage ? C'est ce que le *Canard* tenta d'accréditer en 1962 et à nouveau en 1964, en recourant sur ces questions à des témoignages qu'il récusait sur d'autres – ainsi ceux du général Salan ou de Jacques Soustelle. C'est à l'occasion du dixième anniversaire de l'arrivée au pouvoir de De Gaulle, en mai 1968, dans un contexte de lutte ouverte contre le pouvoir, que *Le Canard enchaîné* fut le plus explicite : s'appuyant sur les témoignages de Salan, de Soustelle, de Jean-Baptiste Biaggi, sur les livres de Jean-René Tournoux (*Secrets d'État, La Tragédie du Général*), des frères Bromberger (*Les Treize complots du 13 mai*), de Jean Ferniot (*De Gaulle et le 13 mai*), de Claude Paillat (*Dossier secret de l'Algérie*) et sur les déclarations et confidences des gaullistes eux-mêmes, le journal présenta le 13 mai comme l'aboutissement d'une stratégie de conquête du pouvoir élaborée dès 1946 – ce qu'avait d'ailleurs reconnu ce gaulliste de la première heure qu'était Pierre de Bénouville. « L'action au Parlement s'était doublée d'une action illégale dans la rue et dans les complots [...]. Les gaullistes sont de tous les complots qui se nouent en Algérie et en métropole fin 1957 début 1958 », écrivirent les journalistes du *Canard*, ajoutant que de Gaulle aurait demandé à Salan de « faire le nécessaire » si lui-même échouait à prendre le pouvoir par des voies légales. En 1968, le 13 mai apparaissait bien à la rédaction du *Canard enchaîné* comme le « péché originel » de la Cinquième République, selon l'expression de Pierre Mendès France, marquant le régime du sceau de l'illégalité[567].

Ce d'autant plus que la constitution de la Cinquième heurtait de front la tradition républicaine dont se réclamait *Le Canard enchaîné*. Il était entendu depuis 1793 que l'exécutif était collégial, puisque le despotisme était le fait du monarque, et le législatif composé d'une Chambre unique, puisque la souveraineté du peuple ne pouvait être ni partagée ni contredite ; depuis 1851, que la présidence de la République était une institution dangereuse, surtout quand son titulaire était élu au suffrage universel ; depuis 1877, qu'elle devait s'incliner devant l'Assemblée nationale et renoncer à tout droit de dissolution. La seule forme démocratique acceptée par cette tradition était le régime d'assemblée, celui-là même qu'avaient établi – avec des nuances – les textes constitutionnels et surtout la pratique des Troisième et Quatrième Républiques. Or la Constitution de la Cinquième République renforçait les pouvoirs du président de la République au détriment de ceux du Parlement, en lui redonnant en particulier ce droit de dissolution tombé en désuétude après le 16 mai 1877 (article 12) ; les deux autres attributions personnelles dont l'exercice était conditionné – trop faiblement, au gré des adversaires de la Constitution – par l'accord d'autres organes, savoir le recours au référendum (article 11) et les pouvoirs exceptionnels (article 16) rendaient le pouvoir du Président presque irrésistible. Pour ces raisons, les journalistes du *Canard enchaîné* appelèrent à voter « non » ou à s'abstenir lors du référendum constitutionnel du 28 septembre 1958 ; et de nouveau à celui du 28 octobre 1962 sur la modification du mode d'élection du président de la République. Le suffrage universel direct investissait le Président d'une légitimité égale et d'une autorité supérieure, puisque non divisée, à celles des députés ; l'abaissement de la représentation nationale ne connaissait alors plus de bornes. Le piquant fut que ces républicains de vieille époque firent du Sénat, cette autre séquelle des constitutions monarchiques dont ils avaient combattu le rétablissement, le lieu de l'ultime résistance à la « restauration monarchique » entreprise par le général de Gaulle ; et l'on vit, en 1962, ce curieux spectacle d'un *Canard* chantant les louanges de la Chambre haute.

Au printemps 1958, la représentation du chef de l'État par les journalistes du *Canard enchaîné* avait changé au même moment que celle du Parlement et dans un sens opposé, signe éclatant du transfert de pouvoir opéré alors. Tandis que, pendant les quarante premières années de son existence, le *Canard* avait fait des chefs de parti ses « têtes de Turc », les dessins et articles à eux consacrés régressèrent très rapidement en nombre et en importance à partir de cette année-pivot ; à l'inverse, la figure du président de la République, rare et bénigne jusque-là – l'élection du Président Deschanel est un événement dérisoire, écrit Maurice Coriem en 1920, parce que la fonction est dérisoire ; « Je vote pour le plus fada ! » lance Tréno en 1953 – devient alors omniprésente et, le plus souvent, très négative. Une des manifestations les plus spectaculaires de la personnalisation du pouvoir fut la place qu'occupa le général de Gaulle dans les colonnes du *Canard enchaîné*, en particulier dans le dessin; fréquence des apparitions (toujours plus de cent dessins chaque année entre 1959 et 1969, plus de cent cinquante entre 1962 et 1965) et type de représentation (toujours en situation de domination sur ceux qui l'entouraient) caractérisèrent de Gaulle plus que ses successeurs[568]. Des lecteurs s'en inquiétèrent; certains y virent même le signe d'une secrète affection du *Canard* pour son « ennemi préféré » et Gabriel Macé dut faire paraître un « avis au lecteur » dans lequel il expliquait que la présence excessive du Général dans le *Canard* n'était que le reflet de sa présence excessive dans la vie politique du pays.

Les journalistes firent le procès du pouvoir personnel en comparant de Gaulle à un certain nombre de personnages historiques (ou littéraires, comme le père Ubu d'Alfred Jarry) dont la pratique solitaire et arbitraire du pouvoir avait fait les repoussoirs de l'idéal républicain. Louis XIV fut l'ancêtre le moins compromettant que la rédaction du *Canard* trouva à de Gaulle, le plus stable aussi. Un pastiche des mémorialistes des XVIIe et XVIIIe siècles, intitulé « La Cour », fut créé le 21 septembre 1960 et occupa presque sans interruption le haut de la page 3 jusqu'en juin 1969, où il céda la place à « La Régence ». Roger Fressoz, *alias* André Ribaud, le rédigeait dans le style du cardinal de Retz et du duc de Saint-Simon tandis que Moisan dessinait des décors versaillais et des courtisans à perruque. La hauteur de De Gaulle, ses perpétuelles invocations à la « grandeur », les faveurs qu'il accordait ou retirait aux innombrables solliciteurs qui gravitaient autour de lui justifiaient un rapprochement courant à cette époque. De Gaulle fut également comparé à Louis-Philippe, à Napoléon III, au général Boulanger, roi, empereur, officier factieux et autocratiques; mais aussi à Pétain, à Franco, à Salazar, à Hitler. De Gaulle dictateur ? C'est ce qui transparaît à travers tous ces articles et dessins où se trouvaient dénoncés la militarisation du régime, l'exercice solitaire du pouvoir, la restriction des libertés publiques, le contrôle de l'information.

Ce qui faisait de De Gaulle un dictateur, aux yeux des journalistes du *Canard enchaîné*, c'était, d'abord, qu'il était un militaire. « De Gaulle, c'est la République dominée, subjuguée par un militaire. La République à la caserne. La république du sabre », affirma ainsi Tréno en mai 1966. L'antimilitarisme foncier du rédacteur en chef du *Canard enchaîné* n'était jamais que la version exagérée de la méfiance entretenue par la gauche républicaine pour les militaires en politique depuis Boulanger et l'affaire Dreyfus. L'uniforme que portait de Gaulle lors de ses apparitions publiques, y compris lorsqu'il représentait la France à l'étranger – bien différent en cela d'Eisenhower qui, lui au moins, respectait la primauté de l'ordre civil – manifestait symboliquement la place occupée dans le nouveau régime par l'institution militaire; la constante augmentation des crédits, nécessitée en particulier par le « caprice dangereux de la force de frappe », en était la traduction concrète.

De Gaulle était encore un dictateur en ce qu'il gouvernait seul et dans le soin de sa propre gloire. Selon le *Canard*, les institutions démocratiques étaient méprisées, le Parlement traité avec désinvolture, les décisions prises sans concertation, selon la logique du bon plaisir et du fait accompli. De Gaulle traitait ses ministres, choisis et révoqués par lui sans véritable contrôle parlementaire, comme des « valets », des « laquais » (voir Michel Debré et Georges Pompidou, constamment affublés d'un gilet rayé et d'un plumeau, dans les dessins de Pol Ferjac); il prétendait passer par-dessus les partis et le Parlement pour s'adresser directement au peuple, mais ses référendums étaient autant de plébiscites aux questions truquées, autant de manifestations d'un césarisme de moins en moins dissimulé. Avec la Cinquième République s'enclencha un processus de personnalisation voire de privatisation du pouvoir dont les journalistes du *Canard* se moquèrent en étendant au langage courant le « mon » du protocole militaire; le déterminant possessif devint bientôt une sorte de préfixe accolé aux noms désignant les objets de cette appropriation – « Mon général » devint « Mongénéral » et le gouvernement, la presse, la France, etc., se transformèrent en « Mongouvernement », « Mapresse », « MaFrance ». Cette formule eut tant de succès que, selon le *Canard*, l'entourage du Général en était réduit à faire des efforts de prononciation pour détacher « mon » de « général » lorsqu'il s'adressait au chef de l'État.

Toutes les conséquences de l'identification d'un homme au régime qu'il avait fondé ne recelaient pas la même puissance comique. Les gens du *Canard enchaîné* pensaient que le destin de la Cinquième était lié au sort de son fondateur, de sorte que la disparition de celui-ci entraînerait l'écroulement de celle-là. Malgré leurs comparaisons peu flatteuses pour de Gaulle et leurs attaques très dures contre lui, ils ne souhaitaient pas sa mort et se réjouirent des échecs enregistrés par ceux qui tentèrent de l'assassiner ; mais ces attentats manqués révélaient la fragilité du régime : qu'adviendrait-il si l'un d'eux venait à réussir[569] ? D'autre part, la personnalisation excessive du pouvoir, la confusion des rôles entre la présidence de la République et celle du gouvernement, jointes au caractère altier du Général, faisaient de toute critique de la politique suivie par le gouvernement une critique du régime, de toute critique du régime une critique de la personne même du chef de l'État ; c'est-à-dire un crime de lèse-majesté. Les procès pour offense au chef de l'État, intentés contre des journalistes et des écrivains ou contre de simples citoyens coupables d'avoir bruyamment manifesté leur hostilité au passage du chef de l'État, défrayèrent la chronique et jouèrent leur rôle – avec les pressions exercées par l'exécutif sur le judiciaire et l'impunité dont semblaient jouir par ailleurs les forces dites de l'ordre en dépit de leurs violences – dans le sentiment qu'une dictature s'installait dans le pays.

Le moins inquiétant n'était pas, aux yeux des journalistes du *Canard enchaîné*, la mainmise du pouvoir sur les moyens d'information, une mainmise aux formes multiples : saisies de journaux d'opposition, poursuites intentées contre leurs journalistes, pressions politiques et économiques, propagande et diversion mises en œuvre par une presse aux ordres, contrôle partiel de la radio, total de la télévision. « On considère les Français comme des enfants, tout au plus des adolescents. Un « guide », véritable subrogé tuteur ou *père du peuple* décide, pour eux, de toute chose importante » (26 août 1964). Les projets des secrétaires et ministres successifs de l'Information[570] étaient systématiquement décrits comme « liberticides » et contraires aux ordonnances d'Alger sur la presse de 1944, prises par le gouvernement provisoire que présidait un certain général de Gaulle. Quant aux fameuses conférences de presse du Général, auxquelles les journalistes du *Canard* n'étaient pas invités, elles consistaient selon eux en de cyniques manipulations d'une presse complaisante ; le plus souvent, ils les commentaient... par avance, pour montrer le peu de cas qu'ils faisaient du verbe gaullien.

Tout cela, les conditions du retour au pouvoir de De Gaulle, les pouvoirs exorbitants que lui conférait une Constitution taillée sur mesure, sa manière de gouverner faisait de la Cinquième une République de façade ; derrière les apparences de la République se cachait selon le *Canard* une dictature. Du moins si la république gaullienne avait mis fin aux scandales ! Mais si la Quatrième avait refusé à la Cinquième ce qu'elle avait de mieux – « une certaine liberté, peut-être un peu anarchique, mais qui donnait aux Français l'illusion d'être leurs propres maîtres » –, elle lui avait en revanche légué « tout ce qui l'avait compromise, déshonorée, foutue en l'air ».

Les affaires de la République gaullienne

Deux grands types d'affaires occupèrent les colonnes du *Canard enchaîné* durant les années 1960 : le premier concernait les multiples services de renseignements, les diverses polices officielles et parallèles auxquelles les guerres successives, ainsi que les changements intervenus à la tête de l'État, avaient donné licence de se développer ; le second rapprochait entre eux des scandales politico-financiers où se trouvaient cités les noms de hauts fonctionnaires ou de ministres de la Cinquième République ; s'ajoutaient à ces deux ensembles une série d'affaires et de procès de moindre ampleur mais que le journal manqua rarement de rapporter à un contexte politique et moral plus général.

L'affaire Peugeot

On rangera dans cette dernière catégorie l'affaire Peugeot qui conduisit à l'une des plus graves condamnations jamais prononcées à l'encontre du *Canard enchaîné*. Le 12 avril 1960, le petit Éric Peugeot était enlevé dans le parc à enfants du golf de Saint-Cloud. Il ne fut rendu à ses parents, deux jours plus tard, qu'après le paiement d'une rançon de 500 000 francs, acquittée par le grand-père de l'enfant et chef de la famille propriétaire des industries automobiles. Une enquête avait été ouverte, qui permit l'arrestation des deux ravisseurs en mars 1961. A cette date, des journaux mirent en doute la version policière du rapt et de la remise de la rançon ; l'hebdomadaire *Juvénal*, le quotidien *Paris-Presse* et le quotidien italien *Il Giorno* prétendirent que les époux Peugeot entretenaient des liens personnels avec les ravisseurs ; qu'ils les avaient connus lors de parties fines ; que la rançon correspondait en fait à un chantage exercé sur la mère d'Éric. Ce genre de fait divers n'avait rien pour attirer *Le Canard enchaîné* ; le 29 mars encore, Jérôme Gauthier flétrissait *France-Dimanche* et *Paris-Presse* qui faisaient du chiffre sur une affaire privée à base de crime et de vice.

Pourtant, moins d'un mois plus tard, un autre journaliste (pigiste, celui-là) du *Canard*, Christian Plume, rédigea un article sur l'affaire qui allait plus loin que ceux parus en mars dans la « presse à sensation » honnie par Jérôme Gauthier : l'enlèvement aurait été arrangé entre les parents et les « ravisseurs » dans le but de soutirer de l'argent au richissime grand-père ; en échange de cette somme, les ravisseurs auraient remis des clichés compromettants aux époux Peugeot. Un article sur l'affaire ? Son auteur affirma qu'il ne s'agissait que d'une fiction ; du reste, les noms, les lieux étaient fantaisistes et l'article se présentait comme un « conte » du *Canard*. Mais la conformité du « conte » avec ce que les lecteurs connaissaient de l'affaire Peugeot désignait les parents d'Éric comme les compagnons de débauche et les complices des auteurs de l'enlèvement. C'est ce qu'entendirent établir les époux Peugeot, qui portèrent plainte pour diffamation publique envers des particuliers contre *Juvénal, Paris-Presse, Il Giorno* et *Le Canard enchaîné* ; la 17e Chambre correctionnelle du Tribunal de Grande Instance de la Seine leur donna raison qui, le 11 avril 1962, condamna Christian Plume, en tant qu'auteur de l'article, et Jeanne Maréchal, en tant que directrice de la publication, à payer chacun 5 000 francs d'amende ; ils devaient en outre verser un franc à titre de dommages et intérêts aux époux Peugeot, insérer le jugement dans leur propre journal et dans cinq autres au choix des plaignants, enfin acquitter les dépens[571].

Il y eut peu de commentaires dans la presse, malgré la sévérité de la condamnation. La diffamation paraissait avérée et l'affaire vouée à tomber dans l'oubli. C'était sans compter avec les suites administratives et politiques qui lui furent données. À la fin du mois de juin 1963, Jeanne Maréchal reçut un avis de la mairie du dix-huitième arrondissement, où elle était domiciliée, l'informant qu'elle était rayée pour cinq ans des listes électorales. L'article 6 du Code électoral prévoyait en effet cette sanction à l'encontre des citoyens condamnés à une amende supérieure à 2 000 francs. Mais, comme le fit aussitôt remarquer la direction du journal, cette mesure n'était jamais appliquée dans le cas de procès de presse ; elle avait d'ailleurs épargné les autres condamnés du procès Peugeot, en particulier le directeur de *Paris-Presse*, Henri Massot – était-ce parce qu'il était aussi le président du Syndicat de la presse parisienne ? En tout cas, la sanction administrative qui frappa Jeanne Maréchal, à la différence de sa condamnation judiciaire, fut abondamment commentée par les journaux français et étrangers ; il n'est guère de titre qui ne lui ait consacré un article en bonne place et souvent dans un sens favorable. Bel unanimisme qui montre qu'en dépit de ses querelles internes, la profession savait se réconcilier lorsqu'un de ses membres, fut-il le « vilain petit canard », se trouvait en butte aux tracasseries du pouvoir. Car la sanction venait d'en haut, le *Canard* et l'ensemble de ses confrères en furent tout de suite convaincus ; l'instruction avait été donnée par le ministère de l'Intérieur. Dès lors, ce qui n'avait été qu'une affaire privée devint un scandale politique.

Le Canard enchaîné en fit le thème d'une campagne de presse durant l'été 1963[572] ; l'administrateur du journal, André Sauger, adressa un courrier aux présidents des organisations patronales de la presse française[573], leur demandant de protester contre la mesure dont était victime Jeanne Maréchal ; à tous, il affirma que « l'incident dépass[ait] singulièrement le cas du *Canard enchaîné* pour atteindre le plan supérieur de la liberté de la presse ». C'est bien ainsi que les divers responsables des syndicats patronaux l'entendirent. Le 11 juillet 1963, le bureau de la Fédération nationale de la presse française vota à l'unanimité les deux motions suivantes :

> Première motion :
>
> « La Fédération nationale de la presse française proteste contre la radiation pour cinq ans des listes électorales encourue par Mme Jeanne Maréchal, Directrice du *Canard enchaîné*.
>
> Cette application soudaine et exceptionnelle d'un article du Code administratif met en lumière le danger d'une disposition qui, plaçant chaque directeur d'entreprise de presse

sous la menace de la privation de ses droits électoraux et de ses droits de candidat, est une arme brutale contre la liberté de la presse et contre la liberté du citoyen.

La Fédération nationale de la presse française demande au législateur d'en prendre acte et de modifier en conséquence le Code administratif.

Deuxième motion :

La Fédération nationale de la presse française, prenant acte des nombreuses condamnations pour délits de presse encourues depuis quelques années, demande au gouvernement d'envisager à cet égard une amnistie générale[574]. »

De fait, le début des années 1960 avait été prodigue en condamnations touchant les milieux de la presse ; pour ne s'en tenir qu'à celles qui précédèrent ou suivirent immédiatement le procès Peugeot, Noël Jacquemart, directeur du *Charivari*, avait été condamné à un mois de prison ferme pour offense au chef de l'État commise par voie de presse – une « sanction insolite sous une régime républicain », souligna dans un communiqué le bureau du Club de presse Henri-Rochefort[575] ; Paul Vergès, directeur du journal *Témoignages* et secrétaire du parti communiste réunionnais était, durant ce même mois de juillet 1963, poursuivi dans huit procès de presse et risquait d'être mis dans l'impossibilité de se présenter aux prochaines élections locales alors qu'il avait toujours conduit la liste d'opposition. Ces actions judiciaires s'inscrivaient, pour les adversaires de De Gaulle, dans une stratégie de mise au pas des moyens d'information. Cette interprétation justifia l'intervention, en faveur du *Canard enchaîné*, du député-maire communiste de Choisy-le-Roi, Fernand Dupuy : dans une question écrite à Roger Frey, ministre de l'Intérieur, il lui demanda de « rapporter cette décision regrettable » qui apparaissait comme « une application rigoureuse et discriminatoire de la réglementation, entachée de mesquinerie » et comme « un précédent dangereux pour la liberté de la presse[576] ». Roger Frey répondit que la directrice du *Canard enchaîné* avait été radiée des listes électorales « sur simple avis de l'Institut national de la statistique et des études économiques [...] et sans intervention d'aucune autorité ». Le gouvernement resta sur ses positions et Jeanne Maréchal ne retrouva jamais sa capacité électorale puisqu'elle mourut en 1967. Six mois après la condamnation dans le procès Messmer, la radiation de Jeanne Maréchal des listes électorales (la conséquence administrative du procès Peugeot avait éclipsé le procès lui-même) établit solidement la réputation d'opposant au pouvoir du *Canard enchaîné* en France et à l'étranger. Deux autres affaires presque contemporaines y concoururent également, concernant l'une les services de renseignement et d'action utilisés par la Cinquième République, l'autre des irrégularités dans des entreprises de construction publique.

Les « barbouzes »

La dénonciation des polices était un thème traditionnel au *Canard enchaîné*; le journal le renouvela au début des années 1960 par la mise en cause des services, officines, organisations qui luttaient dans l'ombre pour le compte de responsables politiques de la Cinquième République. Ces attaques prenaient leur source dans les circonstances de l'accession de De Gaulle au pouvoir ; le rôle des réseaux gaullistes lors du 13 mai et dans la guerre occulte qui opposa de Gaulle à l'OAS était soupçonné depuis 1958 mais aucun détail ni nom ne filtra jusqu'en 1962. En janvier de cette année-là parut la livraison annuelle du *Dictionnaire Canard*. Jean Clémentin y signait un article introductif intitulé « la République des barbouzes » dans lequel il affirmait que « le système d'espionnage et de contre-espionnage, jusque-là réservé à l'étranger, [avait été] étendu au monde politique et administratif français... ainsi qu'à l'armée ». Les « barbouzes » – de la « barbe » et, par extension, de l'activité factice qui étaient censées camoufler les agents de ces services – doublaient les services officiels de renseignement et rivalisaient entre eux pour fournir en informations de toutes natures les plus hauts responsables de l'État. Jean Clémentin, dans cet article et dans ceux qui, sous la forme de notices de dictionnaire, le complétaient dans la suite du numéro, citait les noms de Constantin Melnik (employé par Michel Debré à Matignon) et de Jacques Foccart, « éminence grise » de l'Élysée[577]. Ceux-ci étaient accusés d'avoir mis sur pied des organisations qui échappaient totalement au contrôle démocratique, tout en bénéficiant des fonds secrets votés par le Parlement – dont le montant avait presque quintuplé entre 1957 et 1961, affirmait le journaliste du *Canard*.

Le pouvoir gaulliste resta d'abord sans réaction. Celle-ci vint d'un bord qui lui était en principe hostile puisque situé dans la mouvance des partisans de l'Algérie française. Dans un écho paru dans son numéro du 18 juillet 1962, le *Canard* avait évoqué l'hypothèse du rapprochement entre le colonel Trinquier et Pierre Poujade et leur intention commune de fonder un nouveau parti. Le colonel Trinquier faisait partie des « colonels d'Algérie » partis aider Moïse Tshombé dans sa tentative de sécession dirigée contre le pouvoir central du nouveau Zaïre. Revenu en France, il avait fondé l'Association pour la réforme des structures de l'État qui s'était prononcée contre les accords d'Évian et l'indépendance de l'Algérie. C'est cet homme que le *Canard* qualifia de « barbouze » dans l'écho du 18 juillet.

Le colonel Trinquier n'intenta pas un procès au *Canard enchaîné*, il envoya ses témoins au rédacteur en chef. Ceux-ci, deux avocats, exigèrent pour leur client une réparation morale en rapport avec le préjudice subi. L'hebdomadaire satirique choisit de répondre par la blague : Tréno à son tour envoya ses témoins en grande tenue – le dessinateur Lap et l'assureur-conseil du *Canard enchaîné*, M. Bergerol – au domicile de ceux du colonel. « Vous avez offensé notre client en vous présentant en costume de ville, leur dirent-ils. C'est lui, et non M. Trinquier, qui est en droit d'exiger réparation et de choisir les armes du duel – ce sera le pistolet à bouchon. » Cela dit, Lap et Bergerol redescendirent l'escalier, fendirent avec gravité le groupe des photographes et radio-reporters qui, prévenus par le *Canard*, les attendaient dans la rue et rejoignirent leurs collègues dans le bistrot le plus proche. Le colonel n'insista pas et se contenta d'envoyer par voie d'huissier une lettre qu'inséra le *Canard* dans son numéro du 8 août. Il y réfutait les hypothèses formulées par le journal à propos d'une éventuelle alliance avec Pierre Poujade et déclarait n'être pas dupe de « la façon détournée dont [on avait] accolé [son] nom au terme de barbouze ».

L'affaire du colonel Trinquier méritait d'être mentionnée à plusieurs titres. Le premier est qu'une nouvelle fois, un adversaire du *Canard enchaîné* soulignait la « façon détournée » dont l'hebdomadaire lançait ses attaques tout en se protégeant des chocs en retour ; il est probable qu'une analyse de la stratégie – tout à la fois langagière et judiciaire – du *Canard enchaîné* ait à apprendre du côté de tels témoignages. D'autre part, cette affaire met en évidence le goût du *Canard* pour le canular ; la persistance de cette pratique suggère une fonction dont l'un des aspects est certainement l'écho médiatique et publicitaire qu'elle engendrait. Celui-ci, dans le cas présent, fut formidable : plus de trente journaux, régionaux, parisiens, étrangers consacrèrent un article au « duel du *Canard enchaîné* » ; le journal cita avec gourmandise les plus prestigieux, présenta un collage de titres où voisinaient *Combat, The Times, Le Figaro* ou *The New York Herald Tribune*, donna dans son intégralité la dépêche de l'AFP qui racontait l'épisode et nota que les postes de radio périphériques, en particulier *Europe numéro 1*, en avaient parlé avec l'humour qui convenait. Enfin, grâce au concours involontaire du colonel Trinquier, le mot « barbouze » s'imposa définitivement dans le lexique des journalistes français.

Les journalistes du *Canard enchaîné* saisirent deux nouvelles occasions d'assurer sa fortune dans les années 1960. La première fut l'affaire Ben Barka[578]. Le 29 octobre 1965, vers midi, Medhi Ben Barka, chef de l'opposition marocaine, était enlevé en pleine rue par deux hommes se présentant comme des policiers de la brigade mondaine. Son corps ne sera jamais retrouvé. Alertés le soir même par l'étudiant qui accompagnait Ben Barka, le frère de celui-ci et le responsable parisien de l'Union nationale des forces populaires (UNFP) avertirent Roger Frey, ministre de l'Intérieur, et le général de Gaulle ; deux jours plus tard, le frère de Medhi Ben Barka porta plainte et se constitua partie civile. Mais c'est la presse, et non la police ou la justice, qui allait empêcher que fût étouffée une affaire sur laquelle pesait la raison d'État. Le 30 octobre, *Le Monde* annonça dans l'après-midi la disparition du *leader* marocain, information reprise par *Europe numéro 1* dans la soirée. Les autres journaux s'emparèrent de l'affaire. Assez vite fut évoquée la responsabilité des plus hautes autorités du Maroc, en particulier du général Oufkir, ministre de l'Intérieur du roi Hassan II ; mais aussi celle de la police française, avec laquelle le général Oufkir semblait avoir entretenu d'excellents rapports. Des policiers français n'avaient-ils pas prêté la main à l'enlèvement de Ben Barka ? Le SDECE[579] n'était-il pas au courant de ce qui se préparait et ne s'était-il pas rendu complice, au moins par inaction, de l'enlèvement ? Les services de police chargés de l'enquête n'avaient-ils pas ralenti, voire détourné, son cours sur ordre de leur hiérarchie ? Ce sont toutes ces questions que posèrent les journaux de novembre 1965 à juin 1967, date du procès des ravisseurs et assassins présumés de Ben Barka.

Le Canard enchaîné joua sa partie dans l'ensemble. En novembre 1965, il publia une série d'échos et d'articles qui donnaient à entendre 1) que les services de renseignement connaissaient les projets d'enlèvement de Ben Barka dès mai 1965 (ils devaient donc être poursuivis pour « non-dénonciation de malfaiteur ») ; 2) que la police, alertée au matin du 30 octobre, n'avait rien fait pour retenir en France les responsables présumés ; 3) que la vérité sur l'affaire était connue du ministre de l'Intérieur dès le 3 novembre. L'affaire Ben Barka occupa de pleines colonnes dans l'hebdomadaire satirique pendant les trois premiers mois de l'année 1966 ; en cela, il ne se distinguait pas d'une presse écrite qui avait fait de l'« Affaire » – comme l'écrivait Emmanuel d'Astier de la Vigerie dans *L'Express*[580] – le sujet principal de ses pages d'information intérieure (alimentées par les révélations des protagonistes, le policier Souchon, le truand Figon, tous deux mêlés à l'enlèvement du *leader* marocain, l'avocat Lemarchand, avocat de Figon). Le *Canard* se démarqua de ses confrères en orientant toute l'affaire dans le sens de la dénonciation de l'État policier et meurtrier mis en place en 1958 et en se plaignant du peu d'entrain mis par l'opposition à faire de même. « À bas les assassins ! » lança Tréno à la une du numéro du 12 janvier ; « Figon s'est suicidé d'un coup de revolver qui lui a été tiré à bout portant » titra le journal la semaine suivante[581]. La mort suspecte de Figon, le 17 janvier 1966, porta à son comble la campagne du *Canard* contre la « République des barbouzes » ; l'affaire Ben Barka-Figon était l'illustration, dans le domaine de la police et des services spéciaux, des dérives engendrées par la généralisation de structures parallèles et occultes :

> « Les barbouzes sont un des piliers de l'État gaulliste. On dirait que c'est une loi historique : partout où il y a pouvoir personnel (Duce, Caudillo, Führer, Bikbacchi, etc.) il y a dans l'allégeance du chef, des hommes qui lui doivent tout, qui ne rendent de comptes qu'à lui et qui, bien qu'intervenant constamment dans les affaires de l'État, n'appartiennent à aucun des cadres normaux dudit État. C'est dans la nature du pouvoir personnel, et c'est dans la nature du régime gaulliste. Débarbouzer la Cinquième République, c'est l'abattre[582]. »

Les suites données à l'affaire Ben Barka furent décevantes : Tréno et Jeanne Maréchal furent inculpés pour diffamation à la requête de l'avocat de Figon, Me Lemarchand, que le *Canard* avait accusé d'avoir menti sur ses rencontres avec son client – une douzaine d'autres journaux étaient également concernés mais la plainte fut retirée. On ne sut jamais vraiment comment ni pourquoi l'opposant marocain avait été éliminé, les hauts responsables français comme marocains ne furent pas inquiétés ; seuls les exécutants, policiers et truands, furent condamnés le 6 juin 1967 à des peines allant de six ans de réclusion à la perpétuité. Le jugement passa presque inaperçu dans une actualité dominée par la guerre des Six Jours.

La dernière grande affaire des années 1960 ayant pour thème la « barbouzerie » intervint en 1969 et concerna l'un des hommes clés du dispositif gaulliste, Jacques Foccart. L'entre-deux politique qui sépara la démission du général de Gaulle, le 28 avril, de l'élection de Georges Pompidou à la présidence de la République, le 15 juin, était propice à l'ouverture de dossiers sensibles, au réexamen des positions acquises, aux règlements de comptes. Le départ annoncé puis reporté de Jacques Foccart fut l'un des plus sûrs indices de la volonté de changement qui animait le plus haut niveau de l'État et des difficultés qu'elle rencontra. Président de la République par intérim, Alain Poher signifia le 2 mai son congé au « secrétaire général pour les Affaires africaines et malgaches à la Présidence », au grand dam de celui-ci, de quelques barons gaullistes (dont Michel Debré) et d'un certain nombre de dirigeants africains. Le 25 juin, Jacques Foccart était réintégré dans ses fonctions par le nouveau président de la République, Georges Pompidou.

La campagne du *Canard enchaîné* contre Jacques Foccart débuta le 7 mai par un article anonyme de bas de page révélant la « défoccartisation » entreprise par Alain Poher ; elle se poursuivit tout au long du mois de mai, durant lequel le journal égrena des informations sur les circonstances du renvoi du secrétaire général, la disparition de fonds secrets dont disposait la Communauté, l'influence conservée par Jacques Foccart sur la haute administration, le parti gaulliste et les gouvernements africains. Le 4 juin, le *Canard* affirma qu'une « commode » bourrée d'électronique avait été découverte qui permettait au conseiller de De Gaulle d'écouter et d'enregistrer les conversations tenues dans toutes les pièces du palais de l'Elysée ; il évoquait aussi l'inimitié de Pompidou à l'égard de Foccart et les moyens de pression sur lesquels comptait ce dernier pour revenir au pouvoir. Un nouvel article, le 11 juin, évoquait des détournements de fonds publics à destination des pays africains et un autre, le 18, les vains efforts de Pompidou pour éliminer les réseaux Foccart. Une semaine plus tard, Jacques Foccart retrouvait l'hôtel de Noirmoutiers, rue de Grenelle, siège du secrétariat général pour les Affaires africaines et malgaches, ce qui incitait le *Canard*, le 2 juillet, à s'interroger sur les conditions de ce retour et les attributions exactes du secrétaire général.

Une semaine après ce dernier article, Jacques Foccart assigna *Le Canard enchaîné* en justice[583]. Il ne pouvait plus, disait l'assignation, « devant notamment le caractère systématique de la campagne entreprise contre lui, continuer par son silence de laisser porter les accusations graves dont il [était] l'objet ». Deux articles, surtout, étaient visés, l'un du 21 mai dans lequel le *Canard* laissait entendre que Jacques Foccart avait empoché des fonds secrets pris sur la liste civile du président de la République, l'autre du 4 juin relatant la découverte de la fameuse « commode » et suggérant que le conseiller de De Gaulle s'était servi du matériel qu'elle contenait pour espionner les visiteurs du Général. Nous verrons plus en détail les arguments des parties adverses, mais rappelons auparavant que *Le Canard enchaîné* déclencha une nouvelle campagne de presse contre Jacques Foccart à la suite de l'assignation du 10 juillet ; cette campagne, à raison d'une pleine page chaque semaine, dura du 23 juillet jusqu'au 17 septembre : biographie polémique de Jacques Foccart, réactions – favorables au *Canard* – de la presse, citations de livres et d'articles allant dans le sens du journal, enquête sur les réseaux gaullistes et les polices parallèles, examen du rôle joué par Jacques Foccart dans la politique africaine de De Gaulle, retour sur les circonstances de son éviction par Alain Poher – qui aurait été surtout sensible à la confusion entretenue par le conseiller élyséen entre ses fonctions officielles et son activité privée de chef d'entreprise.

Jacques Foccart ne saisit pas le Tribunal correctionnel, comme il est d'usage pour les procès de presse, mais la Chambre civile du Tribunal de Grande Instance ; attaqué, selon lui, en tant que particulier et directeur d'une maison commerciale, il entendait simplement obtenir une réparation financière fixée à 120 000 francs. Selon le *Canard*, il entendait surtout éviter le débat public puisque la juridiction civile ne permet pas de citer des témoins. L'affaire devait venir à l'audience du 24 septembre 1969 mais fut repoussée à celle du 10 décembre. « Jamais, aux dires des chroniqueurs judiciaires, on n'avait vu une telle affluence sous les lambris tarabiscotés de la première Chambre civile. Le public était très divers : curieux, lecteurs du *Canard* tenant ostensiblement à la main le numéro de la semaine, très nombreux avocats, policiers en tous genres[584]... » L'avocat de Jacques Foccart, Me Lucien Sberro, déplora d'abord que la presse parût au courant de pièces du dossier communiquées par lui à la partie adverse, reprit ensuite l'ensemble des articles publiés par *Le Canard enchaîné* dont les termes, dit-il, « dépass[aient] certainement toute mesure », assura de son respect pour la « mission sacrée de la presse » qu'avait trahie le *Canard* « en confondant information et désinformation ». Ce n'était pas contre les rumeurs qui faisaient de Jacques Foccart l'« éminence grise du général de Gaulle » ou le « chef des polices parallèles » que celui-ci s'élevait – même s'il regrettait d'avoir, par son silence, laissé se créer un « mythe » autour de sa personne –, mais contre les accusations de détournement de fonds publics et d'espionnage électronique. L'avocat réfutait pour finir les moyens de la défense du *Canard*, savoir l'invocation d'incompétence du Tribunal – puisque les accusations portées contre son client « n'avaient pas de rapport direct et étroit avec ses fonctions officielles » – et la demande d'enquête publique formulée par le journal – « cette enquête n'a aucun sens, elle n'a de sens que dans la mesure où l'on veut transformer votre audience en un forum politique[585] ».

En face, Me Roland Dumas et Me Jean-Paul Le Mée plaidaient en faveur du *Canard enchaîné*. Le premier voulut d'abord établir que Jacques Foccart assignait *Le Canard enchaîné* dans le cadre de ses fonctions officielles ; or les articles 31 et 46 de la loi du 29 juillet 1881 font obligation à un demandeur placé dans cette position de poursuivre devant le tribunal correctionnel, Me Dumas demandait donc à la Chambre civile de se déclarer incompétente[586]. Si Jacques Foccart attaquait au civil, c'est qu'il désirait plus que tout éviter une enquête publique qui eût révélé la nature exacte de ses activités dans l'ombre du général de Gaulle. Me Dumas s'attacha donc à décrire ces activités, malgré les rappels à l'ordre du président du tribunal qui estimait que ces questions n'entretenaient pas de rapport avec les points soulevés par le plaignant ; le défenseur du *Canard enchaîné* rappela les diverses affaires dans lesquelles le nom de Jacques Foccart avait été cité, retraça l'histoire des services de renseignements officiels et parallèles en France et le rôle clé qu'y avait joué le conseiller de De Gaulle. C'est ce rôle qui désigna « naturellement » Jacques Foccart comme le maître d'œuvre de la politique africaine de De Gaulle, tant les services de renseignements, en particulier le Service de documentation extérieure et de contre-espionnage (SDECE) avaient été orientés vers les affaires coloniales depuis le début des années 1950 – « De là va naître non la légende et le mythe, ajouta Me Dumas, mais la réalité qui environne M. Foccart. Aucun événement politique important ne pourra se produire en Afrique ou dans le tiers monde sans que le nom de M. Jacques Foccart ne s'y trouve mêlé. »

Pour réaliser ses « coups », le secrétaire général disposait de fonds secrets dont une partie fut détournée pour des actions de propagande électorale en faveur du parti gaulliste – Me Dumas reprenait à son compte les affirmations du journal mais sans avancer davantage de preuve. Quant à la « commode », elle constituait bien selon lui le terminal d'un dispositif de surveillance électronique ; le défenseur du *Canard* se proposait de citer comme témoins le président du Sénat Alain Poher, le ministre de l'Intérieur Raymond Marcellin, différents journalistes et écrivains, hommes politiques, responsables de syndicats de police. En poursuivant *Le Canard enchaîné*, Jacques Foccart cherchait surtout à se « blanchir » d'un seul coup de plus de dix ans d'accusations non démenties, à réécrire l'histoire ; la justice ne devait pas prêter la main à cet escamotage, conclut Me Dumas. M^e^ Le Mée ne dit pas autre chose, qui examinait la question des dommages et intérêts – pourquoi douze millions (d'anciens francs) et non un franc, pourquoi même un franc, s'interrogea-t-il, rien dans les articles du *Canard* ne justifiait que soit accordée à Jacques Foccart une réparation morale ou financière[587].

La Première Chambre civile du Tribunal de Grande Instance de la Seine donna satisfaction au *Canard enchaîné* en déclarant son incompétence par jugement rendu le 28 janvier 1970. Jacques Foccart fit appel de cette décision mais elle fut confirmée par la cour d'appel au début du mois de novembre 1970. On le voit, le débat sur le fond n'avait pas été tranché ; par son refus d'une procédure pénale, qui eût impliqué enquête publique et citation de témoins, Jacques Foccart se refusait du même coup le moyen de prouver, s'il était possible, le caractère diffamatoire des assertions du *Canard enchaîné*. Le journal sortait donc vainqueur de la confrontation, sans qu'il ait eu à apporter les preuves de ce qu'il avançait[588]. Et Roland Dumas entamait avec le *Canard* une collaboration qui dura jusqu'en 1981.

Le « gaullisme immobilier »

La France des années 1960 connut un certain nombre d'affaires politico-financières que l'on regroupe parfois sous l'expression – forgée par *Le Canard enchaîné* – de « gaullisme immobilier ». Une première escarmouche avait eu lieu en février 1960, quand *Le Canard enchaîné* avait fait état des projets de construction d'un marché-gare dans la banlieue parisienne mais l'article, isolé, n'avait pas eu de grand retentissement[589]. La « grosse affaire » fut pour l'année suivante. En janvier 1961, la presse révéla la situation financière désastreuse dans laquelle se trouvait une société fondée en 1955, le Comptoir national du logement (CNL)[590]. À la fois société de construction et agence immobilière, le CNL avait notamment lancé un programme de construction de logements rue du Point-du-Jour, à Boulogne-Billancourt (Hauts-de-Seine). Six ans après la constitution de la société, la plupart des logements n'étaient toujours pas construits alors que nombre de souscripteurs avaient déjà fini de les payer; les travaux avaient été interrompus par les entreprises de construction qui réclamaient au CNL le règlement de leurs factures; quant aux logements construits, ils souffraient de malfaçons. Ce ne furent pas là les seules irrégularités constatées par le tribunal de commerce dans son jugement du 26 janvier 1961, par les différents journaux qui poursuivirent ses recherches et par la justice, qui fut saisie de plusieurs plaintes déposées par les souscripteurs escroqués. Ces différentes enquêtes aboutirent en juillet 1963 à la condamnation à des amendes et peines de prison de l'architecte, du gestionnaire, du directeur des ventes et de deux administrateurs du CNL.

Ce n'est pas *Le Canard enchaîné* qui révéla l'affaire, mais c'est lui qui la mena le plus loin. Sa campagne démarra le 15 février par un grand article anonyme en page trois; l'histoire du Comptoir national du logement était retracée, les premiers noms lâchés: celui du préfet honoraire Haag, membre du conseil d'administration du CNL, dont les titres et les relations avaient facilité l'opération, celui de l'architecte Pouillon, présent à la fois dans la société industrielle vendeuse du terrain et dans la société immobilière acheteuse, ceux encore d'hommes d'affaires et d'élus algériens. Les articles et les révélations se succédèrent dans les semaines suivantes, sans toutefois donner l'occasion aux personnalités mises en cause de poursuivre le *Canard* en justice (alors que dès le mois de février, cinq journaux étaient poursuivis en diffamation par la direction du CNL[591]).

L'impunité ou, dirait-on mieux, la sorte d'immunité juridique (comme on parle d'immunité diplomatique) dont jouissait le *Canard enchaîné* et qui fut si souvent notée par les partisans comme par les adversaires du journal lors des procès des années 1960, cette impunité fonctionnait à plein en 1961 ; il faut dire que le rôle de grand inquisiteur de la vie publique française était nouveau pour le *Canard*, qui s'en étonnait lui-même :

> « Nous sommes désolés de revenir aussi longuement sur cette affaire du « Point-du-Jour ». Le *Canard*, ses lecteurs le savent bien, n'est pas particulièrement friand de scandales : il est plus à son aise dans sa mare que dans la boue. Dans la boue où d'autres barbotent. » (22 février 1961).

Si le *Canard* se résolvait à ce rôle ingrat, c'était, poursuivait Tréno, en raison du silence observé par la « grande presse d'information » sur cette affaire. Autrement dit l'hebdomadaire satirique se substituait à une presse classique défaillante, reprenait le drapeau de la vérité et s'érigeait en défenseur des « victimes » face aux « coupables », selon les termes employés par le rédacteur en chef dans la suite de l'article. Mais la défiance inspirée aux journalistes du *Canard* par la « grande presse d'information » (quels que soient les titres et la réalité désignés par cette catégorie) n'était pas nouvelle ; nous en avons repéré les traces tout au long de l'histoire du *Canard enchaîné*, à tel point qu'il faut parler à ce sujet de véritable invariant logique à fonction identitaire. Ce qui était nouveau, en 1961, c'était que le *Canard* ne se contentait plus d'enregistrer les manquements de la presse au devoir de vérité, il ne se contentait plus d'exercer sa satire sur le décalage entre des faits connus de tous et la façon dont la presse en rendait compte – il menait lui-même l'enquête, faisait des révélations, allait au-devant de l'événement ; et, après le politique et le militaire de la guerre d'Algérie, portait le fer dans les plaies de l'affairisme moderne.

L'originalité du *Canard enchaîné*, dans cette affaire du CNL, fut aussi de mettre rapidement en cause de hauts responsables politiques, tout en ne perdant pas de vue les personnages de moindre envergure, comme l'architecte Pouillon – dont le *Canard*, comme tous les journaux de l'époque, décrivit le train de vie fastueux[592]. Ce qui intéressait les journalistes du *Canard*, c'était de replacer cette escroquerie dans son contexte, d'en faire une affaire exemplaire des mœurs de l'époque. Dans cette perspective, plus encore que le préfet Haag, c'était le ministre de la Construction Pierre Sudreau qui constituait la cible idéale[593]. Commissaire à l'Urbanisme pour la région parisienne au moment des faits, celui-ci était accusé par le *Canard* de n'avoir rien fait pour stopper l'opération du Point-du-Jour alors qu'il était au courant des irrégularités qui l'entachaient, qu'il ait été un ami de Paul Haag à qui il devait le lancement de sa carrière politique expliquait, selon le journal, sa complaisance. Le ministre répondit d'abord par une lettre en date du 20 février exprimant sa « stupéfaction » devant les accusations du *Canard* ; puis, comme le journal n'en démordait pas, il se compara, dans *Le Monde*, à Roger Salengro et *Le Canard enchaîné* à *Gringoire*. Mais « Salengro avait commis le crime d'*agir* et c'est pourquoi on voulut l'abattre en s'attaquant à son honneur personnel », rétorqua Tréno ; dans le cas présent, ce qui était reproché au ministre, c'était justement de n'avoir pas agi. De n'avoir pas agi dans le cas particulier du CNL, de n'avoir pas agi aussi de façon plus générale en ne faisant pas adopter une législation qui mette fin à la spéculation immobilière.

Car, et c'est le dernier aspect de la campagne du *Canard enchaîné*, le scandale du CNL mettait en lumière les dysfonctionnements graves du marché immobilier français et l'incapacité du gouvernement à en venir à bout. Paradoxalement, le programme de construction de la rue du Point-du-Jour montrait l'insuffisance de l'effort entrepris depuis la guerre pour reconstruire d'abord, construire ensuite de nouveaux logements pour accueillir une population en forte croissance. Dans les années 1960, les effets du *baby-boom* s'ajoutèrent au rapatriement des Français d'Afrique du Nord pour accroître le décalage entre la demande et l'offre de logements. Mais la tension inflationniste que l'on pouvait constater à cette époque ne provenait pas uniquement des mutations démographiques ; selon les journalistes du *Canard enchaîné*, les financiers et promoteurs qui achetaient des terrains pour les revendre à profit poussaient artificiellement les prix vers le haut. Et, loin de les combattre par des lois contraignantes, le gouvernement leur facilitait la tâche, notamment par le biais des Sociétés immobilières d'investissement qui consolidaient le pouvoir des banques sur le secteur de la construction. Cet élargissement de la perspective n'intervint à vrai dire qu'à l'occasion du procès des dirigeants du CNL, à l'été 1963. Comme à son habitude, le *Canard* estima que les condamnés n'étaient pas les principaux responsables ; « le véritable scandale dépass[ait] Pouillon, dépass[ait] même le CNL » écrivit Tréno en mai. Il résidait dans l'absence de volonté politique et même dans la complicité des politiques à l'égard des spéculateurs. « Il est démontré, ajoutait le rédacteur en chef du *Canard enchaîné*, que sous la Cinquième, le pouvoir ne veut rien faire qui puisse porter préjudice à MM. les banquiers, la spéculation immobilière étant l'une des mamelles de la Finance » (15 mai 1963).

De fait, d'autres affaires politico-financières succédèrent à celle du CNL dans les années 1960, par exemple celle de l'ensemble immobilier Élysée-II; aucune n'atteignit, dans les colonnes du *Canard* tout au moins, l'importance de cette enquête à tous égards fondatrice que fut l'enquête sur le Comptoir national du logement[594]. Il faut attendre la fin des années 1960 pour trouver une enquête de portée comparable (quoique très différente dans sa nature), touchant l'action du ministre de l'Équipement et du Logement du gouvernement Pompidou, Albin Chalandon. Ce dernier intenta un procès au *Canard enchaîné* au moment même où Jacques Foccart engageait lui aussi des poursuites contre l'hebdomadaire satirique; comme, cependant, le procès Chalandon est étroitement lié à l'affaire Aranda du début des années 1970 – puisque c'est le même ministre qui fut mis en cause dans les deux cas –, il nous a semblé préférable de les traiter ensemble.

Politique de De gaulle

Si l'historien ne disposait que du *Canard enchaîné* pour retracer l'histoire économique et sociale de la république gaullienne, celle-ci lui apparaîtrait bien terne. Pas ou peu de traces, en effet, dans le colonnes du *Canard* de cette époque, de la modernisation de l'appareil productif, de la forte croissance du produit intérieur brut, des excédents commerciaux, du redressement financier et monétaire… sinon en creux, pour en minimiser l'ampleur ou en relever les effets négatifs. Rien de plus logique si l'on considère que la presse, surtout quand elle fait vœu d'opposition, n'a pas pour vocation de chanter les vertus du gouvernement en place. Mais cette discrétion relative s'explique aussi par la moindre importance accordée à ces questions. Beaucoup plus que la politique économique et sociale ou même que les orientations diplomatiques de De Gaulle, le *Canard*, comme la plupart des opposants, contestait la nature et la pratique du pouvoir gaulliste – sa critique s'exerçait de préférence à l'égard des thèmes les plus politiques et les plus « franco-centrés » de l'actualité, qui correspondaient davantage à ses moyens comme à son génie propre.

La critique de la politique gaullienne s'articula autour de quelques idées-forces dont la récurrence témoigne autant des obsessions du *Canard* que de la permanence des problèmes. En matière économique et sociale, le poids et l'injustice de la fiscalité, l'inflation, les conditions de vie difficiles des plus pauvres entrèrent en proportion variable dans la plupart des articles parus entre 1958 et 1969. La pression des « puissances d'argent », les avantages supposés ou réels que le pouvoir leur consentait fut également un thème à succès, décliné sous des formes variées : la croissance des inégalités, la prospérité des « spéculateurs », l'influence des représentants des « grands intérêts » jusque dans le gouvernement, de Gaulle-Janus tenant un discours de gauche et pratiquant une politique de droite, une politique « au service du capital ». De Gaulle fut également accusé de se tromper de grandeur : celle-ci ne résidait pas dans la possession de la bombe atomique – caprice dangereux autant que coûteux – mais dans le développement humain du pays ; or le coût de la bombe obérait le financement des écoles, des hôpitaux, des logements. Faisaient ainsi système, dans le réquisitoire du *Canard enchaîné*, l'antimilitarisme, la critique économique et sociale, la critique politique et diplomatique. Parce que la France construisait à grands frais des bombes inutiles et dangereuses, elle différait la construction des nécessaires infrastructures sociales et culturelles, prenait du retard dans la recherche industrielle et médicale, se mettait « à la remorque » de la science et de la technologie étrangères, américaines en premier lieu ; cruel paradoxe pour un gouvernement qui avait fait de l'indépendance nationale sa priorité absolue ! Sans cesse furent mis en regard les appels à la grandeur et le manque d'enseignants, l'autosatisfaction du gouvernement et la misère qui continuait à exister dans la France de De Gaulle. Tandis que le *Canard* refusait au gouvernement le droit de réclamer la paternité des progrès accomplis par le pays, il lui attribuait l'entière responsabilité de ses maux.

Dans la critique qu'il faisait des inégalités sociales, des retards et lacunes du développement, du coût de la nucléarisation militaire, le *Canard* se trouvait en phase avec l'opinion française, pour laquelle ces points représentaient effectivement les aspects les plus négatifs de la gestion gaullienne. Il n'en fut pas de même, pendant longtemps, pour la politique étrangère de De Gaulle, attaquée par le *Canard* mais approuvée par une majorité de Français si l'on en croit les sondages réalisés à l'époque. Tréno montra d'ailleurs qu'il avait conscience de la séduction exercée jusque dans l'électorat de gauche par la politique de De Gaulle ; n'alla-t-il pas, en avril 1966, jusqu'à imaginer – en plaisantant, mais cela reste significatif – que le général de Gaulle puisse détenir le portefeuille des Affaires étrangères dans un gouvernement de gauche ? Ce qui plaisait aux gens de gauche en général et au rédacteur en chef du *Canard enchaîné* en particulier, c'était le refus de la logique bipolaire, l'ouverture sur les pays communistes et la fermeté affichée à l'égard des États-Unis. La période 1965-1966 permit des rapprochements, des convergences spectaculaires, avec l'invasion de Saint-Domingue et l'intensification de la guerre au Vietnam, blâmées l'une et l'autre par de Gaulle et le *Canard.*

Mais ce satisfecit décerné à de Gaulle resta dans lendemain. Sa portée était d'ailleurs limitée puisque, même alors, les journalistes du *Canard enchaîné* continuaient de reprocher à de Gaulle le caractère solitaire de ses décisions[595] et son double jeu politicien – pour eux, le Général tenait un discours extérieur acceptable par la gauche afin de masquer une politique intérieure de droite. Pis, la traduction concrète de ce discours paraissait dans bien des cas inacceptable aux journalistes du *Canard* ; ainsi l'impératif nucléaire, l'aide aux anciennes colonies, la politique pro-arabe. Plus généralement, les incohérences de la politique gaullienne furent soulignées, au risque de mettre en évidence les propres incohérences du journal. Le général de Gaulle souhaitait une politique d'indépendance et de grandeur nationales mais la France avait besoin de l'argent allemand et de la technologie américaine ; il refusait la logique des blocs mais, par ses rodomontades, ne faisait qu'isoler la France sur la scène internationale. Pour les journalistes du *Canard*, de Gaulle était « l'homme des deux Yalta » : l'acharnement mis à effacer l'humiliation de 1945 le conduisait à mener une politique gesticulatoire et sonore qui condamnait la France à d'autres humiliations. Le *Canard* ne savait pas gré à de Gaulle de vouloir conjurer le spectre du déclassement international ; au contraire, il l'en rendait en partie responsable.

Sur ces sujets, la querelle faite à de Gaulle portait surtout sur la méthode et les résultats obtenus ; quant au fond, les journalistes du *Canard* n'étaient pas hostiles à l'idée d'une « troisième voie » tracée par la France. De là l'impression de gêne, d'inconfort qui se dégage de certains articles où la critique paraît un peu forcée, dictée davantage par la passion antigaulliste que par un désaccord profond, comme si, inversant le double jeu qui aurait été celui de De Gaulle – un discours extérieur de gauche pour masquer une politique intérieure de droite –, *Le Canard enchaîné* avait jugé l'œuvre extérieure à partir des attendus du procès en dictature fait au fondateur de la Cinquième République[596].

On le vérifiera aisément avec la question espagnole. Ici, plus de gêne, l'opposition franche, résolue, presque allègre, n'eût été la gravité du propos. Au début de 1963, la France de De Gaulle paraît se rapprocher de l'Espagne de Franco ; le ministre de l'Intérieur puis celui des Armées prennent contact avec leurs homologues espagnols ; on envisage une coopération dans le cadre de la lutte antiterroriste. Aussitôt Tréno prend position, très fermement, contre ces « risettes au Caudillo » qui insultent la mémoire des républicains espagnols et le combat des opposants à la dictature. De même en février 1969, le *Canard* protestera-t-il vigoureusement contre la visite officielle en Espagne du ministre des Affaires étrangères, Michel Debré. Mais l'opposition virulente à Franco et aux complaisances françaises entraient à parts égales la force du souvenir et l'actualité sanglante de la dictature espagnole. Rien ne le montre mieux que la réactivation, en 1964, du Comité pour l'Espagne libre créé en août 1936 par Louis Lecoin et Nicolas Faucier ; Tréno et Morvan Lebesque y figuraient[597].

> « Tous avaient admis sans l'ombre d'une réserve qu'il fallait amener Franco à boucler ses malles et à quitter le pays à jamais ; que la liberté devait reconquérir ses droits dans la péninsule Ibérique enfin purifiée ; que la presse, les syndicats, les diverses organisations devaient retrouver, là-bas, le droit à l'expression de leur pensée et de larges possibilités d'action ; qu'une amnistie des plus étendues viderait les prisons ; que les exilés pourraient, à leur gré, revenir dans leur patrie d'origine. Qu'à la suite de cela, un long cauchemar ayant cessé, un peuple sortirait enfin de sa profonde nuit[598]. »

Concrètement, il s'agissait de faire connaître la situation espagnole à l'opinion publique, en particulier le sort réservé aux prisonniers politiques[599]. L'arrestation et l'emprisonnement, en juillet 1966, du dessinateur Vasquez de Sola, dont le *Canard* avait publié six ans auparavant « La grande corrida franquiste » dégrada encore, s'il était possible, l'image de Franco. Mais si *Le Canard enchaîné* accordait une telle importance à l'Espagne, ce n'était pas seulement par fidélité à son passé ou sous la pression de l'actualité ; le régime franquiste lui paraissait offrir des similitudes avec le régime gaulliste et la condamnation du premier valait condamnation du second. Le *Canard* concluait du rapprochement entre les deux gouvernements à la connivence entre leurs chefs et à l'identité des dictatures.

La fin de la République gaullienne

Certainement, l'on aurait pu répondre aux journalistes du *Canard enchaîné* qu'en France, du moins, les opposants politiques avaient le droit de s'exprimer et sans doute en auraient-ils convenu, la polémique n'empêchant pas la lucidité. Mais non moins certainement auraient-ils fait remarquer que ce droit, l'opposition n'en faisait guère usage. Le silence, la passivité, l'impuissance semblaient avoir frappé l'« opposition républicaine » ; de Gaulle régnait sans qu'aucune voix forte et crédible ne s'élève parmi ses adversaires politiques. Tous les partis ne s'étaient-ils pas prononcés pour le « oui » au référendum qui avait livré la France à de Gaulle, en septembre 1958 ? Du reste, les hommes et les partis de la Quatrième République étaient discrédités et le *Canard* n'espérait nul salut de ce côté. Il fallut attendre l'automne 1961 et surtout, un an plus tard, la campagne pour le référendum et les élections législatives pour que l'opposition sorte de son long sommeil, le *Canard* remerciant même de Gaulle d'avoir, par ses « initiatives antirépublicaines » (le projet d'élection du président de la République au suffrage universel), « réveillé » les républicains[600]. À cette date, le journal ne faisait d'ailleurs aucune différence entre les forces qui composaient le « cartel des "non" » ; et l'on put voir Gaston Monnerville, Paul Reynaud, Guy Mollet, Pierre Mendès France, François Mitterrand, Pierre Pfimlin et Maurice Schumann combattant sur la même barricade républicaine dessinée par Ferjac. Mais ce front du refus fut vaincu en octobre, se disloqua en novembre ; à la fin de l'année 1962, de Gaulle parut au faîte de sa puissance et l'opposition au comble de sa faiblesse.

Il faut voir avec quelle touchante ardeur Tréno et Morvan Lebesque soufflèrent alors sur les braises de l'antigaullisme, de quels soins ils entourèrent les fragiles renouveaux d'une opposition politique au pouvoir en place ! C'est d'abord Gaston Defferre qui, lancé par la campagne de *L'Express*, bénéficia de leur soutien ; puis, quand son étoile faiblit, Tréno et Morvan Lebesque reportèrent tout uniment leur affection sur François Mitterrand. On peut s'étonner de ces prises de position électoralistes en faveur de deux personnalités dont les noms, jusqu'alors, n'avaient jamais figuré au tableau d'honneur du *Canard enchaîné*. Des lecteurs s'en étonnèrent. Contre ceux qui, à gauche, « faisaient la fine bouche », Tréno se défendit d'être « spécialement pour Gaston Defferre » ou d'avoir des « idées préconçues sur François Mitterrand ». « On est pour l'adversaire du général de Gaulle le mieux placé », expliqua-t-il en juillet 1965 pour justifier son soutien au premier, « si on veut nous présenter un autre candidat qui soit contre le pouvoir personnel, contre la force de frappe, pour l'école publique et qui puisse, au départ, compter sur quelques millions de voix, on est prêt à réexaminer la question... », précisa-t-il en septembre à propos du second. La rédaction se serait-elle déchirée si Jean Rostand avait consenti à se porter candidat à l'élection présidentielle de décembre 1965 ? Le célèbre biologiste matérialiste était apprécié au *Canard*, sa candidature y avait y avait été évoquée, encouragée... mais elle n'aurait pas répondu au critère d'efficacité posé par Tréno. Entre le vote utile et le vote-témoignage (ou le refus de voter), entre les candidats de raison et le candidat du cœur, Tréno et Morvan Legesque avaient opté pour les premiers termes de l'alternative, ce qui était loin d'aller de soi pour une partie de la rédaction, des lecteurs et de la tradition du journal.

La victoire du général de Gaulle à ce qui était, après tout, la première élection du président de la République au suffrage universel depuis 1848, ne fut pas considérée par la gauche comme une défaite : pour la première fois depuis le Front populaire, elle s'était présentée unie à des élections de portée nationale ; pour la première fois depuis 1958, elle avait fait vaciller le pouvoir de De Gaulle. « Élu mais non approuvé ! » titra le *Canard* avec quelque mauvaise foi le 22 décembre 1965. Le score obtenu par le Général au deuxième tour – « seulement » 55 % des voix comme le rappela sans se lasser l'hebdomadaire satirique –, rendait moins lointaine la perspective d'une victoire de la gauche. Raison de plus pour fustiger les rechutes du côté de vieilles divisions stériles comme celle de mars-avril 1966, lorsque socialistes et communistes s'opposèrent sur la question du départ, voulu par le général de Gaulle, des dernières troupes américaines encore présentes sur le sol français – les socialistes y étant hostiles, les communistes favorables[601]. *A contrario*, l'étroitesse de la majorité obtenue par les gaullistes aux élections législatives de mars 1967 sembla définitivement prouver les vertus de l'union[602].

C'est ainsi que le *Canard* se trouva soutenir ouvertement la stratégie de François Mitterrand de rassemblement de toutes les gauches, ce qui était à la fois s'inscrire dans la continuité des prises de position du journal en ce sens depuis 1924 et s'adapter aux conditions politiques et électorales de la Cinquième République. Le *Canard* de l'après-1965, tout au moins son rédacteur en chef, avait choisi entre Mendès France et Mitterrand, entre la fidélité aux grands principes et le principe d'efficacité ; mais ce qui rendait ambigu le ralliement du journal aux règles électorales de la Cinquième République c'était, outre les tensions qui travaillaient la rédaction à ce sujet, le fait que l'implication *dans* le jeu politique de la Cinquième s'opérait au nom de la lutte *contre* la Cinquième République, considérée comme le régime du pouvoir personnel.

De là vient que les événements de Mai 68 tout à la fois ravirent et déconcertèrent les journalistes du *Canard enchaîné*. Ils les ravirent parce qu'ils semblèrent confirmer le rejet majoritaire non seulement de De Gaulle mais de sa conception de la République – Mai 68 apparaissant comme le châtiment de mai 1958 ; ils les déconcertèrent parce qu'ils ne correspondaient pas aux formes habituelles du combat politique. Comme un certain nombre de leurs confrères, ils en avaient relevé les signes avant-coureurs, la crise du système scolaire et universitaire, le malaise de la jeunesse et ils avaient noté, généralement pour s'en féliciter, le rôle contestataire croissant joué dans le monde par les populations estudiantines. Mais, comme la plupart de leurs confrères, les journalistes du *Canard* furent surpris par la soudaineté et la violence des émeutes de Mai. Le numéro du 8 mai consacra sa une (« Le gouvernement a perdu le contrôle de ses facultés ») et ses pages deux et trois aux premières manifestations, prenant le parti de ces « jeunes qu'on croyait avoir enfermés dans un univers yé-yé, ce qui n'empêchait pas, de temps à autre, quelque tartufe de déplorer leur "dépolitisation"... Leur dépolitisation, on le sait aujourd'hui, c'était leur aversion pour tout ce qui est sclérosé. [...] La violence est toujours regrettable, certes, mais qui a provoqué l'explosion ? » (8 mai 1968).

Durant tout le mois de mai, Tréno multiplie les prises de position en faveur des étudiants[603] tandis que les échos de la « Mare aux canards » rapportent l'affolement et les cafouillages des membres du gouvernement, les volte-face de Pompidou, l'inquiétude de De Gaulle. Morvan Lebesque explique « pourquoi les étudiants en ont marre », Jean Egen enquête du côté des ouvriers de chez Renault, Jean-Paul Grousset s'intéresse à la fronde de l'ORTF (comme Henri Jeanson, qui reprend à cette époque une collaboration régulière au *Canard enchaîné*), Yvan Audouard raconte la « révolution culturelle » du festival de Cannes, Jérôme Gauthier dénonce les « brutalités policières », André Ribaud parle dans sa chronique du « sombre crépuscule du règne » et les dessins, les photos montrent un pouvoir aux abois. Michel Gaillard, alors jeune journaliste du *Canard*, se souvient de l'enthousiasme des premiers jours puis de la volonté d'aller chercher des informations, de les vérifier dans un moment où les rumeurs les plus diverses circulaient. Pour lui, tous les gens du *Canard* étaient à l'unisson, il n'y eut pas de débat sur la position à adopter[604]. En mai 1968, selon Jean Egen, le *Canard* « seul ou presque révèle ce qu'il est : un journal sérieux. Et pour cause. Le tremblement de l'Histoire ? Il est de ceux qui ont donné la secousse. Le changement d'ère ou d'air ? Il est de ceux qui ont transformé les esprits, qui ont ouvert les fenêtres... Ça fait un demi-siècle et plus – très exactement depuis juillet 1916 – qu'il a l'esprit de mai 1968. C'est dire qu'en voyant surgir les barricades et voler les pavés, il comprend que son jour de gloire est arrivé[605] ».

Écrivant ces mots, Jean Egen faisait allusion à ceux d'André Frossard parlant dans *Le Figaro* de Morvan Lebesque[606]. De fait, Morvan Lebesque est celui qui, au *Canard*, paraît avoir été le plus en phase avec le mouvement de Mai, croyant y retrouver l'essentiel de son humanisme héroïque. Ses articles décrivent deux France ou plutôt deux camps totalement opposés : d'un côté un État autoritaire, coupé du pays, fonctionnant en vase clos, plus que jamais adepte de la fausse grandeur et du vain prestige, de l'autre une population avide de changement, de débats, de démocratie. Plus que deux camps, ce sont « deux constantes de l'histoire, deux logiques politiques, deux philosophies » qui s'affrontent de part et d'autre des barricades. Lebesque réfute toutes les accusations de l'ennemi, les lui renvoie ; l'anarchie, le songe, l'irrationnel ne sont pas du côté des étudiants mais du pouvoir ; les manifestants sont des « gens compétents et de mérite patient, affrontant des problèmes qu'ils connaissent et s'efforçant de les résoudre d'une manière pratique ». La raison mais aussi l'imagination, la poésie, le génie, la société enfin débloquée, les âges et les classes mêlés, l'être-ensemble ; le *happening* démocratique émerveille Lebesque, Cohn-Bendit l'épate ; les discussions des assemblées générales ne sont pas les bavardages que raille la droite mais le moment et le moyen d'un éveil et d'une émancipation. Pour Lebesque, le caractère révolutionnaire des événements de Mai ne fait pas de doute. Mai 1968 est un nouveau Juillet 1789, la Sorbonne vaut le Palais-Royal et de Gaulle les rois de jadis. Un nouveau monde naît dans les convulsions de l'ancien, qui alliera « le socialisme et la liberté », qui sera une « démocratie moderne, populaire et fédéraliste ».

Beau programme, mais qui faisait peu de place aux communistes, voire les excluait en les rejetant dans le camp du socialisme sans liberté. De fait, le *Canard* poursuivit en mai 1968 la querelle entamée depuis 1947 avec le parti communiste français. Le cas Cohn-Bendit le montre bien : dénoncé le 3 mai dans *L'Humanité* par Georges Marchais comme l'« anarchiste allemand », il était pour Lebesque « une des plus fortes têtes politiques actuelles » et pour Roger Fressoz « un garçon résolu, décidé, qui dit ce qu'il fait, qui fait ce qu'il dit, qui déborde de vie, de dynamisme, d'insolence ». Plus généralement, le *Canard* était à l'unisson du mouvement étudiant vis-à-vis duquel le Parti affichait une grande méfiance. Pour le journal, les accusations de « gauchisme » proférées par les communistes « officiels » n'avaient pas grand sens ; on chercherait en vain dans le *Canard* d'alors une analyse fine des diverses tendances existant au sein du mouvement étudiant, une recension des groupuscules et un examen de leur idéologie. À la fois parce qu'elle connaissait mal ces réalités et parce qu'elle préférait donner du mouvement une image unitaire et non autoritaire, la rédaction du *Canard* passa sous silence les divisions étudiantes et l'inclination de certains à la « dictature populaire » pour ne retenir que l'appel au renouveau. En face, le parti communiste lui paraissait vieux, lent, réticent, effrayé par la jeunesse, allié « objectif » du pouvoir. Depuis 1959, les escarmouches n'avaient pas cessé entre le *Canard enchaîné* et la presse communiste, des sorties de Pierre Châtelain-Tailhade contre Fidel Castro à la dénonciation des atteintes aux libertés en URSS par Morvan Lebesque, en passant par les campagnes de *L'Humanité* contre les prises de position pro-israéliennes du *Canard* en juin 1967 et contre ses appels à une paix blanche au Vietnam en février 1968 ; encore quelques mois et la querelle allait atteindre son point d'incandescence avec l'invasion de la Tchécoslovaquie.

Peut-être l'impression sur six pages seulement et la diffusion partielle du numéro du 22 mai, comme la non-parution du *Canard enchaîné* le 29 mai sont-elles à rapprocher de cette querelle ancienne renouvelée par le climat de Mai. Michel Gaillard a évoqué des « bagarres » avec le Syndicat du livre-CGT, dont les positions étaient très proches de celles du parti communiste ; aucun coup ne fut échangé mais Tréno aurait « engueulé les grévistes, se faisant traiter par eux de "jaune" » ; selon Roger Fressoz, le rédacteur en chef du *Canard enchaîné* aurait même pensé fonder un quotidien, puisque la grève ne touchait que les périodiques[607]. Ces souvenirs contrastent singulièrement avec l'explication fournie aux lecteurs par la direction du *Canard* dans le numéro du 5 juin : la responsabilité des incidents était rejetée sur le Syndicat de la presse hebdomadaire parisienne, dirigé par Émilien Amaury, qui n'aurait entrepris aucune négociation avec la Fédération du livre ; quant aux directeurs des autres hebdomadaires d'opinion, ils auraient préféré trouver des solutions individuelles plutôt que collectives. Cette seconde explication avait l'avantage de préserver l'image d'un *Canard* allié naturel du monde ouvrier, engagé aux côtés des grévistes de Mai. Le journal aurait pu, comme les autres hebdomadaires, se faire imprimer à l'étranger – « Il a préféré, comme toujours, observer la règle » qui veut que l'on ne casse pas une grève en recourant à la main-d'œuvre étrangère ; mais, « tout en se félicitant de la puissance du mouvement revendicatif qui [venait] d'animer le monde du travail, il aurait évidemment souhaité que la presse d'opinion hebdomadaire puisse faire entendre sa voix dans cette période historique » (5 juin 1968).

Les journalistes du *Canard enchaîné* ne furent pourtant pas totalement réduits au silence, nous l'avons vu, y compris dans la dernière semaine de mai : *Combat* les accueillit dans une « tribune libre » de quatre pages. Celle-ci, envahie de dessins et proche, par sa mise en page, de celle du *Canard enchaîné*, offrait un contraste saisissant avec la présentation de *Combat*, très austère avec ses cinq colonnes parfois réduites à trois, son absence de photographies et de dessins, sa titraille monotone ; le ton était également très différent. Mais *Combat*, comme le *Canard*, était acquis à la cause étudiante et souhaitait avec la même vigueur la fin du pouvoir personnel de De Gaulle – c'était ce qui ressortait le plus nettement d'une ligne éditoriale par ailleurs assez floue. Pour Philippe Tesson, qui dirigeait à l'époque la rédaction du journal d'Henry Smadja, *Combat* « représentait la part bourgeoise de la lucidité pas trop conne » ; Tesson lui-même, en 1968, avait poussé « un petit cri, aigrelet, suffisamment aigre toutefois pour que *Combat* se fût distingué de la masse des journaux de l'époque[608] ». De fait, la presse parisienne d'information générale se montra soit indifférente (*France-Soir*, *Le Parisien libéré*) soit hostile (*Le Figaro*) au mouvement de Mai ; le *Canard* présenta des similitudes avec les seuls *Combat* et *Le Monde* (du moins, dans ce dernier cas, jusqu'au retour d'Hubert Beuve-Méry à Paris à la fin du mois de mai).

On se doute que la sortie de crise ne fut guère du goût des journalistes du *Canard enchaîné*, même si le mois de juin 1968 fut excellent sur le plan commercial[609]. Morvan Lebesque souhaitait la fondation d'un nouvel ordre social et politique, Tréno espérait à tout le moins le départ de De Gaulle et la venue au pouvoir d'un gouvernement de la gauche unie – de Gaulle resta au pouvoir après avoir retourné la situation à son profit. La rédaction du *Canard* refusa de prendre acte de l'échec du mouvement de Mai, assura les étudiants que « leur rôle en ce mai historique ne [serait] pas oublié », poursuivit sa campagne contre les violences policières impunies, dénonça la reprise en main de l'ORTF ; pour les journalistes, la victoire du parti gaulliste aux élections législatives de juin était le « triomphe de la peur », l'« apothéose du parti craintif ». Et puis l'intervention soviétique en Tchécoslovaquie éclipsa le mouvement de Mai, la guérilla contre de Gaulle passa au second plan.

Elle reprit de plus belle en février 1969, à l'annonce du référendum portant sur l'organisation régionale et la réforme du Sénat, prévu pour la fin du mois d'avril. La création des régions administratives ne posait guère de problème ; en revanche, la transformation du Sénat en instance consultative fut interprétée par la gauche, mais pas seulement par elle, comme une tentative pour réduire le dernier bastion de l'opposition[610]. *Le Canard enchaîné* fit chorus avec les adversaires du projet – des communistes aux centristes – pour dénoncer le renforcement du pouvoir personnel. De Gaulle s'arrogeait le droit de violer une fois de plus sa propre constitution, il demandait au peuple de se faire le complice de l'assassinat de son dernier défenseur, il souffrait d'une offense mal lavée (l'accusation de « forfaiture » lancée par l'ancien président du Sénat, Gaston Monnerville, en 1962) ou d'un référendum rentré ; il fallait profiter de ce « plébiscite camouflé » pour le renvoyer – tels furent en substance les thèmes développés par le journal entre février et avril 1969 « Abstention, piège à cons ! lança Morvan Lebesque le 5 mars. Votez pour faire échec à de Gaulle » ; « La France a le choix entre le départ du Général et la mort de la République », affirma Tréno le 16 avril.

Le 27 avril 1969, le « non » l'emporta par 53 % des suffrages exprimés – le « oui » n'avait été majoritaire que dans vingt-quatre départements. Dans la nuit, démentant les craintes que, par tactique ou conviction, la presse de gauche avait exprimées, le général de Gaulle fit publier un communiqué annonçant qu'il cessait d'exercer ses fonctions de président de la République et se retira à Colombey. Alain Poher, président du Sénat, s'installa à l'Élysée en attendant que soit organisée l'élection présidentielle. *Le Canard enchaîné*, une nouvelle fois, s'engagea dans la bataille électorale mais en ordre dispersé. Si Tréno et Lebesque, fidèles à leurs choix de 1965, appelèrent à voter Poher, le seul à pouvoir barrer la route à Pompidou (surnommé « Pompi-Duce » dans une double assimilation polémique à Mussolini et au « dictateur » de Gaulle), Pierre Châtelain-Tailhade, Henri Jeanson, Gabriel Macé se montrèrent beaucoup plus réticents envers un homme que même les circonstances ne transformaient pas en homme de gauche ; Macé annonça sa volonté de « voter inutile, c'est-à-dire Krivine ». Ces divergences, qui reflétaient l'indécision du lectorat du *Canard* – le journal publia des lettres de lecteurs s'exprimant pour ou contre la candidature Poher –, disparurent entre les deux tours, les partisans d'Alain Poher restant alors les seuls à s'exprimer dans l'hebdomadaire satirique. Quelles qu'aient été les opinions politiques que l'on pouvait prêter au président du Sénat, lui au moins était « pour le retour à la démocratie », il s'engageait à « rendre son indépendance à la magistrature, garantir la liberté individuelle des citoyens, rétablir le contrôle parlementaire, dégager l'État de la tutelle d'un clan, éjecter les barbouzes, libérer l'ORTF » (4 juin 1969).

Les résultats du premier tour et la victoire de Pompidou, au soir du 15 juin 1969, par plus de 57 % des suffrages exprimés, accablèrent Tréno et Lebesque : « Les Français n'en ont pas marre, ils en redemandent », constata le rédacteur en chef tandis que Lebesque s'avouait « dégoûté par la gauche qui, ayant enfin, pour la première fois depuis onze ans, la possibilité de renverser le régime, s'y est refusée ». Étaient visés aussi bien les abstentionnistes que ceux qui avaient voté au premier tour pour des candidats « inutiles », les centristes qui avaient demandé à Alain Poher de se retirer entre les deux tours que les communistes qui n'avaient pas appelé à voter pour le président du Sénat. Le *Canard* s'en prit particulièrement à ces derniers : après leur attitude équivoque en mai-juin 1968, leur refus de condamner l'intervention soviétique en Tchécoslovaquie en août de la même année, voici maintenant que les communistes permettaient l'élection de l'héritier de De Gaulle.

Le résultat le plus visible de la victoire de Georges Pompidou, au *Canard*, outre une brusque flambée du tirage[611], fut le remplacement de « La Cour » par « La Régence » ; sous le regard impérieux mais impuissant de De Gaulle, réduit par Moisan à l'état de statue du Commandeur, les jeux de l'ambition et du pouvoir reprirent avec un nouveau maître pour les diriger. Les journalistes du *Canard* feignirent de craindre le retour de De Gaulle mais la place accordée à ce dernier dans le journal décrut inexorablement. « Où est-il le temps où j'avais mon portrait chaque semaine, à chaque page du *Canard enchaîné* ? » se demandait le de Gaulle de Moisan, en juin 1969, sur fond pluvieux de mer d'Irlande. L'hebdomadaire satirique ne faisait, encore une fois, que jouer son rôle de *révélateur* de l'image latente du paysage politique français. De Gaulle ne se réinstalla à la « une » du *Canard enchaîné*, comme du reste à celle de la quasi-totalité des titres de la presse française, qu'à l'occasion de sa mort, le 9 novembre 1970. Le 11 novembre, André Ribaud rédigea en première page une ultime chronique de « La Cour », intitulée sobrement « Mort du Roi » qui était, à sa façon et sans reniement d'aucune sorte, un hommage[612] :

> « [...] Il avait vécu pour gouverner l'État et l'avait gouverné sans frein pendant longtemps. Depuis que l'État s'était dérobé à lui, il ne faisait, en réalité, que survivre. Sans doute s'était-il roidi, après son abdication, à paraître soulagé, dispos, curieux de voyages, disert en mémoires, sinon en propos ou en discours. Mais on devinait, à des signes, que c'était pour la montre et pour donner le change du sourd chagrin qui l'envahissait. [...] Le 9 novembre, par un triste soir d'automne, le Roi se retira soudainement d'un monde qui s'était déjà, lentement, retiré de lui. »

Le même jour, dans le même numéro, *Le Canard enchaîné* annonçait, par la plume de Pierre Châtelain-Tailhade, *alias* Jérôme Gauthier, la mort d'Henri Jeanson. Quatre mois plus tôt était mort, lors d'un voyage au Brésil, Morvan Lebesque. En janvier de la même année, c'est Tréno dont Roger Fressoz, son successeur à la tête du journal, avait annoncé le décès. En quelques mois, trois des piliers du *Canard enchaîné* étaient morts pour ainsi dire le stylo à la main. René Buzelin et Roger Salardenne, les deux doyens du *Canard*, les avaient précédés de peu, en février 1969 et mai 1968. Et Jeanne Maréchal avait disparu en novembre 1967. C'était la fin d'une époque.

Comme le journal *Le Monde*, *Le Canard enchaîné* a appuyé son essor sur les crises coloniales de la Quatrième République et sur le retour de De Gaulle. Le rapprochement des dates de l'histoire politique de la France des années 1954 à 1969 avec les chiffres de tirage est éloquent : le *Canard* renoue avec le succès au moment où la guerre d'Indochine devient enfin visible aux Français (ceux-ci n'en prenant vraiment conscience qu'au moment où tout est consommé) et où Pierre Mendès France, qu'il soutient, est au pouvoir ; la crise algérienne prend immédiatement le relais et pousse vers le *Canard* tous les partisans d'une solution politique qui préserve les intérêts des deux parties. L'aggravation de la situation, le durcissement des antagonismes en Algérie comme en métropole profitent au journal, qui adopte des positions de plus en plus hostiles à « l'Algérie française ». La prise de pouvoir par de Gaulle, que n'approuve pas la rédaction, et le lent, le douloureux règlement du conflit algérien propulsent le *Canard enchaîné* vers des sommets dont il ne redescendra guère, au milieu des années 1960, que pour monter plus haut encore à la fin de la présidence gaulliste. Avec de Gaulle, *Le Canard enchaîné* a trouvé un adversaire à sa mesure ; ou plutôt, il a trouvé le personnage dont la démesure offrait le plus de prises à son imagination satirique. Tour à tour indignés ou bluffés, les journalistes du *Canard* ont, sur les succès de leur ennemi de prédilection, bâti les leurs et ce n'est pas là le moindre paradoxe de la période. Ce succès du *Canard enchaîné* a tenu également à une inflexion décisive donnée par les journalistes entrés au cours de la période, Jean Clémentin en tête, en direction de ce que l'on appelle maintenant « l'investigation », Tréno exerçant par ailleurs la direction effective avec la bénédiction de Jeanne Maréchal.

Cette inflexion fut remarquée très rapidement, comme en témoigne l'un des tout premiers travaux universitaires sur l'hebdomadaire satirique, celui de Jeansylvain Pradeau, en 1961. L'auteur y remarquait que le *Canard* était « devenu le principal informateur de l'opposition en France sous la Quatrième République et l'un des mieux informés. Dans la rue comme dans les couloirs du Parlement, les opposants de droite ou de gauche y puissent nombre de nouvelles dont aucun autre journal ne pourrait se faire l'écho. Les informations que propose le *Canard* à ses lecteurs sont souvent très précises et de source certaine, et de ce fait elles ne sont que très rarement démenties. On peut penser que le *Canard* a su s'entourer d'un réseau assez dense d'informateurs, de complaisances et de complicités[613]. » La disparition d'un grand nombre de journalistes du *Canard enchaîné* à la fin des années 1960 et le profond renouvellement de l'équipe qui s'ensuivit n'allaient pas interrompre cette évolution, bien au contraire.

SIXIÈME PARTIE

LA MUE DU *CANARD ENCHAÎNÉ* 1969-1981

Dans les années 1970, *Le Canard enchaîné* achève sa mue en journal d'informations exclusives et sensationnelles. La relève d'une génération de journalistes par une autre est l'occasion d'une spécialisation accrue, ce qui ne va pas sans poser quelques problèmes de coexistence avec les éléments les plus anciens (dans l'équipe comme dans le contenu) du journal. Après avoir examiné les changements intervenus au sein de la rédaction, nous analyserons le traitement de l'actualité politique des années 1970 par *Le Canard enchaîné* et la place accordée aux « affaires », bien supérieure à celle qui leur était faite dans la décennie précédente. Dans quelle mesure cette mutation concourt-elle au grand succès que connaît le journal à partir de la fin des années 1960 ?

I

LA RELÈVE

Les changements dans la direction

Après le décès, le 27 décembre 1967, de Jeanne Maréchal, veuve du fondateur et patronne du *Canard enchaîné* depuis la Libération, la direction de la publication fut confiée à celui qui dirigeait jusqu'alors la rédaction, Ernest Raynaud dit Tréno. Le nouveau directeur fut élu par le conseil d'administration de la société anonyme « Les Éditions Maréchal-Le Canard enchaîné », composé, rappelons-le, de collaborateurs du journal et des membres de la famille Maréchal. Les nièces de Jeanne Maréchal, Andrée Malladot et Madeleine Prunier, héritèrent des actions de Jeanne, réparties par moitié entre elles. Toutes deux travaillèrent au *Canard enchaîné*, la première comme directrice du service des abonnements, la seconde comme inspectrice des ventes. Un arrangement fut conclu pour que, à leur départ à la retraite, leurs actions soient redistribuées de façon gratuite entre les collaborateurs du *Canard enchaîné* comme l'usage s'en était institué depuis la Libération.

La mort de Jeanne consacra l'effacement des Maréchal dans le choix de l'équipe dirigeante. Ce n'est pas pour autant que les journalistes ou même les collaborateurs dans leur ensemble firent pleinement usage d'une hypothétique souveraineté. Certes, la fonction de direction devenait élective – l'assemblée générale des actionnaires, composée d'une bonne partie des collaborateurs les plus anciens, élisant un conseil d'administration qui lui-même désigne le directeur – mais l'élection n'a toujours fait que sanctionner une évidence imposée par le temps et la faveur de l'ancien directeur. Qui d'autre que Tréno, directeur de la rédaction depuis 1947, disposant de toute la confiance de Jeanne Maréchal, pouvait prendre la succession de celle-ci à la tête du journal ? La question de la succession, c'est-à-dire de la légitimité du nouveau directeur, ne se posa véritablement qu'après la mort de Tréno, en 1969. Tréno, *primus inter pares*, pouvait-il imposer son candidat à la rédaction par-delà sa mort ? À la différence de Jeanne Maréchal, il ne disposait que d'un nombre très limité d'actions – quatre-vingt-huit sur mille en juillet 1969 – et ne pouvait se réclamer de la même légitimité historique. On pouvait craindre que d'autres journalistes contestent son choix, ouvrant la voie à des luttes internes dangereuses pour le journal.

L'élection de Roger Fressoz, plus connu des lecteurs sous le nom d'André Ribaud, comme directeur du *Canard enchaîné* le 31 décembre 1969, ne démentit qu'en partie ces craintes. Roger Fressoz était l'un des journalistes les plus anciens du *Canard*, très imprégné de la tradition du journal, rédacteur brillant d'une des chroniques les plus en vue, en prise avec l'actualité la plus politique. Il était surtout le dauphin désigné de son vivant par Tréno qui l'avait nommé rédacteur en chef adjoint en 1963 puis rédacteur en chef quand lui-même avait été porté à la tête du journal en 1967. Sa désignation fut précédée d'une série de signaux adressés aux autres journalistes, Tréno l'associant de plus en plus étroitement et *visiblement* à ses décisions. Dans les derniers mois de 1969, la dégradation de l'état de santé de Tréno fit de Roger Fressoz le directeur effectif du journal.

Mais l'élection de Roger Fressoz ne fit pas cesser toutes les rivalités d'ambition. Au contraire, sa personnalité, caractérisée par une faible capacité à communiquer oralement, associée aux incertitudes nées de la succession et à celles, structurelles, du fonctionnement de la rédaction, ouvrit un espace de contestation plus large que sous Tréno ou Maurice Maréchal. Le poste de rédacteur en chef en fut l'un des enjeux principaux. Roger Fressoz le doubla ou plutôt le divisa en deux, chargeant Jean Clémentin de diriger la partie « politique » et Gabriel Macé la partie « culturelle » du journal. Roger Fressoz ne cessa pourtant pas d'exercer une partie des attributions dévolues au rédacteur en chef, renouant avec la pratique du directeur-rédacteur qui était celle de Maurice Maréchal.

Gabriel Macé était un fidèle de Tréno et de Roger Fressoz. Ce natif de la Gironde était entré au *Canard* en 1948 à l'âge de trente ans, après avoir enseigné l'anglais au lycée de Périgueux. Il s'était alors spécialisé dans la politique intérieure, tout en collaborant à *Action, Franc-Tireur, Paris-Journal, Libération*. Il se disait anarchiste mais était avant tout un libéral et un humaniste, écrivant sous la surveillance de la Déclaration des droits de l'homme et du citoyen placée en évidence dans le bureau de son domicile, à Colombes. C'était aussi un homme chaleureux, très apprécié de ses confrères qu'il saluait invariablement d'un « Pitchoun ! » ensoleillé. C'était enfin la « voix » de Roger Fressoz, son relais, voire son traducteur. Celui qui avait signalé l'apparition du nouveau métier d'« interprète de De Gaulle » en juin 1958 jouait ce rôle auprès du directeur du *Canard enchaîné*, explicitant la volonté de ce dernier à des journalistes parfois désorientés par ses « langueurs, ses fuites, sa timidité » (Philippe Tesson) ou ses colères.

Roger Fressoz, a-t-on dit, ne souhaitait pas devenir directeur. De la même façon, Jean Clémentin renâcla à accepter la co-rédaction en chef. Selon plusieurs témoignages, il désirait se consacrer dorénavant à l'écriture ; il abandonna d'ailleurs l'information proprement dite au début des années 1980 pour prendre en charge la critique littéraire, qu'il hissa à un niveau très élevé. Il souhaitait également rénover les pages culturelles du journal, y apporter du sang neuf, des idées nouvelles. La réussite fut dans ce domaine moins éclatante : Clémentin devait compter avec les gens en place et il ne parvint pas à convaincre ceux qu'il contacta à l'extérieur de quitter leurs rédactions – plus florissantes alors qu'aujourd'hui – pour venir travailler au *Canard*. Est-ce à cet échec qu'il faut attribuer son départ, à la fin des années 1980, « fâché avec tout le monde », selon les termes employés par celui qui fut l'un de ses amis proches, le dessinateur André Escaro ? Selon ce dernier, Jean Clémentin aurait attribué à Roger Fressoz l'échec de sa carrière d'écrivain, pour l'avoir maintenu contre son gré à un poste de responsabilité. Peut-être faut-il voir aussi dans cette mauvaise humeur la trace du dépit qu'aurait causé chez Clémentin son impuissance à orienter *Le Canard enchaîné* dans le sens qu'il préconisait. L'une de ses grandes idées était que le journal devait s'ouvrir à l'actualité internationale, accueillir des enquêtes approfondies sur des sujets de politique étrangère dont il était friand. Roger Fressoz pensait au contraire que la vocation du *Canard* était l'information française et préférait conserver la spécialisation du journal sur la politique intérieure ; l'absence d'un réseau d'informateurs et de correspondants à l'étranger interdisait selon lui l'extension géographique du champ de curiosité[614].

En dépit de ces désaccords, Jean Clémentin conserva la haute main sur l'information du *Canard enchaîné* pendant toutes les années 1970. C'est autour de lui plus que de Roger Fressoz que s'organisaient les conférences de rédaction hebdomadaires. Dans son ombre grandit Claude Angéli, qu'il avait fait entrer en 1971. Ce dernier devint bientôt chef des informations puis rédacteur en chef adjoint pour l'information politique. Selon Jean Montaldo, « le projet de Clémentin était de faire un journal sans exclusive politique, sans esprit partisan, dont la rédaction serait composée de gens de droite et de gauche. [...] Il voulait une rédaction pluraliste, qui permettrait de couvrir tout l'échiquier politique », un peu dans l'esprit du *Combat* d'Henry Smadja[615].

Le renouvellement de l'équipe

Dans cette optique, Jean Clémentin avait favorisé la collaboration au *Canard*, en tant que pigistes, de journalistes étiquetés alors à droite, voire à l'extrême droite : François Caviglioli, sans attache partisane particulière, fréquentait les milieux d'extrême droite au début des années 1960 ; Philippe Marcovici aurait été un ancien de l'OAS[616] ; Roland Jacquard *alias* Roland Laurent, de *Minute*, et Jean Montaldo lui-même faisaient également partie de cette mouvance[617]. Selon ce dernier, le projet « œcuménique » de Clémentin aurait échoué devant la volonté des journalistes communisants du *Canard*, en particulier Claude Angéli et Jean Avran, d'épurer la rédaction de ses éléments les plus marqués à droite, contraignant les nouvelles recrues de Clémentin à quitter le journal, marginalisant les autres, en particulier Claude Paillat.

Ce témoignage, qui peut être dicté par le dépit ou la passion politique, doit être reçu avec la plus grande prudence. Pour les responsables actuels du *Canard enchaîné*, l'hypothèse d'une infiltration de l'extrême droite dans le journal relève de l'affabulation malveillante ; ils soulignent que Montaldo ne fut jamais qu'un pigiste, un élément extérieur qui ne pouvait pas comprendre les logiques internes du journal. Au reste, il en était de même avec les journalistes cités plus haut, simples informateurs et collaborateurs occasionnels, dont les convictions droitistes restent d'ailleurs, pour certains d'entre eux, à démontrer. Il reste que la collaboration, même limitée, d'un Jacquard ou d'un Montaldo troublait quelques esprits, au sein de la rédaction, qui ne comprenaient pas qu'un « journal de gauche » accueille des « gens de droite, voire d'extrême droite[618] ».

Par ailleurs, les liens étaient étroits avec *Combat* – auquel avaient d'ailleurs collaboré François Caviglioli, Jean Montaldo et Philippe Marcovici. On se souvient de l'aide apportée par le quotidien d'Henry Smadja au *Canard* en Mai 68. Ce journal dont, selon

Claude Bellanger, « les prises de position n'étaient liées à aucune orientation politique définie[619] » apparaît comme une pépinière de journalistes *Canard*: Dominique Durand, Louis-Marie Horeau, Serge Richard, Éric Emptaz, Bernard Chapuis, entrés au *Canard* au cours des années 1970, sont des anciens de *Combat*. Dans ces transferts, le rôle joué par Philippe Tesson – « chef de bande » comme il aime à se décrire – paraît avoir été considérable. Le rédacteur en chef de *Combat* et fondateur, à la mort de ce journal, en 1974 (peu de jours après la mort de son directeur), du *Quotidien de Paris* était lui-même entré au *Canard enchaîné* en 1970, pour des raisons qui lui demeurent mystérieuses: « Les gens du *Canard* ont pu être sensibles à l'esprit – assez indéfinissable, liberté à dire, imprévisible – qui se dégageait de mes éditoriaux. » Henri Jeanson était mort, Roger Fressoz cherchait quelqu'un pour le « rez-de-chaussée » de la page huit et il fit appel à Philippe Tesson pour deux à trois feuillets par semaine, sujet libre. « Ils cherchaient quelqu'un de jeune, c'est à moi qu'ils se sont adressés. J'ai accepté parce qu'ils étaient gentils, parce que le *Canard* n'était finalement pas très éloigné de *Combat*[620]. » Encore quelques mois et la mort de Morvan Lebesque fera tomber la critique dramatique dans l'escarcelle de Tesson. C'est alors que, de son propre aveu, l'éditorialiste de *Combat* – qui n'avait pas encore amorcé son virage à droite du début des années 1980 – est vraiment devenu un collaborateur du *Canard enchaîné* et qu'il a facilité la venue d'un certain nombre de ses fidèles. Les très bonnes relations qu'il avait nouées avec Roger Fressoz peuvent expliquer son influence.

La presse de gauche fut un autre vivier de journalistes du *Canard enchaîné*. Jean Abramovici *alias* Jean Avran ou Jean Garchoy, Claude Angéli, Nicolas Brimo, Georges Marion, Raymond Hincker *alias* Pierre Detif, Claude Roire, Claude-Marie Vadrot avaient fait leurs classes dans ce type de presse avant d'entrer au *Canard*[621]. *Libération* dans les années 1950 (Claude Roire, Jean Abramovici, qui collabora également à *Ce soir* et *Franc-Tireur* avant le départ des communistes), *L'Humanité* dans les années 1960 (Raymond Hincker), *Politique-Hebdo* au début des années 1970 (Claude Angéli, Claude-Marie Vadrot) furent les titres les plus en vogue dans ce groupe. La majorité des rédacteurs qui le composent avaient été communistes ou communisants. Ainsi Jean Abramovici et Raymond Hincker étaient-ils adhérents ou anciens adhérents du Parti selon des sources orales et policières[622]. Ainsi encore Claude Angéli, Claude Roire et Georges Marion, anciens adhérents pour le premier de l'Union des jeunesses communistes de France[623], pour les autres de l'Union des étudiants communistes.

Il est remarquable qu'à l'exception, peut-être, de Jean Abramovici – parfois qualifié de « dernier stalinien » par ses camarades – la plupart de ces communistes aient rompu avec le Parti. Claude Angéli fut exclu en 1964; c'est alors qu'il rejoignit *Le Nouvel Observateur*, avant de participer à l'aventure de *Politique-Hebdo*, créé en octobre 1970 par un autre exclu du parti communiste, Paul Noirot. En 1971, alors qu'il travaillait encore dans ce dernier journal, il fut recruté par Jean Clémentin pour le *Canard*[624]. Lui-même fit entrer, la même année, Nicolas Brimo, qu'il avait rencontré au *Nouvel Observateur* en 1968 et qui était passé par l'hebdomadaire du parti socialiste, *L'Unité*. Grâce à Claude Angéli entra également Claude-Marie Vadrot, ancien de *Tribune socialiste* et militant écologiste. Georges Marion, pour sa part, avait été exclu de l'Union des étudiants communistes lors de la reprise en main par le Parti au milieu des années 1960. Il participa ensuite à la fondation de la Jeunesse communiste révolutionnaire, ancêtre de la Ligue communiste révolutionnaire d'Alain Krivine, collaborant à *Rouge* à partir de sa fondation en 1976, jusqu'en 1978. Lassé des éternels débats doctrinaux et désireux de trouver une situation plus stable, il exprima auprès d'Angéli le souhait d'entrer au *Canard*, où il faisait des piges depuis quelques années. Il y fut embauché en 1978, à titre définitif en 1981.

On voit bien le profil qui se dessine : des communistes en rupture de ban, des socialistes sans carte, des trotskistes fourbus, le *Canard*, journal non partisan et volontiers sceptique, appréciait les militants pour peu qu'ils aient pris quelque distance vis-à-vis de leurs Églises respectives, comme le souligne Georges Marion :

> « Pour eux, plus ou moins consciemment, si vous aviez ce passé-là, vous ne pouviez pas être « tout faux ». Ce passé supposait le culte de l'amitié, le sens de la fidélité, de la clandestinité, du secret, de la discrétion. En bref, pour entrer au *Canard*, il fallait répondre à certains critères d'honorabilité militante. Je sentais cela très fortement du côté d'Angéli avec qui j'avais le plus d'affinités, des affinités militantes, même si des différences existaient à ce niveau-là aussi[625]. »

En retour, ces idéalistes revenus de tout ou ces réalistes indignés voyaient dans *Le Canard enchaîné* l'un des premiers espaces de militantisme efficace ou l'un des derniers refuges du journalisme engagé. C'est net chez Georges Marion, à qui le *Canard* « convenait parfaitement. On faisait de l'info, on ne prenait pas de gants. Il me semblait que la contradiction information ou engagement était résolue, ou dépassée. Informer sur le pouvoir en place, c'était le combattre[626] ». C'est vrai également pour Claude Angéli, déçu par la forme de militantisme adoptée par *Politique-Hebdo* – de longs articles théoriques plutôt que des enquêtes approfondies – et qui trouva avec le *Canard* le « journalisme dont [il] rêvait, dans la continuité de [ses] engagements[627] ».

Par comparaison avec cette mouvance socialo-communiste, les journalistes fidèles à la tradition libertaire reculèrent en nombre et en influence. Pierre Châtelain-Tailhade mourut en mars 1977 et avec lui ses trois pseudonymes, Clément Ledoux, Jérôme Gauthier, Valentine de Coin-Coin. « L'ami Pierre était le dernier de l'équipe en activité à avoir connu Maurice Maréchal, le fondateur du *Canard*: cela faisait de lui une sorte de brontosaure. Un monument[628]. » Bernard Thomas, qui écrivait ces lignes, était entré en 1971. Fondateur de journaux[629], auteur de livres sur la bande à Bonnot, Alexandre Jacob – le modèle d'Arsène Lupin – ou les « provocations policières », chaque fois salués par *Le Canard enchaîné*, il fut un beau jour contacté par « quelqu'un du *Canard* » – sans autre précision – pour venir déjeuner au Bougainville, le restaurant-cantine du journal situé tout à côté de l'immeuble de la rue des Petits-Pères. On lui demanda ce qui, selon lui, manquait au *Canard* – de la vie, de l'humanité, répondit-il. La semaine suivante, il faisait partie de la rédaction du journal. Il fut bientôt en charge d'une rubrique nouvelle, intitulée « Ça n'arrive qu'aux autres », où se trouvaient décrites les situations concrètes de gens aux prises avec les institutions. En 1976, quand Jean Clémentin abandonna la corédaction en chef, c'est lui que Roger Fressoz nomma, sans même l'en avertir, corédacteur en chef, chargé de la partie « culturelle » du journal.

Et puis il y a le groupe des secrétaires de rédaction, dans lequel il est bien difficile de repérer des logiques politiques ou journalistiques. Michel Gaillard, Patrice Vautier, Jacques Lamalle, Alain Grandremy – par ordre d'apparition – en sont les figures les plus marquantes. Michel Gaillard, actuel directeur du *Canard enchaîné*, y est entré en 1966, pour un remplacement qui devait être temporaire et qui devint définitif. Son père, l'écrivain Robert Gaillard, était un intime du journal, un ami de Tréno. On lui proposa rapidement d'autres tâches que la mise en page et, peu d'années après ses débuts, il se vit confier la page deux; à un moment, il fut même nommé chef des informations. Après l'arrivée de Claude Angéli, il se recentra sur la page deux[630]. Les autres secrétaires de rédaction faisaient partie de la filière Max de Bonnefous de Caminel. Le marquis, qui assurait la mise en page du *Canard* depuis 1961 – après s'être acquitté de la même tâche pour la quasi-totalité des quotidiens parisiens, avant et après la guerre – faisait également celle du quotidien gaulliste *La Nation* et du *Parisien libéré*: dans ces deux journaux, il rencontra, qui y travaillaient aussi en tant que secrétaires de rédaction, Patrice Vautier et Jacques Lamalle. Il fit entrer Patrice Vautier au *Canard enchaîné* en 1968 et Jacques Lamalle en 1970. Quelques années plus tard, Max de Caminel étant souffrant (il devait mourir en 1974) Patrice Vautier proposa à Alain Grandremy de rejoindre l'équipe du *Canard.*

Par comparaison avec le groupe des rédacteurs, le renouvellement des dessinateurs paraît moins profond. Le retour de Vasquez de Sola[631] en 1970, et l'arrivée de Jean Kerleroux, Ferdinand Guiraud et Jacques-Armand Cardon, de 1971 à 1975, renforcèrent l'équipe dont l'un des piliers, Pol Ferjac, n'allait pas tarder à prendre sa retraite. La diversité des opinions politiques était là aussi une réalité: Vasquez de Sola était – et demeure – communiste, Guiraud professait une sorte d'anarchisme de droite, Kerleroux tenait pour un « socialisme autogestionnaire » et Cardon témoignait par ses dessins et son discours d'une réelle sensibilité libertaire de gauche. On imagine bien l'impossibilité que revêt la recherche d'une logique commune de publication, d'autant que les dessinateurs se sentent traditionnellement moins engagés que les rédacteurs par leurs collaborations. Disons que les journaux classés à gauche l'emportaient sur les autres, de la presse communiste – *L'Humanité-Dimanche* pour Cardon et Vasquez de Sola, ce dernier ayant également collaboré à *L'Humanité* et à *La Vie ouvrière* – aux journaux issus de Mai 68, en rupture avec le Parti – Kerleroux passa ses premiers dessins dans *Action*[632] et il rencontra Cardon à *Politique-Hebdo.*

Au total, il n'est pas d'exemple, depuis la Première Guerre mondiale, d'un pareil recrutement au *Canard enchaîné.* En deux années, 1970 et 1971, arrivèrent une dizaine de nouveaux journalistes, auxquels vinrent s'ajouter une dizaine d'autres pendant les années 1970. Ils étaient plus politisés – beaucoup étaient passés par les journaux de Mai 68 ou leurs successeurs immédiats –, mieux formés que leurs prédécesseurs, en tout cas plus diplômés ; la plupart avaient suivi des études supérieures, de lettres en majorité, mais aussi, pour au moins quatre d'entre eux, de journalisme. Quelques-uns comptaient un proche parent journaliste mais la règle restait celle de l'ouverture socio-professionnelle. La bourgeoisie petite et moyenne, souvent de la fonction publique, fournit les gros bataillons. Ce renouvellement fut aussi un rajeunissement : les trentenaires étaient majoritaires et la génération des débuts du *baby-boom* était également bien représentée. « On est arrivés relativement jeunes, toute une bande, se souvient Nicolas Brimo, c'était le moment où, dans toute la presse, un renouvellement de génération s'opérait, avec le départ des journalistes entrés à la Libération. » Ce phénomène concerna surtout les rédacteurs et, parmi ceux-ci, les journalistes spécialisés dans l'enquête politique, judiciaire, économique ; alors que les autres secteurs du journal se contentaient de remplacer les partants, le secteur de « l'investigation » connut un développement inédit. Le traitement de l'actualité allait en être transformé.

II

CHRONIQUE DES ANNÉES 1970

Nouveaux thèmes

Jeunes, immigrés, femmes, grévistes

Plus que la polémique politique – dont les voies et moyens, on le verra, se renouvelèrent finalement assez peu –, ce qui caractérise *Le Canard enchaîné* des années 1970 est un type de sujet nouveau ou le traitement nouveau donné à des sujets traditionnels. Ainsi les thèmes du malaise de la jeunesse et de l'État-policier. Il fut encore beaucoup question, dans le *Canard* des années 1970, des aspirations de la jeunesse, ignorées de la société et réprimées par le pouvoir, de sa « protestation contre une civilisation devenue sourde aux craquements de ses propres assises » (Pierre Châtelain-Tailhade), de ses luttes quand, comme au printemps 1973 – où les lycéens manifestèrent par centaines de milliers contre la loi Debré restreignant les sursis à l'accomplissement du service militaire –, elles entraient en résonance avec les combats anciens du *Canard enchaîné*. La dénonciation des violences policières et, plus généralement, de l'État-policier, traditionnelle au *Canard*, avait elle aussi pris une tonalité particulière depuis les événements de Mai 68. Le journal se rangea du côté des « gauchistes » jugés en mai 1970 pour voies de fait ou arrêtés au cours de l'été alors qu'ils vendaient *Lutte ouvrière* ou *La Cause du peuple*, s'indigna du passage à tabac du journaliste Alain Jaubert en mai 1971, s'éleva contre les arrestations préventives d'anarchistes en février 1973 et mit en cause les « nazis » agissant au sein de la police nationale après l'attentat de la rue Copernic en octobre 1980 ; il prit également position contre les projets de loi préparés par les ministres de l'Intérieur ou de la Justice successifs, de la loi anticasseurs en avril 1970 à la loi Sécurité et Liberté d'Alain Peyrefitte en mai 1980 en passant par les projets de Michel Poniatowski en mars 1976. Ces projets visaient toujours, selon le *Canard*, à restreindre la liberté individuelle, à faciliter les empiétements de l'État sur la vie des citoyens, à donner tous les droits à la police.

Autres victimes des violences policières, les immigrés firent une entrée notable dans les colonnes de l'hebdomadaire satirique, comme, du reste, dans celles de l'ensemble de la presse écrite alors qu'ils en avaient été jusque-là pratiquement absents. Une page entière consacrée à un reportage de Morvan Lebesque sur les foyers de travailleurs immigrés en banlieue parisienne, en janvier 1970, fut le signe avant-coureur d'une attention nouvelle portée à cette population ; mais ce fut à partir de 1973-1974 que se multiplièrent les articles sur ce thème, scènes du racisme ordinaire ou positions de principe, souvent sous la plume de Bernard Thomas.

Le combat pour la légalisation de l'avortement fit également partie des thèmes nouveaux du *Canard* des années 1970. Il est vrai que, dès la fin des années 1950, le *Canard* avait pris position en faveur de la contraception, « Valentine de Coin-Coin » – c'est-à-dire Pierre Châtelain-Tailhade – écrivant quelques articles en ce sens. Mais le journal ne s'était pas porté à la pointe du combat au moment du débat sur l'autorisation de la pilule, en décembre 1967. Il fut autrement plus offensif sur la question de l'avortement, à partir du début des années 1970. En mai 1970, Pierre Châtelain-Tailhade prit position pour l'avortement et contre le « droit du fœtus », Henri Deligny défendit en avril 1971 la nécessité de « libérer la femme de l'oppression du ventre ». Ce même mois, rappelons-le, *Le Nouvel Observateur* publiait un manifeste dans lequel trois cent quarante-trois Françaises déclaraient avoir avorté ; un an après, en octobre, s'ouvrait le procès de Bobigny où une mineure, défendue par l'avocate Gisèle Halimi, se trouvait inculpée pour avoir avorté à la suite d'un viol. Dominique Durand recommanda le livre *Avortement, une loi en procès* (la sténotypie du procès de Bobigny), Jean Clémentin dénonça le scandale des avortements clandestins et combattit les associations hostiles à l'avortement légal, Yvan Audouard déclara faire cause commune avec les féministes version Gisèle Halimi.

Cette dernière précision s'explique par le soin mis à faire la distinction entre les alliées de cette juste cause : le *Canard* n'épargna ni les « mondaines » type Françoise Giroud, ni les « amazones » du MLF ; la « guerre des sexes » et le lesbianisme militant choquaient des mentalités attachées à un certain imaginaire galant – du reste non dénué d'ambiguïtés. Le soutien du *Canard enchaîné* à Simone Veil, avant et pendant le grand débat sur l'interruption volontaire de grossesse, fut sans faille ; et le vote de la loi, le 29 novembre 1974, salué comme une grande victoire des « progressistes » sur les « réactionnaires », même s'il ne fut pas porté au crédit de Valéry Giscard d'Estaing.

Signalons enfin, parmi les grands combats de société engagés par *Le Canard enchaîné* durant les années 1970, le soutien apporté aux ouvriers de Lip pendant l'été 1973. On sait que l'entreprise d'horlogerie, aux prises avec de graves difficultés économiques, menaçait de fermer et que les salariés en prirent le contrôle en juin 1973, ne se contentant pas d'occuper les locaux mais poursuivant la production, assurant la vente directe et se payant sur les produits de cette vente. « Le *Canard*, qui fonctionne suivant une formule autogestionnaire, se sent naturellement de tout cœur avec les travailleurs de chez Lip et salue d'un vigoureux coin-coin les mesures qu'ils ont prises pour s'assurer un salaire de survie. » Ce soutien se manifesta par des articles et reportages sur l'usine assiégée par les forces de l'ordre – et investie finalement en août – mais aussi par l'ouverture d'un jeu-concours dont les prix consistaient en des montres Lip achetées par le journal aux salariés[633].

Régionalisme, antimilitarisme, écologie

À peu près à la même époque que la geste autogestionnaire des Lip, l'affaire du camp militaire du causse du Larzac suscita également les réactions et l'engagement concret du *Canard enchaîné*. Le ministère de la Défense nationale avait annoncé en 1970 son intention d'étendre le camp militaire existant de trois mille à onze mille hectares, avec pour conséquence l'expulsion d'environ cinq cents habitants, essentiellement des agriculteurs. La facilité avec laquelle des opérations comparables avaient été menées auparavant (par exemple l'extension du camp de Canjuers, dans le Var) laissait présager une victoire rapide des militaires. C'était sans compter la détermination des agriculteurs dont les exploitations, depuis les coûteuses mesures de restructuration entreprises dans les années 1960, étaient modernes et rentables, et le soutien apporté à leur cause par les industriels de Roquefort inquiets pour leurs sources d'approvisionnement en lait de brebis. Le *Canard enchaîné* leur apporta également son appui, par la plume d'Henri Deligny qui, dans un long article paru en novembre 1971, contesta point par point les arguments de Michel Debré et appela à soutenir l'action de l'Association de sauvegarde du Larzac et de son environnement.

Dans l'esprit d'Henri Deligny, le combat des paysans du Larzac était exemplaire de toutes les luttes engagées contre le modèle de la société industrielle et contre l'État. On le voit bien notamment dans l'article qu'il signa en août 1973 où il décrivait un grand rassemblement sur le causse. À cette occasion se trouvaient réunis « l'ouvrier de chez Lip, l'infirmier de l'hôpital du Larzac, un enseignant du comité de soutien, des représentants de Péchiney-Noguères, le délégué CFDT de la confection à Millau, le secrétaire de l'union locale de la CGT ». Là où les autorités politiques et militaires dénonçaient le noyautage par les services secrets cubains ou les groupuscules gauchistes, le journaliste du *Canard* voyait « un concile des hérétiques de la religion du dieu Profit, le rendez-vous de toutes les victimes de la répression des luttes populaires, la mobilisation des soldats inconnus de toutes les revendications, ceux qui ne se résigneront jamais à l'injustice, à l'endoctrinement et à la bêtise ». Cette « grande kermesse contestataire » où se mêlaient paysans, pacifistes, partisans d'un retour à la terre, militants régionalistes et syndicalistes de combat – la liste n'est pas limitative[634] – évoquait pour Deligny la Sorbonne des premiers jours de Mai 68, voire « certains espoirs de la Résistance et les rêves de 1936 » ; elle aussi avait eu pour premier effet de libérer la parole et le geste, de retrouver la spontanéité de la fête, de donner au « peuple innombrable et fraternel » le spectacle de sa force pacifique.

Il n'est pas sûr que les agriculteurs du Larzac aient reçu sans inquiétude ni réserve des soutiens aussi hétéroclites. Mais ils tirèrent parti de la sympathie déclenchée par leur combat et l'alimentèrent au moyen d'opérations-séduction baptisées « manifestations Larzac » et frappées au coin de la modernité médiatique. C'était, un jour, un troupeau de moutons qui était conduit sous la tour Eiffel, un autre jour une moisson symbolique que l'on réalisait au bénéfice du tiers monde, l'inauguration solennelle d'une bergerie ou d'une mare aux canards. L'une de leurs initiatives conduisit justement *Le Canard enchaîné* à s'engager concrètement à leurs côtés. Le collectif des agriculteurs divisa une soixantaine d'hectares en nombreuses parcelles qu'il proposa à la vente, le but étant d'« embrouiller et de compliquer la tâche de l'autorité militaire[635] ». Le journal se rendit acquéreur en octobre 1973, au lieu-dit Peyre-Gozon, d'une parcelle « en nature de lande » d'une surface d'environ soixante-dix ares pour la somme de six cents francs ; officiellement pour que les collaborateurs et employés puissent « se livrer aux joies du camping ». Par ce moyen, le *Canard* pouvait se joindre à ceux qui défendaient leur terre contre les appétits de l'armée. Il ne s'en priva pas, s'associant notamment à une marche pour le Larzac en novembre 1978 qui, partie de l'Aveyron, s'acheva le 2 décembre à Paris, porte d'Orléans[636].

Au début de l'année 1979, le conflit du Larzac entra dans sa phase aiguë, le *Canard* recevant un arrêté de cessibilité puis une ordonnance d'expropriation. À l'instar d'autres propriétaires de la zone d'extension du camp militaire – dont quelques-uns lui demandèrent conseil sur l'attitude à tenir, par exemple Bernard Clavel des éditions Robert Laffont, la Ligue des Droits de l'homme et du citoyen –, le *Canard* déposa un recours pour vice de forme contre l'arrêté de cessibilité devant le tribunal administratif de Toulouse puis un pourvoi en cassation contre l'ordonnance d'expropriation. L'ordonnance fut effectivement cassée – « pour défaut d'avis du sous-préfet », indique la notification de l'arrêt de cassation rendu le 7 mai 1980. Le ministère de la Défense revint à la charge, ordonnant à la date du 22 août 1980 l'ouverture d'une nouvelle enquête parcellaire qui aboutit à une nouvelle ordonnance d'expropriation, rendue le 27 novembre de la même année. Derechef, le *Canard* forma un pourvoi en cassation et obtint gain de cause, le 24 novembre 1981, cette fois parce que les effets des arrêtés déclaratifs d'utilité publique avaient pris fin en août. On peut dire qu'à cette date le *Canard* avait gagné la bataille du Larzac[637].

Henri Deligny *alias* Hervé Terrace avait joué un grand rôle dans cette affaire du Larzac. Cet ancien rédacteur de *La Voix du Nord* et du *Monde* fut, tout le temps qu'il resta au *Canard enchaîné*, le grand spécialiste et le plus chaud partisan des luttes régionalistes. En 1971, en même temps qu'il prenait fait et cause pour le Larzac dans le *Canard*, il publiait dans *Le Monde* une série d'articles sur ce thème, « Le Défi armoricain », « Les Flandres contre le colonialisme de Paris », « Occitania... *un pais qui vol viure* ». Par lui, le lien fut établi, dans les colonnes de l'hebdomadaire satirique, entre les luttes sociales, le combat identitaire des régions et l'émergence d'une sensibilité écologique. On vit ainsi fleurir, sous sa plume, des articles sur les problèmes de pollution et d'environnement ; il fut même chargé, à l'été 1972, d'une nouvelle rubrique irrégulière, intitulée « Environron ». Son départ fracassant – littéralement[638] –, en juillet 1975, ne bannit pas du journal ces préoccupations. D'abord parce qu'elles y étaient apparues avant son arrivée (le dernier « papier », posthume, de Morvan Lebesque ne portait-il pas sur l'environnement ? Et Yvan Audouard, la semaine précédant le premier article d'Henri Deligny, n'avait-il pas rendu compte dans « Lettres ou pas lettres », en des termes très favorables, du livre alarmiste d'un écologiste[639] ? L'écologie, absente en tant que force politique de Mai 68, était en train d'émerger au début des années 1970 en tant que sensibilité culturelle et le *Canard* agissait une fois de plus comme révélateur de cette évolution) ; ensuite parce que ces préoccupations perdurèrent après son départ, quoique affaiblies. Claude-Marie Vadrot prit la suite d'Henri Deligny et Bernard Thomas donna des articles aussi bien sur les conséquences de la catastrophe de Seveso que sur le combat antinucléaire civil à Plogoff.

La crise économique qui frappa la France à partir de 1974 sembla confirmer les conclusions auxquelles étaient parvenus les détracteurs de la société industrielle. Au-delà des facteurs strictement économiques et français, exposés dès l'été 1974 aussi bien par Jean Clémentin et Roger Fressoz que par le journaliste spécialisé dans ces questions, Raymond Hincker – insuffisance de la production française de biens d'équipements lourds, erreurs stratégiques de l'État –, ce fut l'ensemble d'un modèle de société qui se trouva mis en cause. Pendant des années, on avait expliqué aux habitants de l'Occident qu'il fallait acheter, consommer, gaspiller pour que la prospérité soit assurée, expliqua ainsi Roger Fressoz en octobre 1974 ; on avait dit : « Le bonheur, c'est l'industrialisation, c'est l'urbanisation. Faites venir les campagnards à la ville, installez des villes à la campagne. Et puis produisez, produisez plus pour consommer davantage et consommez davantage pour produire plus[640]. »

> « Que quelque chose se soit cassé dans la formidable machinerie économique moderne, nous le sentons tous, plus ou moins, affirma Jean Clémentin en mai 1977. Il faut dès maintenant, le temps presse, se mettre à imaginer l'avenir. Giscard, Barre et Chirac accusent la gauche de vouloir bouleverser la société. C'est dérisoire : les changements qu'ils préconisent ne sont rien à côté des bouleversements que la crise va déclencher dans l'ensemble du monde occidental, gauche au pouvoir ou pas[641]. »

On le voit, des idées nouvelles agitaient la rédaction du *Canard enchaîné*, ce que nous a confirmé celui qui en était le meilleur défenseur, Claude-Marie Vadrot : « Claude Angéli souhaitait faire évoluer le *Canard*. Jean Clémentin était sur la même longueur d'onde. Ils voulaient ouvrir le journal sur d'autres thèmes, d'autres problématiques[642]. » D'où vient, alors, que *Le Canard enchaîné* ne soit pas allé plus loin dans cet effort d'imagination de l'avenir, qu'il ne se soit pas transformé en laboratoire d'idées nouvelles ? Il faut ici, de nouveau, invoquer sa nature essentiellement critique qui l'empêchait de proposer une réflexion suivie sur ces questions de société, et le désintérêt affiché par certains journalistes influents du *Canard* pour ces questions.

Les deux présidences

La présidence de Georges Pompidou

La critique du pouvoir politique et, tout particulièrement, du chef de l'État, se renouvela moins que le regard sur les questions de société. Comme à leur habitude, les journalistes mirent en valeur les éléments qui suggéraient la continuité des pratiques qu'ils avaient toujours condamnées. Ils y étaient aidés par l'accession à la présidence de la République de celui qui avait fidèlement exécuté la politique du Général durant l'essentiel des années 1960, Georges Pompidou. Rappelons les formules lancées en 1969 à l'occasion de l'élection présidentielle. « Les Français en ont marre ! s'était imprudemment exclamé Tréno à la fin du mois de mai, marre du chef, marre de Superman. Les Français veulent un arbitre, un Français comme les autres, ils veulent en finir une bonne fois avec le système gaulliste et, par conséquent, avec Pompidou lui-même[643]. » Une semaine et le premier tour de scrutin plus tard, le directeur du *Canard enchaîné* avait dû déchanter : « Les Français n'en ont pas marre : ils en redemandent… » avouait-il, ulcéré. Dès lors, et l'élection de Pompidou acquise, la monarchie gaulliste pouvait se perpétuer.

Est-il besoin de préciser que la « Nouvelle Société » annoncée par Jacques Chaban-Delmas à la tribune de l'Assemblée nationale le 16 septembre 1969 ne fit pas recette du côté de la rue des Petits-Pères ? D'ailleurs, le Premier ministre si moderne et si libéral, si respectueux en apparence du pouvoir législatif, était aussi celui qui avait été le « théoricien du « domaine réservé » soustrait aux regards du Parlement, celui qui ne broncha jamais devant l'utilisation, à une certaine époque systématique, du vote bloqué par le gouvernement[644] ». Le gouvernement qu'il dirigeait comprenait bien des caciques de l'époque de Gaulle, « Sa Suffisance Giscard » et l'« Amer Michel » (Debré) en tête. Surtout, rien ne semblait changer vraiment, aux yeux des journalistes du *Canard*, de ce qui avait formé le cœur du pouvoir gaulliste, cette confiscation de l'État par un parti, un clan, la pratique anti-démocratique du pouvoir, le règne du bon plaisir. Le contrôle de l'information, en particulier audiovisuelle, l'État policier, l'ordre moral, les décisions non motivées, l'irresponsabilité des dirigeants, tout cela restait plus que jamais d'actualité[645]. Pour Roger Fressoz, c'était toujours « l'État-UDR » qui établissait sa loi sur le pays, et le remplacement de Jacques Chaban-Delmas par Pierre Messmer en juillet 1972 n'était, dans cette perspective, qu'une péripétie sans conséquence. À peine le *Canard* y vit-il le signe d'un durcissement du régime; c'était plutôt, selon lui, une clarification bienvenue.

Il serait pourtant trop rapide de dire que les journalistes du *Canard enchaîné* refusaient de distinguer entre les « règnes » de Pompidou et de De Gaulle; au contraire, pour les besoins mêmes de leur engagement polémique, ils devaient trouver le moyen de déprécier la situation présente en la comparant à la période qui l'avait précédée. De là deux thématiques contradictoires ou complémentaires: la première consistait, on l'a vu, à inscrire la présidence Pompidou dans la continuité malheureuse des années de Gaulle; la seconde visait à l'inverse à affirmer la déchéance du régime, passé de la magie du Verbe au prosaïsme de la – mauvaise – gestion. Quand le *Canard* titrait « Pour continuer le général, autant reprendre le Général ![646] », sur quoi insistait-il davantage, la continuité ou la déchéance ? Un an après la mort du Général, Roger Fressoz imagina son « premier miracle », une apparition devant le conseil des ministres. Apprenant que l'Angleterre était désormais admise dans le Marché commun, « que l'on avait bradé plus ou moins subrepticement sa filière française d'énergie nucléaire, que le procédé gaulliste de télévision en couleur SECAM battait de l'aile de plus en plus, que Concorde coûtait les yeux de la tête sans espoir d'être jamais rentable », l'ectoplasme s'emporte contre les « traîtres » qui se réclament de lui; c'était, de la part du *Canard*, reconnaître que des changements étaient bien intervenus qui n'allaient pas tous dans la mauvaise direction mais, bien entendu, le journal retenait surtout l'hypocrisie présente et passée de Pompidou, « bradeur » de la politique gaullienne tout en s'en prétendant le défenseur. Ce qui ne changeait pas, en revanche, c'était la conception monarchique qui était l'essence même de la Cinquième

République et qu'incarnait Pompidou après de Gaulle ; c'était bien cette conception qui était en jeu, c'était toujours son renversement qui était à l'ordre du jour de chacun des rendez-vous électoraux des années 1970.

Les élections municipales de mars 1971, le référendum sur l'élargissement de l'Europe en avril 1972, les élections législatives de mars 1973 furent ainsi déchargés de leur enjeu particulier et, selon les cas, réduits ou élargis à la seule fonction de mise à l'épreuve du gouvernement. Le référendum est exemplaire de cette opération. Présenté comme un plébiscite en faveur de Georges Pompidou[647], son résultat fut interprété en fonction de considérations nationales – restreintes, en fait, à la seule personne du président de la République.

> « Certes, les électeurs savent et sentent que l'Europe, c'est important, concéda Roger Fressoz peu de jours avant le scrutin. Mais ils pressentent et devinent aussi que la manière dont on fait semblant de les mettre dans le coup est dérisoire, inutile, hors de saison, qu'on les floue sous le couvert de les flatter[648]. »

Comme, d'autre part, ni le principe du référendum ni l'entrée de la Grande-Bretagne dans l'Europe ne soulevaient d'enthousiasme parmi les journalistes du *Canard*, ceux-ci appelèrent à l'abstention et se réjouirent d'avoir été entendus par 40 % des votants le 23 avril, « ce qui représent[ait] un échec pour Pompidou ».

De la même manière, et plus logiquement, les élections législatives de mars 1973 représentèrent une occasion nouvelle de « rétablir la démocratie dans ce pays ». Les journalistes du *Canard* s'inquiétèrent-ils vraiment de ce qu'ils présentèrent comme les tentations dictatoriales de la droite ? En tout cas ils commentèrent longuement les déclarations des dirigeants de la majorité qui semblaient rejeter par avance l'hypothèse d'une victoire de la gauche. « La Cinquième n'est pas le bien commun de tous les Français, c'est la propriété personnelle du Président Pompidou et de tous ceux qui veulent bien se rallier à son panache pâle », ironisa Roger Fressoz en janvier 1973 ; « Pompidou va-t-il respecter la décision du suffrage universel » – c'est-à-dire nommer un Premier ministre de gauche –, s'interrogea pour sa part Gabriel Macé en février ; « Si le peuple vote mal, c'est-à-dire pour l'opposition, tant pis pour lui, fit dire Roger Fressoz à Pierre Messmer ce même mois. Son choix sera tenu pour nul et non avenu, ses élus seront considérés comme indésirables par le Président Pompidou. Le Président dissoudra cette Assemblée intempestive. [...] Et si le peuple juge que c'est le Président qui mérite d'être dissous et renvoyé à ses chères études ? Eh bé, qui sait ? Il se trouverait peut-être alors des CDR, des barbouzes, des hommes du SAC pour vouloir dissoudre le peuple lui-même[649]... » Le *Canard* parlait de l'article 16 en 1973 comme *Le National* parlait de l'article 14 en 1830.

C'est qu'en 1972-1973, en effet, l'hypothèse d'une victoire électorale de la gauche avait cessé d'apparaître comme chimérique, comme en font foi les sondages réalisés à cette époque. En premier lieu parce que l'union de la droite avait été laborieuse et restait problématique. La mise sur pied de « l'union des républicains de progrès pour le soutien au président de la République » ne s'était pas faite sans heurts entre l'UDR et les Républicains indépendants – heurts dont le *Canard* s'était fait l'écho, de même qu'il avait rapporté les déchirements au sein du parti gaulliste depuis 1969[650]. Mais, en second lieu, c'est l'union de la gauche qui autorisait tous les espoirs selon le point de vue du *Canard enchaîné*. Non que celle-ci eût été, dans les faits, moins laborieuse que l'entente à droite ni qu'elle se révélât moins fragile, mais pour la première fois depuis 1946, la gauche se présentait unie aux élections, du PSU aux radicaux de gauche, qui plus est autour d'un « Programme commun de gouvernement ». Malgré la disparition de Tréno et de Morvan Lebesque qui avaient été, au *Canard*, les plus fervents partisans d'une telle union, cette ligne fut maintenue et le journal salua l'accord intervenu en juin 1972 sans toutefois s'étendre trop sur son contenu. Jean Clémentin avouait encore son trouble en décembre 1972 – mais aussi sa préférence pour les socialistes –, en février 1973 Roger Fressoz prit nettement position et à plusieurs reprises, en faveur de la gauche unie. Il prenait même le risque d'imiter Tréno en prêtant aux Français une lassitude qu'ils n'éprouvaient peut-être pas :

> « Les Français en ont assez de cette monocratie, de ce règne d'un seul, qui se croit l'État à lui tout seul. [...] Ils sentent le besoin de rééquilibrer les pouvoirs, de mettre fin à la toute-puissance, à l'absolutisme, même devenu bourgeois, de l'Élysée, de rendre au Parlement, humilié par de Gaulle, escamoté par Pompidou, ses droits de regard et de contrôle[651]. »

De là une déception comparable à celle qu'avait éprouvée feu le directeur du *Canard enchaîné* en 1969, Roger Fressoz s'interrogeant en mars, après la victoire de la droite, sur la volonté réelle de la gauche de l'emporter – après tout François Mitterrand et ses alliés ne désiraient peut-être pas gagner les élections législatives, se réservant pour la présidentielle – et surtout sur celle des Français de sanctionner les abus de pouvoir dont se rendait coupable le gouvernement de Georges Pompidou.

> « Et en revoilà pour cinq ans, soupira l'éditorialiste du *Canard enchaîné*. Cinq ans de pompidolisme parlementaire intégral, à l'enseigne de la majorité sortante. [...] L'électeur français moyen se met en colère, à la rigueur jusqu'au soir du premier tour, mais pas plus loin[652]... »

Sur le « pompidolisme intégral », Roger Fressoz se trompait en ceci que l'acteur principal n'allait pas tarder à quitter la scène. On trouve quelques allusions à la dégradation de l'état de santé de Georges Pompidou dans le *Canard* des mois de février à mai 1973. Mais c'est à la veille du voyage de Reykjavik – où le Président français allait rencontrer son homologue américain – que Roger Fressoz décida de poser franchement la question de la maladie du chef de l'État. Ce faisant, il avait conscience d'enfreindre un tabou et s'en expliqua :

> « La santé de M. Pompidou, simple particulier, ne regarde que lui. Mais il se trouve que c'est la même que celle de M. Pompidou, président de la République. Et dans un régime devenu si personnel, si présidentiel, la santé du chef de l'État fait partie, peu ou prou, des affaires de l'État[653]. »

Un raisonnement identique justifia, presque un an plus tard, que la même question fût posée de façon plus directe encore. La santé du Président intéressait d'autant plus le public que la concentration des pouvoirs permise par la constitution de la Cinquième République et voulue par de Gaulle puis Pompidou avait fait dépendre le fonctionnement de l'État du destin d'un seul homme. Par là une information d'ordre privé était réinterprétée dans le cadre plus vaste de la critique poursuivie depuis 1958 par *Le Canard enchaîné* contre les institutions de la Cinquième République.

La mort de Georges Pompidou fut annoncée à la presse le mardi 2 avril, à 21 h 50, bien après le bouclage du journal et le départ des exemplaires – d'où un « ratage » malencontreux, le numéro daté du 27 mars comportant encore un article humoristique de Gabriel Macé sur « Pompidou, l'homme invisible ». Celui du 10 avril était revenu à un ton plus approprié, Roger Fressoz *alias* André Ribaud mettant un point final à sa « Régence[654] ». Restait à préparer une élection présidentielle anticipée. L'engagement du *Canard* en faveur du candidat Mitterrand fut moins net que ce que l'on aurait pu attendre, compte tenu des prises de position antérieures. Jean Clémentin avait bien affirmé que François Mitterrand était le meilleur garant de la continuité du système présidentiel mais cela sentait trop son ironie pour être tout à fait sincère. Les « libertaires » du *Canard* avouèrent leur inclination pour le candidat écologiste René Dumont. Quant à Roger Fressoz, il refusa de donner la moindre consigne de vote en dépit des lecteurs qui l'en pressaient. La priorité restait essentiellement négative, battre le candidat de la droite et l'objectif, le rétablissement de la République. Quand Valéry Giscard d'Estaing l'emporta sur son rival Jacques Chaban-Delmas, tous les tirs se concentrèrent sur lui, visant sa prétention à incarner le changement alors qu'il avait participé à la plupart des gouvernements depuis le début des années 1960, ses prétentions nobiliaires et ce que le journal appela ses « palinodies », ses revirements sur certaines grandes questions de la décennie qui venait de s'écouler ou bien encore la contradiction entre les actes de l'ancien ministre et les discours du candidat. C'est donc, selon le *Canard*, un personnage ambigu qui fut élu au soir du 19 mai 1974, et mal élu puisque, avec guère plus de 50 % des voix, sa légitimité fut d'emblée discutée par le journal.

La présidence de Valéry Giscard d'Estaing

La crise économique et ses conséquences sociales donnèrent des armes au *Canard enchaîné* pour critiquer les gouvernements mis en place par Valéry Giscard d'Estaing, d'autant plus que celui-ci se présentait volontiers, avant l'arrivée de Raymond Barre à Matignon, comme le « premier économiste de France ». Mais là n'était pas l'essentiel. On ne peut qu'être frappé de la forme prise par la critique du *Canard enchaîné* à l'égard du troisième président de la Cinquième République. Le respect qui entourait encore les attaques dirigées contre Georges Pompidou et surtout Charles de

Gaulle semblait avoir totalement disparu, cédant la place à un mépris absolu. La disparition du pastiche de Ribaud et Moisan, explicable par l'épuisement de la chronique et la lassitude des auteurs, fut justifiée publiquement par la médiocrité générale du nouveau pouvoir et tout particulièrement de son chef.

Qu'est-ce qui déplaisait si fort dans la personne de Valéry Giscard d'Estaing ? En premier lieu ce qui passa pour sa « morgue aristocratique », son souci de l'étiquette, de la particule – achetée naguère par son père, rappela le journal avec insistance –, ses relations huppées, son goût pour la chasse exotique et sanglante, ses châteaux ; en somme tous les traits qui composaient l'image, odieuse aux « vieux républicains » que se voulaient les journalistes du *Canard*, d'un ennemi de la République devenu président de la République. Ses efforts pour rompre avec certains archaïsmes, pour réduire la distance entre gouvernants et gouvernés, pour rendre le style du pouvoir plus moderne – ses tenues décontractées, ses petits déjeuners avec les éboueurs de l'Élysée ou ses dîners chez les particuliers – lui furent comptés pour rien ; ou plutôt, ils ajoutèrent à la détestation que lui portaient les journalistes du *Canard*, faisant de lui à leurs yeux un hypocrite et un démagogue. Valéry Giscard d'Estaing n'avait certes pas créé les tares du régime ; mais, selon le *Canard*, il en tira parti non seulement, comme ses prédécesseurs, pour exercer un pouvoir solitaire appuyé sur le culte de la personnalité, mais aussi pour satisfaire ses appétits personnels ainsi que ceux de sa famille. D'innombrables articles et dessins prirent pour cible les faveurs réelles ou supposées dont bénéficièrent l'épouse, les enfants, les cousins du président. La frontière entre le public et le privé s'estompa dans les colonnes de l'hebdomadaire satirique à raison de son effacement dans la pratique du pouvoir. La lutte contre Valéry Giscard d'Estaing et ce qu'il représentait prit un caractère féroce et la multiplication des révélations et des affaires, dans les années 1970, doit aussi se comprendre dans cette perspective: Giscard était l'homme à abattre et chaque information était une arme.

On devine que les échéances électorales furent guettées avec plus d'impatience encore que durant les années Pompidou, une impatience où se mêlaient le souhait de hâter ce que Roger Fressoz croyait être l'agonie de la Cinquième République[655], la volonté de mettre fin à deux décennies de domination sans partage de la droite et le désir d'infliger une défaite personnelle à Valéry Giscard d'Estaing. Il ne semble pas, cependant, que le *Canard* ait beaucoup sacrifié à la logique électorale que supposait un tel dessein. La victoire de la gauche passait par l'union, en premier lieu des partis socialiste et communiste. Et, certes, le journal prêcha ouvertement en faveur d'une telle union. Mais il ne cessa pas pour autant d'adresser les critiques les moins dissimulées aux communistes français et étrangers. La continuité est parfaite, de ce point de vue, des années 1960 aux années 1970 et, à l'intérieur de celles-ci, entre les présidences de Pompidou et de Giscard d'Estaing – ce qui doit, une nouvelle fois, relativiser beaucoup l'influence supposée des communistes à l'intérieur de la rédaction du *Canard enchaîné*.

De longs reportages sur les hôpitaux psychiatriques en URSS en juillet 1972, sur le totalitarisme soviétique en juin 1977 par Jean Clémentin ou sur le quotidien sinistre des citoyens soviétiques en août 1980 par Claude-Marie Vadrot, des articles sur la situation tchécoslovaque en 1968, 1972, 1973, 1978, l'indignation suscitée par l'invasion de l'Afghanistan et la complaisance du PCF devant le coup de force des Soviétiques en janvier 1980 étaient fort éloignés de la sympathie active parfois évoquée par les détracteurs du *Canard enchaîné*; comme l'était la publicité assurée au livre de Charles Tillon *Un Procès de Moscou*, paru en 1971[656], à la biographie décapante de Maurice Thorez par Philippe Robrieux en mai 1975 ou au livre d'Hélène Parmelin *Libérez les communistes* en mai 1979[657] – pour ne rien dire de l'accueil chaleureux fait à *L'Archipel du goulag* d'Alexandre Soljénitsyne, en 1973. Par ailleurs, les journalistes du *Canard* ne manquaient jamais une occasion de réaffirmer leur respect à l'égard des militants et sympathisants communistes.

Si tous les grands rendez-vous électoraux à partir de 1969 furent précédés d'appels du *Canard* en faveur de l'union de la gauche, ils furent également tous suivis de mises en cause de l'attitude du parti communiste, soupçonné de préférer la victoire d'un homme de droite à celle d'un homme de gauche non communiste. Ce fut le cas, en particulier, en septembre 1977 après la rupture de l'union de la gauche et en mars 1978 après la défaite de la gauche aux législatives. De sorte qu'en novembre 1980, Roger Fressoz pouvait craindre qu'en dépit de la baisse de sa popularité, Valéry Giscard d'Estaing ne l'emporte de nouveau à l'élection présidentielle, tant l'opposition apparaissait incapable de surmonter ses divisions. Les communistes étaient les premiers accusés de cette situation mais les socialistes, brouillons, paralysés par leurs querelles internes, n'étaient pas épargnés. En fait, c'est toute la gauche qui semblait en panne.

> « Démoralisation, décomposition, démobilisation, blocage, biaisage, manque de perspective et d'alternative crédible pour faire pièce au plébiscite de l'échec. C'est tout cela qui caractérise l'esprit public, surtout à gauche. [...] En France, la gauche, c'est toujours futur, pour demain ou après-demain. Ce qui permettra aux 50 % de salariés français qui gagnent moins de 3 300 francs par mois d'avoir tout leur temps de prendre leur bonheur en patience[658]. »

On retrouve une inquiétude semblable entre les deux tours de l'élection présidentielle d'avril-mai 1981. Comme en 1974, *Le Canard enchaîné* avait fait campagne bien davantage contre Valéry Giscard d'Estaing que pour François Mitterrand. Après le bon score réalisé par celui-ci au soir du premier tour, le 26 avril, « il reste à Giscard un espoir et un seul d'échapper le 10 mai à la défaite. Cet espoir s'appelle Marchais », analysa Roger Fressoz à la une du numéro du 29 avril, cependant que les « oreilles » du journal faisaient du secrétaire général du parti communiste français « l'homme aux 15 % dans les dents[659] ». Georges Marchais allait-il « punir » François Mitterrand de son succès du premier tour et de sa propre déconvenue ?

> « Il serait malaisé, prévint le directeur du *Canard enchaîné*, de faire admettre, au nom des impératifs supérieurs de la dialectique, qu'il n'y a pas d'inconvénient, alors que la victoire est à la portée de la gauche, à laisser prolonger pendant sept ans encore la monarchie giscardienne[660]. »

De fait, comme l'a rappelé récemment Jean-Jacques Becker, il aurait été suicidaire pour le parti communiste de ne pas appeler à voter pour le candidat de gauche le mieux placé et c'est dès le 28 avril que le Comité central du parti communiste affirma soutenir la candidature de François Mitterrand – non sans avoir rappelé les conditions de ce soutien, essentiellement la présence de ministres communistes dans le gouvernement qui serait constitué au lendemain du deuxième tour[661]. François Mitterrand n'en attendait pas davantage, d'autant que – comme le montra abondamment le *Canard* – le soutien apporté par Jacques Chirac à Valéry Giscard d'Estaing était encore plus mesuré, plus réticent, plus compliqué de manœuvres tortueuses que celui apporté par les communistes au *leader* socialiste.

Enfin, le 10 mai 1981, François Mitterrand fut élu président de la République française avec 51,75 % des voix, distançant son rival plus largement que celui-ci ne l'avait fait en 1974.

> « Dimanche, c'était la fête, écrivit Roger Fressoz à la une du *Canard*, le 13 mai. Comme un 14 juillet électoral. Cette

> joie populaire, spontanément éclose sur le pavé des rues, cette liesse soudaine, cette euphorie profonde après un si long accablement, ces cortèges, ces farandoles de gens heureux qui se congratulaient, qui voyaient la nuit en rose, tout ce bonheur d'un soir donne la mesure de l'espérance soulevée par la victoire de Mitterrand, comme celle du soulagement et du contentement provoqués par la défaite de Giscard. Le Président sorti, le monarque irrévocablement contrarié et renversé, qui aime tant les symboles, a dû apprécier celui-ci : il est tombé le jour du 207e anniversaire de la mort de Louis XV dont il se prétendait l'héritier naturel. Vive la République[662] ! »

Jusque dans sa célébration de l'événement, le directeur du *Canard enchaîné* entretint donc l'ambiguïté ; il fait peu de doute, à ne lire même que cet extrait[663], que le « soulagement et le contentement » l'emportaient chez lui sur l'« espérance » et que la victoire de François Mitterrand lui paraissait avant tout celle, si longtemps différée, de la République. C'est ainsi, à notre sens, qu'il faut interpréter la fête organisée par Roger Fressoz à son domicile, le soir du 10 mai, au milieu de ses journalistes sablant le champagne. La victoire de mai 1981 fut d'autant plus fêtée par les journalistes du *Canard enchaîné* qu'ils eurent l'impression d'y avoir contribué, par les dessins caricaturant impitoyablement le Président, par les articles de fond comme par les échos, mais surtout par les enquêtes menées sur certaines grandes affaires du septennat.

III

LE TEMPS DES AFFAIRES

L'un des traits les plus frappants du *Canard enchaîné* des années 1970 est la multiplication des articles portant sur des faits délictueux ou, au moins, scandaleux, souvent commis par des personnalités proches du pouvoir politique ou y participant. Une sorte de criminalisation du contenu du *Canard* se fit jour qui changea considérablement sinon sa nature, du moins la perception qu'en avait le public. Ces articles envahirent les pages trois et quatre et teintèrent l'ensemble du journal par le biais des incessants renvois d'une page à une autre, d'un dessin à un article, d'un article « politique » à un article « culturel ». Parmi ces « affaires », certaines avaient un air de déjà-vu, par exemple, en 1973, le scandale des vins de bordeaux trafiqués ou celui de la viande de boucherie. D'autres enquêtes rendirent un son plus neuf, comme les révélations sur le désastre économique de Concorde (1969 et surtout 1973), les trafics d'armes à destination de la Lybie (1970), la prostitution « protégée » par la police à Lyon (1972), les agissements de la secte Moon (1975) ou les révélations sur le passé de Klaus Barbie, René Bousquet et surtout Maurice Papon[664]. Trois ensembles d'affaires, cependant, se détachent nettement sur ce fond ténébreux et firent l'essentiel de la réputation nouvelle du *Canard enchaîné*, grand inquisiteur des turpitudes du pouvoir.

Les affaires politico-financières

L'affaire de la Garantie foncière

Le premier article sur l'affaire de la Garantie foncière date du 18 février 1970. Le *Canard* rapportait les conclusions d'une enquête menée par le Bureau de vérification de la publicité (BVP) sur le fonctionnement d'une société civile dont le nom n'était pas indiqué ; cette société était accusée de publicité mensongère. Le journal signalait également les liens existant entre les dirigeants de la société et « l'un des partis au pouvoir ». Un an plus tard, le *Canard* revenait à la charge, donnant cette fois le nom de la société incriminée : la Garantie foncière. Celle-ci était l'une de ces sociétés civiles immobilières qui avaient prospéré dans les failles du Code civil et du Code des impôts, achetant à bas prix et avec l'argent des souscripteurs des terrains ou des immeubles qu'elle se revendait à elle-même au plus haut, par le biais de sociétés-écrans. Les dirigeants placés à la tête de ces sociétés-écrans percevaient chaque fois de substantielles commissions, fraudaient le fisc et utilisaient en outre une partie de l'argent pour faire des placements sur le marché monétaire et financier.

Or ces dirigeants avaient partie liée avec l'UDR – l'un d'eux était député de Paris, membre de cabinets ministériels – et les retards apportés à l'instruction de l'affaire trouvèrent ainsi une explication aisée. Comme pour le scandale du Comptoir national du logement, cette nouvelle manifestation de ce que Roger Fressoz appela la « chienlit du gaullisme immobilier » fut exploitée pour mettre en difficulté le pouvoir en place.

> « Grande truanderie ou petits trafics, au détour de chaque nouveau scandale, on retrouve tout à coup, invariablement, la main basse, les dents longues, la mine louche de personnages du régime ou liés au pouvoir. Ils sont par-

tout. [...] Jamais les fricoteurs n'ont eu la partie aussi belle et la voie aussi libre. [...] Il faut remonter aux spéculations effrénées du Second Empire ou aux dernières années de la monarchie de Juillet pour trouver l'équivalent[665]. »

Jean Clémentin, de son côté, insista sur le rôle joué par le *Canard* dans la révélation du scandale :

> « L'initiative de révéler et donc de dénoncer ces opérations frauduleuses a été prise par *Le Canard enchaîné* en février 1970 sur la vue de dossiers constitués par les experts du BVP [...] La question reste posée de savoir s'il y aurait eu des poursuites sans la campagne publique que *Le Canard enchaîné* a entreprise et menée jusqu'au bout[666]. »

Les « acrobaties fiscales »

Il semblait d'autant plus nécessaire au rédacteur en chef du *Canard enchaîné* de rappeler le rôle essentiel tenu par son journal dans la révélation du scandale de la Garantie foncière que le gouvernement avait tenté de s'en attribuer tout le mérite. De fait, l'administration des Finances s'était montrée très offensive sur ce dossier et il se murmura à l'époque que son chef, le républicain indépendant Valéry Giscard d'Estaing, avait exigé les poursuites dans le but d'embarrasser l'UDR.

Le même soupçon, aggravé d'une rumeur de manipulation, reparut à l'occasion des mises en cause de hautes personnalités trop habiles à profiter des dispositions légales en matière d'impôt. Le 3 novembre 1971, *Le Canard enchaîné* publiait la photocopie de la feuille d'impôt du Premier ministre, Jacques Chaban-Delmas, complétée en janvier 1972 par ses déclarations de revenus pour les années 1967 à 1970. Ces documents faisaient apparaître une contribution très faible voire nulle alors que la fortune de Chaban-Delmas était considérable. Cette anomalie tenait pour partie à la nature de ses revenus, pour partie aux dégrèvements dont il bénéficiait en vertu du système de l'« avoir fiscal[667] ». Mais, pour légale qu'elle fût, cette exonération apparaissait socialement inacceptable et se révéla politiquement calamiteuse pour un homme qui visait la magistrature suprême; alors que le gouvernement avait engagé une chasse aux fraudeurs du fisc, celui qui le dirigeait semblait donner le mauvais exemple. *Le Canard enchaîné* joua sur l'ambiguïté entre fraude – illégale – et « acrobatie » – immorale – pour condamner celle-ci aussi sévèrement que celle-là.

Ce qui surprit l'opinion et le monde politico-médiatique, dans cette affaire de la feuille d'impôt de Jacques Chaban-Delmas, ce fut la méthode employée par le *Canard*: des documents administratifs touchant à la vie privée d'un haut personnage de l'État livrés à la curiosité publique et l'usage de la photocopie qui permettait de produire le document brut, ces deux innovations firent l'effet d'un coup de tonnerre et déclenchèrent une « véritable tempête politique » selon la formule du *Herald Tribune*. Matignon se crut obligé de répliquer par un communiqué maladroit qui prenait acte du fait que « cet hebdomadaire » n'avait mis en cause « ni l'exactitude ni la régularité de ses déclarations ». Roger Fressoz se félicita de ce que le Premier ministre parût « demander au *Canard* de lui décerner un certificat de bonne vie et mœurs doublé d'un quitus fiscal[668] ».

Toute la presse parla de l'affaire, y compris, le cas est suffisamment rare pour être souligné, la télévision française; pas toujours en des termes très favorables pour le *Canard*, les organes les plus proches du pouvoir se montrant les plus critiques. Ainsi, le quotidien gaulliste *La Nation* accusa le *Canard* de se livrer à une « chasse aux sorcières » et compara Jacques Chaban-Delmas à Roger Salengro; à quoi l'hebdomadaire satirique répondit que les deux affaires n'étaient en rien comparables et qu'il ne s'était livré à aucune

« calomnie » en portant à la connaissance du public des documents dont personne ne contestait l'authenticité. L'entourage de Jacques Chaban-Delmas accusa également les journalistes du *Canard* d'être des « gauchistes » et des « communistes », de « manquer de sens civique », de se livrer à une « entreprise de démolition » d'un homme et d'un régime. La thèse du complot fut soutenue par quelques-uns, évoquant l'action occulte de « certains services étrangers » ou, plus souvent – et avec plus de vraisemblance –, une manœuvre de Valéry Giscard d'Estaing. Celui-ci aurait fait transmettre au *Canard enchaîné* le dossier fiscal de son rival politique dans l'espoir d'affaiblir sa popularité. L'affaire de la feuille d'impôt du Premier ministre aurait ainsi constitué une sorte de reprise de l'affaire de la Garantie foncière[669].

Mais il semble bien que, pas plus dans cette affaire que dans la précédente, il ne faille voir la main du ministre des Finances. « Pour le premier document, ce n'est pas un « coup » de Giscard pour faire du tort à Chaban. C'est une erreur d'aiguillage. Une déclaration qui tombe par erreur entre les mains d'un huissier ; or cet huissier est un ancien militant révolutionnaire qui s'empresse d'apporter le document à son ancienne organisation, laquelle est en contact avec un journaliste du *Canard*[670]... ». Sans révéler sur le moment cette source d'information, les journalistes du *Canard enchaîné* se défendirent de l'accusation de manipulation en rappelant les nombreux articles qui avaient mis en cause des personnalités proches de Valéry Giscard d'Estaing ; en fait, c'est une grande campagne contre les « cascadeurs de l'impôt » – titre du *Canard de poche* qui parut en avril 1972 – que le *Canard* mena durant toute l'année 1972, alimentée par les rebondissements de l'affaire Dega[671] et les révélations sur les acrobaties fiscales de plusieurs dirigeants politiques et économiques. C'est dans le cadre de cette campagne que parurent les premiers articles sur les agissements d'un jeune homme prometteur : Jacques Chirac[672].

L'affaire Aranda

Avec l'affaire Aranda, nous franchissons un degré supérieur dans la gravité et l'ampleur du scandale[673]. Gabriel Aranda était un haut fonctionnaire du ministère de l'Équipement, membre du cabinet d'Albin Chalandon. Il avait accès aux archives du ministère et y avait découvert des trafics d'influence, des prises de commission, des interventions anormales, des pourcentages perçus sur les travaux dans lesquels se trouvaient engagés de hauts responsables gaullistes. Selon l'explication fournie par les journalistes du *Canard* et par l'intéressé lui-même, Gabriel Aranda aurait ressenti un beau jour le « dégoût » de ces malversations et le besoin de les dénoncer. Il choisit le *Canard* parce que le journal était à l'abri des pressions politiques et financières, parce qu'il s'était déjà illustré, et encore cette même année 1972 où le haut fonctionnaire avait décidé de révéler ce qu'il savait, par des révélations fracassantes, parce que, enfin, le *Canard* poursuivait Albin Chalandon de ses questions depuis plusieurs années déjà[674].

Le haut fonctionnaire se présenta donc un matin – le lundi 11 septembre 1972 – rue des Petits-Pères. Il n'y avait là que quelques journalistes et, dans un premier temps, ils ne prêtèrent guère attention au visiteur. C'est à l'insistance d'une secrétaire, raconte Sophie Gerbaud, que Gabriel Aranda dut de pouvoir parler à un journaliste, Henry Deligny *alias* Hervé Terrace, bientôt rejoint par Roger Fressoz[675]. Devant le premier, il sortit de sa serviette les documents du ministère de l'Equipement. Christian Plume et Xavier Pasquini rapportent le dialogue qui s'ensuivit :

> « – Vous risquez de vous faire flinguer ! dit Terrace. Roger Fressoz, qui assistait à l'entrevue, ajouta :
> – En tout cas vous risquez gros !
> Aranda haussa les épaules :
> – Ça m'est égal. Je ne peux plus me taire[676]. »

Les journalistes du *Canard* présentèrent par la suite Gabriel Aranda comme une sorte d'ange purificateur, jouant à plaisir sur la symbolique de son prénom. Pourtant, le personnage les déroutait un peu et ses motivations ont pu être différentes de celles qui lui furent prêtées ou qu'il mit lui-même en avant : « On ne savait pas à qui on avait affaire. C'était un personnage bizarre. Mais ses documents étaient irréfutables[677]. » Gabriel Aranda n'exigeait pas d'argent mais la publication rapide des documents en sa possession. Il fallut changer la mise en page prévue pour le numéro du mercredi suivant. Le 13 septembre 1972, le *Canard* commença la publication des documents Aranda avec un premier article d'Henri Deligny titré « Une odeur de pourris » qui reprenait l'essentiel d'une déclaration solennelle rédigée par l'ancien conseiller d'Albin Chalandon[678]. Pendant deux mois, le journal distilla les documents que lui fit parvenir Gabriel Aranda dans des conditions parfois rocambolesques – ainsi le deuxième ensemble de documents dut-il être littéralement exhumé au terme d'une recherche qui tenait du jeu de piste et de la chasse au trésor ; Gabriel Aranda l'avait enterré au pied d'un chêne dans la forêt de Fontainebleau[679]. Des permis de construire accordés pour des lotissements édifiés dans des couloirs d'avalanche à Tignes et Val-d'Isère – et dont certains furent touchés par les avalanches de février 1970 qui firent une quarantaine de victimes –, des marchés publics confiés sans appel d'offre à des sociétés amies, des bureaux d'études fictifs collectant l'argent des entreprises à destination de l'UDR, le déficit suspect enregistré par l'Office HLM de la Ville de Paris ; la gamme des opérations illégales connues et couvertes par le ministère de l'Équipement était, on le voit, fort large[680].

L'écho donné par la presse le fut tout autant, amplifié encore par les interviews accordées par Gabriel Aranda lui-même et le livre qu'il publia en décembre 1972[681]. *Le Monde, Combat, L'Humanité* relayèrent *Le Canard enchaîné*[682] et mirent en accusation les responsables politiques tandis que *France-Soir* parlait au contraire des

« bluettes d'Aranda » et que *Le Figaro* soulignait que « M. Aranda était tenu, par la déontologie de ses fonctions, au secret sur les dossiers dont il avait connaissance » (ce qui n'empêcha pas le quotidien du rond-point des Champs-Élysées d'aller chercher son information auprès du haut fonctionnaire en personne). Les seconds accusèrent les premiers, et surtout *Le Canard enchaîné*, de « faire les poubelles », d'être manipulés par des intérêts occultes, de mettre en danger le régime représentatif ou de faire beaucoup de bruit pour pas grand-chose. Quant au gouvernement, il réagit – à l'initiative d'Olivier Guichard, ministre de l'Aménagement du territoire – en poursuivant Gabriel Aranda pour vol de documents administratifs et les journaux pour diffamation, tout au moins *Le Monde, Combat* et *L'Humanité* car, étrangement, *Le Canard enchaîné* ne fut pas inquiété[683]. Dans la polémique qui opposa le gouvernement à la presse d'opposition, deux logiques s'affrontèrent : suivant le premier, le plus répréhensible dans cette affaire était la manière dont la presse avait obtenu et divulgué des documents administratifs confidentiels ; peu importe la manière, rétorquait la presse, l'essentiel reste les scandales révélés par ces documents : « Le problème n'est pas de savoir comment le *Canard* et tout le pays l'ont su à cause d'Aranda mais si ce qu'a dit Aranda est vrai[684]. » En tout état de cause, cette affaire contribua notablement à dégrader l'image du gouvernement et à rendre plus crédible encore la réputation de « journal le mieux informé de France » que bâtissait *Le Canard enchaîné* depuis plus d'une décennie.

L'affaire Boulin

Si l'affaire Aranda fut, avec celle de la Garantie foncière, le plus fameux des scandales politico-financiers du quinquennat Pompidou, les affaires Boulin et de Broglie défrayèrent la chronique du septennat Giscard d'Estaing. Quoique d'une nature très dissemblable et ayant, à la différence des précédentes, entraîné la mort des principaux protagonistes, elles impliquèrent elles aussi des personnalités du monde politique engagées dans des opérations financières douteuses.

Ainsi de Robert Boulin[685]. Le ministre du Travail du gouvernement Barre avait acheté en 1974 deux hectares de terrain à Ramatuelle (Var) dans une zone en principe inconstructible. Deux séries d'irrégularités entachèrent cette acquisition. D'une part, le terrain avait déjà été vendu une première fois ; d'autre part, un mois avant l'achat, Robert Boulin avait obtenu un permis de construire alors que le préfet du Var avait, en février 1973 encore, refusé l'autorisation de construire sur cette zone naturelle protégée. Au centre de toute cette affaire – vénielle, au regard des sommes et responsabilités engagées dans l'affaire Aranda –, se trouvait un homme d'affaires, Henri Tournet, ami de Robert Boulin et premier propriétaire des terrains litigieux. L'enquête révéla qu'il avait d'abord fait appel au ministre pour qu'il intervienne auprès des banques, lui permettant d'acquérir vingt hectares de terrain à Ramatuelle ; puis pour qu'il obtienne du préfet du Var les permis de construire pour vingt-six villas – deux seulement seront délivrés, sur intervention de Robert Boulin auprès de son collègue Michel d'Ornano, alors ministre de l'Environnement. Les années passant et l'homme d'affaires ne disposant pas des fonds nécessaires pour commencer les travaux, il décida de vendre les terrains à des industriels normands ; par ailleurs, le ministre acheta ses deux hectares à une société suisse dont Henri Tournet était le principal actionnaire. Le ministre connaissait-il ce dernier fait ? À quelle date fut-il informé de la double vente ? A-t-il été abusé par son ami et par le notaire de la première transaction ? Ce sont ces questions que posèrent la justice et la presse à partir des premières révélations.

Celles-ci intervinrent à la fin du mois d'octobre 1979. Le 22, *Minute* publia un court article qui présentait Robert Boulin comme la victime d'un escroc. Mais c'est le grand article publié par *Le Canard enchaîné* deux jours plus tard qui lança l'affaire. Signé Claude

Roire et Roland Laurent – de son vrai nom Roland Jacquard – et titré « Les permis très édifiants de M. le Ministre », cet article parlait déjà et de la double vente et du permis de construire. Les liens personnels du ministre et de l'homme d'affaires étaient également évoqués, les journalistes racontant notamment que le premier avait proposé le second pour une promotion au grade de commandeur de la Légion d'honneur[686]. Cet article, comme celui de *Minute*, trouvait sa source dans l'enquête menée par le juge d'instruction et dans les déclarations d'Henri Tournet. Inculpé et écroué en juin 1979, puis remis en liberté en août, l'homme d'affaires se répandit en accusations contre Robert Boulin. Les journalistes du *Canard* rencontrèrent Henri Tournet, procédèrent à des vérifications ; ils eurent aussi un entretien avec le ministre. Celui-ci, en effet, avait manifesté le désir de les rencontrer afin de leur exposer sa propre version des faits. L'entretien eut lieu deux jours avant la publication de l'article et ne convainquit guère les journalistes présents, Claude Roire et Louis-Marie Horeau[687].

Après le 24 octobre, d'autres journaux s'emparèrent de l'affaire. Ce fut le cas du *Monde* qui, le 25, titra sur l'inculpation d'un promoteur immobilier et d'un notaire sans donner leurs noms ; le quotidien consacra dans les jours suivants plusieurs articles à l'affaire, avec une précision croissante. D'autres organes de presse furent contactés par de mystérieux intermédiaires, des rumeurs et des photocopies de documents circulèrent. Des feuilles à scandales citèrent le nom du fils du ministre dans une affaire de mœurs. Robert Boulin était au cœur de la tempête.

L'annonce de sa mort, le 30 octobre 1979, modifia brutalement le climat politique et médiatique. Les journaux qui avaient mené l'enquête se trouvèrent placés en position d'accusés, en particulier *Le Canard enchaîné*. Les responsables politiques firent chorus pour dénoncer la campagne de presse qui avait amené un homme au suicide[688] ; Raymond Barre parla des « conséquences de certaines ignominies d'une grande bassesse », Jean Foyer et Christian Bonnet affirmèrent que « l'on peut tuer par la plume autant que par l'arme », Jean Lecanuet et André Bergeron parlèrent d'une « campagne de dénigrement ». La presse ne fut pas en reste : selon *L'Aurore*, c'était « le désespoir engendré par une campagne de presse qui [avait] poussé le ministre à mettre fin à ses jours » ; Roland Leroy dans *L'Humanité* du 31 octobre stigmatisa « le *Canard* et *Minute*, champignons vénéneux se nourrissant de scandales quotidiens de la société d'aujourd'hui » tandis que Georges Marchais appelait à en « finir avec des méthodes qui dégradent la vie politique de notre pays et menacent la démocratie[689] ». Des journaux comme *Les Échos*, *Le Figaro Magazine*, *L'Est républicain* ou *Le Dauphiné libéré* se montrèrent également très critiques. Les caméras d'Antenne 2 diffusèrent dans toute la France les visages de ces journalistes-assassins. Comme le titra *Libération*, ce 31 octobre, « la chasse aux canards [était] ouverte ».

L'équipe du *Canard* était alors réduite à la défensive. Aux reporters de télévision qui débarquèrent le mardi matin à l'imprimerie sans prévenir, Claude Angéli rappela que personne ne s'était présenté lorsque le journal avait fait de graves révélations sur l'affaire des diamants de Bokassa. Dans le numéro daté du 31 octobre, la rédaction déclarait « déplorer profondément la mort dramatique du ministre du Travail » mais rejetait les accusations de calomnie et la comparaison qui n'avait pas manqué d'être faite, une fois de plus, avec l'affaire Salengro. Elle s'en était tenue aux faits et avait veillé à étayer ses affirmations par des documents incontestables. « À aucun moment dans cette affaire, le *Canard* n'a failli à la déontologie de notre profession, il n'a enfreint aucune des règles de prudence et d'honnêteté de notre métier[690]. » Toutefois, « en raison des circonstances et par discrétion », les derniers développements de l'enquête ne seraient pas publiés[691].

Ils le furent néanmoins, et dès la semaine suivante. C'est qu'entre-temps les lettres écrites par Robert Boulin avant sa mort étaient parvenues à leurs destinataires, l'AFP, *Minute*, *Sud-Ouest*,

Jacques Chaban-Delmas, des personnalités du monde politique et médiatique ; s'y trouvaient dénoncés beaucoup moins les journaux que les amis politiques du ministre, le juge d'instruction et le promoteur Tournet. Alain Peyrefitte, en particulier, était accusé d'avoir privilégié sa carrière au détriment du bon fonctionnement de l'État – Robert Boulin n'avait pas pardonné au ministre de la Justice de n'avoir pas fait respecter le secret de l'instruction. Les affirmations de Robert Boulin donnèrent plus de consistance à la thèse d'un complot politique organisé par les ennemis du ministre dans le but de l'écarter de Matignon. Elles permirent surtout au *Canard enchaîné* de se laver des accusations qui lui avaient été adressées et de les retourner à leurs auteurs[692]. Dans le numéro du 7 novembre 1979, le *Canard* apporta un point final à l'enquête sur les terrains de Ramatuelle, régla quelques comptes avec ses confrères et accusateurs publics et remercia ses lecteurs de leur soutien.

L'affaire de Broglie

L'affaire Boulin se termina par un suicide, l'affaire de Broglie commença par un assassinat[693]. Le 24 décembre 1976, à 9 heures du matin, le prince Jean de Broglie, député, ancien ministre, était abattu dans la rue. Deux jours plus tard, les assassins présumés étaient arrêtés, le tueur lui-même, le commanditaire – un homme d'affaires – et celui qui paraissait avoir été l'intermédiaire et le coordonnateur, un inspecteur de police. Le 29 décembre, le ministre de l'Intérieur Michel Poniatowski tint une conférence de presse au cours de laquelle il déclara l'affaire résolue : Jean de Broglie avait consenti un prêt à M. de Ribemont pour l'achat d'un restaurant, recevant en échange un certain nombre d'actions. M. de Ribemont et son ami Pierre de Varga avaient décidé son assassinat pour effacer le prêt et récupérer les actions.

La précipitation avec laquelle le ministre de l'Intérieur mit le point final à une enquête-éclair intrigua les journalistes. Ceux du

Canard enchaîné avaient déjà eu vent d'une autre piste plus intéressante que celle, bien étriquée, d'un prêt de quelques millions pour l'achat d'un restaurant. Le même jour où Michel Poniatowski prétendait clore l'affaire de Broglie, Nicolas Brimo signait dans le *Canard* un article qui mettait en lumière les activités commerciales douteuses auxquelles se livrait le prince, notamment par le biais d'une société spécialisée dans le trafic d'armes à destination des pays arabes. Le journaliste signalait l'existence d'un dossier sur ces activités et l'intérêt manifesté par la direction des enquêtes fiscales; à ces sources possibles d'information s'ajoutaient les renseignements que pouvaient fournir les amis et ennemis politiques de Jean de Broglie et les informateurs policiers.

D'autres journaux menèrent des enquêtes parallèles ou reprirent les informations publiées par le *Canard*. Le 29 décembre, *L'Humanité* et *Minute* détaillèrent les activités d'autres sociétés fondées par Jean de Broglie; dans les jours qui suivirent, ces titres, auxquels se joignirent *Libération* et *Le Monde*, révoquèrent en doute la version officielle. Leurs investigations s'orientèrent alors dans deux directions différentes: d'une part, la recherche de nouvelles pistes pour expliquer l'assassinat du prince, d'autre part la mise en cause de l'attitude de la police et des autorités politiques. C'est ainsi que l'hebdomadaire *L'Express* affirma en janvier 1977 que les Renseignements généraux savaient un mois avant l'assassinat qu'un coup se préparait, et proposa en février la piste d'un trafic de titres. Mais la presse n'alla guère plus loin et l'intérêt pour cette affaire retomba quelque peu.

La fin de l'instruction et l'ouverture du procès, en mars et avril 1980, relancèrent l'affaire de Broglie. Le 2 avril, *Le Canard enchaîné* révéla l'existence de deux rapports rédigés par un inspecteur de police, Michel Roux, en septembre 1976[694]. Ces rapports montraient que la police connaissait les menaces qui pesaient sur la vie du prince de Broglie. L'inspecteur en avait informé sa hiérarchie. L'absence de toute mesure visant à protéger le prince conduisait le journal à s'interroger sur les véritables mobiles du meurtre. Qu'au cours de l'instruction, la police n'ait pas remis à la justice les documents qui étaient en sa possession posait également de graves questions. Michel Poniatowski se retrouvait en première ligne, accusé de n'avoir rien fait pour empêcher un assassinat dont les préparatifs n'avaient pas échappé à ses services et d'avoir caché à la justice les informations dont lui ou ses subordonnés disposaient. Le ministre se défendit en niant avoir jamais eu connaissance des deux rapports. Il attaqua en diffamation *Le Canard enchaîné* et *L'Humanité*.

Les révélations du *Canard enchaîné* donnèrent un second souffle à l'affaire. Le 22 avril 1980, une commission d'enquête fut constituée au Parlement, le 24 la chambre d'accusation de la cour d'appel de Paris demanda un supplément d'information. Parallèlement à ces procédures – dont les progrès furent à l'origine d'un certain nombre de ses propres révélations –, le *Canard* multiplia les *scoops*, « dévoilant le rôle de l'informateur à l'origine de tout[695], soulignant les retombées que l'affaire provoqua dans le clan giscardien, révélant l'accablante déposition du juge Floch, premier juge d'instruction à avoir été chargé de l'affaire [...], rendant public le contenu des écoutes téléphoniques faites avant le meurtre et qui montraient que la police en savait beaucoup[696] ». Ces révélations ne furent toutefois pas suffisantes pour convaincre les autorités judiciaires et parlementaires de réfuter la thèse officielle. Michel Poniatowski fut innocenté par la commission d'enquête parlementaire en novembre 1980, l'instruction close une seconde fois en juillet 1981, les inculpés déjà connus renvoyés devant la cour d'assises en novembre de la même année. Le *Canard* avait compté sur le changement politique intervenu entre-temps : les parlementaires socialistes et communistes n'avaient-ils pas, quand ils étaient dans l'opposition, demandé des investigations supplémentaires qui leur avaient été presque toujours refusées ? Robert Badinter, nouveau garde des Sceaux, n'avait-il pas été l'avocat de la famille de Broglie et, à ce titre, n'était-il pas au courant des graves lacunes que comportait le dossier d'instruction ? Mais il semblait que le nouveau pouvoir eût estimé devoir en finir avec cette affaire et Roger Fressoz ne put que constater « le deuxième enterrement de l'affaire de Broglie, la plus ténébreuse et la plus crapuleuse des affaires du giscardisme[697] ».

Le Canard *espionné*

Dès le début des années 1970, *Le Canard enchaîné* était devenu une puissance redoutée du pouvoir en place. Ses révélations sur certains dossiers sensibles avaient inquiété et irrité les responsables politiques de la majorité. Il importait de tarir au plus vite les sources d'information de cet hebdomadaire incontrôlable. Par quels canaux les secrets les mieux gardés étaient-ils étalés sur la place publique ? C'est ce que le ministre de l'Intérieur de Georges Pompidou, Raymond Marcellin, voulut découvrir.

Une enquête de police sur Le Canard enchaîné

Il demanda d'abord aux Renseignements généraux de la préfecture de police de Paris d'établir un dossier sur le journal. Pendant des mois, des dizaines de fonctionnaires de police interrogèrent les concierges, fouillèrent des archives, épluchèrent des comptes bancaires, établirent des fiches. Le résultat constitua un épais dossier qui fut tiré à quelques exemplaires dont l'un aboutit sur le bureau de Raymond Marcellin en juin 1972. Ce dossier était divisé en trois parties de longueurs inégales : la première s'intéressait au journal dans son ensemble[698] ; la deuxième et la troisième étaient composées de fiches individuelles[699], sur les « collaborateurs » pour l'une, sur les « informateurs » ou présumés tels pour l'autre. Cette dernière partie déçut le ministre de l'Intérieur.

Peu de noms connus, aucun haut fonctionnaire ou personnalité politique cité, l'enquête ne disait rien du « réseau » d'informateurs haut placés que le journal était censé entretenir. Elle comportait en outre – mais cela, le ministre ne le sut pas sur le moment – beaucoup d'erreurs, en particulier sur les engagements politiques de tel ou tel.

Quelques années plus tard, cette enquête de police – dont le seul équivalent connu est cette enquête de 1929 complétée en 1932 que nous avons déjà citée – tomba entre les mains de journalistes dont l'un, Christian Plume, avait travaillé au *Canard enchaîné* dans les années 1960[700]. Ils la proposèrent à un éditeur parisien récemment installé, Jean Picollec. Celui-ci la publia intégralement en mai 1980 sous la forme d'un livre titré *Une enquête de police sur « Le Canard enchaîné »*. L'enquête proprement dite, cent quarante-six pages simplement photocopiées à partir du dossier original, était précédée d'une longue introduction de quatre-vingt-cinq pages rédigée par les deux journalistes. Cette introduction, qui retraçait l'histoire du journal, lui était favorable même si les deux auteurs égratignaient au passage quelques nouveaux venus, tel Claude Angéli.

« Ce livre va faire grincer des dents et susciter des remous » prévenait Jean Picollec dans la note liminaire. Ce fut au moins le cas au *Canard enchaîné*, dont la réaction fut très négative[701]. Sous couvert de dénoncer les agissements d'une police politique, les auteurs et l'éditeur livraient à la curiosité publique la vie privée des journalistes du *Canard* ; plus grave encore, ils mettaient en danger certains de leurs informateurs, même si la plupart des noms cités étaient ceux de journalistes[702]. « Cette publication était scandaleuse, elle foulait aux pieds tous les principes admis dans la profession », se souvient Jean Montaldo, qui se porta partie civile dans cette affaire[703]. Avant la parution, certains journalistes du *Canard* allèrent voir Jean Picollec et firent pression sur lui pour qu'il renonce à son projet. L'éditeur passa outre, arguant qu'il était de son « devoir » de publier un tel document, pour ce qu'il apportait à la connaissance du temps présent et à la renommée de sa jeune maison. Il n'avait d'ailleurs rien fait, ajouta-t-il, qu'utiliser la méthode qui avait si bien réussi au *Canard*: la photocopie de documents confidentiels. Six personnes citées dans l'enquête engagèrent une action en référé et obtinrent la suppression ou l'occultation immédiate des fiches les concernant. Mais le premier tirage, de sept mille exemplaires, fut rapidement écoulé.

Les écoutes téléphoniques

Pour connaître les sources d'information du *Canard enchaîné*, les autorités politiques et policières recoururent à d'autres méthodes que la traditionnelle conversation avec la concierge. Certains journalistes firent l'objet de filatures[704]. D'autres, ou les mêmes, furent mis sur table d'écoute. Le journal fut désigné sous le nom de code de « Condé »; Claude Angéli, le plus surveillé de ses collaborateurs, reçut quant à lui le doux nom d'« Astrée[705] ».

Avant d'aller plus loin, il convient de dire quelques mots sur les dispositions légales existant à l'époque en matière d'écoutes téléphoniques. Et tout d'abord en quoi consiste une écoute ? Elle consiste à brancher un magnétophone sur une ligne téléphonique pour enregistrer les conversations. Ce procédé pose d'importants problèmes juridiques et pratiques dans le cadre d'une procédure pénale; pour cette raison, les juges d'instruction y recourent rarement. Par contre, les services de renseignements, notamment les Renseignements généraux, l'utilisent de manière courante, en particulier pour connaître les activités d'individus soupçonnés de mettre en péril la sécurité de l'État. Quoique soumis à des règles strictes[706], l'emploi de cette technique fut abusivement étendu, jusqu'à concerner des journalistes, hommes politiques, simples particuliers qui n'entraient pas dans les catégories primitivement visées. Françoise de Rocca relevait dès 1975 que « la plupart des journalistes [étaient] mis sur table d'écoute, moins pour mesurer leur degré de loyalisme que pour identifier leurs sources d'information, afin de les tarir éventuellement, en vertu du principe du secret d'État[707] ».

Les journalistes du *Canard enchaîné* furent écoutés. Jean-Émile Vié, ancien directeur des Renseignements généraux, le confirma en 1988 : « La direction des Renseignements généraux a écouté pendant plusieurs années *Le Canard enchaîné.* La décision en avait été prise à l'initiative d'un ministre irrité par certains articles de cet hebdomadaire. Le *Canard* publie en effet certains échos qu'il ne peut tenir que d'informateurs directement mêlés aux affaires relatées[708]. » Or le *Canard* en fut averti. Un de ses informateurs à la préfecture de police lui communiqua les transcriptions manuscrites de conversations téléphoniques tenues par Claude Angéli et classées « secret défense[709] ». Le 13 juin 1973, le journal publia l'une d'entre elles à la une, se permettant le luxe de signaler une erreur commise par les fonctionnaires de police. L'article qui développait l'information dans les pages intérieures donnait le nom et l'adresse du service spécialisé dans les écoutes – le Groupement interministériel de contrôle –, les noms de son chef et des destinataires politiques des notes, les procédés utilisés, le nombre d'écoutes réalisées. Il dénonçait la « machine totalitaire » mise en place par le pouvoir et la « vaste organisation d'espionnage » qu'était selon lui devenu l'État. Dès ce moment, la référence au scandale du Watergate, qui avait éclaté un an plus tôt aux États-Unis, était explicite.

Cette référence servit de titre général aux articles qui parurent dans les semaines suivantes et qui portèrent sur d'autres aspects de l'« État-espion », comme le titra le *Canard* le 20 juin. Photographies et films clandestins, « visites » d'appartements et de bureau, viol de correspondance et – anticipation étonnante – pose de micros[710]. Le journal citait de nombreux cas de personnalités écoutées, espionnées. Il donna également les photographies de camionnettes banalisées utilisées par les Renseignements généraux pour toutes ces opérations[711]. En novembre encore, Claude Angéli signa un article sur un nouveau service de renseignement, le Groupe interministériel d'exploitation du renseignement (GIER). Toutes ces révélations furent reprises et amplifiées par la presse non gouvernementale; elles fournirent la matière des protestations des parlementaires de l'opposition – mais aussi de quelques-uns appartenant à la majorité –, auxquelles Raymond Marcellin et Pierre Messmer répondirent par des démentis embarrassés. Les écoutes ne furent pas pour autant abandonnées: en 1978 et 1980, le *Canard* révéla que de nouvelles écoutes avaient été réalisées sur les téléphones de certains de ses collaborateurs.

Les micros du Canard

Résolu à connaître l'origine de toutes ces fuites, le ministre de l'Intérieur décida de profiter d'une circonstance favorable pour « tenter un gros coup[712] ». Il avait appris le déménagement prochain du *Canard* pour le 173 de la rue Saint-Honoré, à deux pas du Palais-Royal. À la mi-novembre 1973, il chargea une équipe de la DST de poser des micros-espions dans l'immeuble encore inoccupé. L'opération, qui devait durer quelques semaines, reçut le nom de code de… « Palmes[713] ».

Le 3 décembre 1973, vers 22 h 15, André Escaro, dessinateur et administrateur du *Canard enchaîné*, revient à pied du cinéma. Sa voiture est garée non loin du 173. Levant machinalement la tête vers les étages, il a la surprise de voir de la lumière à une fenêtre du troisième. Un rideau noir mal ajusté et des lumières mobiles au plafond du deuxième étage achèvent de l'intriguer. Il entre dans l'immeuble, remarquant au passage deux gardiens de la paix qui portent des talkies-walkies. La suite, c'est lui qui la raconte dans l'article du 5 décembre 1973 par lequel l'affaire fut révélée au public:

« J'entre, je monte l'escalier et j'arrive devant la porte palière, je frappe. Une voix :

– Qu'est-ce que c'est ?

– *Le Canard enchaîné.*

Un type ouvre, ou plutôt entrebâille la porte ; elle donne sur un couloir qui est plongé dans une demi-obscurité et où je distingue un autre type ; au bout du couloir, c'est le bureau de notre directeur et c'est là qu'on a l'air de s'affairer fébrilement. J'interroge :

– Vous travaillez la nuit ?

– Oui, il faut qu'on se dépêche car tout doit être terminé pour le 15 décembre.

– Et qu'est-ce que vous faites ?

– Euh… c'est pour le chauffage central…

Tiens, tiens, justement, il y a déjà trois semaines qu'il fonctionne, le chauffage central[714] ; je commence à comprendre. Je pénètre dans la pièce éclairée. Il y a là trois individus, en combinaison bleue ; je vois immédiatement qu'ils ont arraché des lames du parquet ; sur le sol, il y a tout un matériel. […]

– C'est vraiment très intéressant, dis-je ; et pour quelle entreprise travaillez-vous ?

Mes interlocuteurs sont figés comme des statues ; celui qui m'a ouvert la porte balbutie :

– Ah ! Je ne me rappelle plus le nom de l'entreprise. […]

Mais j'ai la sensation que l'atmosphère s'alourdit et qu'il est préférable (sait-on jamais) que je m'éloigne.

– Quel est votre nom, me demande encore "l'ouvrier" n° 1.

– Vous le saurez demain.

Et je me précipite dans l'escalier pour aller téléphoner et prévenir les copains. Je suis maintenant dans la rue et j'entends, sortant du talkie-walkie d'un des flics en faction, l'édifiant message que voici :

– Allô, allô, n° 2 ; allô, n° 2, suivez le type qui vient de sortir. On décroche, sauve qui peut ! »

Le récit, presque trop beau pour être vrai, du dessinateur ne s'arrête pas là. André Escaro revient quelques dizaines de minutes plus tard, accompagné de Roger Fressoz et de Claude Angéli. Tout est éteint, les « plombiers » sont partis, les lames de parquet remises en place, le matériel disparu. En inspectant les lieux, les journalistes s'aperçoivent qu'un trou a été percé sous le parquet du bureau directorial, qu'au mur une brèche hâtivement rebouchée au mastic communique avec l'immeuble voisin[715]. Au deuxième étage, un escabeau oublié mène à deux trous pratiqués dans le plafond qui correspondent avec le trou du troisième. Les intentions des visiteurs ne faisaient guère de doute. L'affaire des micros du *Canard* était lancée.

Comme il était prévisible, les journalistes tentèrent de donner le retentissement maximal à leur découverte. Elle fit la une du numéro du 5 décembre, avec le récit d'André Escaro, les photos des trous, un article de Roger Fressoz encadré de rouge et titré « La République des microcéphales ». De nouveau, et avec encore plus de pertinence, la comparaison avec le Watergate s'imposait ; « Watergate au *Canard* » titra en rouge le journal, « Oh ! Marcellin, quelle Watergaffe ! » ajouta-t-il. Un grand nombre de journaux, alertés immédiatement par le *Canard* et qui envoyèrent des journalistes sur place, lui emboîtèrent le pas[716]. Le syndicat de la presse hebdomadaire, à la requête de Roger Fressoz, émit une protestation. Ce fut un scandale énorme, qui trouva un grand retentissement à l'étranger.

Le gouvernement nia tout en bloc. Ses représentants ou ses défenseurs tentèrent d'égarer l'opinion sur de fausses pistes. Georges Pompidou parla de « farce » à laquelle il prétendit ne pas attacher une grande importance, Olivier Stirn émit l'hypothèse d'une opération montée par des « barbouzes communistes » ;

Pierre Messmer déclara sur RTL qu'il s'agissait sans doute d'un « canular monté par les journalistes du *Canard* eux-mêmes », ce que répéta Alexandre Sanguinetti, secrétaire général de l'UDR, à la télévision. *La Nation* reprit cette thèse officielle et affirma que le *Canard* avait monté l'affaire de toutes pièces pour augmenter ses ventes. Par la suite, le directeur de la DST suggéra l'intervention d'espions opérant pour le compte de l'Est – « informations » reprises par l'hebdomadaire *Valeurs actuelles* – tandis que Pierre Messmer laissait entendre que la CIA n'était pas étrangère à l'affaire, suscitant les protestations de l'ambassade des États-Unis à Paris. On accusa aussi le *Canard* de fomenter un complot maçonnique contre la Direction de la surveillance du territoire.

Très rapidement, en effet, les journalistes du *Canard enchaîné* avaient dirigé leurs regards vers cet organisme voué normalement au contre-espionnage. Si les premiers articles publiés dans le numéro du 5 décembre évoquaient la responsabilité des Renseignements généraux – Claude Angéli se rendant même le soir du 6 décembre au domicile du directeur des RG, Jacques Harstrich[717] pour tenter d'en savoir plus –, le journal revint bien vite sur ses premières affirmations. Dès le 12 décembre, il identifia cinq « plombiers » et le service qui les employait, la DST, dont il détailla l'organisation[718]. Cinq autres furent démasqués deux mois plus tard. Entre-temps, et rompant avec toutes ses habitudes, *Le Canard enchaîné* avait déposé une plainte contre X pour violation de domicile et tentative d'atteinte à la vie privée[719]. Une longue bataille judiciaire commençait, qui allait durer six ans[720].

Dans une première phase, jusqu'en janvier 1976, l'instruction fut menée par le juge Bernard. Il se rendit sur les lieux, accompagné de sa greffière ; il trouva un micro et des câbles de sonorisation dans la cheminée et dans l'immeuble voisin des locaux du journal. En janvier et février 1974, le juge entendit les fonctionnaires mis en cause par le journal mais ceux-ci refusèrent la confrontation avec les témoins qui auraient pu les reconnaître, en particulier André

Escaro et la concierge de l'immeuble auprès de qui ils s'étaient présentés sous une fausse identité. Se plaçant sous la protection du « secret de la Défense nationale », ils invoquèrent les risques encourus par eux-mêmes, leur famille et le service qui les employait. Le gouvernement demanda une consultation au Conseil d'État sur la notion de défense nationale et interpréta l'avis rendu dans le sens qui lui était le plus favorable. Le juge insista et, en juin 1975, confronta les « plombiers » avec les témoins, qui les reconnurent. Les agents démasqués menacèrent alors leurs supérieurs de tout révéler s'ils n'étaient pas soustraits à l'action de la justice. Aucun d'entre eux ne devait plus se rendre aux convocations ordonnées par le juge. Celui-ci, en janvier 1976, fit l'objet d'une promotion flatteuse et passa le relais au juge Pinsseau.

Ce dernier n'avait pas l'audace et l'entêtement de son prédécesseur. Il demanda bien une nouvelle confrontation mais en abandonna jusqu'à l'idée après avoir reçu une lettre très sèche du directeur de la police nationale, Robert Pandraud. Le 29 décembre 1976, il rendit une ordonnance de non-lieu dont les attendus expliquèrent qu'il n'avait pu découvrir aucun suspect susceptible d'être inculpé et que le *Canard* n'avait été la victime ni d'une violation de domicile puisque les bureaux étaient inoccupés au moment des faits, ni d'une atteinte à la vie privée puisque « des journalistes ne peuvent avoir, dans un local professionnel que des conversations d'ordre politique, général ou professionnel[721] ». Le journal eut le temps de faire appel, malgré la date choisie par le juge pour rendre son arrêt. En juillet 1977, la chambre d'accusation de Paris confirma le non-lieu. Le *Canard enchaîné*, défendu par Me Roland Dumas et Me Arnaud Lyon-Caen, se pourvut en cassation.

En juin 1978, la décision de la Cour de casser le non-lieu et d'annuler toute la procédure depuis le 12 décembre 1973 – au motif que le magistrat chargé de l'instruire n'était pas compétent – enclencha la troisième et dernière phase du combat judiciaire. La chambre d'accusation d'Amiens, considérant que plus de trois ans s'étaient écoulés depuis le début de l'instruction, déclara en octobre 1978 l'action publique éteinte. De nouveau, le journal se pourvut en cassation. Cette fois, la Cour rejeta le pourvoi du *Canard*. On était le 7 février 1980 et l'affaire des micros du *Canard* venait de trouver son épilogue judiciaire. *Le Monde, Le Matin, Le Quotidien de Paris* commentèrent durement ce qu'ils présentèrent comme un tour de passe-passe judiciaire. *Le Canard enchaîné*, qui tout au long de l'instruction avait multiplié les révélations – profitant à plein de l'accès au dossier que lui ménageait sa qualité de partie civile –, fut bien entendu le plus sévère à l'encontre des autorités politiques comme judiciaires. C'est surtout à ces dernières que Roger Fressoz s'en prit dans l'article du 13 février qui tirait les leçons de l'affaire :

> « La justice, du haut en bas de sa hiérarchie, ne sort pas grandie de l'affaire des micros et c'est ainsi que l'opinion le ressentira. Elle s'est laissée manipuler sans vergogne par le pouvoir qui voulait à tout prix épargner à ses « plombiers » et s'épargner à lui-même le discrédit d'un procès public. Elle s'est mise au service d'une prétendue raison d'État. Elle a capitulé, et à plusieurs reprises de façon humiliante, honteuse, devant la police. Elle a failli à sa mission qui est de protéger la légalité contre ceux qui la violent, de défendre les citoyens contre les exactions. Le reste n'est qu'arguties de robins[722]. »

Dans le même article, le directeur du *Canard* faisait le rapprochement entre la décision de la Cour de cassation et l'inculpation, exactement contemporaine, intervenue dans l'affaire de la publication de la feuille d'impôt de Valéry Giscard d'Estaing. C'est qu'à cette date, en effet, la guerre était devenue totale entre le président de la République et l'hebdomadaire satirique.

Les diamants de Bokassa

La politique de la France en Afrique noire fait l'objet de critiques régulières dans *Le Canard enchaîné* depuis l'entre-deux-guerres. À la fin des années 1960, le procès intenté par Jacques Foccart au *Canard* avait permis de mettre en accusation une politique néocoloniale dont les ingérences servaient les intérêts de dictateurs sanguinaires. Plus récemment encore, les interventions directes ou indirectes au Tchad, au Bénin, au Zaïre ou en Mauritanie avaient indisposé une partie de l'opinion. L'affaire Bokassa prend tout son relief sur cet arrière-plan[723].

Le général devenu président à vie puis empereur avait déjà eu l'honneur d'un article dans le *Canard* en 1972[724] ; mais c'est en 1979 que le Centrafrique devint un sujet de prédilection pour l'hebdomadaire satirique. Les massacres de Bangui de janvier et avril 1979 avaient braqué les projecteurs des médias internationaux sur ce pays parmi les plus pauvres du monde. Les journalistes du *Canard* firent plusieurs papiers et dessins sur ces événements et sur les réactions du gouvernement français, négatives mais encore trop timides à leur goût. Enfin le 20 septembre, les parachutistes français renversèrent Jean-Bedel Bokassa et installèrent à sa place l'ancien président David Dacko, chassé en 1965. Le dictateur déchu, après une vaine tentative pour gagner la France, trouva refuge en Côte-d'Ivoire. Dans le numéro du *Canard* du 26 septembre, il était brièvement fait allusion aux « petits cadeaux » que Bokassa avait offerts à diverses personnalités françaises.

Cette information fut reprise et amplifiée dans le numéro du *Canard enchaîné* du 10 octobre 1979. Sous le titre « Pourquoi Giscard a organisé le casse des archives de Bokassa », Claude Angéli y décrivait sur une pleine page la générosité intéressée de Jean-Bedel Bokassa à l'endroit de celui qu'il appelait son « ami et très cher parent » : Valéry Giscard d'Estaing avait reçu, alors qu'il n'était encore que ministre des Finances du gouvernement Pompidou, des diamants lors de ses visites tant publiques que privées (visites motivées notamment par son goût pour la chasse au gros gibier) ; ses cousins Jacques et François avaient également bénéficié des largesses du chef d'État africain. Le coup d'État du 20 septembre avait permis aux parachutistes français de faire main basse sur les archives du palais de Bokassa, transportées jusqu'à l'ambassade de France à Bangui – ce qui conduisait le journaliste à évoquer de nouveau l'affaire du Watergate – mais le *Canard* produisait la photocopie d'une commande de diamants faite en 1973 par Jean-Bedel Bokassa au Comptoir national du diamant et destinée à Valéry Giscard d'Estaing[725]. Le grand article de Claude Angéli se terminait par cette phrase terrible, que Roger Fressoz lui-même trouva un peu dure : « Tout cela est révoltant, médiocre et garanti d'époque. C'est giscardien. »

Ces révélations et les documents qui les accompagnaient firent l'effet d'une bombe. Le soutien apporté dans les années passées à l'empereur féroce et bouffon, déjà condamnable en soi, ne paraissait plus avoir eu comme seule justification l'intérêt de la France ; des mobiles privés semblaient y avoir eu part, qu'ils aient été dictés par la cupidité, la reconnaissance ou la crainte des indiscrétions qu'aurait pu commettre le généreux donateur. Les affaires Boulin ou de Broglie, pour graves qu'elles eussent été, n'avaient pas atteint personnellement le président de la République ; avec l'affaire des diamants se trouvait visée pour la première fois la personne même du chef de l'État. Ce qui joua aussi, dans l'immense et immédiat retentissement donné à l'affaire des diamants, c'est qu'elle fut tout de suite, dès le 10 octobre, reprise par le « journal de référence » : *Le Monde*[726]. Dès lors, des médias qui auraient passé sous silence les informations du *Canard* ne crurent pas possible de taire celles du quotidien de la rue des Italiens[727].

Dans un premier temps, il est vrai, seuls *Libération, L'Humanité* et *Le Matin* reprirent les informations du *Canard enchaîné* (avec Europe numéro 1, RTL et quelques journaux régionaux)[728]. Le reste de la presse et des médias radio-télévisés observa un silence prudent ou exprima des réserves que le *Canard* expliqua – longuement, et dans plusieurs articles, le plus souvent signés par le spécialiste des médias de l'hebdomadaire satirique, Serge Richard – par le respect excessif, voire la connivence politique ou la dépendance structurelle qui liait journaux, radios et télévisions français à l'exécutif. Mais le communiqué de l'Élysée, rendu public le 10 octobre peu avant 20 heures et relayé par les chaînes de télévision dans leurs journaux du soir, obligea toutes les rédactions à réagir, en France comme à l'étranger[729]. La formulation du communiqué officiel qui contestait non la réalité des cadeaux mais leur valeur supposée ouvrait la voie à toutes les interprétations[730]. *Le Canard enchaîné* s'y engouffra.

Dès lors, la campagne de l'hebdomadaire satirique se poursuivit selon deux axes : 1) prouver la réalité des cadeaux reçus par Valéry Giscard d'Estaing[731] ; 2) prouver que le chef de l'État les avait conservés par devers-lui. Des précisions sur le coup d'État de Bangui, des commentaires sur les réactions de la presse et du monde politique et le récit des tentatives du pouvoir pour se dégager du piège complétèrent le dispositif. Par ailleurs, le *Canard* dut répondre devant la justice de l'accusation de diffamation contre les cousins de Valéry Giscard d'Estaing.

Concernant la première tâche, tout se joua autour de la question des documents. Le 5 décembre 1979, le *Canard* publia, tirée des archives du Comptoir national du diamant, une instruction du président à vie Bokassa à un ministre d'État lui demandant, en juillet 1974, de veiller à la préparation de plaquettes de diamants destinées à Valéry Giscard d'Estaing, qui venait d'être élu à la présidence de la République française. Le 16 janvier 1980, le journal récidivait avec une lettre du ministre des Finances centrafricain datée de mars 1978 et adressée à Bokassa, lui demandant les doubles des bons de commande et correspondances adressées au Comptoir national du diamant, « concernant tant le président de la République que les personnalités françaises ». Il n'y eut pas d'autres photocopies de documents sur cet aspect de l'affaire. La tactique de Valéry Giscard d'Estaing, non sans hésitations et précautions, consista à refuser de « polémiquer avec un journal satirique » et à nier l'authenticité des documents produits par le *Canard*. C'est la thèse qu'il défendit notamment le 19 décembre devant des journalistes réunis par lui à l'Élysée, c'est aussi celle que ses conseillers s'attachèrent à répandre auprès des journaux proches du pouvoir. Les journalistes du *Canard* réaffirmèrent le caractère authentique des documents publiés sans dévoiler leurs sources[732].

Les recherches entreprises par les services secrets français pour identifier les sources du *Canard*, recherches auxquelles le journal fit largement écho, militaient pour le sérieux des informations livrées au public[733]. Elles aboutirent à l'arrestation de Roger Delpey, écrivain et confident de Jean-Bedel Bokassa, et à la neutralisation des archives que lui avait confiées l'ex-empereur. L'affaire Delpey – arrêté en mai 1980, l'écrivain ne sera libéré qu'en décembre – constitua une extension importante de l'affaire des diamants de Bokassa. Le succès obtenu à cette occasion par la DST ne profita qu'à demi au président de la République : d'abord parce qu'aussitôt libéré, Roger Delpey publia un livre accusateur contre lui (privé, il est vrai, des documents qui l'auraient rendu explosif) ; ensuite parce que les journalistes du *Canard* allèrent chercher des renseignements auprès de la source principale : Jean-Bedel Bokassa.

En septembre 1980, Patrice Vautier rencontra à Abidjan des proches de l'ex-empereur, ce qui lui valut d'être retenu par la police ivoirienne pendant une douzaine d'heures à l'aéroport. Apprenant la présence du journaliste, Bokassa appela la rédaction du *Canard enchaîné*. Pendant une heure, il conversa avec Claude Angéli qui enregistra ses propos[734]. Le résultat de cette conversation fut publié dans le numéro du 17 septembre. À la demande de Claude Angéli, Bokassa attesta l'authenticité des documents publiés précédemment par le *Canard* et l'existence des archives confiées à Roger Delpey. Plaçant explicitement son témoignage sous le signe de la vengeance à l'encontre de celui qui l'avait fait déposer, il confirma et aggrava toutes les accusations formulées par le *Canard*. En octobre, Patrice Vautier put rencontrer l'exilé dans son appartement d'Abidjan, dont les photos parurent dans le numéro du 15 octobre, accompagnées d'une interview qui répétait les propos tenus au téléphone. Il n'est pas sûr que ces témoignages aient eu l'impact escompté par le journal. Les porte-parole du président de la République eurent beau jeu de souligner le caractère parfois fantaisiste des déclarations de l'ex-empereur et surtout de les expliquer par la rancune qu'il avouait ressentir envers son ancien « ami et parent ».

Quant à l'enrichissement personnel qui aurait résulté des dons de Bokassa, ces mêmes porte-parole éprouvèrent plus de difficultés à justifier les approximations et les réticences de l'Élysée. « Giscard a-t-il conservé ce compromettant et précieux cadeau, interrogea Roger Fressoz le 17 octobre 1979, ou l'a-t-il remis à un musée ou à une œuvre de bienfaisance ? » Une semaine auparavant, l'Élysée déclarait avoir donné les diamants à une œuvre de charité ; puis avouait ne plus être en mesure de les retrouver. Le 27 novembre, le président de la République parla sur Antenne 2 « d'œuvres de bienfaisance » et des « dons envoyés aux musées » et déclara que le reste des cadeaux officiels était conservé à l'Élysée – le *Canard* révéla le 5 décembre qu'onze jours avant sa prestation télévisée, Anne-Aymone Giscard d'Estaing avait fait un don somptueux et inhabituel aux prêtres des Missions africaines ; « C'est ce qu'on appelle protéger soigneusement ses arrières », persifla le journal[735]. Quant aux dons aux musées, ils consistaient en quelques objets sans grande valeur, affirma Claude-Marie Vadrot après avoir consulté tous les numéros de *La Revue du Louvre et des musées de France* depuis 1973 Le *Canard* signala en outre des déménagements suspects du domicile parisien privé du chef de l'État à l'Élysée.

Aucune autre information ne parut sur ce point durant toute l'année 1980. Ce n'est qu'après une nouvelle intervention télévisée du chef de l'État, le 10 mars 1981, que le débat fut relancé. Valéry Giscard d'Estaing avait affirmé avoir versé à la Croix-Rouge centrafricaine l'essentiel du produit de la vente des diamants. Les journalistes du *Canard* contactèrent la présidente de cet organisme qui, par télégramme et par téléphone, démentit avoir reçu ce don ; aucune trace d'un quelconque versement de la présidence n'était d'ailleurs enregistrée dans les archives de la Croix-Rouge dans les années antérieures. En fait, un versement avait bien été effectué, le 4 février, mais au nouveau chef de l'État centrafricain, David Dacko, à charge pour lui de le reverser à la Croix-Rouge, ce qu'il n'avait pas fait. Le montant en était d'ailleurs très faible : quarante mille francs.

Enfin, dernière ramification de cette affaire touffue, le procès intenté au *Canard* par les cousins de Valéry Giscard d'Estaing. Dans son article du 10 octobre 1979, Claude Angéli avait mis en cause François et Jacques Giscard d'Estaing, bénéficiaires tout comme Valéry de la manne centrafricaine. Si Jacques Giscard d'Estaing, en tant que directeur financier du Commissariat à l'Énergie atomique, avait joué un rôle assez effacé, François Giscard d'Estaing, nommé « Commandeur de l'ordre de l'opération Bokassa » et fait citoyen centrafricain, avait été très impliqué dans les affaires du Centrafrique. Cet ancien directeur de la Banque centrale des États d'Afrique équatoriale et du Cameroun était depuis 1970 directeur de la Banque française du Commerce extérieur et administrateur de nombreuses sociétés ayant des intérêts en Afrique. En tant que tel, il aurait été chargé de régler une partie des frais du sacre de décembre 1977 ; « voilà qui méritait bien un joli paquet de diamants », ajoutait le journaliste.

Les deux cousins attaquèrent *Le Canard enchaîné* en justice pour diffamation, contestant et la réalité des dons et le lien établi par le journal entre ces dons et les services rendus à l'ex-empereur. L'affaire vint à l'audience de la première chambre civile du tribunal de grande instance de Paris le 5 mars 1980. Défendus par Roland Dumas, Roger Fressoz et Claude Angéli rejetèrent les accusations de diffamation et s'étonnèrent de se voir poursuivis devant un tribunal civil ; comme Jacques Foccart, les cousins Giscard d'Estaing semblaient soucieux, dirent les responsables du *Canard*, d'éviter le débat public. « C'est Valéry Giscard d'Estaing qu'on cherche à atteindre à travers ses cousins », affirma Me Angelo Boccara, leur avocat ; « Par cousins interposés, c'est Valéry Giscard d'Estaing qui cherche noise au *Canard* », répliqua Roger Fressoz. D'abord fixée à deux cent mille francs, la demande de dommages et intérêts fut ramenée à un franc, François et Jacques Giscard d'Estaing prétendant qu'il leur serait « désagréable » de recevoir de l'argent du *Canard enchaîné*. Le journal publia un compte-rendu des débats tout à son avantage, où les lapsus du bâtonnier – appelant l'avocat des Giscard d'Estaing « Me Bokassa » – succédaient à l'aveu par les cousins de « bêtises », selon leurs propres termes (la décoration et la naturalisation de François) ; aveu, affirma Roland Dumas, qui n'aurait pas eu lieu sans les pièces que le journal avait versées au dossier, le certificat de décoration et le décret de naturalisation. Tous ces éléments ne convainquirent qu'à moitié le tribunal, qui fit droit à François mais débouta Jacques Giscard d'Estaing le 16 avril 1980. Celui-ci fit appel et le 23 décembre 1980, le *Canard* fut condamné à payer un franc de dommages et intérêts à chacun des deux plaignants, à publier l'intégralité de l'arrêt dans ses colonnes et des extraits dans six journaux. La famille Giscard d'Estaing avait gagné cette manche.

L'affrontement entre le Président et les journalistes du *Canard* ne connut pas de trêve dans les dernières années du septennat de Valéry Giscard d'Estaing. Les affaires Boulin, de Broglie, Bokassa étaient contemporaines et un même numéro, parfois une même page les rassemblait, produisant un effet cumulatif dévastateur. D'autant que d'autres affaires, de moindre ampleur, firent également les gros titres de l'hebdomadaire satirique : le vote des Français à l'étranger – une autre de ces affaires qui auraient dû aboutir à un « Watergate à la française », selon Jacques Fauvet et Claude

Angéli[736] –, les comptes douteux du ministère du Tourisme, les opérations boursières d'Anne-Aymone Giscard d'Estaing, parmi d'autres. En retour, le *Canard* était attaqué en justice – dans l'affaire Bokassa, dans l'affaire de la publication de la feuille d'impôt du Président – ou soumis à des contrôles fiscaux à répétition[737]. De part et d'autre, on criait à la machination politique. L'acharnement du *Canard enchaîné*, selon l'Élysée, ne pouvait se comprendre qu'en référence à un projet politiquement orchestré de déstabilisation du pouvoir à l'approche de l'élection présidentielle.

Qu'il y ait eu, de la part des journalistes du *Canard enchaîné*, une volonté de nuire politiquement à Valéry Giscard d'Estaing ne fait pas de doute ; ils ne s'en cachaient d'ailleurs pas, pas plus qu'ils ne cachaient le mépris que leur inspirait le chef de l'État. Qu'ils aient organisé leurs campagnes de presse dans le but de leur donner le maximum d'impact dans l'opinion relève également de l'évidence. Cependant, l'examen du calendrier de la campagne de presse révèle tout autant le souci de ne pas laisser à Valéry Giscard d'Estaing la possibilité de reprendre pied : distiller les documents ; en garder toujours en réserve pour pouvoir briser les contre-attaques de l'adversaire, relancer l'intérêt du public ou alimenter un procès ; désamorcer à l'avance les interventions publiques du chef de l'État, les contredire immédiatement après qu'elles ont eu lieu ; au besoin bluffer, laisser planer le doute sur ce que le journal sait on peut produire comme preuve, tout cela constituait une stratégie médiatique ou, plus simplement, une bonne gestion du scandale.

Mais les partisans de Valéry Giscard d'Estaing visaient autre chose en parlant de complot politico-médiatique ; ils suggéraient ou affirmaient l'existence d'une articulation concrète entre *Le Canard enchaîné* et des forces politiques engagées dans la compétition électorale. Le journal, par la plume de son directeur, repoussa toujours ces accusations. « Le *Canard* est un journal libre et indépendant qui fait son métier de journal, qui remplit son devoir d'informer. Il n'a que faire de participer à des conjurations d'officine, du type de celles qui s'ourdissent parfois dans les arrière-cuisines de l'Élysée », écrivit ainsi Roger Fressoz le 18 mars 1981. Il n'en reste pas moins que des liens existaient bel et bien entre le *Canard* et le parti socialiste, et pas seulement sur le plan des idées. Roland Dumas paraît avoir joué un rôle-charnière, notamment dans l'affaire de Broglie. À cette occasion, selon le témoignage de Georges Marion, « une cellule fut constituée autour de François Mitterrand pour examiner le meilleur parti que l'on pouvait en tirer. Les informations du *Canard* passaient à Mitterrand *via* Dumas, qui était le défenseur du journal ». Le journaliste réfute cependant le terme de complot : « Ce n'était pas un complot, dans la mesure où l'affaire ne fut pas créée dans une intention politique ; il y eut d'abord l'affaire et ensuite l'exploitation[738]. » Roland Dumas, proche conseiller de François Mitterrand, fut l'avocat de Guy Simoné dans l'affaire de Broglie et de Roger Delpey dans l'affaire Bokassa ; rappelons qu'il fut aussi l'avocat du *Canard* pour toutes les autres grandes affaires des années 1970[739]. Si l'on ne peut donc pas parler de complot, relevons au moins, lors de l'affaire de Broglie, la concordance et peut-être la confusion des intérêts. Dans d'autres affaires, au contraire – comme celle des diamants de Bokassa –, l'opposition se montra d'une relative discrétion.

Il est à noter qu'aucune de ces affaires n'entraîna directement la démission d'un ministre ou du président de la République. Parce que la presse française n'agit pas de concert en ce sens et manqua généralement de pugnacité, parce que l'opposition n'utilisa pas toutes les armes que lui fournit la presse d'investigation, parce qu'enfin les procédures de mise en accusation voire de destitution des hauts responsables politiques n'ont jamais existé ou fonctionné de manière satisfaisante en France, *Le Canard enchaîné* voulut substituer à ces mécanismes de contrôle défaillants le tribunal de l'opinion.

IV

SUCCÈS ET MUTATIONS DU *CANARD ENCHAÎNÉ*

Tirages, diffusion, résultats économiques

Tirages et diffusion

Roger Fressoz écrivait dans *Le Canard enchaîné* du 6 février 1980:

> « Que nos lecteurs nous pardonnent de donner tant de place à nos démêlés judiciaires. Notre histoire n'est-elle pas palpitante comme un roman vraiment policier et édifiante comme une leçon de morale vraiment giscardienne ? »

En fait, loin de refuser la « criminalisation » et la « judiciarisation » du contenu du *Canard*, ses lecteurs l'encouragèrent en achetant massivement le journal[740]. Que l'on considère seulement les tirages des années 1970: entre 1972 et 1981, au moins quatre des dix tirages records s'expliquent très probablement par des révélations sur les grandes affaires. L'affaire Aranda pour le numéro du 27 septembre 1972, l'affaire des micros le 19 décembre 1973, l'affaire des diamants le 5 décembre 1979 et le 17 septembre 1980. L'écart entre le tirage de ces quatre numéros et le tirage hebdomadaire moyen fut d'au moins 40 % ; il s'éleva à 115 % (tirage plus que doublé) pour le numéro paru quinze jours après la révélation du scandale des micros installés dans l'immeuble du *Canard enchaîné*.

L'établissement des tirages records nous apporte d'autres enseignements, qui débordent d'ailleurs le cadre des années 1970. Il permet de proposer quelques hypothèses sur les causes qui font se tourner vers le *Canard*, momentanément, un surcroît de lecteurs. Ces lecteurs occasionnels cherchent dans le *Canard enchaîné* des informations sur :

1) Des événements imprévisibles particulièrement importants, tels que ceux de Mai 68. On lit alors davantage le *Canard enchaîné* comme on lit davantage d'autres journaux, y compris d'une sensibilité politique opposée à la sienne, pour en savoir plus sur des événements qui marquent la vie du pays. Ce type de cause est donc général mais la nature particulière du *Canard* est déjà prise en compte : il s'agit toujours d'événements de politique intérieure ; on ne se jette pas sur le *Canard* pour apprendre des choses sur la guerre des Six Jours ou l'alunissage de Neil Armstrong.

2) Les consultations électorales. Là encore, il existe un intérêt indifférencié (la plupart des journaux d'information générale bénéficient de l'engouement) mais aussi un usage spécifique du *Canard*. Les lecteurs occasionnels attendent de ce journal moins un panorama complet de la situation politique, avant et après l'élection, que des indiscrétions, un commentaire sur l'actualité, la recension des petites phrases des uns, des manœuvres des autres. À noter que tous les types de consultation « fonctionnent », des élections municipales à l'élection présidentielle.

3) Les affaires. *Le Canard enchaîné* est cette fois presque seul, dans les années 1970, à drainer des dizaines de milliers de lecteurs supplémentaires sur la foi de ses révélations.

4) Des événements liés à la vie du journal et qui, par définition, lui sont propres. Ainsi des numéros anniversaires. Ceux qui achètent le *Canard* à cette occasion le font par curiosité ou sympathie pour le journal.

Si l'on élargit un peu le champ de vision, on s'aperçoit que les années 1970 furent des années fastes pour *Le Canard enchaîné*[741]. Le tirage hebdomadaire moyen ne descendit jamais en dessous de la barre des 400 000 exemplaires franchie en 1969 ; à partir de 1974, il fut presque toujours supérieur à 500 000 exemplaires, pour atteindre un pic en 1981 avec 730 000 exemplaires tirés en moyenne hebdomadaire, une diffusion (vente directe et abonnements) proche des 560 000 exemplaires[742] ; c'est le 20 mai 1981 que le plus fort tirage historique du journal fut réalisé avec 1 229 574 exemplaires[743].

Résultats économiques

« Cette feuille ragoteuse et comploteuse [...] devient donc aujourd'hui l'entreprise la plus florissante de France », se lamentait en 1980 Louis Pauwels, que le *Canard* n'avait pas ménagé au cours des années précédentes[744]. De fait, les excellents résultats de la diffusion se traduisirent par une santé financière éclatante[745]. Les tableaux et les graphiques établis à partir des bilans et comptes d'exploitation du *Canard enchaîné* montrent qu'après le décollage économique de la fin des années 1950, un *boom* se produisit à la fin des années 1960 : le chiffre d'affaires – qui, dans le cas du *Canard enchaîné*, est la traduction directe des ventes – passa d'un peu moins de 40 millions de francs (environ 42 millions d'euros 2004) à près de 50 millions en 1968 et 63,7 millions en 1969, soit, en deux ans, une hausse de près de 60 %. Il marqua le pas pendant les deux années qui suivirent puis repartit à la hausse, atteignant un premier pic en 1974 (83,5 millions) et un second en 1981 avec 155 millions de francs (près de 50 millions d'euros 2004). La tendance générale à la hausse est donc nette, que ne remettent en cause ni les variations d'une année sur l'autre ni les phases courtes de baisse de 1969 à 1971 et de 1974 à 1978 – ni, surtout, l'inflation.

Les autres indicateurs connurent des évolutions comparables : les actifs passèrent de moins de 12,5 millions en 1967 (environ 13,5 millions d'euros déflatés 2004) à plus de 23 en 1968 et à 31 millions en 1969, soit une hausse de 150 %. La barre des 40 millions fut franchie en 1973, celle des 50 en 1977 ; l'année 1981 fut là aussi un record avec plus de 75 millions de francs inscrits à l'actif (23,8 millions d'euros 2004). Les capitaux propres – les fonds d'origine interne – se montaient à moins de 6 millions en 1967, à près de 9 millions en 1968, à plus de 15 millions en 1969 (plus 169 %) ; ils connurent ensuite une hausse continue (excepté l'année 1980) pour atteindre près de 56 millions de francs en 1981 (17,7 millions d'euros 2004). Le résultat net, enfin – ce dont dispose l'entreprise à la fin de chaque exercice, après avoir acquitté l'impôt sur le bénéfice –, qui n'atteignait pas 200 000 francs en 1967 était déjà de près de 4 millions en 1969 (une multiplication par vingt) et frôla les 11 millions en 1981 (3,5 millions d'euros 2004).

Tous les chiffres concordent pour donner l'image d'un journal qui ne se contentait plus de la *modeste aisance* des années 1960 mais connaissait désormais l'opulence. Les données manquent, malheureusement, pour en connaître la traduction salariale : on voit bien que le volume des salaires et charges sociales augmente dans les années 1970 (plus 80 % en volume entre 1967 et 1981) mais, outre que la part de ce compte dans l'ensemble des charges n'augmente pas (après le pic à 60 % de 1965, cette part est retombée aux alentours de 50 %, ce qui reste cependant élevé au regard des normes de la presse française), on ignore l'incidence des primes et celle des recrutements, tant des permanents que des pigistes ; si les collaborateurs du *Canard enchaîné*, tous statuts confondus, ont eu plutôt tendance à augmenter en nombre, la stabilité de la part des salaires et charges indiquerait une certaine modération salariale.

Tout semble indiquer que cette modération s'exerçait à partir d'un niveau acquis élevé. « Les salaires sont pour tous dans une très bonne moyenne de la presse », consentait à révéler Roger Fressoz en 1972[746] ; « Ses collaborateurs sont parmi les mieux payés de la presse française, écrivait Jean-Paul Kauffmann en 1979, en plus de quinze mois de salaire, les collaborateurs du journal reçoivent deux fois dans l'année une gratification distribuée en fonction des bénéfices que fait le journal. Cette prime [...] peut atteindre un mois de salaire[747] » ; Hubert Chavelet déduisait en 1980 que le coût moyen annuel d'un salarié du *Canard* s'élevait à 205 133 francs[748]. Un document tiré des archives du *Canard enchaîné* permet d'être plus précis : en 1980, le salaire moyen mensuel brut du directeur du *Canard enchaîné* était de 137 696 francs (23 623 euros 2004), celui d'un rédacteur en chef de plus de 127 000 francs, d'un rédacteur avec trente ans d'ancienneté de plus de 50 000 francs, d'un rédacteur récemment embauché d'environ 20 000 francs ; les émoluments des dessinateurs permanents du journal allaient de près de 20 000 à plus de 100 000 francs mensuels[749] ; enfin la situation du personnel administratif était également très enviable[750]. La moyenne de la rédaction (trente-neuf personnes[751]), se situait à 48 534 francs (8 326 euros 2004), celle du personnel administratif (dix-sept personnes[752]) à 22 337 francs (3 832 euros 2004).

L'ampleur du succès du *Canard enchaîné* et le niveau de rémunération de ses collaborateurs constituaient deux originalités dans le paysage de la presse française des années 1970. Il en était d'autres, sous le triple rapport des recettes, des dépenses et de l'utilisation des bénéfices dégagés. Si l'on considère d'abord les recettes ou produits, on s'aperçoit que la part due à l'exploitation, c'est-à-dire à l'activité proprement industrielle et commerciale de l'entreprise, est constituée en quasi-totalité par la vente du journal. Autrement dit, l'entreprise se concentre sur sa seule activité éditoriale. Les tentatives de diversification ont été rares et ont toujours concerné l'édition de presse : le *Dico Canard*, qui prit en 1973 la suite du

Dictionnaire Canard, vendu une fois l'an et dont les rentrées n'ont, semble-t-il[753], jamais représenté une part significative du total des produits, fut relayé au tout début des années 1980 par le trimestriel *Les Dossiers du Canard*[754]. Deuxième enseignement, le résultat financier commence à prendre une importance non négligeable durant cette décennie : auparavant il avait pu, à l'occasion d'années où le résultat d'exploitation était réduit à presque rien, représenter la majorité du résultat courant avant impôt (1967 est le seul exemple) mais ce qui est nouveau, à partir de 1976, c'est qu'il constitue régulièrement un tiers, voire la moitié du résultat courant alors que le résultat d'exploitation est lui-même considérable ; il devance même nettement ce dernier en 1978.

Les ressources proviennent donc essentiellement de la vente du journal et secondairement de placements financiers. Ils ne doivent toujours rien à la publicité et, tout aussi remarquable, rien à l'endettement : on ne trouvera au passif que des dettes à court terme. Le développement du journal repose entièrement sur ses fonds propres. Ces deux traits distinguent fortement *Le Canard enchaîné* du reste de la presse commerciale : on sait que la publicité représente une part variable mais souvent importante des budgets des quotidiens et périodiques français, de 10 % environ du chiffre d'affaires pour certains journaux confessionnels ou d'opinion à près de 80 % dans le cas du *Figaro* au début des années 1970. Dans le cas des *news magazines*, qui sont les concurrents directs du *Canard*, ce taux atteint ou dépasse fréquemment les 50 % (par exemple 63 % dans le cas de *L'Express* en 1981). Par ailleurs, la plupart des journaux ont recouru aux emprunts bancaires pour financer leur développement, sans parler de ceux qui ont accueilli des actionnaires extérieurs dans leur capital.

Ce que les collaborateurs du *Canard* appellent l'« indépendance » de leur journal est rendue possible par un certain nombre de conditions. Laissons pour l'instant de côté les explications « morales » traditionnellement avancées par les responsables du journal (la santé financière du journal est due à la fidélité des lecteurs, elle-même obtenue par la vertu d'indépendance, en particulier financière), qui sont certainement en grande partie valides. Nous voudrions plutôt insister ici sur le faible niveau général des frais : contrairement aux *newsmagazines*, *Le Canard enchaîné* emploie un papier bon marché, semblable à celui des quotidiens et qui permet l'usage de rotatives ; la pagination est réduite et le journal non broché ; son équipe rédactionnelle et administrative est de petite taille ; il n'entretient pas de correspondants à l'étranger. Ses dépenses sont donc réduites au minimum.

La différence entre les produits et les charges forme des résultats régulièrement positifs qui permettent au *Canard enchaîné* de s'autofinancer. L'examen de la répartition des bénéfices (du résultat net) est instructive : faute d'actionnaires à rétribuer ou d'investissements industriels à supporter, l'essentiel des sommes dégagées va grossir les réserves statutaires après un passage par le compte « reports à nouveau ». D'où l'importance des capitaux propres (qui représentent plus de 60 % du chiffre d'affaires en 1981) et le niveau très élevé des liquidités. « Je connais peu d'entreprises qui pourraient supporter une telle masse de liquidités » nous a confié M. Droumaguet, commissaire aux comptes du *Canard enchaîné* depuis près de trente ans[755]. L'achat des locaux du 173, rue Saint-Honoré constitua la seule grande dépense des années 1970.

D'autres propositions d'investissement ont bien été formulées : au début des années 1970, l'administrateur André Sauger avait formé le projet d'acquérir une imprimerie, rue Cadet ; mais l'émissaire du *Canard* envoyé sur les lieux pour inspecter les installations était revenu effrayé par l'ampleur des travaux à réaliser. Son successeur, André Escaro, avait pensé acheter des forêts puis y avait renoncé. Le commissaire aux comptes avait proposé quant à lui d'acheter un nouveau siège social avenue de l'Opéra ; selon son témoignage, les responsables du journal ne montrèrent pas une réelle volonté d'aboutir, de peur de se livrer à des « dépenses somptuaires ».

De là les primes et les salaires élevés, de là les réserves sans cesse accrues et qui permettaient déjà au *Canard enchaîné* du début des années 1980 d'envisager de survivre à une cessation complète d'activité pendant plusieurs années ; de là encore les placements financiers sur des Bons du Trésor et des dépôts à terme, placements de père de famille qui donnaient au journal la possibilité de percevoir des rentes sans compromettre son éthique antispéculative[756]. Ces rentes allaient lui servir à amortir le choc de l'après-1981.

Une modernisation

Quelques changements de taille intervinrent dans la deuxième moitié des années 1970 et surtout au tout début des années 1980. Nous n'évoquerons que pour mémoire le début de l'informatisation[757] ou certaines améliorations de portée locale, comme le recours à l'avion pour les destinations les plus lointaines ; elles permirent quand même aux lecteurs de la Côte d'Azur, par exemple, de trouver leur hebdomadaire le mercredi matin et non plus le jeudi. La nomination, en 1977, d'un véritable responsable des ventes en la personne de Robert Loy est déjà plus intéressante, en ce qu'elle indique une attention nouvelle aux conditions de distribution du *Canard enchaîné.*

Les plus grandes innovations portèrent sur l'impression du journal. Durant toute son histoire, *Le Canard enchaîné* avait été tiré par des imprimeries parisiennes. Celle de *L'Œuvre* pendant l'entre-deux-guerres, celle du *Herald Tribune* puis du *Parisien libéré* après la guerre, les Imprimeries parisiennes réunies à partir des années 1960, enfin les Imprimeries Richelieu – l'imprimerie de *L'Aurore* – jusqu'en mars 1980. La direction du *Canard enchaîné,* nous l'avons dit, n'avait jamais voulu posséder sa propre imprimerie, préférant louer le personnel et les installations d'imprimeries dont, un jour par semaine, elle réclamait l'usage presque exclusif. Le caractère très particulier de la publication, l'urgence dans laquelle les numéros étaient bouclés rendaient les gens du *Canard* très exigeants; en retour, ils témoignaient à l'imprimerie dont ils louaient les services une fidélité que seule la défaillance de celle-ci pouvait rompre. Ce fut encore le cas en 1977 pour le passage des Imprimeries parisiennes réunies aux Imprimeries Richelieu, les premières ayant dû cesser leur activité à la suite du retrait d'un certain nombre de leurs plus gros clients.

Ce qui changea d'abord fut la déconcentration de l'impression. À partir de 1977, le journal fut imprimé en même temps qu'à Paris par des imprimeries de province, ce qui permit de raccourcir considérablement les délais d'acheminement. De la composition au plomb sortait une épreuve et, à partir de cette épreuve, un tirage était effectué en offset. Les films obtenus, négatifs et positifs, étaient ensuite répartis entre l'imprimerie parisienne – après mars 1980 la société Presse-Impression-Offset, boulevard Ney, l'imprimerie du *Matin de Paris* – et les *Messageries*: à la première les négatifs, aux secondes les positifs ou bromures. Pendant que l'imprimerie parisienne commençait à tirer, les Messageries envoyaient par câble téléphonique vers les imprimeries de province les signaux résultant de la compression des données par lecteur laser. Ces imprimeries décompressaient les signaux, récupéraient le film négatif qui servait à imprimer le journal. Au début des années 1980, *Le Canard enchaîné* était imprimé simultanément à Paris, Lyon, Marseille, Toulouse et Nantes; à cette date, tous les points de vente proposaient le *Canard* le mercredi matin, en même temps que les quotidiens.

Ce qui changea ensuite fut la renonciation progressive du *Canard enchaîné* à la composition au plomb. *Le Canard enchaîné* fut l'un des derniers journaux nationaux à utiliser la composition chaude[758]. Le goût pour l'ambiance sonore et odorante de l'imprimerie, l'attachement aux plus anciennes traditions de la presse, les bons rapports établis avec les ouvriers, une certaine hésitation en face de l'innovation inclinaient à ce conservatisme industriel et sentimental. C'est pour rester fidèle à la composition au plomb et à son format que le *Canard enchaîné*, au printemps 1980, partit des Imprimeries Richelieu en instance de déménagement et de modernisation des ateliers[759]. Mais le *Canard* ne pouvait échapper à l'évolution générale ; la photocomposition avait vaincu le plomb et le journal s'y rallia progressivement.

Pendant quelques années, il adopta une composition mixte. Dans un premier temps, l'intégralité de la composition continua d'être faite au plomb – par la société Typo-Élysées devenue Publications-Élysée –, puis, page après page, la composition au plomb recula au profit de la photocomposition, le montage étant, lui, toujours réalisé à la main[760]. L'abandon de la composition au plomb marqua la fin d'une époque, pour la presse en général, pour *Le Canard enchaîné* en particulier. Tous ceux qui l'ont connu regrettent le « marbre », « point chaud et névralgique d'un journal, réseau de veines battant d'un pouls désordonné et puissant ; l'arythmie était chronique, la fièvre montait à l'approche de la « tombée » et c'est nerveusement épuisés que tous, typographes, linotypistes, clicheurs, plombiers, rédacteurs, dessinateurs, réviseurs, correcteurs, entamaient leur convalescence en examinant le nouveau-né. D'Albert Camus au jeune stagiaire, les plus grands et les plus humbles se sont frottés à l'éphémère et solide fraternité du marbre, aspirant à pleines goulées son odeur d'encre, de sueur, de papier et de plomb[761]. »

Les lecteurs du Canard enchaîné

Les sources permettant d'étudier le lectorat du *Canard enchaîné* sont moins rares pour les années 1970 que pour les décennies précédentes. Une enquête de la SOFRES fut réalisée en 1982[762]. Elle nous permet d'abord de constater que les chiffres de l'audience sont bien supérieurs à ceux de la diffusion ; un numéro acheté par une personne est lu par plusieurs. Le nombre de lecteurs en 1982 s'élève à 2 429 000 personnes pour une diffusion de 440 000 exemplaires, un numéro acheté est donc lu par cinq à six personnes. Le taux de pénétration – c'est-à-dire la proportion de Français affirmant lire *Le Canard enchaîné* – était alors de 6,2 %[763].

Le lecteur-type du *Canard enchaîné* est un homme (61 % des lecteurs), entre 35 et 49 ans (28,4 %)[764], habitant la province (65,8 %) dans une agglomération de plus de 100 000 habitants (30,9 %) située au sud de la France (34 %). La catégorie socioprofessionnelle la mieux représentée est celle des inactifs (34,1 %) mais elle regroupe des populations variées: étudiants et écoliers (11,5 %), ménagères, retraités, sans profession (22,6 %). Les catégories socioprofessionnelles aux contours mieux définis qui rassemblent la majorité des lecteurs du *Canard enchaîné* sont les cadres moyens (18,3 %), les cadres supérieurs (14,8 %) et les employés (13,7 %). Les diplômés du secondaire (25,9 %) et surtout du supérieur (34,5 %) sont majoritaires.

Si l'on compare ces données à celles du *Monde*, lequel est le grand quotidien partenaire à cette époque, on s'aperçoit que le caractère masculin du lectorat y est moins prononcé (56 %), la proportion de jeunes supérieure (27 % du lectorat du *Monde* a entre 15 et 24 ans en 1981, pour à peine 17 % au *Canard*), celle des cadres supérieurs et diplômés du supérieur plus forte (respectivement 38,7 % et 59 %)[765]. Les lectorats des deux journaux, quoique proches, ne se recoupent donc que partiellement.

L'étude de la SOFRES donne également des renseignements sur les habitudes de lecture. Parmi les personnes interrogées qui ont lu le *Canard* dans l'année écoulée, près de la moitié ne le lisent que très irrégulièrement, cinq à six fois par an pour 24,5 % des lecteurs, moins souvent encore pour 25 % de la population considérée; 20 % des lecteurs ne le lisent qu'une fois par mois. Finalement, la proportion des lecteurs assidus, ceux qui déclarent lire le *Canard* toutes les semaines, ne se monte guère qu'à 17,6 % de l'ensemble des lecteurs de l'hebdomadaire satirique. Les caractéristiques de ce noyau de fidèles accentuent ou décalent légèrement les traits que nous avions notés : les hommes y sont encore plus majoritaires (72 %), les 35 à 49 ans forment un tiers de l'ensemble (30,5 %), les cadres supérieurs viennent en tête (27,3 %), suivis des cadres moyens (24,9 %), enfin près de 41 % des lecteurs réguliers habitent la région parisienne.

Outre l'enquête de la SOFRES, nous disposons pour connaître le lectorat du *Canard* des résultats de l'inspection des ventes dans les villes françaises de 1969 à 1977[766]. Ces enquêtes avaient pour principal objectif de mieux connaître les besoins des dépositaires pour « régler » au mieux les approvisionnements. Jusqu'aux années 1970 comprises, le réglage recourut à des méthodes que l'ancienne inspectrice des ventes du *Canard enchaîné*, Paco Fuzier, a qualifié elle-même d'« impressionnistes » : quand elle n'effectuait pas de visite sur le terrain, elle téléphonait aux dépositaires de quelques villes pour se rendre compte de la situation ; parfois, elle leur téléphonait avant la sortie de tel numéro quand elle savait par Claude Angéli qu'il contiendrait un article susceptible de faire monter localement les ventes[767]. Elle avait aussi la ressource de s'informer auprès des NMPP du tirage et des taux d'invendus (de « bouillonnage ») des autres journaux. Dans ses comptes-rendus de visite, elle déplore souvent la sérénité avec laquelle les dépositaires accueillent un bouillonnage élevé pour le *Canard* ; des taux d'invendus supérieurs à 30 % ne leur paraissent pas exagérés, habitués qu'ils sont à ce que certains quotidiens et périodiques avoisinent les 50 % d'invendus. Mais ces publications dépendent autant sinon davantage de la publicité que de leurs lecteurs ; l'important pour eux est de réaliser de forts tirages pour justifier leurs tarifs publicitaires. *Le Canard enchaîné* doit au contraire veiller à restreindre ses invendus, le chiffre de 22-23 % de bouillonnage traçant une limite qu'il est préférable de ne pas dépasser[768].

Ces documents permettent une analyse fine des différences de lecture, en les mettant en rapport avec les particularités culturelles locales. Ils constituent par ailleurs une mine d'informations sur les caractéristiques socio-politiques des villes visitées. Pour chacune Paco Fuzier indique le nombre d'habitants, d'acheteurs par habitants, la vente moyenne mensuelle sur l'année écoulée, elle donne des éléments de comparaison avec d'autres titres (surtout le grand rival de l'époque, *Minute*) ; mais elle esquisse aussi une sorte de portrait de la population, décrivant ses préoccupations, ses attentes, suggérant quelques explications pour le succès ou l'échec de tel numéro. Ses informations proviennent des dépositaires, dont elle rapporte l'état d'esprit et les observations sur la clientèle. Nous avons synthétisé et complété plusieurs de ses tableaux récapitulatifs du milieu des années 1970.

Une comparaison entre les deux tableaux de la vente par agglomération[769] et de la vente par département produit un premier enseignement : la proportion de lecteurs du *Canard enchaîné* – ou, si l'on préfère, le rapport entre le nombre d'acheteurs et la population totale – est globalement plus élevée quand on prend pour cadre de référence l'agglomération et non le département ; en moyenne, les urbains achètent le *Canard* davantage que les ruraux. Les chiffres de vente par agglomération viennent nuancer ce que nous avancions à propos de la taille des agglomérations où l'on rencontrait le plus de lecteurs du *Canard* : certes, en valeur absolue, les villes de plus de 100 000 habitants regroupent la majorité relative par le simple fait qu'elles regroupent les plus grandes masses de population ; mais les plus fortes proportions d'acheteurs se trouvent dans des agglomérations de taille moyenne ou petite : sur les dix-huit agglomérations comptant un acheteur pour cent habitants ou moins, seules Cannes et Aix-en-Provence représentent les villes de 100 000 habitants ou plus ; les localités de 10 000 à 30 000 habitants sont majoritaires. Toutefois Paris et la région parisienne cumulent les plus fortes valeurs absolues, les plus fortes valeurs relatives et les plus faibles taux d'invendus.

La répartition géographique des densités d'achat par agglomération et par département est intéressante. Quatorze des dix-huit localités ayant une proportion d'acheteurs supérieure à un acheteur pour cent habitants sont situées sous la fameuse ligne Saint-Malo-Genève ; à l'inverse, dix-huit des vingt-quatre agglomérations présentant une proportion d'acheteurs inférieure à un acheteur pour deux cents habitants se trouvent au nord d'une ligne Caen-Mulhouse. Cette division nord-sud (nord-est sud-ouest, plutôt) est altérée mais non fondamentalement remise en cause par les chiffres des départements : le Nord et l'Est sont majoritairement réfractaires au *Canard enchaîné*, à l'inverse du Sud-Ouest et du Sud-Est ; mais les deux zones se mordent profondément l'une l'autre, la zone défavorable descendant largement au Centre-Ouest (départements de la Mayenne, du Maine-et-Loire, des Deux-Sèvres) et au sud du Massif central, tandis que la zone favorable monte jusqu'au Centre-Est (départements du Loiret, de l'Yonne, de la Côte-d'Or).

Les tentatives d'explication des différences géographiques dans l'achat du *Canard enchaîné* doivent adopter des échelles différentes et ne pas se réduire à l'examen d'un seul facteur. Au niveau le plus global, la concordance entre les grandes zones dégagées par la cartographie de l'achat et certains contrastes anciens de la géographie française est trop nette pour être le fruit du hasard. La coupure entre les deux France de part et d'autre de la ligne Saint-Malo-Genève est l'une des plus stables de l'espace français ; signalée par des statisticiens dès le début du XIXe siècle, elle était déjà perceptible vers la fin du XVIIe siècle[770]. Ce contraste est d'abord économique et démographique : le nord et l'est du territoire national concentrent richesse, population, grandes villes, activités industrielles. Est-ce à dire que l'achat du *Canard enchaîné* serait le fait de zones déprimées sur le plan économique et démographique ? Cette interprétation paraît imprudente, puisque le *Canard* est très en faveur dans des espaces riches en hommes, en villes et en produit intérieur, comme l'Île-de-France ou la Côte d'Azur. Mais ce contraste confirme une particularité du lectorat du *Canard enchaîné* que nous avions déjà notée quand nous avions analysé l'enquête SOFRES: la sous-représentation du lectorat ouvrier.

L'inspectrice des ventes du journal le note à plusieurs reprises: le *Canard* se vend mal dans les villes à forte population ouvrière. Ainsi en septembre-octobre 1973 à Dole (Jura): « Il nous faut constater que dans les villes où se trouve une importante partie de salariés de l'industrie, notre vente, comparativement au nombre d'habitants, est médiocre. » Ou à Briey (Meurthe-et-Moselle) en septembre-octobre 1974: « Il est bien évident que ce n'est pas chez les 30000 travailleurs que compte le Bassin que nous pouvons espérer avoir des lecteurs. »

Et l'on trouve des remarques semblables à l'occasion des visites à Saint-Dizier, en 1975, à Denain, à Longwy en 1976, où l'insuccès du *Canard* est mis sur le compte du « manque d'humour » de la population, lui-même corrélé aux « fumées oppressantes » et aux « bruits assourdissants des hauts fourneaux ». Nous dirons plus prudemment que le monde ouvrier, considéré dans son ensemble, ne se retrouve guère dans l'univers culturel du *Canard enchaîné*; il est fort possible également que des motifs d'ordre plus directement politique s'y mêlent, l'hostilité affichée par le journal à l'égard du parti communiste ayant pu rebuter les sympathisants que compte ce parti dans les rangs ouvriers.

Le facteur éducation semble pourtant jouer un rôle plus décisif. Les jeux de mots, les allusions, les références littéraires et historiques du *Canard enchaîné* demandent, pour être goûtés, un niveau d'instruction relativement élevé. Or la population ouvrière se caractérise justement par un faible niveau d'instruction, surtout lorsqu'y entre une forte composante étrangère – c'est ce que note Paco Fuzier en mars 1971 à Calais et à Dunkerque; c'est ainsi également qu'elle explique les chiffres contrastés de Caen et du Havre: les grosses unités de production du Havre, qui emploient une main-d'œuvre souvent peu qualifiée et d'origine étrangère, fournissent moins d'acheteurs que le tissu serré de petites et moyennes entreprises de Caen.

> « Ce qui manque ici, dit l'inspectrice du *Canard* en décembre 1971 après sa visite au Havre, c'est une élite ouvrière, des cadres, des professeurs et des étudiants. En fait : l'essentiel de ce qui est notre clientèle habituelle. Il ne faut donc pas s'étonner de la faiblesse de notre chiffre de vente, dans cette grande agglomération[771]. »

L'importance de ce lectorat aux revenus et diplômes supérieurs à la moyenne est maintes fois soulignée : dans les villes minières ou industrielles, il fournit la grande majorité des lecteurs ; il distingue des autres les villes à forte population étudiante, enseignante et « cadre supérieur ». Ainsi s'expliquent les bons scores réalisés par le sud et surtout le sud-est de la France, mieux pourvus que le reste de la France en diplômés de l'enseignement supérieur : Grenoble (un acheteur pour 72 habitants en 1973), Aix-en-Provence, Montpellier figurent parmi les villes où le *Canard enchaîné* compte le plus d'acheteurs par habitants. Mais c'est dans toutes les villes universitaires, Dijon, Poitiers, Lille, que la population étudiante fournit d'importants contingents de lecteurs. On s'en aperçoit surtout à l'occasion des vacances universitaires : en juillet et août, les ventes baissent dans ces villes de 20 à 30 % selon l'importance relative de la population étudiante (qui n'est toutefois pas la seule responsable de cette baisse).

Ces variations saisonnières constituent d'ailleurs une dimension essentielle de la question du lectorat du *Canard enchaîné*. La comparaison des moyennes mensuelles de quatre années met en évidence le « creux » des mois d'été, du mois d'août surtout[772]. Trois cas de figure existent : les villes qui connaissent une forte baisse de la vente durant les mois d'été (villes universitaires à tourisme peu développé, grandes villes à fort emploi secondaire et tertiaire, par exemple Lille ou Metz) ; les villes qui compensent la baisse de leur lectorat durant l'été par un afflux de touristes (villes universitaires du sud de la France, par exemple Montpellier ou Aix-en-Provence) ; les villes qui connaissent une forte hausse de la vente durant l'été (villes à tourisme très développé, par exemple les Sables-d'Olonne ou La Rochelle).

Des particularités locales ou régionales peuvent venir compliquer ce schéma : ainsi les vacanciers de La Ciotat achètent-ils moins *Le Canard enchaîné* que ceux de Saint-Raphaël (un acheteur pour 198 habitants dans le premier cas, un pour 74 dans le second) ; c'est que les premiers sont en bonne partie des ouvriers qui passent leurs vacances dans les centres de loisirs et les campings gérés par les syndicats, tandis que les seconds appartiennent majoritairement à la bourgeoisie moyenne ou aisée. On peut également faire l'hypothèse que les touristes attirés par l'est de la France sont, pour un nombre proportionnellement plus élevé que les touristes du sud, des étrangers qui n'achètent pas *Le Canard enchaîné*[773].

La forte proportion d'acheteurs dans des villes comme Mende, Périgueux ou Beauvais s'explique par l'importance relative des fonctionnaires dans la population. Employés de la fonction publique territoriale et des services publics, cadres administratifs et judiciaires gonflent les chiffres dans les préfectures et sous-préfectures, surtout quand on rapporte ceux-ci aux données souvent très faibles des campagnes environnantes. Mais toutes les administrations ne sont pas également propices : le *Canard* enregistre quelques-uns de ses plus mauvais scores dans les villes de garnison telles Lunéville ou Salon-de-Provence, qui goûtent peu son antimilitarisme traditionnel.

Le cas des villes de garnison est parmi les seuls exemples d'une corrélation directe établie entre sociologie locale, opinions politiques et chiffres de vente. De loin en loin, on en trouve également quelques traces sous la plume de Paco Fuzier, par exemple lors d'une visite effectuée à Lisieux en mai-juin 1975 : les chiffres de vente seraient faibles (un acheteur pour 216 habitants) en raison du poids des riches propriétaires ruraux catholiques. Cette interprétation sera d'ailleurs réutilisée un an plus tard pour rendre compte des faibles scores réalisés dans l'ensemble de la Basse-Normandie, l'attachement aux « traditions cléricales » intervenant comme principal facteur d'explication.

Ces exemples sont isolés; de fait, on peut difficilement superposer la carte générale des densités de vente du *Canard enchaîné* avec celles des « tempéraments religieux et politiques » établies pour l'une depuis la fin du XVIIIe siècle, pour l'autre depuis le milieu du XIXe [774]. Certes, la Basse-Normandie et les Pays-de-la-Loire, qui font partie de ce grand Ouest conservateur et pratiquant, lisent peu le *Canard*, de même que le sud-est du Massif central qui continuait d'afficher dans les années 1960-1970 les plus forts taux de pratique religieuse rurale[775] mais la majeure partie de la Bretagne, la Savoie et la Haute-Savoie échappent à ce schéma explicatif[776]. Le rapprochement avec les cartes électorales – par exemple celle des élections municipales de mars 1971 ou celle des législatives de mars 1973[777] – s'avère également décevant, du moins si l'on part de l'idée qu'une majorité de lecteurs du *Canard enchaîné* vote à gauche (une indication, soit dit en passant, qui manque cruellement dans l'enquête de la SOFRES) : la Bretagne a voté majoritairement pour la droite alors que le *Canard* y est beaucoup lu; de même pour la plus grande partie du sud-ouest[778] et du centre-est de la France. À l'inverse, le nord-est de la France a pu voter majoritairement à gauche lors des municipales de mars 1971 tout en lisant le *Canard* dans une proportion généralement inférieure à la moyenne nationale.

Quelques coïncidences troublantes subsistent néanmoins : celle, déjà signalée, du conservatisme politique et religieux de l'Ouest, plus précisément de la Manche à la Vendée, et du sud-est du Massif central avec quelques-unes des plus faibles proportions d'acheteurs par habitants; celles qui, à l'échelle d'un département, superposent également vote conservateur et désintérêt relatif pour le

Canard dans les départements du Morbihan, du Gers, de la Haute-Saône. Au contraire, le *Canard* réalise de bons scores dans des départements où la gauche est également bien implantée au début des années 1970, le Var, les Alpes-Maritimes, la Drôme, la Savoie, les Landes, les départements de l'Île-de-France... sans oublier le Territoire de Belfort.

Niveaux d'éducation, sociologie de l'emploi, types d'activité, traditions religieuses et politiques semblent donc les facteurs influant sur l'intérêt ou l'indifférence pour *Le Canard enchaîné*. Il faudrait en ajouter un autre, essentiel : l'organisation du système de distribution. Ainsi par exemple la stabilité des ventes dans le nord de la France – certes à un niveau assez faible – peut-elle en partie s'expliquer par la pratique très répandue du portage des journaux à domicile. Les données manquent à ce sujet mais dans les notes de Paco Fuzier affleure souvent cette question. Selon que le journal est présent en kiosque ou dans les librairies le mercredi ou le jeudi, voire le vendredi ; selon que les points de vente principaux sont ou non bien placés, à proximité d'une importante voie de communication, de la place du marché, de l'université, les chiffres de vente peuvent considérablement varier.

Le dynamisme du dépositaire central est encore un élément déterminant : passionné par son métier, tenant ses archives en ordre, ouvert aux innovations commerciales, attentif aux évolutions culturelles et politiques de sa zone de rayonnement, il fera son possible pour faire progresser la diffusion du *Canard*, surtout s'il lui est favorable ; simple vendeur de papier, routinier ou hostile au journal, sa force d'inertie sera un obstacle à la diffusion[779]. Une des grandes continuités de l'histoire du *Canard enchaîné* est le rôle imparti aux dépositaires : de Maurice Maréchal[780] à Roger Fressoz, le journal s'est toujours appuyé sur eux, de préférence au développement des abonnements. Ce choix n'est peut-être que l'envers d'une politique commerciale traditionnellement peu agressive, le journal répugnant à se livrer à la surenchère promotionnelle initiée par certains de ses concurrents. Sans remettre en cause ce choix, l'auteur d'un rapport interne de 1977 relevait significativement le « manque de présence commerciale » du *Canard enchaîné*[781] et faisait quelques recommandations « pour une véritable politique commerciale » :

> « 1) Pour conserver nos lecteurs fidèles, leur donner satisfaction et inciter leur abonnement, nous devons maintenir l'originalité du *Canard enchaîné*, son esprit et sa qualité ; veiller à ce que le journal arrive à destination dans les meilleurs délais et les meilleures conditions.
>
> 2) Pour attirer de nouveaux lecteurs, un seul moyen efficace : les actions de promotion visant une clientèle précise ou à l'occasion d'événements particuliers (cf. congrès de la FEN). Dans ce but : tenir un calendrier des manifestations à couvrir ; organiser périodiquement la distribution gratuite d'exemplaires bleuis dans les universités et les facultés. [...] ; ou faire appel à une autre forme de promotion qui atteint par *mailing* certaines professions et leur clientèle nombreuse : coiffeurs, médecins, dentistes etc.
>
> 3) Pour provoquer l'impulsion d'achat et conquérir les lecteurs occasionnels, il faut :
>
> – exploiter la présentation caractéristique du journal, c'est-à-dire son système de « bandeau » et « surbandeau ». Le succès d'un journal à sensation dépend en effet beaucoup de l'impact de ses titres et de leur valeur conjoncturelle.
>
> – établir une véritable concertation entre la rédaction et le service commercial afin d'exploiter tous les articles d'intérêt régional. Chaque fois que nos colonnes traitent d'une ville ou d'une personnalité locale et que nous avons le temps d'organiser une campagne ponctuelle d'affichage, nos ventes augmentent fortement dans la région concernée.

– susciter la collaboration des dépositaires et obtenir la meilleure exposition possible de notre journal le plus longtemps possible dans leurs présentoirs, grâce au contact humain, physique, direct. C'est ainsi que l'inspection des ventes doit être l'outil dynamique par lequel l'éditeur établit le dialogue avec les revendeurs et entretient son image de marque. Cette action peut se poursuivre par de petites attentions (stylos publicitaires, pâté de fin d'année, etc.). »

Il ne semble pas que ces recommandations aient été suivies sur le moment de beaucoup d'effets. A la fin des années 1970, les ventes du *Canard enchaîné* volaient de record en record et une politique commerciale plus agressive semblait inutile. Le changement de contexte du début des années 1980 obligera les dirigeants du journal à reconsidérer quelque peu leur position.

À partir de la fin des années 1960, *Le Canard enchaîné* prend une nouvelle dimension : le tirage, le chiffre d'affaires, les capitaux propres atteignent des niveaux records. De 1967 à 1981, le tirage et le chiffre d'affaires ont été multipliés par deux, les capitaux propres par dix. Ce succès, le *Canard* le droit à son équipe, considérablement étoffée au cours de la décennie ; il le doit également à une période riche en affaires aux conséquences parfois dramatiques qui ont attiré vers l'hebdomadaire satirique tout un public avide d'informations exclusives. Il est probable que la France des années 1970 n'était ni plus ni moins crapuleuse que celle des décennies antérieures mais *Le Canard enchaîné* a été à la pointe d'un nouveau journalisme, plus agressif, moins institutionnel, recourant à des méthodes inconnues jusqu'alors, en tout cas à cette échelle. Ce nouveau journalisme d'« investigation » a abaissé le seuil de tolérance à l'indélicatesse des puissants. En grande partie, le *Canard* n'a fait alors que poursuivre une évolution déjà entamée dans les années 1960 ; dès cette époque se trouvaient en effet réunis les principaux éléments déclencheurs, la concentration du pouvoir et le renforcement de l'exécutif d'un côté, de l'autre la concentration de journalistes possédant de nombreux contacts dans les milieux les plus divers et pouvant s'appuyer sur une structure indépendante des pouvoirs politique et économique. Mais ce qui a changé avec les années 1970, c'est le caractère impitoyable et presque personnel de la lutte engagée entre l'exécutif et les journalistes du *Canard*; ceux-ci recueillent de surcroît les fruits d'un travail de longue haleine destiné à imposer dans l'esprit du public, des confrères et du pouvoir la crédibilité du journal. Paradoxalement, c'est la « victoire de 1981 » qui viendra fragiliser ce capital de confiance patiemment constitué.

SEPTIÈME PARTIE

UN *CANARD* FIN DE SIÈCLE 1981-2000

Avec les années 1980 et 1990, nous abordons le passé le plus récent du *Canard enchaîné*; pour ainsi dire, nous sortons de l'histoire pour entrer dans l'actualité. Est-il nécessaire de dire que l'accès aux documents devient plus difficile, le recul par rapport aux événements insuffisant et le risque d'erreur presque déraisonnable ? Les journalistes dont nous allons parler travaillent encore au *Canard enchaîné*, les affaires dont il sera question n'ont pas toutes trouvé leur aboutissement politique ou judiciaire. On comprendra que nous ne puissions atteindre la précision des chapitres précédents tant en ce qui touche l'information que l'interprétation. Toutefois, l'intérêt d'une telle entreprise relativise les limites que nous venons de poser. La compréhension du temps présent ne peut que gagner à cette tentative de dégager des lignes de force dans le chaos des événements. Si le journaliste épure le réel en opérant des choix dans la complexité qui s'offre à son regard, l'historien qui vient après lui procède à une seconde simplification ou réduction au terme de laquelle le monde qui l'entoure devient cohérent et intelligible. Sans doute y a-t-il là une part d'illusion ; tout l'effort consistera à la rendre la plus étroite possible.

I

LE PREMIER SEPTENNAT DE FRANÇOIS MITTERRAND

Quatre années difficiles

Des résultats qui baissent

Nous avions quitté *Le Canard enchaîné*, à la fin du chapitre précédent, sur des cimes encore jamais atteintes par le journal. En 1981, le *Canard* tirait en moyenne à plus de 730 000 exemplaires chaque semaine. En 1985, il était descendu à un peu plus de 460 000 exemplaires, soit une chute de près de 37 %. Les ventes avaient suivi le même chemin : plus de 557 000 exemplaires en 1981, 347 000 en 1985. Tous les indicateurs partiels étaient au rouge : -23,5 % pour Paris et banlieue, -28,4 % pour l'étranger, -30,4 % pour la province ! Cette baisse avait été continue, de 1982 à 1985 ; pour ne regarder que les tirages, ceux-ci avaient baissé de 15 % en 1982, 12 % en 1983, 11,5 % en 1984 et encore de près de 4 % en 1985. Quant à la publication trimestrielle *Les Dossiers du Canard*, la diffusion chuta de 373 000 exemplaires en 1981 à 78 000 exemplaires en 1985[782].

Les résultats s'en ressentirent : de 1982 à 1985, pour la première fois depuis le début des années 1950, le journal enregistra une perte d'exploitation (la différence entre les produits et les charges de l'activité commerciale) : autour de un million de francs, avec un maximum de 1 847 200 francs en 1984. L'équilibre ne fut atteint que grâce aux produits financiers et à une cure d'austérité portant sur la masse salariale, le papier et les frais d'impression, ainsi qu'à des rentrées exceptionnelles telles que, selon les années, le remboursement des trop-perçus des Messageries ou des reprises anticipées de provisions[783].

Certes, ces difficultés doivent être relativisées[784]. Le niveau exceptionnellement élevé des ventes et des résultats atteint en 1981 s'expliquait par des circonstances elles-mêmes exceptionnelles. Un hebdomadaire politique et culturel dont le « creux de la vague » se situe aux alentours de 350 000 exemplaires n'est pas en réel danger, surtout s'il ne doit pas faire face à certains des frais fixes qu'affrontent la plupart de ses concurrents. Par ailleurs, l'année qui suit une élection présidentielle est toujours médiocre pour le *Canard* : l'intérêt du public pour la politique retombe, l'échéance suivante est trop lointaine pour retenir les lecteurs occasionnels.

Il n'en reste pas moins que la perte de 200 000 acheteurs (et beaucoup plus de lecteurs) en quatre ans fut durement ressentie au *Canard enchaîné*. L'explication qui fut avancée à l'époque est la suivante :

> « Le recul du tirage est dû en partie à la conjoncture molle, comme on dit, et en partie aussi à l'insatisfaction – momentanée, provisoire, on l'espère – d'une fraction de nos lecteurs. Certains de ceux-ci acceptent mal que nous publions des informations ou des appréciations défavorables ou peu agréables pour le gouvernement de la gauche. D'autres reconnaissent qu'il est dans la nature et la fonction du *Canard* de publier ces informations et ces appréciations mais, comme elles les peinent, ils préfèrent ne pas les lire. D'autres enfin, tout à l'opposé, nous reprochent d'être insuf-

fisamment critiques envers le pouvoir actuel. Le *Canard*, pour sa part, continuera sa tâche en toute indépendance avec le sens de ses responsabilités, conformément à ce qui est, depuis soixante-huit ans, sa raison d'être[785]. »

On le voit, c'est l'axe idéologique qui fut privilégié, aussi bien sur le moment que par la suite. De fait, le positionnement du *Canard enchaîné* par rapport au nouveau pouvoir fut à la fois ambigu et inconfortable. Il avait salué sa victoire, à laquelle il avait certainement contribué ; mais cette victoire comportait pour lui beaucoup d'inconvénients. Outre le tarissement des sources (qui ne doit pas être exagéré : le *Canard* n'avait jamais beaucoup compté sur l'opposition pour l'alimenter en informations ; c'est lui, bien plutôt, qui fournit à celle-ci des armes dont elle ne se servit d'ailleurs qu'avec la plus grande prudence), elle obligeait le journal à choisir entre sa vocation de journal d'opposition et ses affinités politiques. On retrouvait le schéma de 1936, quand le Front populaire parvint au pouvoir, et de 1954, quand Mendès France devint président du Conseil ; la grande différence est que l'expérience d'un gouvernement de gauche fut ici beaucoup plus durable et donc beaucoup plus embarrassante. Au reste, *Le Canard enchaîné* ne fut pas le seul à souffrir de la désaffection de ses lecteurs après mai 1981 : beaucoup de journaux plus ou moins marqués à gauche enregistrèrent une baisse de leurs ventes, à commencer par *Le Monde*, qui chuta dans des proportions et pour des raisons comparables à celles du *Canard enchaîné*. La métamorphose du *Canard* en journal d'enquête dans les années 1960-1970 compliqua peut-être la tâche de ses journalistes, une bonne partie des lecteurs attendant désormais des informations exclusives mettant en cause les puissants du jour. En essayant de les contenter, l'équipe de l'hebdomadaire satirique courut le risque de s'aliéner ceux qui attendaient au contraire que le *Canard* fît preuve d'une loyauté partisane.

Des affaires qui fâchent

Toutes les grandes « affaires » traitées par *Le Canard enchaîné* au début des années 1980 n'engageaient pas au même titre la crédibilité de l'hebdomadaire satirique. La question de la fidélité ou de la loyauté envers le gouvernement socialiste ne se posait pas lorsque ces affaires concernaient au premier chef des personnalités marquées à droite comme ce fut le cas pour le scandale des « avions renifleurs » d'Elf ou les « prises de bec » avec Robert Hersant, Jacques Médecin et Jean-Marie Le Pen ; les démêlés de Jean-Baptiste Doumeng avec le fisc ne posaient guère plus de problèmes en dépit de l'appartenance de ce dernier au parti communiste. D'autres dossiers, en revanche, étaient plus délicats, comme les statistiques truquées du chômage, les affaires des « Irlandais de Vincennes » et du *Rainbow Warrior*, le scandale des ventes d'armes à l'Iran. Trop d'insistance et le *Canard* était accusé de trahison, pas assez et on le soupçonnait de se montrer indulgent envers ses « amis ».

De 1976 à 1979, 1 350 millions de francs furent dépensés par la société pétrolière Elf-Erap, entreprise publique, pour financer les recherches fantaisistes de deux inventeurs escrocs. Ceux-ci, un comte belge et un « savant » italien, tous deux férus d'alchimie, prétendaient avoir mis au point un procédé de détection aérienne des nappes de pétrole qui assurerait à celui qui le posséderait un avantage décisif dans le secteur très concurrentiel de la prospection pétrolière. Sur la somme que nous avons mentionnée, 500 millions purent être récupérés, 350 servirent à financer les forages effectués après les « reniflages » et à payer le personnel d'Elf – tout cela en pure perte – tandis que les 500 autres disparaissaient quelque part du côté de la Suisse.

C'est *Le Canard enchaîné* qui révéla cette affaire dans son numéro du 22 juin 1983 (« La tragique histoire des avions renifleurs qui ne reniflaient rien[786] »). Au fil des mois et des articles (qui s'échelonnèrent de juin 1983 à novembre 1984), différents niveaux apparurent dans le scandale, plusieurs affaires dans l'affaire. Le premier niveau est celui des responsabilités scientifiques et administratives : il faut attendre trois ans pour qu'une sommité du Commissariat à l'énergie atomique dénonce l'« escroquerie » ; comment expliquer la crédulité des nombreux techniciens, souvent issus des grandes écoles scientifiques françaises, qui ont participé au « projet X » ? Comment justifier le rôle des dirigeants successifs d'Elf, Pierre Guillaumat et Albin Chalandon, qui ont accepté et poursuivi les recherches inutiles et les transferts de fonds illégaux par le moyen de sociétés écrans ? Par la nature de l'entreprise Elf-Erap, société nationale, et la personnalité de ses dirigeants, le second niveau ne peut être que politique : l'enquête des journalistes tendit à montrer que Raymond Barre et Valéry Giscard d'Estaing avaient couvert la dissimulation comptable indispensable au versement des fonds et gardé par-devers eux le rapport de la Cour des comptes établissant les responsabilités ; un magistrat, troisième destinataire de ce rapport embarrassant, fut également mis en cause. Le dernier aspect de cette affaire rocambolesque fut la mise au jour des filières et des bénéficiaires de l'argent soutiré à Elf-Erap : outre les inventeurs eux-mêmes, les noms de banquiers suisses et de prélats gravitant dans la mouvance de l'Opus Dei furent cités, mais sans que des preuves formelles puissent être produites.

L'affaire dite des « avions renifleurs » rendit célèbre notre pays dans le monde entier ; déclenchée avant le 10 mai, elle eût porté un coup très dur au pouvoir. En 1983-1984, elle n'était plus qu'un témoignage, posthume en quelque sorte, des dysfonctionnements du précédent septennat – à moins qu'il ne faille la considérer comme un premier aperçu sur les errements politico-financiers de l'entreprise pétrolière, dont les années 1990 allaient révéler toute l'ampleur. En comparaison, les révélations sur les agissements de Jean-Baptiste Doumeng et de Jacques Médecin paraissent presque anodins. Le premier avait obtenu en octobre 1983 de l'administration fiscale un très important dégrèvement sur un retard d'imposition qui s'élevait originellement à quelque 18 millions de francs. Le *Canard* publia un fac-similé du document par lequel la Direction générale des impôts annonçait la bonne nouvelle au « milliardaire rouge » ; « Inutile de préciser, précisa quand même Louis-Marie Horeau, que l'administration fiscale a brusquement changé d'avis en toute indépendance, sur des critères purement techniques et sans la moindre pression politique » (9 novembre 1983).

Quant au maire de Nice Jacques Médecin, il réalisait de très bonnes affaires aux États-Unis (où il se faisait appeler « comte de Médicis ») au moyen de sociétés basées dans des paradis fiscaux ; il n'avait déclaré au fisc français ni les investissements ni les profits réalisés ; la disproportion entre son train de vie et ses revenus déclarés étonnait jusqu'au directeur des services fiscaux des Alpes-Maritimes. Quant aux activités américaines, c'est une ex-associée de Jacques Médecin qui vendit la mèche ; parmi les documents qu'elle fournit à la presse figurait une lettre dans laquelle le député-maire de Nice lui recommandait de réclamer pour lui « 10 % sur la publicité susceptible d'être apposée sur les chiottes », c'est-à-dire sur les sanisettes Decaux que Jacques Médecin tenta en vain de placer auprès de la mairie de Los Angeles[787].

Médecin et Doumeng étaient pittoresques et ce que le *Canard* leur reprochait ne dépassait guère les limites d'une crapulerie de tradition ; de là un ton volontiers goguenard pour en parler. Tout différents étaient le statut de Robert Hersant et de Jean-Marie Le Pen, et le traitement qui leur fut réservé. L'idéologie, la défense de valeurs intangibles entraient ici dans une proportion beaucoup plus grande que dans les affaires banales de concussion ou d'acrobatie fiscale. Les grands principes étaient engagés. En 1984, une série d'articles du *Canard* évoquèrent les liens du groupe Hersant avec la secte Moon[788]. Sous-jacents à cette campagne de presse, le passé collaborationniste de Robert Hersant et son appétit insatiable dans le secteur de la presse constituaient en fait la véritable matière du scandale[789]. Les attaques contre Hersant relevaient d'une longue tradition de lutte du *Canard* contre le capitalisme de presse (jugé corrupteur, dangereux pour la liberté de la presse, vendu à la droite), dont François Coty ou Jean Prouvost avaient fait les frais dans l'entre-deux-guerres, avant les Amaury, Boussac et autres Dassault ; la crise de la presse écrite dans les années 1970 et 1980 et l'accélération du mouvement de concentration dans ce secteur en expliquaient également la vigueur. Par ailleurs, les révélations sur le passé brunâtre du patron de presse s'inscrivaient dans un contexte plus général de redécouverte de la période de l'Occupation, que suivirent logiquement des poursuites trop longtemps différées contre d'anciens responsables de l'administration vichyste ou allemande.

Aucune ne fut engagée ès qualités contre l'ancien dirigeant de l'organisation pronazie « Jeune Front ». En revanche, celui-ci dut affronter au tribunal concurrents et adversaires lors de prises de contrôle particulièrement controversées de titres de presse. Au début des années 1980, le « Papivore » maîtrisait près du tiers de la diffusion totale des quotidiens français, un taux sans équivalent en Europe et atteint au mépris des dispositions de l'ordonnance sur la presse du 26 août 1944[790]. C'est pour en restaurer l'esprit que le gouvernement, précisément en 1984, saisit le Parlement d'un projet de loi sur le pluralisme de la presse. S'ouvrit alors « le plus long débat parlementaire de la Cinquième République[791] », l'opposition pratiquant une politique d'obstruction systématique au moyen de très nombreux amendements. La loi « anti-Hersant », adoptée le 12 septembre, ne gêna en rien ce dernier et ne survécut pas à la défaite de la gauche aux élections législatives de mars 1986.

Le même échec doit être constaté en ce qui concerne Jean Marie Le Pen. Plus nettement encore que dans le cas précédent, les considérations idéologiques entraient en ligne de compte dans les articles du *Canard enchaîné* ; rédacteurs et dessinateurs qui travaillaient au journal à cette époque parlent d'un « journalisme très militant, engagé » pour caractériser l'attitude du *Canard* vis-à-vis du Front national et de son *leader*. Ce dernier avait déjà eu les « honneurs » de l'hebdomadaire satirique ; mais ses progrès électoraux à partir des municipales de 1983, son programme politique où revivaient certains des plus sombres épisodes de notre histoire ainsi que ses multiples « dérapages » et provocations, en firent une tête de Turc parmi les plus plus présentes dans les colonnes du *Canard enchaîné*. Les années 1984-1985 enrichirent la chronique judiciaire d'un procès à fort retentissement intenté par Jean-Marie Le Pen au *Canard*. Au début du mois de juillet, l'hebdomadaire satirique publia successivement des extraits d'un rapport de la Sûreté nationale en Algérie et d'un livre de Hafid Keramane, paru en 1960, qui tous deux révélaient la participation du lieutenant Le Pen à des séances de torture dans la sinistrement fameuse villa des Roses. Le 18 juillet, le chef du Front national portait plainte contre le *Canard* pour diffamation et le procès s'ouvrit en janvier 1985.

Comme le rappela le journal à cette occasion, « il ne s'agissait pas de refaire le procès de la guerre d'Algérie ni celui de la torture, depuis longtemps tranchés. Il s'agissait simplement d'établir si l'on était en droit de rappeler, pour l'information du public et pour l'histoire, que Le Pen a pratiqué la torture quand il était lieutenant parachutiste à Alger en 1957. Un détail de sa biographie à ne pas laisser dans l'ombre alors que le *leader* d'extrême droite, qui a pu passer longtemps pour un homme public négligeable [...] est maintenant devenu un homme politique important, candidat à un grand rôle dans la cité » (23 janvier 1985). Après l'audition des témoins (dont Pierre Vidal-Naquet, professeur d'histoire et auteur de nombreux articles et ouvrages sur la guerre d'Algérie, Paul Teitgen, ancien secrétaire général de la Police, présent à Alger au moment des faits, et quatre Algériens passés par les mains du lieutenant Le Pen), complétée par le visionnage d'un film réalisé en Algérie par le cinéaste René Vautier, la 17e Chambre correctionnelle débouta Jean-Marie Le Pen en observant qu'il avait « constamment approuvé et justifié les violences » dont on l'accusait.

Ce genre d'affaires ne pouvait que plaire au lectorat traditionnel du *Canard enchaîné*: opposant le journal à des personnalités de droite et d'extrême droite, faisant appel aux grands principes pour servir une juste cause, elles n'entraient pas en contradiction avec l'image d'un journal engagé à gauche. Il n'en était pas de même dans le cas d'autres affaires qui heurtèrent profondément ce lectorat, les « Irlandais de Vincennes » en 1982, les « chiffres truqués » du chômage en 1983, l'affaire Greenpeace en 1985. À l'exception des statistiques truquées, ces affaires sont bien connues, grâce à une bibliographie relativement abondante. Nous nous bornerons à rappeler le rôle du *Canard enchaîné* dans les révélations de chacune d'elles.

Le 28 août 1982, une équipe du GIGN commandée par le capitaine Barril arrêtait à Vincennes trois Irlandais qu'un communiqué de l'Élysée présentait aussitôt comme de dangereux terroristes. Trois jours plus tard, un grand article du *Canard* faisait de cette prise « la première grande bataille publicitaire contre le terrorisme ». Sans s'aventurer sur le fond, les auteurs de l'article (sans doute George Marion et Claude Angéli, qui disposaient d'informateurs dans les milieux de la police et du renseignement) décrivaient surtout la réaction des autres services de police, d'abord furieux d'avoir été tenus à l'écart de l'opération puis ravis d'apprendre que celle-ci n'avait pas l'importance que le communiqué de l'Élysée lui avait attribuée.

Par la suite, peu d'articles du *Canard* sont à signaler, l'essentiel des révélations sur les nombreuses irrégularités commises lors de cette opération ayant été faites par l'équipe du *Monde*. En janvier 1985 toutefois, Georges Marion publia dans le *Canard* un article mettant en cause le commandant Prouteau, chef de la cellule antiterroriste de l'Élysée, nommé quelques jours avant l'intervention de Vincennes. Non seulement ce dernier aurait ordonné aux gendarmes de mentir à la Justice, mais il aurait également disposé des procès-verbaux des auditions menées par le juge d'instruction. L'une des principales sources du journaliste était le commandant Beau, ancien officier de gendarmerie ayant participé à l'opération, et qui ne pouvait admettre de rester seul accusé dans une affaire qu'il n'avait pas déclenchée. C'est lui qui contacta Georges Marion pour « lui confier des éléments d'information qui lui permettraient de continuer sa propre enquête » et éviter que « l'affaire ne s'enterre[792] ». Le journaliste du *Canard* ayant la réputation d'un ancien trotskiste – tout comme Edwy Plenel, qui conduisait l'enquête du *Monde* – « le ministre de la Défense ne cessera de voir dans cette série de révélations journalistiques un complot d'ultra-gauchistes au passé antimilitariste[793] ».

Cette « analyse » sera confortée par l'attitude des deux journalistes lors d'une autre affaire d'État, plus retentissante encore, qui éclata la même année : le sabotage du *Rainbow Warrior*, le bateau de l'organisation écologiste Greenpeace, avec mort d'homme. C'est encore *Le Monde* qui sort les premières informations, le *Canard* ne le suivant qu'avec retard. L'attentat a eu lieu dans la nuit du 10 au 11 juillet, les premiers articles bien informés paraissent une semaine après et il faut attendre le mois d'août pour que le *Canard*, par la plume une nouvelle fois de Georges Marion et de Claude Angéli, reprenne l'initiative des révélations. Celles-ci porteront essentiellement sur l'existence d'une « troisième équipe » qui aurait posé les mines sur la coque du bateau. Le 11 septembre, un article du *Canard* en émet l'hypothèse, reprise le 17 par *Le Monde* qui lui consacre sa une. C'est alors seulement que l'affaire prend les proportions d'une affaire d'État ; quelques jours plus tard, après l'amiral Lacoste, patron de la DGSE (l'espionnage français), le ministre de la Défense, Charles Hernu, est à son tour poussé à la démission. Le « fusible » fonctionna car on ne chercha pas plus haut les responsabilités mais, comme l'écrivit le *Canard* le 18 septembre, l'« image de la France éternelle ne sortait pas grandie du scandale ».

Il est douteux que Charles Hernu ait été beaucoup regretté du côté de la rue Saint-Honoré. Depuis 1981, ce ministre représentait la mauvaise part du mitterrandisme aux yeux des journalistes du *Canard enchaîné*. Sans doute son poste le désignait-il à leurs traits mais le zèle qu'il y déploya déplut par surcroît. « Le socialisme à l'Hernucléaire » titrait le journal au lendemain du 14 juillet 1981 ; le tout nouveau ministre de la Défense n'appelait-il pas l'armée à travailler « en symbiose avec l'Éducation nationale » pour préparer les « enfants et les jeunes » à l'accomplissement de leur devoir militaire ? N'avait-il pas assimilé la gendarmerie à une « chevalerie » ? « Des propos dignes de figurer dans un florilège de la grande pensée militaire », persifla Roger Fressoz. Mais la mauvaise humeur du *Canard* visa bientôt, au-delà du cas Hernu, l'ensemble de la politique de défense du gouvernement socialiste, aussi dispendieuse et dangereuse qu'avant 1981, puis toute sa politique, y compris dans ses aspects économiques et sociaux. À l'enthousiasme des premières semaines succéda le désenchantement. En juillet 1982, quelques jours après qu'un plan d'austérité eut été rendu public par le gouvernement, le directeur du *Canard enchaîné* écrivait à la une de son journal :

> « Les gens veulent bien, à la rigueur, être taxés [...] même si le programme socialiste disait le contraire [...] puisque les circonstances, qui n'étaient pas toutes imprévues ni toutes imprévisibles, imposent brusquement de passer du rose au gris. Mais ils apprécient peu, question d'amour-propre, qu'on leur raconte trop longtemps des histoires qui ont peu de points communs avec la réalité. » (21 juillet 1982).

La critique allait se faire plus précise et plus vive dans les mois qui suivirent.

L'affaire des chiffres truqués du chômage marqua une étape importante dans le désamour du *Canard* pour la politique conduite par François Mitterrand. En regardant les statistiques de l'emploi publiées par les services du gouvernement, Alain Guédé, depuis peu journaliste au *Canard*, s'était aperçu que le nombre de nouveaux demandeurs d'emploi ne correspondait pas aux flux démographiques. En ne comptant comme chômeurs que les demandeurs de contrats à durée indéterminée et à temps complet, le ministère de l'emploi « effaçait » tous ceux qui acceptaient une formation, un emploi à temps partiel ou un contrat à durée déterminée, soit environ 230 000 personnes. Cette enquête, publiée dans le numéro du 19 janvier 1983 et qui fut abondamment commentée par la presse, tombait au plus mal pour le gouvernement. Le Premier ministre de l'époque, Pierre Mauroy, qui venait d'annoncer une baisse du chômage, dut s'expliquer à la tribune de l'Assemblée nationale et cita des chiffres qu'il avait demandé aux services du ministère de l'Emploi et à ceux de l'ANPE de lui préparer de toute urgence[794]. Il demanda également à Jean Le Garrec, ministre de l'Emploi, de démentir les informations de l'hebdomadaire satirique. Celui-ci proposa en outre aux auteurs de l'article une rencontre pour s'« expliquer ». À ces derniers, il expliqua qu'il n'avait pas « changé le thermomètre utilisé depuis de nombreuses années » et qu'on lui faisait « un mauvais procès ».

Certes, le *Canard* le soulignait volontiers, une telle rencontre était « peu courante et ne l'était pas non plus avant le 10 mai », ce qui était à mettre à l'actif du gouvernement ; certes encore, ce dernier n'avait pas inventé la manipulation des statistiques : le journal affirma à plusieurs reprises que la pratique en avait été instaurée par le gouvernement Barre. Certes, enfin, le *Canard* n'en reconnaissait pas moins au gouvernement socialiste « à la différence de ses prédécesseurs [...] beaucoup de résolution et de conviction » dans la lutte entreprise contre le chômage. Roger Fressoz, dans un article intitulé « Dur métier », rappelait même que la sensibilité du journal [était] à gauche [et que] certains de ses rédacteurs sympathis[aient] avec les idées qui [étaient] au pouvoir. Bref, il devait être bien entendu que critique ne signifiait pas rupture avec les hommes dont le *Canard* avait soutenu le combat jusqu'en 1981.

Fallait-il pour autant, « parce que le pouvoir [était] à gauche et sous prétexte de ne pas désespérer le 10 mai [que le *Canard* renonçât] à sa fonction d'information et de critique, à son rôle de contre-pouvoir [...] » ? Fallait-il accepter, « venant de la gauche, des pratiques qu'on dénonçait, quand elles venaient de la droite, aux applaudissements de la gauche » et s'obliger à une « autocensure de gauche[795] » ? C'était apparemment ce que souhaitait une partie du lectorat. Alain Guédé se souvient d'un véritable « traumatisme » : « On a reçu plus de six cents lettres de lecteurs Ils ne mettaient pas en doute nos informations mais regrettaient que nous les ayons publiées[796]. » À ceux-ci, Roger Fressoz répondit que le *Canard* ne verserait « jamais dans aucune sorte de bénioui-ouisme. Ce serait contraire à sa nature, à sa longue histoire, à sa fonction. Ce serait, en outre, rendre le plus mauvais service à la gauche et à coup sûr à la démocratie[797]. »

Des journalistes qui partent

Ce dilemme opposait entre eux les journalistes du *Canard enchaîné*. Pour les uns – en particulier le rédacteur Claude-Marie Vadrot, le dessinateur Vazquez de Sola qui quittèrent le journal au début des années 1980 –, le *Canard* devait rester fidèle à l'inspiration qui avait fait son succès pendant la décennie précédente, c'est-à-dire l'engagement à gauche :

> « J'avais souhaité la victoire de la gauche, je ne voyais pas pourquoi il fallait brusquement se mettre à taper contre les gouvernements de gauche. Pour moi, quels que soient les hommes qui les incarnent, la gauche et la droite sont d'une essence différente. »

L'insuccès du début des années 1980 était dû selon lui au décalage entre le lectorat ancré à gauche et la ligne rédactionnelle qui se serait « droitisée ».

> « Si les lecteurs sont partis en masse, ce n'est pas parce qu'on a été complaisants avec le pouvoir, c'est au contraire parce qu'on l'a attaqué comme on avait attaqué les gouvernements de droite. Du coup, nos lecteurs de gauche nous ont quittés. Il n'y a qu'à voir le courrier qu'on a reçu à cette époque : les lettres de protestation venaient presque exclusivement de gens de gauche qui nous trouvaient irresponsables[798]. »

Pour d'autres journalistes du *Canard*, au contraire – comme Georges Marion ou Philippe Tesson, eux aussi sur le départ – le *Canard* fut victime de sa complaisance envers le nouveau pouvoir :

> « Concernant le nouveau pouvoir, les choses se sont mal passées, ou plutôt se sont trop bien passées. On s'est douté assez vite que Mitterrand n'avait pas renoncé aux usages des dirigeants de la Cinquième. Le pouvoir avait changé de camp, mais les habitudes demeuraient, liées à la nature même du régime, à cette Constitution qui permet trop de choses à l'exécutif. [...] Le caractère très douteux de l'entourage de Mitterrand, cela commençait à se savoir au début des années 1980, au *Canard* et ailleurs. Or, au *Canard*, on parlait des affaires dans lesquelles les gendarmes étaient impliqués mais en évacuant sciemment la dimension politique, en évitant toute remontée vers Mitterrand. Pour moi, à cette époque, le *Canard* n'a pas fait son boulot[799]. »

La direction actuelle du *Canard enchaîné* conteste cette version des faits – « ne pas publier une information pour des raisons politiques aurait été contraire à toute notre tradition », affirme Michel Gaillard, directeur du *Canard* depuis 1992 – sans nier toutefois l'excessive bienveillance des éditoriaux du printemps 1981 – « C'était inévitable. Après plus de vingt ans de domination absolue par un camp, nous aussi nous aspirions au changement[800] » – ni même la relative discrétion du journal sur le front des « affaires ». C'est surtout sur les raisons de cette position en retrait que les interprétations divergent. Faut-il, comme le fait Georges Marion, évoquer une « rétention de l'information » et l'expliquer par les « liens d'amitié, une proximité véritablement physique » qui existaient alors entre certains membres de la rédaction du *Canard* et l'entourage de François Mitterrand ? Faut-il, à l'inverse, comme le fit Claude Angéli, mettre sur le compte d'une actualité plus pauvre en scandales la baisse de tension constatée (« Il y a eu, jusqu'à présent, moins de « faits-divers politiques » qui ont touché la gauche que la droite. C'est comme ça, nous n'y sommes pour rien[801]. ») ?

Il nous semble qu'une autre interprétation est encore possible : celle du bouleversement qui affecta les sources d'information du *Canard* à l'occasion du changement de majorité. Elle fut d'ailleurs avancée par Roger Fressoz, directeur du *Canard enchaîné*, dès 1982 :

> « Nos informations provenaient de gens qui occupaient dans l'État ou dans l'Administration des postes importants et qui n'y sont plus. Ce qu'ils peuvent nous communiquer désormais, ce sont des opinions, non des informations. Nous devons en dénicher d'autres et c'est difficile. C'est bien connu : quand un parti est dans l'opposition, il laisse facilement courir les informations. Quand il gouverne, les ordres supérieurs tombent : il ne faut plus parler[802]. »

Quelle que soit l'interprétation retenue, le départ, pour des raisons opposées, de gens marqués aussi bien à droite qu'à gauche disqualifie toute explication manichéenne de la crise que traversa le *Canard* après 1981. D'autant que d'autres raisons, fournies par les intéressés eux-mêmes, brouillent un peu plus encore les schémas simplistes décrits çà et là ; à relire les déclarations des uns et des autres, on s'aperçoit que, souvent, les ruptures ont tenu autant sinon davantage à des querelles de personne, à des conflits de génération et de fonction, à des rivalités d'ambition, à des difficultés d'intégration, voire à un malaise intellectuel ou affectif – sans compter l'attrait des propositions de la concurrence –, qu'à des divergences idéologiques.

Vazquez de Sola (parti en 1986) :

> « Le *Canard* a été ma passion. C'est pour ça que j'ai eu des problèmes, je voulais le meilleur pour le *Canard*, comme pour un fils ou ma femme. Il faut qu'il soit parfait. [...] Avant, le *Canard* était une famille, un petit commerce familial. Quand le *Canard* est devenu riche, il y a eu des chefs, des sous-chefs, des jeunes loups. Et des luttes entre les jeunes loups pour prendre le pouvoir. [...] Et puis je pense que les dessinateurs sont des journalistes à part entière, avec une spécialité. [...] Je ne vois pas pourquoi j'obéirais à un directeur ou à un rédacteur en chef qui a la même formation que moi ! »

Claude-Marie Vadrot (parti en 1984) :

> « Je suis parti pour plusieurs raisons. D'abord, les gens qui occupaient les positions dominantes dans le journal ont été de plus en plus réticents à donner de la place aux problèmes de société. [...] D'autre part, je souffrais de ne

pas pouvoir raconter d'histoire positive. [...] Une autre chose qui m'a gêné, c'est la réécriture générale[803]. »

On trouve des arguments très proches dans les déclarations de Philippe Tesson, de Pierre Péan, de Georges Marion (la réécriture et la critique systématiques), partis entre 1983 et 1985.

Concernant ces départs, il n'est pas impossible que nous soyons victime d'un effet grossissant dû à la soudaine abondance de sources orales. Avant ces années récentes, sur lesquelles nous avons pu interroger les témoins et acteurs, bien d'autres séparations ont dû se produire qui n'ont pas laissé de traces dans les archives du journal. Il reste que tant de départs, concentrés sur un si court laps de temps, de gens qui occupaient une place parfois importante dans l'équipe de rédaction ne laissent pas d'interroger l'observateur. Celui-ci est bien forcé de conclure à l'existence d'une crise au sein du journal dont la coïncidence avec la baisse brutale des tirages et des ventes n'est certainement pas fortuite.

Le redressement

Un changement de conjoncture politique

1986 marqua un net redressement du *Canard enchaîné*. Le tirage hebdomadaire moyen passa de plus de 463 000 exemplaires en 1985 à plus de 507 000 en 1986, soit une hausse de plus de 9,5 %. Les ventes et, de manière générale, la diffusion s'accrurent plus que proportionnellement, grâce notamment à une réduction des invendus : 13,5 % de 1985 à 1986. La hausse ne se démentit pas dans les deux années qui suivirent. De là un chiffre d'affaires en hausse de 32 % entre 1985 et 1986 (et encore d'environ 10 % les deux années suivantes), un résultat d'exploitation qui, en 1988, dépassa les 28 millions de francs et un bénéfice après impôts supérieur à

13 millions de francs qui alla grossir des réserves toujours plus imposantes. Même *Les Dossiers du Canard* enregistrèrent une hausse significative, passant de 78 000 exemplaires diffusés à près de 100 000 exemplaires – un chiffre aux environs duquel il s'est maintenu jusqu'à une date très récente.

Dans ce redressement, les efforts du *Canard enchaîné* pour répondre aux critiques qui lui avaient été adressées et s'adapter aux temps nouveaux jouèrent certainement leur part. Le prix de vente avait été porté à 4 francs en octobre 1984 – peut-être un peu tard – tandis qu'un « plan d'austérité sévère[804] » touchant les rémunérations du personnel, le papier et l'impression avait été mis en œuvre[805]. Roger Fressoz chercha par ailleurs à renouveler la rédaction : l'arrivée de Cabu – en deuil de *Charlie-Hebdo*, disparu en 1982 –, de Pancho, de Wozniak côté dessinateurs, de Jean-François Julliard (tout frais sorti du Centre de formation des journalistes), Alain Guédé, Patrice Lestrohan, Frédéric Pagès, Sylvie Caster[806] côté rédacteurs apporta du sang neuf à l'équipe[807], sans oublier, au secrétariat de rédaction, Gérard Jovené, Gilbert Flores ou encore Mike Dunbar.

Le renouvellement aurait pu être plus profond encore si Roger Fressoz n'avait craint de compromettre la sauvegarde de l'esprit propre au journal. D'autant qu'en 1987, à quelques semaines d'intervalle, le *Canard* perdait deux de ses piliers, les dessinateurs Lap et Moisan. Jacques Laplaine était entré au *Canard* en 1946 ; il lui avait donné, selon ses comptages, plus de 30 000 dessins, dans un style dépouillé et nerveux. Quant à Roland Moisan, entré dix ans plus tard, ses grandes compositions très soignées, où s'exprimait une sorte de génie de la caricature, en avaient fait le dessinateur-vedette du journal depuis les années de Gaulle. En 1985, c'est Pino Zac qui avait tiré sa révérence – Pino, l'ami italien, dessinateur, graveur, cinéaste, metteur en scène, qui avait passé son premier dessin au *Canard* en 1959 et collaborait régulièrement depuis cette époque, en particulier lorsqu'il s'agissait de brocarder la politique vaticane. Eux disparus, c'est le visage du *Canard* qui se modifiait sensiblement[808].

Mais, bien plus que ces changements désirés ou subis, c'est la modification du contexte politique qui explique le redressement spectaculaire du *Canard enchaîné* entre 1986 et 1988. Par la seule tenue d'élections nationales, tout d'abord: les tirages-records des années 1986 et 1988 sont, sans surprise, des numéros de lendemain d'élections, législatives dans le premier cas (+ 10,5 % par rapport à la moyenne de l'année), présidentielle dans le second (+ 56,8 %); la campagne précédant la consultation puis la mise en place des nouvelles équipes entraînent tirages et ventes à la hausse de part et d'autre de ces grands rendez-vous. Mais la hausse fut durable aussi et surtout parce qu'elle s'inscrivait dans un contexte politique renouvelé. Pour la première fois sous la Cinquième République, le chef de l'État n'appartenait pas à la majorité parlementaire, il devait « cohabiter » (puisqu'il refusait de se démettre) avec un Premier ministre qui lui était politiquement hostile. Beaucoup de lecteurs occasionnels du *Canard* trouvèrent dans cette situation inédite le piment qui leur manquait pour s'intéresser à l'actualité et virent dans l'hebdomadaire satirique le moyen de satisfaire une curiosité nouvelle.

Aux uns, le *Canard* apparut comme un espace de contestation de la politique menée par le nouveau gouvernement; la sympathie affichée par le journal aux étudiants manifestant contre la loi Devaquet en novembre 1986, sa campagne contre la croisade moralisatrice de Charles Pasqua de mars à avril 1987, son hostilité à la politique menée en Nouvelle-Calédonie et aux appels du pied lancés par la droite au Front national rallièrent ceux que remobilisait, à gauche, le danger d'une politique jugée « réactionnaire ». Par les autres, le *Canard* fut avant tout considéré comme le vecteur idéal des petites phrases, bruits de couloir, rumeurs diverses qui forment le tissu de la vie politique, en particulier lorsque celui-ci est tiraillé entre plusieurs centres de décision qui se disputent la prééminence. La page deux du *Canard* tint la chronique de cette guérilla de tous les instants, faite d'embuscades et de coups de main, où se dépensa tant d'énergie au service des ambitions personnelles de quelques-uns. Dans cette même logique, les révélations du *Canard enchaîné* sur un certain nombre d'affaires politico-financières ou économico-diplomatiques ne contribuèrent pas peu à l'avivement des tensions… et au succès retrouvé du journal.

Les « affaires » de la cohabitation

Il est significatif que la plupart des affaires qui ont marqué la première cohabitation aient présenté des développements touchant la droite aussi bien que la gauche. L'alternance était aussi celle des erreurs et des fautes et la précarité des postes de pouvoir ne permettait pas à leurs détenteurs de masquer les unes et les autres aussi facilement que par le passé, quand un seul camp, disposant de la durée, détenait le monopole des responsabilités. Il semble de surcroît que le nombre des affaires, le rythme auquel le *Canard* – avec d'autres journaux – les « sortit » s'accéléra : il y eut autant de grands scandales pendant les trois années de la cohabitation que pendant les cinq premières années du septennat de François Mitterrand. À cela une raison simple : l'opposition des deux têtes de l'exécutif ouvrit des brèches dans le mur du secret d'État. Roger Fressoz le notait en 1988 : « Depuis la cohabitation, les choses sont différentes, les facilités d'information sont plus grandes : du côté des socialistes sur les barristes et les chiraquiens, du côté des barristes sur les chiraquiens et réciproquement[809]… » Les ambitions présidentielles délièrent les langues des politiques, des proches, des hauts fonctionnaires, des parties engagées dans un processus judiciaire ; de tous côtés, on se sentait moins tenu à la discrétion professionnelle ou personnelle depuis que l'information, distillée à bon escient, pouvait constituer un avantage dans la course au pouvoir.

L'affaire Chaumet est typique de ce climat, quoique ne touchant guère qu'un seul des camps en présence, à la différence de celles que nous examinerons par la suite C'est *Le Canard enchaîné* qui la lança, au printemps 1987. Les journalistes de l'hebdomadaire satirique qui enquêtèrent sur cette affaire, en particulier Claude Roire, furent avant tout frappés par l'ampleur de la faillite ; « Le milliard perdu d'un célèbre joaillier de la place Vendôme » titra le journal le 13 mai, qui était encore largement en-deçà de la réalité. Les différents articles publiés entre mai et décembre 1987 mirent au jour un système de fausse facturation, d'évasion fiscale et de comptabilité parallèle ayant permis aux deux frères Chaumet de masquer les difficultés financières de leur entreprise. La maison Chaumet, l'une des plus prestigieuses bijouteries-joailleries de la place parisienne, avait réalisé des opérations hasardeuses depuis le milieu des années 1970, empruntant pour acheter des pierres en grande quantité alors que les cours et le dollar étaient au plus haut, se trouvant dans l'incapacité de rembourser après le retournement de la tendance au début des années 1980. Loin de chercher à se dégager de ce mauvais pas, les frères Chaumet contractèrent de nouveaux emprunts et surtout mirent sur pied une activité de banque occulte – totalement illégale –, empruntant des bijoux et des liquidités à des banques et à des particuliers sous promesse de taux d'intérêts très élevés.

Parmi ces particuliers ayant prêté de très fortes sommes à la maison Chaumet figurait un certain Albin Chalandon, ministre de la Justice au moment où le scandale éclata. Après avoir affirmé le 2 décembre 1987 qu'Albin Chalandon disposait de comptes rémunérateurs chez les Chaumet, Claude Roire exposa le 6 avril 1988 dans *Le Canard enchaîné* les difficultés auxquelles devait faire face le garde des Sceaux. Celui-ci avait confié aux joailliers des bijoux pour une valeur de 15,5 millions de francs. Une partie avait été remboursée, l'autre devait l'être en plusieurs versements. Mais la maison Chaumet était hors d'état de payer – et l'accord intervenu entre le ministre et les joailliers n'avait fait l'objet d'aucune convention écrite. Une perte douloureuse mais qui relevait évidemment de la vie privée d'Albin Chalandon. Sauf que le ministre était fortement soupçonné d'avoir participé à l'activité de banquier occulte des Chaumet ou d'avoir camouflé grâce à leur complicité une fraude fiscale. Pire, celui sur lequel pesait ces soupçons était celui-là même qui, par la position qu'il occupait dans le gouvernement, pouvait intervenir dans le cours de la procédure qui le concernait ; il y avait là, pour le moins, le risque d'une confusion du privé et du public. Pendant l'année 1987 et 1988, les enquêtes du *Canard enchaîné* et du *Monde* apporteront les preuves d'une telle confusion.

C'est encore *Le Canard enchaîné* qui lança l'affaire dite du « Carrefour du Développement ». Le 18 juin 1986, le journal consacra un article (sous la signature collective « Jérôme Canard ») à ce qui n'était jusqu'alors qu'un fait divers. Le cambriolage, dans la nuit du 22 au 23 avril, des locaux d'une association liée au ministère de la Coopération, l'Association Carrefour du Développement (ACAD), fit disparaître des archives compromettantes pour les dirigeants de cette association, en particulier Yves Chalier, directeur de cabinet de l'ancien ministre socialiste de la Coopération Christian Nucci. Le *Canard* décrivait déjà un système de fausse facturation et de détournement de fonds publics[810].

Au cours du mois de juillet, les premiers documents furent publiés : une facture adressée au ministère par une société de transport pour des prestations (réelles ? fictives ?) à l'occasion du sommet franco-africain de Bujumbura de 1984 ; des extraits d'une note du cabinet du ministère qui préparait ce très coûteux sommet ; un chèque et une lettre de l'Élysée qui régularisaient la possession d'une voiture blindée déjà payée à la Régie Renault par l'association ; enfin des documents datant de 1985 et 1986, en provenance de la direction générale des Douanes, mettent au jour le système de fausse facturation. Claude Angéli, qui commentait ces derniers documents, s'interrogea sur les responsabilités du gouvernement socialiste :

> « Si Emmanuelli l'a tiré assez fort, ce signal d'alarme, si Fabius et l'Élysée ont été informés et si, pendant un an aucune « précaution » (ou sanction...) n'a été prise pour éviter le scandale et le ridicule, c'est à douter de la santé mentale de quelques socialistes éminents. Car au train où allait Chalier, le déraillement était assuré. » (23 juillet 1986).

Par la suite, l'hebdomadaire satirique jouera un rôle plus effacé dans le traitement de cette affaire, ne reprenant l'initiative qu'en janvier 1987. À cette date, l'attention de la presse s'est portée sur un autre aspect de cette affaire : l'obtention par Yves Chalier d'un passeport qui lui permit de fuir la France pour le Brésil en mai 1986. En décembre 1986, *Le Monde* mit en cause le ministre de l'Intérieur Charles Pasqua qui aurait ordonné à la DST de procurer ce passeport à l'ex-dirigeant de l'association. Le *Canard* reprit et confirma l'information le 7 janvier en évoquant une rencontre entre Yves Chalier et Charles Pasqua. Le scandale qui n'atteignait que la gauche éclaboussait maintenant la droite et Charles Pasqua traînera longtemps le boulet du « vrai-faux » passeport délivré à Yves Chalier. Seuls Christian Nucci et Yves Chalier, cependant, seront inquiétés par la justice.

Une deuxième affaire lie l'avant et l'après 1986, les gouvernements de gauche et de droite : le scandale des ventes d'armes à l'Iran. La guerre entre l'Irak et l'Iran avait débuté en septembre 1980 et ces deux pays avaient de gros besoins en armement. Or un embargo avait été décidé dès 1979 par la plupart des pays européens, rendant impossible la vente légale d'armes aux belligérants. Un trafic occulte se mit donc en place à partir des pays non signataires de l'embargo (en particulier le Portugal). Sociétés industrielles et officines d'exportation de toute l'Europe approvisionnèrent Iran et Irak au moyen de faux certificats de destination finale. L'industrie française, troisième exportatrice d'armes au monde, ne fut pas en reste, comme l'affirma dès le 8 mai 1985, dans un écho de la page deux, *Le Canard enchaîné*; déjà, le nom de la société Luchaire était cité pour des ventes de canons et d'obus de 155 mm. Un autre article, du 5 mars 1986, affirmait que les ventes d'armes avaient débuté en 1983 et que la commission interministérielle pour l'étude des exportations de matériel de guerre[811] avait donné son accord. On ne pouvait plus clairement mettre en cause l'autorité politique.

Après les élections législatives de mars 1986, une autre question fut posée par la presse : le trafic d'armes continuait-il sous le gouvernement de Jacques Chirac ? Oui, affirma le *Canard* dès le 13 août 1986 : « La société Luchaire [...] a été instamment priée de continuer d'alimenter l'artillerie de Khomeyni. Par les services de la Défense, mais à la demande de l'Hôtel Matignon. » Il le répéta en février et novembre 1987 mais sans apporter de preuve, avant d'orienter ses recherches, en 1988, vers les militaires et hauts fonctionnaires de l'industrie de l'armement. L'enquête judiciaire, quant à elle, établit bien que le trafic avait continué en 1986 et 1987 mais non que le gouvernement français en eût donné l'autorisation. Cette enquête déboucha sur un non-lieu général en juin 1988, aucune charge suffisante n'ayant pu être retenue contre les quatre inculpés (le patron de Luchaire, deux de ses collaborateurs et un ancien conseiller de Charles Hernu) selon le procureur de la République. Finalement, ce que montra cette affaire, c'est la puissance du complexe militaro-industriel : généraux et ingénieurs de l'armement, qui ne pouvaient pas ne pas être au courant du trafic, ne furent pas inquiétés ; les ministres de la Défense successifs empêchèrent la communication au juge des pièces qui auraient permis de confondre ces responsables en arguant du « secret défense ». Gauche et droite s'entendirent pour ne pas gêner une activité qui, à défaut de respecter la légalité et la morale internationales, assurait devises et emplois au pays.

Les relations entre la France et l'Irak ainsi que les négociations en vue de la libération des otages du Liban et la lutte antiterroriste apparaissent étroitement liées à cette précédente affaire[812]. Dans le conflit entre l'Iran et l'Irak, et malgré les ventes secrètes d'armes à l'Iran, les gouvernements français avaient choisi de soutenir l'Irak, pays majoritairement arabe, république laïque, rempart contre la révolution islamique à l'iranienne. Bien sûr, l'Irak était aussi une dictature, dirigée par un tyran sanguinaire, mais la raison d'État néglige ce genre de considérations. Autorise-t-elle un chef de gouvernement français à entretenir une « amitié personnelle » avec ce dictateur, à nourrir de l'« affection » pour lui[813] ? Surtout, justifiait-elle, cette raison d'État, d'entamer une coopération nucléaire avec l'Irak, aboutissant à la vente d'une centrale (civile, certes, mais qui devait servir de centre de formation pour les techniciens de la bombe irakienne, comme ne s'en cacha jamais Saddam Hussein) et à un projet de reconstruction après que l'aviation israélienne eut détruite cette dernière, en 1981 ?

Ce sont ces points sur lesquels porta la critique du *Canard*. Le 5 août 1987 fut publié dans le journal le fac-similé d'un télégramme adressé par le directeur de cabinet du ministre des Affaires étrangères à l'ambassadeur de France à Bagdad ; il y était reproduit les termes d'une lettre que Michel Noir, émissaire de Jacques Chirac, était chargé de remettre à Saddam Hussein. Sans jamais la nommer, on y évoquait « la négociation que vous savez », dans le cadre d'une « coopération engagée il y a plus de douze ans » dans un « domaine capital pour la souveraineté, l'indépendance et la sécurité de votre pays ». En réagissant à cette publication dans les jours qui suivirent, le Premier ministre prétendit d'abord que cette formulation sybilline désignait un rééchelonnement de la dette irakienne avant de parler de ventes d'armes. De son côté, la presse favorable au gouvernement accusa le *Canard* de travailler contre les intérêts de la France ; Claude Jacquemart, dans *Le Figaro*, rendit même l'hebdomadaire responsable à l'avance de l'éventuel assassinat des otages français par leurs ravisseurs.

Le 22 mars 1985, les diplomates Marcel Fontaine et Marcel Carton avaient été enlevés à Beyrouth ; deux mois plus tard, c'était au tour du journaliste Jean-Paul Kauffmann et du sociologue Michel Seurat et, le 8 mars 1986, de quatre journalistes d'Antenne 2. « Tout au long de ce gouvernement, écrit l'historien du temps présent Jean-Jacques Becker, le Premier ministre et son ministre de l'Intérieur Charles Pasqua déployèrent de grands efforts pour leur libération. » Le même auteur parle aussi de « l'efficacité d'un gouvernement qui avait obtenu d'incontestables résultats dans la lutte contre le terrorisme[814] ». La lecture du *Canard* de cette époque permet de mieux apprécier ces efforts et cette efficacité.

Elle renseigne d'abord sur les dissensions, au sein du gouvernement, entre partisans de la négociation et partisans de la fermeté ; un Charles Pasqua, qui affirmait publiquement sa volonté de « terroriser les terroristes » n'était pas hostile, en petit comité, à l'idée d'une libération des détenus réclamés par les terroristes. Elle met également en lumière la complexité de l'espace proche et moyen-oriental. Dans un premier temps, les négociateurs français cherchèrent du côté de la Syrie, tant pour ce qui regardait les otages du Liban que pour les attentats commis en France ; par ces moyens, la Syrie aurait signifié à la France son refus de la voir intervenir dans sa chasse gardée libanaise ou (et ?) son besoin d'assistance économique[815]. Puis le gouvernement acquit la conviction que les Syriens n'étaient en rien impliqués dans les attentats – et le fit savoir publiquement, ce qui renforça la position de la Syrie sur la scène internationale, très affaiblie depuis que les Américains et les Britanniques l'avaient inscrite sur leur liste noire.

On se tourna alors vers les Iraniens, protecteurs du Jihad islamique et du Hezbollah qui détenaient plusieurs otages français et réclamaient eux aussi la libération de terroristes emprisonnés en France. Cette seconde piste s'avéra la bonne, comme le confirma, entre février et avril 1987, le démantèlement du réseau responsable des attentats de 1986. De nouvelles tractations s'engagèrent alors, dont les résultats les plus spectaculaires furent l'expulsion d'un « diplomate » iranien à la fin de l'année 1987 et le retour des derniers otages français enter les deux tours de l'élection présidentielle de mai 1988. La presse française et étrangère ne pouvait manquer de s'interroger sur l'opportunité de cette libération et les conditions posées par les ravisseurs. Rançon, libération de terroristes détenus en France, remerciements publics à l'Iran, le prix à payer fut probablement élevé. Il était presque inévitable que le gouvernement cherchât à s'en dédommager en utilisant l'heureuse nouvelle à des fins de politique intérieure. *Le Canard enchaîné* et *Libération* se firent l'écho d'une tentative de manipulation orchestrée par les collaborateurs de Charles Pasqua pour accréditer la thèse d'un sabotage des négociations par l'Élysée ; et des efforts du même Charles Pasqua pour que Jean-Paul Kauffmann lance un appel à voter Chirac dès sa descente d'avion[816]. De tout cela, les successeurs de Jacques Chirac, Jean-Bernard Raimond et Charles Pasqua, ne purent prendre connaissance : en mai 1988 les archives de Matignon, du Quai d'Orsay et de la place Beauvau ne contenaient plus aucune trace des négociations menées pour la libération des otages.

II

DE MITTERRAND À CHIRAC

Le second septennat

D'une élection, l'autre

François Mitterrand avait donc remporté l'élection présidentielle de 1988. Instruits par l'expérience de 1981 – ou déçus par les années qui la suivirent –, les journalistes du *Canard enchaîné* se gardèrent de manifester une joie trop bruyante. Au sein de la rédaction, la plupart de ceux qui ne s'étaient pas abstenus avaient voté Mitterrand davantage par rejet de Chirac que par adhésion au président sortant. L'article de Sylvie Caster dans le numéro du 11 mai montre bien ce choix par défaut ; sous les accents de la fête se discerne le murmure de la déception. La journaliste remarque d'abord la coupure entre « la foule populaire » et le « cercle des dieux » ; tandis que les premiers dansent sur la place de la République (« mais il ne faut pas être à la République comme il fallait être à la Bastille », remarque-t-elle), les seconds festoient dans les salons et jardins de la Maison de l'Amérique latine, dans le VIIe arrondissement. Et puis, même les militants sont « sans illusion » : « En sept ans, ils sont passés de l'état de grâce à l'état de raison où on vote contre ceux qui ne sont pas supportables. »

Le ton était moins chaleureux encore trois ans plus tard, au moment de fêter le dixième anniversaire de l'arrivée de Mitterrand au pouvoir. Tandis que le « socialisme d'autrefois » proposait des « manifs, des pavés, des barricades, de l'espoir », selon le dessinateur Cardon, le « socialisme d'aujourd'hui » vend des « placements, des profits, des séminaires, des voyages en avions et hélicoptères du GLAM ». Dans un éditorial, Roger Fressoz appelait à plus de retenue les « tontonlâtres » :

> « Tonton 91 n'est pas tout à fait le même, mais c'est la vie, que Tonton 81. Le premier était un socialiste président tout piaffant. Le deuxième est un président socialiste qui a mis beaucoup d'eau claire dans son eau rose et de tempo à son impatience. [...] En fait de « changement » promis, c'est surtout Mitterrand qui aura changé. Si les améliorations sociales n'ont pas été négligeables pendant la décennie, la transformation socialiste n'a pas eu lieu, elle est restée stérilisée au magasin des utopies. »

Certes, le directeur du *Canard enchaîné* reconnaissait au président une « intelligence politique » supérieure et le don, en politique étrangère, de faire croire que l'on dirige le mouvement alors qu'on le subit. Mais restait, « indélébile, la tache du chômage » cependant que la décennie avait eu « ses scandales que la gauche vertueuse n'avait pas empêchés ni pourchassés plus efficacement que la droite amorale[817] ».

Aussi, lorsqu'en 1993, la droite remporta les élections législatives et envoya Edouard Balladur à Matignon, on ne peut dire que le *Canard*, officiellement du moins, manifesta beaucoup de chagrin. Le nouveau Premier ministre incarnait pourtant cette droite naguère si détestée, il l'incarnait non seulement par ses choix politiques mais aussi par ses manières, son langage, toute sa personne. Déjà, quand il était ministre de l'Économie (et des Finances et de la Privatisation) de Jacques Chirac, de 1986 à 1988, il avait constitué une cible de choix pour les caricaturistes du *Canard*: ses caprices, sa folie des grandeurs, son souci maniaque de l'étiquette en avaient fait « Sa Suffisance », « le Grand Ballamouchi », « Ballamou Ier ». Sa nomination au poste de Premier ministre et ses ambitions présidentielles progressivement dévoilées attirèrent de nouveau sur lui l'attention irrespectueuse des journalistes du *Canard*. Une rubrique nouvelle fut créée au lendemain des élections, qui racontait les « Aventures de Ballamou Ier »; le duel avec Jacques Chirac fournit la matière d'innombrables dessins et échos. En contrepoint de cette mise en boîte hebdomadaire, le *Canard* prit position contre la politique sécuritaire dirigée par Charles Pasqua, les projets scolaires de François Bayrou (le compte-rendu de la grande manifestation du 18 janvier 1994 en faveur de l'école laïque fut très favorable) ou la tentative du gouvernement d'instituer un « SMIC-jeunes ». À côté de cette critique de fond et des attaques lancées sur la personnalité du Premier ministre, la lancinante chronique des affaires, nous le verrons, acheva de discréditer le candidat Balladur aux yeux d'une partie des lecteurs du *Canard enchaîné*.

Les affaires du septennat

Comme en 1981, l'immédiat après mai 1988 fut assez difficile pour *Le Canard enchaîné*. Une retombée de l'intérêt des Français pour les combats politiques, le délai d'observation accordé à tout nouveau gouvernement, l'habileté personnelle du Premier ministre Michel Rocard, tout concourait à ce que les lecteurs occasionnels du *Canard* se détournent du journal; il n'y avait guère que la « cohabitation » entre le président Mitterrand et le Premier ministre que lui avaient imposé les sondages – mais qu'il détestait – pour alimenter les colonnes de l'hebdomadaire satirique. Outre cette atonie, peu d'affaires à se mettre sous la plume, à droite comme à gauche. Il faut attendre le début de l'année 1989 pour voir les premières grandes affaires du second septennat.

L'une des plus importantes, l'une des plus graves aussi, fut l'affaire dite du sang contaminé. Les faits remontaient à plusieurs années. Dès 1982, des chercheurs américains avaient observé que le sida se transmettait plus facilement par le sang que par le sperme. En 1983, un laboratoire mit au point un système de chauffage du sang permettant d'éliminer le virus ; il le commercialisa l'année suivante. À la même époque, des congrès et des revues scientifiques établirent clairement l'intérêt de chauffer le sang destiné aux transfusés ou aux hémophiles. Comment, alors, expliquer le retard mis par les autorités françaises, ministère de la Santé et Centre national de transfusion sanguine (CNTS), à remplacer les lots contaminés par des lots stérilisés ? L'ignorance des médecins ou la complexité des chaînes de responsabilité, arguments souvent brandis par la suite, n'expliquent pas tout.

Le 12 avril 1989, sous la signature d'Alain Brume (en fait Alain Guédé, auteur de la plupart des articles parus sur le sujet dans l'hebdomadaire satirique), *Le Canard enchaîné* révéla la distribution volontaire, en 1985, de lots de sang contaminé à des hémophiles, notamment pendant la période comprise entre l'annonce, par le secrétaire d'État à la santé, Edmond Hervé, de l'obligation de distribuer du sang chauffé (juillet) et la date d'entrée en vigueur de cette mesure (octobre). Le journal publia à l'appui de ses affirmations l'extrait d'une directive adressée par le directeur du CNTS à ses subordonnés, dans laquelle ce dernier annonçait sa décision d'écouler les stocks de produits non chauffés. Ces révélations n'émurent personne (seul *Le Parisien libéré* reprit l'information), comme n'avaient guère eu de retentissement les articles de *Libération* et de *L'Express* qui, en 1986, faisaient le lien entre contamination du sida et transfusion sanguine. En 1990, le directeur du CNTS, le docteur Michel Garretta, recevait la Légion d'honneur pour « services exceptionnels » !

Ce n'est qu'en 1991 qu'une nouvelle série d'articles du *Canard enchaîné* et de *L'Événement du jeudi*, beaucoup plus substantiels que ceux de 1989, amenèrent l'opinion publique et la justice à s'intéresser de près à ce qui devenait le « scandale du sang contaminé ». À la suite de la publication d'un rapport interne du CNTS par *L'Événement* et de l'enquête – exemplaire – d'Anne-Marie Casteret pour ce même journal, les responsabilités des dirigeants du Centre sortirent du flou dans lequel les tenaient les intéressés eux-mêmes. Ce document et d'autres (dont, cité par le *Canard*, le rapport des gendarmes chargés d'enquêter sur cette affaire après le dépôt d'une plainte au pénal) prouvaient que les dirigeants du CNTS connaissaient les risques encourus par les malades auxquels fut distribué le sang non chauffé ; s'ils avaient passé outre, c'était en raison de considérations essentiellement économiques (le lot douteux représentait une somme de trente millions de francs que le CNTS pouvait d'autant moins se permettre de prendre que l'achat de produits américains aurait mis en péril son équilibre financier très précaire). À partir de là, la suite de la campagne du *Canard*, parallèle à celle d'autres titres de la presse français et étrangère, porta essentiellement sur les responsabilités ministérielles, administratives et scientifiques à l'origine de la mort de plusieurs centaines d'hémophiles transfusés.

En comparaison, les affaires Société générale et Péchiney, déclenchées à peu près en même temps que le scandale du sang, paraissent dérisoires. Pourtant, sur le moment, ces affaires de gros sous firent bien plus pour ébranler le pouvoir socialiste que les morts par transfusion sanguine. Dans les deux cas, des hommes de l'entourage de François Mitterrand furent accusés d'un délit d'initié portant sur plusieurs dizaines de millions de francs. Pour la Société générale, il s'agissait initialement de prendre le contrôle d'une société privatisée en 1987 pour en expulser le « noyau dur » mis en place par Edouard Balladur ; l'opération échoua mais elle permit à ceux qui étaient au courant de profiter de la flambée des cours consécutive à l'annonce du « raid », à l'été 1988. Quelques mois plus tard, Michel Rocard annonçait triomphalement l'achat d'une société américaine d'emballage, American National Can (ANC), par le spécialiste de l'aluminium français Péchiney, entreprise nationalisée. Mais la Commission des opérations de Bourse (COB) déclencha une enquête après avoir constaté qu'un grand nombre d'actions de la holding possédant la firme américaine avaient été achetées quelques jours avant l'annonce officielle de l'accord puis revendues une fois celui-ci connu, avec une formidable plus-value.

Les mêmes noms que ceux déjà cités dans le cadre de l'affaire Société générale circulèrent, en particulier ceux du directeur de cabinet de Pierre Bérégovoy, Alain Boublil, de Roger-Patrice Pelat, ami de François Mitterrand, de Max Théret, ancien patron de la FNAC et du *Matin*, ami lui aussi du président de la République. Si le rapport de la COB, rendu public au début du mois de février 1989, innocenta la plupart de ces personnages « faute d'éléments décisifs permettant l'identification », l'impression demeure, aujourd'hui encore, que toute la lumière n'a pas été faite sur cette affaire ; la discrétion des enquêteurs de la *Security Exchange Commission* (SEC, l'équivalent américain de la COB) sur l'identité de la plupart des intermédiaires impliqués dans ce délit d'initié qui concerna les deux rives de l'Atlantique n'a pas contribué à dissiper le mystère. Quant à l'impression produite à l'époque sur l'opinion publique, d'autant plus prompte à condamner en bloc que l'affaire paraissait bien embrouillée, elle fut des plus fâcheuses.

> « L'opinion publique est-elle trop soupçonneuse, trop tracassière pour les hommes d'État ? s'interrogea le directeur du *Canard enchaîné* le 25 janvier 1989. C'est le contrepoids à leur toute-puissance et à leur éloignement. [...] Comment le « peuple de gauche » ne ressentirait-il pas, quoi qu'il en soit du reste, un réel écœurement[818] ? »

Le Canard enchaîné, tout en apportant un grand nombre d'informations exclusives (notamment sur les conditions très avantageuses du rachat de la société de Roger-Patrice Pelat par une société nationalisée en 1982) n'était ni le seul ni même peut-être le principal titre à enquêter sur ces affaires; *Le Monde* joua également un rôle éminent. En revanche, c'est le *Canard* qui révéla, le 3 février 1993, l'existence d'un prêt personnel sans intérêt consenti par l'inévitable Roger-Patrice Pelat à Pierre Bérégovoy. Ce prêt n'avait rien d'illégal: consenti à un homme dégagé de toute responsabilité officielle (en septembre 1986 Pierre Bérégovoy n'était plus ministre) par l'un de ses amis intimes, déclaré à l'administration fiscale, il n'aurait pas dû attirer l'attention de l'hebdomadaire satirique. Mais, comme le prêteur avait eu son nom mêlé à des scandales récents, que l'emprunteur avait été ministre de l'Économie et des Finances avant et après le prêt, que des membres du cabinet du second avaient eu maille à partir avec la justice pour des affaires dans lesquelles le premier avait été impliqué, on pouvait s'interroger sur ce qu'avait attendu le prêteur en contrepartie de son geste. Le contraste entre la modestie affichée par Pierre Bérégovoy, son ambition proclamée de lutter contre la corruption et de moraliser la vie politique, et les amitiés douteuses qu'il entretenait dans le monde de la finance créait un malaise; le parcours de l'ancien ajusteur-fraiseur empruntant un million pour acheter un appartement dans le seizième arrondissement de Paris symbolisa aux yeux de certains la trahison par la gauche de ses idéaux d'origine.

À relire le *Canard* de cette époque, on ne voit pas que le Premier ministre (depuis avril 1992) ait enduré un régime particulièrement sévère: Roger Fressoz ne trouva guère à lui reprocher que d'avoir « manqué de flair, de jugeote et de prévoyance », d'avoir fait « un écart de conduite, une erreur politique, une faute morale » (10 février 1993). Les articles sur la gentilhommière de François Léotard ou les « vacances de milliardaire » de Jacques Chirac dans ces semaines précédant les élections législatives paraissent autrement plus rudes et surtout plus nombreux: le prêt accordé à Pierre Bérégovoy ne fit l'objet que de quelques articles au mois de février. Sans doute le dernier chef de gouvernement de François Mitterrand avait-il les nerfs moins solides que les deux dirigeants de l'opposition; dès le mardi 2 février, en fin d'après-midi, à l'heure où l'on prend connaissance du *Canard* dans les ministères, il offrit sa démission au président de la République, qui la refusa. « Celui qui conduit les affaires est naturellement très exposé », aurait dit pour le réconforter François Mitterrand à un Pierre Bérégovoy très déprimé[819]. On connaît la suite: la défaite très lourde de la gauche aux législatives, le suicide de Pierre Bérégovoy, un 1er mai, au bord d'un canal, le déchaînement de critiques contre *Le Canard enchaîné* et les journaux qui avaient repris son information, les « mots qui tuent » (Laurent Fabius) et l'« honneur d'un homme livré aux chiens » (François Mitterrand[820]).

Les journalistes du *Canard* se retrouvaient, une fois de plus, en position d'accusés. Comme en octobre 1979, après la mort de Robert Boulin, une partie du monde politique et des médias les jugeait responsables de la mort d'un homme qui n'aurait pas supporté de voir son intégrité mise en question[821]. Il serait mensonger de dire que ces accusations ne trouvèrent aucun écho parmi la rédaction; la responsabilité des journalistes est un sujet pris très au sérieux au *Canard* et la personnalité de Pierre Bérégovoy, qui avait toujours entretenu des relations cordiales avec le *Canard* avant l'affaire du prêt[822], rendait cette interrogation des consciences particulièrement douloureuse. Pourtant, l'éditorial collectif publié à la une du numéro du 5 mai 1993 présentait des « explications » et non des excuses:

> « Le *Canard* a le premier évoqué l'affaire du prêt Pelat à l'ancien Premier ministre. Il l'a fait à partir d'informations de source judiciaire établies et vérifiées. Il l'a fait après avoir

informé et interrogé Pierre Bérégovoy, qui n'a pas contesté les faits. Il l'a fait à sa manière habituelle, qui est ironique et satirique mais – on peut se reporter aux articles – avec prudence, modération et retenue. Le *Canard* a le sentiment de n'avoir enfreint aucune règle déontologique de notre métier, de n'avoir commis ni faute professionnelle ni faute morale. »

L'un des plus virulents à dénoncer les fautes professionnelles ou morales du *Canard enchaîné* fut François Léotard. Dans *Le Monde*, il accusa le *Canard* d'incarner le « fascisme élégant » et d'être coupable du « meurtre » de Pierre Bérégovoy, préfiguration de l'« holocauste à venir ». Il faut dire que le nouveau ministre de la Défense n'avait pas été ménagé par l'hebdomadaire dans les années précédentes. Depuis 1988, le journal s'intéressait aux conditions dans lesquelles François Léotard avait loué puis acheté et rénové une somptueuse maison dans la commune dont il était le maire, Fréjus (Var). Le 13 avril 1988, André Rougeot publia un grand article sur « la gentilhommière à prix cassé de Léo » ; des fuites en provenance de la Direction nationale des enquêtes fiscales (DNEF) permettaient au journaliste d'affirmer que le loyer et le prix de vente avaient été établis à un niveau très inférieur au marché[823]. Les liens du maire de Fréjus avec un promoteur immobilier, les changements opportuns du plan d'occupation des sols, les factures réglées par la mairie ou par des entreprises de travaux publics en relations d'affaires avec la mairie (notamment pour la construction du fameux mur d'enceinte de la propriété), tout cela fut évoqué dans cet article et ceux qui le suivirent, de manière intermittente, jusqu'en 1993. Au début de cette année 1993, François Léotard, qui avait été inculpé pour trafic d'influence, corruption et ingérence, bénéficia d'un non-lieu de la justice – assorti d'un réquisitoire qui laissait entiers les soupçons mais constatait l'absence de preuve pour les étayer ou la prescription de certains faits.

Le nom de François Léotard apparut encore dans le dossier du financement du parti républicain, dont le député du Var avait été le secrétaire général au milieu des années 1980. Ce dossier et les mises en examen qui en découlèrent (en particulier celle de Gérard Longuet, en octobre 1994) n'étaient eux-mêmes qu'un épisode d'une longue série d'affaires, liées au financement des campagnes électorales et des partis politiques, qui empoisonnèrent l'atmosphère du second septennat de François Mitterrand – comme elles empoisonnent celle de la présidence de Jacques Chirac depuis 1995. En l'absence d'un financement public des activités politiques, bien peu dans les mœurs françaises, les partis avaient pris l'habitude de recourir à des moyens occultes pour payer leurs frais de campagne, leurs permanents, leurs loyers. Ces pratiques ne furent pas inventées dans les années 1980 et 1990 mais c'est dans ces années-là qu'elles firent scandale sous les effets conjugués de l'inflation incontrôlée des dépenses et de la persévérante curiosité d'une frange de la presse et de la magistrature.

Le Canard enchaîné joua un rôle majeur dans la révélation de ces pratiques, surtout à partir de 1988[824]. Significativement, le premier numéro des *Dossiers du Canard* de 1988 avait pour thème « l'argent secret des élections » ; aucun parti n'y était épargné. Comme souvent, le trimestriel du *Canard* était en prise directe avec l'actualité, en l'occurrence la loi dite « de transparence et de moralisation » qui, pour la première fois, fixait un plafond aux dépenses que pouvaient engager les candidats aux élections présidentielle et législatives, limitait le montant des dons des personnes ou des entreprises et prévoyait un financement public. Préparée dès l'automne 1987, cette loi était par excellence une loi de la cohabitation et recueillit les suffrages de tous les partis de l'Assemblée nationale à l'exception du parti communiste. Ceux-ci ne voyaient que des avantages à cette loi qui, sous couvert de remettre les « compteurs à zéro », amnistiait tous les délits en relation avec le financement des partis[825].

Le même procédé – vote d'une loi assainissant le financement puis dépôt d'un amendement parlementaire destiné à lui adjoindre une procédure d'amnistie[826] – fut utilisé deux ans plus tard; il fonctionna beaucoup moins bien puisque, proposé et voté par les socialistes, il ne dut son adoption, en janvier 1990, qu'à l'abstention bienveillante de nombre de députés RPR et UDF. Pire, il fournit le prétexte d'une motion de censure quelques mois plus tard et permit aux dirigeants de la droite de se poser en épurateurs d'une situation dont ils étaient largement coresponsables. C'est qu'entre-temps, l'actualité judiciaire avait tourné à la confusion de la majorité avec, en particulier, le procès des fausses factures de la Sormae, une entreprise de travaux publics. Sur les trente-six inculpés, onze bénéficiaient des deux amnisties successives, ce qui suscita l'indignation de l'opinion publique et les protestations de nombreux commentateurs, prompts à dénoncer une « justice à deux vitesses », douce aux forts, dure aux faibles. Les attendus du jugement de non-lieu prononcé par les cinq magistrats de la Haute Cour de justice chargés d'examiner la mise en accusation de Christian Nucci dans l'affaire Carrefour du Développement étaient à l'unisson de cette émotion : « Pour la première fois dans l'histoire de notre République, on amnistie des faits criminels. »

Le *Canard* ne disait pas autre chose à travers les multiples articles et dessins qu'il publia à cette époque. Si l'on opère un tri sommaire dans les principales affaires sur lesquelles il attira l'attention du public entre 1989 et 1995, on évoquera, pour la gauche, l'affaire des bureaux d'étude Urba-Gracco (financement du PS) et Gifco (financement du PC), pour la droite les affaires des HLM de Paris et de la Cogedim (financement du RPR), du financement du PR et du CDS, des campagnes électorales de Michel Noir à Lyon et d'Alain Carignon à Grenoble. D'autres affaires, d'enrichissement personnel ou n'ayant pas de rapport direct avec le financement des partis mais touchant des personnalités politiques (outre celles que nous avons déjà mentionnées, il faut citer les affaires Tapie ou Boucheron) eurent également un écho important.

Il serait vain de passer toutes ces affaires en revue ; du reste, certaines d'entre elles n'ont pas encore connu leur dénouement médiatique ou judiciaire. Il nous a semblé préférable de nous attarder sur deux de ces affaires, exemplaires et parvenues à leur terme, dans le déroulement desquelles *Le Canard enchaîné* a joué un rôle décisif. La première concerne Alain Carignon et démarre en février 1989. Cet autodidacte entré très jeune en politique était alors candidat à sa propre succession à la mairie de Grenoble, qu'il avait emportée à la surprise générale en 1983, à l'âge de trente-quatre ans. Depuis cette date, il n'avait cessé de gravir les échelons de la politique nationale président du Conseil général de l'Isère en 1985, ministre de l'Environnement en 1986, figure éminente des « rénovateurs » du RPR au lendemain des législatives de 1988, il était crédité d'une popularité flatteuse par les sondages, fondée sur son dynamisme et la « modernité » de son discours, et pouvait espérer atteindre un jour les plus hautes fonctions de l'État.

C'est cette étoile montante de la politique qu'atteignit de plein fouet, le 1er février 1989, l'article de Jean-François Julliard intitulé « Carignon nouveau recordman de l'ardoise électorale ». Le rédacteur, qui bénéficiait des connaissances de journalistes locaux et d'un informateur placé au cœur du système Carignon, révélait le montant très élevé (20 millions de francs, record national) des dépenses engagées par le candidat pour assurer sa réélection, et les contributions d'un certain nombre d'entreprises. Furieux, le maire de Grenoble fit racheter en sous-main, par de pseudo-étudiants et pseudo-enseignants, tous les exemplaires du *Canard enchaîné*. Trois mille exemplaires échappèrent néanmoins à sa vigilance et, avec l'écho que donna *Le Monde* à cette « razzia », alimentèrent la ville en sujets de conversation. Ce qui n'empêcha pas Alain Carignon d'être réélu.

À partir de 1990, la ville de Grenoble connut une vague de faillites, d'inculpations et de mises en détention touchant des membres de l'entourage familial ou politique d'Alain Carignon. De 1989 à 1993, le *Canard*, secondé notamment par *Le Nouvel Observateur* et *L'Express*, dévoila des anomalies dans la gestion d'un certain nombre d'institutions municipales (notamment l'office HLM), un système de fausse facturation et des truquages dans les marchés publics. Les travaux très ambitieux réalisés dans la ville et l'endettement-record de la municipalité fournirent également matière à enquête. Celle-ci n'aboutit à une mise en examen qu'en 1994 ; Alain Carignon était alors ministre de la Communication du gouvernement d'Edouard Balladur. Le Premier ministre ayant repris la règle établie par Pierre Bérégovoy selon laquelle un ministre mis en examen devait démissionner, Alain Carignon quitta le gouvernement en juillet 1994. Arrêté au mois d'octobre – « pour la première fois depuis Charles X, un ancien ministre était placé en détention pour faits de corruption » souligne Jean-Jacques Becker[827] –, il fut condamné le 9 juillet 1996 à cinq ans de prison dont quatre ans fermes.

Revenant sur cette enquête, Jean-François Julliard se souvient surtout du « sentiment d'impunité qui régnait parmi la classe politique à cette époque[828] ». La corruption était très répandue, des chefs d'entreprise en direction des responsables politiques, de ceux-ci en direction des journalistes locaux ou nationaux. Un vaste système avait été mis en place sur tout le département de l'Isère qui « arrosait » tous les partis politiques, à l'exception du Front national et des Verts. La méthode la plus courante consistait à « prier » les entrepreneurs de verser de l'argent à des bureaux d'étude ; ceux-ci facturaient des prestations fictives et reversaient l'argent à l'élu ou à son parti ; la plus grosse partie des sommes détournées servait aux frais de campagne et à l'entretien d'une « clientèle » locale, le reste remontait vers les structures nationales ; les entreprises se remboursaient – largement – sur le montant des travaux effectués dans le cadre de marchés publics aux appels d'offre truqués. Tout le système reposait en définitive sur les contribuables.

Le cas du financement du Centre des démocrates sociaux (CDS) est un peu différent. Il déborde le cadre du département, voire – puisque le dossier comporte un volet suisse – le cadre national. Il ne met pas en cause une personnalité et une stratégie individuelle – fussent-elles relayées par un groupe de complices et de comparses –, mais les dirigeants d'un parti d'importance nationale, composante essentielle de l'UDF. Un premier coup de patte fut donné par le *Canard* en septembre 1991 lorsque l'hebdomadaire satirique publia une lettre d'un secrétaire national du parti, François Froment-Meurice, à un sénateur de même obédience, membre de la Commission nationale d'urbanisme commercial (CNUC), l'instance chargée de délivrer les autorisations d'ouverture des grandes surfaces. Il y apparaissait clairement que le CDS, alors au pouvoir (la lettre datait de novembre 1986, époque où le ministre du Commerce et de l'Artisanat était, précisément, un homme issu de cette formation politique) décidait de l'implantation des grandes surfaces en fonction de ses intérêts, favorisant les promoteurs « amis », rejetant les autres. C'est sans doute le caractère général de ces pratiques qui explique le silence – brisé seulement par quelques élus et chefs d'entreprise – qui suivit ces révélations; la commission d'enquête parlementaire sur le financement des partis écarta d'ailleurs ce sujet délicat du champ de ses investigations.

Bien plus embarrassants pour le CDS et ses dirigeants furent les deux articles publiés par le *Canard* en mars 1995, sous la signature de Louis-Marie Horeau. Le premier s'interrogeait sur les facilités accordées au parti pour se loger: trois ans d'occupation gratuite d'un immeuble rue de l'Université, à Paris, puis l'acquisition de cet immeuble « à usage d'habitation » alors que l'usage en avait été, à l'évidence, plutôt celui d'un immeuble de bureaux – avec, à la clef, une différence de 25 % sur le prix d'achat. Mais il y avait plus sérieux.

Le 22 mars, le *Canard* décrivit dans le détail le fonctionnement de la « caisse noire » du CDS : deux sociétés fiduciaires suisses géraient pour le compte du parti les commissions, dons et frais d'étude en provenance de France, obtenus selon les schémas classiques du financement occulte des partis politiques. Les fonds étaient investis pour produire des intérêts ; quand le parti avait besoin d'argent pour préparer les élections, organiser un congrès, etc., les fonds étaient transférés en France au moyen de fausses factures. Au cœur du système, on retrouvait l'homme des grandes surfaces, François Froment-Meurice ; interrogé par les journalistes du *Canard* il commença par nier avant de confirmer toutes les informations du journal : « Un parti qui prétend qu'il se finançait par l'air du temps avant la loi de 1990 se fout du monde ! » déclara-t-il aux journalistes. Mais, comme le rappela le *Canard*, « jusqu'à présent, aucune organisation politique n'avait été convaincue d'avoir caché de l'argent en Suisse, comme un rentier frileux, et au mépris de l'intérêt national ».

Ces révélations ne pouvaient plus mal tomber pour les dirigeants du CDS et, plus généralement, pour le gouvernement d'Edouard Balladur. Déjà durement touché par les démissions en cascade qui l'avaient affecté de juillet à novembre 1994, pris dans la tourmente de l'affaire Schuller-Maréchal, mis en cause en la personne de son chef avec l'affaire GSI à quelques semaines de l'élection présidentielle, il l'était cette fois dans celle du ministre de la Justice et garde des Sceaux, Pierre Méhaignerie, président du CDS de 1982 à 1994. Or celui-ci avait affirmé à plusieurs reprises que la justice devait passer pour tous, responsables politiques compris ; n'avait-il pas déjà dû, fidèle à cet engagement, autoriser l'ouverture d'une information judiciaire à l'encontre de son collègue Gérard Longuet, l'acculant ainsi à la démission ? Le ministre ne put faire autrement que de déclencher une enquête sur son propre parti, qui mit au jour ses responsabilités personnelles dans le fonctionnement de cette « caisse noire ».

Il n'est pas impossible que cette affaire ait eu quelque influence, avec d'autres, sur le résultat de l'élection présidentielle qui vit la défaite, au premier tour, d'Edouard Balladur. En eut-elle sur la carrière politique des personnalités mises en cause, et notamment sur celle des trois ministres d'Edouard Balladur, Bernard Bosson, Jacques Barrot, Pierre Méhaignerie ? Si le premier se retrancha de la vie politique nationale, le deuxième devint ministre du Travail et des Affaires sociales dans le gouvernement Juppé tandis que le troisième, écarté de ce gouvernement en raison de son soutien à Edouard Balladur, prenait la tête de la prestigieuse commission des finances de l'Assemblée nationale. Quant aux sanctions judiciaires, symboliquement assez lourdes, elles n'entravèrent en rien la carrière des uns ou des autres[829].

Depuis 1995

Toujours les affaires...

On peut classer les affaires traitées par *Le Canard enchaîné* depuis 1995 en deux catégories. D'un côté celles qui ont déjà connu leur épilogue, judiciaire ou médiatique ; à l'instar de l'affaire du financement du CDS, la plupart ont démarré dans les années précédentes. De l'autre celles qui sont encore en cours et qui, pour certaines, sont loin d'avoir dissipé leur charge explosive : l'affaire de la MNEF ou du « système Pasqua » dans les Hauts-de-Seine, pour ne citer que ces deux exemples, réservent encore bien des surprises... Mention spéciale doit être faite pour les affaires de Paris (le pluriel est de rigueur tant les fraudes électorales, les logements de faveur, les truquages de marchés publics, les emplois fictifs, la corruption de certains élus composent un ensemble difficilement démêlable), dont les premiers échos dans *Le Canard enchaîné* datent du début des années 1980 et qui ne connaîtront leur dénouement qu'après 2002, dans le meilleur des cas.

Deux affaires, surtout, ont retenu notre attention pour cette dernière période, en raison de la mise en cause publique de l'attitude du *Canard enchaîné* à laquelle elles donnèrent lieu. La première concerne l'enquête déclenchée après l'assassinat de la députée PR du Var, Yann Piat, le 25 février 1994. Alors que l'instruction concluait assez rapidement à un crime crapuleux, une série d'articles publiés dans *Le Canard enchaîné* du 24 juillet au 2 octobre 1996, sous la signature du spécialiste des affaires du Var, André Rougeot, contestaient cette interprétation officielle. Selon le journaliste du *Canard enchaîné*, la thèse défendue par le magistrat instructeur était trop simple et laissait de côté nombre d'indices troublants ; une députée (UDF-PR), candidate à la mairie d'Hyères, assassinée pour avoir songé à limiter les horaires d'ouverture des bars de la ville, le prétexte semblait bien mince ; des pistes avaient été négligées par l'instruction ; l'existence d'une deuxième équipe de tueurs et les liens existant entre Yann Piat et les frères Saincené (qui auraient détenu sur informatique les mêmes informations que celles de Yann Piat et qu'on retrouva morts dans leur voiture quelques semaines après le meurtre de la députée) n'avaient pas été jugés dignes d'intérêt.

L'affaire était grave, les premiers articles d'André Rougeot mirent en émoi la presse régionale, le monde politique et les autorités judiciaires, policières et militaires (puisque tout le raisonnement du journaliste reposait sur l'existence d'une enquête parallèle menée par la Direction du renseignement militaire). Le 1er août 1996, le juge d'instruction de Marseille, accompagné du chef de la brigade criminelle et d'un lieutenant de police, se rendit au siège du *Canard enchaîné*. Il demanda à André Rougeot de lui remettre les documents qui avaient étayé ses articles puis, devant le refus de ce dernier, lui annonça son intention de perquisitionner son bureau. Cette première dans l'histoire du journal tourna court : le monceau de papiers qui s'entassait sur le bureau du journaliste découragea le magistrat. Celui-ci emmena André Rougeot pour interrogatoire, assorti d'une perquisition à son domicile privé, qui ne donna rien non plus. André Rougeot gagnait la première manche.

Il perdit la seconde, un an plus tard. Avec son ami Jean-Michel Verne, pigiste au *Canard*, il fit paraître au début du mois d'octobre 1997 *L'Affaire Yann Piat*, au sous-titre fracassant : *Des assassins au cœur du pouvoir*. La thèse était, *grosso modo*, celle qu'il défendait dans les colonnes du *Canard* un an auparavant ; la députée avait été assassinée parce qu'elle en savait trop sur des opérations immobilières impliquant des hommes politiques et le grand banditisme varois. Les pistes menant à cette conclusion avaient été négligées par l'instruction, qui s'en était tenue au menu fretin et au caractère strictement crapuleux du crime. Mais les auteurs allaient plus loin que les articles du *Canard* en citant les propos d'un « général », ancien de la Direction du renseignement militaire, qui faisait de deux dirigeants politiques – Jean-Claude Gaudin et François Léotard, aisément identifiables sous les noms de code par lesquels ils étaient désignés, « Encornet » et « Trottinette » – les commanditaires du meurtre.

L'un et l'autre réagirent immédiatement et avec vigueur ; tandis que le maire de Marseille (et président du Conseil régional de Provence-Alpes-Côte d'Azur) portait plainte contre les « paparazzi de second ordre », le député du Var (et président de l'UDF) faisait paraître un grand article dans *Le Monde* (« Le ministère de la boue ») et entamait une action en référé pour supprimer les passages du livre jugés diffamatoires. Cette procédure d'urgence obligeait les auteurs à prouver devant le tribunal de grande instance de Paris la véracité de leurs allégations. Par deux fois (10 et 28 octobre) André Rougeot et Jean-Michel Verne furent dans l'incapacité de produire les preuves de ce qu'ils avançaient. Le tribunal ordonna donc le retrait de la vente du livre tant que ne seraient pas occultés les passages controversés ; les éditions Flammarion renoncèrent « purement et simplement à poursuivre la publication de ce livre ».

Outre les éditions Flammarion, accusées de « légèreté » dans cette affaire, *Le Canard enchaîné* fut mis en cause par certains de ses confrères et, plus nettement encore, par une partie du monde politique. André Rougeot était un collaborateur de longue date du *Canard*, Jean-Michel Verne avait épisodiquement travaillé pour le journal, une bonne partie du livre ne différait guère, sinon par le ton, des articles publiés en 1996 ; de là à désigner le *Canard* comme le relais complaisant d'une manipulation visant à discréditer deux dirigeants politiques, il n'y avait qu'un pas que franchirent bon nombre de ceux qui s'exprimèrent sur l'affaire à cette époque. Du côté du *Canard*, on afficha d'abord un soutien sans faille à un collaborateur en difficulté, avant de prendre ses distances avec lui. Après deux articles maladroits le 8 octobre qui montraient son embarras (en une, le *Canard* ne répondait pas sur le fond et renvoyait François Léotard à « son mur, ses affaires immobilières et les écoutes dont l'accusent ses anciens voisins » ; en 2, l'auteur anonyme parlait du « charme romanesque » d'une affaire racontée « comme un polar »), la rédaction rectifia le tir la semaine suivante. Tandis qu'une pleine page était consacrée, à l'intérieur du numéro, aux « pans entiers de l'affaire Piat laissés de côté par la justice », le directeur, fait rarissime, signa un éditorial mettant les choses au point :

> « Le *Canard*, c'est le *Canard*, le livre, c'est le livre. André Rougeot s'est appuyé sur une partie de l'enquête réalisée pour notre journal, mais son livre, son polar, n'a pas été publié par le *Canard* et ne l'aurait pas été sous cette forme. Nous n'en avons d'ailleurs pris connaissance, comme la plupart des confrères, que le jour de sa parution. On comprendra dès lors que nous assumions pleinement le contenu des six articles parus dans nos colonnes du 24 juillet au 2 octobre 1996, mais rien de plus. » (« La chasse aux canards », 15 octobre 1997[830]).

Au *Canard*, les esprits étaient beaucoup moins sereins que ne pouvait le laisser deviner cette prise de position « officielle ». L'équipe était « déroutée », « abasourdie », « atterrée » selon les termes rapportés par un journaliste du *Monde*. André Rougeot travaillait comme permanent pour l'hebdomadaire satirique depuis la deuxième moitié des années 1980, il y était apprécié, même s'il s'était fait peu de véritables amis au sein de la rédaction. « Il a pété les boulons », affirmèrent certains, il a fait « une grosse connerie » en publiant ce livre, ajoutèrent d'autres. Pour Claude Angéli, rédacteur en chef et dédicataire du livre, André Rougeot fut victime d'une « manipulation », il aurait été « sous l'influence d'une équipe ». Sans accabler son collègue, Claude Angéli lui reprochait notamment de n'avoir pas cherché à obtenir de réponse auprès des élus mis en cause. De toute façon, le *Canard* ne pouvait être associé à la condamnation qui frappait le livre : « Ce livre a été fait par un de nos journalistes, mais il a été réalisé en dehors de nous. » Ce journaliste allait-il être sanctionné ? « Il n'a jamais été question de virer Rougeot, ce ne sont pas les méthodes du *Canard* », affirma un autre responsable. Pourtant, quelques mois plus tard, André Rougeot était écarté de la rédaction du *Canard* ; la confiance, si essentielle au bon fonctionnement de la rédaction, en particulier dans le domaine de l'enquête, avait disparu, André Rougeot ne pouvait donc plus faire partie de l'équipe.

En 1998, dans le cadre de l'affaire Elf-Dumas, le *Canard* a de nouveau été pris à partie – certes, beaucoup moins directement. Le nom de l'ancien ministre des Affaires étrangères de François Mitterrand est apparu en décembre 1997 au détour de l'instruction ouverte deux ans plus tôt sur des détournements opérés au détriment du groupe pétrolier Elf. Comme l'ont précisé le réquisitoire du procureur de la République et l'ordonnance de renvoi devant le tribunal correctionnel de Paris, au mois de février 2000, Roland Dumas est accusé d'avoir usé de son influence ministérielle pour imposer à la direction d'Elf (entreprise nationalisée) le recrutement de son ancienne maîtresse, Christine Deviers-Joncour, puis le financement d'un appartement. Il aurait également profité – via sa compagne – de cadeaux et d'avantages en nature dont il ne « pouvait ignorer l'origine frauduleuse ». Enfin, les juges Joly et Vichnievski ont constaté des mouvements d'argent importants sur des comptes appartenant à Roland Dumas, lequel n'a pu fournir d'explications satisfaisantes. En bref, ce dernier est poursuivi pour « complicité et recel d'abus de biens sociaux ».

Un aspect essentiel des accusations portées contre Roland Dumas depuis 1997 n'apparaît pas dans ces actes de justice : le rôle qu'aurait joué l'ancien ministre dans la vente de six frégates à Taïwan par le groupe Thomson-CSF en 1991[831]. Longtemps opposé à cette vente, il aurait changé d'avis pour des raisons qui restent mystérieuses. Le rôle des réseaux Elf, sollicités par Thomson pour favoriser cette vente, et les efforts déployés par Christine Deviers-Joncour pour obtenir une commission une fois le contrat signé laissent peser le soupçon d'un trafic d'influence. C'est ce soupçon, surtout, qui a alimenté la polémique sur le maintien de Roland Dumas à la tête du Conseil constitutionnel, la plus haute instance juridique française. En novembre 1998, après la publication du livre-confession de Christine Deviers Joncour, *La Putain de la République*, cette polémique atteignit son comble. Et tandis que de plus en plus de voix s'élevaient pour réclamer la démission de Roland Dumas, quelques-unes dans la presse, s'étonnèrent de la relative mansuétude du *Canard enchaîné* à l'endroit de celui qui fut, durant les années 1970, son principal avocat. Le *Canard* ne payait-il pas ses dettes vis-à-vis d'un prince déchu de la mitterrandie ? 1998 soldait-il 1981 ?

Le *Canard* a réagi à ces accusations. Le 11 novembre 1998, Louis-Marie Horeau, spécialiste des questions juridiques au journal, publia à la une une mise au point qui se voulait définitive.

> « Ah, ah ! voyez ce journal, si prompt à redresser les torts, qui fait plume soyeuse et palme câline pour un homme politique qui fut son avocat et reste son ami !... C'est un bien vilain crime, en effet, que d'avoir des amis. Roland Dumas fut, rappelons-le pour nos lecteurs les plus jeunes, notre avocat attitré jusqu'en 1980. Sans rien oublier, ni renier, de cette époque, cela ne nous oblige pas à être son avocat aujourd'hui... »

Sur le fond, le journaliste du *Canard* soulignait quand même l'absence de preuves sur des points essentiels de l'accusation ; concernant la vente des frégates, le « dossier est vide » : quelques notes de restaurant, le bottines à 11 000 francs – « un peu juste pour inscrire le cinquième personnage de l'État au tableau de chasse et le contraindre à la démission ». Mais, Louis-Marie Horeau doit lui-même en convenir, même si le dossier judiciaire était vide, l'affaire demeurerait embarrassante pour l'ancien ministre de François Mitterand : les millions en liquide déposés sur son compte bancaire n'étaient peut-être pas sales mais ils étaient « salissants » ; et que penser de la présence à ses côtés, « en service commandé », d'une femme « fastueusement rétribuée par Elf » ? À fin de son article, le journaliste du *Canard* justifie auprès de son « ami » l'usage de son droit à le critiquer, comme lui-même l'aurait fait si un adversaire politique avait prêté le flanc à des critiques similaires. « C'est la dure loi politique », écrivait-il pour conclure ; c'est la dure loi médiatique, écrirons-nous pour le compléter[832].

Dernier état du Canard enchaîné

Le Canard enchaîné a continué d'évoluer dans les années 1990. Des changements importants sont intervenus à la tête du journal. En 1990, Gabriel Macé, « Gaby » pour ses amis, est mort, emportant avec lui la part la plus lumineuse du *Canard*. À entendre ceux qui l'ont connu, le traumatisme a été comparable à celui qui suivit la disparition, dans les années 1950, d'Henri Monier. Même personnage solaire, mêmes joie de vivre, simplicité, bonne humeur, même charisme, il fut un personnage essentiel de l'histoire du *Canard* de la fin des années 1940 à la fin des années 1980[833]. Érik Emptaz, entré en 1978 et responsable du trimestriel *Les Dossiers du Canard*, l'a remplacé à la tête de la rédaction en chef pour les pages culturelles. Deux ans plus tard, Roger Fressoz quittait la direction du *Canard*, passant la main à Michel Gaillard, « arrivé tout jeune au *Canard* il y a vingt-six ans, membre du conseil d'administration depuis 1976, responsable et metteur en œuvre de la page deux », bref, « depuis longtemps une des chevilles ouvrières du journal ». Comme le soulignait Roger Fressoz, « après la génération des fondateurs – celle des Maréchal –, après la génération de Treno, après celle qu'[il représentait lui-même], c'est la quatrième génération du *Canard* qui prend la relève[834] ». Assez sage pour préparer sa succession de son vivant, il était cependant trop attaché à son journal pour s'en détacher complètement et continua de venir régulièrement rue Saint-Honoré, de conseiller le nouveau directeur voire d'écrire de temps à autre, avant que la maladie puis la mort ne l'emportent, un jour pluvieux de mars 1999.

D'autres changements intervinrent dans l'équipe, selon la même logique de relève des générations. Jean Clémentin, qui joua un rôle si important dans l'évolution du *Canard enchaîné* vers un journalisme d'investigation, prit sa retraite en 1989 pour se consacrer pleinement à son activité d'écrivain. Roland Bacri, Yvan Audouard, le secrétaire de rédaction Alain Grandremy s'éloignèrent progressivement du journal. De nouvelles signatures apparurent à la fin des années 1980 ou dans les années 1990: Nicolas Beau, journaliste de *Libération*, Jean-Luc Porquet, venu d'*Actuel*, Hervé Martin, qui travaillait jusqu'alors à l'AFP, Hervé Liffran, Brigitte Rossigneux. L'équipe rajeunie accueillit également de nouveaux dessinateurs, Brito, Lefred-Thouron, Pétillon. Cet effort de rajeunissement se poursuit actuellement. L'effectif du *Canard enchaîné* se monte à environ soixante-dix salariés permanents, auxquels il faut ajouter un nombre deux fois supérieur de pigistes réguliers.

Parallèlement à ces changements, la modernisation des techniques a été poursuivie. Depuis 1996, la composition du *Canard enchaîné* se fait uniquement en pagination assistée par ordinateur. Tous les mardis, la majeure partie de la rédaction se rend, de bon matin, dans les locaux de Publications Élysée, qu'elle occupe exclusivement[835]. Toute la matinée va être consacrée à la composition du journal. Une partie de la matière est disponible depuis la veille ; l'autre partie, les papiers et dessins les plus réactifs, les articles d'actualité immédiate, n'arrive aux secrétaires de rédaction que dans ces quelques heures qui précèdent le bouclage. C'est dans la matinée également que l'on décide des titres, des derniers jeux de mots, que l'on tranche définitivement entre plusieurs dessins ; les rédacteurs complètent leur copie, les dessinateurs retouchent leurs dessins, les secrétaires de rédaction remanient constamment les pages, en particulier la première et la dernière. Enfin, vers 13/14 heures, le bon à tirer est délivré et les rotatives peuvent entrer en action.

Actuellement, le *Canard* est le seul hebdomadaire à être traité comme un quotidien par les Nouvelles messageries de la presse parisiennes. Tandis que le centre de Stains (Seine-Saint Denis) approvisionne la région parisienne, le nord et le centre de la France, les annexes régionales de messagerie distribuent le *Canard* à Lyon, Marseille, Bordeaux, Toulouse, Rennes et Nancy à partir des imprimeries locales. Cette impression et cette distribution décentralisées permettent de réagir rapidement aux mouvements brusques du marché. En 24 ou 48 heures, le réassort est assuré partout en France. Surtout, grâce à ce système, *Le Canard enchaîné* est disponible dans tous les kiosques de France dès le mercredi matin. Du coup, le « réglage », si délicat à mettre au point jusqu'aux années 1980, en est facilité. Alors qu'un inspecteur des ventes devait chaque année faire la tournée des dépositaires pour connaître leurs besoins – ce qui nous valut ces intéressantes enquêtes de terrain que nous avons exploitées dans la partie précédente –, aujourd'hui le réglage se fait par téléphone et informatique. Robert Loy, qui en est chargé au *Canard enchaîné*, se réjouit de ces techniques nouvelles, qui permettent une précision inégalée dans l'approvisionnement des dépôts (on atteint dans les dernières années un taux d'invendus extrêmement bas, de l'ordre de 20 %) tout en reconnaissant qu'elles ne remplacent pas complètement le contact humain.

Ces perfectionnements ont certainement joué leur rôle dans la bonne santé économique du *Canard enchaîné*. Une illusion d'optique pourrait faire croire que les beaux jours du *Canard* se situent aux environs immédiats de 1981 et qu'ensuite, un tassement des résultats se serait produit. L'examen des archives de l'entreprise montre qu'il n'en est rien : entre 1990 et 1999, le chiffre d'affaires est passé de près de 161 millions de francs à plus de 189 millions. Le résultat d'exploitation a doublé, passant de plus de 18 millions de francs à plus de 36 millions de francs. Les produits financiers ont augmenté dans de moindres proportions, passant d'un peu moins de 10 millions à plus de 11 millions (après avoir atteint plus de 18 millions en 1995[836]). Dans le même temps, par le jeu des constantes mises en réserve, les capitaux propres, c'est-à-dire ce dont dispose l'entreprise pour financer son développement, ont atteint la somme impressionnante de 418 millions de francs, soit plus de 220 % du chiffre d'affaires (pour 60 % en 1981) ! Autant dire que le *Canard enchaîné* peut traverser sans encombre d'éventuelles difficultés commerciales ou judiciaires[837].

Cette prospérité est bâtie sur le soutien fidèle des lecteurs. Même si les tirages et les ventes ont tendance à marquer le pas d'après les chiffres les plus récents (-12 % en 1998, -5 % en 1999 sur les ventes[838]), la décennie 1990 a été plutôt favorable au *Canard* : ne descendant qu'une seule fois (1992) sous la barre des 500 000 exemplaires tirés, le *Canard* a franchi a trois reprises (de 1995 à 1997) celle des 600 000. L'étude des tirages-records montre que les motivations d'achat occasionnel demeurent stables : les meilleurs tirages sont ceux qui suivent les élections françaises ou un grand événement de la vie politique française (le plus fort écart par rapport à la moyenne fut réalisé le 10 mai 1995, après le second tour de l'élection présidentielle : +19,92 %).

Une deuxième enquête SOFRES[839], datant de 1995, a montré que le profil-type du lecteur du *Canard enchaîné* n'avait guère évolué depuis le début des années 1980 : les hommes sont toujours largement majoritaires (62 %), de même que la tranche d'âge 35-49 ans (35 %)[840], les villes de province (70 %) de plus de 100 000 habitants (30 %) situées plutôt au sud de la France (35 %). La catégorie socio-professionnelle la mieux représentée est celle des cadres supérieurs (26,5 %)[841], suivie des inactifs (24,9 %) et des professions intermédiaires (23,4 %). Quant aux habitudes de lecture, les chiffres de la SOFRES montrent que le noyau de lecteurs assidus (toutes les semaines) a légèrement progressé (18 %) ; 13,4 % lisent le *Canard* deux à trois fois par mois, 18,7 % une fois par mois, 21,7 % cinq à six fois par an, plus de la moitié du lectorat déclarant lire le *Canard* plus épisodiquement encore.

Ajoutons qu'en 1999, la diffusion totale payée (436 950 exemplaires) était ainsi ventilée : 337 634 par la distribution des NMPP, 51 374 par abonnements, 47 942 par les compagnies aériennes. La répartition géographique était la suivante : 59 604 exemplaires pour Paris, 39 042 pour la banlieue, 218 745 pour la province, 20 243 pour l'étranger. Quant aux *Dossiers du Canard*, leur diffusion moyenne a atteint 76 614 exemplaires, dont 15 931 par abonnements.

III

COMMENT UN JOURNAL D'OPINION EST DEVENU UN JOURNAL D'INVESTIGATION

La logique de l'autonomie

Le Canard enchaîné n'a pas toujours été un journal spécialisé dans ce qu'il est convenu d'appeler l'« investigation ». Cette tendance est relativement récente dans son histoire et ne remonte guère au-delà des années 1960. Avant ce tournant ou ce basculement, les journalistes du *Canard* se réclamaient plutôt de la tradition française de la presse d'opinion, même s'il leur arriva de la critiquer[842]. Alors que la mode était, depuis le début du siècle, au journalisme à l'« américaine[843] », ils voyaient dans le choix de l'information au détriment de l'interprétation l'une des explications de l'emprise de l'argent sur la presse, par les investissements considérables qu'il impliquait. Pour eux, un journaliste digne de ce nom se distinguait par sa patte, son style, il était avant tout un écrivain; il était aussi un polémiste, qui défend des valeurs et attaque ceux qui les bafouent.

De là le culte rendu par les journalistes du *Canard* à Voltaire, à Hugo, à Vallès, à Zola, qui unissaient l'excellence littéraire au combat politique et éthique, ce que Thomas Ferenczi a appelé le « journalisme d'Ancien Régime » et « le journalisme de la Révolution[844] »;

de là, également, la faveur accordée aux autodidactes pourvu qu'ils eussent un talent d'écriture, et la méfiance avouée à l'égard des formations dispensées dans les écoles de journalisme. Typique de cette double réaction est l'article écrit par Pierre Châtelain-Tailhade en 1958 à l'occasion de l'anniversaire de la transformation du Centre de formation des journalistes de la rue du Louvre en véritable école ; avant d'affirmer que le Centre forme des journalistes dociles et sans style, le journaliste du *Canard* oppose presse d'opinion et grande presse :

> « Le journalisme, c'est avant tout des idées, des principes, bons ou mauvais, qu'importe, exposés noir sur blanc, affirmés, défendus contre tout ce qui les contredit ou les menace, et c'est d'autres idées, d'autres principes contraires, combattus ou nargués avec, dans tous les cas, cette sincérité passionnée qui, même balbutiante, même encore ignorante du « métier » et de ses ficelles, a presque toujours le reflet sympathique du talent. La grande presse, c'est autre chose. C'est de l'information (qu'on dit) téléguidée, mise à la sauce-maison par des salariés payés pour n'avoir personnellement rien à dire, pour se soumettre sans murmure aux exigences de superpatrons clandestins, *via* les consignes d'un « boss » de façade, homme de paille grimé en faux bonhomme de plume[845]. »

Il serait trop simple, pourtant, et d'opposer terme à terme la presse d'information à la presse d'opinion (ou le journalisme « à l'américaine » au journalisme « à la française ») et le ranger *Le Canard enchaîné* dans la seconde catégorie sur la seule foi de telles déclarations. Même la presse dite d'information n'a jamais appliqué telles quelles les recettes du journalisme anglo-saxon, en particulier l'information brute strictement séparée du commentaire. Au contraire, les journaux qui ont réussi à la fin du XIXe et au

XXe siècle ont su mêler information et interprétation dans une « combinaison originale » comme l'a souligné Thomas Ferenczi. Il nous paraît que l'hebdomadaire satirique illustre à sa manière l'altération de l'une par l'autre qui caractérise le journaliste du *Monde,* selon la presse contemporaine.

Aux genres anciens et aux postures traditionnelles se sont en effet ajoutés, au *Canard enchaîné,* et dès ses débuts, des genres et des postures couramment rattachés à la presse « nouvelle » de la fin du XIXe siècle : si la polémique (sous une forme satirique), la chronique, la critique littéraire et dramatique y ont toujours tenu une bonne place, si les journalistes s'y sont volontiers présentés comme des écrivains (fussent-ils frivoles) ou des bretteurs (fussent-ils dépourvus d'opinions partisanes), le petit reportage s'y est rapidement imposé sous la forme de l'écho politique, les jeux-concours sont devenus monnaie courante dès les années 1920, les mots-croisés ont fait leur apparition en 1954, la grande enquête à envahi les pages trois et quatre à partir des années 1960, cependant que les journalistes de la dernière période évoluaient vers un modèle très différent de celui privilégié par leurs prédécesseurs.

L'inflexion décisive donnée durant les années 1960 et 1970 vers un journalisme d'investigation peut apparaître comme un complet renversement de perspective : l'information prime sur l'interprétation, le fait sur l'idée ; l'exemple américain ne fonctionne plus comme repoussoir mais comme modèle ; la dépolitisation est une réalité. Mais nous avons vu que, là encore, les choses étaient moins simples qu'il n'y paraissait au premier abord : au *Canard,* l'interprétation a toujours été étroitement mêlée à l'information, le modèle s'est voulu autochtone, la dépolitisation n'a jamais été complètement assumée. Les journalistes présentent comme « naturelle » l'évolution d'un journal de combat à un journal d'investigation, certains parlant même du passage d'un journal satirique à un journal d'investigation comme d'« une sorte de fatalité[846] » : le *Canard* s'est adapté à son environnement, en particulier à la modification des rapports entre presse et pouvoir politique à partir des débuts de la Cinquième République. La double concentration du pouvoir et de la presse a élargi son espace de contestation, en a renouvelé les sujets et les méthodes ; son indépendance et son irrespect traditionnelles lui ont permis d'accueillir toutes les informations qui ne trouvaient pas à se placer ailleurs. C'est alors que *Le Canard enchaîné* est devenu le Grand Confesseur de la société française.

Nature du journalisme d'investigation

Le terme « investigation » n'est pas un anglicisme : on en trouve les premiers emplois français à la charnière des XIVᵉ et XVᵉ siècles, construits sur le latin *vestigium*, la trace. C'est l'expression dans son ensemble qui constitue un anglicisme : le journalisme anglo-saxon fournit le mot sinon la chose à la France dans les années 1970. Par journalisme d'investigation, il faut entendre un journalisme agressif mais non partisan, qui recourt à des sources d'information non institutionnelles pour révéler des faits cachés par des puissants intérêts. L'expression recouvre tout à la fois une méthode de travail et une conception du rôle de la presse, notamment dans ses rapports avec les pouvoirs.

Les journalistes français qui le pratiquent récusent souvent cette appellation ; c'est le cas des journalistes du *Canard enchaîné*, qui lui préfèrent celle de « journalisme d'enquête » ou de « journalisme d'information ». Chez ces derniers, la nuance linguistique correspond aux souhaits contradictoires de voir reconnues l'antériorité et l'originalité du *Canard enchaîné* dans ce type de journalisme et d'en faire admettre le caractère normal, voire banal. Autrement dit, le *Canard* n'a pas « copié » le *Washington Post* – le journal qui révéla le scandale du Watergate –, il est un précurseur du « journalisme d'investigation » ; mais l'expression est pléonastique, tout vrai journalisme étant d'investigation[847].

On retrouve les échos de ces querelles de préséance dans l'étude des modèles qui ont inspiré les journalistes du *Canard enchaîné*. Roger Fressoz a cité les affaires de la Quatrième République, le scandale des piastres, celui du vin[848], « mais les gouvernements passaient très vite et il y avait une difficulté à enquêter », la société française, en particulier l'Administration, étant alors très fermée sur elle-même. L'ancien directeur du *Canard enchaîné* a également signalé l'importance des guerres coloniales, pendant lesquelles les journalistes ont cherché à accéder à des informations tenues secrètes par les autorités civiles et militaires, révélant par exemple la pratique de la torture ou l'échec des opérations de « pacification » lors de la guerre d'Algérie. Ces épisodes ont « donné une sorte d'appui moral aux journalistes qui essayaient d'en savoir plus[849] ».

Remontant plus loin dans le temps, peut-on trouver dans l'histoire de la presse française les prémices du journalisme d'investigation ? Certains genres journalistiques ont pu préparer les esprits à pratiquer et à apprécier l'enquête journalistique : l'écho, fait divers politique, indiscrétion recueillie par des journalistes spécialisés, les échotiers ; plus généralement le fait divers, qui met en contact des journalistes eux aussi spécialisés, les reporters, et les personnels de la police et de la justice ; le grand reportage et l'enquête polémique type affaire Dreyfus, bagne de Cayenne ou scandale de Panama, pour leur recherche de faits inédits et la mise au jour d'une vérité scandaleuse. Le succès de ces genres qui caractérisent le journalisme d'information au début du siècle a pu ouvrir la voie au journalisme d'investigation à la française. Le modèle de la « presse confidentielle » a pu également inspirer certains journalistes[850].

Il semble bien, pourtant, que le modèle américain ait exercé une forte influence sur le journalisme d'investigation français, comme l'admettent d'ailleurs volontiers les journalistes du *Canard* eux-mêmes :

> « Le Watergate a provoqué un choc parmi les journalistes : « faire tomber un Président ». Cette affaire coïncide avec l'arrivée en France de jeunes dans la profession et avec la libéralisation de la télévision et de la radio, puisqu'il n'y avait plus de ministère de l'Information. Les journalistes français désirent alors faire du journalisme à l'américaine. L'apparition de *Libération* correspond à cette période[851]. »

Plus largement, les statuts respectifs du gouvernement et de la presse aux Etats-Unis faisaient l'admiration et l'envie des journalistes du *Canard*[852]. Ceux-ci, fascinés par les résultats auxquels étaient parvenus leurs homologues d'outre-Atlantique, retinrent surtout du modèle américain une méthode – l'importance du travail de terrain, la nécessité des recoupements, des vérifications l'agressivité des questions adressées aux détenteurs de l'information. Le journalisme d'investigation américain est apparu à leurs yeux comme une école de la rigueur, qui a permis à la presse de cesser d'être l'auxiliaire honteux du pouvoir pour devenir le véritable « quatrième pouvoir » que les observateurs faisaient d'elle au début du XIXe siècle. Ils éprouvèrent aussi une plus grande impatience qu'auparavant devant l'attitude respectueuse observée par les médias français à l'égard des responsables politiques. Enfin l'affaire du Watergate rendit l'opinion française plus favorable à l'idée d'un journalisme moins institutionnel et élargit donc l'audience des journalistes-enquêteurs en même temps qu'elle facilita leur travail.

Le cas du *Canard enchaîné* montre cependant les limites du modèle américain – que Louis-Marie Horeau, entré au *Canard* en 1979, considère même comme un « mythe ». La « religion du fait » admirée par Claude Angéli doit ici s'accommoder d'une longue tradition d'engagement politique ; la nette séparation entre l'information et le commentaire ne sont pas de mise et la subjectivité imprègne les enquêtes du *Canard enchaîné* même si le journalisme « moi-je » n'y est pas admis. S'il fallait absolument chercher un équivalent américain au journalisme d'investigation tel que le pratique l'équipe du *Canard*, on le trouverait davantage du côté de la presse *underground* qui s'est développée aux Etats-Unis précisément dans les années 1970 que de celui des grands journaux comme le *Washington Post* ou le *New York Times*.

Une autre différence est que le journalisme d'investigation à la française ne s'intéresse en principe qu'aux faits touchant la collectivité, privilégiant « les « affaires » ou les « dossiers » qui font l'objet d'enquêtes policières ou de poursuites judiciaires. L'ambiguïté c'est que ces affaires peuvent concerner, à un moment ou à un autre de leur développement, tous les domaines. [...] De plus, nous gérons ce que l'on pourrait appeler le « porte-feuille de l'insécurité », du terrorisme, de l'espionnage et du banditisme[853]. » Comme le résume Mark Hunter, journaliste américain et spécialiste de ce type de presse, « l'investigation, en France, par définition, se situe à la frontière entre le crime et la politique[854] ».

Par voie de conséquence, les journalistes français, à la différence de leurs homologues américains, rejettent en principe l'inquisition portée au cœur de la vie privée. « Nous ne traitons le fait divers que quand il est exemplaire d'une société et non pour dénoncer M. X ou Y. Notre limite, c'est la vie privée », a ainsi précisé Claude Angéli, approuvé en cela par tous les journalistes que nous avons pu interroger[855]. Cette limite déontologique sépare le *Canard* de la presse américaine, pour laquelle la transparence de l'homme public doit être totale, mais aussi d'un autre type de presse auquel on l'a parfois assimilé, la presse de scandale. C'est, par exemple, ce qui a conduit la rédaction du *Canard enchaîné* à ne rien publier, pendant de nombreuses années, sur la fille naturelle de François Mitterrand dont elle connaissait pourtant l'existence. Elle obéissait ainsi à un pacte tacite de silence observé par tous ceux – Jean-Edern Hallier excepté – qui étaient « au courant » et transgressé seulement en novembre 1994 par *Paris-Match*. Aujourd'hui, Michel Gaillard, le directeur du *Canard*, n'est pas loin de regretter ce qu'il considère comme un respect excessif ou déplacé : puisque François Mitterrand avait mis les moyens dont il disposait de par sa fonction – voire ceux dont il n'aurait pas dû disposer et dont il usa au mépris, justement, de la vie privée d'autrui – pour protéger son secret, celui-ci cessait d'être totalement privé pour empiéter sur le domaine public. La limite, on le voit, n'est pas aisée à tracer entre le privé et le public.

D'autres affaires le montrent encore, à l'occasion desquelles *Le Canard enchaîné* a été accusé d'avoir franchi cette limite : les cas Peugeot[856] et Daniélou[857], la publication des feuilles d'impôt de diverses personnalités[858] ou de photographies indiscrètes[859] ont provoqué débat et polémique dans la presse. Nous avons déjà évoqué l'affaire du prêt de Roger-Patrice Pelat à Pierre Bérégovoy, qui rappelait l'affaire Boulin non seulement dans ses conséquences tragiques mais dans ses prémices. Le *Canard* pouvait-il mettre sur la place publique les relations d'affaires privées entre deux personnes ? La rédaction considéra que les fonctions des personnalités concernées pouvaient entretenir un soupçon sur la véritable nature de leur marché.

> « C'est le droit et le devoir d'un journaliste d'informer le public, déclarait Roger Fressoz en 1980, même quand un certain conformisme pudique, un faux sentiment de respectabilité pourrait lui conseiller de s'abstenir parce que les informations concernent un puissant du jour, ont un caractère personnel et peuvent revêtir un caractère de scandale. C'est son droit et son devoir de le faire si ces informations éclairent le fonctionnement de la société politique. »

L'ancien directeur du *Canard enchaîné* ne niait pas pour autant cet autre devoir du journaliste, le respect de la vie privée, mais constatait la difficulté à séparer le privé du public dans nos sociétés développées. « Dans notre système où la personnalisation se développe à tous les niveaux, où les interférences entre vie privée et vie publique sont constantes et grandissantes, il y a incontestablement une part publique de la vie privée des hommes politiques. » Et de noter que les hommes politiques sont moins désireux de préserver leur vie privée quand il s'agit d'en faire un argument de communication politique. « Un homme public, concluait Roger Fressoz, ce n'est pas un homme privé qui a des fonctions publiques. Le mur, le fameux mur de la vie privée dans le cas d'un homme public, est dans la société actuelle un mur mitoyen[860]. »

Méthodes, dangers et limites

Le journalisme d'investigation est aussi une méthode de travail. Il recourt à un certain type de sources, utilise des moyens matériels particuliers, traite les renseignements d'une façon originale ; cette pratique définit les contours d'un groupe professionnel à part de l'ensemble de la profession.

Pour Nicolas Brimo, entré au *Canard enchaîné* en 1971, il existe un décalage entre l'image d'un journalisme d'investigation qui reposerait sur des révélations fournies spontanément par des personnages haut placés et la réalité du journalisme d'information :

> « Contrairement aux idées reçues, le journalisme d'information demande beaucoup de travail. Ce sont des enquêtes souvent longues, où interviennent culture, carnet d'adresses, deux ou trois astuces. Il n'y a pas de mystère ni de miracle. Ce qui arrive, ce sont des mises en alerte, qu'il s'agit de creuser. D'où l'importance de connaître les rouages, les noms, les organigrammes. Le plus difficile et le plus profitable, c'est de comprendre comment fonctionne la machine administrative. On trouve beaucoup d'infos dans

> la presse, il faut savoir utiliser des sources généralement peu exploitées, type *Journal officiel, Bulletin des monnaies et médailles*. Il existe une information ouverte et une information fermée[861]. »

Fait partie de l'information ouverte toute la documentation émise par les entreprises, les administrations, les groupements professionnels et syndicaux dans le cadre de leur communication.

Une bonne partie du journalisme d'investigation repose néanmoins sur les renseignements fournis par des informateurs. Colette Ysmal attribuait la réputation qu'avait acquise *Le Canard enchaîné* d'être bien informé au « réseau unique d'informateurs » qu'il avait su constituer « à l'intérieur des instances dirigeantes des partis, dans les antichambres ministérielles, dans les cabinets, chez les fonctionnaires de haut ou de moyen rang, voire dans les syndicats ou les organisations professionnelles[862] ». On pourrait y ajouter les relations personnelles tissées avec des magistrats, des policiers, des avocats, susceptibles d'apporter des informations voire des documents sur les affaires en cours[863]. D'où l'importance du carnet d'adresses, spécifique du journalisme d'investigation à la française selon Mark Hunter. Celui-ci se constitue petit à petit, à partir de quelques noms qui renvoient à d'autres et qui permettent à un journaliste de se constituer une compétence particulière sur les questions judiciaires (Louis-Marie Horeau), les affaires parisiennes (Hervé Liffran, Alain Guédé, Jean-François Julliard) ou les dossiers économiques (Claude Roire, Hervé Martin)[864]. Le caractère personnel du carnet d'adresses est souligné par tous les journalistes[865]. À mesure que l'expérience du journaliste s'accroît, le niveau hiérarchique des contacts s'élève, et avec lui l'importance des dossiers traités. Plusieurs années sont nécessaires pour que se crée un réseau d'informateurs permanents. « Il n'y a pas d'utilité immédiate des contacts. Savoir créer et entretenir des relations durables est aussi un travail. C'est un investissement en temps, un pari sur l'avenir[866]. »

Dans ce processus, la carte de visite estampillée *Canard enchaîné* peut parfois constituer un handicap – un haut fonctionnaire nous a ainsi déclaré : « L'administration est tétanisée par *Le Canard enchaîné* » – mais représente le plus souvent un atout : le *Canard* est considéré depuis longtemps comme un journal sérieux, fiable, puissant en matière d'information ; ceux qui veulent donner une information sont assurés d'y trouver bon accueil ; ceux qui y rechignent n'osent pas fermer brutalement la porte au nez d'un journaliste du *Canard*. De sorte qu'au *Canard*, il est assez rare que se pose le problème, déontologiquement délicat, des informations obtenues au moyen d'une fausse identité : les journalistes du *Canard* mènent leur enquête ès qualités.

On peut dresser une typologie des informateurs suivant les lieux où ils se trouvent (administration centrale ou locale, assemblées politiques, milieux judiciaires, services de police, autres journaux), les fonctions qu'ils exercent (journaliste, syndicaliste, haut fonctionnaire, magistrat, avocat, partie civile, policier, collaborateur, ami, adversaire), le niveau qu'ils occupent dans la hiérarchie (poste de responsabilité ou position subalterne), l'information qu'ils détiennent et/ou sont prêts à livrer (indiscrétion, témoignage, document, information ultra-confidentielle ou plus largement diffusée), la fréquence des contacts que le journaliste peut avoir avec eux (informateur spécialisé et occasionnel, qui renseigne sur un dossier précis, ou informateur permanent qui connaît beaucoup de monde, voit passer beaucoup de dossiers, indique des pistes), les motivations qui les animent. Ces motivations peuvent être positives (dénoncer une situation jugée intolérable pour des raisons politiques, idéologiques, éthiques, contribuer à la transparence considérée comme une exigence démocratique), négatives (nuire à un rival, se venger d'une déconvenue personnelle) ou neutres (exercer un pouvoir, s'amuser, envoyer un signal). Le désir de rémunération peut intervenir dans certains cas ; les journalistes que nous avons interrogés affirment qu'il n'est jamais satisfait sauf dans le cas où l'informateur est lui-même un professionnel de l'information, c'est-à-dire un autre journaliste.

En fonction de ces paramètres, l'attitude du journaliste à l'égard de son informateur et les moyens matériels mis en œuvre varieront. Les prises de contact se font le plus souvent par téléphone, parfois par courrier. Le courrier des lecteurs fournit quelques pistes, des échos, – plus, proportionnellement, que dans les autres journaux – mais n'est que très rarement à l'origine de grandes affaires. Si un informateur potentiel téléphone et que l'information paraît « sensible », le journaliste demande à son interlocuteur de donner le moins de détails possible ; par la suite, les conversations à distance se feront d'une cabine publique située dans un autre quartier que celui où se trouve le siège du journal : les événements des années 1970 ont montré que les services de renseignements, officiels ou non, pouvaient surveiller les lignes aboutissant aux locaux de la rue Saint-Honoré.

Mais ce qui fait véritablement du journalisme d'investigation un journalisme de terrain, par opposition, revendiquée, à un journalisme d'écriture ou de dépêche, c'est la nécessité où se trouvent ceux qui le pratiquent de se déplacer pour trouver l'information[867]. Il ne s'agit pas de faire du reportage – genre presque inconnu au *Canard* –, mais d'aller à la recherche du renseignement plutôt que de l'attendre, d'échapper à l'information institutionnelle, prête à l'emploi. Certes, la psychologie subtile des rapports avec les informateurs impose parfois d'attendre qu'ils se manifestent ; mais un déplacement s'avérera presque toujours nécessaire, le plus souvent à Paris, en raison de la concentration des lieux de décision, plus rarement en province ou à l'étranger. Les contraintes que ces déplacements supposent en termes d'horaires ou de distance sembleront parfois disproportionnées au regard du temps passé avec l'informateur ou du renseignement recueilli : elles seront néanmoins acceptées, tant elles établissent aux yeux des journalistes d'investigation leur filiation avec le reportage, genre par excellence du « vrai journalisme ».

Les rencontres auront pour cadre des endroits discrets, à proximité des lieux d'activité des informateurs dans le cas d'indiscrétions politiques – les échotiers de la page deux hantent les parages de l'Assemblée nationale, de l'Élysée, de Matignon, des congrès politiques, des émissions de télévision –, ou à distance, quand l'informateur veut éviter d'être identifié par ses collègues. Le journaliste propose rarement aux informateurs d'enregistrer leurs propos ; ces derniers préfèrent la prise de notes manuscrites ou, mieux, l'absence totale de notes. Cependant cette méthode, bonne pour un écho, une indiscrétion, l'indication d'une piste à suivre, ne peut suffire pour établir les faits dans le cadre d'une grande enquête. Il y faut des documents.

Le Canard enchaîné pas plus que les autres journaux français et étrangers des années 1970 n'a inventé le document en matière d'enquête de presse : l'affaire Dreyfus, pour ne s'en tenir qu'à la plus célèbre des affaires de la Troisième République, fut autant une bataille de l'information qu'un débat idéologique ; rappelons qu'en novembre 1896, *Le Matin* publiait le fac-similé du bordereau sur lequel reposait l'accusation. Ce qui a changé, au début des années 1970, c'est l'usage massif qu'ont fait les journalistes d'investigation de la photocopieuse. Ce moyen de reproduction léger, présent dans les lieux où se prennent et se transmettent les décisions, utilisable par conséquent par ceux qui ont la volonté de divulguer l'information dont ils ont connaissance, a changé la manière d'obtenir et surtout de présenter l'information confidentielle. Désormais, une secrétaire peut, en quelques minutes, disposer d'un document accablant pour ses supérieurs ou l'institution dans laquelle elle travaille. Introduite en 1971 dans *Le Canard enchaîné*[868], la photocopie est devenue l'accessoire indispensable à toute enquête de quelque conséquence : la photocopie fait plus qu'authentifier l'article qui l'accompagne, elle lui confère par sa seule présence son statut d'article d'investigation. En cela, le *Canard* se distingue fortement d'un journal comme *Le Monde* qui, sauf exception, ne publie pas de document brut.

Le profil de l'informateur, la nature de ce qu'il apporte, la méthode d'approche peuvent donc varier. Ce qui ne varie pas, en revanche, c'est la nécessité absolue de sauvegarder l'anonymat de l'informateur, à moins que celui-ci ne souhaite lui-même voir son identité révélée. Cette règle s'impose pour protéger l'informateur, lui éviter le risque de subir le contrecoup de ses révélations; elle s'impose également pour ne pas décourager les autres informateurs potentiels. La déontologie rejoint une nouvelle fois l'intérêt du journal. De là les rendez-vous discrets, les conversations « sécurisées »; de là aussi le recours à certains artifices de présentation de l'information: quand cela est indispensable, les noms sont maquillés, les fonctions et les lieux transposés, des erreurs volontaires sont introduites pour brouiller les pistes et empêcher que l'on remonte jusqu'à la source; les précautions sont d'autant plus nécessaires – et malaisées – dans le cas où l'information n'est connue que d'un très petit nombre de personnes. L'important est d'instaurer et de maintenir une relation de confiance, surtout lorsqu'il s'agit d'un informateur permanent.

Quand ces artifices sont impossibles ou risquent d'être insuffisants, l'information peut ne pas être publiée, lors même qu'elle est intéressante; mieux vaut « rater » une affaire que tarir une source. Existe-t-il d'autres raisons de ne pas publier une information? Elle peut émaner d'une source unique et être invérifiable; si la confiance n'est pas totale entre le journaliste et l'informateur (ou entre la direction du journal et son collaborateur), l'information est écartée. Dans la très grande majorité des cas, une information est recoupée, vérifiée avant d'être publiée. Parfois une information est écartée en raison de sa nature, par exemple lorsqu'elle touche à la vie privée des personnes ou à des opérations militaires en temps de guerre. Quant au reste, tout est publié, affirment les journalistes que nous avons interrogés[869]. Qui décide de ce qui passe ou ne passe pas, qui contrôle l'autocensure au *Canard enchaîné*? Le directeur, secondé par le rédacteur en chef de la partie politique du journal, c'est-à-dire Roger

Fressoz et Jean Clémentin dans les années 1970 et 1980, Michel Gaillard et Claude Angéli aujourd'hui. Certains journalistes ont trouvé cette tutelle pesante ; la réécriture presque systématique des papiers « politiques » a pu froisser quelques susceptibilités. Mais ceux qui travaillent régulièrement au *Canard* estiment généralement qu'on y est plus libre qu'ailleurs, notamment parce que les contraintes institutionnelles sont moins lourdes.

Le travail du journaliste d'investigation est généralement solitaire. Les journalistes du *Canard enchaîné* possèdent leur documentation par-devers eux, parfois à leur domicile ou dans des endroits plus discrets. Dans le cas d'une enquête qui dépasse les compétences d'un seul journaliste, les tâches sont réparties entre plusieurs membres de la rédaction et chacun garde secrètes ses sources d'information. Mais *Le Canard enchaîné* a innové en instaurant un esprit d'équipe qui existe rarement dans d'autres rédactions. La concentration en un même lieu d'un grand nombre de journalistes-enquêteurs y est pour beaucoup : au *Canard*, la moitié de la rédaction est attelée à une œuvre dont s'occupent ailleurs, dispersés, isolés, une poignée de journalistes. Les jeunes sont formés sur le tas, au contact des autres membres de la rédaction ; ils bénéficient de leurs conseils, de leurs contacts. Cette entraide n'exclut pas la concurrence au sein de la rédaction mais celle-ci est soigneusement encadrée. Elle n'exclut pas non plus les dérapages, comme lors de l'affaire Piat. Même si les articles publiés sur cette affaire en 1996, sous la signature d'André Rougeot, n'allaient pas aussi loin que le livre publié un an plus tard, ils reposaient sur les mêmes bases, fragiles et incontrôlables. L'ignorance où furent tenus les autres journalistes et même le rédacteur en chef de la partie « politique », Claude Angéli, des sources exploitées par André Rougeot ne permit pas aux responsables d'effectuer correctement leur fonction de contrôle.

Ces méthodes de travail, les domaines d'enquête, la nature particulière du journalisme d'investigation définissent un type spécifique de journaliste.

> « Le journalisme d'investigation a un objet particulier. Il s'agit d'une spécialité à l'instar du journalisme politique ou économique et ceux qui le pratiquent sont comme les experts des affaires étrangères, les chroniqueurs sportifs ou les critiques de cinéma[870]. »

La situation de cette catégorie dans la profession est paradoxale : d'un côté ces hommes redoutés par les élites, enviés par leurs pairs, admirés par le public apparaissent comme l'aristocratie du journalisme, de l'autre ils ne font pas partie, par choix et nécessité professionnelle, de ce que Rémy Rieffel a appelé l'« élite du journalisme[871] ». Ils en possèdent bien quelques attributs, par exemple les relations haut placées ; mais ils les entretiennent rarement dans un cadre mondain. Par ailleurs, ils ne partagent pas le mode de vie et ne participent pas aux rites communs des classes dirigeantes. La discrétion qui doit être la leur éloigne d'eux les tentations auxquelles succombent les personnalités plus en vue, grands éditorialistes de la presse écrite ou présentateurs-vedettes de la télévision.

Cette discrétion, cet anonymat parfois, est un élément de l'identité professionnelle des journalistes d'investigation. Elle est l'envers du pouvoir redoutable dont on les crédite. Il y a là, à notre sens, bien davantage qu'une nécessité fonctionnelle : dans l'imaginaire collectif, le journaliste d'investigation est devenu le héros démocratique par excellence et les grandes affaires auxquelles la rédaction du *Canard enchaîné* a été mêlée au cours des années 1960 et surtout 1970 y ont sans doute fortement contribué. Nous pensons, à la suite de Clifford Geertz et de Dominique Kalifa, que le récit d'enquête est devenu la « fiction maîtresse » de notre modernité ; face à une réalité sociale lourde, opaque, *a priori* inintelligible – et c'est particulièrement le cas des affaires auxquelles s'attaquent les journalistes d'investigation, qui ont toutes à voir avec le secret, voire le crime – l'enquêteur est celui que les citoyens délèguent pour déchiffrer le réel. Il est l'un d'entre nous – d'où l'anonymat – mais en même temps tient tête aux puissants – d'où le pouvoir.

À vrai dire, cette représentation, valable pour les années 1970 et pour une bonne partie des années 1980, et qui le demeure aujourd'hui encore pour les journalistes du *Canard enchaîné* – Claude Angéli est le nom le plus connu d'une équipe remarquablement discrète – est largement remise en cause dans le reste de la profession par les évolutions récentes. La médiatisation croissante des affaires politico-financières n'a pas épargné ceux qui sont à l'origine de ce processus ; quelques journalistes d'investigation sont devenus des vedettes dont on connaît les noms et les visages, de même que l'on connaît ceux des juges qui mènent les instructions les plus retentissantes. Il y a là, à notre sens, un danger potentiel pour ce secteur de la profession. Même si la célébrité peut faciliter l'accès à certaines sources ou informations, on peut difficilement mener une enquête discrète quand on est soi-même presque aussi connu que ceux sur lesquels on enquête.

Le journaliste partage une partie de ces caractéristiques avec le policier, avec le juge, et l'une des questions récurrentes sur l'identité du journaliste d'investigation est celle qui touche à ses rapports de ressemblance et de dissemblance avec ces professions. La proximité de leurs centres d'intérêts, la fréquence de leurs contacts, la similitude de certaines de leurs méthodes plaident pour une parenté que seules des divergences d'intérêt viennent contrarier. Mais, en raison même de ces traits communs, les uns et les autres refusent toute assimilation hâtive. La vigueur des démentis montre qu'il s'agit là de questions cruciales.

Le journaliste d'investigation travaille parfois sur les mêmes dossiers que le juge, le policier, voire l'agent de renseignement et compte parmi eux certains de ses meilleurs informateurs ; sans être plus qu'eux nanti d'une légitimité élective, il exerce comme eux un contrôle sur les responsables, notamment politiques, il détient un pouvoir qu'il exerce en son âme et conscience ; il est, en principe, animé de la même volonté de permettre la manifestation de la vérité, qu'il établit lui aussi au terme d'une enquête. Les univers des uns et des autres sont si proches que l'on a pu parler d'une « déformation professionnelle » dont seraient victimes un certain nombre de journalistes d'investigation, enclins comme leurs *alter ego* à sombrer dans la paranoïa ou à tenir des raisonnements simplistes basés sur une vision du monde caricaturale[872]. Mais, à côté de ces points communs réels ou supposés, des différences essentielles séparent le journaliste du juge, pour s'en tenir à ce couple devenu célèbre depuis une trentaine d'années. Leur énumération par leurs partisans respectifs fait apparaître deux logiques à bien des égards opposées.

Le juge tire sa légitimité de l'exercice d'une prérogative de la puissance publique tandis que le journaliste ne tire la sienne que de l'exercice d'un droit privé, la liberté d'expression[873]. Le pouvoir judiciaire représente la société tout entière alors que la presse ne représente qu'elle-même. C'est en vertu de cette légitimité que le juge détient des pouvoirs « exorbitants » tels que ceux d'attenter à la liberté d'aller et venir ou de limiter le respect dû au domicile, à la correspondance et au patrimoine des personnes. Ces pouvoirs sont strictement encadrés par des principes dont le respect s'impose en toutes circonstances aux magistrats :

> « La prééminence du droit signifie d'abord que rien n'autorise à s'écarter des règles tant de forme que de fond, que les lois s'appliquent à tous sans discrimination, qu'enfin une garantie judiciaire s'impose lorsqu'il s'agit d'actes restrictifs des libertés individuelles. La protection des personnes signifie ensuite que soit respectée la dignité des mis en cause, que soient préservés les droits des victimes et la présomption d'innocence de l'accusé. Enfin la qualité du procès dépend du respect des droits de la défense et d'un équi-

> libre entre les parties, de la proportionnalité entre les mesures prises et l'intérêt général invoqué, de la célérité de la procédure[874]. »

Selon ses détracteurs, la presse, spécifiquement la presse d'investigation, ne respecte pas ces règles quoique s'étant érigée en tribunal parallèle. Elle contrevient au principe d'égalité, en choisissant ses sujets (alors que la justice doit répondre à tout ce dont elle est saisie) et en adoptant des points de vue différents sur une même affaire en raison de sa pluralité (alors que le lieu d'action de la justice est unique). Elle s'appuie sur des documents mais les publie tronqués ou isolés (alors que, pour le juge, une pièce n'a de sens que par rapport à l'intégralité du dossier). Elle met en cause des personnalités mais ne leur offre pas réellement la possibilité de se défendre (alors que le débat contradictoire est l'un des principes de l'action judiciaire), accuse et condamne sans preuve, est le jouet de manipulations. Elle bafoue le principe de légalité en usant de moyens malhonnêtes tels que le vol et le recel de documents, l'usurpation d'identité, la violation du secret de l'instruction. Elle n'obéit à aucun code ou ordre mais seulement à ses intérêts commerciaux.

Des textes existent qui devraient empêcher ces abus. L'article 11 de la Déclaration des droits de l'homme et du citoyen de 1789 affirme la liberté d'expression, « sauf à répondre de l'abus de cette liberté dans les cas déterminés par la loi » ; l'article 10 de la Convention européenne de sauvegarde des droits de l'homme précise que la liberté d'expression comporte des « devoirs et des responsabilités » ; l'article 9 de la Déclaration universelle des droits de l'homme et du citoyen garantit la présomption d'innocence. Des textes législatifs ont donné un contenu à ces principes, à commencer par la loi du 29 juillet 1881, qui interdit notamment la reproduction de tout procès-verbal, de toute pièce faisant partie d'un dossier judiciaire ; le code pénal et le code de procédure pénale vont dans le même sens. Et pourtant, à écouter les partisans d'un renforcement de ces dispositions, la plupart d'entre elles ne sont pas ou plus appliquées ou encore sont détournées de leur sens[875].

Au-delà du dévoiement des règles existantes, la presse d'investigation, mais pas seulement elle[876], serait guidée par le rêve ancien de la démocratie directe et l'illusion de la transparence. L'illusion serait celle d'une société entièrement lisible d'hommes mis à nu sous le regard du public, alors qu'en démocratie la transparence n'est pas celle des hommes mais celle des procédures. D'où la confusion entre public et privé (notamment dans le cas des dénonciations qui visent le patrimoine des hommes publics), l'angélisme des jugements émis sur le choix des moyens par les responsables, la négation de la contradiction des valeurs ou de la dialectique entre responsabilité et conviction, le harcèlement des responsables, réduits à des caricatures, et le discrédit porté sur les fonctions de responsabilité[877]. Le rêve serait celui d'un accès à la vérité débarrassé des médiations procédurales ; plus de distance entre le fait et le public, des faits jugés non pas suivant le droit mais suivant les émotions, les opinions, les préjugés, une presse se substituant aux institutions qu'elle a d'abord disqualifiées, les parties se tournant alternativement vers la presse et la justice, « comme si la démocratie leur offrait à présent deux instances pour se défendre, un lieu institutionnalisé et un non-lieu[878] ».

À quoi répondent les journalistes – et l'historien – que « c'est là un jeu de va-et-vient qu'autorise la structure même du dispositif de l'opinion publique tel qu'il s'est mis en place au XVIIIe siècle »[879]. Depuis cette époque, en effet, le tribunal de l'opinion s'est constitué à côté du tribunal officiel. Le journaliste a revendiqué un pouvoir d'appréciation qui a fait de lui un autre juge. Ce pouvoir d'appréciation ne s'arrête pas aux seules frontières du scandale légal mais soumet à son empire le scandale moral, c'est-à-dire la transgression de la morale moyenne[880]. La légitimité du journaliste repose sur le soutien du public, l'exercice de la liberté d'expression et sur la conviction d'exercer sinon une mission de service public – revendiquée par la profession pendant la Première Guerre mondiale du moins, dans le cas du *Canard enchaîné*, une mission au service du public[881]. La presse est garante de la démocratie, la transparence est une exigence ancienne et normale des citoyens, le public a droit à la justice, à la vérité, à la liberté et, si le tribunal officiel manque à les faire respecter, le tribunal de l'opinion peut légitimement se substituer à lui.

Cette légitimité et les obstacles mis à la satisfaction de ces droits justifient la distance prise par rapport au droit ordinaire. Les journalistes défendent un « civisme incivique » et une « posture morale exceptionnelle » qui consiste à braver la loi pour mieux servir la démocratie[882]. Se plaçant dans une position ambiguë par rapport à la justice, les journalistes prétendent en même temps s'en faire les auxiliaires et les censeurs. Si le *Canard* n'avait pas transgressé les textes juridiques en prenant l'opinion à témoin, disent ses journalistes, quelques affaires n'auraient jamais reçu un début d'instruction. Des siècles d'omnipotence de l'État ont établi en France une « culture du secret »; l'État refuse de communiquer les informations placées à la disposition des citoyens dans des pays plus démocratiques; les dirigeants politiques et économiques, l'appareil d'État dans son ensemble pratiquent le mensonge pour protéger leurs intérêts, dispensant une information officielle dont se contentent la plupart des médias; une législation a été mise en place qui empêche que la lumière soit faite sur les agissements des détenteurs du pouvoir et qu'appliquent des juges mi-victimes mi-complices.

Ainsi du secret-défense, dont le premier statut juridique date de 1886 et qui vise en principe à préserver les intérêts fondamentaux de la nation. En fait, affirment les journalistes, il s'est surtout agi, pour les gouvernements qui en ont fait une application partisane, d'opposer à la curiosité de la presse un obstacle invincible. L'histoire du *Canard enchaîné* en offre un exemple célèbre avec l'affaire dite des « micros » au cours des années 1970 : la Direction de la surveillance du territoire refusa d'autoriser ses fonctionnaires à répondre aux convocations du juge d'instruction, afin que soit « protégé le nécessaire secret qui doit permettre le fonctionnement normal (du service) et la protection particulière de ses sources et de ses opérations[883] ». Le juge d'instruction finit par accepter la limite ainsi apportée à ses prérogatives par un service de police.

D'un usage plus courant, le secret de l'instruction peut lui aussi s'opposer à la manifestation de la vérité. Théoriquement prévu pour préserver la présomption d'innocence et permettre le bon déroulement de l'enquête, il a souvent été utilisé, selon les journalistes, pour cacher au public la réalité des affaires et permettre au magistrat, placé dans la dépendance du pouvoir politique, de mener l'enquête dans le sens qui convient à ce pouvoir. Les journalistes tirent argument du décalage entre le temps judiciaire, ordinairement très long, et le temps journalistique pour justifier la divulgation d'éléments appartenant au dossier d'instruction. S'ils admettent la divulgation, ils affirmeront que leurs informations proviennent d'acteurs de la procédure qui ne sont pas tenus au secret, par exemples les parties – tout en rappelant en privé qu'ils ne sont pas responsables du manquement des titulaires des fonctions publiques à leurs obligations de réserve. S'ils la nient, ils prétendront que leurs informations ont été obtenues au terme d'une enquête en bonne et due forme et, dans ce cas, opposeront le secret professionnel au secret de l'instruction, c'est-à-dire une obligation déontologique à une obligation légale[884].

Les dispositions existantes ne sont donc pas si favorables à la liberté d'expression, répondent les journalistes aux partisans d'un renforcement des lois encadrant cette liberté. Le choix du civil plutôt que du pénal par ceux qui ont à se plaindre de la presse ? Le gain y est plus sûr et plus conséquent et surtout le procès ne donne pas lieu à enquête publique et citation de témoins ; cette procédure discrète est choisie par ceux qui ont tout à redouter d'un débat public[885]. La modicité des amendes ? Elle découle du fait que seules les personnes physiques sont passibles de poursuites, directeurs de publication et éditeurs ainsi que leurs « complices », les journalistes. Si la responsabilité pénale de l'entreprise, personne morale, était établie, les amendes seraient beaucoup plus lourdes et conduiraient rapidement les journaux à la faillite.

Les journalistes d'investigation insistent surtout sur les difficultés opposées à la production de la preuve dans un procès en diffamation[886] : les juges leur demandent de révéler leurs sources, ce qui est contraire à l'honneur et à l'efficacité ; la preuve est impossible dans un certain nombre de cas[887] ; enfin ils ne sont pas autorisés à prouver leurs affirmations si la preuve n'est pas juridiquement recevable, c'est-à-dire si elle a été obtenue par des moyens illicites – mais une vraie information peut-elle être obtenue avec le consentement de ceux qu'elle gêne[888] ? Jusqu'à une date très récente, les journalistes en étaient réduits à plaider la « bonne foi » surprise ; encore leur fallait-il la prouver, à l'inverse du droit commun. Mais, sur ce dernier point, les années récentes ont enregistré une évolution juridique plutôt favorable à la liberté de la presse. La jurisprudence européenne a établi, avec l'affaire Calvet, un précédent qui conforte le journalisme d'investigation.

L'affaire Calvet montre comment une affaire de viol de la vie privée peut déboucher sur une remise en cause du principe même du journalisme d'investigation. Le 27 septembre 1989, le *Canard* publia les feuilles d'impôt du P-DG de Peugeot. Celles-ci montraient que Jacques Calvet avait obtenu une augmentation de 46 % de son salaire en deux ans. Certes, comme ne manquèrent pas de le rappeler éditorialistes et patrons, les rémunérations de ce haut dirigeant restaient très inférieures à celles de ses homologues étrangers, notamment américains ; il n'en demeurait pas moins que cette augmentation avait de quoi choquer, au moment où les salariés de l'entreprise se battaient sans succès pour obtenir 1 000 à 1 500 francs de plus sur leur feuille de paie. Ceux-ci furent d'ailleurs indignés de cette disproportion ; la négociation en fut-elle facilitée, le patron de Peugeot acceptant des concessions qu'il avait refusées jusque-là, ou ces révélations eurent-elles « pour conséquence immédiate de durcir le conflit des Automobiles Peugeot » comme l'affirma *La Croix*[889] ? En tout cas, le *Canard* eut droit à une volée de bois vert de la part de certains patrons et éditorialistes sur le thème : « Vous violez la vie privée des gens. Et vous envenimez un conflit social. » Quant à Jacques Calvet, il contre-attaqua sur le terrain judiciaire.

Le patron de Peugeot demanda d'abord la saisie du *Canard*, pour « atteinte intolérable à sa vie privée », ce que refusa le tribunal de grande instance de Paris au motif que, « faite à l'occasion d'un événement qui intéresse l'opinion », cette publication était « conforme à l'esprit polémique du *Canard enchaîné* et se justifi[ait] par les nécessités de l'information[890] ». La procédure du référé ayant échoué, les tribunaux ordinaires furent saisis. Claude Roire, l'auteur de l'article, et Roger Fressoz, directeur de la publication, furent poursuivis non pour avoir publié le montant de l'impôt payé par un contribuable (puisque le *Canard* n'avait révélé que le montant du revenu imposable, ce qui n'est pas interdit par la loi) ni pour diffamation (puisque les faits révélés par le journal n'étaient pas contestés), ni même pour avoir violé la vie privée de Jacques Calvet mais pour « violation du secret professionnel et recel ». Les avocats de Jacques Calvet entendaient faire admettre par les tribunaux que les documents publiés par le *Canard* ne pouvaient avoir été obtenus que d'un fonctionnaire de l'administration des impôts – tenu au secret professionnel –, donc d'une manière frauduleuse[891]. Comme le souligna le *Canard* à toutes les étapes de la procédure judiciaire, cela revenait à mettre tous les journalistes d'enquête devant un dilemme insoluble : ou bien le journaliste apporte la preuve de ses affirmations et il est condamné pour viol du secret et recel, ou bien il ne l'apporte pas, et il est condamné pour diffamation aux termes de la loi du 29 juillet 1881. Si la publication de documents confidentiels était interdite, c'est l'existence même du journalisme d'investigation qui pouvait se trouver compromise[892].

La bataille judiciaire dura dix ans. Après avoir été relaxé en première instance le 17 juin 1992 – la 17e Chambre correctionnelle de Paris avait estimé que ni le vol ni le recel n'étaient constitués –, Roger Fressoz et Claude Roire furent condamnés en appel, le 10 mars 1993. Reconnus coupables de recel de photocopies provenant de la violation du secret professionnel, la cour les condamna à des amendes de 10 000 et 5 000 francs. La Cour de cassation confirma cet arrêt le 27 mars 1995 et lui apporta cette précision : ce n'était pas le recel des informations qui tombait sous le coup de la loi mais le recel des documents contenant ces informations ; autrement dit, le *Canard* n'aurait pas été condamné s'il avait publié la teneur des feuilles d'impôts et non le fac-similé de ces documents[893]. La direction du *Canard* porta alors l'affaire devant la Cour européenne des droits de l'homme. Jugée recevable en juin 1997, la requête fut examinée par cette juridiction, la plus haute dans l'espace européen, en novembre 1998. Le 21 janvier 1999, la Cour condamna la France pour avoir violé le principe de la liberté d'expression affirmé dans l'article 10 de la Convention européenne des droits de l'homme de 1950. Les deux journalistes se virent accorder le remboursement de leurs amendes et un dédommagement de 60 000 francs.

Cet arrêt, qui devrait faire jurisprudence, considère que la condamnation des deux journalistes constituait une « ingérence » dans le droit à la liberté d'expression. « L'article incriminé intervenait dans le cadre d'un conflit social largement invoqué par la presse. Il démontrait que le dirigeant avait bénéficié d'importantes augmentations de salaire. Son but n'était pas de porter préjudice à la réputation de M. Calvet mais, plus largement, de débattre d'une question d'actualité intéressant le public. » Ni la matérialité des faits relatés ni la bonne foi des deux journalistes n'ont été mises en cause, constate cet arrêt ; ils ont agi « dans le respect des règles de la profession journalistique ». Surtout, la Cour admet la publication des pièces contestée dans la mesure où celle-ci sert « non seulement l'objet mais aussi la crédibilité des informations communiquées ». En d'autres termes, pour la plus haute juridiction européenne, la provenance des documents produits par la presse importe moins que leur authenticité et la crédibilité qu'ils apportent à l'enquête, et le respect des secrets moins que la liberté d'expression.

En règle générale, les journalistes n'ignorent pas le droit qui régit l'exercice de la liberté d'expression. Ils plaident seulement pour un ajustement du cadre légal aux exigences concrètes de leur profession, une distance pratique au droit, une autonomie relative. « La justice des tribunaux, parce qu'elle constitue un horizon ineffaçable, toujours placé à portée d'interjection, constitue un garde-fou des conduites, mais non pas un régisseur permanent et omniprésent[894]. » D'autres réalités jouent un rôle comparable : la sanction de l'employeur, qui existe bel et bien ; celle du lecteur, plus redoutable encore. Le souci de ne rien faire qui puisse porter atteinte à la crédibilité du journal est extrêmement présent au *Canard enchaîné* ; tous les journalistes affirment préférer garder une information insuffisamment vérifiée plutôt que risquer d'entamer la réputation de sérieux du journal. Cela n'écarte pas le risque de la manipulation, mais ce risque n'est pas considéré comme majeur : dans la mesure où l'information est vraie, peu importe à qui elle profite. Au-delà de l'intérêt commercial, qui apparaît dans cette perspective non comme une incitation à la licence mais au contraire comme une invitation à la prudence, le professionnalisme, la déontologie et l'éthique sont d'autres garde-fous, moraux ceux-là ; qui encadrent l'investigation du *Canard enchaîné*.

Si l'on ajoute à ces limites celles qui entravent l'action des autres journaux, chaînes et stations, selon les journalistes du *Canard* mais aussi selon les analyses d'un certain nombre d'observateurs, souvent anglo-saxons, de la presse française[895] – dédain traditionnel pour le travail de reportage auquel est préféré le journalisme politique ou d'écriture, dépendance financière et respect excessif envers l'État, poids de l'information institutionnelle, connivence entre les dirigeants médiatiques et les dirigeants des autres sphères du pouvoir facilitée par la concentration géographique de leurs institutions respectives –, on comprendra que, du point de vue des journalistes du *Canard*, ce n'est pas l'excès d'audace qui menace la presse mais au contraire l'excès de conformisme.

Les choses ont changé, certes, dans les quinze dernières années, mais sans doute pas autant que certains veulent le croire ou le faire croire. D'autres journaux ont mené des enquêtes sur des dossiers sensibles, certains ont mis en place des « cellules investigation » ; le *Canard* a parfois été devancé par ses confrères dans un secteur qui fut pendant quinze ou vingt ans sa chasse gardée. Même si la rédaction de l'hebdomadaire satirique s'est officiellement réjouie de ces progrès, considérant qu'ils allaient dans le sens de ses revendications anciennes pour une plus grande irrévérence[896], elle n'a pas pu ignorer que cette évolution renforçait la concurrence et contribuait à faire perdre au *Canard* une part de son originalité et donc de son impact commercial[897]. Mais irrévérence ne signifie pas toujours indépendance et si l'autonomie de la presse nationale par rapport aux intérêts partisans est aujourd'hui assez largement acquise, bien des journaux qui publient à l'occasion ou régulièrement des enquêtes sur des sujets « sensibles » sont contraints de sélectionner leurs cibles ou de modérer leur ton en fonction de critères économiques. La constitution de grands groupes où s'unissent, en de curieux attelages, stratégies de presse et intérêts industriels et financiers ne laisse pas de relativiser l'impertinence des pages « confidentiel » et autres « téléphone rouge », sans même parler des magazines d'« investigation » audiovisuels.

Le vrai changement, selon nous, tient à la plus grande place accordée globalement aux affaires politico-financières dans la presse et, probablement, dans les préoccupations des Français[898]. Dans un contexte de judiciarisation croissante de la société française, ces affaires qui étaient l'exception dans la presse des années 1970 sont devenues un élément obligé des grands journaux parisiens d'information générale. Ceux-là mêmes qui étaient réticents il y a encore quinze ans devant ce qui leur apparaissait comme un déballage un peu sale des dessous de la République lui consacrent maintenant leurs unes et de pleines pages intérieures. Dans cette évolution, plusieurs facteurs sont intervenus : politiques, avec des phases d'alternance et de cohabitation qui ont desserré l'emprise des dirigeants politiques sur la presse et la justice ; institutionnelles, avec la création de structures spécialisées dans la poursuite de la « délinquance en col blanc » telles que le fameux « pôle financier » du tribunal de grande instance de Paris ; sociologiques, avec l'arrivée de magistrats et de journalistes plus jeunes, mieux formés, moins souples que leurs aînés vis-à-vis des pressions, avec aussi l'intolérance croissante du corps social pour des actes auparavant cachés ou admis[899].

Témoigne de cette évolution ou de cette rupture le contraste entre le bilan du journalisme d'investigation avant les années 1980 et celui qui lui a succédé. Avant 1981, ce bilan est très mince[900]. Pour ne considérer que les grandes affaires soulevées par *Le Canard enchaîné*, on doit constater que l'impact légal a été nul : l'affaire des micros aboutit à un non-lieu, l'affaire des diamants à une condamnation du *Canard* ; aucun ministre ne fut poursuivi et *a fortiori* condamné sur la foi des révélations du journal ; Valéry Giscard d'Estaing ne fut pas inquiété ; les commissions d'enquête parlementaires ne jouèrent pas leur rôle. En ce sens, la comparaison avec le Watergate fait apparaître l'insuffisance des mécanismes de contrôle de l'exécutif par les autres pouvoirs en France.

Quant à l'impact politique, il est douteux : peut-être l'affaire de la feuille d'impôt a-t-elle ruiné les ambitions présidentielles de

Jacques Chaban-Delmas et l'affaire des diamants empêché la réélection de Valéry Giscard d'Estaing ; mais il est bien difficile de mesurer l'influence réelle des révélations du *Canard enchaîné* dans ces cas précis. Bien d'autres facteurs sont intervenus et l'impact, s'il a existé, n'a pu être que marginal. Le manque de relais médiatique, surtout télévisé, dans ces affaires constitue certainement un facteur d'explication à une époque où fut consacrée la puissance de la télévision[901]. Finalement, le seul impact réellement mesurable du journalisme d'investigation pour le *Canard* fut l'augmentation de ses ventes et de son chiffre d'affaires ; avec aussi le changement intervenu dans la perception qu'avaient du journal ceux qui y travaillaient et ceux qui l'observaient de l'extérieur.

Par contraste, les années 1980 et 1990 ont fait apparaître la puissance nouvelle du journalisme d'investigation. Si nous avons pu noter, au terme de telle ou telle affaire, le caractère parfois très limité des conséquences qu'eurent à supporter les responsables politiques ou les dirigeants économiques convaincus – par la justice autant que par la presse – de malversations, il reste que, dans l'ensemble, ces conséquences furent bien plus lourdes que par le passé : ministres démissionnaires, dirigeants emprisonnés, carrières freinées ou interrompues, la France a connu elle aussi, plus discrètement que l'Italie et à une échelle moindre, son opération « mains propres ». Ce processus n'est pas achevé ; à certains, il fait craindre le « gouvernement des juges », pour d'autres, il souligne surtout le mal profond qui avait atteint la démocratie française, notamment à travers le financement des partis politiques que trois lois et amnisties successives n'ont pas réussi à assainir. Quant à nous, nous ne nous prononcerons pas sur ce que réserve l'avenir ; l'actualité est déjà suffisamment périlleuse pour l'historien.

CONCLUSION

L'histoire du *Canard enchaîné* embrasse l'histoire du XXe siècle. Elle ne se confond pas pour autant avec lui, en raison des partis pris du journal en matière d'actualité : la domination écrasante de l'actualité politique française dans les colonnes du *Canard* interdit d'y voir un reflet fidèle des temps passés. Il est vrai que l'on peut dire la même chose de la plupart des médias : aucun ne restitue exactement le chaos du monde ; toujours, ce qui est donné à lire, à voir, à entendre au consommateur de nouvelles procède d'un choix et d'un montage qui ne peuvent que trahir ce qu'ils sont chargés de traduire. Mais, dans le cas du *Canard enchaîné*, la déformation est accentuée par le point de vue adopté, qui est celui du satiriste. Ce n'est pas l'histoire diplomatique et politique, celle des grands hommes et des pensées de haute élévation, qui apparaît dans le *Canard* ; c'est son envers, sa face cachée et triviale, ses coulisses. Du coup, le siècle écoulé paraît d'une singulière grisaille quand ce n'est pas d'une franche noirceur ; hommes politiques guidés par leurs petits intérêts, guerres déclenchées pour d'obscurs appétits, œuvres et artistes ratés, la « souveraine médiocrité » dont parlait Morvan Lebesque à propos de la télévision en 1953 emplit les colonnes du *Canard enchaîné*.

On en a fait le reproche à l'hebdomadaire satirique. C'est oublier sa nature et sa raison d'être, qui sont précisément de dénoncer, railler, tourner tout en dérision. Les journalistes du *Canard enchaîné* font souvent remarquer que leurs confrères se chargent bien volontiers de l'histoire officielle, riante ou non ; ils préfèrent quant à eux apporter un éclairage sur des réalités méconnues ou dispenser une lumière particulière, noire parfois, c'est vrai, sur ce que tout le monde connaît. Au moins autant qu'un parti pris philosophique, le point de vue du *Canard enchaîné* découle donc d'une appréciation froide du « champ journalistique » ; son positionnement tient aussi aux règles fixées par le marché.

Au reste, cette « grisaille » est pour partie celle de l'actualité même. Julien Gracq écrivait que « la médiocrité s'évacue de toute époque devenue historique, comme la lie d'un vin qu'on laisse reposer ». Passer de l'actualité des journalistes du *Canard enchaîné* à l'histoire des historiens, c'est passer du tumulte au calme, de la fièvre à la sérénité ; c'est aussi perdre d'un coup « tout ce qui fait la trivialité d'une époque, le quotidien, les éléments de répétition par lesquels le vécu grisaille », « la matière interstitielle et conjonctive » dont l'érosion fait du Temps « le poète des événements[902] ». La lecture rétrospective de tout journal, du *Canard enchaîné* en particulier, plonge celui qui s'y livre dans un bain d'événements, d'anecdotes, de noms, de polémiques qui paraissaient peut-être les choses les plus importantes du monde à ceux qui en rendaient compte mais dont la vie et le sens se sont retiré au fil des années.

L'avantage de la vue rétrospective qui est celle de l'historien consiste dans sa capacité à distinguer les tendances, les évolutions lourdes à l'œuvre dans le désordre des jours, et de proposer une périodisation de l'histoire qu'il étudie. Dans le cas du *Canard enchaîné*, le caractère fondateur de la Première Guerre mondiale ne fait pas de doute ; tout part de là, tout y revient. La lutte contre la censure et le « bourrage de crâne », le pacifisme et l'antimilitarisme, la dénonciation des profiteurs de toutes sortes vont rester comme autant d'attitudes et de réflexes identitaires au long de l'histoire du journal. Ils n'apparaissent pas *ex nihilo* en 1915 mais s'inscrivent dans la continuité des engagements de l'extrême gauche internationaliste qui était le milieu de formation politique des fondateurs du *Canard*, Maurice Maréchal et Henri-Paul Deyvaux Gassier.

Le journal qui naît pendant la Première Guerre mondiale va se conserver sans grands changements jusqu'au seuil des années 1960, malgré la mort ou le départ de bon nombre de ses collaborateurs initiaux. Journal satirique, anticonformiste, pratiquant tour à tour l'humour féroce ou bon enfant, *Le Canard enchaîné* des années 1950 n'aurait pas dépaysé le lecteur des années 1920 et vice-versa. La coupure de la Seconde Guerre mondiale doit donc être largement relativisée, malgré la disparition du fondateur et l'exclusion des journalistes compromis sous l'Occupation. Le *Canard* semble s'être tenu en marge du profond renouvellement de la presse française à la Libération, symbole d'une continuité qu'il dénonça par ailleurs.

Le vrai changement, en ce qui le concerne, date du tournant des années 1960, sans qu'il soit possible d'être plus précis. Toujours satirique mais en s'appuyant désormais sur des informations de première main, le *Canard* change alors de dimension – à tous égards : les lecteurs, qui s'étaient détournés d'un journal dont l'indécision idéologique paraissait hors de saison au temps de la guerre froide, reviennent peu à peu puis en plus grand nombre à partir de la fin des années 1950, faisant accéder le *Canard* à une prospérité qu'il n'avait jamais connue. C'est ce *Canard*-là, puissant, riche, au cœur de tempêtes médiatiques et politiques qu'il déclenche lui-même de plus en plus souvent, que l'on retrouve dans les années 1970. Par la suite, même si la prospérité du journal ne sera jamais durablement remise en cause, on assistera à une relativisation de cette puissance et de cette originalité.

Il paraît bien difficile de dire quels sont les facteurs qui l'ont emporté, dans cette évolution, entre ceux qui tiennent à l'histoire propre du *Canard enchaîné* et ceux qui relèvent de son environnement social, économique, politique, culturel. L'autorité dont disposèrent les directeurs ou quasi-directeurs (dans le cas de Tréno, jusqu'à la mort de Jeanne Maréchal) qui se succédèrent à la tête du journal et l'autonomie relative du *Canard enchaîné* dans l'ensemble de la presse française plaident pour l'explication interne; les grandes phases de l'histoire du journal sont rythmées par les changements des hommes, le renouvellement des équipes expliquant les mutations du contenu et même de la réception. De fait, nous avons souligné l'importance, tant qualitative que quantitative, des vagues de recrutement de 1916-1917, 1944-1949, 1956-1957, 1969-1972 et du milieu des années 1980, et remarqué la coïncidence de ces vagues avec les progrès enregistrés par le journal.

Mais l'histoire du *Canard* est ainsi faite que les renouvellements internes de première importance ont précédé ou suivi d'assez près les événements historiques majeurs: le directeur-fondateur décède deux ans après qu'il a sabordé son journal pour cause d'invasion allemande, l'équipe des années 1940 bénéficie des conditions exceptionnelles de la Libération, celle de la fin des années 1950 de la guerre d'Algérie et du retour de De Gaulle au pouvoir. Ajoutons que Tréno et Jeanne Maréchal disparaissent presque en même temps que le fondateur de la Cinquième République, et que Roger Fressoz prend en main les rênes du journal dans une France qui digère à la fois Mai 68 et l'héritage gaulliste. Il n'est guère que l'arrivée de Michel Gaillard à la tête du *Canard enchaîné*, en 1992, à n'avoir coïncidé avec aucun bouleversement politique et institutionnel majeur de la France.

La bonne explication, on s'en doute, est au croisement des deux ordres de réalité, en particulier pour ce qui concerne le grand basculement de la satire à l'information que nous avons localisé quelque part autour de 1960. Le renouvellement de l'équipe, seul, n'aurait pas abouti à ce que *Le Canard enchaîné* devînt la puissance redoutable qu'il est devenu; il y fallait les conditions très particulières d'un pouvoir plus concentré, plus durable et paraissant plus autoritaire aux Français qui n'avaient connu que les Troisième et

Quatrième Républiques, l'amoindrissement consécutif de l'espace dévolu à l'opposition parlementaire et donc le renforcement des organes d'opposition, un changement d'échelle et peut-être de nature des affaires politico-financières en raison de l'essor économique des Trente Glorieuses ; il y fallait aussi l'élévation du niveau scolaire moyen des Français et le développement d'une population de cadres moyens et inférieurs, celle-là même dans laquelle *Le Canard enchaîné* puisa l'essentiel de ses nouveaux lecteurs.

Tout cela fut donc affaire d'action et de réaction à l'événement comme aux tendances lourdes. Il reste cependant, apparemment irréductible à cette logique de l'écoulement, une réalité que nous avons maintes fois rencontrée au cours de cette histoire diachronique du *Canard enchaîné*. Certains thèmes, formes, attitudes se caractérisent par leur grande stabilité à travers le temps ; c'est le cas, par exemple, du pacifisme et de l'antimilitarisme, de la lutte contre la censure. Ce n'est pas pour autant qu'ils doivent être réputés a-historiques, blocs d'immobilité préservés du flux général par leur nature particulière. Mais, présents au début comme à la fin de cette histoire, ils évoluent selon une temporalité, des rythmes qui leur sont propres. Ils nourrissent un « esprit *Canard* » que des générations de commentateurs se sont évertué à définir.

L'esprit *Canard*, ce fut d'abord le choix initial fait par les fondateurs de créer un journal « différent ». Certes, ce choix est proclamé hautement par tous les fondateurs de feuilles périodiques, quand bien même celles-ci ne font que retendre les bonnes vieilles ficelles utilisées partout. Dans le cas du *Canard enchaîné*, cependant, l'intention fut immédiatement suivie d'effet, avec le refus de la publicité et des actionnaires extérieurs qui en a fait un journal atypique dans une presse à la recherche perpétuelle d'argent frais pour équilibrer des comptes toujours déficitaires. En refusant également d'établir des liens privilégiés avec les hommes de pouvoir, qu'ils fussent responsables politiques, meneurs culturels ou dirigeants économiques, les journalistes du *Canard* se placèrent délibérément en marge d'une presse française habituée par tradition à monnayer en avantages symboliques et matériels son rôle douteux de « quatrième pouvoir ».

Pour assumer les handicaps et désagréments qu'une telle position pouvait comporter pour un journal commercial, le *Canard* put compter sur la détermination de ses propriétaires et directeurs successifs. Celle-ci, cependant, aurait été insuffisante si elle n'avait pu s'appuyer sur un véritable « esprit de corps » qu'elle contribua puissamment à forger. Cet esprit, manifeste dans la force des liens interpersonnels au sein du groupe des collaborateurs permanents et, surtout, dans l'énergie avec laquelle ils ont toujours repoussé les menaces extérieures, déborde largement le cadre d'une « culture d'entreprise », entendue généralement comme l'« ensemble cohérent des attitudes communes à tous les salariés dans un contexte de travail[903] ».

La singularité du *Canard enchaîné* en ce domaine tient à l'intention proclamée et, en partie, réalisée, de vivre collectivement selon les principes mêmes qui étaient défendus dans les colonnes du journal, d'illustrer dans le fonctionnement interne du groupe les vertus cardinales de l'honnête homme. Colette Ysmal parlait d'une « idéologie incarnée dans un style de vie » ; il s'agit au moins autant de l'imprégnation d'une vision du monde par un style de vie. La marginalité assumée et revendiquée au sein de la presse, le langage, les mœurs, la satire, la conservation d'une structure de petite taille en dépit du succès, l'indépendance absolue, sourcilleuse, obsessionnelle, tout cela entretient une fierté, voire un orgueil. Ainsi s'est perpétué dans le temps un groupe humain de petite taille, fortement intégré, rassemblé autour de valeurs et de comportements soigneusement entretenus.

Parmi les plus anciens et les plus centraux d'entre ces derniers, le refus de l'esprit de sérieux a constitué le pivot de l'identité du journal jusqu'à nos jours. Tous les directeurs en ont réaffirmé l'importance. Gaieté, humour, comique, ironie, tous ces termes qui ne sont pas interchangeables ont édicté des normes de langage et de mise en page, réglé des rites, dirigé des choix esthétiques, orienté toute une vision du monde. Rien de moins innocent, donc, que ces vaudevilles et ces revues, ces parodies et ces canulars, ces tonneaux en perce et ces pêcheurs à la ligne, mais un mode de représentation et d'identification d'une formidable puissance.

Sur cette image s'est superposée dès l'origine celle d'un journal frondeur, indépendant, irrespectueux vis-à-vis de tous les pouvoirs. Tout au long de son histoire, *Le Canard enchaîné* a cultivé quelques détestations qui sont devenues des sortes de réflexes identitaires, détestation de l'armée, de la police, de la magistrature, de l'État, de l'Église ; sa critique a visé la plupart des grandes institutions nationales, donnant lieu parfois à quelques procès ou scandales mémorables. Journal de contestation, de protestation, le *Canard* fut tôt considéré comme le journal préféré de l'éternel râleur qu'est, paraît-il, le Français moyen.

Mais, et on l'oublie souvent, ces haines ou ces dégoûts, au reste fortement tempérés par l'indispensable bonne humeur, avaient leur face positive, le pacifisme, la sympathie pour des initiatives situées en marge du mouvement social « encadré », le goût professé pour certains créateurs et penseurs, subversifs politiquement à défaut de l'être toujours esthétiquement. Tout n'était donc pas « négatif » dans les prises de position des journalistes du *Canard enchaîné* et l'on a vu plus d'une fois ces sceptiques s'engager dans des combats où l'idéalisme entrait pour une bonne part. Sympathies et antipathies définissaient une sensibilité particulière, une idéologie qui, pour être très éloignée des rigueurs doctrinales du « socialisme scientifique », n'en était pas moins « de gauche ». Il fut admis pendant longtemps que *Le Canard enchaîné* était un journal d'opinion, dans la lignée des feuilles républicaines et libertaires du XIXe siècle.

La montée en puissance de l'information exclusive s'est en partie inscrite dans cette logique, qui s'en est trouvée d'abord renforcée. Le *Canard* présenta alors une synthèse inédite de journalisme d'opinion et de journalisme d'information. Aux journalistes, l'information parut une autre manière, peut-être plus concrète, plus efficace, de vivre leur engagement politique ou leur combat pour la liberté d'expression. Du côté des lecteurs, dont les plus assidus entretenaient une relation forte, passionnelle à leur journal, elle a renforcé le sentiment d'« exceptionnalité » de celui-ci ; le *Canard* était ce journal mieux informé que les autres qui ferraillait d'égal à égal avec le pouvoir en place. L'intéressant est que le sentiment de singularité propre à la rédaction se soit trouvé précocement partagé par les lecteurs et, plus généralement, par l'environnement social dans son ensemble, qui a renvoyé aux journalistes l'image qu'eux-mêmes avaient formée ; ces derniers trouvèrent ainsi à l'extérieur de leur groupe la confirmation et la justification de leur voie propre.

Dans un second temps, toutefois, l'accent mis sur l'information exclusive a pu affecter la singularité du *Canard* : le recentrage politique, l'effacement de certains thèmes naguère très présents dans le contenu du journal comme le pacifisme ou l'anticléricalisme, en ont peut-être été les conséquences. De la même façon, la disparition de pratiques collectives dont certains collaborateurs actuels cultivent la nostalgie montre que le journal est engagé sur la voie d'une normalisation. Le rapport aux lecteurs s'en est trouvé modifié, comme le reconnaissait Roger Fressoz, en 1982 :

> « Pendant toute une période, nos lecteurs ont été un peu nos complices. Nous faisions un journal un peu ésotérique, qui s'adressait à des habitués dans un langage convenu, avec des clefs que les lecteurs comprenaient d'emblée. Aujourd'hui, nous touchons un public plus large[904]. »

Ce qui n'était encore qu'un constat prit la forme d'une préoccupation assez vive lors de l'entretien que nous eûmes avec lui, en 1995 :

> « Le *Canard* a changé d'échelle à partir du moment où il a été lu par plusieurs centaines de milliers de lecteurs. Comment répondre à l'attente de publics forcément hétérogènes, comment garder ces lecteurs aux attentes différentes ? Comment sauvegarder l'esprit du *Canard* ? Cela a toujours été mon obsession[905]. »

La solution – empirique, pragmatique – consista à organiser, dans le cadre étroit de huit pages grand format, la coexistence de trois journaux différents : un journal d'information (lui-même partagé entre culture et politique), un journal d'opinion et un journal satirique. De là ces formules paradoxales qu'affectionnent les gens du *Canard*, « satire informative », « information satirique », qui définissent un journal « sérieux sur le fond, humoristique dans sa présentation », « de gauche sans esprit partisan ».

La marginalité revendiquée du *Canard enchaîné* revêt encore un autre sens, celui de la volonté plus ou moins explicite et, de nouveau, plus ou moins assumée, de demeurer dans l'ombre. Nous avons déjà évoqué plusieurs raisons qui militent pour cette discrétion volontaire : l'idéal du journal prolétaire – on répugne à proclamer trop haut son succès –, l'efficacité journalistique – un journaliste qui souhaite trouver une information confidentielle ne le crie pas sur tous les toits –, le refus de devenir l'alibi des gouvernements, si libéraux qu'ils laissent prospérer un journal aussi anticonformiste que le *Canard*. Mais la grande crainte, qui rejoint cette idée d'alibi, est de céder aux travers de l'institutionnalisation.

Tous les journalistes du *Canard enchaîné* redoutent la transformation du journal en institution respectée mais endormie, glorieuse par son passé mais dépassée par les évolutions nouvelles, puissante en apparence mais en réalité sclérosée et ronronnante. Déjà, des critiques venues de l'intérieur comme de l'extérieur du journal ont considéré que le *Canard* avait succombé à ce risque. La comparaison avec *Charlie-Hebdo*, fondé en 1970 sur les décombres de *Hara-Kiri*, serait défavorable au *Canard*, plus installé, plus prudent, moins polémique ; on cite Cabu déplorant le manque d'agressivité du vieil hebdomadaire satirique et qui place dans *Charlie* des dessins que refuse la direction du *Canard* en raison de leur audace. Les responsables du *Canard* répliquent en insistant sur la différence de dimension et même de nature entre les deux journaux : *Le Canard enchaîné* s'adresse à des centaines de milliers de lecteurs qui attendent de lui une information de qualité ; il a une obligation de rigueur ; le mauvais goût et la grossièreté de *Charlie* ne conviendraient pas aux lecteurs du *Canard* ; malgré sa progression récente et les « coups » qu'il a pu réaliser, *Charlie-Hebdo* ne « joue pas dans la même catégorie ».

Reste que le caractère d'institution est établi par ces arguments mêmes. Si l'institution de presse se caractérise par le fait qu'elle « se donne des missions, accompagnées d'un sentiment de devoir ; plus exactement, [qu'] elle se préoccupe des rôles qu'elle se sent tenue de remplir dans la société globale, se réclame d'obligations de service envers des valeurs et des principes, enfin [qu']elle brigue l'honneur de faire le bien », alors *Le Canard enchaîné* est une institution au même titre que *Le Monde* ou le *Washington Post* auxquels ces critères s'appliquaient primitivement[906]. Mais, tout autant que les critères d'excellence journalistique que s'impose une rédaction, ce qui fait une institution est la sanction publique de cette prétention.

Sur ce point, les preuves ne manquent pas à partir de la fin des années 1950 : on les trouve dans la « presse » du *Canard enchaîné* à l'occasion de son quarantième anniversaire (1956) et de la sortie de son anthologie (1965-1966) : « Institution nationale qui exerce dans la presse un magistère indiscutable » (*La Dépêche du Midi*), le *Canard* est devenu une sorte de « Moniteur officiel » quoique satirique (*Combat*), une « vigie au-dessus des scandales et des intrigues qui a survécu à tous les régimes » (*L'Espoir de Lens*) ; comme le remarquait Tréno au banquet des quarante ans, « la plupart de nos confrères, y compris ceux qu'il nous arrive d'étriller, tressent des couronnes à l'illustre, redouté et toujours estimé *Canard*[907] ». Les preuves de l'« institutionnalisation » du *Canard*, on les trouve aussi dans la seule existence de travaux universitaires à lui consacrés à partir du début des années 1960 :

> « Parvenu à un âge respectable, *Le Canard enchaîné* est même devenu un sujet d'études universitaires. Une thèse pour le diplôme d'études supérieures de sciences politiques lui a été récemment consacrée. Son auteur a abouti à la conclusion que cette institution de la gauche libérale et intellectuelle est devenue un symbole. Sa disparition, a-t-il ajouté, serait le signal d'une dictature[908]. »

L'intérêt de la presse étrangère, à partir des années 1970, fit également beaucoup pour élever *Le Canard enchaîné* au rang d'institution nationale[909].

Malgré leurs réticences, les journalistes de l'hebdomadaire satirique ont participé activement à l'édification de l'institution *Canard enchaîné*, à la construction du mythe *Canard*. Le désir d'ombre s'est compliqué d'une soif de reconnaissance. On en voit la trace dans la multiplication des citations légitimantes tout au long de l'histoire du journal, dûment répertoriées et reproduites dans les numéros courants ou spéciaux du journal, d'Anatole France déclarant en 1917 qu'il ne lisait plus que *Le Canard enchaîné*, à Coluche estimant en 1980 que le *Canard* et lui-même étaient les seuls « subversifs » en France. On citera encore Montherlant en 1928 (« L'homme complet a en lui et il fait alterner / Le comte Albert de Mun et *Le Canard enchaîné* »), Malraux en 1955 (« Quand je vous parlais du libéral, j'avais dans l'esprit le personnage qui s'oppose au bien-pensant. Il commence à Renan et finit au *Canard enchaîné* »), Mauriac en 1960 (« Ce que ce *Canard* est lu ! Même à l'Académie on m'a dit : "Vous avez lu dans *Le Canard enchaîné*"... »)

La rédaction a précieusement recueilli ces témoignages et leur a donné toute la publicité nécessaire. Elle a aussi entretenu avec un grand soin les deux thèmes mythiques que sont l'infaillibilité et l'indestructibilité. Infaillibilité : « le *Canard* a encore (ou toujours) raison », cette affirmation narquoise, présente dès les débuts du journal, n'a cessé de l'accompagner, ponctuant chacune des confirmations apportées à ses premiers renseignements ; les « pan sur le bec », qui répondent à une éthique du journalisme, ont aussi pour but de proclamer la sûreté de la quasi-totalité des informations dispensées par le *Canard*. Les succès obtenus dans le journalisme d'investigation ont conforté cette autosatisfaction. Les journalistes du *Canard* sont très fiers de la confiance dont les créditent leurs confrères : « À 95 %, selon Claude Angéli, les confrères ont confiance dans les révélations du *Canard*. Parfois, ça les gêne et pour des raisons politiques, de rivalité ou de jalousie ils refusent de nous croire mais en fait, quand c'est dans le *Canard*...[910] »

Indestructibilité : rien n'a pu venir à bout du *Canard*, ni les procès, ni la censure, ni les pressions de toutes sortes. Cette représentation repose en partie sur l'« impunité sacro-sainte[911] » dont jouit le *Canard* – « On n'attaque pas le *Canard* », dit Edwy Plenel –, en partie sur sa longévité : des décennies d'existence, deux guerres mondiales, trois Républiques et le *Canard* est toujours là, « bien vivant » répètent à l'envi ses journalistes, et fidèle à ses origines :

> « Le *Canard*, à ses débuts, est un tout petit journal, marginal, qui n'a que quatre pages, rappelle ainsi la brochure de présentation rédigée par Roger Fressoz en 1980. Mais il trouve tout de suite son profil, son image de marque, les traits caractéristiques qui sont encore les siens aujourd'hui, compte tenu des adaptations et des cures de rajeunissement nécessaires après soixante-cinq ans d'existence. »

Mais, « que cette institutionnalisation ne soit rien d'autre – ou pas moins – que la reconnaissance d'une étroite adéquation à la sensibilité intellectuelle de son temps[912] », qu'elle ait été tour à tour revendiquée et rejetée par les journalistes du *Canard enchaîné*, elle s'est peu à peu imposée dans l'esprit du public – des publics, devrait-on dire – comme une évidence et avec elle l'idée d'un pouvoir exercé par l'hebdomadaire satirique.

D'accord pour constater ce pouvoir, les avis sont partagés quant à sa nature, bonne ou mauvaise. Pour les uns, tel le sociologue « bourdieusien » Patrick Champagne, le *Canard* « contribue à faire progresser ce que l'on peut appeler « la morale publique ». Le *Canard* exerce un effet de censure sur le milieu politique mais aussi sur la presse. En dénonçant les complaisances des journalistes et les compromissions des hommes politiques, et en épinglant les petites bassesses ordinaires des hommes publics, le *Canard* les pousse sans doute un peu à être à la hauteur de la moralité exemplaire qu'ils s'attribuent publiquement[913]. » Le déplacement des frontières entre la politique qui se donne à voir officiellement et l'autre – sous-entendu : la vraie, la politique réelle, effective – entraînerait un effet salutaire, comme toute opération de dévoilement des ressorts cachés de l'action. La tentative d'inventer une « fonction clairement démarquée du politique » aurait pris valeur d'exemple pour toute une presse en mal d'émancipation[914]. Pour d'autres, par exemple Colette Ysmal ou Micheline Mehanna, le *Canard* peut enseigner la lucidité mais contribue surtout à susciter chez ses lecteurs le « dégoût de la politique » ; le refus de l'engagement, de la proposition constructive « stériliserait » le débat démocratique[915].

Au vrai, deux plans d'influence et donc d'analyse sont ici confondus. Le premier est celui de l'influence exercée par *Le Canard enchaîné* sur la structure dirigeante de la France. Celle-ci ne fait guère de doute, au moins au niveau le plus superficiel. La cohue des motocyclistes attachés aux ministères qui se pressent à la porte du *Canard* le mardi soir vers 18 heures prouve assez la « peur du mercredi matin, jour de parution du *Canard enchaîné*, le journal officiel de la paroisse » dont parle Régis Debray dans ses mémoires politiques. Le ci-devant chargé de mission auprès de la présidence de la République, tout en regrettant que « le médiocre [soit] plus communicatif que le reste » et que la critique s'attarde plus volontiers sur les ridicules que sur les fautes, reconnaît à la censure journalistique de l'action politique une salutaire « fonction régulatrice » et un rôle comparable à celui du prêtre catholique rappelant au fidèle qu'il n'est que poussière. Certes, « l'entrefilet nous blesse mais il nous rend service » en présentant la version basse en contrepoint de la version haute; la vérité se situera dans l'entre-deux.

> « Ainsi, entre *Le Canard enchaîné*, qui tient ses lecteurs informés au fur et à mesure de nos canailleries, sans s'en laisser imposer par nos beaux discours (tout amidonnés de valeurs et d'idées) et la *Revue de métaphysique et de morale* [...] s'ouvre une indécision assez spacieuse pour qu'on y puisse tout à loisir tracer, le long d'une ligne médiane, un chemin privatif[916]. »

On s'interrogera cependant sur la nature exacte de l'usage que fait du *Canard* cette catégorie particulière de lecteurs constituée des dirigeants politiques, et, dans une moindre mesure, économiques et culturels. Côté pile, cette fonction régulatrice, version journalistique de la peur du gendarme, qui retient les dirigeants sur la voie de la « mal-gouvernance »; côté face, l'instrumentalisation du journal, à qui serait dévolue la part obscure de stratégies de communication intégrant la déstabilisation de l'adversaire. Il est encore possible que l'utilité du *Canard enchaîné* aux yeux des dirigeants tienne surtout à l'information qu'il dispense sur le groupe dont ils font partie, à la confirmation et à la satisfaction qu'il donne relativement à cette appartenance – notamment quand on connaît personnellement les personnalités qui y sont citées –, bref au sentiment d'appartenance à l'élite que procure pour d'autres catégories de dirigeants la lecture des potins mondains. On trouve un peu cette idée dans la notion de « journal officiel de la paroisse » employée par Régis Debray ; on la trouve également dans telle appréciation d'un journaliste du *Canard*, citée par Micheline Mehanna : « Le *Canard* est écrit pour les hommes politiques[917]. »

Sauf que les hommes politiques ne forment qu'une infime minorité des centaines de milliers de lecteurs du *Canard enchaîné* et qu'il faut être un bien imprudent Procuste pour vouloir réduire ce journal à la dimension d'un journal d'informations locales, fût-ce à destination des groupes dirigeants. Si ceux-ci redoutent tant (et, en même temps, sont si avides) de voir leur nom imprimé ou leur visage caricaturé dans *Le Canard enchaîné*, c'est précisément parce qu'ils savent que ce nom et ce visage s'imposeront à l'attention d'un public nombreux, intéressé par la politique, sur l'assentiment duquel ils comptent pour conserver leur pouvoir. C'est l'influence exercée par *Le Canard enchaîné* sur cette masse de lecteurs qui doit constituer le deuxième niveau d'analyse du pouvoir du *Canard*.

Disons-le tout net, ce pouvoir, cette influence ne peuvent être ni prouvés ni mesurés. On peut seulement constater ponctuellement l'accord d'une fraction plus ou moins large du lectorat avec certaines idées exprimées par le journal ; et il est bien difficile de distinguer, dans cet accord, entre ce qui préexistait à la lecture du journal et ce qui n'aurait pas existé sans elle. Comme l'écrit un lecteur des années 1950 s'adressant à son « cher *Canard* », « tes arguments sont-ils si justes que je finis par les faire miens ou bien une coïncidence a-t-elle voulu que tes idées et tes préférences fussent les mêmes que les miennes ? Le fait est que je trouve, dans cette fraternité d'esprit, une raison de plus de t'aimer, toi, journal[918]. » On peut en tout cas penser que l'influence du *Canard* sur la masse de ses lecteurs est beaucoup moins directe, beaucoup moins immédiate que dans le cas des élites qui le parcourent dès le mardi soir.

En ce domaine, le pouvoir du *Canard* nous semble relever du même type d'illusion que celui qui, au *Canard*, rend le dirigeant politique responsable de tous les maux de la société. Illusion politique contre illusion médiatique, celle-ci pas moins préjudiciable que celle-là à la compréhension des faits sociaux. À de rares exceptions près, d'ailleurs discutables, une enquête ou un écho du *Canard enchaîné* n'ont jamais pesé en tant que tels sur le cours des événements. En revanche, les catégories employées, les thèmes traités, le découpage du monde en oppositions binaires, la qualification des actions et des paroles ont pu informer en profondeur, avec d'autres facteurs, les représentations et donc les actions des lecteurs. Par exemple, la personnalisation de la vie politique, que Thomas Ferenczi signalait comme l'une des (relatives) nouveautés des années 1980 – le public se détournant des grands choix doctrinaux pour se focaliser sur des questions de personnes[919] –, ou bien encore, la judiciarisation qui l'a accompagnée pourraient bien trouver avec le rôle joué par *Le Canard enchaîné* dans la vie publique de ces trente dernières années, l'une de leurs plus solides explications. Il en est peut-être de même de la relative incuriosité de nombre de Français pour les questions internationales, que n'a pas contrariée un *Canard enchaîné* traditionnellement spécialisé dans le domaine de la politique intérieure française. Enfin, plus que par les informations qu'elle délivre, la presse agit sur les esprits par la façon dont elle les présente ; dans le cas du *Canard*, l'influence a passé par le bon mot, l'image visuelle et textuelle, la dérision – peut-être les armes les plus efficaces de la persuasion.

POSTFACE

En 2005, le *Canard* fête son 90e anniversaire. Comme à son habitude, sans tambour ni trompette, dans la discrétion qui sied aux institutions qui ont du temps derrière elles – et devant.

Sa santé économique et financière est toujours bonne. Si nous reprenons le fil de notre étude publiée en 2001, dont les données s'arrêtaient aux comptes publiés en 2000, nous constatons que les ventes (la diffusion totale payée) ont atteint en 2004 395 065 exemplaires, en baisse de 2 % par rapport à 2003. La diffusion se décompose comme suit : 317 805 exemplaires pour les messageries NMPP, 49 940 par abonnements, 27 320 pour les compagnies aériennes. La répartition géographique des ventes NMPP est la suivante : 43 598 exemplaires pour Paris, 41 704 pour la banlieue, 214 791 pour la province, 17 712 pour l'étranger. Les résultats des *Dossiers du Canard* n'ont pas été communiqués.

Le niveau de diffusion reste élevé mais la tendance est orientée à la baisse sur les dix dernières années : la diffusion est revenue à son niveau de 1994, sous la barre des 400 000 exemplaires ; la baisse est continue depuis 1998, à l'exception de 2002, année d'élection présidentielle qui, traditionnellement, représente toujours une période de fort intérêt pour le *Canard* ; cette année-là, la diffusion totale payée a progressé de 5 % par rapport à l'année précédente, nettement moins que la précédente année du même type, en 1995 (+21%). Le chiffre d'affaires, essentiellement réalisé par les ventes du journal, recule en proportion (-6 % en 2004, -5 % en 2003) – ce que les dirigeants du *Canard* imputent à de « nouvelles méthodes comptables ». Mais, au final, le bénéfice reste confortable, égal à celui de 1995 (près de 5 millions d'euros) ; il a été affecté, comme il est d'usage, aux réserves. Les capitaux propres du *Canard enchaîné* s'élèvent en 2004 à près de 86 millions d'euros, soit trois fois le chiffre d'affaires (au début des années 1990, le ratio était d'environ 100 %, à la fin des années 1990 de 200 %, aujourd'hui il dépasse nettement les 300 %). *Le Canard enchaîné* est donc un journal de plus en plus riche, même si ses ventes ont reculé ces dernières années. La direction du *Canard*, de qui nous tenons ces chiffres (publiés, comme chaque année, dans le dernier numéro du mois d'août) indique une progression des ventes et des abonnements de l'hebdomadaire de 4 % depuis le début de l'année 2005. Il est probable que l'actualité politique intérieure va tirer les ventes du journal jusqu'à l'élection présidentielle de 2007.

Le journal *Le Monde* titrait récemment : « l'ère des grandes affaires politico-financières est révolue » [*Le Monde*, 17 juillet 2005]. Le journaliste, Fabrice Lhomme, exposait les raisons de la raréfaction des procédures judiciaires visant des ministres ou des élus dans les années 2000. Certaines ressortissent à l'institution judiciaire elle-même ou à ses rapports avec l'exécutif, comme les « camouflets » infligés aux magistrats financiers lors de procès tels que celui de la MNEF ou des bureaux d'étude du PCF (qui se sont conclus par la relaxe des dirigeants poursuivis), le départ de certaines vedettes de l'instruction, la fin des enquêtes-fleuves et l'aboutissement de la plupart de celles qui avaient défrayé la chronique des années 1990, ou encore une politique pénale moins favorable à l'instruction. D'autres tiennent à de nouvelles pratiques : « vertueuses », comme une transparence accrue de la vie politique française grâce aux lois sur le financement des partis politiques ; « vicieuses », comme la complexité des nouvelles formes de criminalité financière (notamment l'usage des comptes *offshore*) qui rend très difficiles l'identification et l'inculpation des responsables. Enfin, certaines des causes invoquées par le journaliste du *Monde* engagent la presse et son public : celui-ci se serait quelque peu lassé de ce type d'information, conduisant les médias à s'en détourner à leur tour.

Nous ne savons pas – pas encore – si l'ère des affaires politico-financières est en effet révolue ; ce qui l'est bel et bien (et cet article de Lhomme est en cela performatif en même temps que constatatif), c'est l'investissement important (pour certains : excessif) consenti par *Le Monde* pour couvrir ce genre d'affaires. Nul doute que le départ d'Edwy Plenel, qui avait beaucoup misé sur ce type d'information, de la direction de la rédaction du *Monde* en novembre 2004 n'ait eu une incidence directe sur ce changement de stratégie. Pour des raisons à la fois commerciales (le public était demandeur) et éthiques ou politiques (*Le Monde* se devait d'être le fer de lance de la lutte contre la corruption des élites), Plenel, alors pleinement soutenu par Jean-Marie Colombani, avait musclé l'équipe d'investigateurs du *Monde*, exigé d'eux l'exclusivité absolue de leurs informations, et fait en sorte que celles-ci figurent aussi souvent que possible à la une du quotidien du soir. Dix ans et quelques revers de fortune plus tard, il ne semble plus si urgent de porter le fer dans la plaie de la corruption.

Pour *Le Canard enchaîné*, ce changement de ton sinon de cap présente des aspects positifs : elle éloigne une concurrence qui, à de certains moments et sur certaines affaires, lui avait victorieusement disputé la palme de la rapidité ou de l'intérêt des révélations, concurrence d'autant plus redoutable qu'à la même époque d'autres journaux affichaient également leurs ambitions en ce domaine ; il n'était pas jusqu'aux chaînes de télévision qui n'aient créé leur « magazine d'investigation ». L'un des grands traits distinctifs du *Canard enchaîné* semblait donc en passe de se banaliser – menace désormais en partie écartée et l'on peut même s'attendre à ce que refluent vers le *Canard* certaines informations qui ne trouveront plus leur place dans d'autres médias.

Mais, précisément, ce changement d'air/ère présente également un inconvénient potentiel, celui de priver le *Canard* des relais indispensables au retentissement de ses enquêtes, sans parler de la « saine émulation » que représentait la course au scoop. Si la mode des affaires politico-financières est révolue, si les *gate-keepers* de la presse écrite et audiovisuelle se fondent sur la « lassitude » du public pour les rejeter ou en minorer l'importance, qui demain reprendra les révélations de l'hebdomadaire satirique en ce domaine ? Le journal n'est-il pas menacé du même isolement que celui qui prévalait jusqu'à la fin des années 1970, quand seul *Le Monde* reprenait ses informations, leur conférant le prestige et le sérieux du « quotidien de référence » ? Plus grave encore, si le constat établi par Lhomme de l'épuisement d'une veine vaut au-delà du seul cas du *Monde*, le *Canard* n'est-il pas en danger soit de voir le réservoir d'affaires se tarir soit de perdre ses lecteurs, eux aussi gagnés par la « lassitude » pointée par le journaliste du *Monde* ?

Quand on interroge les journalistes du *Canard enchaîné*, on constate qu'ils ne nient pas le changement voire le basculement qui s'est produit dans les années récentes, ajoutant aux éléments d'explication de Lhomme un retour de balancier dû aux excès de la justice-spectacle et le moindre soutien apporté par la presse aux juges. Mais ils font également remarquer que les changements de politique pénale ou le moindre intérêt supposé du public pour les affaires politico-financières signifie moins la fin de ce type d'affaires que le grippage d'un système médiatico-judiciaire mis en place dans les années 1980 et qui a triomphé dans les années 1990. Ce système, où le médiatique se trouvait en prise directe sur le judiciaire, était lui-même le produit de, ou la réaction à une situation antérieure, caractérisée par le verrouillage de l'information (en particulier sur les chaînes de la télévision publique) et le contrôle du judiciaire par le politique. Une nouvelle génération de juges d'instruction, mais aussi des policiers, des avocats et, de manière générale, tous les acteurs engagés dans le processus judiciaire – y compris les politiques – se sont appuyés sur les médias pour contourner ou dynamiter ces obstacles. Certains y ont pris goût et recherché l'onction médiatique pour elle-même. C'est peut-être ce journalisme de « fuite judiciaire » (c'est à cette époque que le verbe « fuiter » est entré dans le jargon courant des journalistes) qui est aujourd'hui en perte de vitesse, comme l'indique, dans l'article de Lhomme, la remarque sur les juges d'instruction actuels qui « ne paraissent guère goûter au vedettariat et refusent d'accorder des entretiens à la presse ».

Pour Louis-Marie Horeau, journaliste du *Canard* qui s'est spécialisé dans les questions juridiques, cette évolution a représenté un « dévoiement » du journalisme d'investigation[920]. Certains journalistes ont vu dans ces sources nouvelles une manne qui les dispensait du long et fastidieux travail d'enquête tout en les nimbant de l'aura du journaliste d'investigation. Accusation qui peut sembler paradoxale ou déplacée puisque le *Canard* a lui aussi profité de cette conjoncture. Ainsi, en 1989, dans la fameuse affaire de financement du parti socialiste par les « bureaux d'étude » Urba, c'est l'un des inspecteurs marseillais chargés de l'enquête, l'inspecteur Gaudino, qui transmet au *Canard* le « procès-verbal de constatation » quelques jours après la perquisition opérée dans les locaux de la délégation régionale. Mais les journalistes du *Canard* insistent sur ce qui les distingue de leurs confrères : selon eux, la publication de documents s'accompagne toujours d'un travail d'enquête et de recoupement qui permet non seulement d'en vérifier l'authenticité mais de mettre à jour les connexions cachées, les ramifications secrètes qu'entretiennent nécessairement de tels documents avec un contexte plus large.

Il est assez évident que cette manière de valoriser le travail effectué par les journalistes du *Canard* – et de dévaloriser celui de la concurrence – s'inscrit dans une stratégie de distinction à la fois symbolique et commerciale engagée de longue date par la rédaction de l'hebdomadaire satirique. Pourtant, elle comporte indubitablement sa part de vérité dans certains cas, comme celui de ce qu'il est convenu d'appeler les « affaires de Paris ». Dans la thèse et le livre publié en 2001, nous avions quelque peu négligé cette nébuleuse dont l'importance ne nous est apparue que rétrospectivement. Raison de plus pour y revenir un peu longuement à l'occasion de cette postface, d'autant que les années 2000 ont vu la conclusion d'un certain nombre de dossiers qui étaient, alors, encore en cours d'instruction.

Il est difficile d'assigner un début et une fin aux « affaires de Paris » ; certaines d'entre elles apparaissent en filigrane dès le début des années 1980, d'autres attendent encore leur conclusion judiciaire. En ce qui concerne leur traitement par le *Canard*, la période 1994-1996 constitue probablement le moment paroxystique : pendant ces deux années, un numéro sur deux du *Canard* comporte un article portant sur ces affaires, souvent signé d'Hervé Liffran et d'Alain Guédé, qui travaillent alors en tandem – configuration peu courante au *Canard*. Les réseaux d'informateurs des deux journalistes se complètent, tant dans les milieux de l'enquête policière et judiciaire que du côté des faux-facturiers ; des réseaux que l'on sollicite pour obtenir non tant des informations que des confirmations : « Quelqu'un qui te téléphone pour te balancer des choses énormes, c'est rare, affirme Hervé Liffran. Le plus souvent, tu poses la bonne question, tu cherches et tu trouves la bonne personne qui te répond[921]. » Par leur diversité, leur complexité, leur durée, ces affaires sont un maquis, un labyrinthe ; on peut y errer longtemps au risque de s'y perdre ; à chaque carrefour, cependant, les mêmes noms reviennent ; une logique peu à peu apparaît ; on pourrait la résumer d'un mot à la fois technique et moral : corruption.

L'un des volets les plus pittoresques mais aussi l'un des plus graves sur le plan de la morale publique, de ces affaires restera certainement le scandale des électeurs fantômes. En janvier 1989, le *Canard* donne un « coup de projecteur sur les listes électorales de Paris » en révélant de curieuses radiations et de non moins curieuses inscriptions sur les listes électorales du 20e arrondissement de Paris. Le maire, Didier Bariani, suit de très près le transfert d'habitants de l'ouest de Paris, qui votent « bien », vers son arrondissement. Bien sûr, ces électeurs ne s'installent pas vraiment dans le 20e et ne manifestent d'ailleurs aucune intention de le faire; mais, à l'approche des élections municipales, il s'agit de faire nombre dans un arrondissement réputé plus difficile pour la droite que les beaux quartiers du 16e ou du 7e.

Cette première offensive ne rencontre guère d'échos. Il en va autrement, huit ans plus tard, de l'affaire des faux électeurs du 5e arrondissement. Dans le numéro du 23 avril 1997, le *Canard* raconte « comment le clan Tibéri a dopé les listes électorales dans son fief parisien » – celui-là même où régna longtemps en maître un certain Jacques Chirac. Tout était bon pour obtenir les scores les plus flatteurs: les bénéficiaires d'une quelconque faveur de la part de la mairie étaient priés de s'inscrire et de (bien) voter dans le 5e (d'autant que Tibéri était en même temps directeur de l'Office HLM de Paris) ; ceux qui déménageaient en dehors de l'arrondissement n'étaient pas radiés; les amis, parents, amis des parents et famille élargie s'entassaient dans des réduits dont le seul charme était de conférer le droit de voter dans le 5e. Comme si cela ne suffisait pas, l'équipe municipale manipulait aussi les procurations de vote et organisait des tournées de ramassage dans les maisons de retraite pour guider les aînés vers les urnes et, qui sait, inspirer leur choix. Même les morts continuaient de voter!

Tout cela, le *Canard* le révèle au terme d'une enquête minutieuse et ingrate: muni des listes électorales, que tout citoyen peut obtenir, Hervé Liffran entreprend de vérifier, boîte aux lettres après boîte aux lettres, les adresses de 7927 inscrits, soit près de 20 %

du corps électoral du 5e arrondissement. A l'arrivée, près de 30 % des inscrits n'habitaient pas à l'adresse indiquée.

On l'a dit, bien des électeurs complaisants du 5e arrondissement payaient ainsi les faveurs qu'ils avaient reçues. Parmi celles-ci, les logements ont toujours constitué le morceau de choix. Avec près de 150 000 logements contrôlés directement ou indirectement (par le biais de sociétés d'économie mixte), la Ville de Paris possédait sous le règne de Jacques Chirac environ 12 % du parc immobilier parisien, ce qui en faisait le premier propriétaire de la capitale – l'imparfait n'est d'ailleurs pas de mise en la matière.

En mars 1989, le *Canard* publie une liste confidentielle de candidatures à un logement avalisées par la commission d'attribution de l'office d'HLM de la Ville de Paris, qui montre que, pour décrocher un logement social, il vaut mieux être aisé et doté de solides relations à la Mairie. Un an plus tard, c'est au tour de la chambre régionale des comptes de mettre en cause la gestion de l'Office HLM de Paris ainsi que celle du Bureau d'aide sociale.

Le plus spectaculaire, dans ce dossier, reste cependant les logements de faveur attribués aux hauts responsables du RPR. Entre 1995 et 1997, une série d'articles rendent publiques les conditions extrêmement favorables dont bénéficient pour se loger les enfants Tibéri et Juppé, Alain Juppé lui-même et même Jacques Chirac, locataire d'un 190 m², sis au milieu d'un jardin de 525 m² lui-même niché dans le 7e arrondissement, le tout pour un loyer deux à trois fois inférieur à ceux pratiqués dans le quartier. Quelques mois après ces révélations, la famille Juppé évacue les logements qu'elle occupait à des conditions si avantageuses, imitée bientôt par les Tibéri. Quant à Jacques Chirac, il trouve un propriétaire moins voyant que la Ville de Paris mais tout aussi accommodant. Pour la petite histoire, Bernadette Chirac fut longtemps persuadée – peut-être l'est-elle encore – que c'est Nicolas Sarkozy qui fut à l'origine de l'information publiée par le *Canard* sur l'appartement de la rue du Bac ; alors que c'est Jacques Chirac lui-même qui avait attiré l'attention des journalistes du *Canard* en faisant sa déclaration de patrimoine avant les élections présidentielles de 1995.

Cela ne mit pas fin au scandale des logements de faveur. Tout dernièrement, le *Canard* s'est de nouveau intéressé à ces pratiques ; et constaté qu'elles étaient monnaie courante dans le monde de la grande politique et de la haute fonction publique. En février 2005 on apprend que le nouveau ministre de l'Économie, Hervé Gaymard, protégé de Jacques Chirac, loue 14 000 euros par mois deux appartements de 300 m² chacun dans un « immeuble de prestige du triangle d'or parisien » ; d'importants travaux y ont été réalisés et des meubles de prix commandés pour aménager un somptueux duplex dont s'occupe une escouade de domestiques. Le tout – location, travaux, meubles et personnel – aux frais de l'« État modeste », selon l'expression favorite d'Hervé Gaymard. Immédiatement, la machine médiatique embraye. Les journaux, les médias audiovisuels reprennent de manière lancinante les informations du *Canard*. Dès lors, le sort du ministre est scellé ; vingt-quatre heures après la publication du numéro le mettant en cause, il doit déménager ; et, une semaine plus tard, quitter le gouvernement auquel il donnait décidément une mauvaise image.

Avouons-le, nous ne savons pas pourquoi cette affaire-ci, et non d'autres similaires, développées précédemment ou simultanément, a été reprise par les autres médias et a captivé le public. En tout cas, dans le cas Gaymard comme dans celui des enfants Juppé et Tibéri, les symboles ont fonctionné à plein : des personnages éminents tirent avantage de leur position publique pour se loger somptueusement et à peu de frais alors que les ménages à faibles et moyens revenus sont massivement rejetés de la capitale en raison de la progression des loyers ; le *Canard* reprend ici son rôle traditionnel de défenseur de la veuve et de l'orphelin, d'abolisseur de privilèges, de redresseur de torts dont la puissance trouve sa source et sa légitimité dans l'indignation des petits. Faux électeurs, logements de faveur, ces affaires sont évidemment à forte teneur symbolique et morale mais d'assez faible portée financière. Il en va autrement du dossier des marchés truqués et de la corruption à grande échelle pratiqués par la Mairie de Paris et le conseil régional d'Ile-de-France dans les années 1980 et 1990.

Il y a d'abord tout ce qui concerne les HLM. La gestion du bien-nommé OPAC (l'Office public d'aménagement et de construction qui gère la plupart des logements sociaux de la Ville de Paris) a fait l'objet d'une volée d'instructions et de mises en examen : Michel Roussin, ancien directeur de cabinet de Chirac à l'Hôtel de Ville, Robert Pandraud, autre ex-directeur du cabinet du maire, Georges Pérol, directeur de l'office HLM, François Ciolina, ancien directeur-adjoint du même office (qui a désigné Jacques Chirac comme l'inspirateur du système de la fraude sur les marchés publics), Louise-Yvonne Casetta, trésorière occulte du RPR, plus une brochette de hauts fonctionnaires, d'élus, d'entrepreneurs et de faux-facturiers moins connus.

En deux mots, de quoi s'agissait-il ? Pour tout marché lié à la Mairie de Paris, les entrepreneurs devaient acquitter une commission occulte (variant de 1,5 % à plus de 8 % du montant du contrat) qui allait garnir les caisses du RPR, en France et en Suisse. En échange, ils avaient la certitude d'obtenir le marché sans que fonctionnent les règles habituelles de la concurrence. Des ascenseurs aux appartements, de la peinture à la plomberie, c'est par dizaines de millions que se chiffrait chaque année le coût de ces détournements opérés en final aux dépens des locataires et des contribuables parisiens.

Les mêmes opérations se renouvelèrent pour les égouts, les travaux d'imprimerie, le mobilier urbain, les lycées, cette fois au niveau du conseil régional dirigé par Michel Giraud. Suivi de près par la Mairie de Paris, le programme de construction et de rénovation des lycées d'Ile-de-France aura coûté 22 milliards de francs en dix ans. Selon les enquêteurs, ces chantiers auraient donné lieu à près de 400 millions de pots-de-vin. Tout ce qui a été débattu au cours du procès de ces derniers mois était déjà dans le *Canard* des années 1990. L'affaire des lycées est sortie en 1994, deux ans avant l'ouverture de l'information judiciaire.

Les entreprises ne payaient pas toujours en liasses de billets; elles prirent aussi l'habitude d'embaucher des permanents du RPR – la Mairie de Paris n'était pas en reste, qui salariait des secrétaires ou des cadres du RPR tels Patrick Stefanini, qui fut le directeur de cabinet d'Alain Juppé quand celui-ci était secrétaire général du parti entre 1988 et 1995. Stefanini travaillait officiellement à l'inspection générale de la Ville de Paris. Le procès des emplois fictifs a donné lieu à quelques condamnations, dont celle d'Alain Juppé.

Il n'est pas étonnant que beaucoup de ces affaires, dont l'origine remonte aux années 1970, s'emballent à partir du milieu des années 1990. D'abord, la privatisation des services d'entretien qui s'est généralisée depuis une dizaine d'années a aiguisé les appétits. Ensuite, peu avant la présidentielle de 1995, les relations se tendent entre les partisans d'Edouard Balladur, Premier ministre de cohabitation depuis 1993 et qui se verrait bien à l'Élysée deux ans plus tard, et ceux de son « ami de trente ans », Jacques Chirac, qui en rêve, lui, depuis beaucoup plus longtemps. Du coup, tous les coups sont permis entre les anciens gérants du système RPR en Île-de-France.

Ainsi, si le clan Chirac est au premier plan des affaires proprement parisiennes, la famille Balladur est elle-même sur la sellette dans les Hauts-de-Seine, le département le plus riche de France que dirige d'une main de fer Charles Pasqua, qui s'est rangé aux côtés du Premier ministre. Or, au mois d'août 1994, l'un de ses obligés, Francis Poullain, directeur d'entreprises du bâtiment, est mis en examen pour fausses factures et écroué. Certes, Poullain avait également des liens avec Chirac et la Mairie de Paris; mais ce sont ses relations d'affaires avec les Hauts-de-Seine qui vont plus particulièrement attirer l'attention des enquêteurs, en particulier du juge d'instruction de Créteil Eric Halphen, et des journalistes du *Canard*.

Ceux-ci établissent en septembre 1994 que la société de Poullain, la SAR, s'est montrée très active auprès de l'Office départemental d'HLM des Hauts-de-Seine, présidé par le député-maire de Levallois Patrick Balkany et dont le directeur général fut longtemps Didier Schuller, conseiller général et postulant à la mairie de Clichy. Deux élus RPR dans les petits papiers de Pasqua mais également dans ceux de Chirac : Schuller rencontrait souvent Jean-Claude Méry, le faux-facturier en chef du RPR parisien. Fausses factures, pages de publicité chèrement tarifées dans les journaux locaux, permanences électorales et bureaux d'associations amies refaits à l'œil, les entreprises qui espéraient décrocher des contrats liés à l'Office HLM – bailleur de 25 000 logements sociaux – devaient participer aux dépenses des « élus-décideurs ».

De son côté, le juge Halphen avance vite, ce qui n'est pas du goût de tout le monde. Une machination est montée contre lui, où trempe son beau-père, le docteur Maréchal. Celui-ci se fait remettre de l'argent par Schuller en échange de la promesse de faire pression sur son gendre pour qu'il modère ses ardeurs inquisitrices. Il n'en faut pas plus à Schuller pour accuser le juge Halphen d'être « sous influence ». Le juge annoncera bientôt son retrait et l'instruction sera retardée de quelques mois. De quoi faire plaisir à Charles Pasqua, représenté dans cette affaire par le patron de la PJ en personne, Jacques Franquet, dont les policiers ont tendu la souricière où est tombé le docteur Maréchal.

La suite est tout aussi rocambolesque : Schuller s'enfuit à l'étranger, son fils le dénonce en direct à la télévision, Schuller revient et promet des révélations sur les affaires de Paris que l'on attend toujours… C'est que l'affaire des HLM des Hauts-de-Seine et celle des HLM de Paris sont liées ; c'est, si l'on veut, le même système de racket d'entreprises au profit des caisses noires du parti néo-gaulliste que ces diverses enquêtes ont permis de mettre à jour. Les procès qui ont suivi l'ont également éclairé d'une lumière crue et quelques hauts responsables, parmi lesquels Michel Roussin, l'ancien directeur de cabinet de Chirac, ont écopé d'amendes et de peines de prison. Mais en l'absence du principal dirigeant du RPR parisien de l'époque, appelé depuis à un destin national et déclaré intouchable par le Conseil constitutionnel, la conclusion de ces affaires parisiennes laisse un goût d'inachevé...

Il est difficile de mesurer les conséquences de toutes ces affaires sur la vie politique et démocratique de la France. Sans doute la montée du vote protestataire ou extrémiste doit-elle leur être en partie imputée; mais aussi, et peut-être dans les mêmes proportions, l'alternance politique aux municipales parisiennes de 2001, l'instauration de nouvelles règles de financement des partis politiques et la prudence dont font désormais preuve, en apparence du moins, nos édiles en matière de gestion des finances publiques.

Pour ce qui concerne le *Canard*, ces affaires ont sans aucun doute eu un effet bénéfique : il en a tiré une prospérité et une crédibilité accrues. L'avenir est plus incertain. Il n'est pas impossible que ces affaires connaissent de nouveaux développements dans les mois et années qui viennent; en tout état de cause, il ne s'agira probablement que de prolongements, de traces, de sillages; queues de comètes médiatico-judiciaires, ils n'éclaireront pas le ciel du *Canard* – ni ne tireront ses ventes – comme l'ont fait les grandes enquêtes des années 1990. Quand on feuillette la collection la plus récente du *Canard*, on constate – donnant ainsi raison à Fabrice Lhomme – l'effacement des grandes affaires politico-financières. Restent les dérapages individuels, type Hervé Gaymard. Encore que ce dernier cas soit discutable : ne révèle-t-il pas, au-delà de l'indélicatesse personnelle d'un ministre de l'Économie qui avait appelé l'État à se « désintoxiquer de la dépense publique », un comportement trop courant chez nos responsables politiques et hauts fonctionnaires, une façon de se servir de l'État qu'on est censé servir, une folie des grandeurs (ou plutôt : une confusion des ordres de grandeur) qui provient de la perte de contact avec le quotidien de la majorité des Français ? Nous l'avons dit à plusieurs reprises, le

Canard n'est jamais plus à l'aise que lorsqu'il prend le parti ou le point de vue des « petits » ou des « Français moyens » pour dénoncer cette folie ou cette confusion propres aux élites. Il est alors dans son rôle le plus traditionnel en s'en prenant moins à un système qu'aux hommes qui l'incarnent.

Ce rôle, ou cette mission, a connu d'intéressantes tentatives de renouvellement dans un passé récent. Nous n'en citerons que deux. D'une part, le *Canard* a développé (en particulier Hervé Martin, qui marche sur les traces de Claude Roire) les enquêtes portant sur des dossiers économiques : le Crédit lyonnais et l'affaire Executive Life, Eurotunnel, les ententes illicites entre les entreprises du bâtiment sont les plus marquantes ; d'autre part, les questions sanitaires et environnementales ont fait l'objet dans les années récentes d'une attention croissante, suivant en cela l'évolution générale des mentalités (pensons aux enquêtes d'Alain Guédé sur le sang contaminé, de Jean-François Julliard sur l'amiante).

Ces dossiers ne donnent pas toujours lieu à des révélations fracassantes ; et ce que le *Canard* met en évidence n'est pas toujours légalement répréhensible. « *Le Canard enchaîné* n'est pas *La Gazette du Palais*, souligne Jean-François Julliard. Notre domaine, c'est la réprobation amusée de choses moralement contestables »[922]. Même si la plupart des journalistes du *Canard* s'en défendent, le journal est bien un donneur de leçons ; son point de vue est avant tout *éthique*, du moins pour ce qui concerne le choix des sujets d'enquête. Après cela, des critères communs à l'ensemble de la presse interviennent : un sujet intéressera les journalistes du *Canard* s'il 1) engage de grosses sommes d'argent 2) met en cause des personnes connues 3) correspond à une forte actualité, quelque chose dont tout le monde parle 4) comporte un côté insolite, drôle, pittoresque.

Car le *Canard* est un journal drôle, nous ne l'avons pas assez dit et montré – du reste, c'était l'un des défauts du livre publié en 2001 pointés par la critique, et force est de reconnaître que nous n'y avons pas remédié dans cette postface ; la même remarque pourrait être faite à propos de la place accordée au dessin. Après tout, le « journal de Xavière » écrit par Frédéric Pagès et orné des dessins de Cabu a fait connaître les scandales de la Mairie de Paris (plus particulièrement celle du 5e arrondissement) tout autant que les grands papiers de la page 3. Mais d'autres historiens, des linguistes, des sociologues viendront qui éclaireront de leurs lumières les zones que nous avons, volontairement ou non, laissées dans l'ombre. Quant à nous, il est temps de laisser la page se tourner, l'histoire se conclure. Non, certes ! l'histoire du *Canard enchaîné*, à qui nous souhaitons belle et longue vie, mais celle que nous avons écrite tout au long de ces années, avec peine, avec plaisir.

NOTES

1 Pierre-Antoine Cousteau, *Écho de la presse et de la publicité*, n° 339, 15 mars 1958, p. 31.

2 Voir la bibliographie.

3 Alain Schifrès, « L'Idéologie du *Canard enchaîné* », dans *Analyses de presse*, Paris, PUF, 1963, p. 91-176. Avec le travail de Jean-Sylvain Pradeau, deux ans plus tôt, celui d'Alain Schifrès marque le coup d'envoi des études universitaires sur *Le Canard enchaîné*.

4 Claude Estier, *La Gauche hebdomadaire 1914-1962*, Paris, A. Colin, 1962, 288 p.

5 Ses *Messieurs du Canard* et son *Canard enchaîné*, parus respectivement en 1973 (Stock) et 1978 (Seghers) et qui se copient l'un l'autre, sont une collection d'anecdotes et de bons mots recueillis de la bouche des anciens ou puisés dans les anthologies du journal.

6 Bernard Baissat, *Aux 4 coins-coins du Canard*, BPI du Centre Georges Pompidou, 1987, 2 h 52 min ; *La Mare aux canards, Le Canard enchaîné*/ Saint-Louis Productions, 1994, 90 mn.

7 Surtout si l'on considère, comme le faisait Pascal Ory dans un article de 1980, que les journaux de gauche ont été plus étudiés que les autres en raison de l'« hégémonie construite sur la faillite de Vichy ». (Pascal Ory, « Quatre lieux historiques de la presse française », *Le Débat*, juin 1980, p. 136.)

8 Pierre Albert, « Remarques sur l'histoire de la presse sous la IIIe République », *Le Mouvement social*, n° 53, octobre-décembre 1965, p. 23-37. Jean-Noël Jeanneney, « Les médias » dans *Pour une histoire politique*, sous la direction de René Rémond, Paris, Seuil, 1988, p. 185-197.

9 Il est significatif qu'à la différence du *Monde*, le *Canard* se soit longtemps passé de documentation centrale.

10 Patrick Eveno écrivait dans la conclusion de son travail sur *Le Monde* qu'« à [sa] connaissance, *Le Monde* [était] la seule société de presse qui ait consenti à laisser des historiens étudier, à partir de ses archives, ses rouages et son fonctionnement. La volonté de transparence, rare dans la presse française, est tout à l'honneur du journal ». (Patrick Eveno, *Le Monde 1944-1995. Histoire d'une entreprise de presse*, Paris, Le Monde Éditions, 1996, 540 p.)

11 Le lecteur trouvera exposés dans la thèse universitaire bien des points qui n'ont pu trouver leur place ici.

12 Voir la bibliographie.

13 Comparaison due au critique militaire anglais – contemporain des événements – Basil H. Liddel Hart.

14 Voir notamment Jean-Jacques Becker, *Les Français dans la Grande Guerre*, Paris, Laffont, 1980, 317 p., et Daniel Perreux, *La Vie quotidienne des civils en France pendant la Grande Guerre*, Paris, Hachette, 1966, 348 p.

15 Jean Maitron (dir.), *Dictionnaire biographique du mouvement ouvrier français*, Paris, Éd. Ouvrières, tome 35, 1989, p. 300-301.

16 Le directeur du *Matin*, Maurice Bunau-Varilla, avait décidé d'offrir à ses lecteurs un bulletin météorologique. En l'absence d'un Office météorologique national, il demanda à Maurice Maréchal de monter chaque soir sur le toit de l'immeuble rouge du boulevard Poissonnière et d'indiquer « le temps qu'il ferait » au secrétaire de rédaction. Une grenouille grimpant sur une échelle dans un bocal était chargée d'informer les lecteurs des prévisions de Maréchal à la une du *Matin* : plus elle s'élevait sur l'échelle, plus le temps était au beau.

17 Rapport des Renseignements généraux de la préfecture de police 1929 modifié 1932 (Archives nationales F7 13981).

18 Archives spéciales centrales d'État de l'URSS (Fontainebleau) : archives de la Direction générale de la sécurité publique de la France, Sûreté générale (18...-1934) Fonds n° 1 ; inventaire n° 28 (1871-1929). Surveillance policière de la presse française et étrangère du 5e bureau, n° 4060 : « Information au sujet de la revue politique *Le Pélican* » (7 feuillets). Rapport du 3 mai 1921.

19 Dossier Gustave Hervé (Archives nationales F7 15968[2]).

20 Gilles Heuré, *Gustave Hervé, un propagandiste sous la IIIe République 1871-1944*, Thèse de doctorat en Sciences de l'information et de la communication sous la direction de M. Pierre Albert, Paris-II, 1995, 3 vol.

---

21 La correspondance de H.-P. Gassier nous apprend en outre qu'au début de la guerre, il aidait pour ses reportages un journaliste russe correspondant d'un grand journal de Pétrograd. (Biographie de H.-P. Gassier par Robert Fuzier, doc. privé.)

---

22 Rapport de police de 1921.

---

23 Rapport de police de 1929.

---

24 Jean Egen, *Messieurs du Canard*, Paris, Stock, 1973, p. 42.

---

25 *Ibid.*, p. 44.

---

26 *Ibid.*, p. 45.

---

27 Philippe Lamour, *Le Cadran solaire*, Paris, Robert Laffont, 1979, p. 134. Philippe Lamour est connu notamment pour avoir fondé, à la Libération, la Confédération générale de l'agriculture (CGA), à laquelle succéda la Fédération des syndicats agricoles puis la FNSEA.

---

28 Nous avons dû à la gentillesse de la veuve de Robert Fuzier, « Paco », aujourd'hui décédée, de pouvoir la consulter.

---

29 Dans Jean Maitron (dir.), *op. cit.*, tome 29, 1987, p. 167-168.

---

30 Par référence au groupe anarchiste du même nom qui, vers 1887, défraya la chronique par des cambriolages spectaculaires.

---

31 Ce cabaret, rue Saint-Vincent, s'était appelé le cabaret des Assassins. Il fut rebaptisé d'un calembour en l'honneur du caricaturiste André Gill : « Là peint A. Gill. » Maurice Utrillo en avait fait son lieu de prédilection.

---

32 Fondé en 1881 par Rodolphe Salis boulevard Rochechouart, le cabaret dut sa première célébrité au théâtre d'ombre de Salis et aux récitals qu'y donnait Aristide Bruant.

---

33 Roland Dorgelès, *Au beau temps de la Butte*, Paris, Albin Michel, 1963, p. 23.

---

34 Il milita avec application puisqu'on le retrouvera participant au congrès de Tours de décembre 1920. Il y signera la motion d'adhésion à la IIIe Internationale mais sera exclu du parti communiste au début des années 1920.

---

35 Qui passa pour un pseudonyme très habile, à l'heure où tout le monde se passionnait pour les « chevaux-vapeur » des premières automobiles que l'on se plaisait à désigner sous leurs initiales anglaises : H. P.

---

36 Biographie de H.-P. Gassier par Robert Fuzier.

---

37 François et Marie Mayoux, *Instituteurs pacifiques et syndicalistes*, Chamalières, Canope, 1992, p. 91.

---

38 *Les Carnets secrets d'Abel Ferry 1914-1918*, Grasset 1957, p. 27. Cité par Gilles Heuré, *op. cit.*, p. 810.

---

39 *La Guerre sociale* du 2 août 1914. Cité par Gilles Heuré, *op. cit.* p. 811.

---

40 Jean-Jacques Becker et Annie Kriegel, *1914, la guerre et le mouvement ouvrier français*, Paris, Armand Colin, 1964, p. 124.

---

41 Gustave Hervé avait écrit en 1901 un article intitulé « Le Drapeau dans le fumier » paru dans *Le Pioupiou de l'Yonne*, une feuille du parti socialiste destinée aux soldats. Il y commentait à sa façon une cérémonie commémorant la bataille de Wagram. Après avoir stigmatisé les horreurs de cette bataille que le régiment caserné à Auxerre avait célébrée comme une victoire, Gustave Hervé avait conclu en ces termes : « Tant qu'il y aura des casernes pour l'édification et la moralisation des soldats de notre démocratie, pour déshonorer à leurs yeux le militarisme et les guerres de conquête, je voudrais qu'on rassemblât dans la principale cour du quartier toutes les ordures et tout le fumier de la caserne, et que, solennellement, en présence de toutes les troupes en tenue numéro 1, au son de la musique militaire, le colonel en grand plumet vînt y planter le drapeau du régiment. » (*Le Pioupiou de l'Yonne*, 20 juillet 1901.) Le professeur d'histoire Gustave Hervé fut révoqué pour cet article.

---

42 Lettre de Gassier datée du 16 mai 1915. La suite de la lettre expose les motifs de la discorde dans la reconstitution que fait Gassier de sa discussion avec Hervé :

« 1. Vous êtes partisan de la guerre à outrance et je suis d'une opinion totalement opposée.

2. Vous êtes partisan de l'union sacrée absolue, j'estime que nous en sommes les dupes et que nous devons réagir vigoureusement si nous ne voulons pas être bouffés.

3. Vous croyez que Millerand, Delcassé et consorts sont subitement devenus de grands hommes et d'honnêtes gens. Mon opinion n'a pas varié sur eux : ce sont des incapables et des fripons.

4. Guillaume est uniquement responsable ! Mon avis est qu'il y en a d'autres ici et ailleurs.

5. La lutte des classes a fait place à la collaboration des classes. Quelle bonne blague !

6. Vous êtes, après la guerre, pour la reconstitution d'un socialisme latin et romantique, moi j'estime que le socialisme n'a qu'une base et qu'une doctrine,

celle de Marx, à condition que « le ministre sans portefeuille » n'en soit pas le pape. Et voilà ! »

(Biog. de H. -P. Gassier par Robert Fuzier.)

43 On a parlé de 10 000 francs, un petit héritage – les pièces qui permettraient d'être plus précis font défaut.

44 Alain Schifrès, « L'Idéologie du *Canard enchaîné* » dans *Analyses de presse*, Paris, PUF, 1963, p. 91. Selon *L'Histoire générale de la presse française* de Claude Bellanger, Jacques Godechot, Pierre Guiral et Fernand Terrou, le journal fondé par Maréchal « reprit le titre d'une feuille de tranchées, publiée au 74e Régiment d'infanterie », ce qui est déjà assez différent.

45 BN Fol. Lc6 192. 18, n° d'août 1915 à octobre 1918. Valérie Bibas, dans son mémoire de maîtrise intitulé *Le Canard enchaîné (1915-1918) : contribution à l'étude de la presse satirique de gauche pendant la Première Guerre Mondiale* (sous la direction de Philippe Vigier, université de Paris-X-Nanterre, 1982, 179 p.) signale ressemblances et différences entre les deux « Canards » : « Leur présentation est à peu près semblable. Paraissant sur quatre pages, ils développent les mêmes rubriques : petits échos, petites annonces, petite correspondance, les perles [...]. Mais ces ressemblances ne sont pas significatives. Elles sont simplement le fait d'une démarche commune : ils veulent tous les deux faire rire, et faire rire sur le compte de la grande presse qu'ils ridiculisent en employant ses propres méthodes. En dehors de cela, ils ne présentent que des dissemblances : leur format est différent (folio pour *Le Canard enchaîné*, in-quarto pour *Le Canard du Boyau*), leur périodicité n'est pas la même (tous les 10, 20 et 30 de chaque mois puis tous les 5, 15 et 25 pour *Le Canard*, tous les deux mois pour la feuille du front) ; cette dernière utilise abondamment les photos, le *Canard* n'en utilise jamais aucune. Enfin et surtout, on ne relève aucune signature commune. »

46 Expression employée par Gassier dans sa lettre d'avril 1915. Maréchal comptait probablement sur son dossier médical pour échapper à l'armée.

47 Christian Delporte (*Dessinateurs de presse et dessin politique en France des années 1920 à la Libération*, Thèse pour le doctorat d'histoire sous la direction de M. René Rémond, Institut d'études politiques de Paris, 1991, p. 175) nous apprend que c'est sous l'uniforme que Gassier comparut devant le tribunal correctionnel pour un dessin paru dans *L'Humanité* qui mettait en cause un député invalidé après les élections de 1914. Aucune suite ne fut donnée à ce qui fut l'un des deux seuls procès que Gassier eut à subir au cours de sa carrière (le second date de 1949).

48 Petits dessins destinés à aérer la page.

49 « Sur Maurice Maréchal ». Archives du *Canard enchaîné*.

50 Jean Egen, *op. cit.*, p. 45.

51 Le rédacteur du rapport de police de 1929 indique cependant qu'« à partir du quatrième numéro, *Le Canard enchaîné* fut suspendu en raison des critiques qu'il adressait, sous une forme humoristique d'ailleurs, à de nombreuses personnalités politiques et militaires. » (Archives nationales F7 13981.)

52 Valérie Bibas, *op. cit.*, p. 8-9.

53 « Mauvais papier, mauvais tirage. C'est la guerre, et l'on ne fait pas ce que l'on veut. D'ailleurs, le premier numéro d'un journal, quel qu'il soit, est immanquablement raté. C'est la tradition. » *Le Canard enchaîné*, n° 2, 20 septembre 1915, p. 1.

54 François Caron a souligné l'importance symbolique de la fondation dans l'histoire de toute entreprise : « La mémoire des hommes construit une histoire d'entreprise dramatisée, héroïsée, fortement marquée par quelques actions glorieuses, quelques grands moments, qui semblent la résumer par eux-mêmes. Le premier de ces moments, le plus chargé de légende, est sa création, à laquelle se trouve étroitement associée l'évocation de la ou des familles fondatrices. » (Dans *Les Lieux de mémoire III. Les Frances 2. Traditions*, sous la direction de Pierre Nora, Paris, Gallimard, 1992, p. 328-329.)

55 La rue de Bondy sera en fait la troisième adresse du *Canard enchaîné*.

56 Jean Egen, *Le Canard enchaîné*, Paris, Seghers, 1978, 187 p.

57 Il s'agit soit d'une confusion sur le prénom de Mme Maréchal – Jeanne –, soit de Mme Snell, qui s'occupa également des abonnements dès la fin de la Première Guerre mondiale. Les textes de la tradition rapportent qu'au « début » Jeanne Maréchal assurait elle-même, à bicyclette, la distribution aux abonnés parisiens.

58 Henri Jeanson, *Soixante-dix ans d'adolescence*, Paris, Stock, 1971, p. 152. Le texte est repris d'un entretien radiophonique avec Lucien Farnoux-Raynaud en 1956.

59 Le slogan de *L'œuvre* était : « Les imbéciles ne lisent pas *L'œuvre*. »

60 44 x 33 cm, soit environ la moitié du format des quotidiens de l'époque.

61 Les cinq numéros de 1915 furent traités comme autant de numéro zéro. Le numéro du 5 juillet 1916 fut un second « numéro un » et ainsi de suite pour les cinq premiers numéros de 1916.

62 Petit encadré permettant de mettre en valeur une phrase ou un texte bref.

63 Ligne verticale ou horizontale venant encadrer un texte.

64 Il en resta néanmoins quelque chose avec la pratique, qui se conserva jusqu'à nos jours, de multiplier les articles et les dessins autour d'un même sujet – une loi récemment votée, une formule lancée par un homme politique, etc. –, d'organiser à l'intérieur d'un même numéro comme une mini-campagne de presse ; répété sur plusieurs numéros, ce procédé produit une sorte d'*effet-masse* très destructeur.

65 Cette rubrique de la « Petite Correspondance » est un héritage de la presse humoristique de la fin du XIXe siècle. Alphonse Allais, l'une des grandes références du *Canard enchaîné*, la tenait dans *Le Chat Noir* des années 1880 et dans *Le Sourire* à partir de 1899. Les phrases sybillines que l'on trouve dans « La petite correspondance » pouvaient correspondre soit à un vrai message rédigé de telle sorte que seule la personne à laquelle il était destiné le comprenne, soit à une plaisanterie faite aux dépens d'un personnage que l'on pouvait plus ou moins facilement identifier.

66 Nous puisons nos renseignements essentiellement à deux sources : le dictionnaire de Solo, *5 000 dessinateurs de presse et quelques supports en France de Daumier à nos jours*, Paris, Solo-Saint-Martin et Groupe Té.Arte, 1996 ; et la thèse de Christian Delporte, *op. cit.* Raymond Bachollet (« Le catalogue des journaux satiriques » dans *Le Collectionneur français*, n° 345 juin 1996 et n° 352 février 1997) ajoute à la liste que nous donnons les noms de : M. L. Pinel, Manfredini, H. Desbarbieux, Pierre Portelette.

67 Jean-Paul Lacroix, *La Presse indiscrète*, Paris, Julliard, 1967 p. 104-105.

68 Christophe Prochasson, *Les Intellectuels, le socialisme et la guerre 1900-1938*, Paris, Seuil, 1993, p. 203-204.

69 Rapport de police de 1929.

70 Il avait également fondé en 1905 une revue éphémère : *Feuille de chou, revue littéraire et amusante.*

71 « Le sujet imposé était : "De l'influence de la marche sur les cors aux pieds". Je l'avais composée sur l'air de la *Berceuse* de Privas. Cela me permettait des alexandrins. Je me souviens du premier couplet : "Ô Dieu, toi par qui tout et passe et casse et lasse / Toi qui sais entraver les complots des pervers / N'ayant pas épargné mes pieds, fais-moi la grâce / De préserver des cors tous les pieds de mes vers." » *Une Heure avec...*, Paris, Flammarion, 1933, p. 122.

72 Dans le numéro daté du 14 février 1917, sous le titre « Le journal que lit Anatole France », *Le Canard enchaîné* rapportait cette anecdote parue dans *L'Heure* : « Droit comme un officier de cavalerie, portant beau, le grand écrivain écoute ses fidèles qui gravement discutent de l'influence de la presse sur l'opinion qu'elle forme et plus souvent déforme [ceux-ci] se tournant vers l'illustre académicien, qui va maintenant à l'Académie : « Vous, maître, quel est votre journal ?... » Sérieusement, l'auteur du *Lys rouge* déclare : « *Le Canard enchaîné*. Je ne lis que *Le Canard enchaîné*. » » Cette information est confirmée par Claude Aveline qui, dans une lettre à la rédaction du *Canard enchaîné* datée de juin 1956, écrivait : « Vers les années 22 ou 23 [Anatole France meurt en 1924], j'ai entendu Anatole France à la Béchellerie dire comme pour lui-même en faisant sauter la bande du numéro qui venait d'arriver : "C'est le seul journal sérieux de notre époque." »

---

73 *Le Canard enchaîné*, 21 février 1917. L'article parut le 28 en une sous le titre : « Fabrication des académiciens en série ». Constatant les pertes subies par l'Académie française depuis le début de la guerre, l'humoriste proposait la création d'académiciens en série selon un modèle normalisé. L'article de Descaves du 2 mai 1917, en une lui aussi, avait pour sujet la parution de *L'Anthologie du journalisme* de Paul Ginisty, dont il dénonçait les lacunes et les partis-pris.

---

74 Après la guerre, Gaston de Pawlowski deviendra critique dramatique du *Journal* tout en collaborant à *Fantasio* ou à *Gringoire*.

---

75 Anecdotes rapportées par Jean-Paul Lacroix, *op. cit.*, p. 106.

---

76 Gassier faillit en effet collaborer à *L'Homme enchaîné* de Clemenceau ; à la fin de l'année 1916, il écrivait : « Je vais à partir du mois prochain devenir le collaborateur de Clemenceau ! Je trouve ça très rigolo. Et tant pis pour ceux à qui ça déplaira. Après tout, je préfère être le collaborateur de Clemenceau que celui de Briand, comme Guesde et Sembat ! » Gassier avait commencé, au début de la guerre, de composer un « Carnet B » des personnalités politiques en réalisant sur le vif ou d'après photo d'amusants croquis. Clemenceau mis au courant avait demandé à les voir : « Une joie folle ! Gros succès, je suis l'homme qui a fait rire « le Tigre » et aux éclats : C'est délicieux, disait-il. Oh ! votre Guesde ! Oh ! votre Guesde !... Enfin bref, il m'a demandé ma collaboration à *L'Homme enchaîné*, moi qui l'ai tant caricaturé : en flic, en assassin, en ogresse, en gendarme, en clown, etc. Il me donne deux colonnes une fois par semaine. J'y fais ce que je veux, j'attaque qui je veux, il ne me censurera pas ! – Votre proposition est très flatteuse, monsieur Clemenceau, mais il me semble que je viens d'un peu loin ! – Comment ça ? – Mais nous n'avons pas été toujours du même côté de la barricade, et je vous ai caricaturé souvent parfois méchamment. – Eh bien ! et après ? Ça ne me gêne pas du tout. Vous pouvez même me caricaturer ici, dans mon journal, si ça vous fait plaisir... Acceptez-vous ? – Eh bien, je réponds voui, sans dire trop oui, je me suis réservé, j'ai tourné la question cent fois, j'ai consulté mes amis, certains ont dit : Oui ! Oui ! Oui ! vas-y ! D'autres ont fait : Euh ! Euh ! très embarrassés, j'ai réfléchi, et c'est décidé, c'est oui ! » (Biog. de H.-P. Gassier par R. Fuzier, p. 65-66.). En fait, aucun dessin de Gassier ne figure dans la collection du journal de Clemenceau : le dessinateur Tel – qui signait aussi de son vrai nom, Bréger – tenait solidement la place.

77 Paul Vaillant-Couturier était en 1914 sous-officier dans l'infanterie ; il termina la guerre capitaine dans les chars d'assaut. Roland Dorgelès combatit au 139e Régiment d'infanterie. Henri Béraud rejoignit le front comme lieutenant d'artillerie. Dorgelès et Vaillant-Couturier furent blessés et reçurent la Croix de guerre.

78 Roland Dorgelès, *Lettre ouverte à un milliardaire*, Paris, Albin Michel, 1967, p. 87.

79 Au début des années 1910, il collabora au *Tout-Lyon*, à *L'Express de Lyon*, à *Sports*, au quotidien *Le Rhône* (dont il fut l'un des secrétaires de rédaction). Voir Henri Béraud, *Les Derniers Beaux Jours*, Paris, Plon, 1953, 272 p. ; *Le Flâneur salarié*, L'Union générale d'édition, 1985, 286 p. (postface, chronologie, bibliographie, notes par Francis Lacassin). Et la biographie d'Henri Béraud par Henri Butin, *De la gerbe d'or au pain noir, la longue marche d'Henri Béraud*, Roanne, 1978, 508 p.

80 Jean Galtier-Boissière, *Mémoires d'un Parisien* Paris, La Table ronde, 1960, tome 1, p. 35.

81 Jean Oberlé, *La Vie d'artiste*, Paris, Denoël, 1956, p. 53.

82 « [...] Il hésita longtemps. Au moment de paraître / Il se disait tout bas qu'il vaudrait mieux peut-être / Narguant la haute presse au format caoutchouc / Adopter le prénom de : "La Feuille de chou". / Puis, par instants, cédant à la folle bouffée / D'une vanité sotte et bien vite étouffée / Le "Canard" murmurait qu'il fallait à tout prix / Se proclamer d'abord "L'Écho des Gens d'esprit". [...] / Le "Canard" croit à la liberté / Le "Canard" croit à la fraternité / Mais hélas ! l'Égalité lui paraît un mythe. / En effet, si tous les Français étaient égaux / Ils auraient tous assez d'esprit et assez d'argent pour s'abonner au "Canard" / Or ils ne le font pas. / Donc, concluez. » (Cité par *Le Canard enchaîné*, 29 décembre 1954, p. 5.)

83 BN : Fol Lc6 254.

84 BN : Fol. Lc6 145. 62 n° (32 numéros pour son supplément) de février 1915 à mai 1916. Voir Stéphane Audoin-Rouzeau, *Les Combattants des tranchées*, Paris, A. Colin, 1986, p. 24.

85 *La Nomenclature des journaux et publications ayant paru pendant la guerre 1914-1917*, Paris, l'Argus, 1917, p. 3. Cet ouvrage recense deux cent trente titres. Stéphane Audoin-Rouzeau estime qu'« il est pratiquement impossible de déterminer avec exactitude le nombre de titres parus pendant toute la durée du conflit. Moins de deux cents sont parvenus jusqu'à nous pour l'armée française dans son ensemble, dont environ 170 pour l'armée de terre opérant sur le front français. [...] On peut tout de même estimer que la moitié des titres de la presse du front ont été conservés : quatre cents journaux environ auraient donc été édités dans l'armée française entre 1914 et 1918 », *op. cit.*, p. 11.

86 C'est aussi le sentiment de Stéphane Audoin-Rouzeau, qui a beaucoup travaillé sur cette notion de « culture de guerre » ; voir son article « Le Canard s'envole des champs de bataille » dans *Le Monde* daté du 17 août 1994. Sur la culture de guerre, voir Jean-Jacques Becker *et al., Guerre et cultures 1914-1918*, Paris, Armand Colin, 1994, 445 p.

87 Voir le jugement des historiens anciens combattants sur *L'Œuvre et Le Canard enchaîné* : « Dans ces deux journaux, on raillait, on fustigeait, on clouait au pilori et on fournissait des armes au pacifisme mais en même temps on contribuait peut-être plus que la presse du « bourrage de crânes » au maintien ou au relèvement du moral. » André Ducasse *et al., op. cit.*, p. 273.

88 Jean-Jacques Becker, *op. cit.*, p. 41.

89 Stéphane Audoin-Rouzeau, « « Bourrage de crâne » et information en France en 1914-1918 » dans Jean-Jacques Becker et Stéphane Audoin-Rouzeau (dir.), *Les Sociétés européennes et la guerre de 1914-1918*, colloque de Nanterre et Amiens, 8-11 décembre 1988, Centre d'histoire de la France contemporaine, Paris-X, 1990, p. 163 Voir aussi son article « La notion de « bourrage de crâne » en 1914-1918 : quelques éléments pour une remise en cause » dans le *Bulletin du centre d'histoire de la France contemporaine*, Paris-X-Nanterre, 8, 1987, p. 45-57.

90 *L'Intransigeant*, 17 août 1914.

91 « Le fait est que certaines [les caves de Verdun] étaient relativement confortables : chauffage central et électricité s'il vous plaît, et qu'on ne s'y ennuyait pas trop. » *Le Petit Journal*, 1er mars 1916.

92 cf. Fred Kupferman, « Rumeurs, bobards et propagande » dans *L'Histoire* n° 107, janvier 1988, p. 98-102. Des « sottisiers », selon la juste expression de Jean-Jacques Becker, fleurirent dès la fin de la guerre (ainsi *Les Fausses Nouvelles de la Grande Guerre* du docteur Lucien Graux en 1918).

93 Y compris par ceux que *Le Canard enchaîné* avait désignés comme maîtres-bourreurs. Ainsi Maurice Barrès invitait-il dans *L'Écho de Paris* du 8 juin 1917 les dirigeants de tous ordres à dire la vérité à l'armée pour venir à bout de ce « sentiment très général sur lequel se développ[aient] tous les autres » ; Gustave Hervé demandait, dans *La Victoire* du 29 décembre 1916 : « Pourquoi ne pas dire à nos poilus socialistes les choses comme elles sont, au lieu de leur « bourrer le crâne » de belles phrases complètement vides de sens ou sans aucun rapport avec la dure réalité ? »

94 M. Beaumont, « Maurice Barrès et les morts de la guerre », *Information historique*, n° 1, 1969. Voir aussi, du même auteur, « Un témoignage sur la guerre de 1914-1918 : chronique de la Grande Guerre de Maurice Barrès »,

Information historique, 1973, n° 1.

95 « En réalité, bien au-delà des slogans des journaux [...] la guerre agit comme une gigantesque machine à conditionner les cerveaux : première forme au XXe siècle du viol des foules. Par la conjonction des pressions collectives et des propagandes mensongères, elle impose une mentalité commune à tous les citoyens, ceux de l'avant, ceux de l'arrière, elle les arrache au libre contrôle de la raison et aux règles de l'esprit critique pour les abandonner à une seule inhumaine passion : celle de la destruction et du carnage. » François Bédarida, *Cent ans d'esprit républicain*, Paris, Nouvelle Librairie de France 1966, p. 261-262.

96 Par ordre décroissant de tirage au 1er novembre 1917 : *Le Petit Parisien, Le Matin, Le Journal, Le Petit Journal*. Ces journaux tiraient à plus de 500 000 exemplaires, *Le Petit Parisien* à plus de 1 600 000 exemplaires.

97 « La plupart des journaux se paient des généraux, *Le Petit Journal* : Berthaud ; *le Matin* : Bonnal ; *L'Écho de Paris* : Cherfils ; *Le Gaulois* : Zurlinden ; *La Libre Parole* : Humboldt ; *Le Temps* : Malleterre et Lacroix. D'autres n'ont que des colonels, Rousset au *Petit Parisien*, le plus populaire ; Frey au *Journal* (suisse, celui-là). *Le Figaro* se contente d'un capitaine de territoriale, Joseph Reinach (Polybe). Tout en étant en position d'inactivité, ces critiques – un dixième du total – sont d'authentique origine militaire. Mais le civil ne sait pas que les neuf autres dixièmes n'ont de militaire que la signature. » Daniel Perreux, *La Vie quotidienne des civils en France pendant la grande guerre*, Paris, Hachette, 1966, p. 255.

98 Pastichant explicitement les jeux, concours et autres référendums proposés avant la guerre par la « grande presse », *Le Canard enchaîné* annonça en novembre 1916 l'organisation d'un référendum pour élire le « Grand chef de la tribu des bourreurs de crâne » ; les lecteurs devaient répondre à la question suivante : « Lequel, à votre sens, parmi les journalistes qui se mettent quotidiennement en vedette, mérite, à tous égards, le titre de grand chef ? » Les résultats furent publiés dans le numéro du 20 juin 1917 : Hervé l'emportait sur Barrès, puis venaient Charles Humbert, un nom censuré, Bunau-Varilla, Marcel Schwob et... Henri de la Ville d'Avray, pseudonyme de Maurice Maréchal au *Canard* ! Sans surprise, la hiérarchie établie par les lecteurs du *Canard* était le miroir des détestations du journal lui-même.

99 Henri Jeanson, *op. cit.*, p. 154.

100 Henri Lavedan ne reprit pas ce récit dans le recueil de ses « Grandes Heures » paru en 1919 à la Librairie académique Perrin, comme s'en indigna Maurice Maréchal à la sortie du livre. Le directeur du *Canard enchaîné* mit en demeure l'académicien de s'expliquer : avait-il inventé l'engagement et le « gentil mouvement du menton » de Barrès ?

101 Alain *Le Citoyen contre les pouvoirs* (1926), rééd. Slatkine Reprints, Genève, 1979, p. 82. Sans discuter le non-engagement de Barrès, Jean-Jacques Becker a corrigé quelque peu l'image de Barrès léguée par ses adversaires de gauche : « La réputation de Barrès d'avoir été un champion du « bourrage de crâne » est probablement usurpée, ou tout au moins elle ne correspond qu'aux premiers mois de ses *Chroniques de guerre*. [...] Par la suite, et particulièrement en 1918, Barrès se montra souvent d'un pessimisme qui, chez d'autres, aurait pu être assimilé au défaitisme ! » (*Les Français dans la Grande Guerre, op. cit.*, p. 155.)

102 Qu'il ne faut confondre ni avec *L'Homme libre* fondé en 1876 par Louis Blanc ni avec un autre *Homme libre* lancé en 1888 par le blanquiste Édouard Vaillant.

103 Clemenceau, dès septembre 1914, avait dénoncé l'incurie du Service de santé qui avait laissé transporter des blessés à Bordeaux dans des blessés à Bordeaux dans des wagons à bestiaux non désinfectés, provoquant ainsi une épidémie de tétanos.

104 Cité par Marcel Berger et Paul Allard, *Les Secrets de la censure pendant la guerre*, Paris, Éditions des Portiques, 1932, p. 21.

105 Le capitaine Nusillard devait devenir après la guerre un fidèle lecteur du *Canard enchaîné* ; il resta abonné jusqu'à sa mort, survenue à l'âge de 95 ans. (*La Mare aux canards* France 2 – Saint-Louis Production – INA entreprises 1994.)

106 « Les morasses sont les épreuves tirées à la brosse sur le marbre à partir des pages composées en plomb. Les journaux « échoppaient », c'est-à-dire grattaient sur les clichés des rotatives les passages censurés qui restaient alors en blanc sur les exemplaires du journal imprimé. » Pierre Albert, *Histoire générale de la presse française*, Paris, PUF, tome 3, p. 415.

107 Jean-Baptiste Duroselle, *La Grande Guerre des Français*, Paris, Perrin, 1994, p. 145.

108 Cité par André Ducasse, Jacques Meyer et Daniel Perreux, *Vie et mort des Français 1914-1918*, Genève, Famot, 1978, p. 276-277.

109 Louis Gabriel-Robinet rapporte l'anecdote suivante : les chefs du Bureau de la presse vinrent trouver Clemenceau peu après sa nomination pour connaître ses intentions. « Est-il exact, monsieur le Président, que vous ayez décidé de supprimer la censure ? – Moi ? Supprimer la censure ? Jamais ! Vous êtes mes meilleurs gendarmes ! » (*Journaux et journalistes hier et aujourd'hui*, Paris, Hachette, 1962, p. 201.)

110 « Enfin il y a en France une opinion publique, malgré la censure. L'heure est venue de gouverner au grand jour, car c'est la condition première du régime républicain. Le grand jour et le grand jeu, voilà, désormais, les deux premières conditions d'un gouvernement de la République française... Au moins jusqu'à la guerre terminée ! » Georges Clemenceau, dernier article dans *L'Homme enchaîné*, le 15 novembre 1917. Cité par Louis Gabriel-Robinet, *op. cit.*, p. 201. Cette inflexion se traduisit dans les consignes de la censure : « En dehors des informations ou publications militaires ou diplomatiques, ne seront plus désormais censurées que les informations ou publications capables de troubler la paix civile ou touchant le pacifisme, les grèves, la personne du président de la République. » (Consigne générale de novembre 1917, citée par Pierre Albert *op. cit.*, p. 415).

---

111 Jean-Jacques Becker confirme le caractère discriminatoire de la censure : « La nature de la censure semble bien liée au caractère du journal : un quotidien comme *Le Temps* en est victime parce que, nanti d'un réseau de correspondants internationaux plus riche que celui des autres journaux, il est conduit à dépasser ce que la censure accepte qu'il soit publié dans le domaine diplomatique. *La Guerre sociale* est victime, elle, de l'ardeur polémique de son directeur, et la censure y est plus politique », *op. cit.*, p. 53.

---

112 Échoppages de la censure 1914-1918, Services des Périodiques. Cote BDIC : F 270 RES (SPE).

---

113 Valérie Bibas, *op. cit.* Voir notamment, p. 69, le tableau des échoppages qu'elle a réalisé à partir de ces registres ; il montre une augmentation régulière, en moyenne mensuelle, des échoppages de l'été 1916 à l'été 1917 ; une décrue s'amorce à partir de cette dernière date.

---

114 L'origine précise de cette représentation n'a pas été établie. Christian Delporte rappelle que c'est le caricaturiste Gill qui la rendit célèbre, à défaut de l'inventer, par un dessin paru à la « une » de *L'Éclipse* le 19 juillet 1874. Le plein développement et la fixation des traits canoniques d'Anastasie se fit dans ces premières années de la Troisième République ; c'est à ce moment que l'attribut des ciseaux éclipsa l'éteignoir, de plus en plus réservé à la représentation de l'obscurantisme clérical. (« Anastasie : l'imaginaire de la censure dans le dessin satirique, XIXe-XXe siècles », dans *La Censure en France*, Bruxelles, Complexe, 1997, p. 89-99.)

---

115 Le procédé fut encore employé dans deux numéros de 1917 : le 7 mars, « La fiancée du poilu », article en vers de Georges de La Fouchardière avait été entièrement supprimé ; l'écrivain le donna à *L'Heure* qui, bénéficiant d'un censeur plus compréhensif, put le publier. La semaine suivante, *Le Canard enchaîné* publia l'article en l'augmentant d'un commentaire ironique.

---

116 Jean Galtier-Boissière et René Lefèvre, « Histoire de la presse » dans *Le Crapouillot*, 1934, p. 72 Il faut dire, en toute honnêteté, que nous n'avons pas retrouvé ce texte. Il est possible que Jean Galtier-Boissière se soit laissé emporter par son imagination, d'autant que les censeurs avaient la consigne stricte de ne pas laisser passer les textes présentant des incohérences, précisément pour éviter le risque d'un chiffrage.

---

117 Le catalogue établi par Philippe Jones pour la Bibliothèque nationale atteste l'extraordinaire floraison des journaux humoristiques entre 1860 et 1870, plus directement satiriques et politiques après la chute de l'Empire, qui atteignirent une violence et une richesse que l'on n'a plus retrouvées depuis entre les années 1880 et la Première Guerre mondiale – le sommet étant probablement atteint durant l'affaire Dreyfus, dont cette presse illustrée a fortement contribué à fixer quelques-uns des caractères essentiels. (Voir Philippe Jones, « La presse satirique illustrée entre 1860 et 1890 », *Études de presse*, vol. VIII, n° 14, 1956, p. 7-12. et Jacques Lethève (*La Caricature et la presse sous la III*[e] *République*, Paris, Armand Colin, coll. Kiosque, 1961, 272 p.)

---

118 Christian Delporte, *Dessinateurs de presse et dessin politique en France des années 1920 à la Libération*, Thèse pour le doctorat d'histoire sous la direction de M. René Rémond, Institut d'études politiques de Paris, 1991, p. 19.

---

119 *L'Esprit satirique en France*, Paris-Nancy, Berger-Levrault, 1917. Préface d'Arsène Alexandre. Les titres des dessins reproduits suffisent à donner le ton : de Jean Veber, *La brute est lâchée* ; de Willette, *La Bêtise au front de taureau est vaincue par la France* ; de Poulbot, *Y n'ont donc pas de mômes chez les Boches !* etc.

---

120 Hermann-Paul avait couvert le procès Dreyfus pour *Le Figaro* dreyfusard.

---

121 Ancien officier d'intendance, ancien député et sénateur, spécialiste au Parlement des questions militaires, Charles Humbert était un personnage très sûr de lui, retors et habile en affaires, lié à certains milieux de la grande industrie. Il fut mêlé de près à une affaire mi-d'escroquerie, mi-d'espionnage dans laquelle trempa un personnage plus louche encore, Paul Bolo, affairiste marseillais. Arrêté, jugé, Charles Humbert fut finalement acquitté.

---

122 Le 13 décembre 1914, la Chambre des députés décida l'ajournement de toutes les élections jusqu'à la fin des hostilités. Une nouvelle disposition allant dans le même sens fut votée le 24 décembre 1917.

---

123 Sigmund Freud, *Le Mot d'esprit et sa relation à l'inconscient*, Paris, Gallimard, 1988 (1940), p. 353-357. Il est à noter que la notion de déperdition de valeur est au centre de toutes les théories du rire. Selon le tempérament, les préoccupations ou l'approche méthodologique de chaque analyste, cette déperdition prendra le visage d'une chute du sublime au ridicule, de la réduction à néant d'une expectative flatteuse, d'un triomphe du meilleur sur le pire, d'une prise de conscience de notre supériorité sur autrui ou d'une levée des interdits de la pensée consciente. Voir à ce sujet Marcel Gurvitch, « Réflexions sur le comique »,

Revue d'esthétique, tome VII, fasc. 1 et 2, janvier 1964, p. 7-39.

124 Il faut ici émettre l'hypothèse, qui demande à être vérifiée, que les nouvelles formes de comique qui apparaissent sur la scène ou dans les productions littéraires françaises de l'entre-deux-guerres ont à voir avec l'événement de la Première Guerre mondiale ; ce serait un autre aspect des rapports culture de guerre/culture de paix qui commencent depuis quelques années à être étudiés.

125 *Le Carnet de la semaine*, n° 18 du 30 septembre 1915.

126 *Les Hommes du jour*, n° 479 du 18 septembre 1915.

127 En fait, il s'agit de la version vespérale du *Populaire de Paris*, ce quotidien ayant paru le matin depuis juillet 1917.

128 Journal éphémère, paru entre février et juin 1918 dans l'ombre de *L'Action française* par Charles Sancerme et qui s'était voué au dénigrement quotidien des hommes de gauche.

129 Du 24 au 30 avril 1916 eut lieu à Kienthal, en Suisse, une conférence réunissant des socialistes – venus, pour les Français et les Allemands, en dépit de l'opposition de la direction de leurs partis respectifs – décidés à mener une action déterminée contre la poursuite de la guerre. Une précédente conférence avait eu lieu en septembre 1915 à Zimmerwald, également en Suisse. Quelques Français participèrent aux discussions, deux syndicalistes français, Albert Merrheim et Albert Bourderon, à la conférence de Zimmerwald, trois députés socialistes – Pierre Brizon, Alexandre Blanc et Jean Raffin-Dugens à celle de Kienthal. Aucun résultat concret ne suivit ces deux réunions si ce n'est, en France par exemple, la constitution de mouvements associatifs exigeant l'arrêt des hostilités.

130 Pierre Albert, *op. cit.*, p. 443.

131 Jean-Paul Lacroix, *op. cit.*, p. 159.

132 *L'Œuvre quotidienne* naquit le même jour que *Le Canard enchaîné*, le 10 septembre 1915. *Le Carnet de la semaine* sortit pour la première fois en avril 1915, *La Griffe* en décembre 1916, *Le Journal du peuple* et *Le Pays* en janvier 1917, *La Vague* en janvier 1918. *Le Populaire* fut lancé en mai 1916 par le député socialiste de Limoges, Adrien Pressemane, en supplément du *Populaire du Centre*. Ce supplément hebdomadaire devint un quotidien à part entière quand il se transporta à Paris, sous la direction de Jean Longuet, en juillet 1917. Paul Faure assurait la rédaction en chef, Henri Barbusse la direction littéraire.

133 Valérie Bibas, *op. cit.*, p. 13.

134 *Le Canard enchaîné* devait remettre à dépôt, avec reprise totale des invendus, 4 000 exemplaires chaque mardi pour l'approvisionnement des points de vente Hachette des gares parisiennes et provinciales. « À titre purement exceptionnel », Hachette consentait à prendre possession des exemplaires à l'imprimerie Simart, à Paris, où était tiré le *Canard*. Le journal devait payer 1 % du prix d'un exemplaire à titre de participation aux frais de mise en vente, distribution et transport, dix francs les cent kilos pour frais de retour, contrôle et manutention des invendus ; par ailleurs, il consentait à Hachette une remise de 30 % sur le prix d'un numéro, dont 25 % pour les marchands. Les règlements de la vente auraient lieu le 15 de chaque mois, à partir du deuxième mois suivant la fourniture – ce délai, imposé à toutes les publications, a toujours constitué un obstacle difficile à franchir pour les plus jeunes et les plus fragiles d'entre elles. (Archives du *Canard enchaîné*.)

---

135 « Dans leurs familles, dans les ateliers, les bureaux, les cafés, les réunions de tout genre, voire même dans la rue. » (*Le Canard enchaîné*, 29 novembre 1916.) Les mêmes lieux reviennent dans cet avis d'août 1917 : « Demandez à n'importe qui, à n'importe quel moment et n'importe où, sur le front, à l'atelier, dans la rue, quel est le journal le plus sérieux ? On vous répondra : C'est le *Canard enchaîné*. Et c'est la vérité ! » Lu dans le monde du travail, de la guerre, de la rue, *Le Canard enchaîné* s'affirma d'emblée comme un journal populaire, lu par les « forces vives » de la nation.

---

136 Emile Sarrazin, lettre du 6 juin 1956, archives du *Canard enchaîné*.

---

137 *Le Canard enchaîné*, 22 août 1962, p. 3.

---

138 Cette liste indique le nom, le siège, l'imprimerie, le tirage, le nom du directeur, l'orientation politique. Sont signalés les quotidiens *L'Humanité*, *Le Journal du peuple*, *La Bataille*, *Le Populaire*, *La Vérité* ; les périodiques *La Vague*, *La Vie ouvrière*, *L'Internationale*, *L'Avenir international*, *Le Libertaire*, *La Mêlée*, *Notre voix*, *Le Merle blanc*, *Les Hommes du jour*. Archives de la préfecture de police BA 1712, « La presse pendant la guerre de 1914-1918 ».

---

139 SHAT 11. 5 N 346.

---

140 *Le Canard enchaîné*, 30 octobre 1918, p. 4.

---

141 Jean Galtier-Boissière, *Mémoires d'un Parisien*, Paris, La Table ronde, 1960, tome 1, p. 45.

---

142 *Le Canard enchaîné*, 24 février 1932, p. 4.

---

143 André Ducasse, *La Guerre racontée par les combattants*, Paris, Flammarion, 1930, p. 156. La date de cette publication n'est pas indifférente : dans l'entre-deux-guerres, l'idéal de paix va de pair avec la dénonciation des moyens dont on juge qu'ils ont provoqué ou prolongé la guerre. L'année suivant, en 1931, Stephen

Valot, rédacteur à *L'Œuvre*, secrétaire général de la Fédération internationale des journalistes, abonde dans ce sens ; selon lui, l'opinion « va au-devant du "bourrage de crâne" » dont elle se fait la dupe volontaire ; elle le souhaite, elle le réclame ; ce n'est pas tant la censure qui a fermé la bouche aux journaux pendant les premières années de la guerre, c'est le souci même de leur tirage : le public ne voulait pas la vérité. Aussitôt qu'il fut capable de l'accepter, même spirituellement voilée, il se trouva des journaux pour la lui donner, malgré la censure. Ce fut par exemple le secret du succès de *L'Œuvre*. Lorsque, l'armistice signé, la censure supprimée, la conférence de la paix se réunit à Paris, cet appétit de vérité va croissant de jour en jour, dressant quelques journaux nouveaux contre la "Grande Presse" qu'anime encore l'esprit de guerre. » (*Le Journalisme aujourd'hui*, Paris, Librairie Delagrave, 1931, p. 17-18.)

144 André Gide, *Journal*, tome I, Bibliothèque de la Pléiade, éd. de 1951, p. 913-914 : « Au commencement de la guerre [...] je me souviens de notre stupeur en entendant ces soldats – de qui nous attendions enfin un témoignage véridique – nous réciter naïvement les phrases mêmes que chaque jour on pouvait lire dans les journaux ; phrases qu'ils avaient lues évidemment eux-mêmes, et dont ils se servaient à présent. Il ne paraissait point, hélas ! que cet emprunt fût seulement celui de formules faciles et de phrases plus ou moins bien tournées, de mots sonores et qui pussent leur en imposer ; leurs sensations, leurs émotions mêmes avaient accepté cette dictée, s'y soumettaient, et ces formules qu'ils récitaient ne les trahissaient même pas. C'est d'après elles qu'ils avaient vu, senti, éprouvé... Aucun d'entre eux n'avait été capable de fournir la moindre réaction originale. »

145 Marcel Proust *À la recherche du temps perdu* tome III, Bibliothèque de la Pléiade, p. 773.

146 Source : *Annuaire de la presse et de la publicité*, années 1919 à 1923. Ces chiffres doivent être reçus avec circonspection : d'une part, ils ont été fournis par le journal lui-même à l'*Annuaire* ; d'autre part, ils n'indiquent que le nombre d'exemplaires imprimés par le journal, non les exemplaires effectivement vendus. Un Office de Justification des Tirages (OJT) fut bien créé en 1922 mais il ne contrôla qu'un nombre très restreint de publications avant la guerre. Il est vrai que, *Le Canard enchaîné* ne recevant pas ou très peu de publicité, il avait moins intérêt que d'autres à « gonfler » ses chiffres de tirage. Quoi qu'il en soit, à partir de 1924, l'*Annuaire* n'indique plus de chiffres de tirages – il précise que le journal a cessé de lui fournir les « justificatifs » nécessaires ; peut-être en raison de la baisse des ventes qu'ils traduisaient. On ne retrouve un chiffre qu'à partir de 1929 – le journal est alors tombé à 85 000 exemplaires. À partir du début des années trente, les tirages repartent à la hausse.

147 André Billy et Jean Piot, *Le Monde des journaux. Tableau de la presse de la France contemporaine*, Paris, G. Crès, 1924, p. 148.

148 Selon l'estimation de Francis Delaisi « Le journalisme et l'argent » dans *Le journalisme aujourd'hui*, Paris, Delagrave, 1931, p. 123.

149 Marc Martin, « Structures de société et consciences rebelles », *Contribution à l'histoire des journalistes et du journal en France (XIXe-XXe siècles) et à l'histoire de la publicité en France*, Thèse de doctorat d'histoire, université de Paris X Nanterre, 1991-1992, p. 32-33.

150 C'est poussé dans ses derniers retranchements que Maurice Maréchal se résigna à passer une publicité pour les établissements Félix Potin, en mars 1923 et quelques encarts en faveur de livres, en 1924. L'expérience fut de courte durée.

151 Nous nous permettons de renvoyer à l'article que nous avons fait paraître dans *La Revue historique* « De l'anarchisme à l'affairisme, les deux vies d'Eugène Merle, homme de presse, 1884-1946. » (4e trimestre 1999, p. 789-808).

152 Dénoncé par Léon Daudet dans *L'Action française* et Gustave Hervé dans *La Victoire* comme traître et directeur d'un organe défaitiste, Almereyda fut arrêté en août 1917 et mourut en prison dans les jours qui suivirent son arrestation, sans que l'on ait vraiment éclairci les circonstances de sa mort.

153 Henri Béraud *Les Derniers beaux jours* Paris, Plon, 1953, p. 106.

154 Raoul Guérin *Souvenirs d'un dessinateur de presse* Paris, la Pensée universelle, 1979, p. 110.

155 Chiffres sans doute exagérés à des fins publicitaires.

156 Sans article et en un seul mot, pour le distinguer du *Frou-Frou* qui parut de 1900 à 1914. Le journal de Merle se voulait « un journal joyeux et léger », affichant une « gaieté gauloise ».

157 Henri Jeanson, *Soixante-dix ans d'adolescence*, Paris, Stock, 1971, p. 143.

158 Le dessinateur parle de la dégradation de l'ambiance au *Canard enchaîné* à cette époque : Maréchal « constatait la réussite du *Merle blanc* avec rage et passait sa mauvaise humeur sur ceux de ses amis qui lui étaient restés fidèles. J'eus la faveur d'être pris en grippe plus que d'autres, et un jour, je partis à mon tour ; mais ce n'était pas pour aller porter mes dessins au *Merle blanc* ; j'avais assez de travail et je voulais seulement marquer que je ne voulais plus travailler dans des mauvaises conditions de camaraderie. Les principaux collaborateurs du *Canard* étaient au *Merle blanc*. » (Raoul Guérin, *op. cit.* p. 110.) Ce témoignage est à prendre avec précaution : il n'était pas anormal, surtout pour les dessinateurs, de rechercher d'autres collaborations et l'on ne voit pas le mal qu'y aurait vu Maurice Maréchal. Les collaborations exclusives étaient, à l'époque, extrêmement rares. D'autre part, Raoul Guérin est bien parti au *Merle*, contrairement à ce qu'il écrit dans ses souvenirs – il collabora au journal d'Eugène Merle de 1919 à 1927, tout en continuant de travailler, les premières années, pour le *Canard*.

159 Jean Galtier-Boissière, *Mémoires d'un Parisien*, Paris, La Table ronde, 1960, tome 2, p. 68.

160 *Le Merle blanc* reparut en 1932 pour quelques semaines puis à nouveau en 1934, à l'occasion de l'affaire Stavisky. Mais son heure était passée et la tentative fit long feu. La blessure *Merle blanc* ne se referma jamais tout à fait au *Canard enchaîné*. En 1956 encore, à l'occasion des quarante ans du *Canard*, le rédacteur en chef R. Tréno demanda une rectification à un confrère qui avait fait naître *Le Merle blanc* avant *Le Canard enchaîné*.

161 Un article du *Canard enchaîné* daté du 6 juillet 1921 annonçait en ces termes le lancement de l'almanach vendu deux francs : seraient abordés « tous les sujets se rapportant à la période dite des vacances : distribution de prix, chemins de fer, tourisme, pêche, moisson, bains de mer, vie de château, chasse, vendange, etc. Il ne contient que des articles et des dessins absolument inédits et peut être mis, nous le rappelons encore, entre toutes les mains. Nous recommandons vivement à nos amis d'acheter *L'Almanach des vacances* à leur marchande habituelle et leur demandons, l'ayant lu, de lui faire autour d'eux toute la publicité désirable ». Participèrent à la création de cet almanach les piliers du *Canard* : Georges de la Fouchardière, Victor Snell, Whip, Rodolphe Bringer, Jules Rivet, René Buzelin ; les dessinateurs Varé, Mat, Guilac, Raoul Guérin, Moriss, Lenoir. Tristan Bernard y apporta sa contribution.

162 François Coty, parfumeur milliardaire, fondateur de la Solidarité française, une ligue d'extrême droite, fit de ses divers journaux – *L'Ami du peuple, Le Coup de patte* et, dans une moindre mesure, *Le Figaro*, les porte-paroles de son populisme fascisant. Maurice Maréchal lança une parodie de *L'Ami du peuple* : ce dernier fut tiré à 50 000 exemplaires le jour même du lancement de son modèle, et comme lui vendu au prix déficitaire de dix centimes. Un second numéro parut une semaine plus tard, contenant comme le premier des articles dirigés contre l'homme d'affaires.

163 Les « cinq grands » étaient *Le Petit Journal, Le Petit Parisien, Le Matin, Le Journal*, auxquels était venu s'ajouter, au début du XXe siècle, *L'Écho de Paris*. À la veille de 1914, les quatre premiers avoisinaient ou dépassaient chacun le million d'exemplaires tirés. Ils amorcèrent un déclin rapide après la Première Guerre mondiale, accéléré encore dans les années 1930 avec l'arrivée du redoutable concurrent que se montra *Paris-Soir*, qui refusa de respecter les règles établies par le « Consortium » pour le partage de la publicité.

164 *Le Canard enchaîné*, 4 mai 1921, p. 3.

165 Archives spéciales centrales d'État de l'URSS (Fontainebleau) : archives de la Direction générale de la sécurité publique de la France « Sûreté générale » (18...-1934), Fonds n° 1 ; inventaire n° 28 (1871-1929). Surveillance policière de la presse française et étrangère du 5e bureau. n° 4060 : « Information au sujet de la revue politique *Le Pélican* » (Sept feuillets). Rapport du 3 mai 1921.

166 En novembre encore, le *Canard* croit au succès de son protégé : « *Le Pélican*, présenté par Rodolphe Bringer, est en train de se classer tout doucement et sans bruit au deuxième rang des grands journaux hebdomadaires – le premier rang (il nous faut bien l'avouer modestement) étant indéfectiblement tenu par *Le Canard enchaîné*. » (*Le Canard enchaîné* 2 novembre 1921, p. 2.)

167 Une bonne partie des textes était due à Rodolphe Bringer lui-même. Collaboraient occasionnellement Marcel Achard, Georges de la Fouchardière, Georges Auriol, Moriss, Henri Duvernois, Pierre Veber, Tristan Bernard.

168 La hausse fut ensuite moins rapide : cinquante centimes en 1927, soixante en 1938.

169 À l'exception de ce dernier chiffre, tiré des archives du *Canard enchaîné*, les chiffres de tirage proviennent de l'*Annuaire de la presse et de la publicité*, aux années correspondantes. À partir de 1936 inclus, ils sont censés avoir été contrôlés par l'Office de justification des tirages.

170 Au printemps 1936, *Le Populaire*, *L'Œuvre*, *L'Écho de Paris*, *L'Action française* se situent aux environs de 100 000 exemplaires, *L'Humanité* tire à 200 000. Chiffres cités par Jean Touchard et Louis Bodin, « L'état de l'opinion au début de l'année 1936 » dans René Rémond et Pierre Renouvin (dir.), *Léon Blum chef de gouvernement*, Paris, PFNSP, 1981, p. 52.

171 Marc Martin, *Contribution à l'histoire des journalistes et du journalisme en France (XIXe-XXe siècles) et à l'histoire de la publicité*, Thèse de doctorat d'État, université de Paris-X-Nanterre, 1992, p. 89.

172 Théodore Zeldin, *Histoire des passions françaises 1848-1945*, tome 3 « Goût et corruption », Paris, Recherches, 1979 (1973), p. 179.

173 André Billy et Jean Piot, *op. cit.* p. 2.

174 Christian Delporte, *Dessinateurs de presse* et *dessin politique en France des années 20 à la Libération*, Thèse pour le doctorat d'histoire sous la direction de M. René Rémond, Institut d'Études politiques, 1991, 4 vol.

175 Relevés de rémunérations annuelles pour les années 1934 et 1935 ; brouillon récapitulant les versements dus à Henri Jeanson, Pierre Bénard, André Guérin,

Claude Martial, Roger Salardenne au mois de décembre 1935; déclarations de salaires au Patrimoine pour les années 1938 et 1939; fiches de paie nominatives de janvier à mars 1940; récapitulatifs de paie pour cette même période; listes types et tableaux indiquant les salaires et les retenues sociales datant probablement de 1940; reçus attestant des piges d'André Sauger pour l'année 1940; tarifs des dessins pour trois numéros de l'année 1940: 17 avril, 24 avril, 8 mai. Documents émouvants, malgré leur sécheresse comptable, que ces pièces sans doute emportées par Maurice Maréchal dans sa fuite vers le sud de la France au moment de l'invasion allemande; quand tout croulait, il importait de sauvegarder la mémoire administrative immédiate du journal pour pouvoir le faire reparaître dès que les conditions s'y prêteraient.

---

176 Il faut multiplier par 0,61141 (1934) ou 0,66785 (1935) pour obtenir la conversion en euros 2004.

---

177 Christian Delporte, *Histoire du journalisme et des journalistes en France*, Paris, PUF, 1995, p. 62.

---

178 Il est remarquable en tout cas que, pour la plupart des noms présents dans les deux listes, les rémunérations s'élèvent, d'une année sur l'autre, de 2,7 % pour la progression la moins importante; or il faut rappeler qu'à cette époque, le salaire horaire moyen était rigoureusement stable et que les prix de détail baissaient en raison de la crise et de la politique déflationniste qui était menée. Nous sommes donc clairement en présence d'une anomalie au regard de la conjoncture globale, mais c'est la presse dans son ensemble qui était une anomalie, les journalistes bénéficiant d'avantages auxquels n'avaient pas accès les autres salariés.

---

179 En plus d'Henri Guilac, sont salariés du *Canard enchaîné* à la fin des années 1930 Jean Pruvost, Henri Monier et Pol Ferjac. Les appointements de ces trois derniers dessinateurs étaient au minimum syndical (600 francs par mois) mais le tarif à la ligne et à la colonne pratiqué par *Le Canard enchaîné* était nettement supérieur à ce qui se faisait ailleurs dans la presse.

---

180 Il faut multiplier par 0,34453 pour obtenir la conversion en euros 2004.

---

181 En 1936, trente francs par colonne pour chaque dessin publié; cinquante centimes la ligne.

---

182 Henri Monier, *À bâton rompu*, Paris, Horay, 1953, p. 73-74.

---

183 Henri Jeanson, *op. cit.*, p. 124.

---

184 Jean-Paul Lacroix se souvenait des remontrances du terrible rédacteur en chef: « Des phrases courtes. Ici, on fait des phrases courtes. Tu te prends pour Chateaubriand ? », *La Presse indiscrète*, Paris, Julliard, 1967, p. 180.

185 Pour ce journaliste, qui s'appelait en réalité Maurice Charriat, il semble que le départ ait été l'aboutissement d'un conflit d'ordre personnel ou professionnel. Le 12 avril 1922, un communiqué annonça que Maurice Charriat, « qui avait utilisé la signature collective Maurice Coriem », ne faisait plus partie du *Canard enchaîné*; une semaine plus tard, un avis informait que Maurice Charriat priait de faire connaître « *primo* que la signature « Maurice Coriem » lui est strictement personnelle; *secundo* qu'il est parti volontairement de ce journal. »

186 Le premier, officiellement, pour avoir accepté la Légion d'honneur, le second pour avoir soutenu le préfet Jean Chiappe après le 6 février 1934.

187 cf. *infra* p. 122.

188 Patrick Champagne, « *Le Canard enchaîné*, de la satire politique à la défense de la morale publique ». *Actes de la recherche en sciences sociales*, n° 89, septembre 1991, *Liber*, p. 6-8. Cet auteur évoque également une équipe soudée par une « certaine marginalité sociale » et une culture commune tenant aux origines provinciales et petites-bourgeoises de la majorité de ses membres.

189 De son vrai nom : Michel Piot. Selon Jean-Paul Lacroix, il avait troqué son nom contre celui du quai Scize, à Lyon, pour ne pas être confondu avec Jean Piot, rédacteur en chef de *Bonsoir* puis de *L'Œuvre*, qui furent les deux journaux dans lesquels Pierre Scize fit ses débuts à Paris.

190 Victor Snell était avocat. André Sauger fut chef du secrétariat particulier de Léon Bourgeois (1923-1924) puis de Léon Doumergue (1924-1928) avant de devenir journaliste parlementaire.

191 Monier fut représentant en chemises puis en machines à écrire, Dubosc fut apprenti puis commis dans une quincaillerie, ouvrier ajusteur, représentant de commerce, Cabrol retoucheur chez un photographe…

192 Nous le retraçons principalement à l'aide du livre consacré à Alexandre Breffort chez Seghers : *Alexandre Breffort par Roland Bacri et ses amis*, Paris, Seghers, 1976, 190 p.

193 Nom donné aux Halles à ceux qui déchargeaient les camions.

194 *Alexandre Breffort par Roland Bacri…*, *op. cit.*, p. 15.

195 Pendant les cinq années qui suivirent la mort de Victor Snell, survenue en 1931, il n'y eut pas de rédacteur en chef au *Canard enchaîné*, Maurice Maréchal se chargeant des tâches qui incombaient à ce poste. Pierre Bénard fut nommé en 1936. Ce fils d'un ancien clerc d'avoué né en 1898 avait débuté vers 1920 dans le journalisme en collaborant à *L'Œuvre*, où il tenait la rubrique judiciaire, et à *Bonsoir*. Auteur de romans gais et de nombreuses préfaces pour des ouvrages sur la réalité judiciaire, il fit également du grand reportage pour divers hebdomadaires, dont *Gringoire*. Henri Jeanson et Henri Monier l'ont décrit dans leurs souvenirs, le premier alors que Bénard avait une vingtaine d'années, « fluet, brun et joli garçon » (*op. cit.*, p. 132) et le second vingt ans plus tard, « corpulent, le cheveu dru, le teint chaud, la lèvre boudeuse, l'éternel feutre marron enfoncé jusqu'aux sourcils. » (*À bâtons rompus*, Paris, Horay, 1953, p. 100.)

---

196 Les bibliographies d'André Dahl, de Roger Salardenne ou de Georges de la Fouchardière comptent chacune une quarantaine de titres parus chez Baudinière, Ferenczi, Rouff et autre Collection gauloise, à des tirages de plusieurs milliers d'exemplaires, que multipliaient encore de nombreuses rééditions. Pour autant, le genre de la littérature frivole et le sous-genre du roman gai sont consciencieusement passés sous silence par les ouvrages d'histoire littéraire ; plus encore que d'autres types de littérature populaire, l'illégitimité culturelle qui les frappe en raison de leurs faibles qualités éthique, esthétique, technique les a effacés du champ des études savantes.

---

197 Cette catégorie est d'époque, et semble être apparue dans les années 1880 ; elle figure en sous-titre d'un certain nombre d'œuvres produites par les « humoristes » du *Canard enchaîné*. On trouve aussi les appellations suivantes : « farce littéraire » ; « contes gais ». Notons qu'il existait une collection nommée « Les Auteurs gais » chez Flammarion au début des années 1920.

---

198 Henri Jeanson, *op. cit.*, p. 107.

---

199 Rapport des Renseignements généraux de la préfecture de police 1929 modifié 1932 (Archives nationales F7 13981).

---

200 En 1930, *Le Crapouillot* adopta le principe de numéros spéciaux, jusqu'en 1939 où la censure suspendit sa publication.

---

201 Henri Béraud, *op. cit.*, p. 124-134. Voici encore comment un rapport de police de 1919 présentait la revue de Jean Galtier-Boissière : « Cette revue se propose de publier des dessins inédits, des vers, des contes, des romans et, se tenant près de l'actualité, elle donnera l'opinion des écrivains et des artistes, sur toutes les manifestations artistiques, littéraires et dramatiques. Elle entend, en outre, conserver une pleine indépendance, la volonté de s'exprimer librement et, s'il le faut, avec une certaine énergie. *Le Crapouillot* paraît avoir des attaches avec certains journaux comme *L'Avenir* et *Le Canard enchaîné*, ce dernier organe faisant de la publicité dans ses propres pages en faveur de la revue précitée. » (Rapport de la Sûreté générale 5 avril 1919.)

---

202 Jean-Paul Lacroix, *op. cit.*, p. 155. Ce journaliste rappelle également les autres surnoms de Jean Galtier-Boissière : « La Galtouse », « Le Prince Rodolphe », « Le

Caïd », « Le Chevalier Braillard ». Jean Oberlé, qui l'a également bien connu, en a donné ce portrait en 1929 (Galtier-Boissière avait alors vingt-huit ans) : « Une crinière de cheveux blonds ondulait sur sa tête, son visage était encadré de petits favoris, une courte moustache découvrait des dents assez peu soignées. Mais un beau regard, de bons yeux de gros chien, un sourire franc, un peu timide, une stature magnifique, les épaules étroites, rejetées en arrière, les jambes longues, le pied petit. [...] Il voulait être directeur, il aimait la polémique, sans être doué du style d'un Bloy ou de Daudet, et il voulait être maître chez lui, même si c'était un petit chez-soi. Vrai Français en cela, il goûte la peinture et la prose et ne comprend rien à la musique ni à la poésie. Paradeur, hurleur, tonitruant, grossier en paroles, délicat en manières, tout cela cache beaucoup de timidité et de sensibilité. C'est aussi de la timidité qu'il dissimule sous une vanité d'enfant gâté. Aimant la flatterie, mais adorant ses amis, ne pensant qu'à leur être utile en toutes occasions, courageux physiquement et moralement, c'est malgré ses travers et imperfections, un homme profondément bon et généreux, comme un briard hirsute et turbulent qui vous regarde de ses gros yeux affectueux. » (Jean Oberlé, *La Vie d'artiste*, Denoël, 1956, p. 66-67.)

---

203 Voir par exemple l'article paru dans *Le Crapouillot*, « Histoire de la presse », 1934, 2 vol., 92 et 84 p.

---

204 Henri Béraud, *op. cit.*, p. 7.

---

205 Henri Monier, *op. cit.*, p. 93.

---

206 Jean Oberlé, *op. cit.*, p. 51.

---

207 Henri Jeanson, *op. cit.*, p. 116-117.

---

208 André Billy, *Le Balcon au bord de l'eau*, Paris, Fayard, 1949, p. 8.

---

209 Dans le quotidien du matin de Gustave Téry, Victor Snell tenait la rubrique « La Grammaire en Zig-Zag », Robert Dieudonné avait créé les personnages de la comtesse Riguidi et de sa fille Emma pour cette chronique mondaine et féminine qu'il devait reprendre au *Canard*, Georges de la Fouchardière signait les chroniques d'humeur qui avaient établi sa renommée, Pierre Bénard couvrait les procès, Pierre Scize s'occupait de critique théâtrale, André Guérin, Yves Grosrichard, Claude Martial, André Sauger et Robert Danger rapportaient des échos politiques... Monier, Pedro, Ferjac et Grove y occupaient le « bureau des élites », comme ils avaient eux-mêmes surnommé la salle où se réunissaient les dessinateurs ; ils donnaient quelquefois à *L'Œuvre* les compositions qui avaient été refusées au *Canard*.

---

210 *Bonsoir* avait été confié par Gustave Téry à Jean Piot ; ce dernier avait carte blanche mais peu de moyens. Le journal découvrit des talents en grand nombre : parmi les journalistes qu'il engagea, souvent jeunes et dépourvus d'expérience ;

et aussi dans le monde des arts et des lettres qu'il explorait avec une particulière acuité de vue. Le théâtre et le cinéma, dans lesquels un certain nombre de ces jeunes gens aspiraient à se faire une place, firent l'objet d'articles bien informés. Dans la rédaction, toute une équipe de Lyonnais, vrais et faux, s'était retrouvée autour de Pierre Scize et surtout d'Henri Béraud.

---

211 Après le faubourg du Temple et la rue Montmartre, les premiers locaux du *Canard enchaîné* furent l'appartement des Maréchal au 38, rue de Bondy, à partir de juillet 1917. En 1927, le journal s'installa au 9 de la rue Louis-le-Grand et y resta jusqu'en 1936. À cette date, il partit pour le 9 du boulevard des Capucines, sa dernière adresse avant la guerre. Tous ces lieux étaient distants entre eux de quelques centaines de mètres et restaient proches du quartier de la presse.

---

212 Soulignons, dans ce complexe de représentations hédonistes, l'importance donnée à la pêche à la ligne ; à la pétanque ; au lit (lit-sieste, lit-amour, lit-où-meurent-les-généraux).

---

213 Marie-Véronique Gauthier *Chanson, sociabilité et grivoiserie au XIXe siècle*, Paris, Aubier, 1992, p. 166. Sur la chanson, voir également Claude Duneton, *Histoire de la chanson française*, Paris, Seuil, 1998, tome 2 (de 1780 à nos jours). Pour la chanson anarchiste, voir Gaetano Manfredonia, *La Chanson anarchiste en France des origines à 1914*, Paris, l'Harmattan, 1997, 445 p.

---

214 Archives du *Canard enchaîné.*

---

215 Nous ignorons si, de la même façon que pour le juliénas, des liens personnels s'étaient tissés entre la rédaction du *Canard enchaîné* et les producteurs locaux de vouvray. La seule trace d'un tel attachement est la visite qu'y effectua Georges de la Fouchardière en juillet 1926 et qui fit l'objet d'un article dans le *Canard enchaîné* du 14 juillet de cette même année.

---

216 Ce sont les habitants de Juliénas (Juliénatons, nous apprend le dictionnaire) qui prirent l'initiative de ces journées. Georges Montagné, instituteur à Juliénas, était un lecteur du *Canard enchaîné* et il convainquit aisément les notables locaux – le patron du Coq au Vin, quelques commerçants, artisans et viticulteurs – d'inviter ces journalistes qui parlaient si souvent du juliénas et n'étaient jamais venus dans la région qui le produisait. L'invitation fut acceptée et la visite prévue pour la première semaine de mai 1932. Mais la tenue d'élections législatives, les 1er et 8 mai 1932, et un printemps inclément eurent raison de ce projet qui ne vint donc à réalisation que deux ans plus tard.

---

217 Voir sur ces points Georges Duran, « La vigne et le vin » dans *Les Lieux de mémoire* (Pierre Nora éd.), *III. Les France 2. Traditions*, Gallimard, 1992, p. 785-821 ; dans le même ouvrage, Benoît Lecoq, « Le café », p. 855-883. Jean-Claude Bologne, *Histoire des cafés et des cafetiers*, Paris, Larousse, 1993, 381 p.

218 Jean Galtier-Boissière, *op. cit.*, p. 308.

219 Christian Delporte, 1999, *op. cit.*, p. 114.

220 Le premier grand jeu-concours lancé par *Le Canard enchaîné* fut, on s'en souvient, le « référendum sur le chef de la tribu des bourreurs de crânes » en 1916. Le prix ne consistait alors qu'en un pâté de canard. À partir de 1921, les concours furent dotés de cadeaux plus substantiels et de primes en argent, à l'exemple de ce qui se pratiquait depuis une bonne trentaine d'années dans la « grande presse ». Les jeux furent toujours placés sous le signe de l'humour, qu'il s'agît de trouver les noms des personnalités dont on reproduisait les interviews authentiques ou imaginaires, d'élire la « reine du *Canard* », de désigner pour telle personnalité le conjoint qui lui aurait le mieux convenu, ou d'élire les « commandants » des « bateaux » (escroqueries, mensonges) montés dans différents secteurs d'activité, etc.

221 *Le Canard enchaîné*, 17 janvier 1934, p. 4.

222 Jean-Galtier Boissière, « Histoire de la presse », *Le Crapouillot*, 1934, p. 72.

223 3 000 000 morts par fait de guerre (soit 34 morts pour 1 000 habitants, le plus fort taux des pays belligérants), 300 000 mutilés, 1 000 000 d'invalides, un déficit de naissance de 1 400 000 individus. Les dépenses de guerre s'élevèrent à 140 milliards de francs-or et le coût des réparations fut estimé en 1921 à 34 milliards de francs-or et la France devait à ses alliés environ 35 milliards. Chiffres tirés de Jean-Jacques Becker et Serge Berstein, *Victoire et frustrations 1914-1929*, Paris, Seuil (Nouvelle Histoire de la France contemporaine tome 12), 1990, p. 148-161.

224 Voir Antoine Prost, *Les Anciens combattants et la société française 1914-1939*, Paris, thèse PFNSP, 1977, 3 tomes.

225 On retrouve les échos de cette amertume dans la contribution de Roland Dorgelès au recueil *Ce que j'ai appris à la guerre* (Paris, Montaigne, 1927, 185 p.); celles d'Henri Barbusse et de Paul Vaillant-Couturier témoignent de la volonté de transformer l'idée de révolte née au cœur de certains anciens combattants en énergie révolutionnaire. Dans une perspective assez semblable (mais sans la référence communiste), Jean Galtier-Boissière regretta, dans un numéro du *Crapouillot* de janvier 1931 (cité par *Le Canard enchaîné*), que les anciens combattants allemands n'aient pas exigé, les armes à la main, les avantages matériels qu'ils se trouvaient réduits à mendier. « Ce sont eux, pourtant, qui avaient qualité pour liquider la guerre, fusiller ceux-ci, faire rendre gorge à ceux-là, et distribuer les calottes… ».

226 Sur l'affiche célèbre et bien d'autres réalisations de la propagande anticommuniste, voir Philippe Buton et Laurent Gervereau, *Le Couteau entre les dents*, Paris, Chêne, 159 p.

227 Le contentieux entre Alexandre Millerand et le courant de gauche que représentait *Le Canard enchaîné* remontait au tournant du siècle, quand l'homme politique radical passé au socialisme entra dans le ministère « bourgeois » de Waldeck-Rousseau. Par la suite, son évolution vers la droite fut jugée très négativement. En 1923, Millerand fut élu par les lecteurs du *Canard* « l'homme le plus propre de France » devant Gustave Hervé : il avait changé de conviction aussi souvent que de chemise. En 1924, le *Canard* fit campagne pour le départ de Millerand, qui avait été élu à la présidence de la République en septembre 1920 mais qui, par le discours d'Évreux du 14 octobre 1923, s'était engagé dans la campagne pour les législatives en faveur du Bloc. La gauche considéra que Millerand, en adoptant cette position partisane, était sorti du rôle que l'interprétation parlementaire des textes de 1875 avait fixé au Président et le poussa à la démission après les élections législatives de mai 1924.

228 Poincaré vient en tête des hommes politiques de droite pour le nombre de caricatures à lui consacrées par les dessinateurs du *Canard enchaîné* jusqu'en 1928 : 17 % de l'ensemble des dessins publiés en 1924, 13 % en 1926, 29 % en 1928. *Le Canard enchaîné* utilisa sans retenue la photographie prise lors d'une cérémonie funèbre en 1919 où l'on voyait le Président bâiller – il riait, prétendirent ses adversaires et pour le *Canard*, Poincaré devint « l'homme qui rit dans les cimetières ». Millerand vient en deuxième position. (Chiffres tirés de la thèse de Christian Delporte, *op. cit.*, p. 340.)

229 La reconnaissance *de jure* du gouvernement soviétique par le gouvernement français intervint le 28 octobre 1924.

230 Parmi les mesures prises par Poincaré en janvier 1924 pour rétablir l'équilibre du budget, figurait l'instauration du « double décime », vingt centimes supplémentaires pour un franc d'impôt.

231 *Le Canard enchaîné*, 5 novembre 1924, p. 1. Ce « scandale des régions libérées » auquel faisait allusion le *Canard* était le régime particulier que l'Alsace-Lorraine fut autorisée à conserver, en particulier en matière religieuse (Concordat et écoles confessionnelles), au mépris de la loi de séparation de l'Église et de l'État.

232 Le socialiste Alexandre Varenne fut nommé gouverneur général de l'Indochine en août 1925 ; il tenta de mener à bien quelques réformes qui se heurtèrent au conservatisme des colons ; ceux-ci obtinrent son rappel en 1928.

233 Patron du *Journal* et du restaurant Maxim's, concessionnaire des jeux de Deauville.

234 Rappelons que le jugement de Jean-Noël Jeanneney à l'égard d'Édouard Herriot est à peine moins sévère : s'il lui reconnaît une vraie conscience de gauche, l'historien voit en lui « un virtuose du sabre de bois » qui ne sut préciser « ni la nature exacte de ses intentions, ni [...] l'identité de ceux qu'il visait. » (Jean-Noël Jeanneney, *Leçon d'histoire pour une gauche au pouvoir. La faillite du Cartel 1924-1926*, Paris, Seuil, 1977, p. 140-142.) Par contre, Serge Berstein a réévalué le rôle joué par Herriot dans son livre *Édouard Herriot ou la République en personne*, Paris, PFNSP, 1985, 327 p.

---

235 Malade, le président du Conseil donna sa démission et fut remplacé par Aristide Briand. Il mourut en 1934.

---

236 *Le Canard enchaîné*, 17 février 1926, p. 1. Le même article, écrit à l'occasion du retour d'André Tardieu à la Chambre, poursuivait : « Avec Tardieu, c'est un chef qui rentre au Parlement. Taittinger n'a qu'à bien se tenir car, du coup, le fascisme a trouvé celui qui lui manquait encore. » *Le Canard enchaîné* – à l'unisson de la presse de gauche – dénonçait en Tardieu à la fois le négociateur du traité de Versailles, l'affairiste et l'apprenti-dictateur. À noter que Tardieu succéda à Poincaré comme l'homme de droite faisant l'objet du plus grand nombre de caricatures de la part des dessinateurs du *Canard enchaîné* : 13 % de l'ensemble des dessins publiés en 1929 avaient pour sujet l'« homme au fume-cigarette entre les dents », 46 % en 1930, 11 % en 1931, 32 % en 1932, 13 % en 1933. De 1935 à 1936, Laval, sa mèche et son accent auvergnat arrivent en tête, puis à nouveau Tardieu et enfin Paul Reynaud. (Chiffres tirés de Christian Delporte, *op. cit.*, p. 340 et 545.)

---

237 Voir la fausse déclaration que *Le Canard enchaîné* lui fit tenir à la veille des élections sénatoriales de 1927 : « Démocrate avant tout, nous a-t-il confié, je m'incline devant la volonté des électeurs souverains. Ils étaient révolutionnaires avant la guerre ? J'ai été révolutionnaire. Ils sont devenus cartellistes en 24 ? Je suis devenu cartelliste. Aujourd'hui, ils penchent plutôt vers l'archevêché ? Je suis pour l'archevêché. Nul n'est plus respectueux que moi du suffrage universel. Si dans sept ans la clientèle est devenue communiste, c'est avec la même indépendance et le même désintéressement que je rentrerai à la IIIe internationale. » (5 janvier 1927, p. 3.)

---

238 Marthe Hanau avait fondé en 1925 une feuille financière, *La Gazette du franc*, qui s'était rapidement imposée par la qualité de ses collaborateurs et par celle des personnalités du monde politique et économique dont elle publiait les interviews. Les conseils que Marthe Hanau prodiguait aux épargnants en matière de placements boursiers n'en furent que plus écoutés, ce qui explique la facilité avec laquelle elle convainquit nombre de ses lecteurs de lui confier leurs économies qu'elle se chargeait de placer en Bourse ; les taux d'intérêt étaient très alléchants – mais elle les acquittait non sur le bénéfice d'opérations réelles mais sur le produit des nouvelles souscriptions. Le système s'écroula à la fin de l'année 1928, éclaboussant les milieux politiques et médiatiques, en particulier cartellistes ; le journal *Le Quotidien*, principal organe du Cartel des gauches, qui avait affermé sa page financière à Marthe Hanau, ne s'en releva pas.

239 Le financier Albert Oustric avait fondé une banque en 1919 qui fit de la spéculation boursière sa spécialité. Pour faciliter son développement, Oustric avait tissé des liens dans le monde de la politique, ce que révéla la commission d'enquête créée après la banqueroute frauduleuse de l'établissement, en novembre 1929. Raoul Péret, alors garde des Sceaux dans le gouvernement Tardieu et possible candidat à la présidence de la République, fut mis en cause pour son action en tant que ministre des Finances trois ans plus tôt et, bien qu'acquitté par la Haute Cour en octobre 1931, vit sa carrière politique brisée par cette affaire.

240 Le Crédit municipal prêtait sur gage de l'argent aux particuliers. Il suffisait de truquer les estimations ou de délivrer des bons de caisse sans dépôt d'objet pour voler la ville garante de l'établissement.

241 L'antiparlementarisme de entre-deux-guerres ne doit pas être réduit à une réaction contre les scandales politico-financiers. Serge Berstein a souligné que le régime parlementaire était sorti considérablement affaibli de la Première Guerre mondiale (alors qu'on insiste généralement sur le tour de force qu'a constitué le maintien du régime parlementaire pendant la guerre), notamment à cause des pratiques autoritaires de Clemenceau. Dans les années 1920, l'inaptitude du Parlement à maîtriser la situation financière et le rôle « providentiel » joué par Poincaré ont alimenté l'antiparlementarisme dans de larges couches de la population. L'année 1926, qui vit s'affronter Édouard Herriot, Aristide Briand, Joseph Caillaux et Raymond Poincaré sur la question des pleins pouvoirs, marqua une étape essentielle sur la voie qui mena au 6 février 1934. Voir Serge Berstein, *Le 6 février 1934*, Paris, Gallimard/Julliard, 1975, 258 p. Voir aussi, de Maurice Chavardes, *Le 6 février 1934, la République en danger*, Paris, Calmann-Lévy, 1966, 359 p.

242 Pour les journalistes du *Canard*, deux « bandes » sévissaient en France : celle de Chautemps (radical) et celle de Tardieu (républicain de gauche, en fait homme de droite, un « gangster ») : « Chaque bande a ses ministres, ses députés, ses magistrats, ses hommes de main. [...] Lorsque Chautemps mène la danse, on dit que c'est la politique de gauche. Lorsque Tardieu conduit le bal, on appelle ça la politique des honnêtes gens. Et lorsque les deux bandes s'unissent un moment, c'est l'Union nationale. » (Pierre Bénard dans *Le Canard enchaîné*, 9 mai 1934, p. 1.)

243 Sur les rapport entre presse et monde des affaires et, particulièrement, sur la vénalité du journalisme financier entre les deux guerres, voir Jean-Noël Jeanneney dans *La Revue française de sciences politiques*, vol. XXV, n° 4, août 1975, p. 717-738, article repris et complété dans *L'Argent caché. Milieux d'affaires et pouvoirs politiques dans la France du XXe siècle* Paris, Fayard, 1981, 363 p.

244 Ainsi cet écho paru dans la « Mare » le 31 janvier 1934 : « Il semble que ce petit homme [Chiappe] qui se croit appelé à de hautes destinées, nourrisse des idées ambitieuses. Se faire, par exemple, le général Monk de quelque roi restauré.

Mieux encore, peut-être. [...] Il y eut aussi, partie des postes de police, l'idée de ce fameux triumvirat : Tardieu-Chiappe-Weygand. »

245 « [...] Dans un sentiment de générosité impulsive qu'il vous est permis de croire inconsidéré, j'ai pris la défense d'un homme que j'estimais injustement sacrifié. [...] Vous pouviez me dire que je devenais pour votre journal un collaborateur indésirable. Vous avez préféré me discréditer publiquement par des rapprochements injurieux. » (Georges de la Fouchardière dans *Le Canard enchaîné*, 14 février 1934, p. 1.)

246 « Dans un de ses « Hors-d'œuvre » [dans le journal *L'Œuvre*], la Fouch'avait attaqué un certain système de bulletins verts que les automobilistes devaient présenter aux portes de la ville et déclaré qu'il refuserait de se soumettre à cette formalité. Or, repéré en faute par les flics à la sortie de Paris, l'écrivain avait été solidement passé à tabac. Ramené chez lui moulu, à peine s'était-il mis au lit que le préfet de police en personne se faisait annoncer et venait présenter au père du Bouif les excuses de sa police. Ce grand naïf de La Fouchardière trouva le geste admirable et de ce jour témoigna au préfet une admiration sans borne ! » (Jean Galtier-Boissière, *op. cit.*, p. 306.)

247 Un rédacteur anonyme du *Canard enchaîné* rappelait encore, dans le numéro du 7 février 1934, toute la valeur de la Fouchardière : « On ne dira jamais assez, toute camaraderie mise à part, que cet homme est sans conteste le plus grand journaliste de ce temps. Depuis le premier numéro de ce journal (juin 1916) [*sic*] Georges de la Fouchardière n'a jamais cessé de nous donner, sans défaillance ni concession, à travers tant d'événements extraordinaires, le magnifique exemple de son indépendance. Nous profitons de l'occasion [un article de la revue *Toute l'édition* consacré au journaliste] pour le lui dire ici, entre nous tous, comme nous le pensons. »

248 Rapport des Renseignements généraux de la préfecture de police 1929 modifié 1932 (Archives nationales F7 13981).

249 Henri Monier, *op. cit.*, p. 95. Voir également la description qu'en donne Henri Jeanson : « L'œil brillant, le visage enfoui dans le buisson d'une barbe sauvage, le cou pris dans un col dur qu'entourait une cravate à pois, une voix de fausset, La Fouchardière était à la ville un triste joyeux luron, qui feignait d'être drôle en se livrant à de lamentables plaisanteries de potache. Un idiot. Il tirait les cordons de sonnette, changeait dans les hôtels les souliers de porte. [...] Mais à peine saisissait-il son porte-plume qu'il avait tout à coup du génie, génie de l'invention, génie de la polémique. Et quel style : direct, vif, preste, acéré, cabriolant !... Il entama et mena à bien de grandes discussions métaphysiques avec de savants docteurs [et] pour n'avoir pas été prof de philo à Henri IV comme Alain, n'en forma pas moins plusieurs générations de philosophes. [...] On constatera que La Fouchardière est un écrivain classique bien qu'anticlérical et athée. » (*Op.*

cit., p. 120-121). Enfin, André Billy, qui le côtoya à *L'Œuvre* : « Un drôle de bonhomme que ce personnage hirsute et fuyant qui, pour beaucoup d'esprits forts de chefs-lieux de canton, représenta pendant des années la grande tradition voltairienne ! » (*Op. cit.*, p. 14).

---

250 Ni Doumergue, ni Flandin, ni Laval, qui se succédèrent au pouvoir de février 1934 à mai 1936, ne trouvèrent grâce aux yeux des journalistes du *Canard enchaîné*. Selon eux, le premier n'était qu'un « politicien jovialement madré » qui dilapida par son incompétence le capital de sympathie que lui avaient attiré sa bonne humeur et son éloignement de la chose politique ; le deuxième, grand bourgeois, représentant typique de la droite égoïste et belliciste, avait eu le tort supplémentaire de s'attacher les services de Mandel, détesté du *Canard* ; le troisième, désastreux ministre des Affaires étrangères sous Flandin, continua ses méfaits en tant que président du Conseil, isola la France, aggrava la crise économique ; c'était enfin, concluait le *Canard*, un personnage louche manipulé par les grands intérêts.

---

251 L'organisation de la Solidarité française fut créée en 1933 par le parfumeur Coty. Jean Renaud l'organisa sur le modèle nazi. Ses adhérents étaient en majorité issus du monde de la boutique mais elle recruta aussi des éléments maghrébins qui la firent surnommer la « sidilarité française » par ses détracteurs. C'est systématiquement sous cet angle que l'attaqua le *Canard*, imaginant par exemple une déclaration à Jeanne d'Arc qui commençait ainsi : « Fatma Jeanne d'Arc, inspirée par Allah et équipée par Abdel Coty, bouta hors de France li députés cartellistes... » (*Le Canard enchaîné* 16 mai 1934, p. 3).

---

252 Eugen Weber a rappelé la puissance de *L'Action française* dans l'immédiat après-guerre et les années 1920 et l'autorité dont jouissait alors Léon Daudet. (*L'Action française*, 1962, trad. française, Fayard, 1985, 665 p.) Dans le *Canard*, Daudet était toujours attablé ou en fuite, Maurras en train de jouer avec un couteau (allusion aux menaces qu'il avait proférées en juin 1925 et qui lui valurent une condamnation opportunément réduite puis suspendue en 1927) et répondant à côté à cause de sa surdité, les deux *leaders* d'extrême droite annonçant à tout propos une souscription en faveur de *L'Action française* perpétuellement déficitaire. Leurs démêlés avec le pape ou le prétendant firent également les choux gras du *Canard*.

---

253 *Le Canard enchaîné*, 24 juillet 1935, p. 3. De manière plus frustre, Alexandre Breffort traita le colonel de « gangster, va-de-la-gueule et pourri » dans une « Lettre ouverte » parue dans le *Canard* du 15 septembre 1936.

---

254 Ce qu'a contesté Jacques Nobécourt dans *Le Colonel de la Rocque (1885-1946) ou les pièges du nationalisme chrétien*, Paris, Fayard, 1996, 1193 p. Pour Nobécourt, La Rocque était avant tout un « légaliste » – ce qui n'en fait pas un républicain, ajouterons-nous.

255 Pierre Bénard représenta Doriot en bourgeois assagi qui raconte aux dames de la haute ses frasques de jeunesse, Rivet le fit chanter sur l'air du *Temps des cerises* (« J'aimerai toujours le temps des traîtrises, c'est de ce temps-là que Chiappe et Bouisson m'ont pris en tutelle ! »), Tréno l'imagina en cycliste, une croix gammée sur le dossard, Effel dessina Doriot donnant à ses militants ses instructions pour l'uniforme : « Vous n'aurez qu'à garder vos vieilles chemises et les porter retournées. » Pendant l'été 1938, les journalistes du *Canard enchaîné* et des chansonniers de leurs amis animèrent sur le poste parisien une émission intitulée « Le quart d'heure du *Canard enchaîné* » ; lors de la première, le 17 juin, les auditeurs purent entendre deux enregistrements de Jacques Doriot, l'un procommuniste, l'autre pro-PPF.

256 Voir d'Henri Béraud, *Les Raisons d'un silence* (Paris, Inter-France, 1944, 69 p.), où l'écrivain explique notamment les raisons de son engagement de 1934 pour lequel il dut « renoncer à bien des joies, rompre de chères amitiés » ; pour l'essentiel, il s'agissait d'en finir au plus vite avec un « régime en pleine crevaison qui annonçait la guerre et le désastre ». Pour Jean-Galtier Boissière, qui entretint avec Henri Béraud des liens d'amitié jusqu'à cette date, ce dernier évolua de l'extrême gauche à l'extrême droite sans nettement s'en rendre compte, en suivant la pente de ses intérêts : issu de la plèbe, il en vint à s'identifier au grand monde dont son talent avait su forcer les portes. (Voir l'article de Jean-Galtier Boissière sur Henri Béraud, titré « L'obèse mondain » dans *Le Canard enchaîné*, 13 janvier 1937 et celui paru dans *Le Crapouillot* de janvier 1959, réédité en guise de préface au *Martyr de l'Obèse*, édition Albin Michel, 1986.)

257 Ainsi en janvier 1935, le Front organisa à la Maison des artistes de Bruxelles une exposition rassemblant « le mouvement littéraire de gauche dans le monde » ; Cabrol, Ferjac, Monier, Pedro, Varé y apportèrent leur concours.

258 Rédacteur à *L'Humanité*. Voir l'extrait de sa conférence cité par le numéro-anniversaire de 1986 : « Le Canard enchaîné a toujours constitué – j'ajoute sans crainte : et constituera toujours – le « Front populaire » de la satire et de la bonne humeur. [...] Il faudra retenir ceci : qu'un journal indépendant, et ne publiant aucune ligne de publicité, peut vivre à cause même de son honnêteté. »

259 La manifestation du 14 juillet 1936, qui rassembla des millions de personnes à Paris et en province, était organisée dans la capitale en deux cortèges. La délégation du *Canard* trouva place dans le cinquième groupe du premier cortège, le groupe dit des « organisations culturelles et antifascistes », entre l'Aviation populaire l'Aile tendue et la Ligue des Bleus de Normandie. Le rassemblement se fit rue de Rivoli, à hauteur des stations de métro Louvre et Pont-Neuf. Le cortège emprunta l'itinéraire suivant : rue de Rivoli, rue Saint-Antoine, place de la Bastille, rue de Lyon, avenue Daumesnil, boulevard Diderot, place de la Nation. (Archives de la préfecture de police, BA 1862.)

260 En un sens, dès la journée de grève générale et de manifestation du 12 février 1934 ; plus nettement à partir du pacte d'unité d'action signé le 27 juillet 1934 entre le parti socialiste et le parti communiste.

261 Rappelons qu'elles furent mises sur pied par le Comité d'organisation du rassemblement populaire au sein duquel on trouvait les partis communiste, socialiste, radical, néosocialiste, la Ligue des droits de l'homme, le Comité Amsterdam-Pleyel, le Comité de vigilance antifasciste, l'Action combattante, la Fédération nationale des combattants républicains, la CGT et la CGTU.

262 Que d'autres lui reconnaissaient également. En témoigne cet extrait d'un prospectus distribué par le journal catholique humoristique *Sel* : « Et Jacques Debout opposait le rire qui délivre à celui qui empoisonne. Or ce rire qui empoisonne existe bien. Il est offert avec esprit, avec talent, avec toutes les ressources du journalisme vivant, et il tire à plus de 100 000 exemplaires dans un hebdomadaire comme *Le Canard enchaîné*. Si l'on voulait étudier de près la part des divers journaux qui ont fait le triomphe des socialistes et des communistes, il faudrait marquer une large place au *Canard enchaîné*, qui est lu dans toutes les classes de la société, et qui fait rire l'étudiant aussi bien que l'ouvrier. Il suffisait d'entendre, l'autre soir, les plaisanteries qui, dans la foule des boulevards, accueillaient les noms des candidats élus ou battus pour reconnaître et mesurer d'un coup la grosse influence de ce petit journal. » (*Le Canard enchaîné*, 20 mai 1936, p. 2.)

263 Comme le thème du « mur de l'argent », celui des « deux cents familles » connut un beau succès autour de 1936. Son apparition date du Second Empire, époque de grand essor industriel, commercial et bancaire de la France. Francis Delaisi, dans *La Démocratie et les financiers* (1910), lui donna ses traits définitifs. Dans les années 1930, il devint un argument électoral. Édouard Daladier dénonça au congrès radical de 1934 les « deux cents familles qui tiennent les rênes de l'économie française et en fait de la vie politique française ». Le chiffre faisait référence aux deux cents plus gros actionnaires de la Banque de France qui, selon les statuts de la Banque établis par Napoléon, pouvaient seuls assister à l'assemblée générale et contrôlaient donc l'un des principaux instruments de la politique économique du pays. En fait, comme l'a souligné Théodore Zeldin, l'oligarchie financière de la France comptait bien plus de deux cents personnes ; le thème, devenu slogan politique, avait pour principale utilité de frapper les imaginations populaires en désignant un adversaire aisément identifiable. (Théodore Zeldin, *Histoire des passions françaises 1848-1945* (1973) tome 1, « Ambition et amour », Paris, Recherches, 1978, p. 71-76.)

264 Ainsi en août 1936 la création de l'association Ciné-liberté sur le modèle de Radio-liberté qu'avait fondée Paul Vaillant-Couturier. Lancée dans l'enthousiasme des premières semaines du Front populaire et déclinant avec lui, l'association était une coopérative de techniciens, d'ouvriers, d'artistes dont l'ambition principale était de produire les films populaires, révolutionnaires et indépendants dont les temps nouveaux avaient besoin. L'essentiel de son activité consista cependant en séances de ciné-club prolongées par des conférences et des débats dans lesquels Henri Jeanson intervint fréquemment. Pour plus de détails, voir Pascal Ory, *La Belle Illusion, culture et politique sous le signe du Front populaire 1935-1938*, Paris, Plon, 1994, p. 439-447.

---

265 On trouvera d'autres indices de l'« engagement Front populaire » du *Canard enchaîné* dans le soutien de la jeunesse étudiante de gauche : le *Canard* du 4 novembre 1936 signalait que des étudiants de gauche des classes de rhétorique supérieure avaient fondé des clubs des Amis du *Canard enchaîné* pour contrer leurs adversaires de droite groupés dans des « Clubs nationaux ». Un Cercle Coin-Coin fut fondé en décembre à Louis-le-Grand, un groupe des Amis du *Canard* se créa dans un lycée bordelais à la même époque. En janvier 1937, la section de Paris de la LAURS organisa avec le concours des Amis du *Canard enchaîné* des lycées Louis-le-Grand et Henri IV une conférence d'Henri Jeanson sur la « presse satirique » au Centre de propagande de la jeunesse, dans le cinquième arrondissement de Paris.

---

266 Ce projet explorait les deux voies de la moralisation de la presse. L'une, économique, imposait la constitution des entreprises d'édition de journaux sous la seule forme qui permette le contrôle de l'opinion, la société anonyme, et rendait transparente la comptabilité des entreprises de presse ; l'autre, plus proprement juridique, renforçait la répression des fausses nouvelles, y compris celles qui étaient « de nature » à troubler l'ordre public, et correctionnalisait le délit de diffamation envers les fonctionnaires et les autres hommes publics en prévoyant des dommages-intérêts au civil. Où l'on voit que le changement de majorité avait opéré un complet renversement des positions, chez Léon Blum (qui, en janvier 1934, avait réaffirmé la compétence du jury comme « élément de la liberté de la presse ») comme au sein du *Canard enchaîné*, qui acceptait alors ce qu'il avait toujours refusé. (Pour plus de détails, voir Fernand Terrou dans l'*Histoire générale de la presse française*, tome 3 *1871-1940*, Paris, PUF, 1972, p. 33-50. Voir également Thomas Ferenczi, *Ils l'ont tué ! L'affaire Salengro*, Paris, Plon, 1995, 248 p.)

---

267 Edouard Daladier ne bénéficia d'aucun état de grâce du côté du *Canard enchaîné* : l'opinion publique pouvait bien lui reconnaître une autorité naturelle, Maurice Maréchal se souvenait que, en 1934, le *leader* radical avait démissionné sous la pression des ligues ; son gouvernement était, aux yeux des journalistes du *Canard*, un ramassis de réactionnaires, sa politique économique et sociale renversait à coups de décrets-lois ce qui restait des avancées du Front populaire. Il n'y avait finalement que sa politique étrangère qui, parce qu'elle cherchait à éviter une guerre avec l'Allemagne, convenait au *Canard* ; encore n'était-elle pas inspirée par un sain pacifisme mais par la volonté de gagner du temps ; la menace hitlérienne permettant au surplus de justifier la politique droitière menée au mépris des engagements de mai 1936.

268 Voir également Pierre Scize : « Il était une fois deux pays voisins, où commandaient en maîtres une belle collection de canailles… Et dans ces pays, de braves couillons pas bien malins et très crédules… » (*Le Canard enchaîné*, 22 septembre 1926, p. 1-2.)

269 À la fin de l'année 1918, *Le Crapouillot* et *Le Canard enchaîne* accusèrent le sidérurgiste français de Wendel d'avoir obtenu du Grand Quartier Général qu'il allège le bombardement du bassin de Briey-Longwy – tombé aux mains des Allemands – afin d'épargner les usines qui s'y trouvaient. Selon la presse de gauche qui s'empara de l'affaire, le résultat de cette abstention fut de permettre 1) aux Allemands d'utiliser ces usines pour fabriquer les armes qui tuèrent des soldats français ; 2) au sidérurgiste de récupérer son bien sitôt la paix revenue pour reprendre ses activités mortifères. La dimension exceptionnelle de cette affaire tenait aussi à la personnalité de François de Wendel, député, grand industriel, régent de la Banque de France, chef du Comité des Forges et l'un des principaux distributeurs de fonds patronaux à la presse, un symbole de ce que la gauche appellera les « deux cents familles ». Une commission d'enquête parlementaire fut créée en février 1919, mais elle ne permit pas d'établir des faits que nièrent toujours les porte-paroles de la famille de Wendel. La polémique rebondit dans les années 1930, quand *Le Crapouillot*, *Le Canard enchaîné* – c'est-à-dire, dans les deux cas, Jean Galtier-Boissière – et *L'Humanité* firent état de lettres prouvant la démarche entreprise par l'industriel ; mais les historiens qui étudièrent cette question par la suite – en particulier Jean-Noël Jeanneney, dans sa thèse sur François de Wendel (*François de Wendel en République. L'argent et le pouvoir 1914-1940*, Paris, Seuil, 1976), dans l'impossibilité de retrouver ces documents, conclurent à leur inexistence. Ce n'est qu'en 1981 qu'une archiviste du Service historique de l'armée de l'air, Simone Pesquies-Courbier, apporta la preuve de la protection dont avaient bénéficié les usines de Briey. *Le Canard enchaîné* se fit alors une joie d'apporter à sa vieille campagne de presse la confirmation qui lui manquait. (Voir l'article de Simone Pesquies-Courbier, « Les sidérurgistes de l'Est et la politique de bombardement d'usines en 1914-1918 », *Revue d'histoire moderne et contemporaine*, 1981, n° 4, p. 54-73.)

270 La vénération des hommes de paix était un trait commun de la gauche après la Première Guerre mondiale ; le président Wilson ou Jean Jaurès en bénéficièrent. Rappelons que le transfert des cendres de ce dernier sera la première décision prise par le Cartel des gauches en 1924. Le culte de Jaurès fut particulièrement ardent et durable au *Canard enchaîné*. « De tous les tribuns d'alors, Jean Jaurès, seul, avait compris que cette horreur d'un peuple pour un autre n'était fondée sur rien de bien sérieux, et seul il désirait qu'un vent de vérité balayât le brouillard de mensonges. C'est pour cela qu'on l'a tué. Et c'est pour cela que notre cœur doit rester fidèle à cet homme : pour qu'il se sente moins seul au Panthéon qu'il ne le fût au Croissant, le soir de son assassinat. » Cette solitude et cette pureté, d'autres avant Pierre Châtelain-Tailhade, qui écrivait ces lignes en 1964, les avaient, dans *Le Canard enchaîné*, admirées, racontées, exaltées. Pendant la guerre, le journal soutint l'action de la Société des Amis de Jaurès qui organisa des soirées commémoratives et des matinées littéraires et artistiques à l'occasion de l'anniversaire de la mort du grand homme.

---

271 En 1912, deux jeunes nationalistes, Henri Massis et Alfred de Tarde, avaient publié dans *L'Opinion* une étude sur la jeunesse française sous la signature d'Agathon (Plon édita cette étude en volume l'année suivante). Fondée avant tout sur les réponses de la jeunesse dorée et instruite de Paris, elle concluait à l'« ardent patriotisme » de cette génération qui allait être décimée sur les champs de bataille de la Première Guerre.

---

272 Voir aussi l'accueil favorable réservé en juillet 1931 au livre de René Gérin, *Comment fut provoquée la guerre de 1914*, « réquisitoire précis et irréfutable contre les responsables de la stupide boucherie de 1914. Quoi qu'en pense M. Herriot, ajoutait le journaliste du *Canard*, il s'en trouve aussi de ce côté-ci du Rhin ».

---

273 C'est le sens de la conclusion d'un article du 15 juin 1921 : « Le but suprême de la dernière guerre a été la suppression radicale et définitive du militarisme. Ce but est aujourd'hui atteint. Voilà pourquoi nous devons continuellement augmenter et perfectionner notre matériel aérien et naval. » ; comme de cet entrefilet en « une » du 18 février 1925 : « Le budget militaire pour l'année 1925 se monte à 5 milliards 200 millions. On se demande à quelle somme on en serait : 1) Si nous n'avions pas eu la victoire ; 2) si la guerre de 1914-18 n'avait pas été la dernière des guerres. »

---

274 La ligne Maginot, selon Pierre Scize, était nuisible parce qu'elle était une occasion supplémentaire de fabriquer des canons et qu'elle alimentait la défiance des Allemands ; elle était aussi inutile en raison du développement de nouvelles armes, notamment l'aviation. (Voir son article dans *Le Canard enchaîné* du 20 novembre 1929.)

---

275 Pierre Scize fait en 1930 l'éloge de « cette revue *Europe* où les libres esprits d'un continent se donnent rendez-vous. *Europe* où Bloch, Vildrac, Durtain, Duhamel maintiennent une atmosphère admirable ; *Europe* qui publia, lors du dixième anniversaire de la guerre la fameuse renonciation à la force de l'auteur de Salavin… » (*Le Canard enchaîné*, 12 mars 1930. p. 1-2.)

---

276 Pour plus de détails sur le mouvement et la revue, voir notamment Jean-Jacques Becker, « La revue *Clarté* », dans Olivier Barrot et Pascal Ory, *Entre-deux-guerres. La création française 1919-1939*, Paris, F. Bourin, 1990, p. 59-76 ; Nicole Racine, « Une revue d'intellectuels communistes dans les années vingt : *Clarté* (1921-1928) », *Revue française de science politique*, n° 3, juin 1967.

---

277 Ainsi son scepticisme devant l'initiative prise par la revue *Europe* d'une pétition hostile à la loi Paul Boncour de 1927 sur l'organisation de la défense nationale (un paragraphe de l'article IV était particulièrement visé, qui prévoyait la « mobilisation nationale dans l'ordre intellectuel »); le journal constate que les intellectuels se montrent peu empressés de la signer; il est vrai qu'ils passeront la prochaine guerre à l'arrière, ajoute le *Canard* pour expliquer ce désintérêt. Ce scepticisme s'expliquait conjoncturellement par le souvenir des défaillances de 1914, structurellement par un anti-intellectualisme qui n'était lui-même que la manifestation d'une hostilité plus large à l'encontre des élites.

---

278 Il était en outre titulaire de la Médaille militaire et de la Croix de guerre (Archives nationales F7 13981).

---

279 Ce que Pierre Scize reprochait aux anciens combattants « classiques », « c'était de n'avoir pas été dégoûté du métier des armes et du patriotisme en action par l'expérience qu'ils en avaient fait. C'était d'avoir vu l'inutile horreur de la guerre et de ne pas la proclamer. C'était d'avoir vu mourir leurs camarades et de propager sur cette mort des mensonges. C'était enfin de monnayer ces mensonges, de les mettre au service des partis intéressés à éterniser le martyre des hommes et de recevoir d'eux la récompense de leur action ». (Pierre Scize dans *Le Canard enchaîné*, 4 février 1931, p. 2.)

---

280 Par exemple, en avril 1931, la Ligue fit le coup de poing contre les Camelots du roi venus perturber à l'Ambigu une pièce ayant pour thème l'affaire Dreyfus.

---

281 « L'objection de conscience est un refus préalable de se soumettre au service militaire. La désertion est un abandon de poste par des militaires en service. L'insoumission est un refus d'exécuter l'ordre de route, à sa réception. » Maurice Vaïsse dans le *Dictionnaire historique de la vie politique française au XXe siècle* sous la direction de Jean-François Sirinelli, Paris, PUF, 1995, 1 067 p. Sur l'objection de conscience, voir Pierre Sablière, *L'Objection de conscience en France depuis la Deuxième Guerre mondiale*, Mémoire multigraphié, Institut d'études politiques, Paris, 1963. Voir également Michel Auvray, *Objecteurs, insoumis, déserteurs, histoire des réfractaires en France*, Paris, Stock, 1983, 433 p.

---

282 Correspondance Pierre Châtelain-Tailhade – Jean-Paul Lacroix. (Archives du *Canard enchaîné*.)

---

283 Citons encore Henri-René Abrial en 1928, les déserteurs belges Marcel Dieu et Léo Campion en 1933, l'objecteur Henri Ferjasse la même année. Ce dernier devait devenir un collaborateur intermittent du *Canard enchaîné*.

---

284 Il avait déjà, en 1926, rendu sa Légion d'honneur quand celle-ci avait été retirée à Georges Demartial (ce dernier, haut fonctionnaire, avait publié dans une revue anglaise un article sur « Les responsabilités de la France dans la guerre mondiale ».) Voir les portraits de René Gérin et Georges Demartial (et de Félicien

Challaye) dans Jean-François Sirinelli, *Génération intellectuelle, khâgneux et normaliens dans l'entre-deux-guerres*, Paris, Fayard, 1988, p. 444-462.

285 Notamment en appelant à assister aux meetings de soutien organisés en juin 1935 au palais de la Mutualité, au cours desquels prirent la parole Félicien Challaye, Paul Rivet, César Campinchi, Paul Langevin, Henri Jeanson, etc.

286 Sa cause était liée à celle de René Gérin puisque c'est dans le cadre de la campagne de renvoi des fascicules de mobilisation, organisée par l'association fondée par Georges Leretour – la Ligue des objecteurs de conscience – que René Gérin renvoya le sien.

287 Devant ses accusateurs, il invoqua le traité Briand/Kellog de 1928 et un argument qui connut un beau succès au tournant des années 1930 : puisque la guerre était désormais hors-la-loi, les objecteurs ne devaient plus être poursuivis.

288 Georges Leretour obtint d'être réformé pour « inaptitude psychologique » en février 1933. Il fit encore parler de lui à la fin de cette année, non seulement par la publication de son livre mais encore en mutilant une statue de Paul Déroulède, le poète-patriote de la fin du XIXe siècle. Il n'est pas exclu qu'il se soit livré là à une manœuvre purement publicitaire ; le dossier des Renseignements généraux sur Pierre Châtelain-Tailhade indique que « certains propagandistes de l'objection de conscience considéraient Georges Leretour comme un agent provocateur. » (Dossier n° 38869 de la direction centrale des Renseignements généraux.)

289 Discours d'Artistide Briand du 10 septembre 1926, prononcé à l'occasion de l'entrée de l'Allemagne à la SDN patronée par la France.

290 Voir le numéro daté du 16 mars 1932 où André Dahl commente le testament désabusé de Briand (« Je me suis battu pour rien ») et où Pierre Scize ne veut pas s'avouer vaincu : « Oui, cette même semaine où les chauvins de France croient avoir, avec Aristide Briand, enfoui la paix sous six pieds de terre, deux œuvres sont nées [un film et une pièce de théâtre tirés des *Croix de bois* de Roland Dorgelès] qui prouvent que la lutte continue et que, survivant aux hommes, l'esprit pacifiste, la Colombe de l'Arche, s'élève encore dans le ciel menacé. »

291 Victor Sneil avait rencontré Mussolini en Suisse, dans les années 1900, quand ce dernier était encore un militant socialiste pourchassé par la police de son pays. Le journaliste a toujours prétendu avoir prêté à Mussolini un peu d'argent qui ne lui avait jamais été rendu. De là l'invariable réponse faite dans le *Canard* à chacune des revendications territoriales de Mussolini : « Et mes dix balles ? »

292 L'élection d'Eugène Schneider à l'Académie des Sciences morales et politiques en 1934 déclencha une vive réaction au *Canard enchaîné* où l'abaissement des institutions et des autorités devant l'argent parut une nouvelle fois démontré; la nature des activités du patron du Creusot constituait une circonstance aggravante.

293 « Je n'ai pas trouvé *La Grande Illusion* un film tellement antiguerrier. Ils sont tous des braves gens, ces soldats, tous des héros, avec des sentiments extrêmement nobles. Je n'ai pas vu dans *La Grande Illusion* la haine de la guerre. *On lui donna un fusil*, voilà un beau film, courageux et véritablement pacifiste, antiguerrier. » (*Le Canard enchaîné*, 12 janvier 1938, p. 4.)

294 Voir Patrick de Villepin, « Plutôt la servitude que la guerre ! Le pacifisme intégral dans les années trente », dans *Relations internationales* n° 53, printemps 1988, p. 53-67. Norman Ingram parle quant à lui d'un « pacifisme nouveau style » ou d'un « pacifisme radical », par exemple dans sa contribution à l'ouvrage dirigé par Maurice Vaïsse, *Le Pacifisme en Europe des années 1920 aux années 1950*, Actes du colloque de Reims du 3 au 5 décembre 1992, Bruxelles, Bruylant, 1993, p. 17-42. Cet auteur souligne que le pacifisme intégral existait, dans les faits sinon dans la langue, avant 1930 mais que la fin des années 1920 vit l'organisation de mouvements prônant cette doctrine, « l'union dans un mouvement de grande envergure avec ses propres idées, leaders et journaux ».

295 Le sous-titre de la revue : « Revue mensuelle des questions intéressant l'apaisement international et le rapprochement des peuples » dit assez son projet ; elle entendait dénoncer les responsabilités françaises dans la guerre, à rebours d'une opinion qui ne voulait connaître que les responsabilités allemandes.

296 Ce congrès dû à l'initiative de Romain Rolland et Henri Barbusse se réunit à Amsterdam en août 1932 puis à Paris, salle Pleyel, en juin 1933. Les communistes en prirent le contrôle, le transformant en manifestation antifasciste ; les pacifistes intégraux restèrent par la suite à l'écart des « comités Amsterdam-Pleyel ».

297 *Le Canard enchaîné*, 11 et 18 janvier 1933, p. 1. Pierre Scize reprochait à Maurice Maréchal, outre sa décision, la brutalité avec laquelle il l'avait prise et appliquée ; le journaliste découvrit en ouvrant le numéro du 4 janvier que son article avait été supprimé. Selon Maurice Maréchal, la surprise avait plutôt été du côté de la rédaction du *Canard*, quand elle avait découvert dans la presse la photographie du nouveau décoré ; le directeur avait alors attendu la lettre de démission de son collaborateur : à la place était arrivé son article, comme si de rien n'était.

298 Exactement par le décret du 21 août 1925, sur le rapport du ministre de l'Intérieur et en qualité de « journaliste à Paris ». Pour les lettres, voir les archives du *Canard enchaîné*.

299 Entretien du 5 juin 1995.

300 Jean Galtier-Boissière, *Mon Journal dans la drôle de paix*, Paris, La Jeune Parque, 1947, p. 190-191.

301 La position de fermeté à l'égard de l'Allemagne hitlérienne adoptée par le scientifique en 1933 fut très mal perçue par une partie de la gauche pacifiste. Une lettre de Georges Leretour montre bien ce divorce en même temps qu'elle synthétise les conceptions du pacifisme intégral : « Tous nous vous aimions, nous vous admirions : vous étiez pour nous en même temps que le sommet de la Science contemporaine la personnification de la Conscience humaine. Et voilà que, parce qu'un misérable histrion, instrument des marchands de canons internationaux, se permet [...] de jouer au César au petit pied, vous vous découvrez une patrie : la démocratie ; une civilisation : l'envers de celle prônée par l'histrion, à sauvegarder au prix du meurtre organisé et prémédité de millions d'êtres humains. Ah ! ça Monsieur, même au cas où la patrie et la démocratie seraient réellement en danger, valent-elles mieux que la vie humaine ? Et est-ce qu'en croyant sauver de cette manière ces entités, vous ne les sacrifierez pas plus sûrement ? Car je tiens de vous que la guerre est précisément la barbarie, c'est-à-dire la négation de ce que vous voulez sauver ! D'ailleurs, Monsieur, le pitre que vous vilipendez et contre qui vous voudriez nous dresser les armes à la main n'est-il pas le fils de nos « démocraties civilisées » qui lui ont donné vie en réduisant le peuple allemand à la misère, ce qui l'obligeait à chercher une issue qui fut justement celle que vous regrettez ? Enfin, avant de combattre l'effet qui s'appelle l'hitlérisme, la logique veut que l'on combatte la cause qui est le nationalisme et ce qui s'abrite derrière : la sidérurgie. Car tout est ordonné : Hitler n'est que l'instrument indispensable des maîtres du monde qui sauvent, par la guerre, leur hégémonie périodiquement menacée. Lorsque les véritables pacifistes refuseront la guerre contre Hitler, ils ne le favoriseront pas mais ils démoliront sûrement leurs maîtres communs : les puissances d'argent. Tout le reste, Droit, Civilisation, Démocraties menacées, etc., ne sont que les pavillons trompeurs recouvrant une honteuse marchandise que les capitalistes veulent écouler : la guerre ! » *Soldat, jamais !* (1933, éd. par l'auteur)

302 À noter qu'Henri Jeanson et Jean Galtier-Boissière participaient aux jeudis de *La Patrie humaine*, rencontres-débats sur le modèle de celles qui se pratiquaient beaucoup à gauche à cette époque.

303 Normalien, agrégé de philosophie, disciple de Jaurès, Félicien Challaye milita à la Ligue internationale des combattants de la paix ainsi qu'à la Ligue des droits de l'homme. Son refus de toute guerre, « quelle que soit son apparence », rallia à lui tous les pacifistes intégraux. Voir *Pour la paix sans aucune réserve*. Le Vésinet, chez l'auteur, 1932 (repris dans *La Paix sans aucune réserve*, thèse de Félicien Challaye, suivie d'une discussion entre Théodore Ruyssen, Félicien Challaye, Georges Canguilhem et Jean Le-Mataf, et des textes de Bertrand Russell et d'Alain sur la vraie et la folle Résistance, « Documents des *Libres propos* » cahier n° 1, Nîmes, 1932, 70 p. À noter que, dans le texte de Challaye, c'est seulement la

« guerre entre peuples » qui est prohibée, non la violence par elle-même. Voir son portrait dans Jean-François Sirinelli, *Génération intellectuelle, khâgneux et normaliens dans l'entre-deux-guerres* Paris, Fayard, 1988, p. 453-460.

---

304 Il est frappant de constater la convergence de vues entre le SNI et *Le Canard enchaîné*, notamment sur le pacifisme (le *Canard* prenant d'ailleurs à plusieurs reprises la défense des instituteurs menacés par leur hiérarchie ou par des groupes de pression en raison de leurs prises de position) : la guerre comme mal moral, lié au capitalisme, la grandeur d'un pays définie avant tout par ses œuvres spirituelles, l'internationalisme. (Voir André Bianconi, *L'Idéologie du Syndicat national des instituteurs de 1920 à 1939*, Presses de l'Institut politique de Toulouse, 1975, 254 p.)

---

305 La Ligue fut fondée par Victor Méric (décidément homme clef du pacifisme intégral) en 1926 : il en était le secrétaire général, Georges Pioch le président, Romain Rolland le président d'honneur. Pierre Scize, Henri Jeanson en furent membres, Georges de la Fouchardière écrivit dans *Barrage*, qui fut l'organe officiel de la Ligue à partir de 1934. Au cours des soirées organisées par la Ligue, souvent à la salle de la Mutualité, des vedettes de la chanson succédaient à des orateurs issus du monde intellectuel, syndical et politique. (Voir le dossier très complet aux Archives de la préfecture de police BA 1777.)

---

306 Voir l'analyse que donnent de cette période Norman Ingram, *The Politics of Dissent, Pacifism in France 1919-1939*, Oxford, Clarendon Press, 1991, 366 p. ; Maurice Vaïsse, « Le Pacifisme français dans les années trente » dans *Relations internationales* n° 53, printemps 1988, p. 37-52. Voir également Pierre-Marc Renaudeau, « La Tentation pacifiste, de la France des années 30 à l'Allemagne des années 80 » dans *Le Débat* n° 32, 1984, p. 73-91 ; Julie Simonet, « Les Idéologies pacifistes en France au XXe siècle » dans *Regards sur l'actualité*, La Documentation française, n° 170, avril 1991, p. 11-34 ; et Nicolas Offenstadt et Philippe Olivera, « L'Engagement pour la paix dans la France de l'entre-deux-guerres : un ou des pacifismes ? » dans *Matériaux* n° 30, janvier-mars 1993, p. 53-56.

---

307 Où l'on retrouve la vieille idée de gauche – reforgée à neuf dans l'enfer de la Première Guerre – de la légitimité de la guerre civile (plus exactement, de la guerre sociale, de la guerre de classe) par opposition à l'illégitimité de la guerre nationale. Dans une guerre sociale, au moins, on sait pourquoi on se bat. Encore que, dans le cas espagnol, cette idée d'une guerre civile n'ait été qu'à moitié assumée par les journalistes du *Canard* : dans de nombreux papiers et dessins, ils prétendaient au contraire montrer que les troupes des soi-disants « nationalistes » ne se composaient que de Marocains, d'Allemands et d'Italiens. (Voir, par exemple, le dessin de Monier pour la mort du général franquiste Mola, paru en « une » du numéro daté du 9 juin 1937.) La coloration anarchiste et socialiste du pacifisme du *Canard enchaîné* ne permet donc pas de le rattacher au mouvement de la non-violence : la violence est parfois nécessaire et légitime contre les ennemis de la liberté, du progrès social ou de la paix. La volte-face de Pierre Scize, pacifiste prêt à une guerre pour défendre la Révolution soviétique au milieu des années 1930, s'explique en partie de cette manière.

---

308 Ce point de vue fut développé dans l'article intitulé, précisément, « Évitons le piège sentimental ». Écrit en réponse à un article de Pierre Bénard paru la semaine précédente, ses premières lignes attestaient des divergences d'analyse au sein de l'équipe du journal : « Chacun au *Canard* a licence d'avoir son opinion personnelle sur la question. Voici la mienne, qui n'engage que moi. » Dans la suite de l'article, Jean Galtier-Boissière posait la seule question qui valait : « À tout militant français qui presse Blum de renier sa signature, il importe de demander s'il est prêt personnellement à tirer cinq ans de tranchées pour le triomphe de tel ou tel régime dans un pays étranger. Tout est là. » (*Le Canard enchaîné*, 16 septembre 1936, p. 1-2). Par ailleurs, l'analyse de la guerre d'Espagne par Jean Galtier-Boissière péchait par un excès de confiance dans les capacités des républicains espagnols à gagner la guerre et sur les buts poursuivis par les dictatures : selon lui, l'Allemagne et l'Italie cherchaient avant tout des satisfactions économiques en s'engageant dans le conflit espagnol ; si on accordait à ces deux pays ce qu'ils demandaient, ils abandonneraient la cause nationaliste.

---

309 *Le Canard enchaîné*, 21 juillet 1937, p. 2. La querelle avec *Le Populaire* fut particulièrement sévère en raison de la proximité, voire de la confusion, de leurs lectorats. Notamment, les appels lancés au Syndicat national des instituteurs (SNI) et à l'École libératrice témoignent de l'enjeu constitué par les instituteurs.

---

310 Jean Galtier-Boissière, *Mémoires d'un Parisien*, Paris, La Table ronde, 1960, tome 2, p. 310.

---

311 Il n'est pas indifférent de relever, au sein de cette organisation, les noms de Jean Galtier-Boissière, Léon Emery, Félicien Challaye, Georges Pioch. Ils étaient représentatifs de ces pacifistes intégraux qu'a étudiés Patrick de Villepin, « individualistes, affranchis des disciplines de parti, volontiers critiques à l'égard de la SFIO ou du parti communiste, dont plusieurs d'entre eux ont été exclus dès 1922-1923 » (*op. cit.*, p. 54).

---

312 La réponse du *Canard enchaîné* est intéressante : « [...] nous ne voulons pas plus d'une guerre avec l'Allemagne qu'avec la Russie, nous ne voulons d'aucune guerre. Nous n'appartenons pas au parti communiste, même aujourd'hui où il s'est débarrassé de M. Jacques Doriot. Nous n'avons pas connu et nous ne connaissons pas davantage maintenant le chemin de l'ambassade de Russie. [...] Mais nous n'aimons pas les traîtres et les renégats. [...] Nous préférons M. Maurice Thorez à M. Jacques Doriot. C'est tout. » (*Le Canard enchaîné*, 8 juillet 1936, p. 2.)

---

313 Celle d'octobre fut moins goûtée, en raison du « lâchage » des Russes qui la suivit : le pacifisme du *Canard enchaîné* trouvait ici ses limites.

314 Pierre Scize dans *Le Canard enchaîné*, 12 février 1930, p. 2. Georges de la Fouchardière, pour sa part, renvoya dos à dos russes blancs et russes rouges, « également emm... ». Ralph Schor a rappelé les principaux points de cette affaire jamais éclaircie : le général Koutiepov, qui présidait l'Union des anciens soldats russes à l'étranger, fut enlevé dans une rue de Paris le 26 janvier 1930. Ni lui ni ses ravisseurs ne furent jamais retrouvés. La droite dénonça les crimes perpétrés par la police politique de l'URSS jusque sur le sol français, les communistes crièrent au complot ourdi par les Anglais, la gauche non communiste resta prudente en l'absence de preuves décisives (Voir *l'Opinion française et les étrangers en France 1919-1939*, Paris, Publications de la Sorbonne, 1985, p. 482-483.)

315 Pierre Scize, dans un article de 1928, semblait déjà prendre congé de son ami : « Par instants, il portait sur ce monde qu'il veut détruire et rebâtir un regard ferme, tout assuré dans ses certitudes qui ne sont point les miennes. Il respirait l'air de la liberté. Son crime, qui est le mien, qui est celui de tous ceux qui, tenant une plume, ne la veulent pas serve de la violence : avoir outragé l'assassin de Matteoti, ne le rendait ni vain ni modeste. Il me parla de l'armée rouge, de la discipline rouge, de l'ordre rouge. À travers notre conversation, je voyais se dresser le communisme comme une vaste cage en ciment armé. Et il disait : "Vous y viendrez". Et je répondais : "Ça m'étonnerait !" » (*Le Canard enchaîné*, 11 janvier 1928, p. 1-2.)

316 Pierre Monnier, polémiste issu de la droite maurrassienne et ancien de *Combat* (la revue d'extrême droite parue dans les années 1936-1940), écrivait dans ses Mémoires : « Le cas du *Canard enchaîné* est des plus pittoresques. Ce vieux clabaudeur sarcastique, tour à tour caustique et donneur de leçons, quelquefois drôle, souvent moralisant, un peu flicard, et toujours redresseur de torts, n'avait pas toujours dans les années 1930 le derrière très propre. Il stalinisait d'une voix doucereuse. C'est un rédacteur de *L'Humanité*, Claude Martial, qui était chargé d'y faire la police. Tout homme libre, pourvu d'esprit critique et imperméable aux pressions, était éliminé sans bavure... » (Pierre Monnier, *À l'ombre des grandes têtes molles*, Paris, La Table ronde, 1987, p. 215.)

317 Ce qui est loin d'être établi : son dossier de police, transmis par les Renseignements généraux de la préfecture de police, est muet sur ses convictions politiques. C'est pourtant un chapitre sur lequel ce genre de dossier est habituellement loquace, même au prix d'un mensonge. (Renseignements généraux, dossier n° 297244.)

318 Pierre Bénard rapprocha en juin 1937 Staline de Mussolini et de Hitler, tous dictateurs aux méthodes expéditives ; André Guérin parla en décembre des élections truquées en URSS, le pacte germano-soviétique de mai 1939 scellait l'accord entre deux dictatures bellicistes, quoi qu'en dît la direction communiste.

319 Entretien du 28 janvier 1994.

320 Jean-Paul Cointet a insisté sur l'importance de l'anticommunisme qui « induisait les attitudes politiques au-delà des divisions gauche-droite » à la veille de la Seconde Guerre mondiale. (Dans René Rémond et Jeannine Bourdin [dir.], *Édouard Daladier, chef de gouvernement*, Première partie des Actes du colloque des 4-6 décembre 1975 à la Fondation nationale des sciences politiques Paris, PFNSP, 1977, p. 245-260.)

321 Ce n'est d'ailleurs pas Maurice Maréchal qui fut à l'origine de l'échoppage réalisé sur l'article de Jean Galtier-Boissière : celui-ci apprit par la suite que c'était Jules Rivet qui avait pris cette initiative, pensant rendre service à son directeur.

322 En 1925, un anonyme du *Canard* écrivait ces lignes prémonitoires : « Nul n'ignore en effet que l'Allemagne veut reconquérir le couloir de Dantzig. Sous prétexte qu'on le lui a pris, elle aspire à le reprendre. Et elle espère aussi récupérer la Haute-Silésie ! Or il n'est pas un Français qui ne se sente attaché par les fibres les plus polonaises de son être ! Toucher à la Silésie, c'est attenter à nos sentiments intimes les plus traditionnels et les plus sacrés. La situation est bien claire : si l'Allemagne touche à la Pologne, nous lui tombons sur le poil. Et ainsi serait reprise l'œuvre interrompue par l'armistice prématuré qui est encore dans toutes les mémoires. » (11 mars 1925, p. 1.)

323 Voir l'analyse des premiers sondages d'opinion français, réalisés par Gallup en 1938-1939, par Christel Peyreffite dans René Rémond et Jeannine Bourdin, *op. cit.*, p. 270-272. Voir aussi, pour ces années 1938-1940 Jean-Louis Crémieux-Brilhac, *Les Français de l'an 40*, Paris, Gallimard, 1990, 2 tomes (1. *La Guerre oui ou non ?*, 2. *Ouvriers et soldats*).

324 Les services centraux s'étaient installés à l'hôtel parisien Continental, rue de Rivoli, des sections extérieures furent mises en place dans les principales villes de province. La censure se faisait sur les morasses des journaux et en deux temps : les censeurs signalaient les articles litigieux, les réviseurs confirmaient ou non. Pour plus de détails sur la censure en 1939-1940, voir Jean-Louis Crémieux-Brilhac, *op. cit.*, p. 313-331 ; *Histoire générale de la presse française*, tome 3, 1871-1940, Paris, 1972, p. 616-622 ; R. Cardinne-Petit, *Les Soirées du Continental. Ce que j'ai vu à la censure en 1939-1940*, Paris, J. Renard, 1942, 266 p.

325 On ne dispose malheureusement pas des registres d'échoppages, à la différence du *Canard* de la Première Guerre. En revanche, on peut consulter les morasses du journal conservées à la BDIC, cote mfm 758 1-5. L'avantage est que l'on peut voir sur pièce le travail des censeurs ; mais le déchiffrement est rendu très pénible, parfois impossible, par les biffures et les coups de tampon portés sur les articles.

326 La Grande Maison du Blanc était un grand magasin parisien.

327 Louis Lecoin était un anarchiste engagé dans le combat pacifiste depuis la Première Guerre, qu'il avait en partie passée en prison. Il se signala également dans la lutte pour la reconnaissance légale de l'objection de conscience. A *SIA* (pour : Solidarité internationale antifasciste) collaboraient, en plus d'Henri Jeanson, Félicien Challaye, Marceau Pivert, Georges Pioch, Sébastien Faure, Marcelle Capy. L'hebdomadaire trilingue était la tribune de l'organisation du même nom, lancée en décembre 1936 par élargissement du Comité pour l'Espagne libre ; « mouvement à bases multiples », « entreprise de solidarité humaine », la Solidarité internationale antifasciste était en outre ouvriériste, révolutionnaire et antistalinienne. (Voir David Berry, « Solidarité internationale antifasciste : les anarchistes français et la guerre civile d'Espagne » dans Sylvie Caucanas et Jean Sagnes (dir.), *Les Français et la guerre d'Espagne*, Actes du colloque de Perpignan, 28-30 septembre 1989, Université de Perpignan, 1990, p. 73-88.)

328 Henri Jeanson écrivait le 8 août 1939, dans une lettre ouverte à Daladier : « Sans doute assimile-t-on ma modeste personne à une partie du territoire et entend-on m'empêcher de soustraire ma silhouette de soldat de 2e classe aux prochaines corvées de tranchées ou aux caprices de l'adjudant de semaine. Mille regrets, mon Daladier ! Cette partie du territoire qu'est mon corps imparfait, je n'en puis disposer à votre guise. Ma mère me l'a donné en dépôt. Je le lui conserverai jusqu'à mon dernier souffle. Mon corps est à moi. Propriété privée. Attention, chiens méchants ! Avec ou sans dix-huit mois de prison, je ne me ferai pas assassiner pour vos conseils d'administration, par les conseils d'administration des amis de vos amis, non plus que pour les amis des amis des conseils d'administration des amis de vos amis. [...] » (Cité par Jean-Louis Crémieux-Brilhac, *op. cit.* p. 61.)

329 Ce tract, rédigé par Louis Lecoin et Nicolas Faucier, fut donné à signer à des intellectuels et syndicalistes pacifistes puis distribué aussi largement que possible. « Malgré tout l'effort des pacifistes sincères, le sang coule... Le prix de la paix ne sera jamais aussi ruineux que le prix de la guerre... Réclamons la paix ! Exigeons la paix ! ». La plupart des signataires se récusèrent par la suite, affirmant que leur bonne foi avait été abusée. Mais Louis Lecoin, Félicien Challaye et Henri Poulaille furent emprisonnés.

330 Henri Jeanson fut condamné à cinq ans d'emprisonnement et à 3 000 francs d'amende.

331 Les « Feuilles » étaient rédigées par André Guérin, capitaine dans l'infanterie. La plus ancienne mention du terme « bidasse » que nous ayons relevée date de 1913 : *Avec Bidasse* était le titre d'une chanson de comique troupier, interprétée par Bach sur un texte de Louis Bousquet et une musique d'Henry Mailfait (« Avec l'ami Bidasse / On n'se quitte jamais / Attendu qu'on est / Tous deux natifs d'Arras / Chef-lieu du Pas-de-Calais »). D'autres membres de la rédaction se trouvaient alors sous les drapeaux : Ferjac dans l'artillerie à Meudon, Salardenne sur une base aérienne, Effel était maréchal des logis, Grove agent cycliste préposé à la circulation routière du côté de la Roche-Guyon. Ils retrouvaient les « Parisiens » à l'occasion de leurs permissions. (Détails fournis par Henri Monier, *op. cit.*, p. 183.)

---

332 Du moins est-ce ainsi que nous interprétons la sauvegarde des documents datant de 1939-1940. Pour le reste, nous sommes réduit à des conjectures : les archives furent-elles pillées, détruites, dispersées ? Le cas d'un journal très proche du *Canard enchaîné, Le Crapouillot*, peut éclairer notre lanterne : rentré à Paris fin août ou début septembre 1940, Jean Galtier-Boissière apprit de sa concierge que les Allemands étaient venus perquisitionner les bureaux du journal, avaient tout bouleversé et emporté des papiers, une collection de timbres et même plusieurs années de *L'Assiette au beurre* ! (Jean Galtier-Boissière, *Mémoires d'un Parisien*, tome 3, 1960, p. 43.) On peut raisonnablement penser que les Allemands firent de même dans les locaux du *Canard enchaîné*. Qu'advint-il de ces archives après la défaite allemande ? On sait que nombre d'archives volées se retrouvèrent alors à Moscou – mais nous n'avons pas retrouvé trace de celles du *Canard* dans l'inventaire des archives françaises de l'ex-URSS. Il est également possible que Maurice Maréchal ait lui-même détruit ses archives avant de prendre la route en direction du Sud.

---

333 Henri Monier, grâce à son livre de souvenirs *À bâtons rompus*, est l'un des seuls de l'équipe dont on puisse reconstituer l'itinéraire en cet été 1940, même si les dates font souvent défaut : soldat à Autun, il s'empare avec quelques camarades d'un camion d'essence pour fuir l'avance allemande et gagne Montpellier vers le 17 ou le 18 juillet. Il passe ensuite un mois à Narbonne avant d'être définitivement démobilisé. Après un séjour à Clermont-Ferrand, à l'occasion duquel il retrouve quelques-uns de ses copains du *Canard*, et un autre séjour à Angoulême, auprès de son frère, il regagne Paris, probablement à l'automne 1940.

---

334 180 000 réfugiés pour moins de 100 000 habitants. (M. Audouin, *Clermont-Ferrand sous l'Occupation*, Rennes, Ouest-France, 1985, p. 36.)

---

335 Voir Maurice Mandon, *Une plume contre Vichy. Jean Rochon et le journal* La Montagne *sous l'Occupation*, Institut d'Études du Massif central, Université de Clermont-II, 1996, 196 p.

---

336 Jean Rochon était né à Clermont-Ferrand dans une famille modeste. Ses bonnes dispositions scolaires lui permirent de poursuivre ses études jusqu'au baccalauréat puis d'obtenir une licence de droit. Il commença sa carrière de journaliste au *Moniteur* avant d'entrer à *La Montagne*. Maurice Felut était lui aussi issu d'un milieu modeste ; entré tout jeune à *La Montagne*, il y avait fait rapidement carrière. Comme Rochon, Felut était un homme de gauche aux idées tranchées ; il était radical, anticlérical en même temps qu'un bon vivant, appréciant la vie, la table, et le rire, selon le souvenir que gardait de lui Robert Soulé, qui le côtoya à *France-Soir*. (*Lazareff et ses hommes*, Paris, Grasset, 1992, p. 199.)

337 Voir, pour « Libération-Sud », la thèse de Laurent Douzou, *Le Mouvement de résistance Libération-Sud*, soutenue à Paris-I en 1993 et publiée sous le titre *La Désobéissance. Histoire du mouvement Libération-Sud*, Paris, Odile Jacob, 1995, 480 p. Pour « Défense de la France », voir la thèse d'Olivier Wieviorka, *Destin d'un mouvement de résistance : Défense de la France*, soutenue à Paris-I en 1992, publiée sous le titre *Une certaine idée de la Résistance. Défense de la France 1940-1949*, Paris, Seuil, 1995, 487 p.

338 Louis Parrot, *L'Intelligence en guerre* (1945), rééd. Castor Astral, 1996, p. 196.

339 Jean Moulin avisa Londres en avril 1942 de la création du Bureau d'information et de presse. Georges Bidault quitta la rédaction en chef de *Combat* pour diriger ce nouveau service. André Sauger était son informateur à Vichy. Le Bureau rédigeait *Le Bulletin de la France combattante* à destination de la presse clandestine. (Claude Bellanger, *Presse clandestine 1940-1944*, Paris, Armand Colin Kiosque, 1961, 264 p.)

340 Entretien avec Robert Salmon le 5 avril 1995.

341 Voir Olivier Wieviorka, *op. cit.*, p. 357-360.

342 Henri Jeanson lui aurait dit à cette époque de faire attention à son style, qui allait finir par le « faire repérer ». En mars 1944, Pierre Bénard faisait de l'officier allemand placé à la tête du Bureau de presse, le docteur Eich, le directeur effectif de tous les journaux qui paraissaient alors « librement » à Paris ; les journalistes et directeurs français n'étaient que des fantoches et des traîtres. Dans le numéro suivant, Pierre Bénard s'en prenait à Sacha Guitry qui avait tout sacrifié à son intérêt personnel. En juillet 1944 enfin, il participait au dernier numéro clandestin des *Lettres françaises* dont une page était consacrée à « La presse d'hier et de demain. » (*Lettres françaises*, BDIC mfm 145/14.)

343 Louis Parrot, *op. cit.*, p. 197.

344 Henri Amoretti, *Lyon capitale 1940-1944*, Paris, France-Empire, 1964, p. 80.

345 Anecdote rapportée par le fils d'Ernest Raynaud, Marcel. Ce dernier citait comme exemple d'« allusion » un éditorial rédigé par son père dans lequel le zona était décrit comme une infection envahissante dont on ne parvenait pas à se libérer. (Entretien du 18 novembre 1995.)

346 Pascal Ory, *Les Collaborateurs 1940-1945*, Paris, Seuil, 1976, 331 p. Christian Delporte, *op. cit.*, p. 661-825.

347 Frédéric Delanglade, *Quarante portraits d'humoristes*, Paris, Éditions Centres, s.d., 129 p., cité par Christian Delporte, *op. cit.*, p. 691.

348 D'après Solo, Pruvost fut quand même incarcéré pendant quatre mois à Fresnes pour une caricature jugée injurieuse par les Allemands. (*Dico Solo 5 000 dessinateurs de presse et quelques supports en France de Daumier à nos jours*, Paris, Solo-Saint-Martin et Groupe Té.Arte, 1996.)

349 Christian Delporte, *op. cit.*, p. 692.

350 Le passage consacré à son ancien compagnon de *L'Œuvre* et du *Canard* finit par ces mots : « M. André Guérin a été sans doute, pendant les quelques jours où il a combattu, un vaillant capitaine de chasseurs à pied. Depuis, il a été à *L'Œuvre*, dès son retour de captivité en 1941, un des sergents recruteurs de la Relève. Il s'est lui-même dégradé » (*op. cit.*).

351 « Ceux de la Résistance » : mouvement de résistance créé par Jacques Lecomte-Boinet et Pascal Arrighi au début de 1942 sur les ruines du mouvement « Combat Zone-Nord », en grande partie démantelé à la suite d'une trahison.

352 L'auteur du rapport ajoute que : « En 1943, sous l'impulsion donnée au journal par Marcel Déat, M. Guérin, qui semblait ne pas partager ses opinions, a modifié son attitude et, bien que désigné pour représenter son journal aux conférences de presse, il y envoyait un de ses collaborateurs pour ne pas se compromettre. Dès le mois de janvier 44, il a pris ostensiblement une position hostile à l'armée allemande. Le 18 avril suivant, il a refusé d'accepter les conditions nouvelles imposées par les Allemands pour l'exercice du métier de journaliste (le lieutenant Rich, attaché à la *Propagandastaffel*, avait demandé aux directeur et rédacteur en chef de lui faire connaître le nom de leurs collaborateurs qui manifestaient des sentiments germanophobes) et les autorités occupantes lui interdirent l'exercice de sa profession. Il aurait en outre pris part à la bataille de Normandie en août 44, [et aurait] été mobilisé comme capitaine-interprète au service militaire des Chemins de fer de Caen jusqu'à la fin des hostilités. » Rapport de juillet 1958, Direction centrale des RG.

353 Le dessinateur tenta maladroitement de se justifier en arguant de la date – « à cette époque, en tant qu'ancien combattant, il m'était permis de croire à la sincérité des paroles du maréchal Pétain » – et de sa volonté initiale de vendre la brochure, qui avait pourtant été « distribuée gratuitement au public, prenant ainsi une forme de propagande [qu'il] ne lui avait pas destinée. » (Voir Raoul Guérin, *op. cit.*, p. 102, et Christian Delporte, *op. cit.*, p. 697.) Rappelons que Raoul Guérin avait quitté le *Canard enchaîné* au milieu des années 1920.

354 Henri Jeanson, *op. cit.*, p. 54. Jeanson fait sans doute allusion à Robert Desnos, qui était son bras droit à *Aujourd'hui* et qui fut déporté en 1944. À noter que Jeanson engagea Bécan malgré l'ordonnance sur les juifs de septembre 1940. Pour le reste des noms brillants qui composaient l'équipe des rédacteurs – Pierre

Mac Orlan, Léon Paul-Fargue, Marcel Aymé, Marcel Carné, Georges Auric, Jean Anouilh, Jean Galtier-Boissière –, on ne peut dire qu'ils vécurent une guerre et une occupation dangereuse ou héroïque ni même particulièrement pénible. Voir la justification de Jean Galtier-Boissière : « J'ai d'abord hésité à collaborer mais il est tentant d'essayer de monter un journal libre en face de l'ignominie du *Matin* et d'autres feuilles soumises aux Allemands. Je serai d'ailleurs en bonne compagnie [...]. Le premier article que j'envoie est entièrement refusé par la censure. Je prends alors le parti d'écrire des articles de critique littéraire tout à fait anodins, en particulier sur des livres oubliés » (*op. cit.* tome 3, p. 48). Et celle de Raoul Guérin : « Jeanson me promet qu'on va rigoler... Je ne sais pas si on « rigolera » vraiment mais je suis sûr qu'avec lui comme rédacteur en chef, *Aujourd'hui* ne sera pas à plat ventre comme certains autres journaux et j'accepte d'y collaborer. [...] Il fallait vivre et les dessins que je donnais étaient sur les ennuis des pauvres citoyens français » (*op. cit.*, p. 89). Jean Malaquais, dans son *Journal de guerre* (Paris, Phébus, 1997, p. 233) note le 5 août 1940 la proposition que lui a faite Henri Jeanson de travailler à *Aujourd'hui.* « Le comique est qu'il m'offre d'écrire pour son canard « en toute liberté », et ce quand le dernier des chroniqueurs aux chiens écrasés est tenu à produire certificat de baptême et photos de sa binette ». Jeanson « refuse de voir que les nazis et leur meute le laisseront faire tout juste le temps que s'accrédite la fiction d'une tolérance », écrit-il encore.

355 Jean Quéval, *Première page, cinquième colonne,* Paris, Fayard, 1945, p. 83.

356 Henri Jeanson jugeait M. Déat responsable du raidissement des autorités occupantes à son égard ; le directeur de *L'Œuvre* n'aurait pas apprécié les critiques dont il faisait régulièrement l'objet dans *Aujourd'hui.* C'est Georges Suarez qui prit sa succession à la tête du quotidien qui devint, du coup, beaucoup moins anticonformiste.

357 Le cas d'*Aujourd'hui* en évoque un autre, celui de *Rouge et Bleu,* paru du 1er novembre 1941 à fin août 1942. André Guérin en fut le gérant, Henri Monier et Maurice Henry y publièrent des dessins. Sous la direction de Charles Spinasse, ancien ministre socialiste du Front populaire, *Le Rouge et le Bleu* développa la thématique de la gauche collaborationniste, anticonformiste sur le plan culturel, hostile à l'antisémitisme et aux collaborateurs de droite, « prônant la collaboration dans l'égalité des droits avec un vainqueur socialiste et non impérialiste ». (Pascal Ory, *op. cit.*, p. 138.)

358 Selon le rapport des Renseignements généraux qui le concerne, il redevint professeur de mathématiques au collège Turgot de 1940 à 1943 et à l'école primaire supérieure Lavoisier à partir du 1er octobre 1944. Il fut arrêté le 10 décembre 1943 à son domicile par les autorités allemandes et incarcéré à Fresnes pour une durée que nous ignorons.

359 François de Brinon, journaliste diplomatique dans les années 1930, dirigeant du Comité France-Allemagne, « délégué général du gouvernement français pour les territoires occupés » à partir de décembre 1940.

---

360 Voir Dominique Veillon, *Le Franc-Tireur. Un journal clandestin, un mouvement de résistance 1940-1944*, Flammarion 1977, p. 329.

---

361 Jean Dutourd, *Les Taxis de la Marne*, Paris, Gallimard, 1956 (éd. de poche, 1973, p. 52-53).

---

362 *Le Canard enchaîné*, 5 septembre 1956, p. 4. Il est vrai que Marc Bloch désignait aussi dans son livre, parmi les responsables de la défaite, l'« idéologie pacifiste et internationaliste » dont le *Canard* avait été l'un des foyers les plus actifs. (Marc Bloch, *l'Étrange défaite*, Paris, rééd. Gallimard, 1990, p. 173 et suiv.)

---

363 Jean-Louis Crémieux-Brilhac parle de « l'imprégnation pacifiste et de la religion de la paix » pour caractériser le climat moral de l'entre-deux-guerres, *op. cit.*, p. 84-98.

---

364 Les journaux non politiques et n'ayant publié aucune propagande collaborationniste étaient autorisés à reparaître. Pour les autres publications, les suspensions seraient levées si leurs propriétaires ou directeurs n'étaient pas traduits en justice dans les six mois qui suivraient l'ordonnance (en fait, la lenteur de la justice obligea à renouveler plusieurs fois ce délai) ou si la décision de justice les innocentait des accusations de collaboration portées contre eux. Voir sur ces questions et, plus généralement, sur l'épuration de la presse française : Peter Novick, *L'Épuration française 1944-1949*, Paris, Seuil, 1991, 364 p. (1re édition : Balland 1985) ; Herbert Lottman, *L'Épuration 1943-1953*, Paris, Fayard, 1986, 532 p. ; les articles de Christian Delporte (« L'Épuration des journalistes : polémiques, mythes et réalités ») et de Marc Martin (« La reconstruction de l'appareil d'information en France à la Libération ») dans *Matériaux pour l'histoire de notre temps*, n° 39/40, juillet-décembre 1995. Toujours de Christian Delporte, voir « La trahison du clerc ordinaire. L'épuration professionnelle des journalistes 1944-1948 » dans *La Revue historique*, n° 592, oct.-déc. 1994, et la quatrième partie de sa thèse, *Dessinateurs de presse et dessin politique en France des années 20 à la Libération*, Thèse pour le doctorat d'histoire sous la direction de M. René Rémond, Institut d'Etudes politiques, 1991, 4 vol.

---

365 Puisqu'il se révéla parfois impossible de déterminer les responsabilités des individus, il fut décidé que le journal lui-même pouvait être déclaré « coupable » de collaboration. Si tel était le cas, les sociétés de presse devaient être dissoutes et leurs propriétés confisquées.

---

366 Les bureaux du *Canard* étaient situés à l'angle de la rue des Petits-Pères et de la rue de la Feuillade, à deux pas de la place des Victoires. Le personnel se répartissait sur deux étages exigus et mal découpés. À l'entresol, on trouvait le bureau des dessinateurs, ceux de Tréno, Sauger et du secrétariat ; la salle de rédaction occupait l'angle. Au second, les archives voisinaient le bureau de Jeanne Maréchal et le service des abonnements. Ce local appartient toujours au journal, qui y stocke ses vieux papiers.

367 Archives nationales F41 1133.

368 Après la mort de Maurice Maréchal, le 15 février 1942, une déclaration de notoriété fut enregistrée auprès de Me Louis Ferrand, notaire à Paris (datée du 1er mai 1942). Auguste Nardy, journaliste, et Marcel Royer, secrétaire, attestèrent que Maurice Maréchal n'avait laissé aucun ascendant ni descendant, « par conséquent aucun héritier ayant droit à une réserve légale dans sa succession et que par suite, la donation que Monsieur Maréchal avait faite à son épouse de la pleine propriété de l'universalité des biens et droits mobiliers et immobiliers composant sa succession [...] [pouvait] recevoir pleine et entière exécution ».

369 Voir la déclaration au tribunal de commerce du 1er septembre 1944. Registre du commerce de la Seine, n° 58 B 9332.

370 En application de l'article 6 de l'ordonnance du 26 août 1944, les statuts prévoient que « la cession des actions ne pourra s'effectuer, même au profit d'une personne déjà actionnaire, qu'avec l'agrément du conseil d'administration » et que celui-ci « outre le droit absolu qu'il a de refuser le transfert, aura la faculté de faire exercer un droit de préemption sur les actions dont le transfert sera demandé ». (Statuts de la Société anonyme, « Les Éditions Maurice Maréchal – Le Canard enchaîné ». Archives du *Canard enchaîné*.)

371 Procès-verbal de l'assemblée générale constitutive de la société anonyme « Les Éditions Maurice Maréchal – Le Canard enchaîné » du 5 avril 1946. Archives du *Canard enchaîné*.

372 Jean Galtier-Boissière (sans doute renseigné par Jeanson), *Mon journal dans la grande pagaïe*, Paris, La Jeune Parque, 1951, p. 37.

373 Il signa d'abord sous son vrai nom, Ernest Raynaud. Puis se contenta d'un « R. Tréno », qui le fit faussement appeler Robert Tréno (par exemple dans le dossier constitué sur lui par la Direction centrale des Renseignements généraux) et enfin signa « Tréno ». Il semble qu'il ait voulu se distinguer d'un autre Ernest Raynaud, journaliste ou commissaire de police assez connu durant l'entre-deux-guerres. Il y eut aussi un Ernest Raynaud militant d'extrême gauche au début du siècle.

374 En 1918, Ernest Raynaud était secrétaire des Jeunesses socialistes du sixième arrondissement de Lyon et passa ses premiers papiers dans le journal de la section : *L'Avenir social*. En 1922, alors qu'il effectuait son service militaire, il attaqua le ministre de la Guerre, André Maginot, dans le journal belfortin *Germinal* fondé par René Naegelen. Sa signature n'ayant pas été cachée, il comparut devant le Conseil de guerre, fit de la prison et fut envoyé en régiment disciplinaire à Auch. L'ironie du sort voulut qu'il rencontra à cette occasion des paysans qui étaient sympathisants socialistes et qui lui firent découvrir les grands textes de la tradition, à commencer par ceux de Karl Marx. En 1923, il devint secrétaire de rédaction de *L'Avant-Garde*, journal des Jeunesses communistes, et entra en 1924 – pour peu de temps – à *L'Humanité*.

---

375 De leur vrai nom : Jacques Laplaine, Marcel Magrum et César Garcia.

---

376 D'où l'amusant quiproquo qu'Yvan Audouard relate dans son livre de souvenirs et qu'il nous a rappelé lors de l'entretien qu'il nous a accordé : Tréno lui demanda s'il ne connaissait pas ce Fontvieille – « Oui, lui répondit Audouard, je vais te le chercher ». Après un détour par le fameux bar situé au septième étage de l'immeuble où logeait *Franc-Tireur*, Audouard revint seul « – Tu ne l'as pas trouvé ? – Si. François Fontvieille, c'est moi. » (Yvan Audouard, *Cinquante ans d'impertinence*, Paris, Le Pré aux clercs, p. 235. Entretien du 4 mars 1994.)

---

377 Entretien du 27 juillet 1996.

---

378 Tréno, Audouard, Macé, Sauger, Martial à *Libération* ; les mêmes sans Martial mais avec Fressoz à *Franc-Tireur* ; Danger, Felut, Rochon, Grosrichard, Bénard à *Défense de la France* ; Audouard et Lebesque à *Carrefour* ; Martial et Sauger à *La Marseillaise*. *Action* et *Le Parisien libéré* accueillirent plutôt les dessinateurs du *Canard*.

---

379 Selon son fils, Marcel Raynaud, c'est Tréno qui dirigeait effectivement la rédaction de *Franc-Tireur*, Georges Altman étant souvent en voyage. L'osmose entre les deux journaux était telle que les conférences de rédaction du *Canard* se tenaient souvent dans les locaux de *Franc-Tireur*. Tréno quitta *Franc-Tireur* pour se consacrer pleinement au *Canard enchaîné* ; les querelles incessantes au sein de la rédaction ont pu également jouer dans ce départ. Quelques années plus tard, le quotidien était racheté par Cino Del Duca, roi de la presse du cœur, qui le transforma en *Paris-Journal* puis *Paris-Jour* ; Tréno déplora la disparition du « dernier quotidien d'opinion honnête et sans parti » et la victoire du « journalisme-fric ».

---

380 Jusqu'aux années 1960, la quasi-totalité des journalistes qui travaillaient au *Canard enchaîné* collaboraient à d'autres journaux ; on ne trouvait plus guère le type, fréquent dans l'entre-deux-guerres, du journaliste-fonctionnaire ou homme de lettres, mais les collaborations multiples étaient vitales en raison de la faiblesse des rémunérations. Dans le cas du *Canard enchaîné*, cette nécessité était rendue d'autant plus impérieuse par le caractère hebdomadaire du journal et la crise des ventes qui le frappa dès 1946-1947.

381 Jean Egen, *Messieurs du Canard*, Paris, Stock, 1973, p. 190. Roger Fressoz, ancien directeur du *Canard enchaîné*, estime quant à lui que seul Claude Martial *alias* Martial Bourgeon fit preuve, au *Canard*, d'une véritable volonté épuratrice (entretien du 5 juin 1995).

382 Le caractère hâtif, presque irrégulier, de certains procès à sensation, en particulier celui de Pierre Laval, fit beaucoup pour refroidir l'ardeur épuratrice des journalistes du *Canard*. Si ces derniers continuèrent à ironiser sur la prétention des anciens collaborateurs à bénéficier d'une justice impartiale, ils ne purent que constater le caractère biaisé des débats. Laval et Pétain « bénéficièrent » de l'attention soutenue des journalistes du *Canard*, principalement dans la deuxième moitié de l'année 1944 et à l'occasion de leur procès. (Voir Christian Delporte, « Les traîtres dans le dessin du *Canard enchaîné* 1944-1945 » dans *Dessinateurs…*, *op. cit.*, p. 871.) Par la suite, le *Canard* ne revint jamais sur le jugement sévère qu'il avait lui-même prononcé à l'encontre des deux responsables de l'État français (ainsi encore à la mort de Pétain, en juillet 1951 : « Pour ce vieux militaire, la défaite fut avant tout une occasion à « profiter de suite ». Une occasion pour étrangler la gueuse et installer un bon petit régime cléricalo-fasciste à la Franco. Et c'est pour cette raison qu'aujourd'hui tant de gens sont pleins d'indulgence pour Pétain. »)

383 Pierre Bénard écrivit par exemple, à la « une » du numéro daté du 20 septembre 1944 : « Des gens tout à fait bien répètent : « Parmi ces arrestations, il y en a qu'on ne comprend pas. » Ils ont peut-être raison. Mais ces gens tout à fait bien avec les Allemands avant de l'être avec les Américains ont-ils jamais protesté pendant les quatre ans écoulés ? On a envie de leur dire : – Quand la Gestapo torturait ses victimes, quand on arrachait les ongles aux innocents dans l'intention de les faire avouer, quand s'allongeait chaque jour la liste des martyrs, vous n'éprouviez pas alors le besoin de vous émouvoir ? »

384 Ainsi lorsque André Boutemy, directeur des Renseignements généraux en 1942, ancien préfet, devenu sénateur de Seine-et-Marne sous la Quatrième République et homme de confiance du patronat français, entra en janvier 1953 dans le gouvernement René Mayer.

385 René Gérin, ancien capitaine et objecteur de conscience, avait été condamné en juillet 1945 par la cour de justice de la Seine à huit ans de travaux forcés pour avoir rédigé le feuilleton littéraire de *L'Œuvre* durant l'Occupation. La peine fut ramenée à cinq ans en février 1946 à la suite d'un recours en grâce formé par Gérin. Pour Pierre Bénard, cet « hurluberlu aux yeux de bœuf pensif relevait davantage de la rigolade que de la cour de justice » et, s'il fallait admettre que l'épuration fut impitoyable, du moins devait-elle l'être pour tout le monde. Or Gérin avait été lourdement condamné pour ses articles alors que « les directeurs, les administrateurs, les rédacteurs en chef [avaient] regagné leurs douillettes propriétés » (*Le Canard enchaîné*, 11 juillet 1946, p. 1-2). Le rédacteur en chef du *Canard enchaîné* intervint en sa faveur auprès du garde des Sceaux, comme le prouvent une lettre du juge chargé de l'instruction du dossier au rédacteur en chef du *Canard enchaîné*, datée du 11 février 1946, et une lettre de Georges Pioch, ami de Gérin et de Bénard, adressée à ce dernier. Le 17 octobre, Pierre Bénard écrivait au garde des Sceaux pour le remercier de son action : dix jours auparavant, René Gérin avait été gracié. (Archives du *Canard enchaîné*.)

---

386 À noter que, sur le moment, *Le Canard enchaîné* partagea avec la quasi-totalité de l'opinion publique française la cécité sur la persécution des juifs de France, même s'il fit mention des camps de concentration à plusieurs reprises, notamment à l'occasion de la sortie de livres de témoignages (voir en août 1948 et janvier 1949 à propos des livres de David Rousset, *Les Jours de notre mort*, et de Louis Martin-Chauffier, *L'Homme et la bête*).

---

387 Pierre Bénard, « Propos pour nos lecteurs » dans *Le Canard enchaîné* du 6 septembre 1944.

---

388 cf. *supra* p. 207.

---

389 Quand il décéda, en 1988, *Le Canard enchaîné* lui rendit un dernier hommage : « Il anima brillamment la page des « mares ». [...] André Guérin était l'un des rares survivants qui avaient connu le fondateur, Maurice Maréchal. » (*Le Canard enchaîné*, 17 août 1988.)

---

390 « Bien que sa prose fût assez anodine, Rivet se vit épurer pour cinq ans et le *Canard* mit en pénitence son feutre à bords plats, sa lavallière noire et ses pantalons demi-houzard de photographe d'art 1900. « Jules » ne pouvait vivre que sous l'aile protectrice de son bien-aimé caneton. L'ostracisme de cette intransigeante volatile l'a tué. » (Jean Galtier-Boissière, *Mon journal dans la drôle de paix*, Paris, La Jeune Parque, 1947, p. 137.)

---

391 cf. *supra*. Les adversaires de Jeanson ne manquèrent pas de rappeler son faux pas au lendemain de la guerre, en janvier 1945, Robert Buron dans *Carrefour* – et Henri Jeanson lui répondit par le *te absolvo* de Jean Galtier-Boissière –, en mars de la même année Jacques Debû-Bridel dans *Front national* – cette fois, c'est Pierre Bénard qui défendit son ami en soulignant la brièveté de l'épisode et la belle attitude dont Jeanson fit preuve par la suite.

---

392 Henri Jeanson fit preuve du même refus (mais aussi d'un réel courage personnel) en témoignant au procès de Gaston Bergery, ancien ambassadeur de Vichy, qui était son ami et avait obtenu sa libération après sa première arrestation par la police allemande. Leur amitié datait des années 1930 pendant lesquelles Henri Jeanson avait été l'un des piliers du journal ultra-pacifiste *La Flèche* dirigé par l'ancien député radical de Mantes, devenu chef du frontisme. La déposition de Jeanson au procès Bergery fit scandale.

393 Dans *Je suis partout*, Morvan Lebesque fit paraître une nouvelle (« Le vieux ») le 21 février 1941, et une chronique intitulée « Cent cinquante ans de variétés » du 21 mars au 2 juin 1941. Dans *Le Petit Parisien*, il publia en novembre 1941 une série intitulée « Un héros de la liberté, Krüger le Lion », reprise en volume chez Sorlot, la même année, sous le titre *Un héros de la liberté : le président Krüger*. Ce livre ne se signalait pas par un racisme outrancier, en tout cas rien qui eût paru exceptionnel à la France de la Troisième République ; mais l'anglophobie y était très prononcée, ce qui ne pouvait être totalement innocent en 1941. Rappelons que Paul Krüger fut le chef de la résistance bœr dans les guerres qui opposèrent les provinces d'Orange et du Transvaal à la Grande-Bretagne au début de ce siècle.

394 Renseignements fournis par Christian Delporte, *Les Dessinateurs... op. cit.*, p. 930.

395 Entretien du 27 juillet 1996. Christian Plume et Xavier Pasquini rapportent de leur côté qu'en avril 1961, alors que couraient en France des rumeurs de largage des parachutistes d'Alger, Morvan Lebesque, qu'inquiétait fort cette menace, fut affublé par le maître ès calembours Jean-Paul Grousset du surnom de « Je sue partout », tandis que Roger Fressoz lui lançait : « Tu n'as pas à avoir peur, Morvan, puisque ces paras sont tous des Allemands. » (Christian Plume et Xavier Pasquini, *Une enquête de police sur le Canard enchaîné*, Paris, J. Picollec, 1980, p. 17.)

396 Georgette Elgey a rappelé les principales données de l'économie française en 1945. « Contrairement à l'attente des Français, la fin de la guerre n'annonce pas la fin des restrictions. Leur déception est grande. Les cartes d'alimentation sont toujours en vigueur. [...] Les nombreuses manifestations qui éclatent çà et là ont toujours les mêmes causes : les difficultés du ravitaillement et la hausse des prix. » (*La République des illusions 1945-1951, Première partie*, Paris, Fayard, p. 30-31.)

397 Au début du mois de novembre 1945, *Le Canard enchaîné* consacre sa page 3 à passer en revue tous les sujets de mécontentement, sous le titre antiphrastique : « Qu'est-ce qui va bien en France ? » : les députés et ministres ne songeaient qu'à prendre du bon temps, la reconstruction fonctionnait à coups de passe-droits, les spéculateurs s'enrichissaient sur l'emprunt de Libération nationale, en attendant la dévaluation, l'armée croulait sous les crédits, les étudiants ne trouvaient pas de logement, l'épuration était en panne, les salariés étaient écrasés d'impôts, le marché noir se portait à merveille...

398 L'ordonnance du 6 mai 1944, en même temps qu'elle rétablissait le principe de la liberté de la presse et de l'information, prévoyait en son article 2 la possibilité d'une « interdiction préalable » à l'égard de « toutes informations et publications susceptibles de compromettre la sécurité des armées ou celle des populations soumises à l'oppression de l'ennemi ou de l'usurpateur ou d'une façon générale les nécessités de la défense nationale. Cette interdiction préalable ne peut toutefois être exercée sur le plan politique ». L'ordonnance du 15 juin 1945 allait dans le même sens. La censure fut totalement supprimée par l'ordonnance du 12 octobre 1945. (Texte cité par Fernand Terrou dans l'*Histoire générale de la presse française*, tome 4, 1940-1958, p. 184.)

---

399 Rappelons que la querelle aboutit, provisoirement, au vote par l'Assemblée consultative, le 28 mars 1945, de la suppression immédiate des subventions, vote dont ne tint pas compte la politique du gouvernement dirigé par le général de Gaulle.

---

400 Les milices patriotiques avaient été créées par le Conseil national de la Résistance le 15 mars 1944 pour maintenir l'ordre à l'arrière du front – « lutter contre le marché noir, le sabotage par la « Cinquième colonne » et démasquer les traîtres ». Rapidement se posa la question du maintien d'une troupe plus ou moins disciplinée et obéissante au pouvoir central, fortement armée et qui pourrait, en cas de crise intérieure, représenter une menace pour l'État républicain en raison de l'influence qu'y exerçaient les communistes. Le 28 octobre, le gouvernement décida leur désarmement, en dépit des protestations du CNR et d'une partie de la presse. (Voir Jean-Pierre Rioux, *La France de la Quatrième République*, Paris, Seuil, 1980, tome 1, p. 75-76). *Le Canard enchaîné* interpréta cette décision comme un nouveau coup porté contre la Résistance et un signal favorable adressé aux collaborateurs. Cette position s'explique aussi bien par l'attachement au thème révolutionnaire et jaurésien de « l'armée populaire » que par la proximité conjoncturelle avec les communistes.

---

401 La brochure de Philippe Viannay était intitulée *Nous sommes les rebelles*. Tréno en cita de larges extraits dans le compte-rendu qu'il en donna : l'esprit de la Résistance était identifié à l'esprit de révolution et c'est pour empêcher les hommes qui incarnaient l'un et l'autre de mener à bien leurs projets – épuration véritable, lutte contre les trusts, nationalisations, profondes réformes de structure – que le gouvernement avait fait appel aux plus dociles, aux moins révolutionnaires des hommes qui s'étaient illustrés durant la guerre, « des hommes possédant de façon indiscutable l'étiquette Résistance mais qui suivraient sans difficulté une politique, même si elle était obscurément dirigée contre la Résistance. » (*Le Canard enchaîné*, 7 février 1945, p. 3.)

---

402 Le thème de la « déception » et de la « trahison » des idéaux de la Résistance parcourt nombre d'articles et de dessins importants jusque dans les années 1950. « Que la République était belle sous l'Occupation ! » s'exclama Pierre Bénard en octobre 1945, qui comparait dans son article les espoirs nourris pendant l'Occupation et la réalité de la Libération ; « Où sont les promesses de la radio de Londres ? », se demandait-il encore à la fin de cette même année. Les FFI avaient été fait « cocus » par les officiers supérieurs, le haut clergé et les banquiers selon

Henri Monier en 1948 ; les « deux cents familles » revenaient au pouvoir en 1952, selon Tréno.

---

403 Le Général, représenté d'une façon presque « réaliste », très grand, en uniforme, est assis à son bureau. Des piles de dossiers s'entassent, tous portent des sigles incompréhensibles et le Général s'interroge sur la signification de GPRF – un officier lui apprend qu'il s'agit du Gouvernement provisoire de la République française. La signification de ce dessin est ambiguë : s'agit-il de montrer que de Gaulle se désolidarise à raison d'un gouvernement dont le *Canard* critique par ailleurs la politique ? Ou de plaisanter, déjà, la conception très personnelle que le Général se fait de son pouvoir ? (*Ibid.*, 1er novembre 1944, p. 1.) Les dessins défavorables au général de Gaulle dépassèrent en nombre les dessins favorables à partir de janvier 1945. (Voir Christian Delporte, « De Gaulle dans le dessin du *Canard enchaîné* 1944-1945 » dans *Dessinateurs…*, *op. cit.*, p. 890.)

---

404 Ainsi cette appréciation anonyme, le 10 janvier 1945 : « À de très rares exceptions près, le ministère du général de Gaulle n'est pas composé par des partisans farouches de la Révolution. Et le Général lui-même est le premier à en convenir, avec ce sourire froid qui surprendra toujours ses interlocuteurs de la presse anglo-saxonne. – « Conformistes, mes ministres ? Sans doute, mais voyez-vous, il y a au moins parmi eux un révolutionnaire : c'est moi. » La Révolution dans l'ordre, pourquoi pas. À condition que les défenseurs de l'ordre, toutefois, se rallient à la révolution du Général. »

---

405 « Quatrième grand… parti », titre le dessinateur Soro. On pressent déjà le ton du journal dans l'éditorial daté du 16 janvier où Pierre Bénard paraît par avance prendre congé du Général dont il salue – et déplore – la grandeur : « C'était un homme fier, honnête, énergique et distant. Tous les bras se tendaient vers lui. Mais il n'avait pas la poignée de main facile. Surtout, il avait pour son pays des ambitions nobles et hautes. Malheureusement il était de ces chefs qui étudient dans les plus petits détails les larges plans d'ensemble mais se désintéressent de la qualité de la soupe. […] Il était tellement au-dessus de la nappe nauséabonde où s'engloutissaient les hommes et il avait tellement l'habitude de regarder le ciel plutôt que les médiocres réalités de la terre que tous perdirent confiance. » (*Ibid.*, 16 janvier 1946, p. 1.)

---

406 Voir par exemple la fierté – la coquetterie ? – qu'ils manifestent quand on leur rapporte l'intérêt du Général pour le *Canard* en juillet et novembre 1945.

---

407 Pierre Bénard se fit très sévère sur le tripartisme à l'été 1946 : « Le tout, c'est de former un gouvernement. Des hommes qui ne s'entendent sur aucun point vont donc se mettre une fois de plus d'accord pour ne rien faire. » (*Le Canard enchaîné*, 5 juin 1946, p. 1.) « Le tripartisme n'est pas une forme de gouvernement. C'est une manière d'assurance mutuelle. On est ensemble non pas pour travailler en commun à une œuvre déterminée. On est ensemble pour se surveiller. On espère ainsi avoir les bénéfices du pouvoir tout en gardant ceux de l'opposition. Le tripartisme ne peut pas constituer un ministère. Il est un parlement en réduction. Avec une droite, une gauche et un centre. On a l'avantage d'y discuter à huis clos. On y accouche péniblement de motions nègre-blanc qu'on appelle pompeusement des décisions gouvernementales. » (*Ibid.*, 31 juillet 1946, p. 2.)

---

408 L'épisode de la loi Barangé (du nom du député MRP qui sera à son origine, en août 1951) constituera un moment fort de l'anticléricalisme traditionnel du *Canard enchaîné* : l'absence de discrimination dans l'octroi de la subvention annuelle aux familles ayant des enfants à l'école primaire lui semblera un attentat contre le principe de laïcité de l'État et de l'École.

---

409 *Le Canard enchaîné*, 19 juin 1946, p. 1. La rupture avec de Gaulle attendit cependant le discours d'Épinal, fin septembre, pour se produire. « Au revoir de Gaulle ! » titra Pierre Bénard qui lui reprochait surtout ses nouveaux amis, « les mêmes qui applaudissaient Pétain et la politique de collaboration » ; l'article se terminait ainsi : « Quand on a la gloire d'avoir été un simple général révolté, on n'a pas le droit de se conduire comme un maréchal obéissant. » (*Ibid.*, 2 octobre 1946, p. 1.) Les archives du *Canard* contiennent également la lettre que le rédacteur en chef du *Canard enchaîné* adressa à Jacques Soustelle le 10 octobre 1946 et celle qu'il reçut d'un « lecteur assidu depuis 25 ans » qui trouvait cet « au revoir » encore trop favorable au général de Gaulle. (Archives du *Canard enchaîné*.)

---

410 Voir l'intéressante description d'une « crise sous la Quatrième » faite par Tréno : « Une crise éclate quand les « papabili » du régime trouvent que ça suffit comme ça : autrement dit, quand la tribu des présidents du Conseil titulaires estime que le président du Conseil en place doit passer la main. Le prétexte de la crise importe peu. En général, quand un nouveau ministère se forme, nul ne se souvient plus sur quoi le président a buté. » Suit la description du choix du prochain président par Vincent Auriol, sur les critères les plus éloignés du bien public, le ballet des « pressentis », les calculs des appareils, l'hypocrisie des déclarations de principe etc. (*Le Canard enchaîné*, 7 janvier 1953, p. 1-2.)

---

411 Voir par exemple le commentaire du journal à l'occasion du congrès de la SFIO en septembre 1946 : « Le congrès que la SFIO a tenu au palais de la Mutualité a été tout ce qu'il y a de d'adéquat et d'ambiant. Il fut révolutionnaire, réformiste, lutte de classes, tripartiste, marxiste et humaniste. Une synthèse… » (*Le Canard enchaîné*, 4 septembre 1946, p. 2.)

---

412 Du moins les premiers articles qui l'identifiaient comme tel, car dès avril-mai des papiers avaient été publiés qui relataient des faits dont on s'aperçut après coup qu'ils étaient liés au scandale des vins. *Le Canard enchaîné* fut en pointe : en mai, il évoquait le cas du Lacydon, un bateau réquisitionné pour transporter du vin d'Algérie vers la métropole. Au moyen de licences d'exportation obtenues frauduleusement, de fausses déclarations de certains producteurs viticoles et transporteurs privés, des quantités indéterminées de vin se trouvèrent soustraites au marché réglementé et dirigées vers le marché noir. L'instruction se termina en avril 1948 par la condamnation de quelques dirigeants d'entreprise; le seul « politique » à être condamné fut un conseiller de la République convaincu de corruption passive. Pour plus de détails sur le scandale des vins et, plus généralement, sur toutes les affaires de la Quatrième République, voir la thèse de Sophie Gerbaud, *Le Journalisme d'investigation en France de 1945 à nos jours*, Doctorat d'histoire sous la direction de Jean-Jacques Becker, Université de Paris-X-Nanterre, 1993, 3 tome; et l'histoire de la Quatrième République par Georgette Elgey, *op. cit.*, p. 172 et suiv.

---

413 Les journaux parlent, à la même époque, de l'affaire des textiles, des points d'alimentation en essence, de trafics de viande... Pour Pierre Bénard, c'est le rationnement imposé par l'État et non la pénurie qui est la cause du trafic: « L'État est dans le coup. C'est lui qui protège, par une réglementation abracadabrante, le marché noir, devenu la première industrie française [...]. Si on ne revient pas progressivement à la liberté, la faute n'en est pas à la disette. C'est simplement qu'on a le respect des situations acquises. » (*Le Canard enchaîné*, 16 octobre 1946, p. 1.) La dénonciation de cette situation reviendra périodiquement jusqu'à la suppression du rationnement en 1949.

---

414 En fait, l'enquête démontra l'innocence de Félix Gouin, dont le nom avait été inscrit en surcharge manuscrite sur l'original de la feuille d'écoute transmis avec plusieurs mois de retard au juge d'instruction (voir Georgette Elgey, *op. cit.*, p. 241). *Gringoire*, brièvement ressuscité pour l'occasion, « s'étonna que l'hebdomadaire satirique rende déjà compte de ces appels téléphoniques alors que l'instruction ne [faisait] que commencer » (Gringoire *n'est pas mort: un scandale dans le scandale des vins*, 1948, cité par Sophie Gerbaud, *op. cit.*, p. 208.)

---

415 Le numéro qui révèle l'affaire aux lecteurs est celui du 9 octobre 1946. Le *Canard* titre à la « une »: « M. Farge fait éclater la bonde atomique », Pierre Bénard se livre à une critique en règle de l'action du gouvernement (« Les scandales habitent chaque ministère. Le Ravitaillement ne nous alimente qu'en sujets d'indignation, la Guerre conserve dans la naphtaline les survivants de Vichy, l'Économie nationale ne nous apporte que la vie chère et l'Information que la mauvaise foi ») tandis que la « Mare aux canards » de la page 2 est presque entièrement consacrée à l'affaire.

---

416 Voir son témoignage dans Sophie Gerbaud, *op. cit.*, p. 116. Une erreur s'est glissée dans l'ouvrage de Sophie Gerbaud: Yves Grosrichard ne travaillait plus pour *L'Œuvre* en 1946 puisque le journal avait été suspendu à la *Libération*. Son enquête profita donc aux deux journaux qui l'employaient, *Le Canard enchaîné* et *France-Soir* (un autre journal très bien informé sur cette affaire).

---

417 Le général Revers, chef d'État-major des forces terrestres, fut accusé d'avoir divulgué le rapport qu'il avait rédigé à son retour d'Indochine en juin 1949; le général Mast, avec lequel il entretenait des liens d'amitié, fut également mis en cause. Le rapport, qui préconisait le remplacement du résident général en Indochine par une autorité militaire et le déplacement de troupes, se retrouva aux mains du conseiller de Bao Daï à Paris et fut porté à la connaissance du Viêt-Minh, qui s'en servit pour sa propagande. Le général Revers se défendit en avançant la thèse du complot ourdi par des cercles politiques (en particulier MRP) qui lui étaient hostiles. La dimension politique de l'affaire fut encore renforcée par la mise en cause de parlementaires que l'on accusa d'avoir reçu de l'argent en échange de consultations juridiques accordées à des personnalités vietnamiennes. Les généraux Revers et Mast furent mis à la retraite d'office. Dans la révélation de cette affaire, les lettres confidentielles d'abord, *Le Monde*, *Carrefour*, *The Times* à partir de septembre 1949, ont joué les premiers rôles.

---

418 Tréno dans *Le Canard enchaîné* du le 20 mai 1953, p. 2. L'article annonce la sortie du livre hommage sur François-Jean Armorin, *Son dernier reportage*.

---

419 Voir notamment ses deux grands reportages: *Le Maquis du Vercors* (1944), *La Guerre de Palestine* (1948).

---

420 Ce trafic reposait principalement sur la différence du taux de change de la piastre à Saïgon et à Paris: avec un cours officiel d'une piastre pour dix-sept francs en France, et une valeur réelle d'environ huit francs et cinquante centimes en Indochine, le trafic de devises était une opération hautement lucrative à laquelle se livraient aussi bien le personnel des compagnies de transport que des fonctionnaires français et vietnamiens, des parlementaires ou des dirigeants d'entreprise. On trafiquait aussi sur le dollar, moins cher sur le marché parisien que sur celui de Saïgon. C'était le cas, en particulier, du Viêt-Minh qui se procurait ainsi l'argent qui lui manquait pour acheter les armes – cet aspect de la question, démontré par le bimensuel royaliste *Aspects de la France*, suscita l'émotion populaire et l'enquête ordonnée par Vincent Auriol. Les autres journaux qui se situèrent constamment à la pointe des révélations furent, dans un premier temps (janvier 1950) *Combat* puis *France-Observateur*, *Le Monde* et *L'Express*. Aucune sanction véritable ne fut prise à l'encontre des bénéficiaires du trafic. Pour plus de détails, voir Sophie Gerbaud, *op. cit.*, p. 232-244, et Jacques Despuech, *Le Trafic des piastres* Paris, Deux Rives, 1953, 171 p.

---

421 La thèse de l'assassinat fut avancée par d'autres que Tréno. Elle est défendue à la même époque par Hermann Schreiber dans son enquête (romancée) intitulée *Chute dans la nuit*, publiée par A. Bonne à Paris en 1953.

---

422 Le dossier « Indochine » que nous avons constitué avec les archives du *Canard enchaîné* contient notamment la correspondance entretenue par Tréno avec les deux « contacts » d'Armorin à Saïgon (un fonctionnaire du Haut-Commissariat de France à Saïgon et un lieutenant de la Légion), avec un autre journaliste ayant enquêté à Saïgon et avec le père de François-Jean Armorin. Entre autres pièces, on y trouve également un rapport sur la situation indochinoise adressé en janvier 1950 au Comité directeur de la SFIO par un socialiste que nous n'avons pu identifier, des notes d'information sur Franchini adressées à Tréno par un mystérieux correspondant, enfin les assignations et jugement du procès intenté par Mathieu Franchini à *Franc-Tireur* et à Tréno.

---

423 Les « fuites » concernaient des comptes-rendus de réunions tenues par le Comité supérieur de défense nationale sur la situation en Indochine et la construction de la bombe atomique française. L'enquête permit d'appréhender deux hauts fonctionnaires du Secrétariat général de la défense nationale qui avouèrent avoir transmis les documents à un membre du parti communiste dans le but d'empêcher la construction de la bombe et d'arrêter la guerre d'Indochine. Mais le militant communiste, Baranès (en fait une sorte d'agent double), se trouvait être un informateur d'un commissaire de police d'extrême droite, Dides. Celui-ci tenta d'utiliser ces fuites pour discréditer le parti communiste, le ministre de l'Intérieur François Mitterand et le président du Conseil, Pierre Mendès France. Le procès eut lieu en 1956 ; les hauts fonctionnaires furent condamnés à des peines de prison, les autres accusés furent acquittés. L'affaire devait laisser des traces sur les relations entre Pierre Mendès France et François Mitterand. (Voir, sur cette affaire, les articles de *Combat*, de *France-Observateur* et de *L'Express* ; et les livres de Jean-Marc Théolleyre, *Le Procès des fuites*, Paris, Calmann-Lévy, 1956, 287 p., Jean-André Faucher et Jean-Louis Febvre, *L'Affaire des fuites*, Paris, éd. EFI, 1975, 168 p., Claude Clément, *L'Affaire des fuites, objectif Mitterrand*, Paris O. Orban, 1980, 237 p.)

---

424 Rappelons que le journal n'a pas gardé trace des éventuelles condamnations (ni même des éventuels procès) des années 1915-1940. Par contre, les archives contiennent des éléments sur quelques procès depuis la Libération. Il semble que le premier procès perdu l'ait été au début de l'année 1952 contre l'avocat du maréchal Pétain, Me Isorni ; ce dernier obtint une rectification et le remboursement des frais de procédure.

---

425 Comme l'indique par exemple le taux élevé de « sans opinion » – entre 20 et 30 % – aux sondages réalisés sur le sujet entre 1945 et 1954. (Voir Alain Ruscio, *La Première Guerre d'Indochine, 1945-1954*, Paris, l'Harmattan, 1987, 286 p.) L'éloignement géographique, la non-implication du contingent, l'absence de véritable débat sur les enjeux de la guerre peuvent expliquer ce manque d'intérêt.

---

426 Voir les graphiques établis par Laurence Passerieux dans son mémoire de maîtrise sur *La Guerre d'Indochine et* Le Canard enchaîné, Université de Paris-I, sous la direction de René Girault, 1988, 154 p. Cet auteur parle d'une « imprégnation » du journal par la guerre d'Indochine à partir de la deuxième moitié de l'année 1953, imprégnation sensible non seulement dans les éditoriaux et échos des pages 1 et 2 mais aussi dans les rubriques plus « culturelles » des pages 3 et 4. Les rubriques « Choses vues » (envois des lecteurs) et « La presse déchaînée » firent une place grandissante au conflit indochinois. Il est à noter que le journal publia très peu d'informations factuelles de première main sur la guerre d'Indochine.

---

427 Jean Rous était un ancien volontaire de la guerre d'Espagne et résistant trotskiste sous l'Occupation ; il figurait dans les années 1950 au comité directeur de la SFIO Il sera par la suite secrétaire général du Congrès des peuples contre l'impérialisme, conseiller de Bourguiba en Tunisie puis de Senghor au Sénégal. (Détails fournis par Laurence Passerieux, citant le journaliste Charles Ronsac qui, lui-même, donna de nombreuses informations sur le conflit indochinois à *Franc-Tireur* et au *Canard enchaîné*. Voir Charles de Ronsac, *Trois noms pour une vie* Paris, Laffont, 1988, 492 p.)

---

428 À la notable exception d'un article intitulé « Nous sommes tous des SS ! » paru à la « une » du numéro du 28 octobre 1953 et dans lequel Tréno commentait le livre de Philippe de Pirey, *Opération Gâchis*. Après avoir cité de larges extraits du livre rédigé par un témoin des atrocités commises par les soldats français en Indochine, Tréno écrivait : « Il serait malséant, à propos de ces villages brûlés et de ces populations massacrées, il serait malséant de parler d'Oradour. [...] Oradour, c'est quand c'est *chez nous*. Quand c'est chez les autres, et surtout à l'autre bout du monde, il ne s'agit plus que d'exactions, regrettables sans doute [...]. Nous sommes tous complices. Sauf peut-être une douzaine de pauvres types, objecteurs de conscience qui pourrissent dans les oubliettes de la République pour n'avoir pas voulu, justement, faire ce métier-là. »

---

429 Thème traité surtout par Morvan Lebesque dont les articles mettaient l'accent sur la souffrance et l'héroïsme inutiles des hommes engagés en Indochine ; « Soldats de Dien Bien Phu, lança-t-il le 7 avril 1954 [un mois jour pour jour avant la chute de la position], c'est à vous que je pense, et c'est vous qui me paraissez soudain les plus dignes, les plus purs – non pour vos vertus chantées à pleins poumons par les politiciens et les journalistes – mais parce qu'on vous a fait terriblement seuls et parce que vous assumez toute l'immorale saveur de mort qui frémit dans le jeune printemps de 1954. » Quelques mois encore et il réclamait des généraux sachant faire la guerre – on le voit, l'antimilitarisme et le pacifisme de Lebesque cédaient parfois le pas à un trouble sentiment de solidarité pour l'homme de troupe trahi par ses chefs, les politiciens et les « petits-bourgeois ».

---

430 Outre *Le Monde* (non sans nuances et évolution), *Témoignage chrétien* (dès 1946), *Franc-Tireur*, *L'Observateur* (créé en avril 1950) et *L'Express* (lancé en mai 1953), les revues *Esprit* et *Les Temps modernes* combattirent la guerre d'Indochine ; sans oublier, de manière plus virulente encore, la presse communiste. Le *Canard* ne fut jamais saisi durant cette période ; en revanche, il arriva qu'on ne puisse le trouver en Indochine...

431 Dans la nuit du 29 au 30 mars 1947 éclata l'insurrection menée par les nationalistes contre les colons français et leurs partisans indigènes, tués par centaines. La France réagit en interdisant le parti nationaliste (le MDRM) et en arrêtant ses députés ; elle orchestra également une répression sanglante qui fit plus de 80 000 morts en quelques mois. Yves Grosrichard écrivit dans *Le Canard enchaîné* du 18 août 1948 un article où il condamnait les violences de part et d'autre, concluant : « Nous ne voulons pas ajouter un chapitre à la littérature anticolonialiste dont les outrances n'ont souvent fait que gâcher une cause qui, au fond, est depuis longtemps entendue. Mais vraiment si c'est ça, Madagascar, si c'est pour ça que nous sommes encore là-bas, si aux bandes de sauvages [l'auteur reprend ironiquement les termes employés par les partisans de la répression] nous n'avons comme arguments à opposer que des bandes de mitrailleuses, allons-nous-en. Avant le prochain cauchemar. »

432 Comme pour l'Indochine, *Le Canard enchaîné* enregistra avec retard les événements parfois tragiques survenus en Afrique du Nord. Par exemple, les émeutes et la répression de Sétif donnèrent lieu à des échos, non à des articles, encore moins à des éditoriaux. La situation politique du Maroc et de la Tunisie ne devint un thème d'actualité qu'à partir de 1952, quand le mouvement nationaliste de ce dernier protectorat sembla faire le choix de la violence. Les « crimes français » furent dénoncés par Tréno en avril 1952, qui faisait mine de s'interroger en décembre de la même année : « Faut-il brûler les Nord-Africains ? » Dès cette époque, le rédacteur en chef du *Canard enchaîné* posait les termes de l'insoluble dilemme : « Ces Nord-Africains sont affreusement gênants. On ne sait que faire d'eux. Chacun est d'accord que les Français installés en Afrique du Nord ont autant de droits que quiconque d'y vivre en paix. Mais cette constation ne résout rien. » Bourguiba, comme Ho Chi Minh, avait eu la naïveté de croire dans « les grands principes inscrits dans nos livres » cependant que le MRP avait fait preuve en Afrique du Nord de la même malfaisance qu'en Indochine.

433 André Sauger salua en page 2 du numéro du 11 avril 1945 le geste courageux de celui qui sacrifiait sa position à ses convictions, faisant dire à un ministre quelconque : « Quand autrefois on était bien certain que des hommes politiques n'étaient d'accord sur rien, on les réunissait au sein d'un même gouvernement et on appelait ça l'union nationale. C'était la sagesse même. Pourquoi Mendès France a-t-il rompu avec une tradition qui a de tels titres de noblesse ? »

434 « Ce Pierre Mendès France qui y voit si clair une fois l'an pratique tout le reste du temps la politique des yeux fermés. Tout le monde s'accorde à dire qu'il serait l'homme de la situation. Mais quand la situation a besoin d'un homme, M. Mendès France se terre. En période de crise, il se fait inscrire aux abonnés absents. Autrement dit, il évite soigneusement de se mouiller. C'est peut-être tout le secret des bons maîtres-nageurs. » (Tréno dans *Le Canard enchaîné*, 2 janvier 1952, p. 3.)

435 Les échos de la « Mare » en juin 1953 s'opposent point par point à ceux de janvier 1946 : Mendès France s'adressa aux parlementaires sans consulter les « pontes » ; « Il n'avait rien du monsieur qui court après une mission quelconque » ; ses pires ennemis se trouvaient au parti radical « où l'on avait mis au point quelques numéros de savate qui leur [permettraient] d'étendre au bon moment le jeunot en question. » (*Le Canard enchaîné*, 3 juin 1953, p. 2.)

436 Il n'est pas exagéré de parler d'une « guerre des sobriquets » pour désigner la lutte que se livrèrent amis et ennemis de Pierre Mendès France à cette époque. Aux allusions racistes et antisémites des uns répondirent les références à la paix ou aux succès diplomatiques des autres.

437 Comme, au fond, celui de Tréno, l'anticolonialisme de Pierre Mendès France devait beaucoup au constat du poids excessif que faisait peser la guerre sur les finances de l'État ; l'un et l'autre attribuaient à l'engagement de la France en Indochine une part de son retard économique et social.

438 L'image d'un Pierre Mendès France buveur de lait et d'eau minérale fut utilisée par ses partisans (on songe à la campagne de *L'Express*) comme par ses adversaires (Pierre Poujade corrélant les absences de sang gaulois et d'alcool dans les veines du président du Conseil). Les gens du *Canard* en firent le sujet d'innocentes plaisanteries dont le nombre témoigne toutefois de l'importance du « mythe éthylique » dans l'imaginaire du journal.

439 Nombre de dessins de cette époque figurent la lutte livrée par Pierre Mendès France aux dirigeants des partis politiques et aux patrons de la « grande presse ». Un dessin le représente en Gulliver endormi, ficelé par ses adversaires, mais le plus souvent, ceux-ci le dominent de leur haute taille et affichent un air menaçant. On voit encore PMF attendu au coin d'un bois ou derrières les colonnes du Palais-Bourbon par les chefs MRP lourdement armés. Le point commun de toutes ces représentations est d'opposer un héros solitaire et paisible à un groupe animé d'intentions hostiles. Le même thème est décliné dans les articles, comme ceux publiés à la « une » du numéro du 25 août 1954 par Jean-Paul Lacroix et Tréno à la suite de l'échec de la conférence de Bruxelles : Pierre Mendès France se serait fait « blackbouler » par les démocrates chrétiens européens qui se seraient ligués contre lui ; significativement, Tréno appelle le « Français moyen » à se faire juge de cette nouvelle Sainte Alliance. De manière générale, entre juin 1954 et février 1955, il n'est guère de « Mare aux canards » qui ne bruisse des rumeurs d'assassinat politique sur la personne de Pierre Mendès France.

440 Ce clivage est traditionnel au *Canard enchaîné* : puisant dans un fonds qui date pour l'essentiel du XIXᵉ siècle et que les guerres du XXᵉ siècle, avec leur cortège de privations, ont renouvelé, les représentations du *Canard* stigmatisaient comme étant des « gros » ceux que Poujade défendait comme étant des « petits ».

441 *Le Canard enchaîné* des 25 janvier et 1er février 1956.

442 Rappelons que le parti communiste français ne condamna le mouvement poujadiste qu'à l'automne 1955. Avant cette date, son caractère « populaire » (au double sens du terme) l'absolvait de bien des péchés.

443 Rarement un homme en a-t-il évoqué tant d'autres. Pour ne s'en tenir qu'au *Canard*, Pierre Poujade y fut rapproché successivement du roi Pausole, du général Boulanger, de Mussolini, Franco, Salazar, Péron, Ubu, La Rocque, Déroulède, Dorgères, César Birotteau.

444 Aucune trace n'en est restée dans les archives ni dans les colonnes du journal. Aucune allusion n'y fut faite avant ou après le jour auquel le procès devait se tenir, le 12 décembre 1962. Il est probable que Poujade retira sa plainte pour diffamation avant cette date. (Cette plainte était liée à l'affaire Trinquier ; cf. *infra*, p. 333-334.)

445 Le général de Gaulle fut gratifié d'une généalogie aussi touffue et à peine moins infamante que celle de Poujade : Jules César, Jeanne d'Arc, Cromwell, Henri IV, Louis XIV, Napoléon Ier, Napoléon III, le général Boulanger, le maréchal de Mac-Mahon furent donnés pour les principaux « ancêtres » de De Gaulle. Mais La Rocque, Maurras, Doriot, Pétain furent également considérés comme des « précurseurs ». Les journalistes du *Canard* rapportèrent cent anecdotes qui montraient la susceptibilité du Général, son autoritarisme, sa mégalomanie ; selon eux, on pouvait tout craindre d'un tel « traîneur de sabre ».

446 C'est ainsi qu'en 1950, *Le Canard enchaîné* fit complaisamment écho aux propos du colonel Rémy qui regrettait qu'un accord « ne fût passé de façon concrète entre les deux chefs » qui, au fond, étaient d'accord entre eux ; l'image de « l'arc à deux cordes » ou celle du « bouclier et de l'épée » furent reprises pour montrer la collusion entre de Gaulle et Pétain.

447 Entre autres plaisanteries destinées à neutraliser la propagande antisoviétique, on trouvait cette reprise d'un thème fameux : « Ils possèdent un autre outil tranchant, le *kouto*, qu'ils tiennent constamment entre les dents en vertu d'une décision prise voilà 23 ans par le Grand Conseil des Sauvages. » (*Le Canard enchaîné*, 22 novembre 1944, p. 2. Cf. *supra*, p. 140.)

448 « On insinue qu'en URSS même il y a des centaines de milliers de cabochards dans des camps de concentration. C'est peut-être un bobard. Mais ce bobard n'indigne même pas les Russes sans quoi ils ne manqueraient pas de dire : – Venez-y voir. Envoyez-nous une commission d'enquête. » (Tréno dans *Le Canard enchaîné*, 14 janvier 1948, p. 1-2.) Ce thème apparaîtra désormais à intervalles réguliers ; ainsi en novembre 1949, Tréno parle en « une » du « travail correctif comme entreprise philanthropique » tel qu'il était pratiqué en URSS.

449 Victor Kravchenko était l'auteur de *J'ai choisi la liberté*, un livre dénonçant le système soviétique et qui fut en France un immense succès d'édition. *Les Lettres françaises* l'accusèrent de n'être que le prête-nom d'une entreprise de propagande antisoviétique montée par Washington. Kravchenko porta plainte pour diffamation, gagna son procès en avril 1949 mais le déroulement de celui-ci permit au parti et à l'URSS de se faire décerner un brevet de moralité par le Tout-Paris des « compagnons de route ».

450 Son ironie s'exerça notamment à l'occasion du Congrès national des Partisans de la paix qui se réunit à la salle Pleyel en avril 1949. Héritier des initiatives presque homonymes de l'entre-deux-guerres, ce congrès s'inscrivait dans le projet du communisme international d'identifier sa cause à celle de la paix. On mesure le chemin parcouru par *Le Canard enchaîné* à ce que, contrairement à 1933 où Pierre Scize avait soutenu l'initiative dans les colonnes du journal, Tréno en 1949 dénonça la manipulation.

451 Dans le numéro du *Canard enchaîné* du 2 novembre 1949, on trouve cet écho dans « La Mare aux canards » : « Extrait du Bulletin paroissial d'Amiens : « Se trouvent interdits les journaux communistes : *L'Humanité, Ce soir, L'Avenir normand, Le Travailleur de l'Oise, Le Travailleur de la Somme, Le Canard enchaîné*... » Communiste, le *Canard* ? Pour un pays où l'on a pourtant la spécialité du canard, MM. les ecclésiastiques du Bulletin paroissial nous paraissent plutôt mal renseignés. Et ignorants, notamment, de l'interdit que le parti de M. Maurice Thorez a jeté depuis 4 ans sur le *Canard enchaîné*, précisément parce qu'il refusait d'être communiste. »

452 Pierre Hervé et André Wurmser étaient alors respectivement rédacteur en chef à *L'Humanité*. Jean Kanapa était rédacteur en chef de *La Nouvelle Critique*, « l'organe intellectuel communiste le plus significatif de la période » (Pascal Ory et Jean-François Sirinelli). Tréno dénonça notamment le néoconformisme de cette revue : « Chaque article doit contenir, de rigueur, un lot à Staline, une citation de M. Maurice Thorez et une allusion à Gorki. Le reste, c'est du remplissage. » (*Le Canard enchaîné*, 22 mars 1950, p. 3-4).

453 Voir l'article signé Jérôme Canard – une signature collective – et titré « Aragon ou le luth final » dans le numéro du 15 avril 1953, p. 4.

454 Le commentaire de Tréno est intéressant : « Ce livre n'est pas un pamphlet anticommuniste, sinon il n'aurait aucun sens. Ce serait plutôt un *credo* communiste qui pourrait porter en sous-titre : « Comme dirait Lénine. » [...] Rendons-lui grâce de pouvoir enfin parler de ces choses-là sans être taxé ou de communisme ou d'anti. » (*Le Canard enchaîné*, 25 janvier 1956, p. 2.) Il n'est pas indifférent de relever que l'ancien rédacteur de *L'Humanité* se vit confier par Tréno la rubrique « Lettres ou pas Lettres » pendant les derniers mois de 1956.

455 Ainsi Morvan Lebesque voyait-il, dans l'insurrection 1956, la lutte de deux principes, l'éternel révolutionnaire contre l'éternel bourgeois; « L'homme, aujourd'hui, se bat sur deux fronts : à droite, une bourgeoisie traditionnelle appuyée sur le capital et, à gauche, une bourgeoisie fonctionnariste appuyée sur l'Histoire. » (*Le Canard enchaîné*, 31 octobre 1956, p. 1-2.) En 1956, le *Canard* protesta aussi bien contre l'invasion de la Hongrie que contre l'expédition de Suez.

456 Voir Patrick Eveno, *Le Monde 1944-1995, histoire d'une entreprise de presse*, Paris, Le Monde Éditions, p. 59-67.

457 « Nous n'avons plus beaucoup d'illusions et nous avons perdu la foi dans les vertus du pacifisme depuis que nous avons vu ses plus éminents apôtres rester muets d'admiration devant la Wehrmacht. [...] On veut bien se résigner à une armée mais encore faut-il qu'elle soit utile. » (*Le Canard enchaîné*, 19 septembre 1945, p. 1.)

458 Le thème des Allemands trop bien traités par les Alliés fournit le sujet de bon nombre de papiers et de dessins jusqu'au milieu des années 1950. Le rythme rapide de la reconstruction allemande suscita inquiétude et jalousie avant de se transformer en élément à charge contre les gouvernants français. Il faut noter le contraste entre le progermanisme des années 1920 et l'antigermanisme des années 1944-1956.

459 L'origine de ce mouvement se trouve dans les propositions faites en 1924 aux États-Unis par L.M. Lloyd et R. Schwimmer pour une « Assemblée constituante des peuples ». Il n'y eut guère de suite avant qu'en 1945 R. Sarrazac ne crée les Citoyens du monde en France autour de l'idée d'un Registre international des citoyens du monde, préfiguration d'un futur État civil abolissant les frontières. En 1949, un pacte de citoyens mondiaux fut élaboré et une carte éditée. Plus d'un million de personnes demandèrent à s'y inscrire, représentant 78 pays. Le mouvement reflua au début des années 1950. (Voir Roland Biard, *Dictionnaire de l'extrême gauche de 1945 à nos jours*, Paris, Belfond, 1978, p. 71-72.) Rejeté par les communistes et leurs alliés (Sartre parla de « l'idéalisme moralisateur » de Gary Davis) qui l'exclurent des débats du Congrès national des Partisans de la paix en avril 1949, Gary Davis reçut en revanche le soutien d'André Breton, Albert Camus, Jean Giono. Tréno engagea Davis à se rendre en Union soviétique ou du moins à le tenter, pour mettre en évidence les contradictions d'un État qui se disait pacifiste et ne l'était pas.

460 On trouve dans les archives du *Canard enchaîné* : un exemplaire du premier bulletin de liaison et d'information présenté le 11 mai 1949 par le secrétariat parisien des Citoyens du monde ; les lettres de remerciement et d'offre de collaboration du secrétariat au *Canard enchaîné* ; le condensé d'une conférence prononcée à Paris par le professeur Daniel Posin, un scientifique américain membre du Comité d'alarme des savants atomiques américain ; une copie d'une lettre adressée le 18 octobre 1949 par Gary Davis au président de la République française pour lui demander la libération de l'objecteur de conscience Jean Moreau; les traces des démarches vainement entreprises par Davis en décembre 1949 pour obtenir l'autorisation de voyager dans les zones occidentales d'Allemagne; des lettres de lecteurs soutenant la cause de Gary Davis.

---

461 « Mettons que le monde libre soit celui où on a le droit de dénoncer les saloperies, sans que cela change d'ailleurs rien à rien. » (Tréno dans *Le Canard enchaîné*, 18 mars 1953, p. 1-2.)

---

462 L'aspect « symbole de la liberté », déjà évoqué, a pu jouer également. Un exemple nous en est donné avec la chronique de la résistance que fit paraître en 1960 le socialiste Christian Pineau (ministre des Affaires étrangères sous les gouvernements Mollet et Bourgès-Maunoury) sous le titre *La Simple Vérité*. « Le premier journal de France que je peux lire (à ma libération de Buchenwald) est un numéro récent du *Canard enchaîné*. Quelle joie ! » (Christian Pineau, *La Simple vérité*, tome 2, *Krematorium*, rééd. Presses Pocket, 1969, p. 287, à la date du 14 avril 1945.)

---

463 Préfecture de police, B.A. 1713.

---

464 Tirage réel moyen, doc. interne du *Canard enchaîné*. Jusqu'en 1975, le carnet sur lequel le responsable des ventes note les résultats du *Canard* ne fournit que le tirage de chaque numéro; rassemblés par mois, ils permettent de calculer une moyenne mensuelle. En 1975 et 1976, un récapitulatif de fin d'année indique, en plus du tirage total et moyen hebdomadaire le tirage pour abonnements et la moyenne hebdomadaire abonnements. À partir de 1977, le tirage abonnement est distinct du tirage vente au numéro pour chaque numéro.

---

465 Environ 173 000 et 92 000 euros 2004.

---

466 Lettre du 11 mars 1946. En fait, l'hebdomadaire satirique reçut une attribution supplémentaire à la fin du mois de mars 1946.

---

467 Jean Galtier-Boissière *Mon journal dans la grande pagaïe* (19 octobre 1946) Paris, La Jeune Parque, 1950, p. 22.

---

468 Le journal était vendu 3 francs en 1944, il passa à 5 francs en 1947, à 10 francs en 1948, à 15 francs en 1950, à 20 francs en 1952, soit une multiplication par sept en six ans. Le prix de vente ne faisait que suivre le rythme très élevé de l'inflation; en prix constants, le prix eut même tendance à baisser entre 1944 et 1950, de presque 2,80 francs à 2 francs. Rappelons que *Le Canard enchaîné* ne comportait encore que quatre pages à cette époque.

---

469 Le « bouillon » désigne les invendus. Le taux de bouillonnage correspond au nombre d'invendus par rapport au nombre d'exemplaires mis en vente. Il doit être le plus bas possible, surtout pour un journal sans ressources publicitaires comme l'est *Le Canard enchaîné*.

---

470 Entretien du 6 février 1995.

---

471 Ce que souligna à plusieurs reprises Hubert Beuve-Méry, directeur d'un journal qui avait fait de la rigueur de sa gestion la condition de sa qualité rédactionnelle : « On est en droit de montrer quelque sévérité à l'égard de la presse dite de la Résistance. Si elle pouvait être légitimement fière de son activité clandestine pendant la guerre et depuis la Libération, de quelques belles et saines réussites, il est difficile de ne pas la rendre assez largement responsable de l'échec dont elle est aujourd'hui menacée. La Fédération de la presse, qui était l'émanation et le rassemblement de la presse de la Résistance, a eu grand tort de ne pas mettre l'accent dès le départ sur les conditions d'une bonne gestion commerciale. » (La liberté de la presse : presse d'argent ou presse partisane, *Esprit*, n° 133, mai 1947, p. 729-730.)

---

472 Yves Guillauma, *Presse et pouvoir de 1944 à 1958. Contribution à l'histoire de la presse sous la IVe République*, Thèse de doctorat en Sciences de l'information et de la communication sous la direction de Pierre Albert, Paris-II, 1993, 2e vol, p. 737. La défaite de la presse issue de la Résistance fut aussi celle du réseau de distribution mis en place en 1945 sur les mêmes bases de rupture avec les pratiques d'avant-guerre : les Messageries françaises de presse, fondées en 1945, disparurent en 1947 ; elles furent remplacées en avril de la même année par les Nouvelles Messageries de la Presse parisienne dans lesquelles Hachette exerçait un rôle directeur.

---

473 Son interprétation de la grève des rotativistes de février-mars 1947 le montre assez : elle n'était selon lui que la conséquence de l'hostilité de certains grands patrons de presse aux institutions de la Résistance, notamment les Messageries françaises de presse. (« Et voilà pourquoi notre feuille fut muette », *Le Canard enchaîné*, 19 mars 1947, p. 3.)

---

474 Les chiffres qu'il cite (à partir des indications fournies par les Messageries Hachette de Marseille) méritent d'être relevés : avant les années 1970, ce sont les seuls dont nous disposons pour mesurer la diffusion fine, à l'échelle d'une ville, du *Canard enchaîné* :

Mois	Réception	Invendus	Vente réelle (abonnements non compris)
juin	24 100	2 516	21 584
juillet	26 800	5 272	21 528
août	31 500	7 952	23 548

L'autre raison avancée par Jean Loraud pour expliquer le relatif insuccès du *Canard enchaîné* à Marseille est l'excessive « subtilité » du journal que seule une lecture assidue de la presse parisienne pouvait permettre de goûter (*L'Écho de la presse et de la publicité*, 1er décembre 1946, n° 25, p. 9-11.)

475 La perspective de l'article de 1958 est éclairée par la personnalité de son auteur : Pierre-Antoine Cousteau fut un collaborateur notoire et des plus durs, rédacteur à *Je suis partout*, rédacteur en chef de *Paris-Soir* en 1941, milicien. (*L'Écho de la presse et de la publicité*, n° 339, 15 mars 1958, p. 31-32.)

476 Claude Bellanger, *op. cit.*, p. 315-316. Parmi les autres classements que nous avons retrouvés figure une liste au crayon à papier datant de janvier 1948 (et découverte dans les papiers du Secrétariat d'État à la présidence du gouvernement, Service de l'Information, Direction des services de la presse), où sont regroupés les périodiques les plus importants avec tirage moyen, tirage réel et sensibilité politique : *Le Canard enchaîné* est classé SFIO avec *Ambiance, Gavroche, la Tribune des nations, Le Prolétaire de Clichy, Point de vue, Le Suresnois, La Moisson*. (Archives nationales, F41 354).

477 Lettre conservée dans les archives du journal. L'article qui parut à la « une » des numéros des 4 et 11 novembre 1959 allait dans le même sens ; il relevait d'autres erreurs du Général, qui oubliait par exemple que *L'Aurore* avait cessé de paraître avant la guerre de 1914 ou faisait de *La Montagne* un journal issu de la Résistance. Tréno réclamait une rectification des prochaines éditions, une note dans une liste d'*errata* distribuée avec les exemplaires déjà en vente, un communiqué à l'AFP ; il menaçait Plon et le général de Gaulle de poursuites s'il n'obtenait pas satisfaction.

478 L'édition 1959 du *Petit Larousse illustré* avait affublé Léon Blum du patronyme « Karfulkenstein », emprunté aux campagnes de presse menées contre le dirigeant socialiste par *Gringoire* dans les années 1930 (l'auteur de l'article était d'ailleurs, comme le révélèrent les éditions Larousse elles-mêmes, un ancien de *Gringoire*). D'autres manifestations d'antisémitisme avaient été relevées dans le dictionnaire par des journaux ou des associations ; le dictionnaire fut retiré de la vente et corrigé.

479 Archives du *Canard enchaîné*.

480 Yvan Audouard se souvenait des « bagarres épiques » des conférences de rédaction de *Franc-Tireur* où « l'on échangeait des injures et parfois des coups. » La cohabitation dura trois ans puis devint franchement impossible après la rupture entre socialistes et communistes en mai 1947. Au début d'octobre 1947, vingt-deux journalistes de *Franc-Tireur* quittèrent ce journal après avoir tenté en vain de lui donner une orientation nettement procommuniste. Ils rejoignirent *Libération* dont un certain nombre de journalistes passèrent, du même coup, à *Franc-Tireur*. Selon Marcel Raynaud, Tréno joua un rôle majeur dans ce chassé-croisé, notamment lorsque, les procommunistes s'étant emparé des fichiers contenant les noms et adresses des abonnés de *Franc-Tireur*, il emmena les « anti » faire un coup de main à *Libération* pendant la pause déjeuner et récupérer les sacs entreposés dans les couloirs du journal rival. La disparition de *Libération*, en 1964, fut très regrettée : c'était « le seul qui, vaille que vaille, représentait l'opposition de gauche » expliqua Tréno en décembre, accusant les communistes d'avoir mené le journal à sa perte.

---

481 Le point d'inflexion se situe en mai 1946, après cette date, la chute est continue, presque de semaine en semaine jusqu'en décembre 1953.

---

482 Le 29 mars dans *Le Figaro littéraire* et le 4 avril dans *Combat* parut une pétition intitulée « le cas Nizan » ; Paul Nizan, mort au combat en mai 1940, était accusé par le parti communiste d'avoir « trahi » au profit du ministère de l'Intérieur. Les signataires de la pétition, rédigée par Jean-Paul Sartre, sommaient le parti d'apporter les preuves de ses accusations ou d'avouer qu'il n'avait à reprocher à l'écrivain que son départ après la signature du pacte germano-soviétique. (Voir Pascal Ory, *Nizan, destin d'un révolté*, Paris, Ramsay, 1980, p. 237 et suiv., et Jean-François Sirinelli, *Intellectuels et passions françaises*, Paris, Fayard, 1990, p. 154-158.)

---

483 Le *leader* agrarien Nicolas Petkov, héros de la lutte antinazie, fut exécuté à l'été 1948 dans le cadre de la soviétisation générale de l'Europe de l'Est.

---

484 Jean Galtier-Boissière, *op. cit.*, p. 139. Les divers « journaux » du directeur du *Crapouillot* sont pleins du mépris qu'il portait à Tréno ; « clo-porte » ou « vermisseau » sont les injures les plus courantes. Le « commodore » reprochait à Tréno de s'être rangé du côté de Bénard dans la querelle de 1936-1937. Peut-être y avait-il quelque chose de plus profond. Il est en tout cas frappant de voir que Galtier-Boissière, Jeanson, Béraud, représentants d'un « anarchisme » dont l'anticommunisme était la composante la moins floue, s'accordèrent à la fin des années 1940 pour dénoncer le « conformisme » du *Canard enchaîné* que « n'aurait pas reconnu le regretté Maurice Maréchal ».

---

485 Pascal Ory, « Quatre lieux historiques de la presse française » dans *Le Débat*, n° 2, juin 1980, p. 135-141

---

486 Les archives du journal ont conservé quelques lettres de lecteurs (datant de 1949) parmi toutes celles qui lui parvinrent pour protester contre son pro ou son anticommunisme. Illustrant le premier cas, un lecteur « de plus de vingt ans » accuse son « Cher Canard » d'aider les staliniens. « Combien avais-tu d'abonnés en 1939 ? Combien en as-tu aujourd'hui ? En toute sincérité ! En tout cas, si tu continues, tu en auras bientôt un de moins. [...] Sache seulement que je t'ai soutenu souvent contre d'ex-lecteurs qui t'ont abandonné pour les raisons que je te signale. » À l'inverse, des lettres, plus nombreuses, reprochent au *Canard* son anticommunisme, son « venin antisoviétique ». « Le *Canard* est devenu un *Canard* politique, ou aux ordres, comme un vulgaire babillard de la presse pourrie » dit l'un ; « L'esprit ni le bon sens du Canard n'y sont plus » renchérit un autre ; « Le Canard ancienne manière ne se prostituait pas de cette façon-là » ajoute un troisième. Il est constant que tous les correspondants se réclament d'une longue amitié pour le journal et que ceux qui défendent l'URSS et le parti communiste français affirment ne pas être communistes.

---

487 Pierre-Antoine Cousteau, *L'Écho de la presse et de la publicité*, n° 339, 15 mars 1958, p. 31-32.

---

488 En 1953, Maurice Felut décède brutalement. Du coup, Jeanne Maréchal a moins de mal à refuser des propositions que la position de l'ancien administrateur rendait presque irrésistibles. Ce décès est aussi l'occasion d'une prise de distance avec *France-Soir* ; ce n'est certainement pas un hasard de calendrier si Yves Grosrichard et Henri Rochon quittent à la même date le *Canard* pour se consacrer entièrement à *France-Soir*. Le départ du corédacteur en chef laisse les mains libres à Tréno.

---

489 La part des salaires et charges sociales passe de 27 % du total des charges en 1952 (son point le plus bas) à 33 % l'année suivante ; elle est de 36 % en 1958, 46 % en 1959 et monte jusqu'à 60 % en 1965. Elle amorce alors une décrue pour revenir à 48 % en 1969.

---

490 La part du papier fut contenue aux environs de 16 % des charges dans la deuxième moitié des années 1950 et au début des années 1960 ; elle tomba même à 12,5 % du total en 1963. Le chiffre 1964 manque et l'on retrouve en 1965 un chiffre tout différent : le poste est passé à plus de 24 % et y reste fixé jusqu'à la fin des années 1960. Conséquence d'une tension brutale sur le marché du papier journal ? Les statistiques citées par l'*Histoire générale de la presse française* montrent le contraire (il y a certes une progression du prix moyen des cent kilos de papier journal entre 1958 et 1974 mais elle est modeste et régulière). Nous expliquerons donc le doublement du poste papier entre 1963 et 1965 essentiellement par un changement de présentation comptable : réduit au seul papier en 1963, ce poste comprend en 1965 tous les « achats de matières et marchandises ».

---

491 En 1965, la directrice du *Canard enchaîné* touchait environ 33 000 francs par mois (plus de 37 471 euros 2004), un rédacteur en chef 12 500 francs (plus de 80 000), un chroniqueur confirmé 3 750 francs (près de 25 000), un dessinateur avec quinze ans d'ancienneté 2 166 francs (14 234), un premier secrétaire de rédaction 2 000 francs (13 140), un journaliste entré depuis deux à trois ans, spécialisé dans les affaires économiques, 1 750 francs (presque 2 000 euros 2004). Comme on ne connaît pas le nombre exact de salariés du *Canard enchaîné* à cette époque et la part des primes dans les revenus, il paraît hasardeux de calculer un salaire moyen annuel brut en divisant le total des salaires et charges sociales par le nombre d'employés.

492 56 x 36 cm. Ce grand format demeura celui du *Canard enchaîné* jusqu'à nos jours. En 1956, une réduction du format fut envisagée par la direction sur le modèle de *L'Express* qui redevenait un hebdomadaire après avoir tenté le passage à la parution quotidienne. Un numéro de 12 pages, au format tabloïd (30 x 43 cm), fut lancé le 7 mars 1956 comme un pastiche du journal de Jean-Jacques Servan-Schreiber et en même temps comme un test ; les lecteurs devaient se prononcer sur ce nouveau format à l'aide d'un bulletin qui était fourni en page 2. La semaine suivante, le *Canard* faisait état de 75 % de réponses favorables à ce nouveau format mais aucune suite ne fut donnée. Il semble que Tréno n'ait pas voulu renoncer au grand format qui rendait *Le Canard enchaîné* si reconnaissable ; d'autant que la répartition des articles et rubriques dans un format plus petit posait des difficultés considérables. Dans un projet d'article pour le numéro spécial du cinquantenaire (1956), le rédacteur en chef explique que la formule du tabloïd nécessitait une réorganisation de la rédaction « et surtout une augmentation du prix de vente à laquelle il est difficile de se résoudre quand on n'y est pas absolument forcé. » (Archives du *Canard enchaîné*.)

493 La pagination moyenne d'un quotidien était déjà de huit pages en 1924. Pour Roger Fressoz, interrogé en 1984, « augmenter le nombre de pages ne semble pas être une bonne solution car les lecteurs du *Canard* veulent un journal où il n'y a pas de publicité, où tout est à lire, et surtout qu'il soit d'une lecture assez rapide. Enfin, avec l'équipe restreinte que nous avons, étendre le nombre de pages nous coûtera trop cher. » (Interview à *Bourdonnements* Revue de l'union des élèves de l'Ecole centrale, 1984, p. 66-77.)

494 55 000 exemplaires furent commandés à l'imprimerie parisienne du *New York Herald Tribune* ; quarante-huit pages (format 20,5 x 27 cm) de papiers et de dessins humoristiques par les piliers du journal pour les douze mois de l'année au prix de cent trente francs.

495 Une brochure indépendante, composée à Thonon-les-Bains, fut lancée en juillet 1963 au prix de deux francs et cinquante centimes avec des articles humoristiques et des jeux.

496 cf. *supra* p. 131-133.

497 Alain Schifrès, « L'idéologie du *Canard enchaîné* » dans *Analyses de presse* Paris, PUF, 1963, p. 171-172. Les intuitions de cet auteur étaient déjà celles de Claude Estier un an auparavant : « Son public n'est pas homogène puisqu'il est lu régulièrement en France par des gens d'extrême gauche comme par des gens de droite, en Algérie aussi bien par des musulmans que par des « pieds-noirs ». L'anticonformisme systématique du *Canard*, ses propos irrévérencieux envers les hommes au pouvoir, ses allusions répétées et ses « ben, voyons ! » plaisent à un très large public de jeunes (le *Canard* se vend beaucoup dans les grandes villes universitaires) et de moins jeunes où dominent les membres du corps enseignant (primaire et secondaire), intéressés par la politique, souvent proches du PSU [...] mais ne militant généralement pas dans un parti, en majorité laïques et même anticléricaux – il y a quand même six prêtres parmi les abonnés ! – et qui trouvent chaque semaine de quoi nourrir leurs ressentiments contre l'ordre établi. » (*La Gauche hebdomadaire 1914-1962*, Paris, Armand Colin, 1962, p. 238-239.) Elles furent reprises par Claude Lévy en 1966 : « Sans nul doute, *Le Canard enchaîné* est moins lu chez les manuels – paysans surtout et ouvriers – que dans les milieux intellectuels. Sa clientèle se recrute surtout chez les fonctionnaires moyens et les cadres inférieurs, chez les enseignants (du primaire et du secondaire) et chez les étudiants ainsi que dans les professions libérales. Par contre, on ne compte que peu d'artisans et de petits commerçants. » (« Un quinquagénaire toujours vert : *Le Canard enchaîné* 1916-1966 » dans *Études de la région parisienne*, juillet 1966.)

---

498 *Le Canard enchaîné*, 24 mai 1967, p. 7. Cette image d'un journal massivement lu par les instituteurs doit être nuancée, au moins pour les années 1950 : une étude réalisée en 1954-1955 et 1959-1960 à partir de questionnaires adressés à des instituteurs ne plaçait *Le Canard enchaîné* qu'en troisième position des hebdomadaires avec 13 % des hommes instituteurs le lisant (autant que *Le Figaro* et *France-Soir*, derrière *Le Monde, Libération, L'Humanité, France-Observateur, L'Express*) ; il n'arrivait qu'en cinquième position chez les femmes. (Voir Ida Berger et Roger Benjamin, *L'Univers des instituteurs. Étude sociologique sur les instituteurs et institutrices du département de la Seine*, Paris, Minuit, 1964, 212 p.)

---

499 Les membres fondateurs de l'association, que l'on retrouve dans son bureau constitué en janvier 1955, faisaient pour beaucoup partie du cercle large du *Canard* : Pierre Varenne (président), Yves Gandon, Pierre Rocher (vice-présidents), Roger Motelet (secrétaire), Barbier (trésorier), André Berry, Dr Bénite, M. Bossoutrot, René Collamarini, Germain Delatousche, Claude Geoffray, G. Girard, Jean Paquie, Robert Rocca.

---

500 Archives du *Canard enchaîné*.

---

501 Entretien du 5 juin 1995.

---

502 Voir note n° 42, Partie II, chapitre III.

---

503 *L'Action laïque* (revue mensuelle de la Ligue française de l'enseignement), n° 220, mars 1961, p. 9.

---

504 La statue avait été érigée en face du Sacré-Cœur en 1905 et les syndicats, les francs-maçons et les patronages laïques du dix-huitième arrondissement assistèrent à l'inauguration. Fondue en 1941, la statue n'a toujours pas été réinstallée. En 1996, une association fut fondée pour la réérection qui recruta dans les milieux laïques et libres-penseurs de Paris. La mairie de Paris affirma n'avoir « aucune hostilité de principe » mais que des difficultés financières s'opposaient pour le moment à la réalisation de ce projet. Elle fit valoir que la rue Chevalier-de-la-Barre, baptisée en même temps que la statue et menant au Sacré-Cœur, existait, elle, toujours.

---

505 « Dis-moi, Marcel, sous le patronage du Syndicat des instituteurs et du *Canard*, quelques bons esprits ont décidé de créer le Prix du Chevalier de la Barre qui sera décerné à un film laïque. Accepterais-tu de présider le jury avec ton autorité souriante ? – En tant qu'ancien prof, je ne peux refuser cet honneur ! » (Interview de Marcel Pagnol par Pierre Laroche, *Le Canard enchaîné*, 30 mai 1956, p. 3.)

---

506 Syndicat national des instituteurs, Fédération de l'Éducation nationale, Ligue française de l'enseignement, Association des parents d'élèves des écoles publiques. Les liens du *Canard* avec la plupart de ces associations était ancien et solide ; le journal partageait notamment leur attachement à l'École de la République. (André Bianconi, *L'Idéologie du SNI de 1920 à 1939* Toulouse, Institut politique, 1975, 254 p.). Les archives du journal renferment d'autres indices de cette proximité d'esprit : Henri Monier dessina des affiches pour la Confédération des œuvres laïques de vacances d'enfants et d'adolescents (« Jeunesse en plein air ») ; en 1961, le *Canard* organisa une collecte auprès de ses lecteurs pour doter les classes de l'École publique d'un magnétophone ; en 1971, il fit de la publicité gratuite pour un disque édité par la Coopérative de l'enseignement laïque. Par ailleurs, le *Canard* était membre bienfaiteur de la Caisse des écoles du deuxième arrondissement au début des années 1970.

---

507 Voir le courrier du secrétaire de la Fédération de libre pensée et d'action sociale de la Loire qui félicite *Le Canard enchaîné* pour avoir commenté cette visite « avec un esprit critique remarquable. C'est n'est d'ailleurs pas la première fois, ajoute-t-il, que nos adhérents et amis trouvent dans *Le Canard enchaîné* des articles favorables à notre idéal de liberté, de laïcité et de raison. Vous êtes sans doute un des rares journaux à grand tirage à avoir conservé l'esprit républicain véritable s'appuyant sur un anticléricalisme indispensable face à une Église de plus en plus militante et encombrante ». (Lettre du 21 mai 1957, archives du *Canard enchaîné*.)

---

508 Environ 227 000 euros 2004.

---

509 « Nous avons pensé qu'en raison de vos opinions fermement républicaines et aussi du fait de votre indépendance politique, vous accepteriez de conduire la délégation qui demandera une audience au président de la République. [...] Je ne pense pas qu'il soit utile de préciser qu'il ne s'agit pas d'un canular ni d'une occasion pour le *Canard* de se faire de la publicité. Il suffira de donner à la délégation un titre comme « Comité pour le respect de la laïcité de l'État républicain » et je pense qu'à ce moment nos amis de la Ligue de l'enseignement et du Syndicat des instituteurs voudront bien se faire représenter dans la délégation. » (Lettre de Tréno au député Maurice Poirot, 18 avril 1958, Archives du *Canard enchaîné*.)

510 Par exemple lorsqu'il s'agit appeler les Parisiens à se rendre au palais de la Mutualité le 8 février pour y écouter les orateurs abolitionnistes Jean Rostand, Jean Cocteau, le bâtonnier Thorp, le président de la Ligue des droits de l'homme Daniel Mayer, André Philip, Denis Forestier, Claudius Petit, Frédéric Pottecher, François Perroux, Charles-Auguste Bontemps, Me Albert Naud. En novembre, un appel semblable était lancé à destination des Lyonnais, invités à se rassembler le 23 à la Bourse du travail contre la peine de mort ; Jean Rostand présidait le meeting, entouré du bâtonnier Thorp, de Claudius Petit, Daniel Mayer, Charles-Auguste Bontemps, Frédéric Pottecher et Me Albert Naud. Dernier exemple, Pierre Châtelain-Tailhade *alias* Jérôme Gauthier appela les lecteurs du *Canard* à assister au gala organisé par l'Association française contre la peine de mort au palais des Sports de Paris, le 30 octobre 1972 ; aux côtés de Jean Rostand et des professeurs Jacques Monod et Paul Milliez, une pléiade de vedettes du spectacle étaient présentes dont Georges Brassens, Léo Ferré, Serge Reggiani, Nicoletta.

511 La liste a été conservée dans les archives du *Canard enchaîné*. L'organisation Secours aux objecteurs de conscience, dans le comité de patronage de laquelle on trouvait Tréno et Henri Monier (avec André Breton, Charles-Auguste Bontemps, Bernard Buffet, Albert Camus, Jean Cocteau, Jean Giono, Lanza del Vasto, l'abbé Pierre, Paul Rassinier, le pasteur Roser), l'adressa au « président du Conseil Charles de Gaulle ». Les signataires déclaraient qu'il leur paraissait « impossible que ces jeunes gens emprisonnés continuent d'être traités comme des lâches et des criminels. Ce sont au contraire des êtres intrépides, idéalistes et bons. Intrépides, car il faut l'être à l'extrême pour braver la prison sans fléchir et sans murmurer. Idéalistes, car seul l'homme que soutient un idéal placé par lui plus haut que tout peut avoir la vertu nécessaire à une telle abnégation. Bons, puisque c'est par haine de la guerre et amour de tous qu'ils acceptent ce sacrifice. » On retrouve là tout l'argumentaire développé par les journalistes du *Canard enchaîné* sur cette question. Les objecteurs Jean-Bernard Moreau (1949), Jacques Roseau (1959), Robert Gréard (1960), André Bernard (1961), Jean Fabre (1979) bénéficièrent personnellement du soutien du *Canard enchaîné*.

512 Louis Lecoin était alors âgé de soixante-quatorze ans.

513 Dans le même numéro était publiée une lettre de Louis Lecoin adressée à Tréno ainsi qu'aux « amis du *Canard* » : le gréviste de la faim donnait des nouvelles de sa santé – « la volonté commande toute la machinerie » – et rappelait ses exigences : le vote de la loi à bref délai et, en attendant, la libération des objecteurs emprisonnés. « Je continuerai sans faiblesse tant que le but ne sera pas atteint et si je ne parviens pas à l'atteindre, c'est que de Gaulle aura voulu me voir mourir. » (Cité par *Le Canard enchaîné*, 13 juin 1962, p. 5.) Dans son autobiographie, il remercia l'équipe du *Canard* pour l'aide qu'elle lui avait apportée : « Que ne devons-nous pas au *Canard enchaîné*, lequel, non seulement nous a suivis avec sympathie durant ces longues années, mais aussi nous a ardemment aidés à faire triompher cette cause des plus justes. Sans lui, nous n'y serions pas parvenus. » (*Le Cours d'une vie* Paris, chez l'auteur, 1965, p. 272.)

514 La loi fut promulguée le 21 décembre 1963. Les amendements suggérés par Michel Debré étaient très restrictifs : l'objection se limitait à l'« usage personnel des armes », une « commission juridictionnelle » composée de onze membres nommés par le gouvernement jugeait seule de la validité des demandes (rejetées pour la plupart), toute « propagande » en faveur de la loi constituait un délit. Une nouvelle loi sera promulguée en 1983 à l'initiative de Charles Hernu.

515 Louis Lecoin était devenu un « ami » du *Canard* que l'on invitait aux manifestations organisées par le journal et dont on donnait des nouvelles aux lecteurs – ceux-ci l'élirent « Nobel du *Canard* » en 1966, ex aequo avec Jean Rostand. À cette date, Louis Lecoin s'était engagé dans un nouveau combat, pour le « désarmement unilatéral sans conditions de réciprocité », qu'il mena jusqu'à sa mort, survenue le 23 juin 1971. « Contrairement à nombre de candidats au prix Nobel, le pacifisme de Louis Lecoin n'accepte pas de compromis », écrivit un lecteur à l'occasion du vote de 1966. « Il n'admettrait pas l'usage des casques bleus pour assurer "ordre et paix" » ; « S'il y avait des millions et des millions de Lecoin, il n'y aurait plus de soldats et, partant, plus de généraux », écrit un autre. Les autres noms proposés par les lecteurs étaient Bertrand Russell, Danilo Dolci (adversaire de la mafia en Sicile), la chanteuse Joan Baez, Abe Nathan (l'Israélien qui était parti seul pour Le Caire dans l'espoir de convaincre Nasser de faire la paix avec Israël), l'Union espérantiste universelle, Norodom Sihanouk, le pédagogue Célestin Freinet. (*Le Canard enchaîné*, 9 novembre 1966, et Archives du *Canard enchaîné*.)

516 Entretien du 6 février 1995.

517 Archives du *Canard enchaîné*.

518 Il aurait fallu ajouter Jérôme Canard, signature collective qui servit beaucoup à Jean Clémentin pour ce qui concernait l'Algérie ; le même Clémentin rédigeait les « Carnets de route de l'ami Bidasse », reprise d'une rubrique qu'avait rédigée André Guérin en 1939-1940.

519 Jean-François Phan, *La Guerre d'Algérie à travers le Canard enchaîné*, Mémoire de maîtrise d'histoire sous la direction de Mme Rey, Université de Picardie-Jules Verne, juin 1994, 225 p.

520 Jean-François Phan nous apprend que c'est à cette occasion, en 1961, que Jean Clémentin rencontra Serge Richard, qui devait bien des années après travailler au *Canard* ; Serge Richard collaborait alors à *Combat* et était affecté aux services de presse de l'armée.

521 *Ibid.*, p. 28.

522 *Ibid.*, p. 22.

523 Morvan Lebesque cité par Alain Schifrès, *op. cit.*, p. 95. En janvier 1957, un attentat avait été perpétré au bazooka contre le général Salan ; l'enquête fut menée sans grande conviction, à tel point que l'on insinua – notamment le *Canard* – que Michel Debré aurait eu intérêt à protéger les responsables.

524 Cet ancien élève du collège diocésain de Chambéry, Notre-Dame-de-la-Villette, prépara l'École normale supérieure à la khâgne de Henri-IV. Mais la menace du Service du travail obligatoire le contraignit à renoncer à ce projet en 1944.

525 Interview de Roger Fressoz par Jacques Chancel, 14 novembre 1974.

526 Interview de Roger Fressoz par *Playboy*, s.d.

527 Jean Clémentin a malheureusement refusé de répondre à nos questions. Nous en sommes donc réduits à coudre entre eux des renseignements épars, rapports de police (Direction centrale des Renseignements généraux, Renseignements généraux de la préfecture de police), témoignages de ses collègues et amis, ouvrages par lui publiés.

528 Claude Paillat, *Dossier secret de l'Algérie* Paris, Presses de la Cité, 1962, 2 tome. Ce livre fut favorablement accueilli par le *Canard*, qui en cita les passages les plus sensationnels. Le rédacteur anonyme du compte-rendu probablement Jean Clémentin – prenait soin de rappeler que Claude Paillat très « porté sur l'Algérie française », n'était « pas précisément un ami politique » ; mais la thèse du complot gaulliste le 13 mai 1958 allait dans le sens de l'antigaullisme du journal. (*Le Canard enchaîné*, 4 octobre 1961, p. 3.)

529 Lettre de Claude Paillat en date du 18 novembre 1995. Les pièces de l'action engagée par Claude Paillat devant la Commission arbitrale des journalistes en 1986 font de lui un « informateur sur les milieux militaires et religieux ».

530 *Ibid.* Claude Paillat indique dans sa lettre qu'il travailla avec Jean Clémentin « dans la discrétion, puisqu'il lui [Clémentin] fallait peu à peu convaincre l'extrême gauche et la gauche de l'hebdomadaire de ma venue [...]. En effet, aux yeux de cette équipe, j'étais, ce qui n'est pas le cas, une sorte de porte-parole du Haut Commandement et de l'année d'Algérie ». Claude Paillat et Jean Clémentin devinrent amis et le premier se lança dans de nouvelles recherches d'histoire « immédiate » sur les conseils et avec l'aide du second. En 1985, la direction de l'hebdomadaire décida de se séparer de Claude Paillat, invoquant la « position de repli et de réserve » adoptée par lui après la renonciation de Jean Clémentin à sa fonction de rédacteur en chef, en juin 1976. (Claude Paillat soutenait quant à lui que le journal l'avait « mis au placard ».) Cette séparation ne se fit pas à l'amiable, Claude Paillat saisissant la Commission arbitrale des journalistes sur la question de ses indemnités de licenciement et obtenant – en partie seulement – gain de cause.

---

531 Il semble qu'il ait connu quelques ennuis en 1944 qui lui fermèrent momentanément le chemin des journaux français ; en raison de son ultra-pacifisme ou de son antisémitisme attesté par ses amis eux-mêmes ?

---

532 La paternité de cette rubrique est disputée entre Alexandre Breffort et Pierre Châtelain-Tailhade. Il semble que les deux hommes, aux convictions par ailleurs assez proches, collaborèrent à la créer, en 1950, et que Pierre Châtelain-Tailhade s'en réserva peu à peu le monopole. Il est également probable que sa fille, Yvette, rédigeât un certain nombre de « Courriers ».

---

533 Dans le contexte de la guerre d'Algérie, mention spéciale doit être faite de Roland Bacri, en sa qualité d'authentique pied-noir important dans le *Canard* parisien un peu de l'accent de Bab-el-Oued. Né en 1926 à Alger, il fit ses premières armes de journaliste au… *Canard sauvage* de Bernard Lecache, à Alger. En 1953, il envoya un poème au *Canard enchaîné*, qui le publia. Une relation épistolaire s'établit alors entre le jeune journaliste et Tréno, qui dura trois ans. En 1956, le rédacteur en chef du *Canard enchaîné* convia Roland Bacri à Paris pour une collaboration régulière. Le pseudonyme « Roro de Bab-el-Oued » (ainsi que « Le petit poète ») apparut alors toutes les semaines, signant des textes qui se signalaient surtout par l'emploi de l'argot algérois. La chronique de « Roro » ne s'engagea jamais vraiment en faveur d'aucune communauté mais eut le mérite de corriger, par sa seule présence, ce que l'analyse de la situation algérienne par le journal, en particulier de l'attitude des pieds-noirs, pouvait parfois avoir d'univoque.

---

534 En 1956 et 1958, les manœuvres pour le contrôle des puits de pétrole sahariens firent l'objet de quelques articles, le plus souvent signés par Pierre Fontaine, qui n'appartenait pas à la rédaction. Ce dernier écrivait par exemple au lendemain du vote des pleins pouvoirs à de Gaulle, en juin 1958 : « Le véritable problème des événements franco-algériens est de savoir si le groupe franco-américain de Paris enfoncera le groupe franco-britannique de Paris-Alger pour le pétrole algéro-saharien. Le restant n'est qu'amuse-gueule dramatique pour le public. »

---

535 Le procédé du dialogue imaginaire fut utilisé plusieurs fois avant la fin de la guerre. Mais tandis qu'au milieu des années 1950 le *Canard* faisait parler un petit colon et un fellah, il mit face à face au début des années 1960 un soldat du contingent (« Bidasse ») et un fellagha (« Mohammed », « Mustapha » ou « Arbi-Dasse »). Dans tous les cas, ceux qui s'exprimaient étaient des « victimes » plutôt que des « coupables ».

536 Le Front républicain rassemblait la gauche non communiste, radicaux, socialistes, une partie de l'UDSR autour de François Mitterrand, les républicains sociaux de Jacques Chaban Delmas, « ensemble disparate [tombé d'accord] sur un programme minimal de paix négociée en Algérie, de progrès social et de modernisation du pays contre la "majorité de Diên Biên Phu" » (J.-P. Rioux, *op. cit.*, p. 91). Le vote d'investiture ratissa plus large encore puisque les communistes et une majorité de MRP se prononcèrent en faveur de Guy Mollet.

537 Les journalistes du *Canard enchaîné* critiquèrent le raid franco-anglais sur le canal et Port-Saïd. Ils l'interprétèrent comme une opération destinée principalement à préserver les intérêts des actionnaires de la Compagnie du canal de Suez et des compagnies pétrolières. Rien ne justifiait l'engagement de soldats français. L'hostilité que rencontra cette position non-interventionniste, en particulier à droite, explique la convergence d'attaques contre le *Canard* que nous avions déjà relevée. (Cf. *supra* p. 211-212)

538 En juin 1959, *Le Canard enchaîné* faisait état des ventes réalisées par les journaux parisiens en Algérie le vendredi 29 mai ; nous livrons ces chiffres à titre d'indication, sans garantir en rien leur exactitude. Dans le camp « intégrationniste », il rangeait *Le Parisien libéré, Carrefour, Nation française, C'est-à-dire, Rivarol*, ce dernier journal ayant réalisé le meilleur score de son « camp » en vendant 3 249 exemplaires. En face, *Le Monde* avait vendu 9 702 exemplaires, *L'Express* 5083, *France-Observateur* 2607, *Le Canard enchaîné* 13 143 exemplaires. Tréno commentait ainsi ces chiffres : « Le *Canard*, dont le chiffre de vente est largement en tête du score pour la presse politique, n'est-il pas celui qui réalise le mieux l'intégration, puisqu'il est le plus lu dans les deux communautés algériennes ? » (*Le Canard enchaîné* 10 juin 1959, p. 1.)

539 Robert Barrat, journaliste catholique, ami de François Mauriac, était journaliste à *France-Observateur* ; il avait fait un reportage dans les maquis algériens et, à son retour à Alger, avait refusé de dénoncer les hommes qu'il venait de rencontrer. Claude Bourdet, directeur de *France-Observateur*, fut inculpé d'« entreprise de démoralisation de l'armée » pour s'être prononcé contre l'envoi de renforts en Algérie. D'autres journalistes furent inquiétés à peu près à la même époque, Roger Stéphane, Jean-Jacques Servan-Schreiber.

540 Il avait également été saisi en Tunisie, en mai 1952, par le résident général.

541 En août 1961 encore, Louis Terrenoire, ministre de l'Information dans le gouvernement du général de Gaulle, déclara dans les coulisses d'un congrès de presse : « Si on empêche le *Canard* de paraître, je démissionne. Je veux bien être ministre, je ne veux pas être ridicule. » (Rapporté par *Le Canard enchaîné* du 30 août 1961.)

542 Maurice Audin, jeune assistant à l'université d'Alger et militant communiste,

avait été arrêté le 11 juin par les soldats du général Massu. Il disparut le 21 juin, prétendument « évadé ». Un comité fut constitué en novembre par Laurent Schwartz et animé par Pierre Vidal-Naquet (voir, de ce dernier, *L'Affaire Audin* paru en mai 1958 aux éditions de Minuit). Tréno, Lebesque, Gauthier se joignirent à eux pour réclamer toute la lumière, ce dernier écrivant par exemple, en décembre 1957, qu'« on ne fera pas disparaître Maurice Audin deux fois et il faudra bien à la fois nous ouvrir ou sa tombe ou son dossier, on n'escamotera pas l'une dans la nuit et l'autre dans le brouillard, une nuit et un brouillard signés Lacoste ».

---

543 Le 8 février 1956, ripostant à une attaque de l'ALN contre une patrouille française à proximité du village de Sakhiet Sidi Youssef, à la frontière de l'Algérie et de la Tunisie, une escadrille de B 26 détruisit un camp de l'ALN situé en territoire tunisien ainsi que le village de Sakhiet, faisant soixante-dix morts parmi la population civile. Ce massacre dégrada un peu plus l'image de la France à l'étranger, obligea Paris à accepter une mission des « bons offices » anglo-américaine et précipita la chute du gouvernement Gaillard le 15 avril.

---

544 Henri Alleg, ancien directeur d'*Alger républicain*, était un autre de ces militants du parti communiste algérien enlevé et torturé par l'armée française. Lui ne disparut pas, cependant, et put témoigner de ses épreuves dans un livre qui parut en février 1958 aux éditions de Minuit et qui fut aussitôt saisi. Sartre en fit le compte-rendu dans cet article censuré de *L'Express*, qui finissait par ces lignes : « Le témoignage d'Alleg [...] achève de dissiper nos illusions : non il ne suffit pas de punir ou de rééduquer quelques individus ; non, on n'humanisera pas la guerre d'Algérie. La torture s'y est établie d'elle-même : elle était proposée par les circonstances et requise par les haines racistes ; d'une certaine manière, elle est au cœur du conflit et c'est elle, peut-être, qui en exprime la vérité la plus profonde. Si nous voulons mettre un terme à ces immondes et mornes cruautés, sauver la France de la honte et les Algériens de l'enfer, nous n'avons qu'un moyen, toujours le même [...] : ouvrir les négociations, faire la paix. » Morvan Lebesque fit l'éloge du philosophe dans ce même numéro (« Sartre est le plus lucide, le plus intelligent, le plus honnête de nous tous » etc.)

---

545 Le « ratage », du 14 mai 1958 rappelle celui du 7 février 1934, d'autant que les deux événements qui les précédèrent présentent une certaine ressemblance. Le journal fit lui-même le rapprochement dans une note insérée dans le numéro du 21 mai. L'édition spéciale du 16 manqua en partie son but puisque la fête de l'Ascension en limita la diffusion et qu'un retard postal ne la fit parvenir à nombre d'abonnés que le 19. « Pour suivre les événements dans leur foulée, il faut être tout au moins quotidien. Tout ce que peut faire le *Canard*, c'est de les devancer », conclut Tréno le 21 mai.

---

546 À la différence des saisies judiciaires, les saisies administratives pouvaient être décidées par l'autorité politique et militaire sans avoir à fournir de motifs.

Voir A. Heymann, *Les Libertés publiques et la guerre d'Algérie*, Paris, LGDJ, 1972, 315 p. ; et Laurent Martin « Une censure qui n'ose pas dire son nom, la saisie des journaux pendant la guerre d'Algérie » dans Pascal Durand *et al.*, *La Censure de l'imprimé*.

---

547 À comparer aux trente-sept saisies du *Monde* pour la seule année 1958 ou aux cinquante saisies de *Témoignage chrétien* entre 1955 et 1960, toujours en Algérie. Aux saisies de l'ensemble des exemplaires d'un numéro, il faut ajouter des saisies partielles (ainsi mille exemplaires du numéro du 3 septembre 1958 ; le 6 novembre 1963, le *Canard* cita un lecteur d'Oran qui signalait que les trois derniers numéros du journal avaient été saisis) et des retards autoritaires apportés à la diffusion, de deux heures à plusieurs jours.

---

548 *Le Canard enchaîné*, 7 novembre 1962. Cette position de principe explique encore le soutien apporté à *Hara-Kiri* en juin 1966 et à *Minute* en mars 1967 dans leurs démêlés judiciaires.

---

549 En août 1959, l'Union nationale des étudiants de France adressa deux télégrammes, l'un au général de Gaulle, l'autre à son Premier ministre Michel Debré pour protester contre les mesures qui restreignaient l'attribution des sursis d'incorporation. Pierre Châtelain-Tailhade s'en irrita, qui considéra que les étudiants s'étaient tus pendant quatre ans et qu'ils donnaient de la voix maintenant qu'ils étaient concernés. Tréno ajouta à l'article de Pierre Châtelain-Tailhade une note qui le contredisait : d'abord, l'UNEF s'était à plusieurs reprises élevée contre la guerre d'Algérie ; ensuite, on ne rétablissait pas la justice en envoyant les étudiants se battre en Algérie, on ne faisait qu'ajouter une injustice à une autre déjà existante. Pierre Châtelain-Tailhade – tancé ? convaincu ? – se rallia rapidement au point de vue de son rédacteur en chef.

---

550 Le 6 septembre 1960, 121 personnalités du monde culturel et intellectuel publièrent un manifeste dans lequel ils estimaient la guerre d'Algérie contraire à leurs valeurs et justifiaient de ce fait l'insoumission et la désertion. Les journalistes du *Canard* applaudirent moins les 121 qu'ils ne raillèrent les 260 signataires du contre-manifeste, rendu public quelques jours plus tard, qui dénonçaient les calomniateurs de l'armée française et appelaient à la défense de l'Occident.

---

551 L'assemblée des cardinaux et archevêques publia en octobre 1960 un texte dans lequel étaient dénoncées les tortures, les exécutions sommaires et « les mesures de représailles atteignant les innocents ». Le texte réprouvait l'insoumission mais affirmait le devoir de désobéissance si un « acte immoral » était ordonné.

---

552 Par exemple le journaliste Georges Arnaud, poursuivi dans le cadre du procès du réseau Francis Jeanson, cet intellectuel communiste qui avait animé un réseau de soutien au FLN Georges Arnaud était accusé de n'avoir pas dénoncé des « individus exerçant une activité de nature à nuire à la Défense nationale ». (Il sera condamné le 17 juin 1960 à deux ans de prison avec sursis.) Le *Canard* mena campagne en sa faveur. Par contre, les « porteurs de valises » proprement dits ne bénéficièrent d'aucun soutien de la part de l'hebdomadaire satirique.

---

553 L'article 29 de la loi du 29 juillet 1881 (article 1384 du Code civil) définit l'injure comme « toute expression outrageante », « termes de mépris » ou « invective » qui ne renferme l'imputation d'aucun fait précis (à la différence de la diffamation). « Pour être qualifiée du délit d'injure publique, celle-ci doit être [...] adressée publiquement à l'intention d'une personne déterminée dans le but de lui nuire. » Mais, souligne l'auteur de ce texte, « la qualification d'une expression apparemment injurieuse dépend souvent autant de l'atmosphère où elle fut proférée, donc des circonstances extrinsèques au propos tenu, que du terme employé. » (Roland Dumas, *Le Droit de l'information*, Paris, PUF, 1981, p. 430-431.) Autant dire que la qualification de ce délit de presse laissait une grande latitude d'interprétation aux magistrats professionnels du tribunal et que le contexte politique du procès allait exercer une forte influence sur celui-ci.

---

554 Voir par exemple dans le numéro du 14 juin 1961 : « Outre les milliers de messages de sympathie adressés de partout au "Canard", d'autres sont parvenus à Jérôme ex-Gauthier dont certains signés de noms connus. Des amitiés insoupçonnées se manifestent : des religieux (un dominicain notamment) nous assurent de leurs "sentiments fraternels". Et ce qui nous touche peut-être plus encore : des adversaires déclarés, des gens qu'il nous est arrivé de malmener et que nous malmènerons sans doute encore, se montrent indignés, conspuent M. Messmer et, tout en refusant de se rendre à nos principes, nous font l'honneur de ne pas douter de notre honnêteté, de notre bonne foi et même de ce qu'ils appellent "notre utile innocence". » La rédaction invita ses lecteurs à découper une carte qui figurait dans le journal, agrémentée d'une citation de Voltaire et d'une autre de Charles de Gaulle, et à l'envoyer au ministre des Armées « avec le bonjour du *Canard* ». Ce procédé fut utilisé plusieurs fois.

---

555 cf. *infra* p. 340-348.

---

556 Jean-François Phan cite une lettre de Jean Clémentin qui va dans ce sens : « C'était l'époque de la mise au pas de l'armée par de Gaulle *via* Pierre-Auguste [Messmer], qui, personnellement, n'avait rien contre le *Canard*. J'avais trois ou quatre amis personnels à son cabinet ; on en riait ensemble » (*op. cit.* p. 46).

---

557 Plusieurs reports retardèrent l'audience du procès – d'abord prévue pour le 31 mars 1962 puis pour le 5 octobre de la même année, elle eut finalement lieu le 14 décembre 1962. Me Badinter (qui avait remplacé en cours d'instruction Me Delauney, vieil avocat du *Canard* en qui Tréno avait cessé d'avoir confiance, selon ses propres termes) et le bâtonnier Toulouse défendirent le journal en affirmant que « Jérôme Gauthier » n'avait pas visé l'institution militaire en son entier mais seulement ceux de ses membres qui la déconsidéraient par leur comportement et que la justice poursuivait par ailleurs ; qu'en somme ce n'était pas l'armée qui était visée dans l'article incriminé mais l'OAS. Aucun témoin ne fut cité, contrairement aux premières intentions de la direction du journal (une lettre d'André Sauger à Robert Badinter en date du 9 mars 1962 propose, parmi les témoins que le journal compte faire citer, la plupart des journaux alliés dans la lutte contre les exactions de l'armée française en Algérie – *Le Monde, Témoignage chrétien, La Croix, Esprit, Les Temps modernes* – et des personnalités telles que le colonel Rémy, Jean-Paul Sartre, Henri Jeanson ou Djamila Bouhired. Archives du *Canard enchaîné*).

---

558 L'article 42 de la loi du 29 juillet 1881 fait du directeur de la publication (ou de l'éditeur) le premier responsable de tout article paru dans cette publication ; l'ordonnance du 26 août 1944 a, en outre, écarté la possibilité de choisir un « gérant » qui ne soit pas effectivement responsable de la publication. Les auteurs des articles sont également passibles de poursuites. La direction du *Canard enchaîné* prétendit et fit admettre par le tribunal que « Jérôme Gauthier » était une signature collective et non un journaliste particulier (cela pour éviter de révéler la collaboration de Pierre Châtelain-Tailhade).

---

559 Cette tiédeur, l'absence d'engagement véritable du *Canard enchaîné* en faveur des combattants de l'indépendance fut notée sur le moment même, et regrettée, par les anciens membres du FLN ou les anciens « porteurs de valises » que Louis-Marie Horeau, entré au *Canard* en 1979, rencontra par la suite. (J.-F. Phan, *op. cit.*, p. 54.)

---

560 De nombreux articles, en 1961 et 1962, critiquèrent de la manière la plus claire l'orientation de la résistance algérienne. L'indépendance aggrava le contentieux, en particulier à la suite des saisies et interdictions de journaux français en Algérie – le *Canard* en sera lui-même victime, notamment en 1965. Pour les journalistes du *Canard*, les Algériens substituèrent une dictature à une autre, les réalisations en moins.

---

561 « Cet exode massif des « pieds-noirs » ouvre bien des yeux. Un peu les nôtres, il faut le dire. Bien sûr, nous n'avons rien à renier de ce que nous écrivions, mes amis et moi, dans ce *Canard* depuis sept ans [...] ni rien à regretter car il nous a fallu beaucoup moins de temps qu'au général de Gaulle et qu'à M. Debré pour comprendre ce que ce dernier appelle « l'évolution ». Rien à oublier non plus, surtout pas l'interminable martyre de l'Algérie musulmane. Sur quoi donc alors nos yeux s'ouvrent-ils ? Sur l'incroyable absence d'humanité, sur l'incommensurable je-m'en-fichisme du pouvoir. [...] Les conditions dans lesquelles tant de familles quittent l'Algérie sont un scandale national. » (Tréno dans *Le Canard enchaîné*, 23 mai 1962, p. 1-2.)

562 Tréno finit, en mai 1962, par considérer que de Gaulle avait dès 1958 voulu l'autodétermination algérienne et qu'il avait réussi ce que la gauche avait été incapable d'imposer.

563 *Le Canard enchaîné*, 4 avril 1962. Les deux hommes finissaient leurs articles en s'interpellant mutuellement, Tréno demandant ironiquement à Lebesque de donner à de Gaulle le bonjour de sa part, Lebesque évoquant un « ami qui s'abstiendra, contre de Gaulle. Et qui espère bien, comme nous tous, que les oui l'emporteront à une confortable majorité. [...] Je ne sais quoi m'empêche de suivre son exemple, concluait le polémiste : quelque chose, au fond de moi, qui cesserait de me prendre au sérieux ».

564 L'agression physique dont Tréno fut victime le 12 janvier 1956 ne devait rien au contexte algérien. Un entrefilet était paru la semaine précédente dans le *Canard* qui laissait entendre qu'un journaliste de *Paris-Presse*, Jean-François Devay, était homosexuel. Celui-ci fit irruption dans les locaux du *Canard enchaîné*, 2 rue des Petits-Pères, flanqué d'un costaud ; bousculant la secrétaire de Tréno, ils investirent le bureau de celui-ci, firent voler téléphone et classeurs et frappèrent le rédacteur en chef du *Canard*. Deux plaintes furent simultanément déposées, l'une par Devay contre Tréno pour diffamation, l'autre par Tréno contre Devay pour coups et blessures ; les deux plaintes furent retirées après un accord à l'amiable. (Archives du *Canard enchaîné*.)

565 Déclaration faite à Bernard Baissat, *Aux quatre coin-coins du Canard*, BPI-Centre Georges-Pompidou, 1987.

566 Ce titre brutal fut la seule occasion, aux dires des « anciens » du journal, qui ait vu Jeanne Maréchal contester – timidement – les choix de Tréno en matière éditoriale.

567 Un livre récent fait le point sur la question malgré les erreurs dont il est entaché : Christophe Nick. *Résurrection. Naissance de la Ve République, un coup d'État démocratique*, Paris, Fayard, 1998, 835 p.

568 Voir Christian Delporte, « Le monstre bicéphale. L'exécutif dans le dessin du *Canard enchaîné* 1959-1981 » dans *Matériaux*, n° 28, « L'image du pouvoir dans le dessin d'actualité », juillet-septembre 1992, p. 45-51.

569 On sait que c'est précisément la tentative d'attentat du Petit-Clamart qui décida de Gaulle à sauter le pas de l'élection du président de la République au suffrage universel direct. Ainsi, partant de la même prémisse, le général de Gaulle aboutissait au renforcement du caractère présidentiel de la Cinquième République que les journalistes du *Canard enchaîné* considéraient pour leur part comme le principal facteur de faiblesse du régime.

570 De juin 1958 à juin 1969 : André Malraux, Jacques Soustelle, Roger Frey, Louis Terrenoire, Christian de la Malène, Alain Peyrefitte, Christian Fouchet, Yvon Bourges, Georges Gorse, Yves Guéna, Joël le Theule.

571 Les directeurs de journaux et les auteurs des articles incriminés qui comparaissaient pour la même affaire furent condamnés à des peines similaires, exception faite de ceux de *Il Giorno* dont la culpabilité ne fut pas établie. À cette époque, Me Delauney était encore le défenseur en titre du *Canard enchaîné* mais il céda pourtant la place à Me Badinter, considérant qu'il ne pouvait plaider contre une famille et une firme dont il avait été auparavant l'avocat. La ligne de défense de Jeanne Maréchal fut celle de Christian Plume : le conte était une fiction qui n'entretenait aucun lien avec la réalité et ne pouvait donc diffamer qui que ce fût.

572 « Pareille discrimination constitue une atteinte à l'honnêteté la plus élémentaire qui est, comme chacun le sait, à la base de la doctrine gaulliste… » (André Sauger dans *Le Canard enchaîné* 3 juillet 1963) ; « La petite vengeance d'une mesquine muflerie dont a été victime notre directrice, Jeanne Maréchal, a montré aux plus aveugles le mépris que le pouvoir professe pour ce qu'il est convenu d'appeler "la liberté de la presse" » (*ibid*).

573 Henri Massot, président du Syndicat de la presse parisienne, Émilien Amaury, président du Syndicat de la presse hebdomadaire parisienne, Pierre-René Wolf, président de la Fédération nationale de la presse française.

574 « Motions de la Fédération nationale de la presse française » dans *Le Bulletin documentaire de la presse et des industries qui s'y rattachent*, n° 85, juillet 1963, p. 1104. Par ailleurs, le conseil d'administration du Syndicat national de la presse quotidienne régionale vota à l'unanimité la motion suivante : « Constatant la sévérité croissante et l'esprit de plus en plus répressif de l'appareil judiciaire français vis-à-vis de la presse, qu'illustrent certaines condamnations et l'application impitoyable de mesures découlant des dites condamnations, le conseil d'administration du Syndicat national de la presse quotidienne régionale tient à s'élever à nouveau, au nom de la liberté de la presse et de la pensée, contre une attitude qui est en contradiction avec les principes mêmes sur lesquels reposent la démocratie et notre Constitution. » (*Journal officiel*, 27 juillet 1963.)

575 *Correspondance de la presse*, 8 juillet 1963.

576 Lettre tapée à la machine, Archives du *Canard enchaîné* et *Correspondance de la presse*, 29 juillet 1963.

577 Exemples de notices du *Dictionnaire* : Agent ; Affaire ; CIA ; Couverture ; DST ; Électronique ; Finances ; Fonds secrets ; Foccart.

578 Voir, sur cette affaire, la bibliographie fournie par Sophie Gerbaud, *le Journalisme d'investigation en France de 1945 à nos jours,* Thèse de doctorat d'histoire sous la direction de Jean-Jacques Becker, Université de Paris-X Nanterre, 1993, p. 269.

579 Service de Documentation et de Contre-espionnage français, l'ancêtre de l'actuelle DGSE.

580 *Le Canard enchaîné* compara lui aussi, à plusieurs reprises, l'affaire Ben Barka à l'affaire Dreyfus.

581 Le titre reprend celui utilisé en 1934 pour mettre en doute la version officielle du suicide de Stavisky.

582 Jean Clémentin (qui signe Jean Manan), 19 janvier 1966, p. 4. Cette page 4 était entièrement consacrée à ce sujet et mettait en lumière les rôles joués dans la Cinquième par les réseaux gaullistes crées au cours de la Seconde Guerre mondiale, mis en sommeil entre 1946 et 1958, réactivés à l'occasion du 13 mai et prospérant depuis. Parmi les avatars actuels de ces réseaux, le journal citait le Service d'action civique (SAC), – le service d'ordre du RPF – dont l'origine et le recrutement étaient décrits. Voir également la livraison du *Canard de poche* de juin 1966 entièrement consacrée aux « Barbouzes » et à l'affaire Ben Barka.

583 *L'Humanité* était également poursuivi pour avoir parlé de Jacques Foccart comme de l'« homme de toutes les polices » du général de Gaulle.

584 Roland Dumas, *Le Fil et la pelote, mémoires,* Paris, Plon, 1996, p. 187-188.

585 Plaidoirie de Me Lucien Sberro. Archives du *Canard enchaîné.*

586 L'article 31 vise les diffamations commises envers des personnes exerçant une fonction publique. L'article 46 leur fait obligation de poursuivre et au civil et au pénal si la diffamation les visait en raison de leurs qualités ou fonctions.

587 Plaidoiries de Me Roland Dumas et de Me Jean-Pierre Le Mée. Archives du *Canard enchaîné.*

588 Les pièces du procès présentes dans les archives du *Canard enchaîné* contiennent toutes sortes d'éléments intéressants, éléments proprement factuels sur ces fameuses polices parallèles et sur ce personnage à mi-chemin d'Alexandre Dumas et de John le Carré qu'était Jacques Foccart, éléments de portée plus vaste sur la nature de la république gaullienne et le combat mené contre elle par le *Canard* (que l'on peut aussi approcher au moyen des articles du journal de cette époque, par exemple le 20 août 1969 : « Dans ses fonctions, M. Foccart a été un personnage typique de ce régime du pouvoir personnel, sans aucun doute le plus remarquable collaborateur du général de Gaulle en la matière. Il était logique que la lutte politique contre le pouvoir personnel comportât la dénonciation des activités de M. Foccart. ») ; on y trouve enfin des éléments qui permettent à l'historien une meilleure compréhension de la façon dont le *Canard* était perçu à la fin des années 1960 et dont il se percevait lui-même, de ses tactiques de défense et d'attaque, qu'elles fussent journalistiques ou juridiques.

---

589 L'objectif affiché était de remplacer les Halles centrales de Paris mais, et c'était déjà un premier motif d'étonnement pour le journal, le projet qui semblait devoir être retenu conservait ces Halles malgré toutes les nuisances et tous les coûts qu'elles entraînaient – l'influence d'un « groupe de pression » attaché au maintien des Halles au cœur de Paris était évoquée. Mais là n'était pas l'essentiel. L'essentiel était qu'aux terrains initialement pressentis pour accueillir le marché-gare, vastes, pratiques et peu chers (à Valenton), on en avait préféré d'autres, de taille plus réduite (ceux de Rungis) qui présentaient l'« avantage » d'être situés à côté d'une future gare routière de la British Petroleum. En s'arrangeant pour que Rungis soit choisi, la société pétrolière entendait en fait contrôler un jour le trafic des camions de ravitaillement de la région parisienne. (Étaient également en cause une société immobilière et une entreprise de travaux publics.)

---

590 Voir, sur cette affaire, la bibliographie fournie par Sophie Gerbaud, *op. cit.* p. 258.

---

591 *L'Aurore, L'Humanité, Le Journal du Parlement, Libération, Le Monde.*

---

592 « À la mi-janvier [1961] un vieux collaborateur du *Figaro,* Michel-P. Hamelet, avait ouvert le feu en annonçant le premier l'interruption des chantiers de construction du Point-du-Jour et la faillite imminente de la société de promotion animée par l'architecte Fernand Pouillon. [...] *Le Canard enchaîné* n'allait pas tarder à prendre le relais, tuyauté, lui, par un réfugié hongrois nommé Vulcceviks, que Pouillon avait accueilli dans son agence comme dessinateur, au lendemain de l'intervention soviétique à Budapest, et dont il avait dû se séparer par la suite. C'est en effet ce pigiste qui, à coups de ragots, s'est mis à enrichir la légende du grand escogriffe menant la vie de château aux dépens des mal-logés, en smoking blanc et jabot de dentelles, roulant carrosse en Rolls blanche pilotée par un chauffeur noir, drapé dans un manteau de vigogne doublé d'ocelot, abreuvant ses hôtes de whisky débité à flots par une fontaine de son hôtel particulier de la rue des Ursins, dans l'île de la Cité. » Jacques Derogy et Jean-Marie Pontaut, *Investigation passion,* Paris, Fayard, 1993, p. 12. Cette version des faits est celle-là même que donne Fernand Pouillon dans ses *Mémoires d'un architecte,* Paris, Seuil, 1968, p. 406.

---

593 Son nom avait déjà été cité par le journal dans l'affaire des Halles dont il est fait mention ci-dessus. L'autre accusé principal du volet politique de l'affaire Point-du-Jour était Joël le Tac, député UNR du dix-huitième arrondissement de Paris et qui avait bénéficié, pour sa Société parisienne d'impression et de diffusion, d'un prêt de plus de trois cent mille francs de la part du CNL. Cette société éditait dans quelques arrondissements de Paris, des feuilles politiques à la gloire de l'UNR et du gouvernement.

---

594 À trente ans de distance, l'ancien directeur du *Canard enchaîné*, Roger Fressoz, s'en souvenait comme du « premier gros dossier » que le journal ait sorti. « Aujourd'hui, cela ferait dix lignes dans *Le Canard enchaîné*; à l'époque, on a tenu trois numéros sur cette affaire, avec une apostrophe à Sudreau, ministre de la Construction. Une énorme polémique. Les autres journaux nous regardaient comme des Ostrogoths. Notre regret: le seul qui ait payé, c'est l'architecte Pouillon. Ça lui a cassé sa carrière. Tous les politiques s'en sont sortis. » (Entretien du 5 juin 1995.)

---

595 Voir, par exemple, l'article de Tréno à la « une » du numéro du 6 février 1963: « Nous étions des citoyens, nous nous réveillons sujets. Désormais, quand on dit à la radio: « la France veut... la France ne veut pas... », nous savons que les Français n'y sont pour rien. La France, c'est de Gaulle, de Gaulle seul. Ailleurs aussi, d'autres parlent, décident, tranchent au nom de leur pays. Mais ils en rendent compte à leur parlement, à leur parti, à leurs ministres. Lui pas. Quand il lance un défi au reste du monde, il a peut-être ses raisons, mais nous, ses sujets, nous n'avons pas à les connaître. Quand la France se fâche, les Français ignorent pourquoi. On me dira que la majorité s'en balance. C'est possible. Mais que voulez-vous, moi, ça me débecte. »

---

596 Henri Lerner a proposé une intéressante analyse de l'embarras de la gauche devant l'action du général de Gaulle dans *De Gaulle et la gauche*, Limonest, l'Interdisciplinaire, 1994, 321 p.

---

597 Faisaient également partie du Comité Colette Audry, Vincent Auriol, Claude Autant-Lara, Robert Barrat, Charles-Auguste Bontemps, Claude Bourdet, André Breton, Jean Cassou, Jean Cotereau, Denis Forestier, Jean Galtier-Boissière, Maurice Joyeux, Alfred Kastler, Henri Laugier, Louis Martin-Chauffier, Georges Montaron, André Philip, Jean Paulhan, Emmanuel Roblès, Laurent Schwartz, Manès Sperber, le bâtonnier Thorp, Me Henry Torrès. Rassemblement de la gauche non communiste voire anticommuniste, pacifiste et anarchisante, le Comité de 1964 présentait beaucoup de ressemblances avec celui de 1936 ou, à la même date, le « Comité pour l'enquête sur les procès de Moscou et pour la défense de la liberté d'opinion dans la révolution ».

---

598 Louis Lecoin, *Le Cours d'une vie* (chez l'auteur), 1965, p. 238.

---

599 En décembre 1964, Pierre Châtelain-Tailhade, reprenant les suggestions du Comité, invitait les « étudiants, les professeurs, les avocats, le syndicats ouvriers, les personnalités politiques et autres » à intervenir « par des démarches collectives ou individuelles, par une campagne de coups de téléphone, de lettres, de télégrammes, auprès de M. l'ambassadeur d'Espagne à Paris, du ministre de l'Information et du Tourisme à Madrid, etc., pour leur faire part de l'émotion ressentie et du désir de voir cesser rapidement les violations des droits de l'homme. » (*Le Canard enchaîné*, 9 décembre 1964, p. 3.)

---

600 Et stimulé les tirages puisque le chiffre le plus élevé de l'année 1962 est réalisé par le numéro du 11 novembre 1962, soit dix jours après le référendum sur l'élection du président de la République au suffrage universel et une semaine avant le premier tour des élections législatives.

---

601 « Les citoyens de gauche croyaient donc que tous les partis, groupes et groupuscules de gauche allaient désormais s'unir et, qui sait même, se fondre pour appliquer de toute urgence un programme comportant cet article unique : « Se débarrasser du pouvoir personnel et rétablir la démocratie » ? Ils croyaient donc que les hommes politiques de gauche, ayant mis au vestiaire leurs querelles et leurs ambitions personnelles, allaient marcher la main dans la main, au moins jusqu'à l'éviction de leur adversaire commun ? Ils croyaient donc que le régime gaulliste a fait et continue de faire assez de dégâts en France pour que les partis ouvriers mettent sa disparition au premier rang de leurs préoccupations, quitte à laisser pour un moment le reste du monde se débrouiller sans eux ? » (Tréno dans *Le Canard enchaîné*, 20 avril 1966, p. 1.)

---

602 Le plus fort tirage de l'année 1967 (419 961 exemplaires, soit un écart de plus de 22 % par rapport à la moyenne hebdomadaire sur l'année) est réalisé par le numéro qui précède le premier tour des élections législatives.

---

603 Son propre fils, Marcel, professait à son grand regret des opinions trotskistes et jugeait le *Canard* « bourgeois ». À la fin de la grande manifestation du 13 mai, place Denfert-Rochereau, il fut heurté par un car de police-secours et traîné sur plusieurs dizaines de mètres. Tréno dut partager ses semaines entre le *Canard*, alors en pleine effervescence, l'hôpital Cochin, où était soigné son fils, et la clinique de Neuilly où venait d'entrer sa femme malade. « On le sentait en proie à la plus vive inquiétude mais, naturellement, il n'en faisait rien voir. [...] Il nous entraînait, inlassablement, obstiné jusqu'à la véhémence, [...] et en même temps heureux comme un pinson d'être là, de ne pas rater l'événement dans ce Paris en révolte où tout bougeait, changeait, rajeunissait. » (Roger Fressoz, cité par Jean Egen, *Le Canard enchaîné*, Paris, Seghers, 1978, p. 46.)

---

604 Entretien avec Michel Gaillard, 11 septembre 1997.

---

605 Jean Egen, *op. cit.*, p. 44-45.

---

606 « Il a vu, dans le mois de mai, quelque chose de plus profond qu'une révolution : une sorte de tremblement de l'histoire, un changement d'ère, y compris le jeu de mots. » (André Frossard, cité par Jean Egen, *op. cit.*, p. 44.)

607 Le mouvement de grève n'avait touché que certains hebdomadaires et périodiques. La presse quotidienne continua de paraître, « dans la mesure où celle-ci [accomplissait] avec objectivité le rôle d'information qui [était] sa vocation », selon la formule de la Fédération du livre. Rappelons quand même que cette formule permit aux ouvriers d'exercer une censure sélective à l'encontre des titres jugés « non objectifs » ; *Le Figaro, France-Soir, La Nation, Le Parisien libéré* préférèrent ne pas paraître plutôt que d'accepter les modifications exigées par les ouvriers du Livre.

608 Entretien avec Philippe Tesson, 14 mai 1998.

609 Le plus fort tirage de l'année 1968 (447 709 exemplaires, soit un écart de près de 30 % par rapport à la moyenne hebdomadaire annuelle) est réalisé par le numéro du 19 juin 1968.

610 Le projet ôtait au Sénat toute attribution législative et tout droit de contrôle du gouvernement ; son président n'était plus le deuxième personnage de l'État, le président de la République par intérim : ce rôle revenait désormais au Premier ministre.

611 Le tirage le plus élevé de l'année 1969 (550 720 exemplaires, soit un écart de plus de 23 % par rapport à la moyenne hebdomadaire sur l'année) est réalisé par le numéro du 18 juin, qui suit le deuxième tour de l'élection présidentielle.

612 (André Ribaud dans *Le Canard enchaîné*, 11 novembre 1970, p. 1.) Ce numéro ne passa pas inaperçu : l'inspectrice des ventes du *Canard enchaîné*, Paco Fuzier, signala des incidents à Lyon et à Nice. À Lyon, trois kiosquiers sur dix visités firent état de l'« indignation » de certains lecteurs vis-à-vis de ce qui leur paraissait être une attaque de trop contre le grand homme. À Nice, trois marchands furent menacés d'incendie s'ils ne retiraient pas le *Canard* (et *Minute*) de leur étalage ; un homme acheta quatre exemplaires à un kiosque et les brûla sur place. (Archives du *Canard enchaîné*.)

613 Jeansylvain Pradeau, *La Philosophie politique du* Canard enchaîné, Mémoire présenté à la faculté de droit et de sciences économiques de Poitiers, 1961, p. 82. 1961 marque bien la découverte « scientifique » du *Canard enchaîné*. La même année, rappelons-le, Alain Schifrès soutient son mémoire pour le diplôme d'études supérieures de sciences politiques qui paraîtra en 1963 dans *Analyses de presse* (Paris, PUF, 1963, p. 91-176) sous le titre « L'Idéologie du *Canard enchaîné* ». Toujours en 1961, en mai, les *Cahiers de la République* s'interrogent dans leur numéro 32. « La prochaine réforme constitutionnelle consacrera-t-elle le rôle du *Canard enchaîné* ? »

614 Désaccord de stratégie signalé par Jean-Pierre Lursat, « Quelques vérités inconvenantes sur *Le Canard enchaîné* », *L'Esprit libre* n° 1, novembre 1994, p. 9.

---

615 Rappelons que Jean Clémentin avait lui-même collaboré à *Combat*, au début des années 1950.

---

616 Selon les Renseignements généraux de la préfecture de police, dossier de 1972. Publié par Jean Picollec en 1980.

---

617 Selon Jean Montaldo, « les gens qui tenaient le service politique de *Minute* (Gilbert Parigni, René Sève, Roland Jacquard), « pigeaient » au *Canard* et vice-versa ».

---

618 Dominique Durand. Entretien du 5 octobre 1998.

---

619 Claude Bellanger cite Jean-Claude Texier qui s'appuyait sur une enquête auprès de ses lecteurs pour affirmer que, « dans l'ensemble, ils ont le cœur à gauche, mais, politiquement, ils sont mal dans leur peau » (*Combat*, 21 mai 1971, cité dans l'*Histoire générale de la presse française*, tome 5, 1976, p. 377.)

---

620 Entretien du 14 mai 1998.

---

621 Il faudrait y ajouter Serge Richard et Louis-Marie Horeau, déjà cités pour la matrice *Combat*. Quand le premier entra au *Canard enchaîné*, en 1977, il avait derrière lui un passé de militant étudiant UNEF (il fut président de la Fédération générale des étudiants de Lettres de la Sorbonne en 1958, et responsable du journal de l'UNEF dans cette université, *Paris-Lettres*), et de journaliste politique ; après quelques années à *Combat* puis à *L'Express*, il participa à la création de *L'Unité* en janvier 1972, où il rencontra Nicolas Brimo. C'est d'ailleurs ce dernier qui, averti du désir de Serge Richard de quitter *L'Unité* en 1976, le recommanda auprès de Claude Angéli. Comme Serge Richard nous l'a confié, « c'était un moment où la gauche était persuadée qu'elle allait remporter les élections et je ne me voyais pas travaillant dans un journal gouvernemental ». C'est également Claude Angéli qui recruta Louis-Marie Horeau en 1979, Horeau qui avait fréquenté les milieux étudiants gauchistes vers 1968 et fait des piges pour *Politique-Hebdo*, puis pour le *Canard enchaîné* quand il était encore au *Quotidien de Paris*.

---

622 Selon les Renseignements généraux de la préfecture de police, dossier de 1972. Publié par Jean Picollec en 1980.

---

623 Il avait vécu sa première expérience de presse comme rédacteur du mensuel des Jeunesses communistes *L'Avant-garde*, à partir de 1957, puis de *Nous les garçons et les filles*.

---

624 Signalons également le journal franco-belge révolutionnaire *Front* qu'il fonda et anima en mai 1968.

625 Georges Marion, entretien du 14 décembre 1998.

626 *Ibid.*

627 Claude Angéli, entretien du 18 juillet 1997. Précisons que cette « continuité des engagements » ne faisait pas l'économie d'une rupture avec son passé stalinien. Le communisme, renié sous sa forme temporelle, subsista comme une illusion nécessaire.

628 *Le Canard enchaîné*, 30 mars 1977, p. 7.

629 Il fit partie du groupe fondateur du *Magazine littéraire*, en 1966, et créa *L'Idiot international* avec Jean-Edern Hallier en 1970.

630 Jusqu'aux années 1970, les secrétaires de rédaction jouaient un rôle considérable au *Canard enchaîné*. Le nombre réduit de permanents et la nonchalance de quelques-uns obligeaient les autres à la polyvalence et tous les secrétaires de rédaction remplissaient d'autres tâches que la mise en pages. Ce fut encore le cas dans les années 1970 et suivantes mais les rédacteurs, entrés en grand nombre durant cette période, veillèrent à limiter les attributions des secrétaires de rédaction.

631 Vasquez de Sola publia quelques dessins dans le *Canard* à l'été 1960. Peu au fait de l'actualité politique française, il préféra partir du journal au bout de quelques semaines. Il y revint brièvement à la fin des années 1960 mais, pour un dessin refusé par Tréno, partit de nouveau. La mort de Tréno – pour lequel il avait une réelle affection – facilita son deuxième retour au *Canard*. Il fut l'un des dessinateurs-phares du journal des années 1970.

632 Comme *Politique-Hebdo*, *Action* était dirigé par un ancien membre, exclu en 1964, du parti communiste, Jean-Pierre Vigier, avec le soutien de l'UNEF, du Mouvement du 22 mars, des Comités d'Action lycéens, de la direction du Syndicat national de l'Enseignement supérieur (SNES-SUP). Il disparut en 1969.

633 Il fallait envoyer au journal tout document à caractère humoristique ou satirique se rapportant à l'actualité, photo originale ou découpée dans un journal, choses vues, texte, citation, etc. Les plus originaux étaient publiés chaque semaine et leurs expéditeurs récompensés par une montre Lip.

634 On vit aussi, sur le plateau du Larzac, René Dumont et François Mitterrand, des militants de l'IRA et des Indiens d'Amérique, des maoïstes et des anarchistes, etc.

635 Lettre de Pierre Molénat, « conseiller agricole du Larzac » et adhérent de l'Association pour la sauvegarde du Larzac, 1er août 1973, archives du *Canard* *enchaîné*. Par la suite, les paysans du Larzac créèrent un groupement foncier agricole (GFA) qui permit d'acheter environ cent hectares de terre et surtout de créer un réseau de trois mille « propriétaires militants ».

---

636 Une bonne partie de l'équipe, Roger Fressoz en tête, défila de la porte d'Orléans à la porte d'Italie par les boulevards des Maréchaux, avec banderoles et pancartes agrémentées de canards. Pour la deuxième fois de son histoire, *Le Canard enchaîné* participait à une manifestation de rue.

---

637 Ce terrain ne fut jamais vraiment utilisé par les gens du *Canard enchaîné*. Le journal le revendit dans les années 1980.

---

638 Le lundi 21 juillet 1975, vers 20 h 30, Henri Deligny rejoignit quelques membres de l'équipe du *Canard*, dont Roger Fressoz, dans un bar-tabac situé à deux pas du journal. Il reprocha au directeur du journal d'avoir refusé un article sur la révolution portugaise qu'il avait d'abord accepté. Le ton monta rapidement et Henri Deligny saisit sur le comptoir un siphon d'eau de seltz, arrosa Roger Fressoz puis le frappa au visage avec la bouteille vide, causant une blessure qui nécessita sept points de suture. Le directeur du *Canard enchaîné* licencia le journaliste pour faute lourde. Ce dernier riposta en exposant sa version des faits dans *Charlie-Hebdo* et en engageant une action devant le Conseil de prud'hommes et devant le tribunal de grande instance de Paris. Au Conseil, il demanda le paiement d'une indemnité de licenciement (il n'obtint qu'un franc pour inobservation de la procédure de licenciement), au tribunal le remboursement des actions qu'il avait reçues à son arrivée au journal (ce remboursement lui fut refusé au motif qu'il avait signé un bordereau de transfert d'actions avant son départ). Restaient le fond et les conséquences de l'affaire. Aux dires de Michel Gaillard, l'actuel directeur du *Canard enchaîné*, l'article de Deligny n'était pas passé parce qu'il s'en prenait à mots couverts à un autre journaliste du *Canard*. Henri Deligny accusa Roger Fressoz de censure et d'avoir cédé aux pressions des communistes de la rédaction hostiles à la critique de la « Révolution des œillets ». Roger Fressoz affirma quant à lui qu'on pouvait tout dire au *Canard* mais qu'il ne fallait pas « se tromper de journal, essayer à tout prix et par des voies détournées, contre l'opinion de toute l'équipe, de donner au *Canard* un ton, un tour, une intention qui [n'étaient] pas dans sa nature et sa destination ». (« Sur une agression au siphon armé », *Le Canard enchaîné*, 7 août 1975, p. 5.) L'affaire fit quelque bruit dans la presse, *L'Aurore* et *Le Figaro* trouvant là l'occasion de dénoncer le « conformisme et la censure » régnant rue Saint-Honoré.

---

639 Il s'agissait du livre de Bernard Charbonneau, *Les Jardins de Babylone*, paru en 1969 chez Gallimard. « L'équilibre fragile et complémentaire qui s'était établi entre les villes et la campagne et qui permettait la vie se détruit sous nos yeux. La planète, dans un délai assez rapide, ne sera plus qu'une interminable banlieue mourant sous un ciel de suie à peine respirable. Il faut absolument lire ce livre. Car la seule façon d'échapper à ce péril mortel, c'est d'en prendre une conscience aiguë. C'est une question de vie ou de mort. » Yvan Audouard dans *Le Canard enchaîné*, 12 août 1970, p. 7.

640 Roger Fressoz dans *Le Canard enchaîné*, 2 octobre 1974, p. 1.

641 Jean Clémentin dans *Le Canard enchaîné*, 28 mai 1977, p. 7. (Critique favorable du livre de Michel Bosquet, *Écologie et liberté*.)

642 Entretien du 18 février 1999.

643 Tréno dans *Le Canard enchaîné*, 28 mai 1969, p. 1.

644 « Chaban Delmasque » *Le Canard enchaîné*, 25 juin 1969.

645 Commentant en janvier 1973 la dénonciation des débordements du pouvoir présidentiel par François Mitterrand, Roger Fressoz ajoutait : « On constate en somme que la Constitution de 1958 qu'on a fait voter solennellement par le peuple n'est plus qu'un chiffon de papier, qu'en réalité elle n'a jamais été appliquée, que la France vit sous un régime coutumier où le mauvais plaisir du Président est tempéré par son bon plaisir et vice versa, nonobstant tout ce qui est écrit dans les textes constitutionnels. » (*Le Canard enchaîné*, 10 janvier 1973, p. 8.)

646 *Ibid.* 12 novembre 1969, p. 1.

647 Le *Canard* glosa à l'infini sur la date choisie pour le scrutin : le 23 avril, jour de la Saint-Georges.

648 André Ribaud – Roger Fressoz, « Dans le Pompidoute, abstiens-toi » dans *Le Canard enchaîné*, 12 avril 1972, p. 1. Philippe Tesson écrivait en page 7 : « Si ça me plaît de m'en foutre » et Charles Bernard, une semaine plus tard : « À cause de l'appel tentateur des oiseaux et des poissons, ces sales bêtes de l'incivisme, le oui massif va devenir un oui chétif. [...] On est à peu près assurés que, même sans un large assentiment populaire, l'Europe du fric, l'Europe des industriels va se faire très vite... »

649 *Le Canard enchaîné*, 21 février 1973, p. 1.

650 Voir par exemple l'article d'André Ribaud, « La guerre des Gaulles », du 8 novembre 1972, qui trouve sa matière dans l'opposition réformatrice de Jean-Marcel Jeanneney et l'animosité Giscard/Debré. Mais il faut surtout voir les échos de la page 2 qui, depuis le départ du général de Gaulle, regorgent d'anecdotes sur la querelle des héritiers.

651 *Le Canard enchaîné*, 21 février 1973, p. 1.

652 *Ibid.*, 14 mars 1973, p. 1.

653 *Ibid.*, 30 mai 1973, p. 1 et 8.

654 « La brusque mort du Régent [...] scella cruellement la fin d'une supercherie dramatique, fut l'épilogue d'une tromperie démesurée. [...] La santé du Régent était restée jusqu'au bout un secret du sérail sur lequel on tendit des gazes incroyables, indignes ou puériles, pour abuser, duper l'anxiété publique, masquer la vérité. [...] On fit de grandes louanges, on prodigua des marques d'admiration ou de compassion sur sa fermeté d'âme pour endurer stoïquement ses souffrances, sur son courage d'homme. Mais il n'était pas seulement un homme privé, il était aussi le Régent. Parce qu'il avait voulu, jusqu'au bout de son épuisement, se croire indispensable quand déjà il ne pouvait plus dispenser ses forces et ses lumières, on ne loua pas sa clairvoyance d'homme d'État. »

655 Voir par exemple l'article de Roger Fressoz du 4 mai 1977 sur la « décadence de la Cinquième République » à laquelle le directeur du *Canard* prédisait le même sort que la monarchie de Juillet.

656 Paru aux éditions du Seuil, ce livre relate l'exclusion dont fut victime ce communiste « historique » qu'était Charles Tillon.

657 Hélène Parmelin était une militante communiste qui décrit dans ce livre, paru aux éditions Stock, la vie d'une cellule du parti. Jean Clémentin, commentant ce livre, salua d'abord l'humble militante refusant de quitter le parti malgré ses défauts, dont l'exposé devient du même coup un terrible réquisitoire. « Si on considère l'ensemble des pays d'un niveau comparable à celui de la France, ajouta Clémentin, on voit que l'existence, chez nous (comme en Italie) d'un PC puissant n'a rien apporté de plus à la classe ouvrière. [...] De cette constatation banale, on infère qu'une classe ouvrière peut s'en tirer sans parti communiste, voire mieux. » (*Le Canard enchaîné*, 2 mai 1979, p. 7.)

658 André Ribaud dans *Le Canard enchaîné*, 19 novembre 1980, p. 8.

659 Allusion au vieux thème du « bolchevique au couteau entre les dents ». Cf. *supra*, p. 140.

660 *Le Canard enchaîné*, 29 avril 1981, p. 1.

661 Voir Jean-Jacques Becker et Pascal Ory, *Crises et alternances 1974-1995*, Nouvelle Histoire de la France contemporaine, tome 19, Paris, Seuil, 1998, p. 237.

662 André Ribaud (Roger Fressoz) dans *Le Canard enchaîné*, 13 mai 1981, p. 1.

663 Également significatif est le grand titre de « une » choisi pour ce numéro : « Ni Anne-Aymone ni couronne » : c'est bien la défaite de Valéry Giscard d'Estaing qui était saluée, plus que la victoire de François Mitterrand.

664 Le 6 mai 1981, Nicolas Brimo publia dans *Le Canard enchaîné* deux documents datés l'un de février 1943, l'autre de mars 1944 et signés de la main de Maurice Papon, alors secrétaire général de la préfecture de la Gironde. Ces documents prouvaient la responsabilité du haut fonctionnaire dans la déportation de juifs en direction de l'Allemagne. Comme l'a révélé Sonia Combe, ces pièces avaient été communiquées au *Canard enchaîné* par Michel Slitinsky qui avait aidé au classement par les Archives départementales de la Gironde d'un fonds constitué de près de deux mille dossiers familiaux provenant du service des questions juives de la préfecture. (Sonia Combe, *Archives interdites. Les peurs françaises face à l'histoire contemporaine*, Paris, Albin Michel, 1994, p. 265.) L'affaire était particulièrement grave en ce qu'elle touchait un ancien préfet, actuel député RPR du Cher et ministre du Budget dans le gouvernement dirigé par Raymond Barre ; déclenchée quatre jours avant le scrutin présidentiel, elle ne put apparaître que comme une opération politique – comme J.-M. Théolleyre en fit le reproche au *Canard* dans *Le Monde*... trois années plus tard. Les révélations du *Canard enchaîné* furent à l'origine du processus judiciaire qui conduisit à la condamnation de Maurice Papon à dix ans de réclusion pour complicité de crime contre l'humanité, le 2 avril 1998.

665 Roger Fressoz dans *Le Canard enchaîné*, 14 juillet 1971, p. 8.

666 *Ibid.*, 21 juillet 1971, p. 2

667 Les actionnaires d'une société avaient la possibilité de déduire de leurs impôts la part des dividendes qui ne leur était pas versée puisque versée aux impôts au titre de l'impôt sur les sociétés.

668 « En d'autres temps, continuait le directeur du *Canard enchaîné*, on s'adressait à des organismes agréés, comme le Conseil constitutionnel, le Conseil d'État, ou le Conseil supérieur des Impôts. Maintenant, c'est le *Canard* qu'on invite à dire le droit. C'est trop d'honneur, mon bon monsieur. » (*Ibid.*, 26 janvier 1972, p. 1.) Les numéros des 19 et 26 janvier 1972 furent tirés respectivement à 540 000 et 580 000 exemplaires. Le taux d'invendus ne fut que de 15 % sur l'ensemble de la France et de 8 % sur Paris. (Le taux habituel à cette époque dépassait les 25 %.)

669 La responsabilité de Valéry Giscard d'Estaing et de Jacques Chirac fut évoquée à l'époque, notamment par *Le Nouvel Observateur* ; l'affaire de la feuille d'impôt se serait inscrite dans une stratégie de déstabilisation du Premier ministre dans la perspective de présidentielle anticipée.

670 Georges Marion, entretien du 14 décembre 1998. Le supplément au *Canard enchaîné* du 5 mars 1986 (numéro anniversaire) complète cette explication « Chaban est alors à Matignon, où il fait suivre le courrier personnel qui lui est adressé à son domicile. Mais les PTT se plantent et, par erreur, la feuille d'impôt du Premier ministre arrive dans un autre ministère. Là, un fonctionnaire remarque que l'expéditeur est le Trésor public. Piqué par la curiosité, il ouvre et découvre que Chaban ne paie pas plus d'impôts qu'un médecin de campagne. Il la remet à un ami qui la fait parvenir au *Canard.* »

---

671 « Là-dessus arrive l'affaire Dega. Édouard Dega, inspecteur des impôts, est en prison pour avoir arrangé les affaires d'un certain nombre de riches et influents citoyens. Son frère, Georges, conseiller fiscal, a peur. Il sait des choses et pense qu'il pourrait lui arriver malheur. Je le rencontre. Après notre rendez-vous, je reçois les déclarations de revenus de Chaban-Delmas sur quatre années – l'envoi était anonyme mais c'était Georges Dega qui m'avait envoyé cela ; il voulait se protéger. » (Claude Angéli, entretien du 28 juillet 1999.) La photocopie de la feuille d'impôt et des déclarations de revenus de Jacques Chaban-Delmas inaugura une belle série : le *Canard* publia les feuilles d'imposition de Valéry Giscard d'Estaing le 27 juin 1979, de Marcel Dassault le 19 septembre 1979, en attendant, en septembre 1989, celles de Jacques Calvet.

---

672 Celui qui n'était encore que ministre délégué aux Relations avec le Parlement avait déjà organisé son fief de Corrèze. Le château qu'il y avait acquis – dans des conditions qui firent l'objet de révélations ultérieures – devait être restauré ; les dispositions fiscales en vigueur lui permirent de déduire de ses revenus la totalité des travaux qu'il fit effectuer à ses frais. Il ne paya donc pas d'impôts durant deux années. Là encore, nulle fraude mais ce qui paraissait au *Canard* une sorte d'injustice fiscale et d'indélicatesse morale.

---

673 Voir sur cette affaire Gabriel Aranda *L'État piégé* Paris, Stock, 312 p., Thierry Wolton, *Les Écuries de la Ve République* Paris, Grasset, 1989, 322 p.

---

674 Le *Canard* avait mis en cause le ministre de l'Equipement et du Logement dans une série d'articles en avril, mai et juin 1969, annonçant que le ministre se proposait de confier (le journal dit : « brader ») au secteur privé la construction et l'exploitation des autoroutes françaises et posant la question du conflit d'intérêt entre le ministre et le banquier et promoteur immobilier qu'était Albin Chalandon. Celui-ci intenta un procès au journal satirique pour « diffamation publique à raison de ses fonctions ou de sa qualité envers un membre du ministère ». Pour les journalistes du *Canard enchaîné,* si le cas Foccart – exactement contemporain – permettait de faire un peu de lumière sur le gaullisme des polices parallèles, le cas Chalandon, lui, éclairait « le gaullisme bancaire et immobilier, le gaullisme dont les tenants, une fois installés au cœur de l'État, ou dans sa périphérie, ont tendance à confondre manifestement leurs intérêts particuliers avec l'intérêt général ». (*Le Canard enchaîné,* 3 décembre 1969, p. 4.) Une série d'articles détaillèrent la carrière et les activités d'Albin Chalandon durant l'instruction de l'affaire, qui n'alla pas à son terme, la mort de Tréno entraînant la fin de l'action engagée par le ministre.

675 Sophie Gerbaud, *Le Journalisme d'investigation en France de 1945 à nos jours*, Thèse de doctorat d'histoire de l'université de Paris X-Nanterre sous la direction Jean-Jacques Becker, 1993, p. 308-323.

676 Christian Plume et Xavier Pasquini *Une enquête de police sur* Le Canard enchaîné, Paris, éd. Jean Picollec, 1980, p. 30.

677 Michel Gaillard, entretien du 27 mars 1998.

678 « Pour la sauvegarde de l'État et dans le strict respect de la loi, j'ai décidé de rendre publics un certain nombre de documents dont j'ai eu à connaître officiellement pendant plus d'un an, du fait de mes fonctions de conseiller technique du ministre de l'Équipement et du logement ou de commissaire du gouvernement dans la préparation de certains projets de loi. [...] Personne n'est au-dessus de la loi. Pour être juste, la République doit être pure. La place des criminels est en prison et non au faîte des honneurs. [...] ». Gabriel Aranda associait à ce dessein purificateur le projet d'empêcher la vente d'armes françaises à la Libye ; il aurait fait partie d'un réseau d'amis d'Israël nommé « Archanges » dont les membres, recrutés parmi les hauts fonctionnaires de la République française, auraient fait pression sur le gouvernement pour qu'il infléchisse sa politique au Proche-Orient dans un sens plus favorable à Tel-Aviv. Bien entendu, il est très possible que l'intention réelle ait été exactement contraire aux déclarations d'Aranda (en clair, qu'elle ait correspondu à une opération d'intoxication anti-israélienne) ou, plus vraisemblablement encore, que le réseau « Archanges » n'ait existé que dans l'imagination du haut fonctionnaire.

679 Ces pièces constituaient une partie des 138 documents qu'avait mis de côté l'ancien conseiller d'Albin Chalandon qui eux-mêmes ne représentaient qu'une partie des 120 kilos d'archives déménagées, aux dires de Gabriel Aranda et du *Canard enchaîné*, par les services d'Albin Chalandon au lendemain du changement de gouvernement en juillet 1972.

680 Il convient cependant de noter que Gabriel Aranda refusa toujours de « charger » Albin Chalandon personnellement.

681 *L'État piégé, op. cit.* Le *Canard* en publia les bonnes feuilles le 6 décembre 1972. L'auteur y réaffirme avoir agi « dans le seul intérêt de l'État sans aucun intérêt personnel ». Par ailleurs, Gabriel Aranda se livra à une opération médiatique de grande envergure pour donner le maximum de publicité à ses révélations. Il contacta Étienne Mollet au *Monde* et lui remit le texte intégral de la lettre publiée partiellement par le *Canard* – le quotidien la publia le soir de ce même 13 septembre. D'autres journaux et l'AFP reçurent le même texte.

682 Dont les premiers numéros contenant les révélations de Gabriel Aranda battirent des records de tirage et de diffusion : le numéro du 20 septembre 1972 et celui du 27 septembre furent tirés respectivement à 749 000 et 768 000 exemplaires. La diffusion fut de plus de 630 000 exemplaires pour ce dernier numéro, soit un taux d'invendus de 17 %.

---

683 Toute cette affaire s'acheva par un non-lieu général en juillet 1974.

---

684 Roger Fressoz dans *Le Canard enchaîné*, 20 septembre 1972, p. 8.

---

685 Voir Jacques Derogy et Jean-Marie Pontaut, *Enquête sur les affaires d'un septennat*, Paris, Robert Laffont, 1981, 336 p.

---

686 C'est le décret suspendant Henri Tournet de la Légion d'honneur, paru au *Journal officiel* le 19 août 1979, qui attira l'attention des journalistes du *Canard enchaîné*. Il était en effet peu courant qu'un cas de délinquance économique entraîne une telle sanction.

---

687 Dans un entretien accordé à Sophie Gerbaud le 13 janvier 1988, Louis-Marie Horeau a détaillé la répartition des tâches entre les membres de l'équipe : « Je pouvais avoir plus facilement des informations dans le milieu judiciaire, Brimo dans le milieu politique et Roire dans le milieu financier. Nous nous sommes complétés et avons rassemblé les morceaux du puzzle. » (Dans Sophie Gerbaud, *op. cit.*, p. 383.)

---

688 Signalons que la thèse du suicide fut discutée. Plaidaient contre elle la disparition des dossiers qu'avait emportés Robert Boulin en partant de son bureau l'après-midi du 30 octobre et la noyade dans un étang très peu profond de la forêt de Rambouillet. Mais les lettres qu'il rédigea avant sa mort, les propos qu'il tint à son fils quelque temps auparavant attestent son état dépressif d'alors.

---

689 C'est alors que le dessinateur Cardon quitta définitivement *L'Humanité-Dimanche* pour *Le Canard enchaîné*. Il avait d'abord passé un dessin au *Canard* se moquant de Georges Marchais, ce qui lui fut reproché par le directeur de l'hebdomadaire communiste. Il donna alors sa démission et adressa une lettre au rédacteur en chef pour expliquer les raisons de son départ, essentiellement son « total désaccord avec la campagne anti-*Canard* développée dans *L'Humanité* ». Cette lettre fut publiée par le *Canard* à défaut de l'être par *L'Humanité-Dimanche*.

---

690 *Le Canard enchaîné*, 31 octobre 1979, p. 1.

---

691 Un autre indice de l'embarras de la rédaction fut la décision prise de verser à une œuvre de bienfaisance l'intégralité des sommes que les ventes supplémentaires du n° 3079 (31 octobre 1979) pourraient rapporter au *Canard enchaîné*. « Devions-nous tirer davantage et avoir l'air de profiter d'une affaire qui s'est conclue par mort d'homme ou ne pas manquer la vente au moment où nous sommes attaqués de toutes parts », s'interrogea Roger Fressoz. La solution de l'organisation caritative permit de sortir de ce dilemme. Ce n'était pas la première fois que le *Canard* versait à une telle organisation le produit d'une vente exceptionnelle: 10 000 francs furent versés à Terre des Hommes après le record battu par le numéro du 5 décembre 1973 avec la découverte des micros. (Archives du *Canard enchaîné.*)

---

692 Justifiant son rôle dans cette affaire, la rédaction du *Canard enchaîné* dut quand même passer sous silence la phrase qui la concernait dans la lettre laissée par Robert Boulin : « Voici au surplus que Tournet libéré « parle à la presse » pour reprendre l'expression du journaliste du *Monde* dans son article du 27 octobre, donnant ses versions mythomaniaques au *Canard enchaîné*, versant délibérément et au grand jour des pièces du dossier de l'instruction à ce journal dont la motivation profonde est la malveillance. » (Cité par Jacques Derogy et Jean-Marie Pontaut, *op. cit.*, p. 54. Le texte intégral de la lettre est également présent dans Sophie Lhoste, *Satire politique et déontologie*, Mémoire de l'Institut d'études politiques sous la direction de M. Guy Drouot, Aix-en-Provence, 1997, annexes.)

---

693 Voir Jacques Bacelon, *L'Affaire de Broglie*, Paris, éd. Picollec, 1981, 384 p., Philippe Bernert et André Giresse, *Seule la vérité blesse*, Paris, Plon, 1987, 436 p., Thierry Wolton, *op. cit.*, Jacques Derogy et Jean-Marie Pontaut, *op. cit.*

---

694 C'est Louis-Marie Horeau qui récupéra ces rapports, grâce aux contacts qu'il avait dans la police. « Le *Canard* est présent parce qu'un, deux ou trois de ses journalistes connaissent bien la police, entretiennent des contacts déjà anciens en qui ils ont toute confiance. C'est de cette façon qu'on obtient le document. » (Entretien accordé à Sophie Gerbaud le 13 janvier 1988, *op. cit.*, p. 354.) Lors d'un entretien que nous avons nous-même réalisé, le journaliste a précisé les circonstances de ce « coup » : « Ce rapport était connu, le *Canard* en avait parlé en 76, en l'attribuant faussement aux Renseignements généraux. Un de mes contacts à la PJ me le fit voir – je pus constater qu'il émanait bien de la Police judiciaire. J'en parlai lors d'une conférence de rédaction du *Canard*, je n'avais pas pris conscience de l'importance du rapport. Pour moi, ça valait une petite notule, dans laquelle on aurait expliqué que le rapport dont on avait parlé à l'époque existait bien mais qu'il provenait de la PJ Angéli me tira à part après la conférence et me demanda si je pouvais obtenir le rapport – « Peut-être, je ne sais pas, dis-je. – Il faut que tu l'aies ». Après soixante-douze heures de négociations, je réussis à me le procurer. Ce fut le déclenchement d'une très grosse affaire. » (Entretien du 14 décembre 1998.)

---

695 Georges Marion et Louis-Marie Horeau le retrouvèrent qui tenait alors un petit magasin de soldes dans le quinzième arrondissement parisien. Ils gagnèrent peu à peu sa confiance et obtinrent de lui des informations supplémentaires.

---

696 Supplément au *Canard enchaîné* du 5 mars 1986 (numéro anniversaire).

697 Roger Fressoz, *Le Canard enchaîné*, 15 juillet 1981, p. 3.

698 Le sommaire indique : « Historique ; Causes de longévité ; Avenir ; Source des informations ; Tirage et situation financière ; Conclusion ; Équipe rédactionnelle ; Procès et saisies ; La société éditrice. »

699 Renseignements d'état-civil, carrière, vie privée, opinions politiques.

700 Il avait également été grand reporter à *Paris-Presse*. L'autre journaliste s'appelait Xavier Pasquini et travaillait à l'époque à Radio-Monte-Carlo.

701 Il ne fut pas le seul à protester : pour *Le Monde*, « Le livre sent mauvais » et n'est qu'une « compilation de ragots. ». Le syndicat des journalistes CFDT qualifia l'enquête, dans un communiqué, de « rapports de basse police fondés sur des ragots et des renseignements erronés ».

702 Cette enquête de police, réalisée surtout à partir d'écoutes téléphoniques, comportait de nombreuses erreurs. Des personnes étaient présentées comme des informateurs du *Canard*, qui n'avaient jamais donné la moindre information au journal. La publication du rapport leur fit parfois du tort comme elle en fit aux quelques « vrais » informateurs du *Canard* dont les noms étaient ainsi portés à la connaissance de tout un chacun.

703 Entretien du 21 janvier 1999.

704 Ainsi Claude Angéli qui, au printemps 1971, s'aperçut qu'il avait été pris en filature. Après l'avoir fait constater par plusieurs témoins, il imagina de piéger ses suiveurs avec le concours de journalistes de *L'Express*, de *L'Aurore*, et de *Politique-Hebdo*. Il entraîna les voitures qui le suivaient dans une rue à sens unique, en fit bloquer l'issue et appela ses confrères pour qu'ils mitraillent les voitures suiveuses avec leurs appareils photos. L'une des voitures, en tentant de se dégager, le heurta. Le journaliste porta plainte et l'affaire se termina deux ans et demi plus tard par une amnistie. Les policiers pris en flagrant délit de filature étaient des agents de la Direction de surveillance du territoire. (Récit des faits dans Marie-Hélène Cubaynes, *La Police et la Presse, des institutions et des hommes*, Thèse pour le doctorat d'État en Sciences politiques sous la direction de M. Paul Ourliac, université des Sciences sociales de Toulouse, 1980, p. 243-244.)

705 Les personnes ou organismes écoutés recevaient toujours un nom de code commençant par l'initiale de leur vrai nom. Rappelons que « condé » signifiait, dans l'argot des policiers et des truands, une autorisation accordée par la police en contrepartie d'informations et, par extension, un fonctionnaire de police. Quant à Astrée, c'était l'une des incarnations de la justice dans la mythologie grecque.

706 Jusqu'en 1960, les différents services de renseignement et de police pratiquaient les écoutes de façon dispersée. Michel Debré décida à cette date de regrouper dans un service unique l'ensemble du personnel et des installations spécialisées dans le Groupement interministériel de contrôle (GIC), placé sous l'autorité directe du Premier ministre. Les directeurs des services, par exemple le directeur des Renseignements généraux, devaient demander l'autorisation d'installer une écoute à leur ministre de tutelle, par exemple le ministère de l'Intérieur. Le ministre des Postes et Télécommunications veillait à l'exécution technique. Le Premier ministre était le seul responsable de l'ensemble du service et le seul destinataire de l'ensemble des écoutes. Il en fixait la durée et vérifiait le respect des objectifs fixés. (Détails fournis par Raymond Marcellin lui-même dans *L'Importune vérité* Paris, Plon, 1978, p. 216.)

707 L'universitaire poursuit : « De multiples exemples peuvent être fournis à l'appui de cette affirmation et des fonctionnaires ont souvent été mis en garde au sujet de leurs fréquentations dans le monde de la presse, et discrètement engagés à restreindre leurs contacts. L'information recueillie peut même dans certains cas servir une seconde fois, et être transmise sous forme de « tuyau » à un autre journaliste dont on désire se concilier les bonnes grâces. » (Françoise de Rocca, *Structures et rôle des Renseignements généraux*, Thèse de doctorat d'État en Sciences de l'information et de la communication sous la direction de M. Roland Drago, université de Paris-II, 1975, p. 256.)

708 Jean-Emile Vié, *Mémoires d'un directeur des Renseignements généraux* Paris, Albin Michel, 1988, p. 82. L'ancien haut fonctionnaire ajoute : « Le seul intérêt supérieur de l'État ne suffit pas à leur [les écoutes téléphoniques] donner un fondement juridique, bien qu'aucun gouvernement ne se soit à aucun moment privé d'y avoir recours. Il y a là une hypocrisie et un manque de courage de la part des hommes politiques. En ce qui me concerne, j'estime que le gouvernement, c'est-à-dire l'État, a non seulement le droit mais le devoir de ne pas se priver d'un procédé efficace auquel, au surplus, recourent de nombreuses organisations qui n'ont aucune justification à le faire. » (*Ibid.*, p. 78-79.)

709 « Mon écoute téléphonique, je l'avais obtenue d'un copain flic qui l'avait piquée sur une pile, dans les bureaux de la 2e section des RG. » (Claude Angéli, entretien du 28 juillet 1999.)

710 Autre manifestation de cette prescience, à quelques mois de la pose de micros dans les locaux du journal, une correspondance, retrouvée dans les archives du *Canard enchaîné*. Claude Angéli avait demandé au vice-président de l'Association française des utilisateurs du téléphone et des télécommunications (AFUTT) de lui envoyer une documentation sur un matériel américain servant à détecter les micro-émetteurs espions. Aucune acquisition ne fut réalisée.

711 Claude Angéli et Michel Gaillard, accompagnés d'un photographe et de sa femme, les avaient repérées alors qu'elles étaient garées devant la préfecture de police. Tandis que la femme du photographe, hôtesse de l'air de son état, attirait l'attention des policiers en faction, les deux journalistes du *Canard* dévissèrent les fausses plaques d'immatriculation des camionnettes et les photographièrent.

---

712 Dans le film réalisé sous l'égide du *Canard enchaîné*, Raymond Marcellin revient sur cette affaire sous la forme d'une déclaration très solennelle : « Le Canard avait publié des documents volés, attirant l'attention de la DST sur lui. Or cela posait à la DST plusieurs problèmes à résoudre : Qui est à l'origine des fuites ? Qui a recelé le document ? A-t-il été confié à un tiers ou est-il conservé dans les locaux ? D'autres documents ont-ils été détournés et quelle est leur destination ? » (*La Mare aux canards*, réalisé par Roger Fressoz et Alain Dhénaut, Coproduction France 2 – St Louis Production – INA entreprises – Sylicone, 1994.) Ces documents pouvaient être les conclusions auxquelles était parvenu le haut état-major à l'issue des manœuvres Manat 73 et qu'avait publiées le *Canard* (les informations étaient parvenues au *Canard* par l'entreprise de Charles Hernu). L'échec d'une manœuvre destinée à connaître l'origine des fuites qui s'étaient produites dans cette dernière affaire et dont le ministre de la Défense Robert Galley s'était plaint auprès de son collègue de l'Intérieur a pu être le déclencheur de l'opération. (Explication avancée par Christian Plume et Xavier Pasquini, *op. cit.*, p. 33 et par Raymond Marcellin lui-même ; celui-ci accusa par la suite Galley d'avoir ordonné la sonorisation du *Canard* ; il semble que la responsabilité des conseillers de Georges Pompidou, Pierre Juillet et Marie-France Garaud, ait été également engagée.) Un ancien directeur des Renseignements généraux, Jacques Harstrich, fournit une autre explication : le 12 septembre 1973, *Le Canard enchaîné* publia deux documents émanant de l'Office central des stupéfiants. Raymond Marcellin ordonna une enquête interne afin de trouver l'origine des fuites, ce dont le *Canard* se fit l'écho le 31 octobre. Le ministre de l'Intérieur aurait alors décidé d'employer les gros moyens contre le *Canard*. (Jacques Harstrich *Renseignements généraux, 20 ans de police politique*, Paris, Calmann-Lévy, 1991, p. 222.)

---

713 Voir sur cette affaire Charles Villeneuve, *Le Glaive et la balance* Paris, Compagnie 12, 1989, 283 p.

---

714 André Escaro, en tant qu'administrateur, était bien placé pour le savoir.

---

715 Un an après les événements, une plaque commémorative en marbre fut posée au-dessus du trou – qui demeure béant aujourd'hui encore. L'inscription dit ceci : « Don de Marcellin, Ministre de l'Intérieur 1968-1974. Ici, dans la nuit du 3 décembre 1973, des plombiers furent pris en flagrant délit d'installation de micros. »

---

716 Ainsi André Fontaine qui, dans *Le Monde*, parla de « Watergate à la française ».

717 Ce que le haut fonctionnaire raconte dans son livre, déjà cité (p. 223-226). Tout au long de l'instruction, les Renseignements généraux placèrent sous surveillance Roger Fressoz et l'avocat du *Canard*, Me Roland Dumas. Ce dernier reçut des menaces par lettres anonymes. Des pressions furent également exercées sur les témoins.

718 L'informateur de Claude Angéli était un agent de la DST écœuré par les méthodes de son service. Dans le même numéro, les journalistes du *Canard* révélaient que de nombreux bureaux et appartements parisiens étaient truffés de micros, notamment ceux d'Alain Poher, de Jean Lecanuet, de Georges Séguy, d'Edmond Maire de Georges Marchais, de François Mitterand.

719 Traditionnellement, *Le Canard enchaîné* ne porte pas plainte contre les attaques qui le visent. Cette fois, les dirigeants du journal consultèrent leur avocat, Me Roland Dumas, sur la conduite à tenir dans cette circonstance sans précédent. Roland Dumas leur conseilla d'ouvrir une procédure, seule façon d'accéder au dossier.

720 Pour les détails, voir Roland Dumas, *op. cit.* p. 190-192.

721 Ordonnance de non-lieu du 29 décembre 1976, archives du *Canard enchaîné*. Le *Canard* publia le texte intégral de l'ordonnance – agrémenté de documents et de dessins – dans un supplément vendu 1 franc.

722 Roger Fressoz dans *Le Canard enchaîné*, 13 février 1980, p. 8. Après 1981, le dossier des micros du *Canard* ne fut pas rouvert, comme le souligne l'ancien directeur de la Direction de surveillance du territoire, Marcel Chalet, dans un livre d'entretiens réalisé avec Thierry Wolton : « Curieusement peut-être, cette affaire est restée à l'arrière-plan, comme s'il était entendu une fois pour toutes que tout le monde croyait savoir à quoi s'en tenir. Elle était ancienne et il y avait eu, contrairement à d'autres qui continuaient d'intriguer l'opinion, plusieurs décisions de justice. Donc, qu'on pût le regretter ou pas, les meilleures conditions n'étaient pas réunies pour rouvrir le dossier. » Le haut fonctionnaire, se plaçant, comme il le dit lui-même, sur un « plan théorique » justifia la sonorisation du *Canard* : « La DST a et aura toujours une raison objective d'agir si une personne, un groupement ou un organe de presse livre au public, en parfaite connaissance de cause, des documents classés « secret-défense ». C'était le cas du *Canard enchaîné*. Il est évident que si jamais la DST avait mis des micros dans les locaux du journal, cela n'aurait pas été pour savoir si l'humour de ses colonnes avait ses sources dans les éditions anciennes de *L'Almanach Vermot*… » (*Les Visiteurs de l'ombre*, Paris, Grasset, 1990, p. 294-295).

723 Voir Jacques Derogy et Jean-Marie Pontaut ; Pierre Péan, *Bokassa Ier* Paris, A. Moreau, 196 p.

724 Signé Dominique Durand, cet article dénonçait les bastonnades dans les prisons de Bangui auxquelles avait personnellement participé le dictateur.

725 D'autres documents de moindre importance étaient également reproduits, une lettre et deux télex de compliments qui témoignaient de la chaleur des relations entre Jean-Bedel Bokassa et Valéry Giscard d'Estaing.

726 En fait, c'est dès le 21 septembre que *Le Monde* évoqua les cadeaux offerts par Bokassa : l'ancien ambassadeur de France en Centrafrique Albert de Schonen se souvenait avoir vu de nombreuses personnalités officielles quitter Bangui avec pépites d'or et diamants offerts par le chef d'État africain. Le numéro du *Monde* daté du 11 octobre – disponible, donc, dans les kiosques parisiens en début d'après-midi, le mercredi 10 – consacra deux colonnes à la « une » (« La vérité et l'honneur ») et deux pages intérieures à l'affaire ; Jacques Fauvet, éditorialiste et directeur du journal, reprenait les informations publiées par le *Canard* sans mettre en doute leur authenticité et demandait à Valéry Giscard d'Estaing de répondre aux accusations formulées par son confrère. Selon le *Canard* (repris par Jacques Derogy et Jean-Marie Pontaut, *op. cit.*, p. 171), Valéry Giscard d'Estaing aurait immédiatement appelé Jacques Fauvet au téléphone pour lui faire part de son mécontentement et, sans lui laisser le temps de répondre, lui aurait raccroché au nez.

727 Par la suite, les deux rédactions travaillèrent en collaboration sur cette affaire, aux dires de Patrick Eveno (*Le Monde 1944-1995. Histoire d'une entreprise de presse* Paris, le Monde Éditions, 1996, p. 308). Mais *Le Monde* ne mena pas d'enquête autonome sur cette affaire et se contenta de reprendre les informations du *Canard enchaîné*. Son appui fut cependant d'une grande importance, donnant aux enquêtes du *Canard* l'onction de son sérieux.

728 Valéry Giscard d'Estaing parla, en décembre 1979, du « groupe du *Canard enchaîné* » pour désigner les quotidiens et hebdomadaires qui avaient suivi le *Canard*. À noter que le quotidien du parti communiste français se réfugia assez vite dans un mutisme à peu près complet – imité en cela par la presse des pays de l'Est –, ce que le *Canard* expliqua par la crainte des dirigeants communistes de favoriser François Mitterrand pour les élections à venir.

729 Les informations du *Canard enchaîné* firent le tour de la planète. Le jeudi, elles figuraient à la « une » du grand quotidien japonais *Asahi Shimbun* et à celle du *Washington Post* (qui en parla encore le vendredi et le dimanche et se livra à un travail d'investigation sur cette affaire). Le *New York Times* en avait parlé dès le mercredi, ainsi que la chaîne CBS. Les hebdomadaires américains *Time* et *News Week* y consacrèrent d'importants articles dans la semaine. Tous les grands journaux européens firent de même. La comparaison avec le Watergate fut très souvent faite.

730 Le 10 octobre : « En réponse à une question sur la pratique des cadeaux diplomatiques, on indique à l'Élysée que ces échanges n'ont en aucun cas ni le caractère, ni la valeur qui ont été mentionnés par certains organes de presse à propos du Centrafrique. » Le 27 novembre, sur Antenne 2, Valéry Giscard d'Estaing déclare aux journalistes qui l'interrogent sur la valeur des cadeaux reçus : « À la question que vous m'avez posée sur la valeur de ce que j'aurais reçu comme ministre des Finances, j'oppose un démenti catégorique et j'ajoute méprisant. » Le démenti portait-il sur les cadeaux (comme l'indiquerait le conditionnel) ou sur leur valeur ? Cette nouvelle ambiguïté fut soulignée par la presse étrangère ou d'opposition.

731 Et prouver leur grande valeur. Cet aspect essentiel fut l'un des plus controversés tout au long de l'affaire. Un million de francs pour la seule plaquette de 1973, comme l'affirma le *Canard* dès le 10 octobre 1979, ou quelques dizaines de milliers de francs pour des « produits de la Taillerie de Bangui » ainsi que l'assura Valéry Giscard d'Estaing en mars 1981 ? Estimations contradictoires d'experts, témoignages eux aussi contradictoires d'anciens officiels centrafricains, enquêtes de *L'Express*, du *Point*, du *Matin*, du *Washington Post* ne rendent pas ce point très facile à éclaircir.

732 Claude Angéli y fait allusion dans l'entretien qu'il accorda à Sophie Gerbaud : « Pour les diamants, l'enquête a duré deux ans et demi. Je voyais de temps en temps une personne qui avait peur, qui racontait mais qui ne voulait pas livrer des documents à cause de sa carrière. Quand il y a eu le coup d'État, elle s'est décidée. Il [*sic*] était en poste là-bas et avait vu tous les documents passer. Nous avions une confiance totale en lui. Après cette période de crainte et de rendez-vous clandestins, il fallait trouver le ton juste et apporter la preuve que Giscard n'avait fait aucun don. » (*Op. cit.*, annexes, p. 15.) Cet informateur était Maurice Espinasse, haut fonctionnaire du ministère de la Coopération et ancien membre du cabinet de Jean-Bedel Bokassa, que Claude Angéli rencontra par l'intermédiaire de Pierre Péan. Jacques Foccart, dans les entretiens qu'il a publiés récemment, semble confirmer les révélations du *Canard enchaîné* en mettant en doute la thèse défendue par le biographe de Valéry Giscard d'Estaing, Jean Bothorel. (Voir « Jacques Foccart parle », entretiens avec Philippe Gaillard Paris, Fayard/Jeune Afrique, 1997, p. 256-258, et Jean Bothorel, *Un si jeune président* Paris, Grasset, 1995, 405 p.)

733 Par exemple, le domicile de Claude Angéli fut visité, en janvier 1980, par de mystérieux cambrioleurs qui ne dérobèrent aucun objet de valeur.

734 8 septembre 1980. Rendez-vous téléphonique fut pris pour le lendemain mais, selon le *Canard*, la ligne de Bokassa avait été coupée.

735 Le don consistait en colliers de pépites d'or et divers autres bijoux de grande valeur. L'année précédente, la première dame de France avait offert un tam-tam que le *Canard* racheta pour la somme de mille francs. La photographie de l'objet, à la « une » du numéro du 28 novembre, avait pour but, selon Claude Angéli, « de révéler exactement à l'opinion publique quel type de dons avait été fait et de gêner les réponses du président de la République lors de sa prestation télévisée. » (Interview réalisée par Sophie Gerbaud, *op. cit.*) Dans ce même but, André Escaro, administrateur du *Canard*, avait déposé chez un huissier le résultat des investigations du journal à propos du don exceptionnel d'Anne-Aymone Giscard d'Estaing, prévoyant que le Président en tirerait argument lors de sa prestation télévisée sur Antenne 2 et que les services de l'Élysée en parleraient auprès de certains journaux; ce qui ne manqua pas. (Archives du *Canard enchaîné*.)

---

736 Dans son numéro du 28 décembre 1977, le *Canard* révéla que certaines ambassades de France à l'étranger collectaient auprès des Français installés à l'étranger des procurations en blanc; un vote de nuit, à l'Assemblée nationale, permit de les affecter à des circonscriptions difficiles pour la majorité.

---

737 Contrôle fiscal en 1979 et 1980.

---

738 Georges Marion, entretien du 14 décembre 1998.

---

739 Voir la présentation qu'il en fait dans *Le Fil et la pelote, mémoires*, Paris, Plon, 1996, 462 p. (« Rien ne vaut, dans mon esprit, tant par leur caractère haut en couleurs que par les questions de fond qu'elles soulevaient, les trois principales causes que j'eus à défendre pour *Le Canard enchaîné* [l'affaire Foccart, les micros, l'affaire Bokassa] et qui concernaient les trois premiers présidents de la Cinquième République » p. 186).

---

740 Ce que confirme ponctuellement Lucienne Prunier, nièce de Jeanne Maréchal employée par le *Canard* au service des abonnements, dans une lettre adressée à l'administrateur André Escaro le 11 novembre 1979, soit un mois après le déclenchement du scandale des diamants : « Voici quelques rapports qui font ressortir une bonne vente en octobre comme nous nous y attendions. Partout les dépositaires et les lecteurs sont avides de lire le *Canard*, approuvent notre sens de la liberté de la presse ; on me fait des compliments que je vous transmets. Nous aurons gagné des lecteurs, m'ont dit les dépositaires. Est-il besoin de te dire toute mon admiration pour toute l'équipe qui s'est comportée comme l'aurait fait Maurice Maréchal ? Oui, il aurait été fier de son équipe ainsi que de ma tante. » (Archives du *Canard enchaîné*.)

---

741 L'évolution des tirages et diffusion du *Monde*, à titre de comparaison, est comparable quoique légèrement décalée : 1968 est la dernière étape d'une vigoureuse ascension ; les années 1969 à 1972 sont des années de consolidation, voire de tassement. Après une nouvelle et forte progression pendant les années 1973 et 1974, les chiffres de tirage évoluent peu, aux alentours de 550 000 exemplaires. Voir Patrick Eveno, *op. cit.*, p. 474-477.

742 À partir de 1975, les archives du *Canard enchaîné* permettent de calculer annuellement les chiffres de vente (et non plus seulement de tirage). Les chiffres de la vente par abonnement oscillent autour de 40 000 exemplaires mais grimpent à plus de 50 000 pour l'année 1981, ce qui ne fait jamais qu'un dixième des ventes directes. Le taux d'invendus va de 24 % (1979) à 27,6 % (1980).

743 Le précédent record datait de 1973 : 1 041 106 exemplaires pour le numéro du 19 décembre (affaire des micros).

744 *Le Figaro-magazine*, 26 avril 1980.

745 À partir de 1979, *Le Canard enchaîné* publia le résumé de ses bilans et comptes d'exploitation, se soumettant ainsi pour la première fois à l'obligation légale de 1944. Aujourd'hui encore, rares sont les journaux qui respectent cette obligation. Démonstration de puissance et impératif éthique se mêlèrent dans cette décision.

746 *Presse-actualité*, n° 78, décembre 1972, p. 15.

747 *Le Matin*, 27-28 octobre 1979, p. 3.

748 *Valeurs actuelles*, 25 août 1980, p. 19. Ce résultat était obtenu par la division des charges salariales par les effectifs : 14 459 331 francs de charges pour soixante-dix permanents, administratifs et journalistes. « C'est vraiment beaucoup par comparaison avec les salaires moyens des newsmagazines », remarquait le journaliste. Les comparaisons que nous avons pu faire de certains hauts salaires entre *Le Canard enchaîné* et ses concurrents de la presse magazine dans les années 1980 lui donneraient raison (un rédacteur en chef du *Nouvel Observateur* ou du *Point* touchait de 30 000 à 40 000 francs par mois au milieu des années 1980) si les calculs n'étaient faussés par l'existence, dans nombre d'autres rédactions, de substantiels avantages en nature et la possibilité de « vendre » ses compétences journalistiques à des fins promotionnelles (les « ménages »).

749 Ces dessinateurs sont payés au moins et reçoivent en plus des piges en fonction des dessins publiés. « Ce sont des espèces de primes à la production, déclarait le responsable des ventes Robert Loy en 1984, ça les encourage à travailler, mais c'est très particulier au *Canard*, ça ne se fait nulle part ailleurs. » (Interview dans *Mieux vaut en rire*, n° 2, 1985, p. 35-40).

750 Ces sommes comprennent les primes et gratifications.

751 Sans compter une arrivée et un départ en cours d'année.

752 Sans compter les personnes payées au service.

753 Le journal n'a quasiment pas conservé d'archives pour ses publications annexes.

754 Première livraison en avril 1981. Erik Emptaz, qui venait d'entrer au *Canard enchaîné*, y participa : « Le premier numéro des *Dossiers*, sur Giscard, avait été complètement pris en main par Fressoz. On a cru qu'on n'y arriverait jamais. Fressoz avait des idées qu'il n'arrivait pas à communiquer, il n'arrivait pas à s'expliquer clairement. Il hurlait ou il marmonnait. On essayait de comprendre, d'interpréter. Pour le premier *Dossier*, on a eu du mal. Comme ce qu'on lui donnait ne lui convenait pas, Fressoz a piqué des colères terribles – Lamalle, chargé du secrétariat de rédaction, n'y a pas tenu, il est parti en claquant la porte. Je me suis retrouvé avec le *Dossier* à faire et un Fressoz de plus en plus incontrôlable. On a été près de ne pas finir à temps, les gars de la compo ont dépassé les horaires, on a fini à plus de 2 heures du matin. » Le premier numéro des *Dossiers du Canard* fut tiré à 413 000 exemplaires et diffusé à 373 192.

755 M. Droumaguet, de la société d'expertise-comptable Fiducia-Beaumarchais. Entretien du 27 septembre 1995.

756 Selon M. Droumaguet, le *Canard* fut sollicité par des banques pour effectuer des placements spéculatifs mais s'y est toujours refusé.

757 D'abord restreint au seul domaine de la comptabilité. S'il faut en croire le commissaire aux comptes du *Canard enchaîné*, M. Droumaguet, c'est lui qui poussa les responsables du journal, réticents, à s'équiper de micro-ordinateurs (le premier fut installé en 1971). Cette information était rendue nécessaire par les exigences nouvelles de l'administration fiscale et l'augmentation des effectifs. (Entretien du 27 septembre 1995.)

758 La composition au plomb requérait d'abord les compétences du linotypiste. Celui-ci tapait le texte sur un clavier qui commandait un magasin de matrices de lettres. Celles-ci étaient alignées sur la justification prévue dans un creuset où se déversait le plomb en fusion pour former des lignes d'un seul tenant. Ces lignes étaient ensuite mises en page, dans des cadres d'acier, sur le « marbre », table elle-même en acier qui désigna, par métonymie, l'ensemble de l'atelier de composition. La mise en page se faisait selon une maquette préétablie mise au point par les secrétaires de rédaction. Quand la page était prête, une épreuve était tirée sur feuille humide, qu'on appelait la morasse. On passait alors à l'étape de l'impression.

759 André Escaro, ancien administrateur du journal, nous a présenté une version sensiblement différente de celle qui se dégage des archives du *Canard enchaîné* : selon lui, c'est le Syndicat du livre qui aurait demandé au *Canard* de rester au plomb en raison des difficultés de mutation sociale et technologique. À la fin des années 1970, les responsables journal auraient rompu avec l'imprimerie

Richelieu parce qu'ils se seraient senti « prisonniers ». (Entretien du 27 juillet 1996.) Les imprimeries Richelieu étaient la dernière grande imprimerie parisienne à utiliser le plomb.

---

760 Michel Faure, qui a fait partie de l'équipe du *Canard* dans ces années-là, a raconté dans *Libération* cet évincement progressif du plomb par la photocomposition : « Les gens du *Canard* durent émigrer aux Champs-Élysées où l'on voulut bien, quelque temps encore, sacrifier à la tradition et faire chauffer du plomb, à l'heure du *computer*, pour le volatile paraissant tous les mercredis. [...] Puis le journal fut coupé en deux. Au deuxième étage, une pièce *clean*, bien froide, ronronnant moderne, couchait sur du papier glacé les petits dessins et les papiers des pages 4, 5, 6 et 7 tandis qu'au quatrième, dans une chaleur tropicale, des mecs en bleu crasseux maniaient avec les pincettes d'usage les pages en plomb de la une, de la 2, la 3 et la 8, la dernière page, avec son gigantesque dessin de Moisan qui doit peser, en plomb, dans les deux kilos. » (*Libération*, 14 janvier 1982). Ce n'est que depuis 1996 que *Le Canard enchaîné* recourt à la production assistée par ordinateur pour l'ensemble de ses pages.

---

761 Patrice Vautier dans *Le Canard enchaîné*, 13 janvier 1982. Ce numéro, le 3194ᵉ, fut le dernier réalisé en partie par la composition chaude.

---

762 Au départ, cette enquête de la SOFRES n'incluait pas de questions sur *Le Canard enchaîné* ; ce sont des journaux à pages publicitaires qui avaient commandé ce sondage pour indiquer à leurs annonceurs la nature de leur lectorat. C'est par faveur et amitié que l'enquêteur de la SOFRES a introduit le *Canard* dans la questionnaire soumis à 30 000 personnes.

---

763 À titre de comparaison, le taux de pénétration du *Monde* à la même date était de 3,1 %. (Chiffre donné par Patrick Eveno, *op. cit.*, p. 511). Un coefficient de trois lecteurs pour un acheteur explique en partie le décalage.

---

764 Suivent de près les catégories 25 à 34 ans (24,6 %) et 50 à 64 ans (20,1 %).

---

765 Patrick Eveno, *op. cit.*, p. 512.

---

766 Ces documents nous ont été remis par « Paco » Fuzier qui assuma la charge d'inspectrice des ventes à cette époque. Ils consistent en des compte-rendus des tournées qu'elle effectua dans la plupart des villes de France et des discussions qu'elle eut à cette occasion avec les dépositaires. Ces tournées, quatre à cinq par an, duraient chacune une quinzaine de jours.

---

767 L'impact d'un article d'intérêt local joue dans les deux sens : Paco Fuzier signale en septembre-octobre 1972 le succès à Nice d'un numéro contenant un article sur une vedette de la politique locale : les dépositaires demandent dès le matin des « réassorts » (exemplaires supplémentaires) pour un numéro qui ne sera mis en vente que dans l'après-midi. À l'inverse, la campagne du *Canard* contre le gâchis du Concorde, quelques mois plus tard, allait se traduire par une baisse des ventes sur Toulouse (selon le témoignage de Roger Fressoz).

768 On conçoit l'extrême difficulté de la tâche – et le rôle central dévolu aux dépositaires – pour régler plus de 40 000 points de vente (il en reste environ 30 000 aujourd'hui) dans un contexte d'instabilité permanente : richesse ou pauvreté de l'actualité, variations saisonnières, aléas de la distribution, évolutions de la clientèle, initiatives de la concurrence interdisent d'accorder trop de crédit aux statistiques fournies par le dépositaire ; quand celles-ci de surcroît s'avèrent fautives ou inexistantes, le réglage devient un art proche de la divination.

769 Ces données ne sont que des indications. Elles résultent des visites effectuées de 1974 à 1976 (pour cette raison, nous avons utilisé pour les chiffres de population le recensement de 1975). Nous citons également des chiffres produits lors de visites antérieures. Certaines villes importantes, telles Toulouse ou Reims, sont totalement absentes de ces statistiques.

770 Voir Roger Brunet (dir.) *Géographie universelle*, tome 1, Paris, Hachette/Reclus, 1990, p. 58-76. Xavier de Planhol, *Géographie historique de la France* Paris, Fayard, 634 p.

771 Un acheteur pour 250 habitants en 1971. Un pour 204 trois ans plus tard.

772 Les contrastes saisonniers sont de plus en plus accentués à mesure que l'on avance dans le temps : l'élargissement du lectorat s'accompagne d'une volatilité croissante. Voir les graphiques en fin de volume.

773 Ajoutons le cas particulier des zones frontalières, particulièrement du nord et de l'est, qui présentent beaucoup d'inconvénients pour un journal comme le *Canard* : faible attraction des journaux de la capitale, forte attraction de la presse étrangère et de la presse locale ; les migrations pendulaires jouent également un rôle défavorable, un nombre important de salariés travaillant et achetant leur journal de l'autre côté de la frontière.

774 Voir notamment François Goguel, *Géographie des élections françaises de 1870 à 1951*, Paris, Cahiers de la Fondation nationale des Sciences politiques, n° 27, 1951. Yves Lacoste, *Géopolitiques des régions françaises*, Paris, 3 vol.

775 Voir Hervé Le Bras, *Les Trois France*, Paris, Odile Jacob, 1986, 266 p.

776 Il est vrai que, comme le soulignait René Rémond, « la carte de l'anticléricalisme ne dessine pas en creux la carte de la pratique religieuse (et que) bien souvent, elle se superpose à elle. » (*L'Anticléricalisme en France de 1815 à nos jours* Paris, Fayard, 1976, p. 46.) Il faut en tout cas noter que la carte de la diffusion du *Canard enchaîné* ne correspond qu'imparfaitement à celle établie par Anne-Pierre Cachoux et Christian Delporte pour cet autre journal libertaire et anticlérical qu'était *La Calotte*: les zones de grande diffusion étaient l'Ouest et une partie du Nord, le Sud-Est méditerranéen, le nord du Massif central, la région parisienne. La diffusion était faible en Champagne, Bourgogne, Nivernais, le sud de la Gascogne et les Pyrénées (sauf la Haute-Garonne), le Dauphiné, le Berry et le Limousin. (Anne-Pierre Cachoux et Christian Delporte, la Calotte, *journal libre penseur 1906-1980*, mémoire de maîtrise d'histoire sous la direction de René Rémond et Jean-Pierre Rioux, Paris-X Nanterre, 1980, 361 p.)

---

777 Étudiée pour la première par François Goguel, *op. cit.*, p. 15, pour la seconde par Jean-Pierre Rioux, *La France de l'expansion*, Nouvelle Histoire de la France contemporaine, Paris, Seuil, 1995, tome 2, p. 105-113.

---

778 Nicolas Brimo, journaliste et administrateur du *Canard enchaîné*, explique que la lecture du *Canard* était une « tradition familiale, un geste indispensable dans le milieu fortement empreint de tradition républicaine de la gauche du Sud-Ouest ». (Entretien du 21 avril 1994.)

---

779 L'un des rôles de l'inspecteur des ventes, tel que Paco Fuzier le définit, est donc d'encourager les sympathisants et de rappeler aux hostiles qu'il est de leur intérêt d'assurer la bonne vente du *Canard enchaîné*. Paco ne manquait jamais de remettre un lot de vitrophanies à distribuer aux sous-dépositaires et marchands.

---

780 Dont se souvenaient avec émotion, au milieu des années 1970, quelques vieux dépositaires, tels ceux d'Avignon, d'Aix-en-Provence, de Béziers et de Limoges. Malheureusement, Paco Fuzier ne donne pas de détails sur ces souvenirs.

---

781 Document rédigé soit par Paco Fuzier (qui recommande certaines de ces mesures au fil de ses visites aux dépositaires de province) soit par le responsable commercial du *Canard* (à partir, précisément, de 1977), Robert Loy. Archives du *Canard enchaîné*.

---

782 Jacques Lamalle, secrétaire général de la rédaction, fit le point en 1985 sur la situation des *Dossiers*. Selon lui, il fallait incriminer : 1) les difficultés de l'hebdomadaire, qui entraînait le trimestriel dans sa chute ; 2) le manque de promotion ; 3) le taux d'invendus trop élevé (près de 40 % en 1985) ; 4) les erreurs sur le choix et le traitement des sujets. (Archives du *Canard enchaîné*.) Interrogé la même année sur ce sujet, Robert Loy, directeur technique, souligna la faible marge commerciale dégagée sur les *Dossiers* (*Mieux vaut en rire*, n° 2, 1985, p. 35-40). La publication est néanmoins poursuivie en raison des avantages que présente le trimestriel : temps et rythme plus amples, qui permettent de revenir longuement sur une question, espace qui offre un type de traitement et d'écriture différent, sas où entrent les futurs collaborateurs de l'hebdomadaire.

783 Notamment les provisions constituées au titre de l'article 39 bis. Cet article du code des impôts, dérogatoire du régime général, donne la possibilité aux éditeurs de déduire de leur résultat des provisions pour des investissements futurs en franchise d'impôts. Ce qui peut permettre à des trésoreries momentanément fragilisées de passer un cap difficile mais ne les dispense pas des efforts nécessaires : au bout de cinq ans, ces provisions doivent être rapportées au résultat.

784 Et notamment en raison d'un nouveau changement de présentation comptable qui rend les comparaisons sujettes à caution.

785 « Les comptes du *Canard* en 1982 », *Le Canard enchaîné*, 31 août 1983, p. 4. Voir également l'interview de Roger Fressoz, directeur du *Canard enchaîné*, dans *Construire*, un journal suisse (16 mars 1988) : « On a perdu trois catégories de lecteurs : premièrement, des lecteurs qui se situaient plutôt à droite. Ils trouvaient que nos critiques avaient perdu de leur virulence. Ensuite, des lecteurs socialistes, disons inconditionnellement. Ils croyaient que *Le Canard enchaîné* allait servir de serre-fil pour la gauche, ce qui est une aberration, contraire à toute notre fonction historique. Troisièmement, nous avons perdu – provisoirement – des lecteurs socialistes trop sensibles qui nous ont dit : vous faites votre métier en critiquant le pouvoir mais à nous, ça nous fait trop de peine. Alors, pardonnez-nous, mais pendant quelque temps, on ne va plus vous lire… »

786 Ce premier article utilisait la signature collective Jérôme Canard. Par la suite, les noms des journalistes qui travaillèrent sur cette affaire apparurent : Nicolas Brimo, Claude Roire et surtout Pierre Péan, mis sur la piste de ce scandale par une information sur un redressement fiscal concernant Elf. Des employés de cette société, alarmés par le détournement des procédures habituelles en matière de forage, furent les premiers et les principaux informateurs de ces journalistes, relayés ensuite par des hauts fonctionnaires français.

787 Jacques Médecin réagit à ces articles (parus du 25 septembre au 9 octobre 1985) en poursuivant le *Canard* en justice pour diffamation. Il fut débouté de sa plainte et condamné aux dépens par un jugement de la 11e chambre de la Cour d'appel de Paris rendu en mars 1988. Cet épisode ne fut ni le premier ni le dernier de l'histoire tumultueuse des relations de Jacques Médecin et du *Canard enchaîné*. Entre 1976 et 1990 (date à laquelle le député-maire de Nice s'enfuit en Argentine sous le coup d'une inculpation pour délit d'ingérence et d'un redressement fiscal record), pas moins de 211 articles lui furent consacrés, de l'écho à l'enquête en pleine page en passant par les « noix d'honneur » et autres « mur du çon » qu'il alimenta régulièrement de ses propos hauts en couleurs.

788 Il était fait état de la collaboration entre *Le Figaro* et *The Washington Times* (quotidien contrôlé par la secte), des rencontres amicales entre des journalistes et responsables politiques proches du patron de presse et des dirigeants de Moon. Sous couvert de la nécessaire défense de la liberté religieuse, les échanges de vue portaient surtout sur la lutte anticommuniste et les idées de la « nouvelle droite ».

789 Ceux-ci avaient d'ailleurs fait l'objet de plusieurs articles dans les années précédentes : le 29 janvier 1964, un article citait le journal collaborationniste *Au pilori* (l'« hebdomadaire de combat contre la judéo-maçonnerie ») qui faisait de Robert Hersant un responsable de l'organisation « Garde française ». Un article du 25 juin 1975 retraça sa carrière au moment où le patron de presse s'apprêtait à acquérir *Le Figaro*. En 1977, Nicolas Brimo, alors jeune journaliste au *Canard*, fit paraître *Le Dossier Hersant* dans la collection « Cahiers libres » de l'éditeur Maspéro – il y détaillait les engagements de jeunesse de Robert Hersant et les procédés employés pour construire son groupe de presse. « Alors, monsieur Hersant, il vient ce procès ? », demanda le *Canard* le 26 janvier 1977 ; mais Robert Hersant, fidèle à sa tactique, ne réagit pas. Il ne réagit pas davantage à la publication des articles qui le mirent en cause en 1978 à la suite des révélations de Darquier de Pellepoix sur le passé de certaines personnalités.

790 Cette ordonnance faisait obligation aux journaux de placer à leur tête un « directeur de la publication » qui fût le responsable effectif du titre et non un simple gérant. Une même personne ne pouvait diriger plus d'un quotidien. Les actions étaient nominatives, leur transfert devait être approuvé par le conseil d'administration et il était interdit de recourir à des prête-noms pour les acquérir.

791 Daniel Junqua, *La Presse, le citoyen et l'argent*, Paris, Gallimard, 1999, p. 143.

792 Jean-Michel Beau, *L'Honneur d'un gendarme*, Paris, Sand, 1989, p. 204.

793 Jacques Derogy et Jean-Marie Pontaut, *Enquête sur trois secrets d'État*, Paris, Robert Laffont, 1986, p. 89.

794 Son embarras redoubla la semaine suivante lorsque le*Canard* publia les photocopies d'une directive de Pierre Mauroy dont celui-ci avait nié l'existence. Adressée aux préfets et datée du 5 décembre 1981, elle précisait que les jeunes en instance de formation professionnelle ne devaient plus être comptés comme demandeurs d'emploi.

795 Roger Fressoz, « Dur métier », *Le Canard enchaîné*, 26 janvier 1983.

796 Entretien du 15 septembre 2000.

797 Roger Fressoz, « Dur métier », art. cité.

798 Claude-Marie Vadrot, entretien du 18 février 1999. Voir aussi, du dessinateur Vazquez de Sola : « Quand Mitterrand est arrivé au pouvoir, avec un gouvernement de gauche, ils ont pensé qu'il fallait l'attaquer par la droite alors que je pensais qu'il fallait l'attaquer par la gauche. » (Entretien du 6 octobre 1998.)

799 Georges Marion, entretien du 14 décembre 1998.

800 Michel Gaillard, entretien du 13 octobre 2000.

801 Interview de Claude Angéli, rédacteur en chef du *Canard enchaîné, Stratégies*, n° 641, 6 février 1989.

802 Interview de Roger Fressoz dans *Presse-actualité*, n° 164, mai 1982. Du même, dans *Construire, op. cit.* : « Quand Mitterrand est venu au pouvoir, il a plutôt cadenassé l'information en provenance de l'intérieur du gouvernement. On ne savait plus ce qui se passait au conseil des ministres : les sources que nous avions chez les socialistes quand ils étaient dans l'opposition avaient disparu. »

803 Claude-Marie Vadrot, entretien du 18 février 1999.

804 Publication des comptes du *Canard enchaîné* de 1984 (4 septembre 1985).

805 Les tirages exécutés à Roubaix et à Nancy furent transférés à Paris, et l'on utilisa un papier moins cher.

806 Cette ancienne de *Charlie-Hebdo* entra au *Canard enchaîné* en 1983. Dans sa rubrique « Calamity Caster », elle prit énergiquement position dans toute une série de débats de société. Première femme rédactrice au *Canard* – si l'on excepte Fanny Clar vers... 1920 ! – et dotée d'une (trop ?) forte personnalité, son arrivée ne passa pas inaperçue au 173, rue Saint-Honoré. Tandis que les uns saluaient cette innovation, d'autres regrettèrent l'époque où le *Canard* se faisait entre copains, sur le zinc du bistrot, les femmes étant tenues soigneusement à l'écart. Rappelons que les Valentine de Coin-Coin. Huguette ex-Micro et autres Jeanne Lacane étaient des pseudonymes dissimulant des hommes (respectivement Alexandre Breffort et Pierre Châtelain Tailhade, Henri Jeanson, Dominique Durand). Cette tradition s'accompagnait, dans les textes comme dans les dessins du *Canard*, d'une misogynie souriante mais bien réelle.

807 D'autres journalistes effectuèrent un bref passage au *Canard enchaîné* : Yves Mamou, Jean Dariulat, Anne-Sophie Martin, Elsa Freyssenet, Olivier Cyran-Muller... Pourquoi sont-ils ensuite partis pour d'autres rédactions parisiennes ? Propositions intéressantes d'un côté, difficultés à s'adapter aux contraintes d'écriture ou à l'ambiance propres au *Canard*, autant de personnalités, autant d'explications possibles.

808 Un seul exemple : la disparition du grand dessin de la page 8. Les dessinateurs auraient voulu récupérer cet emplacement, longtemps dévolu aux grandes compositions de Moisan mais les responsables de la rédaction décidèrent de la « banaliser » en accueillant texte et dessins.

---

809 Roger Fressoz, interview dans *Construire… op. cit.*

---

810 L'association Carrefour du Développement bénéficia de fonds du ministère de la Coopération pour organiser des manifestations internationales dans le cadre des relations entre la France et l'Afrique. Certaines de ces manifestations ressemblaient davantage à des opérations de promotion personnelle au profit de Christian Nucci mais là n'est pas l'essentiel. L'association s'entendait avec des transitaires pour alimenter une sorte de « caisse noire » : ces sociétés gonflaient leurs factures ou les forgeaient de toutes pièces, étaient payées sur les fonds publics et reversaient sur le compte joint de Chalier et Nucci le « trop-perçu » en prélevant au passage une commission. On estime que 50 millions au bas mot échappèrent aux règles de la comptabilité publique, dont une partie servit à soutenir le train de vie et les dépenses électorales des responsables.

---

811 La commission interministérielle pour l'étude des exportations de matériel de guerre regroupe, sous l'autorité du Premier ministre, les représentants des ministères concernés.

---

812 Selon Walter de Bock et Jean-Charles Deniau, contact aurait été pris entre Claude Angéli et Roland Dumas, fin 1985, au sujet de l'affaire de vente d'armes et des otages français détenus au Liban. Le ministre des Affaires étrangères obtint du rédacteur en chef du *Canard* qu'il diffère la parution de son enquête pour ne pas gêner les négociations en cours (*Des armes pour l'Iran, l'Irangate européen*, Paris, Gallimard, 1988, p. 205). Mais contrairement à ce qu'affirme Sophie Gerbaud dans sa thèse sur le journalisme d'investigation, en s'appuyant sur ce livre, le *Canard* ne resta pas muet pour autant entre son écho de mai 1985 et les articles de fond de novembre 1987 (Sophie Gerbaud, *op. cit.*, p. 561). Nous avons vu au contraire qu'en mars et juin 1986, le *Canard* avait publié des articles précis sur cette affaire.

---

813 Le 5 septembre 1975, accueillant Saddam Hussein à Orly, Jacques Chirac le qualifie en public d'« ami personnel » et l'assure de son « affection ». Les relations entre les deux hommes ont débuté en 1974 ; depuis cette époque, Jacques Chirac a toujours fait montre d'une grande chaleur vis-à-vis du président irakien et de son entourage.

---

814 Jean-Jacques Becker avec la collaboration de Pascal Ory, *Crises et alternances*, 1974-1995, Paris, Le Seuil, 1998, p. 405. Après les attentats anti-israéliens et antisémites et ceux de l'ASALA (l'armée secrète arménienne) de 1982 et 1983, une deuxième vague d'attentats frappa Paris en 1985 et 1986, revendiqués par un « Comité de solidarité avec les prisonniers politiques arabes et du Proche-Orient » qui exigeait la libération de terroristes détenus en France.

815 Claude Angéli, qui signa la plupart des articles sur ces questions, écrivit en novembre 1986 que, « pour s'informer sur ces conversations discrètes, le *Canard* n'[avait] pas utilisé les services de « plombiers » ni installé de micros sous la table des négociateurs. Mais des rapports ont été remis par tous ces voyageurs, aux différents services français concernés, ainsi qu'à Matignon. » C'est à ce moment que l'hebdomadaire satirique aurait bénéficié de « fuites ».

816 Jean-Paul Kauffmann démentit cette dernière information lors de la conférence de presse qu'il donna le 11 mai ; le *Canard* la maintint.

817 Le 15 mai, une double page spéciale réclamait le « tontonnat permanent ». Portraits d'hommes clefs de la décennie écoulée (Bernard Tapie, Robert Hersant, André Rousselet, Jean-Marc Vernes), florilège de petites phrases assassines ou courtisanes, rappel de quelques titres et calembours, dessins de Cabu composaient l'essentiel de l'« hommage ». Les lecteurs apprenaient à cette occasion que François Mitterrand n'avait jamais adressé le moindre démenti au *Canard* au sujet d'une information le concernant. À deux reprises, cependant, il réagit : une première fois en septembre 1982, quand le *Canard* publia le fac-similé d'une facture d'électricité impayée par les époux Mitterrand pour l'appartement de la rue de Bièvre ; Danielle Mitterrand tint à s'expliquer devant un journaliste du *Canard* et lui montra toutes ses factures EDF tandis que le Président demandait au journal de rectifier. En avril 1989, le *Canard* affirma que l'annulation du conseil des ministres (le 5 avril) s'expliquait par le voyage privé que François Mitterrand voulait faire à Venise. Le Président, qui se trouvait à cette date en Charente, tint à faire savoir que c'était le Premier ministre Michel Rocard qui avait fait repousser la date du conseil afin de prendre quelques jours de vacances.

818 Roger Fressoz poursuivait son éditorial par ces lignes : « Réélu sur une base plus éthique qu'idéologique en juin dernier, Mitterrand a eu tendance à remplacer les discours politiques par des cours de morale. C'est bien pour cela qu'il est attendu, et guetté plus qu'un autre, sur la morale. Parce qu'il est le chef, c'est à lui qu'il revient de faire appliquer la sanction qui convient aux affaires et d'assainir le climat d'affairisme délétère qui se répand aux périphéries du pouvoir. » La semaine suivante, il enfonçait le clou : « 73 % des sondés pensent que les scandales, depuis quelque temps, touchent autant les gouvernements de gauche que ceux de droite. C'est peut-être une consolation pour la droite, ce n'est pas une promotion pour la gauche. »

819 *Le Canard enchaîné*, 10 février 1993, p. 2.

820 Le président de la République, très affecté, aurait confié à son entourage : « C'est vrai que presque unanimement, la presse a mené campagne contre nous. Ils voulaient nous abattre. Nous sommes devenus des voleurs, des prévaricateurs et des assassins. Ils ont fini par avoir la peau de l'un des nôtres. La gauche manque cruellement de médias qui ne lui seraient pas hostiles. Il faut réfléchir à ces sujets. Et aussi s'interroger sur l'acharnement de certains juges qui sont des militants. » (*Le Canard enchaîné*, 5 mai 1993.)

821 Dans un éditorial dont le titre était comme un écho de celui de *Libération* après la mort de Robert Boulin (« La chasse aux canards »), la rédaction du *Canard* souligna la violence des attaques dont elle fit l'objet. Outre les invectives publiques, elle reçut par courrier et téléphone des insultes et des menaces physiques. Le courrier des lecteurs, plus mesuré, n'était pas sans reproche ni questions mais comporta un grand nombre de témoignages de soutien à l'hebdomadaire satirique.

822 Les archives du *Canard enchaîné* contiennent quelques lettres de Pierre Bérégovoy de 1984 à 1991. Dans l'une d'elle, datée du 21 décembre 1989, le ministre socialiste écrit : « Cher Canard, il nous arrive de correspondre et cela me ravit toujours, fort curieux que je suis de lire vos commentaires stimulants pour notre réflexion. »

823 En 1988, François Léotard choisissait de ne pas répondre aux accusations du *Canard enchaîné*. « Je ne m'engagerai jamais à répondre aux propos mensongers et déplaisants et aux attaques d'un journal satirique. Le *Canard*, je le connais. Des grands hommes d'État – de Gaulle, Pompidou, Valéry Giscard d'Estaing – en ont été victimes. C'est aujourd'hui mon tour. » (*Le Canard enchaîné*, 11 mai 1988.)

824 On trouve quelques articles avant cette date mais en nombre réduit. Dès juin 1977, le *Canard* consacre un article au bureau d'études Urba-Conseil, lié au parti socialiste. Il récidivera en décembre 1982.

825 Une première version de la loi, votée en février et promulguée en mars 1988, ne comportait pas d'amnistie. Ce n'est qu'en juillet de cette même année qu'un amendement ajouta cette disposition.

826 L'amnistie de 1990 excluait les parlementaires et les cas d'enrichissement personnel. La loi renforçait la législation antérieure en étendant le plafonnement des dépenses électorales à tous les types d'élections et en obligeant les candidats à déposer leurs comptes de campagne auprès d'un organisme nouvellement créé, la Commission nationale des comptes de campagne et des financements politiques (CCFP). Par ailleurs, l'accès aux subventions publiques était élargi aux partis qui, sans avoir de parlementaires, ont présenté un nombre suffisant de candidats aux élections législatives et les dons des entreprises étaient légalisés.

827 Jean-Jacques Becker, *op. cit.*, p. 681.

828 Entretien du 21 septembre 2000.

---

829 Le tribunal correctionnel de Paris prononça le 23 février 2000 des condamnations à des peines de prison avec sursis. Le tribunal estima que les dirigeants du CDS avaient eu nécessairement connaissance des détournements mais qu'il s'agissait d'un « dossier du passé ». Les peines, inférieures à neuf mois de prison, étaient amnistiées par une troisième loi sur le financement des partis politiques, datant de janvier 1995. Cette loi, dernière en date, interdit les dons des entreprises aux partis ou aux candidats. En contrepartie, les plafonds des dépenses de campagne sont abaissés et le financement public des partis et des candidats est accru.

---

830 De fait, le nom de François Léotard n'apparaît, dans ces articles, que dans un contexte qui n'autorise aucune interprétation malveillante. Celui de Jean-Claude Gaudin n'est pas cité. Mais le fond de l'enquête – l'existence d'un complot politique – n'est étayée par aucune preuve.

---

831 Les juges ont évité d'aborder ce sujet dans leur ordonnance pour éviter d'être dessaisies de l'affaire : la Cour de justice de la République est la seule habilitée à poursuivre un ministre pour des actes commis dans l'exercice de ses fonctions.

---

832 Un autre journaliste qui a beaucoup écrit sur l'affaire Elf, Nicolas Beau, nous a donné quelques détails sur l'approche du *Canard*. Il souligne d'abord le faible nombre d'informations en provenance des milieux judiciaires français, contrairement au *Monde* qui bénéficia de nombreuses indiscrétions de ce côté. Le journaliste du *Canard* est sévère sur la façon dont les juges d'instruction ou *Le Monde* ont traité l'affaire, n'apportant, selon lui, aucune véritable preuve à propos du contrat taïwanais ou des commissions de Christine Deviers-Joncour ; par contraste, il estime que le *Canard* s'est efforcé de distinguer les faits des soupçons, de ne pas accabler les individus aux prises avec l'institution judiciaire, en somme de rendre l'écheveau Elf le plus clair possible. Nicolas Beau rappelle enfin que le cœur de l'affaire Elf concerne les relations franco-africaines et que les dysfonctionnements constatés remontent à une période bien antérieure à l'arrivée de Loïc Le Floch-Prigent à la tête du groupe, même si celui-ci n'a rien fait pour l'assainir. (Entretien du 21 septembre 2000).

---

833 « Il était le sage de la maison, "la loi" comme il disait lui-même en se moquant. Il savait sans bruit apaiser les conflits, calmer le jeu. Il mettait du liant dans les jointures du journal. » (Roger Fressoz, *Le Canard enchaîné*, 27 juin 1990).

---

834 Roger Fressoz dans son article titré « Au revoir » par lequel il prenait congé de ses lecteurs. L'article, signé André Ribaud/Roger Fressoz, finissait par ces lignes : « Quant à moi, il me reste à remercier nos lecteurs de la fréquentation de chaque semaine qu'ils m'ont permis d'avoir avec eux, même s'il peut arriver qu'ils retrouvent ma signature quelquefois. Plus qu'aucun autre journal, le *Canard* est fait pour ses lecteurs. Ils en sont les amis compétents, exigeants, vigilants, mais aussi bienveillants et fidèles. Je leur dois les émotions et les joies de toute ma vie de journaliste. »

---

835 Voici quelle est la semaine-type d'un journaliste du *Canard enchaîné* : le mercredi, vers 15 h 30, a lieu une réunion d'information où l'on se met d'accord sur les sujets que l'on va traiter dans le prochain numéro. Le jeudi a lieu une réunion identique mais qui réunit exclusivement les rédacteurs des pages 6 à 8, la partie culturelle du journal. Du mercredi au lundi, l'information est rassemblée, les articles sont écrits. Une autre réunion a lieu le lundi matin, pour mettre les articles en place. Le lundi soir, les dessins sont choisis par le directeur, un secrétaire de rédaction, le rédacteur en chef des pages culturelles. Le mardi matin, les responsables sont à l'imprimerie vers 6 h 30-7 heures, les autres arrivent vers 9 heures. Le bouclage officiel est prévu avant 13 h 30 mais n'a souvent lieu que vers 14 h 30. Ce rythme type varie en fonction des niveaux de responsabilité et des attributions. Certains écrivent toutes les semaines dans le journal, d'autres peuvent n'écrire qu'une fois par mois.

---

836 Ces chiffres sont fournis à titre indicatif; ils varient évidemment d'une année sur l'autre en fonction des taux d'intérêt fixés par le marché pour les dépôts à terme.

---

837 Tel est l'argument avancé par ses responsables pour justifier une telle accumulation de réserves : garantir le journal contre tout retournement de conjoncture. Les variations annuelles du chiffre d'affaires sont importantes ; les lecteurs peuvent se détourner du journal pendant une période plus longue, l'actualité être moins « porteuse » ; or, la plupart des charges sont fixes, incompressibles. Les réserves ont pour fonction de prémunir le journal contre ces « trous d'air ».

---

838 Les derniers résultats des *Dossiers du Canard* sont également préoccupants : avec un peu plus de 76 000 exemplaires diffusés, le trimestriel enregistre son plus mauvais score depuis sa création, en 1981.

---

839 À comparer avec celle de 1982, étudiée plus haut (cf. *supra* p. 425-426). Comme la première, l'enquête de 1995 n'a inclus *Le Canard enchaîné* qu'en raison d'un geste amical du responsable du sondage.

---

840 Cette tranche progresse sensiblement : +7 % par rapport à 1982 ; dans le même temps, la tranche 15-24 ans régressait de 6 %. Il y a bien un phénomène de vieillissement du lectorat.

---

841 La progression de cette catégorie est importante et doit tenir en partie aux changements dans les modes de calcul : +12 %.

---

842 Par exemple sous la plume de Yvan Audouard : « Le journaliste d'opinion a pour fonction essentielle de rédiger des articles où il exprime les idées de son rédacteur en chef. Cela ne signifie en aucune manière que son rédacteur en chef ait des idées. Il les tient de son directeur, lequel les tient lui-même du gouvernement en exercice, lorsqu'il y en a un, et, en toutes circonstances, des chefs de ses services des ventes et de publicité. » (*Le Canard enchaîné*, 27 mai 1953.)

---

843 Le « processus irrésistible qui sembl[a] condamner la presse politique » (Christian Delporte, *Les Journalistes en France, 1880-1950, naissance et construction d'une profession*, Paris, Le Seuil, 1999, p. 51) s'engagea vraiment dans les années 1880. Les quotidiens dits « doctrinaux » reculèrent en audience globale, leurs tirages baissèrent, ils durent céder les premières places aux quotidiens populaires. Aux raisons proprement économiques de ce déplacement s'ajoutait la relative pacification des mœurs politiques liée à l'établissement du consensus républicain ; un mouvement de dépolitisation accompagna et expliqua l'essor de la presse dite d'information. Un grand nombre des hommes de presse contemporains de cette évolution la condamnèrent : les personnalités interrogées dans le cadre de l'enquête sur la presse lancée par Henry Bérenger dans *La Revue bleue* en décembre 1897 rejetaient très majoritairement ce qu'on appelait alors le « nouveau journalisme », accusé de corrompre l'esprit des masses par le primat reconnu au fait divers, d'abandonner la mission éducative et civilisatrice qui était traditionnellement celle de la presse pour une logique purement économique, d'aliéner la liberté du journaliste sous la double pression de l'argent et de l'information. Par la suite, même si la presse d'information sembla remporter la victoire dans les faits sinon dans les esprits, il subsista toujours au sein de la presse française un fort parti pour maintenir haut levé le drapeau de la presse d'opinion

---

844 Thomas Ferenczi, *L'Invention du journalisme en France, naissance de la presse moderne à la fin du XIXe siècle*, Paris, Plon, 1993, 275 p.

---

845 Pierre Châtelain-Tailhade *alias* Jérôme Gauthier, « Bureau de placement pour journalistes » dans *Le Canard enchaîné*, 6 août 1958, p. 3. C'est en 1948 que le CFJ devint une école délivrant des diplômes de journalisme.

---

846 Nicolas Brimo, entretien du 21 avril 1994. Voir aussi le syllogisme de Roger Fressoz : « Satirique, c'est-à-dire critique. Or critiquer, c'est informer. C'est donc un journal d'informations critiques. » (Cité par Frédéric Barreyre, *op. cit.*, p. 9.)

---

847 Claude Angéli : « Le journalisme d'investigation est un terme qui nous vient des États-Unis. Il y a eu les fameuses affaires du Watergate et autres, donc c'est devenu à la mode. En France, on parle beaucoup moins du journalisme d'enquête. *Le Canard enchaîné* le pratiquait bien avant, il n'a pas attendu le Watergate pour publier des enquêtes importantes. [...] Ma conception du journalisme d'investigation, je dirais qu'il s'agit du journalisme normal. » Roger Fressoz : « Le *Canard* a été à cet égard un initiateur. Les Américains ont toujours dit que le journalisme français était fait de communiqués officiels. Le journalisme d'investigation a commencé, à mon avis, au début de la Cinquième République.

Le *Canard* a publié une série d'articles qui s'appelait « Point du jour », à propos des scandales immobiliers. Puis il y a eu la Garantie foncière et le Patrimoine foncier. Au fur et à mesure, vers 1965, d'autres journaux s'y sont mis, d'abord les quotidiens puis les hebdomadaires. » Entretiens réalisés par Sophie Gerbaud, *Le Journalisme d'investigation en France de 1945 à nos jours,* Thèse de doctorat d'histoire sous la direction de M. Jean-Jacques Becker, Paris-X Nanterre, 1993 (annexes).

---

848 cf. *supra,* p. 245 et suiv.

---

849 Roger Fressoz cité par Sophie Gerbaud, *op. cit.*

---

850 Notons que Nicolas Brimo, aujourd'hui administrateur du *Canard enchaîné,* avait rédigé un mémoire sur la « presse confidentielle ». (*Un mécanisme d'information politique : la presse confidentielle sous la Quatrième République,* Maîtrise d'histoire sous la direction de M. René Rémond, université de Paris-X Nanterre, 1972, 169 p.) Ce type de presse partage certains traits avec le journalisme d'investigation : l'exclusivité et le caractère « sensible » des informations, recueillies auprès d'informateurs dont l'identité est tenue secrète. Ici aussi, on croit à la prééminence des logiques invisibles, des rapports interpersonnels, du « dessous des cartes ».

---

851 Michel Gaillard cité par Sophie Gerbaud, *op. cit.*

---

852 Par exemple Roger Fressoz s'avouait « fasciné par la formule célèbre d'un des pères fondateurs des États-Unis, Thomas Jefferson, disant : "Entre un État sans presse mais avec un gouvernement et un État sans gouvernement mais avec une presse, je choisis le second". » (« La liberté de la presse », 1980. Archives du *Canard enchaîné*).

---

853 Jacques Derogy et Jean-Marie Pontaut, *Investigation passion. Enquête sur trente ans d'affaires* Paris, Fayard, p. 545-546.

---

854 Mark Hunter, *Aspects du journalisme d'investigation,* Thèse pour le doctorat en sciences de l'information et de la communication sous la direction de M. Francis Balle, université de Paris-II-Panthéon-Assas, 1995, p. 24.

---

855 Claude Angéli, cité par Claude Guillaumin, *Faut-il brûler les journalistes ?,* Paris, Julliard, 1994, p. 262. Les journalistes du *Canard enchaîné* furent accusés à plusieurs reprises d'avoir enfreint cette règle, notamment lors de l'affaire Boulin, de la feuille d'impôt de Jacques Chaban-Delmas et de la maladie du Président Pompidou : dans chacun de ces cas, argua la rédaction, une information de nature privée devenait une information publique (c'est-à-dire publiable) en raison des fonctions assumées par celui qu'elle concernait. Ce n'est pas que toute vie privée fût refusée aux personnages publics mais c'était à ceux-ci de tracer une frontière infranchissable entre leurs fonctions publiques et leurs actes privés.

856 cf. *supra* p. 328-329

857 Le cardinal Daniélou, figure éminente du clergé français et membre de l'Académie française, était mort en mai 1974 d'un arrêt cardiaque, dans la rue ou en montant un escalier selon la version colportée par quelques journaux. En fait, il semble qu'il soit décédé dans la chambre d'une entraîneuse de cabaret. Le *Canard* y fit allusion à en se moquant des termes choisis par la presse bien-pensante pour évoquer la mort du prélat (« Ah ! oui, l'épectase ! »), ce qui déclencha en retour les protestations de l'épiscopat français. « C'est toujours la même antienne, s'exclama Gabriel Macé dans le *Canard* : nous sommes des affreux jojos qui ne respectent [*sic*] pas la vie privée [...] et qui se répandent (*sic*) en sous-entendus égrillards [...]. En somme, nous avons voulu nuire à la mémoire du cardinal – on va même jusqu'à dire que nous avons voulu mener campagne contre le célibat des prêtres ! » (26 juin 1974).

858 Dans le *Canard* furent publiées les feuilles d'impôt de Jacques Chaban-Delmas en 1972, de Valéry Giscard d'Estaing en 1979, de Marcel Dassault la même année, de Jacques Lafleur en 1988, de Jacques Calvet en 1989. (Cf. *infra*, p. 509-511 pour l'affaire Calvet.) Il faut y ajouter les articles sur les acrobaties fiscales de Jean-Baptiste Doumeng (1983) et François Pinault (1997). En novembre 1987, le gouvernement Chirac fit voter un amendement au code général des impôts prévoyant que tout journal qui rendrait publics les revenus imposables d'un contribuable serait frappé d'une amende égale au double de ces revenus. En janvier 1988, le Conseil constitutionnel annula cette disposition.

859 Le 17 juin 1987, le *Canard* publia à la « une » une photographie de Jean-Marie Le Pen à demi nu. Pierrette Le Pen, l'épouse divorcée du chef frontiste, venait de poser nue dans *Playboy* et cette publication se voulait satirique. « Il n'est pas dans nos habitudes d'intervenir dans les scènes de ménage, affirmait le commentaire, mais celle-ci étant d'essence politique et de notoriété publique, nous ne pouvions garder par-devers nous un document comme celui-ci, et nous avons décidé de verser cette pièce au débat. » Jean-Marie Le Pen demanda en vain la saisie du *Canard* puis porta plainte pour « atteinte intolérable à sa vie privée ». Le 23 mars 1988, *Le Canard enchaîné* fut condamné à verser 100 000 francs de dommages-intérêts à Jean-Marie Le Pen.

860 Conférence à l'École nationale d'administration, 1980, archives du *Canard enchaîné*.

861 Entretien du 21 avril 1994. On trouve un écho de ces « idées reçues » dans l'article de Pierre Barral, « Le journaliste, témoin ou acteur ? » : « Observons le rôle joué par *Le Canard enchaîné*. Il n'a guère à rechercher les informations confidentielles, elles viennent d'elles-mêmes. Des fonctionnaires ou des initiés, sincèrement choqués de certains comportements ou visant à déconsidérer leurs adversaires, font parvenir des documents, dont l'authenticité ne peut généralement pas être mise en doute. » (Dans *Histoire et médias. Journalisme et journalistes français, 1950-1990*, Actes du colloque de Paris-X-Nanterre de 1988, Paris, Albin Michel, 1991, p. 229.)

---

862 Colette Ysmal, « Le Canard enchaîné ou les pièges de la lucidité », *Esprit*, n° 2, février 1971, p. 242.

---

863 Une partie des enquêtes suit le déroulement des procédures judiciaires. C'est le mode le plus courant du journalisme d'investigation tel que le pratique la presse française. L'originalité du *Canard enchaîné* vient notamment de ce qu'il mène souvent des « enquêtes d'initiative », c'est-à-dire qu'il déclenche lui-même une affaire sans attendre l'ouverture d'une instruction. Les risques liés à ce type d'enquête sont bien plus importants que dans le cas d'un suivi classique d'une procédure.

---

864 Claude Roire se souvient des réserves émises par Jean Clémentin quand il fut question de le recruter pour les affaires économiques. Clémentin pensait que c'était une erreur de faire travailler sur ces dossiers quelqu'un qui ne connaissait pratiquement personne dans les milieux financiers et industriels. (Entretien du 9 janvier 1998.)

---

865 Louis-Marie Horeau : « C'est un lien personnel, visible dans les relations de confiance qui se créent. L'estime éventuellement joue un rôle, l'habitude de travailler ensemble… Un carnet d'adresses est simplement la photographie de la capacité d'un journaliste à pénétrer divers milieux à un moment donné de sa carrière. » (Cité par Sophie Gerbaud, *op. cit.*, p. 58.)

---

866 Nicolas Brimo, entretien du 21 avril 1994.

---

867 Pendant longtemps, les dirigeants du *Canard enchaîné* ont négligé la constitution d'une documentation centrale au journal alors que *Le Monde* en disposait presque depuis son origine. Cette lacune s'explique par la volonté des dirigeants de ne pas céder aux facilités du « journalisme de cabinet ».

---

868 Les premières photocopies que nous avons repérées dans *Le Canard enchaîné* concernent l'affaire de la Garantie foncière : le 14 juillet 1971 paraissent en page deux les reproductions d'un compte-rendu d'activité et d'une facture de la société immobilière soupçonnée d'escroquerie. Mais c'est surtout la photocopie de la feuille d'impôts de Jacques Chaban-Delmas, le 3 novembre de la même année, qui lança la mode de ce type de documents. (Cf. *supra*, p. 401.)

---

869 « C'est un fait que l'on ne peut pas garder des informations. Il y a une tradition au journal qui veut que, dès que l'on est sûr de quelque chose, on le publie. On est obligé de tenir ce contrat parce qu'on fait de la radiographie de la société. Nous ne sommes pas un parti. Je ne vois donc pas pourquoi on garderait pour nous des informations. » (Interview de Claude Angéli dans *Le Point*, 5 novembre

1994, p. 61.) Certains de ses confrères pensent au contraire qu'il existe un tri des informations selon des critères politiques ; la gauche serait favorisée par rapport à la droite. Plus qu'une autocensure, on parle d'un « manque d'objectivité ».

870 Jacques Derogy et Jean-Marie Pontaut, *op. cit.*, p. 545.

871 Rémy Rieffel, *L'Élite des journalistes. Les hérauts de l'information* Paris, PUF, 1984, 220 p.

872 On songe à Régis Debray parlant du « rationalisme désespérant » qui caractériserait les services d'espionnage, « qui rejoint paradoxalement la mentalité primitive par son intraitable cohérence et la transformation de toute chose en signe d'autre chose. Pour un adepte du Grand Jeu, rien de fortuit, pas de libre arbitre. L'homme est tout sauf sujet de ses actes : agent ou agi, manipulateur ou manipulé, joueur ou joué, mais jamais lui-même, bêtement, simplement. » (*Loués soient nos seigneurs, une éducation politique*, Paris, Gallimard, 1996, p. 95.)

873 Analyse développée notamment par Laurent Cohen-Tanugi, « Quels contre-pouvoirs au quatrième pouvoir ? », *Le Débat*, n° 60, mai-août 1990, p. 127.

874 Pierre Truche, « Le juge et la presse », *Esprit*, n° 210, mars-avril 1995, p. 6.

875 Ainsi, la victime d'une diffamation (inculpation pénale) peut soit se contenter d'une action civile dont le résultat pourra être la condamnation du journal à des dommages et intérêts, soit saisir le tribunal correctionnel d'une action en diffamation qui pourra aboutir à une sanction pénale, généralement une amende, assortie de dommages et intérêts, ceux-ci comme celle-là supportée par le journal en tant que société éditrice civilement responsable. Mais la précision exigée du plaignant dans la qualification du délit (injure ou diffamation ? diffamation envers la fonction ou envers le particulier ?) jointe à l'impossibilité, dans la procédure pénale, de la requalification en cas d'erreur, la brièveté des délais de prescription, l'absence de notion de récidive, l'automaticité de l'amnistie pour délit de presse au bout de quelques années, enfin la réticence du juge pénal à prononcer des condamnations qui le feraient apparaître comme un ennemi de la liberté d'expression conduisent bien souvent les victimes à préférer une action au civil plutôt qu'au pénal, permettant ainsi au journaliste fautif – que ne sanctionnent par ailleurs ni l'employeur ni le lecteur – de s'en tirer à trop bon compte. Georges Kiejman parle même d'une « quasi-irresponsabilité de la presse » dans son article « Quels contre-pouvoirs au quatrième pouvoir ? », *Le Débat*, n° 60, mai-août 1990, p. 131-137. Voir également Claude Grellier, « Juges et journalistes », *Médiaspouvoirs*, n° 22, 1991, p. 94-99.

876 Les attaques visent souvent à la fois la presse d'investigation, la presse à scandale et la télévision.

877 Travers dénoncés par Alain-Gérard Slama, « L'Idéologie sans visage », *Le*

Débat, n° 88, janvier-février 1996, p. 62-67.

878 Antoine Garapon, « Justice et médias : une alchimie douteuse », *Esprit* n° 210, mars-avril 1995, p. 16.

879 Cyril Lemieux, « Les journalistes, une morale d'exception ? », *Politix*, n° 19, 3e trimestre 1992, p. 17.

880 C'est ainsi que fut justifiée par exemple la publication de la feuille d'impôt de Jacques Chaban-Delmas : il n'y avait là rien d'illégal mais on pouvait trouver choquant qu'un homme possédant des revenus élevés échappe à l'impôt alors que par ailleurs sa fonction et ses discours faisaient attendre de lui une attitude exemplaire. Le même raisonnement valut pour la plupart des grandes affaires des années 1970.

881 « Le Canard enchaîné a choisi de se servir de sa liberté sans crainte, franchement, comme c'est son droit, en bravant les tabous. Il considère que la presse doit porter à la connaissance du public tous les éléments d'information, principaux ou accessoires, agréables ou déplaisants, qui permettent aux citoyens de se faire une opinion, de porter un jugement sur leur gouvernement, leur système politique, la société dont ils font partie. » Roger Fressoz, « La Place du *Canard enchaîné* dans la presse aujourd'hui », 1980. Archives du *Canard enchaîné*.

882 Cyril Lemieux, *op. cit.*, p. 7 et 30.

883 Extrait cité par le juge d'instruction Hubert Pinsseau dans son ordonnance de non-lieu rendue le 29 décembre 1976. Rappelons que son prédécesseur avait pourtant décidé que l'autorité judiciaire était compétente pour apprécier l'application de la notion de secret de la Défense nationale et que cette notion ne pouvait s'appliquer en l'espèce, ce que confirma la cour d'appel par arrêt en date du 31 mai 1975. Des confrontations furent donc bien organisées, jusqu'à ce que Robert Pandraud, directeur général de la Police nationale, fasse connaître au nouveau juge, Hubert Pinsseau, qu'« ayant le devoir de protéger les structures et d'assurer le fonctionnement d'un service essentiel à la sécurité de la nation, [il n'avait] pas cru pouvoir permettre au directeur de la Surveillance du territoire d'autoriser les fonctionnaires à se présenter au cabinet » du juge. Celui-ci n'insista pas. (Archives du *Canard enchaîné*.) Depuis 1998, une commission du secret de la défense nationale fonctionne ; c'est une autorité administrative indépendante qui émet des avis sur la levée du secret défense. Lionel Jospin avait annoncé la création de cette commission pour mettre fin, précisément, à l'usage abusif du secret défense. Alain Richard, ministre de la Défense, a pour sa part déclaré qu'il « fallait en finir avec l'un des derniers angles morts de notre État de droit ».

884 Un bon exemple nous en est fourni par l'affaire dite de la « betterave ». Le 24 avril 1968, parut dans *Le Canard enchaîné* un article intitulé « Une belle salade de betteraves dans l'Oise » qui révélait l'inculpation de quelques producteurs de betteraves par le tribunal de grande instance de Senlis pour « abus de confiance, escroquerie, infraction à la législation sur les coopératives agricoles ». Une plainte pour diffamation fut déposée contre Tréno et une commission rogatoire délivrée concernant la divulgation du secret de l'instruction. André Sauger, administrateur du *Canard*, fit savoir au juge que l'article avait été publié à la suite d'une enquête effectuée sur place par un rédacteur du journal ; sommé de révéler l'identité de ses sources, le journal lui opposa le secret professionnel, justifié par l'avocat du *Canard*, Me Jean-Pierre Le Mée de la façon suivante : « Qu'adviendrait-il si le journaliste devait, à chaque réclamation, produire ses sources ? Qui, dans l'hypothèse où cette pratique viendrait à se généraliser, oserait confier quoi que ce soit à un journaliste ? Il va sans dire que le fait de pouvoir refuser d'indiquer ses sources est la meilleure – et peut-être même la seule – garantie qu'un journaliste puisse avoir d'obtenir encore des confidences ou informations nécessaires à la rédaction de ses articles. [...] Il est bien évident que, pour inspirer confiance à ses informateurs, le journaliste devrait ne pas avoir à redouter d'être contraint de choisir entre le respect de la loi (et les sanctions qu'elle comporte) et les impératifs de son honneur professionnel. » Tréno fut condamné pour diffamation à payer des dommages et intérêts aux personnes mises en cause et à insérer le jugement dans trois journaux. (Archives du *Canard enchaîné*.)

---

885 Argument avancé, on s'en souvient, lors du procès opposant Jacques Foccart au *Canard enchaîné* en décembre 1969. (Cf. *supra*, p. 340.)

---

886 La recherche de documents n'est donc pas seulement imposée par les exigences internes du journalisme d'investigation, elle s'explique aussi par l'éventualité d'une épreuve juridique. Comme le souligne Claude Angéli, « quand on publie quelque chose, on a les documents qui prouvent à notre avis que nous avons raison et on a des documents qui prouvent que nous sommes de bonne foi. Alors ensuite, la justice peut juger qu'on y a été trop fort ou qu'on a été ceci ou cela. » (Cité par Cyril Lemieux, *op. cit.*, p. 23.)

---

887 L'article 35 de la loi du 29 juillet 1881 prévoit trois cas où la preuve des faits diffamatoires n'est pas admise : 1) Lorsque l'imputation concerne la vie privée des personnes ; 2) Lorsque l'imputation se réfère à des faits qui remontent à plus de dix années ; 3) Lorsque l'imputation se réfère à un fait constituant une infraction amnistiée ou prescrite ou qui a donné lieu à une condamnation effacée par la réhabilitation ou la révision. (Roland Dumas, *Le Droit de l'information*, Paris, PUF, 1981, p. 420-421.)

---

888 Logique développée notamment par Philippe Simmonot, Le Monde *et le pouvoir*, Paris, Les presses d'aujourd'hui, 1977, 222 p.

---

889 Noël Copin estima que le *Canard* était de ces journaux qui font courir des risques à la profession en publiant des documents indus. « Dans quelle mesure les journaux qui croient réaliser un « coup » journalistique ne sont-ils pas des instruments entre les mains de ceux qui veulent porter des « coups » politiques ? » À quoi Roger Fressoz répondit que le *Canard* était, avant tout, intéressé par l'information et qu'il avait eu le sentiment d'être « utile ». « *Le Canard enchaîné* a porté atteinte à la vie privée », ajoutait l'éditorialiste de *La Croix*; le directeur du *Canard* le renvoyait à la décision du tribunal de grande instance de Paris.

---

890 Certes, tout en indiquant qu'il n'était « pas évident que toute révélation sur la rémunération ou les revenus d'une personne physique attente à l'intimité de la vie privée de celle-ci », les attendus du jugement admettaient bel et bien que le montant de la rémunération constitue « un élément de la personnalité qui est, en tout cas dans notre pays, d'ordinaire tenu secret ». Mais c'était pour ajouter aussitôt que « l'évolution des comportements et l'influence des pays anglo-saxons [...]permet, dans certaines circonstances, la publication de renseignements sur le patrimoine d'une personnalité appartenant en particulier au monde économique, et ce à des fins légitimes d'information ». (Ordonnance du 28 septembre 1989 rendue par le président du tribunal de grande instance de Paris.)

---

891 Jacques Calvet avait porté plainte avec constitution de partie civile pour « détournement d'actes ou de titres par fonctionnaire public » ; Michel Charasse, ministre du Budget, entama également une procédure pour « soustraction de documents administratifs et violation du secret professionnel ».

---

892 La même accusation fut formulée contre le *Canard* à l'occasion d'une autre publication « fiscale », celle de la feuille d'impôt de Giscard en 1979 puis, en 1984, après la publication d'un procès-verbal de la Direction nationale des enquêtes douanières mettant en cause le député RPR Georges Tranchant. Le recel ne fut pas retenu, les magistrats estimant que le délit dont il provenait n'avait pu être parfaitement établi.

---

893 Comme le nota le *Canard*, rien alors n'aurait empêché Jacques Calvet de faire condamner le journal pour diffamation en prétendant que les chiffres cités étaient faux. L'impossibilité de produire la preuve constitue une prime à l'information invérifiable ou « bidonnée », à la rumeur, à l'approximation.

---

894 Cyril Lemieux, *op. cit.*, p. 17.

---

895 Mark Hunter, *op. cit.*, Charles R. Eisendrath, *Free Within Limits : The French Press and Politics 1970-1985*, multig., 1990, 416 p.

---

896 Voir notamment le billet de la rédaction du *Canard* qui commente la satisfaction de la presse française félicitée par ses lecteurs pour le rôle qu'elle a joué dans la révélation des affaires : « Le *Canard* ajoute sa modeste voix à ce concert de congratulations, d'autant plus volontiers qu'il a conscience d'avoir fait figure de pionnier, de précurseur. Longtemps, notre journal a été à peu près le seul en France à faire du journalisme d'investigation, tandis que la grande presse baignait dans le conformisme, la prudence, l'information de communiqué, le sirop. [...] Les choses ont bien évolué, surtout depuis les années 1980. [...] Nous nous en félicitons et nous disons : "Bravo, confrères ! Surtout, ne revenez pas en arrière. Continuez. Ne mollissez pas !" » (8 février 1989).

---

897 Cette interprétation est contredite par une autre qui considère que l'élargissement de l'offre (de plus en plus d'enquêtes sur des affaires politico-financières dans la presse) a produit une attente dans le public qui n'a pu que profiter au *Canard enchaîné.*

---

898 Voir à ce sujet Jean-Marie Charon et Claude Furet, *Un secret si bien gardé, la loi, le juge et le journaliste,* Paris, Le Seuil, 2000, 238 p.

---

899 Une des questions importantes soulevées par la multiplication des scandales politico-financiers est de savoir si ce phénomène résulte de l'accroissement du phénomène ou de sa plus grande visibilité ; sans doute des deux, avec aussi le déclin d'une certaine « culture de la soumission et de la hiérarchie » parmi ceux qui sont chargés de traquer ce type de délinquance. (Voir Pierre Lascoumes *Corruptions,* Paris, Presses de Sciences Po, 1999.)

---

900 Il faut préciser que ce bilan est purement quantitatif ; il s'agit de mesurer l'influence ou la puissance du journalisme d'investigation sur les autres pouvoirs. Une autre chose, plus complexe, est de savoir si cette influence est allée dans le sens d'un renforcement ou d'un affaiblissement de la démocratie.

---

901 Roger Fressoz insistait sur la censure exercée à la télévision et à la radio sur toute information en provenance du *Canard enchaîné* : par exemple, alors que les chaînes de télévision avaient consacré de longs reportages au sacre de l'empereur Bokassa, elles n'annoncèrent que de façon très succinte les informations relatives aux diamants. Par ailleurs, le *Canard* avait « mis à la disposition des chaînes de radio qui le désiraient un fragment enregistré [de la conversation téléphonique avec Bokassa du 8 septembre 1980.] C'était un document sonore assez peu ordinaire, vivant et de première main. De nombreuses radios étrangères [...] ont diffusé ce document. Elles en ont même redemandé de larges extraits. En revanche, sous des prétextes divers, aucune station française ne s'est servi de ce document, n'en a fait entendre le moindre passage, de peur sans doute de déplaire à l'Élysée ». Cette même information fut également complètement passée sous silence par les journaux de la presse Hersant. (Roger Fressoz, « La place du *Canard enchaîné* dans la presse aujourd'hui », 1980. Archives du *Canard enchaîné.*) Notons quand même que l'émission *Questionnaire* qui vit pendant une heure Roger Fressoz répondre aux questions de Jean-Louis Servan-Schreiber passa dans son intégralité le 10 juin 1980 alors que les dirigeants de TF1 avaient d'abord demandé la coupure d'une phrase où le directeur du *Canard* *enchaîné* mettait en cause « plus que le chef de l'État, toute une famille et toute une caste ». (Texte de l'émission dans les archives du *Canard enchaîné*.)

---

902 Julien Gracq, *En lisant, en écrivant*, Paris, José Corti, 1980, p. 259.

---

903 Jean-Louis Vachette, « Peut-on mettre en évidence la culture d'entreprise ? » *La Revue française de gestion*, septembre-octobre 1984, p. 74.

---

904 Interview de Roger Fressoz dans *Presse-Actualité*, n° 164, mai 1982, p. 31.

---

905 Entretien du 5 juin 1995

---

906 Philippe Selznick, cité par Jean-Gustave Padioleau, Le Monde *et* le Washington Post, *précepteurs et mousquetaires*, Paris, PUF, 1985, p. 331-332.

---

907 Archives du *Canard enchaîné*.

---

908 *Correspondance de la presse*, 4 septembre 1965, p. 11. C'est du travail d'Alain Schifrès qu'il est ici question (« L'idéologie du *Canard enchaîné* » dans *Analyses de presse*, Paris, PUF, 1963, p. 91-176) ; ce dernier écrivait encore dans son mémoire : « Quand on est nécessaire depuis 45 ans, on est plus ou moins une institution, on fait partie du paysage, on a des « obligations ». Obligation de respecter certaines traditions, obligation d'honorer ses amis ou ses « héros » : ceci est à la fois dangereux et indispensable. » Micheline Mehanna, dans son propre ouvrage, insistait sur le poids du mythe *Canard* sur les journalistes et sur le décalage entre l'image donnée par le journal et la réalité de son fonctionnement ; malheureusement, cet auteur n'a pas vu (ou a refusé de voir) la part de réalité qui continuait de fonctionner au cœur du mythe. (*L'Idéologie du* Canard enchaîné. *La dérision politique par le rire et l'investigation*, DEA de sociologie politique sous la direction de M. Philippe Braud, Université de Paris-I Sorbonne, 1995, 158 p.)

---

909 La tournée de conférences du directeur du *Canard*, Roger Fressoz, dans les universités américaines en 1980 (New York University, Columbia, Princeton) témoigne de cette dimension nouvelle. À noter que, la même année, Roger Fressoz parle du *Canard enchaîné* et de la liberté de la presse devant une association de sénateurs et à l'École nationale d'administration.

---

910 Claude Angéli, cité par Frédéric Barreyre, *Le* Canard *vu par ses confrères, les confrères vus par le* Canard, Mémoire de fin d'études sous la direction de MMmes Edith Rémond et Michèle Garrec, IUT de journalisme de Bordeaux, 1988, p. 23.

---

911 Pierre Barral, *Histoire et médias, Journalisme et journalistes français, 1950-1990* (Marc Martin dir.), Actes du colloque de Paris-X-Nanterre 1988, Paris, Albin Michel, 1991, p. 229.

---

912 Pascal Ory parlant du *Monde* dans son article « Quatre lieux historiques de la presse française », *Le Débat*, n° 2, juin 1980, p. 139.

913 Patrick Champagne, « *Le Canard enchaîné*, de la satire politique à la défense de la morale publique », *Actes de la recherche en sciences sociales/Liber*, n° 89, septembre 1991, p. 8. Roger Fressoz parlait pour sa part d'un « service de salubrité publique », d'une « fonction curative » et d'une « fonction de dissuasion ». « Il y a beaucoup de scandales que nous révélons, nous ne les connaissons pas tous, mais sans doute il y a beaucoup de scandales que nous avons empêchés. Je me souviens d'un mot du fils du président de la République, que je ne croyais pas si philosophe. En parlant des journaux satiriques, il a dit que le côté positif de ces journaux, c'est qu'ils obligent les responsables à surveiller leur comportement. » (Interview de Roger Fressoz par Jean-Louis Servan-Schreiber, émission *Questionnaire*, TF1, 10 juin 1980, archives du *Canard enchaîné*.)

914 Jean-Claude Guillebaud, « Les médias contre le journalisme », *Regards sur l'actualité*, n° 173, août 1991, p. 30.

915 Colette Ysmal « Le *Canard enchaîné* ou les pièges de la lucidité », *Esprit*, n° 2, février 1971, p. 233-243. Micheline Mehanna, *L'Idéologie du* Canard enchaîné. *La dérision politique par le rire et l'investigation*, DEA de sociologie politique sous la direction de M. Philippe Braud, Université de Paris-I Sorbonne, 1995, 158 p.

916 Régis Debray, *Loués soient nos seigneurs. Une éducation politique*, Paris, Gallimard, 1996, p. 419-423 et p. 483.

917 Micheline Mehanna, *op. cit.*, p. 56.

918 Courrier des lecteurs. Archives du *Canard enchaîné*.

919 Thomas Ferenczi, *Ils l'ont tué ! L'affaire Salengro*, Paris, Plon, 1995, p. 185-186.

920 Entretien avec l'auteur.

921 *Ibid.*

922 *Ibid.*

ARCHIVES

Archives publiques

Archives nationales

F7 Police générale

– 13981 : Divers.

Contient un rapport sur *Le Canard enchaîné*, daté de 1929, complété en 1932, remis le 29 janvier 1934 par un nommé Chautemps. 29 p. dactyl.

F41 Information

– 156 : Service de la censure.

– 354 : Service de l'Inspection générale : presse à la Libération.

– 1133 : dossier d'autorisation de paraître du *Canard enchaîné*.

F1 Ministère de l'Intérieur-Administration générale

– A 3356 : Documentation générale sur la presse de 1946.

Archives de la section contemporaine (Fontainebleau)

Archives spéciales centrales d'État de l'URSS : archives de la Direction générale de la sécurité publique de la France « Sûreté générale » (18…-1934) puis Direction générale de la Sécurité nationale de la France « Sûreté nationale » (1934-1941). Fonds n° 1.

Préfecture de police

BA 1636 : Vaillant-Couturier.
BA 1713 : Tirages des journaux.
BA 1862 : Manifestations du Front populaire de 1936.
BA 1776 : Comité de défense Eugène Guillot et Ligue des objecteurs de conscience.
BA 1777 : Ligne internationale des combattants de la paix.

Renseignements généraux de la préfecture de police de Paris, 1972 dans Plume (Christian) et Pasquini (Xavier), *Une enquête de police sur le Canard enchaîné*, Paris, Éditions Jean Picollec, 1980, 231 p.

Bibliothèque de documentation et d'information contemporaine (Nanterre)

F270 RES (SPE) Échoppages de la censure 1914-1918, service des périodiques.
Morasses du *Canard enchaîné* 1939-1940 (mfm 758 1-5).

Archives du Canard enchaîné

Activités militantes.
- Chevalier de la Barre.
- Citoyens du Monde.
- Larzac.
- Objection de conscience.

Anniversaires/fêtes/sorties.

Bilans et comptes d'exploitation.

Le *Canard* par lui-même.
- Brochures de présentation.
- Conférences et interviews de Roger Fressoz.
- Anthologies du *Canard enchaîné*.

Collection du journal 1915-2000.

Correspondance.
- Courrier des lecteurs.
- Réactions/demandes de rectification.
- Correspondance générale.

Fabrication.
- Fédération nationale de la presse française.
- Diffusion.
- Papeteries.
- Imprimerie.
- Commission paritaire des publications.

Journalistes du *Canard enchaîné* (correspondance, portraits, articles).

Lectorat.
- Enquêtes SOFRES.
- Enquêtes auprès des dépositaires (1969-1976).

Manifestations *Canard*
- Salons.
- Rétrospectives des dessinateurs.
- Expositions.

Parodies du *Canard enchaîné*.

Personnel (->1940)

- Rémunérations.
- Retraites.

Photographies.

Procès et affaires.

Publications du *Canard enchaîné*/publicité.

Archives audiovisuelles

BAISSAT (Bernard) *Aux 4 coins-coins du Canard*: film de 2 h 52 min (couleur 16 mm) BPI du centre Georges Pompidou, 1987.

La Mare aux canards, Le Canard enchaîné/Saint-Louis Productions, 1994, 90 mn.

Sources orales

Quarante interviews réalisées du 28 janvier 1994 au 20 décembre 2000.

BIBLIOGRAPHIE

HISTOIRE GÉNÉRALE

Généralités

AGULHON (Maurice)
– *Histoire vagabonde*, tome 1 : *Ethnologie et politique dans la France contemporaine* (Gallimard, 1988, 318 p.) ; tome 2 : *Idéologie et politique dans la France du XIXe siècle* (Gallimard, 1988, 306 p.).
– *La République. De Jules Ferry à François Mitterrand (1880 à nos jours)*, Paris, Hachette, 1990, 525 p.

ARON (Raymond), HALBWACHS (Maurice), VERMEIL (E.), *Inventaire III, classes moyennes*, Paris, Alcan, 1939, 356 p.

BECKER (Jean-Jacques), *Histoire politique de la France depuis 1945*, Paris, Armand Colin, 1988, 190 p.

BEDARIDA (François) *et al.*, *Histoire du peuple français* (publié sous la direction de L.-H. Parias), tome 5, *Cent ans d'esprit républicain*, Paris, Nouvelle Librairie de France, 1966, 609 p.

BERSTEIN (Serge) et MILZA (Pierre), *Histoire de la France au XXe siècle*, Paris, Complexe, 1990-1996, 6 tomes.

BERSTEIN (Serge) et RUDELLE (Odile), *Le Modèle républicain*, Paris, PUF, 1992, 431 p.

BIRNBAUM (Pierre), *Le Peuple et les gros. Histoire d'un mythe*, Paris, Grasset, 1979, 218 p.

CHAPSAL (Jacques), *La Vie politique en France depuis 1940*, Paris,

PUF, 1979, 688 p.

GIRARDET (Raoul), *Mythe et mythologies politiques*, Paris, Seuil, 1986, 211 p.

HABERMAS (Jürgen), *L'Espace public. Archéologie de la publicité comme dimension constitutive de la société bourgeoise* (version allemande 1962), trad. française, Paris, Payot, 1978, 322 p.

HOGGART (Richard), *La Culture du pauvre. Étude sur le style de vie des classes populaires en Angleterre* (1957), trad. française, Minuit, 1970, 420 p.

LAVAU (Georges) *et al.*, *L'Univers politique des classes moyennes*, Paris, PFNSP, 1983, 389 p.

LEVEQUE (Pierre), *Histoire des forces politiques en France*, Paris, Armand Colin, 1992-1997, 3 tomes.

NICOLET (Claude), *L'Idée républicaine en France 1789-1924*, Paris, Gallimard, 1994, 528 p.

NORA (Pierre) dir., *Les Lieux de mémoire*, Paris, Gallimard, 1984-1992, 3 tomes.

ORY (Pascal) dir., *Nouvelle histoire des idées politiques*, Paris, Hachette, 1987, 643 p.

RÉMOND (René), *La Vie politique en France depuis 1789*, Paris, Armand Colin, 1965-1969, 2 tomes.

Tendances politiques dans la vie française depuis 1789, Paris, Hachette (Colloques Cahiers de civilisation), 1966, 142 p.

SIRINELLI (Jean-François), *Intellectuels et passions françaises. Manifestes et pétitions au XXe siècle*, Paris, Fayard, 1990.

TOUCHARD (Jean), *Histoire des idées politiques* (1958), Paris, PUF, 1993, 870 p.

VIARD (Jacques) dir., *L'Esprit républicain*, colloque d'Orléans des 4 et 5 septembre 1970, Paris, Klincksieck, 1972, 464 p.

VINCENT (Gérard) et TIM, *D'Ambition à Zizanie : lexique illustré de la France contemporaine*, Paris, PFNSP, 1983, 474 p.

Vingtième Siècle, revue d'histoire, n° spécial « Les guerres franco-françaises », janvier-mars 1985.

WINOCK (Michel), *La Fièvre hexagonale. Les grandes crises poli-*

tiques de 1871 à 1968, Calmann-Lévy, 1987, 428 p.

ZELDIN (Théodore), *Histoire des passions françaises*, Paris, Seuil, 1978-1981, 5 tomes.

Mouvements, idéologies et forces politiques

AUVRAY (Michel), *Objecteurs, insoumis, déserteurs, histoire des réfractaires en France*, Paris, Stock, 1983, 438 p.

BECKER (Jean-Jacques), « Antimilitarisme et antipatriotisme en France avant 1914, le cas de Gustave Hervé », *Enjeux et puissances (Hommage à Jean-Baptiste Duroselle)*, Publications de la Sorbonne, 1966.

BECKER (Jean-Jacques) et BERSTEIN (Serge), *Histoire de l'anticommunisme en France*, tome 1 : 1917-1940, Paris, Olivier Orban, 1987, 407 p.

BERSTEIN (Serge), *Histoire du parti radical*, Paris, PFNSP, 1980-1982, 2 tomes.

BIARD (Roland)
– *Histoire du mouvement anarchiste en France 1945-1975*, Paris, Galilée, 1976, 313 p.
– *Dictionnaire de l'extrême gauche de 1945 à nos jours*, Paris, Belfond, 1978, 411 p.

BILIS (Michel), *Socialistes et pacifistes 1933-1939 ou l'Impossible dilemme des socialistes français*, Paris, Syros, 1979, 372 p.

BIRNBAUM (Pierre), *La France aux Français*, Seuil, 1993, 395 p.

CRAPEZ (Marc), *La Gauche réactionnaire*, Paris, Berg international, 1997, 339 p.

DEFRASNE (Jean),
– *La gauche en France de 1789 à nos jours*, Paris, PUF, 1972, 128 p.
– *Le Pacifisme en France*, Paris, PUF, 1994, 258 p.

DREYFUS (Michel), « Pacifistes et humanistes dans les années trente », *Revue d'histoire moderne et contemporaine*, juillet-septembre 1988, p. 452-469.

DROZ (Jacques) dir., *Histoire générale du socialisme*, Paris, PUF, 1974-1978, 4 tomes.

DUHAMEL (Olivier), *La Gauche et la Ve République*, Paris, PUF, 1980, 589 p.

DROZ (Jacques), *Histoire de l'antifascisme en Europe 1923-1939*, Paris, La Découverte, 1985, 256 p.

FAUCIER (Nicolas), *Pacifisme et antimilitarisme*, Paris, Spartacus, 1983, 206 p.

FAURE (Christine) et BISHOP (Tom), *L'Amérique des Français*, Paris, François Bourin, 1992, 240 p.

FAUVET (Jacques) et DUHAMEL (Alain), *Histoire du parti communiste français 1920-1976*, Paris, Fayard, 1977, 621 p.

GIRAULT (Jacques), « Le Syndicat national des instituteurs et le pacifisme dans les années 1930 », *Matériaux*, n° 30, janvier-mars 1993, p. 45-47.

INGRAM (Norman), *The Politics Of Dissent. Pacifism In France 1919-1939*, Oxford, Clarendon Press, 1991, 366 p.

KRIEGEL (Annie) et BOURGEOIS (Guillaume), *Les Communistes français dans leur demi-siècle 1920-1970*, Paris, Seuil, 1985, 385 p.

KUISEL (Richard), *Le Miroir américain, 50 ans de regard français sur l'Amérique*, Paris, J.-C. Lattès, 392 p.

LACORNE (Denis), RUPNIK (Jacques) et TOINET (Marie-France) dir., *L'Amérique dans les têtes : un siècle de fascinations et d'aversions*, Paris, Hachette, 1986, 310 p.

LEFRANC (Georges)
– *Le Mouvement socialiste sous la IIIe République*, Paris, Payot, 1977, 2 tomes.
– *Les Gauches en France 1789-1972*, Paris, Payot, 1973, 348 p.

LERNER (Henri), *De Gaulle et la gauche*, Limonest, L'Interdisciplinaire, 1994, 321 p.

MAITRON (Jean), *Le Mouvement anarchiste en France*, Paris, Maspero, 1975, 2 tomes.

MAYOUX (François et Marie), *Instituteurs pacifistes et syndicalistes*, Chamalières, Éditions Canope, 1992, 363 p.

MELLOR (Alec), *Histoire de l'anticléricalisme français*, Tours, 1966, 496 p.

MERLE (Marcel), *Pacifisme et internationalisme*, Paris, Armand Colin, 1966, 360 p.

MEYER-SPIEGLER (Madeleine), *Antimilitarisme et refus du service militaire dans la France contemporaine*, Thèse pour le doctorat de Science politique, Paris, 1969, 2 vol. multigr.

NICOLET (Claude), *Le Radicalisme*, Paris, PUF, coll. « Que sais-je ? », 1971, 127 p.

NORDMANN (J. Th.)
– *Histoire des radicaux 1820-1973*, Paris, La Table ronde, 1974, 529 p.
– *La France radicale*, Paris, Gallimard, Archives, 1977, 214 p.

OFFENSTADT (Nicolas) et OLIVERA (Philippe), « L'engagement pour la paix dans la France de l'entre-deux-guerres : un ou des pacifismes ? », *Matériaux*, n° 30, janvier-mars 1993, p. 53-56.

PORTELLI (Hughes), *Le Socialisme français tel qu'il est*, Paris, PUF, 1980, 213 p.

QUILLIOT (Roland), *La SFIO et l'exercice du pouvoir 1944-1958*, Paris, Fayard, 1972, 839 p.

RABAUT (Jean)
– *Tout est possible ! Les « gauchistes » français 1929-1944*, Paris, Denoël/Gonthier, 1974, 415 p.
– *L'Antimilitarisme en France 1810-1875*, Paris, Hachette, 1975, 253 p.

RÉMOND (René),
– *Les Droites en France*, Paris, Aubier, 1982, 544 p.
– *L'Anticléricalisme en France de 1815 à nos jours*, Paris, Fayard, 1976.

RENAUDEAU (Pierre-Marc), « La tentation pacifiste. De la France des années 30 à l'Allemagne des années 80 », *Le Débat*, n° 32, novembre 1984, p. 73-91.

SCHOR (Ralph)
– *L'Opinion française et les étrangers en France 1919-1939*, Paris, Publications de la Sorbonne, 1985, 761 p.
– *L'Antisémitisme en France pendant les années trente. Prélude à Vichy*, Complexe, 1992, 381 p.

SIMONET (Julie), « Les idéologies pacifistes en France au XXe siècle », *Regards sur l'actualité*, n° 170, avril 1991, p. 11-34.

SLAMA (Alain-Gérard), *Les Chasseurs d'absolu. Genèse de la gauche et de la droite* (1980), Paris, Hachette, 1994, 404 p.

TAGUIEFF (Pierre-André), « Le populisme et la science politique.

Du mirage conceptuel aux vrais problèmes », *Vingtième siècle*, n° 56, octobre-décembre 1997, p. 4-33.

TOUCHARD (Jean)
– *Le Gaullisme 1940-1969*, Paris, Seuil, 1978, 379 p.
– *La Gauche en France depuis 1900*, Paris, Seuil, 1977, 412 p.

VAISSE (Maurice)

– (dir.) *Le Pacifisme en Europe des années 1920 aux années 1950*, Actes du colloque de Reims du 3 au 5 décembre 1992, Bruxelles, Bruylant, 1993, 452 p.

– « Le Pacifisme français dans les années 1930 », *Relations internationales*, n° 53, printemps 1988, p. 37-52.

– « Le Passé insupportable. Les pacifismes 1984, 1938, 1914 », *Vingtième siècle*, n° 3, juillet 1984, p. 27-39.

VILLEPIN (Patrick de), « Plutôt la servitude que la guerre ! Le pacifisme intégral dans les années 1930 », *Relations internationales*, n° 53, printemps 1988, p. 53-67.

WINOCK (Michel), *Nationalisme antisémitisme et fascisme en France*, Seuil, 1990, 444 p.

La Troisième République

AZEMA (Jean-Pierre) et WINOCK (Michel), *La IIIe République 1870-1940*, Paris, Calmann-Lévy, 1976, 393 p.

BERSTEIN (Gisèle et Serge), *La IIIe République*, Paris, M.A. Éditions 1987, 356 p.

BONNEFOUS (Édouard et Georges), *Histoire politique de la IIIe République*, Paris, PUF, 1956-1967, 7 tomes.

FOHLEN (Claude), *La France de l'entre-deux guerres 1917-1939*, Paris, Casterman, 1966, 226 p.

GEORGES (Jocelyne) et MOLLIER (Jean-Yves), *La plus longue des républiques*, Paris, Fayard, 1994, 872 p.

GOGUEL (François), *La Politique des partis sous la IIIe République*, Paris, Seuil, 1958, 566 p.

MAYEUR (Jean-Marie), *La Vie politique sous la IIIe République 1870-1940*, Paris, Seuil, 1984, 443 p.

MIQUEL (Pierre), *La IIIe République, hommes et pouvoirs*, Paris, Bordas, 1971, 144 p.

PROST (Antoine), *Les Anciens combattants et la société française 1914-1939*, Thèse pour le doctorat d'État en histoire sous la direction de M. Louis Girard, Paris-IV, 1975, 3 tomes. (1. *Histoire* ; 2. *Sociologie* ; 3. *Mentalités et idéologies*).

La Première Guerre mondiale

AUDOIN-ROUZEAU (Stéphane), *Les Combattants des tranchées*, Paris, A. Colin, 1986, 223 p.

BECKER (Jean-Jacques), *Les Français dans la Grande Guerre*, Paris, Laffont, 1980, 317 p.

BECKER (Jean-Jacques) et AUDOIN-ROUZEAU (Stéphane), *Les Sociétés européennes et la guerre de 1914-1918*, Actes du colloque de l'université de Paris-X Nanterre et de l'université d'Amiens, 8-11 décembre 1988, Université de Paris-X, 1990, 495 p.

BECKER (Jean-Jacques) et BERSTEIN (Serge), *Victoire et frustrations 1914-1929*, Paris, Seuil, tome 12 de la *Nouvelle histoire de la France contemporaine*, 1990, 455 p.

BECKER (Jean-Jacques) *et al.*, *Guerre et cultures 1914-1918*, Paris, Armand Colin, 1994, 445 p.

DUCASSE (André), *La Guerre racontée par les combattants*, Paris, Flammarion, 1930, 295 p.

DUCASSE (André), MEYER (Jacques), PERREUX (Daniel), *Vie et mort des Français 1914-1918* (1962), Genève, Famot, 1978, 540 p.

DUROSELLE (Jean-Baptiste), *Histoire de la Grande Guerre. La France et les Français 1914-1920*, Paris, Richelieu, 1972, 395 p.

DUROSELLE (Jean-Baptiste), *La Grande Guerre des Français 1914-1918*, Paris, Perrin, 1994, 515 p.

FERRO (Marc), *La Grande Guerre 1914-1918*, Paris, Gallimard, 1969, 412 p.

FORCADE (Olivier), *La Censure politique en France pendant la grande guerre*, thèse d'histoire, Paris X, 1998.

KRIEGEL (Annie) et BECKER (Jean-Jacques), *Le Mouvement ouvrier français*, Paris, Armand Colin, 1964, 240 p.

MEYER (Jacques), *La Vie quotidienne des soldats pendant la Grande Guerre*, Paris, Hachette, 1966, 373 p.

MIQUEL (Pierre), *La Grande Guerre*, Paris, Fayard, 1983, 663 p.

PERREUX (Daniel), *La Vie quotidienne des civils en France pendant la Grande Guerre*, Paris, Hachette, 1966, 348 p.

PROCHASSON (Christophe), *Les Intellectuels, le socialisme et la guerre*, Paris, Seuil 1993, 354 p.

RAJFUS *La Censure militaire et policière, 1914-1918*, Paris, éd. du Cherche-Midi, 1999.

L'entre-deux-guerres

ABBAD (Francis), *La France des années 20*, Paris, Armand Colin, 1993, 190 p.

AZEMA (Jean-Pierre), *De Munich à la Libération 1938-1944*, Paris, Seuil, tome 14 de la *Nouvelle histoire de la France contemporaine*, 1979, 412 p.

BERSTEIN (Serge)
– *Le 6 février 1934*, Paris, Gallimard-Julliard, 1975, 258 p.
– *La France des années 30*, Paris, Armand Colin, coll. « Cursus », 1988, 188 p.

BODIN (Louis) et TOUCHARD (Jean), *Front populaire 1936*, Paris, Armand Colin (1961) 1985, 233 p.

BORNE (Dominique) et DUBIEF (Henri), *La Crise des années 30 1929-1938*, Paris, Seuil, tome 13 de la *Nouvelle histoire de la France contemporaine*, 1989, 322 p.

CHAVARDES (Maurice)
– *Le 6 février 1934, la République en danger*, Paris, Calmann-Lévy, 1966, 359 p.
– *Une campagne de presse : la droite française et le 6 février 1934*,

Flammarion, 1970, 119 p.

CHILLY (L. de) *La Classe moyenne en France après la guerre 1918-1924*, Bourges, Tardy, 1924, 127 p.

GUILLEMINAULT (Gilbert), *Le Roman vrai des années folles 1918-1930*, Paris, Denoël, 1975, 198 p.

BERSTEIN (Serge), *Edouard Herriot ou la République en personne*, Paris, PFNSP, 1985, 327 p.

JEANNENEY (Jean-Noël), *Leçon d'histoire pour une gauche au pouvoir. La faillite du Cartel 1924-1926*, Paris, Seuil, 1977, 155 p.

KERGOAT (Jacques), *La France du Front populaire*, Paris, La Découverte, 1986, 414 p.

LEFRANC (Georges), *Le Front populaire 1934-1938*, Paris, PUF (1965) 1984, 128 p.

ORY (Pascal), *La Politique culturelle du Front populaire français 1935-1938*, Thèse pour le doctorat d'État en histoire sous la direction de M. René Rémond, Paris-X Nanterre, 1990, 4 vol. (partiellement publiée sous le titre *La Belle illusion. Culture et politique sous le signe du Front populaire 1935-1938*, Paris, Plon, 1994.)

OUDIN (Bernard), *Aristide Briand*, Paris, Laffont, 1987, 612 p.

RÉMOND (René) et BOURDIN (Jeanine) dir.
– *Édouard Daladier chef de gouvernement avril 1938-septembre 1939*, 1re partie des Actes du colloque des 4-6 décembre 1975 à la Fondation nationale des sciences politiques, Paris, PFNSP, 1977, 319 p.
– *La France et les Français en 1938-1939*, 2e partie des Actes du colloque des 4-6 décembre 1975 à la Fondation nationale des sciences politiques, Paris, PFNSP, 1978, 365 p.

RÉMOND (René) et RENOUVIN (Pierre) dir., *Léon Blum chef de gouvernement 1936-1937*, Paris, PFNSP, 1981, 439 p.

RUHLMANN (Jean), *L'Identité et la défense des classes moyennes française du Front populaire à la Seconde Guerre mondiale*, Thèse de doctorat d'histoire sous la direction de M. Serge Berstein, Institut d'études politiques de Paris, 1995, 3 vol.

SAGNES (Jean) et CAUCANAS (Sylvie), *Les Français et la guerre d'Espagne*, Actes du colloque de Perpignan de 1989, CREPF/université de Perpignan, 1990, 437 p.

VALLETTE (Geneviève) et BOUILLON (Jacques), *Munich 1938*, Paris, Armand Colin, 1964, 229 p.

WEBER (Eugen), *La France des années 30. Tourments et perplexité*, Fayard, 1995, 417 p.

La Seconde Guerre mondiale, la Libération

ARON (Robert), *Histoire de l'épuration*, tome 10, *Le Monde de la presse, des arts et des lettres 1944-1953*, Paris, Fayard, 1975, 420 p.

AZEMA (Jean-Pierre), *La Collaboration*, Paris, PUF, 1975, 152 p.

BLOCH (Marc), *L'Étrange défaite*, Paris, Éditions Franc-Tireur, 1946, rééd. Gallimard, 1990, 326 p.

COINTET (Michèle), *Vichy capitale, 1940-1944*, Paris, Perrin, 1993, 299 p.

CREMIEUX-BRILHAC (Jean-Louis), *Les Français de l'an 40*, Paris, Gallimard, 1990, 2 tomes. (1. *La Guerre oui ou non ?*; 2. *Ouvriers et soldats*.)

DALLOZ (Jacques), *La France de la Libération*, Paris, PUF, 1991, 127 p.

DOUZOU (Laurent), *Le Mouvement de résistance « Libération-Sud » (1940-1944)*, Thèse pour le doctorat en histoire sous la direction de M. Maurice Agulhon, Paris-I Sorbonne, 1993. (Publication partielle sous le titre *La Désobéissance : histoire d'un mouvement et d'un journal clandestin, Libération-Sud, 1940-1944*, Paris, Odile Jacob, 1995, 480 p.)

HANDOURTZEL (Rémy) et BUFFET (Cyril), *La Collaboration… à gauche aussi*, Paris, Librairie Académique Perrin, 1989, 276 p.

KASPI (André), *La Libération de la France juin 1944-janvier 1946*, Paris, Perrin, 1995, 562 p.

La Libération de la France, Paris, CNRS, 1976, 1054 p.

LEVY (Claude), *La Libération, remise en ordre ou révolution ?*, Paris, PUF, 1974, 127 p.

LOTTMAN (Herbert), *L'Épuration française 1943-1953*, Paris, Fayard, 1986, 532 p.

NOVICK (Peter), *L'Épuration française 1944-1949*, Paris, Seuil, 1991, 364 p.

ORY (Pascal), *Les Collaborateurs 1940-1945*, Paris, Seuil, 1977, 331 p.

PAXTON (Robert O.), *La France de Vichy 1940-1944*, (1972), Paris, Seuil, 1973, 375 p.

ROUSSO (Henri), *La Collaboration*, Paris, M.A. Éditions, 1987, 204 p.

La Quatrième République

AVRIL (Pierre) et VINCENT (Gérard), *La IVe République, histoire et société*, Paris, Éditions M.A., 1988, 203 p.

BEDARIDA (François) et RIOUX (Jean-Pierre) dir., *Pierre Mendès France et le mendésisme*, Paris, Fayard, 561 p.

CHAPSAL (Jacques), *La Vie politique en France de 1940 à 1958*, Paris, PUF, 1984, 528 p.

COURTIER (Paul), *La Quatrième République*, Paris, PUF, coll. « Que sais-je ? », 1986, 126 p.

DALLOZ (Jacques), *La Guerre d'Indochine 1945-1954*, Paris, Seuil, 1987, 314 p.

DROZ (Bernard) et LEVER (Évelyne), *Histoire de la guerre d'Algérie 1954-1962*, Paris, Seuil, 1982, 375 p.

ELGEY (Georgette), *La IVe République*, Paris, Fayard, 3 tomes. 1. *La République des illusions* (1945-1951), 1965 ; 2. *La République des contradictions* (1951-1954), 1968 ; 3. *La République des tourmentes* (1954-1959), nouvelle édition, 1992.

FAUVET (Jacques), *La IVe République*, Paris, Fayard, 1963, 401 p.

GROSSER (Alfred)
– *La IVe République et sa politique extérieure*, Paris, A. Colin, 3e éditions, 1972, 440 p.
– *La politique extérieure de la France 1944-1989*, Paris, Flammarion, 1989, 368 p.

GUILLEMINAULT (Georges), *Le Roman vrai de la IVe République*, Paris, Denoël, 3 tomes. (1. *Les lendemains qui ne chantaient pas 1944-1947*, 1970 ; 2. *La France de Vincent Auriol 1947-1953*, 1970 ; 3. *De Bardot à De Gaulle 1954-1958*, 1972).

HARRISON (Martin), « Government and press in France during the Algerian war », *The American Political Science Review*, n° 2, vol. LVIII, juin 1964, p. 273-295.

JULLIARD (Jacques), *La Quatrième République (1947-1958)*, Calmann-Lévy, 1968, Pluriel, 1980, 351 p.

LUTHY (Herbert), *À l'heure de son clocher. Essai sur la France*, Paris, Calmann-Lévy, 1955, 341 p.

MIQUEL (Pierre), *La IVe République, hommes et pouvoirs*, Paris, Bordas 1972, 159 p.

La Quatrième République, Paris, Librairie générale de droit et de jurisprudence, 1978, 453 p.

RIOUX (Jean-Pierre). *La France de la Quatrième République*, Paris, Seuil, 2 tomes, 15 et 16 de la *Nouvelle histoire de la France contemporaine* (1. *L'ardeur et la nécessité 1944-1952*, 1980 ; 2. *L'expansion et l'impuissance 1952-1958*, 1983).

RIOUX (Jean-Pierre) dir., *La Guerre d'Algérie et les Français*, colloque de l'Institut d'histoire du temps présent, Paris, Fayard, 1990, 700 p.

RIOUX (Jean-Pierre) et SIRINELLI (Jean-François), *La Guerre d'Algérie et les intellectuels français*, Bruxelles, Complexe, 1991, 405 p.

ROUANET (Pierre), *Mendès France au pouvoir (18 juin 1954-6 février 1955)*, Paris, Laffont, 1965, 572 p.

WILLIAMS (Philip), *La Vie politique sous la IVe République*, Paris, A. Colin, 1971, 866 p.

La Cinquième République

BERSTEIN (Serge), *La France de l'expansion*, Paris, Seuil, tomes 17 et 18 de la *Nouvelle histoire de la France contemporaine* (1. *La République gaullienne 1958-1969*, 1989, 375 p. ; 2. *L'Apogée Pompidou 1969-1974*, 1995, 332 p.)

BIRNBAUM (Pierre), *La Fin du politique*, Paris, Seuil, 1975, 284 p.

CHAPSAL (Jacques), *La Vie politique en France sous la Ve République*, Paris, PUF, 2 tomes (1. *La République gaulliste 1958-1974*, 1981 ; 2. *La Ve République après le gaullisme 1974-1987*, 1987).

DANSETTE (Adrien), *Mai 68*, Paris, Plon, 1971, 475 p.

DEBATTY (André), *Le 13 mai et la presse*, Paris, A. Colin, coll. « Kiosque », 1960, 328 p.

DEUTSCH (Emeric) *et al.*, *Les Familles politiques aujourd'hui en France*, Paris, Minuit, 1966, 128 p.

DUHAMEL (Olivier), *La Gauche et la Cinquième République*, Paris, PUF, 1980, 588 p.

GORCE (Paul-Marie de la) et MOSCHETO (Bruno), *La Ve République*, Paris, PUF, 1989, 127 p.

HOFFMANN (Stanley) *et al.*, *À la recherche de la France*, Paris, Seuil, 1963, 461 p.

MONNERON (Jean-Louis) et ROWLEY (Anthony), *Les 25 ans qui ont transformé la France*, tome 6 de *L'histoire du peuple français*, Paris, Nouvelle Librairie de France, 1986, 442 p.

RÉMOND (René), *1958. Le retour de De Gaulle*, Bruxelles, Complexe, 1983, 213 p.

SUR (Serge), *La Vie politique en France sous la Ve République*, Paris, Montchrestien, 1982, 652 p.

VEDEL (Georges) dir., *La Dépolitisation, mythe ou réalité*, Paris, A. Colin, 1962, 285 p.

WINOCK (Michel)

– *La République se meurt, chronique 1956-1958*, Paris, Seuil, 1978, 252 p.

– *Chronique des années 1960*, Paris, Seuil, 1990, 382 p.

HISTOIRE DE LA PRESSE

Nous ne donnons ici que la liste, actualisée, des études et travaux dont nous nous sommes servis pour rédiger cette histoire du *Canard enchaîné*. Pour une liste plus complète, nous nous permettons de renvoyer à notre ouvrage *La Presse écrite en France au XXe siècle* (Le Livre de poche, 2005).

Généralités

BELLANGER (Claude), GODECHOT (Jacques), GUIRAL (Pierre), TERROU (Fernand), *Histoire générale de la presse française*, tome 3 à 5, Paris, PUF, 1972-1976.

CHARLE (Christophe), *Le Siècle de la presse*, Paris, Le Seuil, 2004.

CHARON (Jean-Marie),
– *La Presse en France de 1945 à nos jours* Paris, Seuil, 1991, 416 p.
– « Cinquante ans de presse française », *Médiaspouvoirs*, n° 39-40, 3e et 4e trimestres 1995, p. 53-61.

D'ALMEIDA (Fabrice) dir., *La Question médiatique. Les enjeux historiques et sociaux de la critique des médias*, Paris, Seli Arslan, 1997.

D'ALMEIDA (Fabrice) et DELPORTE (Christian), *Histoire des médias en France de la Grande Guerre à nos jours*, Paris, Flammarion, 2003.

DELPORTE (Christian),
– *Les Journalistes en France, 1880-1950. Naissance et construction d'une profession*, Paris, Seuil, 1999, 449 p.
– « L'argent des journalistes au XXe siècle. Essai de mise en perspective », dans MARSEILLE Jacques et EVENO Patrick, *Histoire des industries culturelles en France XIXe-XXe siècles*, Actes du colloque en Sorbonne 2001, Paris, ADHC, 2002, p. 185-204.
– (dir.) *Presse à scandale, scandale de presse*, Paris, L'Harmattan, 2001.

EVENO, (Patrick),
– *L'Argent de la presse française des années 1820 à nos jours*, Éditions du Comité des Travaux Historiques et Scientifiques, 2003.

– « Entre l'Etat et le marché : les entreprises de presse, modèle ou repoussoir pour les industries culturelles » dans MARSEILLE (Jacques) et EVENO (Patrick), *Histoire des industries culturelles en France XIXe-XXe siècles*, Actes du colloque en Sorbonne 2001, Paris, ADHC, 2002, p. 205-218.

FEYEL (Gilles), *La Presse en France des origines à 1945. Histoire politique et matérielle*, Paris, Ellipses, 1999.

GABRIEL-ROBINET (Louis)
– *Histoire de la presse*, Paris, Hachette, 1960, 64 p.
– *Journaux et journalistes hier et aujourd'hui*, Paris, Hachette, 1962, 256 p.

GUÉRY (Louis), *Visages de la presse. La présentation des journaux des origines à nos jours*, Paris, CFPJ, 1997.

LIVOIS (René de), *Histoire de la presse française*, Paris, CFA, 1965, 2 tomes (1. *Des origines à 1881* ; 2. *De 1881 à nos jours*), 660 p.

FAUCHER (Jean-André)
– *Le Quatrième pouvoir : la presse française de 1830 à 1960*, Paris, Écho de la Presse et de la Publicité, nouv. éd. 1969, 335 p.
– *Dans les coulisses de la presse française avec Jean-André Faucher*, Paris, Éditions Jibena, 1978, 66 p.

LACROIX (Jean-Paul), *La Presse indiscrète*, Paris, Julliard, 1967, 281 p.

LEDRE (Charles), *Histoire de la presse*, Paris, Fayard, 1958, 414 p.

MANEVY (Raymond), *La Presse française de Renaudot à Rochefort*, Paris, J. Foret, 1958, 375 p.

MARTIN (Marc)
– *Histoire et médias. Journalisme et journalistes français, 1950-1990*, Actes du colloque de Paris-X Nanterre de 1988, Paris, Albin Michel, 1991, 303 p.
– *Contribution à l'histoire des journalistes et du journalisme en France XIXe-XXe siècles et à l'histoire de la publicité*, Thèse pour doctorat d'État en histoire, Paris-X-Nanterre, 1992.
– *Médias et journalistes de la République*, Paris, Odile Jacob, 1997, 494 p.

MUHLMANN (Géraldine), *Du journalisme en démocratie*, Paris, Payot, 2004.

ÉTUDES SPÉCIALISÉES

La Troisième République

ALBERT (Pierre)
– « Remarques sur l'histoire de la presse sous la IIIe République », *Le mouvement social*, n° 53, octobre-décembre 1965, p. 23-37.
– « La presse sous la IIIe République », Paris, *Anthinéa*, n° 6, 1974, p. 11-15.

ALLARD (Paul) et BERGER (Marcel), *Les Secrets de la censure pendant la guerre*, Paris, Éditions des Portiques, 1932, 382 p.

BILLY (André) et PIOT (Jean), *Le Monde des journaux. Tableau de la presse de la France contemporaine*, Paris, G. Crès, 1924, 247 p.

BOURDON (Georges) et DELAISI (Francis), *Le Journalisme d'aujourd'hui*, Paris, Delagrave, 1931, 163 p.

Cahiers de la presse, Revue de l'Institut de Science de la presse de l'Université de Paris, Librairie du Recueil Sirey, janvier 1938 à septembre 1939.

CAVALIER (Auguste), *Réflexions sur la presse*, Lyon, Imprimerie des Terrasses, 1924, 93 p.

CHARON (Jean-Marie), « 1914-1918 : la presse française dans la Grande Guerre », *Médiaspouvoirs*, n° 23, 1991, p. 115-124.

DEMARTIAL (G.), *Comment on mobilisa les consciences*, Paris-Rome-Genève, Éditions des Cahiers internationaux, 1922, 327 p.

DEVOS (Jean-Claude), NICOT (Jean), « La censure de la presse pendant la guerre de 1914-1918 », Actes du 105e Congrès des Sociétés savantes, Caen 1980, Section d'histoire moderne et contemporaine, 1983, tome 1, p. 343-364.

FERENCZI (Thomas)
– *L'Invention du journalisme en France. Naissance de la presse moderne à la fin du XIXe siècle*, Paris, Plon, 1993, 275 p.
– *Ils l'ont tué ! L'affaire Salengro*, Paris, Plon, 1995, 248 p.

GALTIER-BOISSIERE (Jean) et LEFEBVRE (René), « Histoire de la presse », *Le Crapouillot*, 1934, 2 tomes, 92 et 84 p.

GALTIER-BOISSIERE (Jean)
– « Le Bourrage de crâne », *Le Crapouillot*, 1937, 67 p.
– « Mythes et mystères de la grande presse », *Le Crapouillot*, 1934 et 1937, 1964.

GALABRU (L.), *La Liberté individuelle et la liberté de la presse en temps de guerre*, Thèse pour le doctorat de sciences politiques et économiques, université de Montpellier, Montauban, 1918, 143 p.

MANEVY (Raymond)
– *Histoire de la presse 1914-1939*, Paris, Corrêa, 1945, 360 p.
– *La presse de la IIIe république*, Paris, Foret, 1955, 248 p.

PALMER (Michael B.), *Des petits journaux aux grandes agences Naissance du journalisme moderne 1863-1914*, Paris, Aubier, 1983, 350 p.

PESSIS (Jean-François), *Les Petites revues pacifistes politico-littéraires en France 1916-1920*, Mémoire de maîtrise en histoire, Paris-VIII, 1972.

THURIOT-FRANCHI (Georges), *Les Journaux des tranchées*, Nevers, 1921, 39 p.

VALLETTE (Geneviève) et BOUILLON (Jacques), *Munich 1938* Paris, Armand Colin, 1964, 306 p.

La Seconde Guerre mondiale, la Libération et la Quatrième République

AMORETTI (Henri), *Lyon capitale 1940-1944*, Éditions France-Empire, 1974, 420 p.

ARBELLOT (Simon), *La Presse française sous la francisque*, Paris. imp. Persan-Beaumont, 1952, 60 p.

BELLANGER (Claude), *Presse clandestine (1940-1944)*, Paris, Armand Colin, 1961, 264 p.

BOURQUIN (Jacques), *La Liberté de la presse*, Paris, PUF, 1950, 621 p.

CALVET (Henri), *La Presse contemporaine*, Paris, Nathan, 1958, 367 p.

COTTA (Michèle), *La Collaboration 1940-1944*, Paris, Armand Colin, 1963, 335 p.

DELPORTE (Christian)
– « La trahison du clerc ordinaire. L'épuration professionnelle des journalistes 1944-1948 », *Revue historique*, n° 592, oct.-déc. 1994, (version revue et corrigée de la communication présentée dans le cadre du colloque « L'Identité professionnelle des journalistes » organisé par le Groupe de recherche sur l'information et les medias en Europe [CUEJ, Strasbourg] les 25-26 novembre 1994).
– « L'épuration des journalistes: polémiques, mythes, réalités », *Matériaux pour l'histoire de notre temps*, n° 39-40, juillet-décembre 1995, p. 28-31.

DENOYER (Pierre)
– *La Presse contemporaine*, Paris, Tournier et Constans/Institut d'Études politiques, 1948, 124 p.
– *La Presse moderne*, Paris, PUF, 1958, 128 p.

GUILLAUMA (Yves), *Presse et pouvoir de 1944 à 1958. Contribution à l'histoire de la presse sous la IVe République*, Thèse pour le doctorat en sciences de l'information et de la communication sous la direction de M. Pierre Albert, Paris-II, 1993, 3 vol.

HISARD (Claude), *Histoire de la spoliation de la presse française*, Paris La Librairie française, 1955, 496 p.

JACQUEMART (Noël), « Quatre ans d'histoire de la presse française 1944-1947 », *Écho de la presse et de la publicité*, n° spécial, 1948 (rééd. 1968), 48 p.

KAYSER (Jacques), *Mort d'une liberté. Technique et politique de l'information*, Paris, Plon, 1955, 338 p.

LAURENT (Jules), *La Liberté de la presse*, Paris, Éditions nouvelles, 1955, 144 p.

Liste des journaux et périodiques autorisés à paraître à la date du 30 septembre 1946, Secrétariat d'État à la présidence du gouvernement. Services de l'information, Direction des services de la presse, Paris, 1946, 41 p.

MANEVY (Raymond), « La presse de la Libération », *Renaissances*, n° 20, avril 1946.

MOTTIN (Jean), « L'histoire politique de la presse de 1944 à

1949 », *Bilans hebdomadaires*, 1949, 189 p.

Les Naufrageurs de la presse, Paris, Défense des libertés françaises, 1948, 123 p.

La Nef, « La presse, quatrième pouvoir, 1944-1950 », n° 67-68, sept. 1950, 244 p.

BLOCH (Pierre), *Liberté et servitude de la presse en France*, Monte-Carlo, Éditions du livre, 1952, 296 p.

La Presse en France, Secrétariat général du gouvernement, La Documentation française, n° 106, octobre 1955, 32 p.

QUEVAL (Jean), *Première page, cinquième colonne*, Paris, A. Fayard, 1945, 360 p.

RHODES (Fernand), *Le « Mur d'argent », essai journalistique pour servir à l'histoire de la liberté d'expression*, Paris, Swift, 1946, 128 p.

SALMON (Robert), *L'Organisation actuelle de la presse française*, Conférence du 28 octobre 1955, Paris, 1955, 46 p.

La Cinquième République

Affrontement, « La Presse. Mythe et réalités », Paris, 9 juin 1959, 64 p.

ALBERT (Pierre)
– *La Presse*, Paris, PUF, 1982, 127 p.
– *La Presse française*, Paris, La Documentation française, 1978, 160 p. (rééd. régulières et réactualisées.)

ARCHAMBAULT (François) et AMBAULT (Michel), *Un journal pour trente centimes ! Mythes et réalités de la presse moderne*, Paris, Julliard, 1966, 191 p.

BALLE (Francis)
– *Les Journaux quotidiens, et les journalistes français : sociologie d'un marché et d'une profession*, Thèse pour le doctorat de lettres et sciences humaines, Paris-V, 1979, 3 vol.
– *Médias et société*, Paris, Montchrestien, 1984, 708 p.

BARSALOU (Joseph), *Questions au journalisme*, Paris, Stock, 1973, 186 p.

BOEGNER (Philippe), *Cette presse malade d'elle-même.* Paris, Plon, 1973, 213 p.

BORIS (Claude), *Les Tigres de papier : crise de la presse et autocritique du journalisme*, Paris, Seuil, 1977, 402 p.

BOYER (Jean-Paul), *La Liberté de la presse*, Paris, Au fil d'Ariane, 1963, 120 p.

CAYROL (Roland), *La Presse écrite et audiovisuelle*, Paris, PUF, 1991, 480 p.

CHARON (Jean-Marie), *L'État des médias*, Paris, La Découverte/Médiaspouvoirs/CFPJ, 1991, 461 p.

COSTON (Henry), *Le Journalisme en trente leçons*, Paris, La Librairie française, 1960, 240 p.

DEBATTY (André), *Le 13 mai et la presse*, Paris, A. Colin, 1960, 360 p.

DUMAS (Evelyn), *La Crise de la presse en France*, Montréal, Leméac, 1972, 115 p.

Étude sur les lecteurs de la presse française, Centre d'étude des supports de publicité, 1957-1958 et 1962.

« Le journal et ses lecteurs », *Esprit*, n° 2, février 1971.

La Liberté de l'information en France, Paris, Éditions ouvrières-Études et documentation internationales (Ligue des Droits de l'homme), 1990, 122 p.

LEPIGEON (Jean-Louis) et WOLTON (Dominique), *L'Information demain. De la presse écrite aux nouveaux médias*, La Documentation française, 1979, 331 p.

MATHIEN (Michel)
– *Le Système médiatique. Le journal dans son environnement*, Paris, Hachette Sup., 1989, 318 p.
– *Les Journalistes et le système médiatique*, Paris, Hachette Sup., 1992, 367 p.

PIGASSE (Jean-Paul), *La Difficulté d'informer : vérités sur la presse économique*, Paris, A. Moreau, 1975, 334 p.

ROUCAUTE (Yves), *Splendeurs et misères des journalistes*, Paris, Calmann-Lévy, 1991, 417 p.

Vademecum de la presse politique, Paris, Société d'études et d'édition d'information politiques, économiques et sociales, 1982, 66 p.

VOYENNE (Bernard), *La Presse dans la société contemporaine*, Paris, Armand Colin, coll. « U », 1971, 368 p.

WILL (Nicolas), *Essai sur la presse et le capital*, Paris, Union générale d'éditions, 1975, 314 p.

WOUTS (Bernard), *La Presse entre les lignes*, Flammarion, 1990, 260 p.

Journaux et genres de presse

AMAURY (Francine), *Histoire du plus grand quotidien de la IIIe République*: Le Petit Parisien *1876-1944*, Paris, PUF, 1972, 2 tomes (1. *La société du* Petit Parisien: *entreprise de presse, d'éditions et de messageries*; 2. Le Petit Parisien: *instrument de propagande au service du régime*), 1352 p.

ARGIOLAS (Sébastien), *Un hebdomadaire de l'entre-deux-guerres*: Candide *1924-1944*, Mémoire présenté à l'Institut d'études politiques de Paris sous la direction de Pascal Ory, 1994, 112 p.

BALLE (Francis), « Les grands quotidiens français sont-ils dépolitisés ? », *Annales E.S.C.*, mars-avril 1968, p. 296-315.

BIANCO (René), *Un siècle de presse anarchiste d'expression française (1880-1983)*, Thèse pour le doctorat d'État en histoire sous la direction de M. Émile Temimes, Aix-Marseille-I, 1987, 3 vol.

CACHOUX (Anne-Pierre) et DELPORTE (Christian),
– « *La Calotte*, journal libre penseur » (1906-1980), *Bulletin du centre historique de la France contemporaine*, 1981, n° 2, p. 96-103.
– *La Calotte*, journal libre-penseur 1906-1980, Mémoire de maîtrise sous la direction de René Rémond et Jean-Pierre Rioux, Paris-X-Nanterre, 1980, 361 p.

CHATELAIN (Abel), Le Monde *et ses lecteurs sous la IVe République*, Paris, A. Colin, coll. « Kiosque », 1962, 279 p.

COSTON (Henry), *Partis, journaux et hommes politiques d'hier et d'aujourd'hui*, n° spécial de *Lectures françaises*, décembre 1960, 620 p.

DIOUDONNAT (Pierre-Marie),

– Je suis partout *1930-1944. Les maurassiens devant la tentation fasciste,* Paris, La Table ronde, 1973, 469 p.
– *Les 700 rédacteurs de* Je suis partout *1930-1944,* Paris, Sédopols, 1993, 107 p.

DUPUY (Micheline), Le Petit Parisien, *le plus grand tirage du monde entier,* Paris, Plon, 1989, 414 p.

EGEN (Jean), *La Bande à Charlie,* Paris, Stock, 1976, 341 p.

ESTIER (Claude), *La Gauche hebdomadaire 1914-1962,* Paris, A. Colin, 1962, 288 p.

EVENO (Patrick), Le Monde *1944-1995. Histoire d'une entreprise de presse,* Paris, Le Monde éditions, 1996, 540 p.

GRANET (Marie), *Défense de la France, histoire d'un mouvement de résistance,* Paris, PUF, 1960, 284 p.

HABLOT (Clémentine), Gringoire, *Présentation générale d'une revue à succès 1928-1944,* DEA d'histoire culturelle sous la direction de Pascal Ory et de Jean-Yves Mollier, UVSQ, 1995, 124 p.

HIRTZ (Colette), L'Est républicain *1889-1914. Naissance et développement d'un grand quotidien régional,* Thèse de 3e cycle en histoire sous la direction de Pierre Barral, Nancy-II, 1972. (Publication partielle aux PUG, 1973, 175 p.)

Hommage au Crapouillot, *Histoire d'un journal libre et de son directeur,* Paris, *Le Crapouillot,* 1965, 77 p.

JAMET (Michel), *La Presse périodique en France,* Paris, A. Colin, coll. « U2 », 1983, 207 p.

JEANNENEY (Jean-Noël) et JULLIARD (Jacques), Le Monde *de Beuve-Méry ou le Métier d'Alceste,* Paris, Seuil, 1979, 376 p.

KUPFERMAN (Alfred), *François Coty, journaliste et homme politique,* Thèse de 3e cycle, Paris-I, 1965, 321 p.

LACRETELLE (Jacques de), *Face à l'événement.* Le Figaro *1826-1966,* Paris, Hachette, 1966, 192 p.

LAGUERRE (Bernard), « Marianne et *Vendredi* : deux générations ? », *Vingtième Siècle,* avril-juin 1989, p. 39-41.

LAPLACE (Sylvie), Marianne et Vendredi, *deux hebdomadaires de gauche à l'époque du Front populaire,* Mémoire de maîtrise, Paris-I, CHS, 1978, 144 p.

LAUNAY (Jean-Marie), L'Est républicain, *son évolution de 1945 à 1971*. Thèse pour le doctorat en sciences de l'information et de la communication sous la direction de M. André Tudesq, Bordeaux-III, 1978, 2 vol. (Publication partielle à Paris, H. Champion, 2 tomes, 1981, 1070 p.)

LERNER (Henri), La Dépêche, *journal de la démocratie. Contribution à l'histoire du radicalisme en France sous la Troisième République*, Publications de l'université de Toulouse-le-Mirail, 1978, 2 tomes.

MARTIN (Marc), « *Combat* et la presse de la Libération » dans *Camus et le premier* Combat *1944-1947*, Actes du colloque de Nanterre des 14 et 15 mai 1987, La Garenne-Colombes, Éditions européennes Erasme, 1990, 145 p.

MAITRON (Jean) et DROGUET (Alain), « La presse anarchiste de ses origines à nos jours », *Le Mouvement social*, 1973, n° 83, p. 9-22.

MAYEUR (Françoise), L'Aube. *Étude d'un journal d'opinion*, Cahiers de la Fondation nationale des Sciences politiques, La Ferté-Bernard, 1966, 236 p.

MAZEDIER (René), *Histoire de la presse parisienne de Théophraste Renaudot à la IVe République (1631-1935)*, Paris, Éditions du Pavois, 1945, 319 p.

ORY (Pascal), « Quatre lieux historiques de la presse française », *Le Débat*, n° 2, juin 1980, p. 135-141.

PADIOLEAU (Jean-Gustave), *L'Entreprise de presse comme institution*, Thèse pour le doctorat d'État en sociologie sous la direction de M. François Bourricaud, Paris-IV, 1985. (Publication partielle sous le titre *Le Monde et le Washington Post, précepteurs et mousquetaires*, Paris, PUF, 1985, 372 p.).

PERIER-DAVILLE (Denis), *Les Incidences de la propriété des journaux sur la liberté de la presse. Les aides à la presse de l'État. Les sociétés de rédacteurs*, Thèse de droit public soutenue sur travaux, Paris-II, 1978.

PICARD (Jean-François), L'Époque *1937-1940. Journal de Henri de Kérillis*, Thèse de 3e cycle en sciences de l'information et de la communication, Paris-II, 1974, multigr. 476 p.

PINTO (Louis), « Les Affinités électives. Les amis du *Nouvel Obser-*

vateur comme "groupe ouvert" », *Actes de la recherche en sciences sociales*, n° 36-37, février-mars 1981, p. 105-126.

RASSAT (Marcus), *À la découverte de l'univers politique d'un quotidien :* Le Monde *en 1979*, Thèse de 3e cycle en science politique sous la direction de M. Alfred Grosser, Institut d'études politiques de Paris, 1982.

PRUNIER (Pierre), *Combat*, Mémoire de DES, Paris, 1971, 76 p. dactyl.

RÉMOND (René) et POULAT (Émile), *Cent ans d'histoire de* La Croix, Paris, Le Centurion-La Croix, 1988, 471 p.

SIMONNOT (Philippe), Le Monde *et le pouvoir*, Paris, Presses d'aujourd'hui, 1977, 222 p.

THIBAU (Jacques), Le Monde *Histoire d'un journal, un journal dans l'histoire*, Paris, J.-C. Simoën, 1978, 470 p.

VEILLON (Dominique), *Le Mouvement franc-tireur depuis ses origines jusqu'à son intégration dans les MUR, Étude de presse de 1941 à la Libération*, Thèse de 3e cycle en histoire sous la direction de M. Jacques Droz, Paris-I Sorbonne, 1975. (Publication partielle sous le titre *Le Franc-Tireur, un journal clandestin, un mouvement de résistance*, Paris, Flammarion, 1977, 428 p.)

WIEVIORKA (Olivier), *Destins d'un mouvement de résistance : Défense de la France*, Thèse de doctorat en histoire sous la direction d'Antoine Prost, Paris-I Sorbonne, mai 1992, 2 vol. (Publication partielle sous le titre *Une certaine idée de la Résistance : Défense de la France, 1940-1949*, Paris, Seuil, 1995, 487 p.)

Journalistes (études et témoignages)

AUDOUARD (Yvan), *Cinquante ans d'impertinence*, Paris, Le Pré aux Clercs, 1987, 296 p.

Autour du Crapouillot, *choix d'articles et correspondances de Jean Galtier-Boissière et Henri Béraud 1919-1958*, Tusson, Éditions du Lérot, 1998, 236 p.

BERAUD (Henri), *Les Derniers Beaux Jours*, Paris, Plon, 1953, 272 p.

BILLY (André)
– *La Guerre des journaux. Chroniques de la Presse parisienne*, Paris, La Renaissance du livre, 1919, 240 p.
– *La Terrasse du Luxembourg*, Paris, Fayard, 1945, 304 p.
– *Le Pont des Saints-Pères*, Paris, Fayard, 1947, 224 p.
– *Le Balcon au bord de l'eau*, Paris, Fayard, 1949, 252 p.

BUTIN (Jean), *De la gerbe d'or au pain noir, la longue marche d'Henri Béraud*, Horvath, Roanne, 1978, 508 p.

CHARON (Jean-Marie), *Cartes de presse. Enquête sur les journalistes*. Stock, 1993, 356 p.

COUSTEAU (Pierre-Antoine), *En ce temps-là*, Paris, La Librairie française, 1959, 128 p.

DORGELES (Roland), *Au beau temps de la butte*, Paris, Albin Michel, 1963, 320 p.

GALTIER-BOISSIERE (Jean)
– *Mon journal pendant l'Occupation*, Paris, La Jeune Parque, 1944, 296 p.
– *Mon journal depuis la Libération*, Paris, La Jeune Parque, 1945, 333 p.
– *Mon journal dans la drôle de paix*, Paris, La Jeune Parque, 1947, 336 p.
– *Mon journal dans la grande pagaïe*, Paris, La Jeune Parque, 1950, 308 p.
– *Mémoires d'un Parisien*, Paris, La Table ronde, 1960, 3 vol. (rééd. sous le titre *Journal 1940-1950*, Quai Voltaire, 1992, 1077 p.)
– « Le panier de crabes. Souvenirs d'un polémiste 1915-1958 », *Le Crapouillot*, novembre 1958.

GANNE (Gilbert), *Interviews impubliables*, Paris, A. Bonne, 1952, 66 p.

GUERIN (Raoul), *Souvenirs d'un dessinateur de presse*, Paris, La Pensée universelle, 1979, 216 p.

HEURE (Gilles), *Gustave Hervé, un propagandiste sous la IIIe République 1871-1944*, Thèse de doctorat en sciences de l'information et de la communication sous la direction de M. Pierre Albert, Paris-II, 1995, 2 vol.

HOURSIANGOU (Marcel), *Le Journaliste en France, conditions économiques et juridiques de son activité*, Bordeaux, Presses coopératives, 1936, 381 p.

LECOIN (Louis)
– *De prison en prison*, Paris, chez l'auteur, 1947, 253 p.
– *Le Cours d'une vie*, Paris, chez l'auteur, 1965, 347 p.

LEFEVRE (René), *Le Film de ma vie*, Paris, France-Empire, 1973, 450 p.

LIEGEOIS (Jean-Paul), *Splendeurs et misères de René Fallet*, Paris, Denoël, 1978, 252 p.

MANDON (Maurice), *Une plume contre Vichy. Jean Rochon et le journal* La Montagne, Publication de l'Institut d'études du Massif central, faculté des lettres et sciences humaines de l'université de Clermont-II Blaise-Pascal, 1996, 166 p.

MARTIN (Marc)
– « La grande famille : l'Association des journalistes parisiens (1885-1939), *Revue historique*, n° 557, janvier-mars 1986, p. 129-157.
– « Structures de sociabilité dans la presse : les associations de journalistes en France à la fin du XIXe siècle (1880-1910) », Actes du colloque *Sociabilités, pouvoir et société* de 1983, Rouen, 1987, p. 497-509.
– « Profession et idéologie : le journalisme français et le socialisme à la fin du XIXe siècle », *Recherches contemporaines*, 1, 1993, p. 5-25.

MONIER (Henri), *À bâtons rompus*, Paris, Horay, 1953, 272 p.

MONNIER (Pierre), *À l'ombre des grandes têtes molles*, Paris, La Table ronde, 1987, 302 p.

OBERLE (Jean), *La Vie d'artiste*, Paris, Denoël, 1956, 275 p.

PARROT (Louis), *L'Intelligence en guerre* (1945), Paris, rééd. Castor Astral, 1990, 331 p.

PICQUERAY (May), *May la Réfractaire*, Paris, Jullian, 1979, 247 p.

RIEFFEL (Rémy), *L'Élite des journalistes. Les Hérauts de l'information*, Paris, PUF, 1984, 220 p.

RONSAC (Charles), *Trois noms pour une vie*, Paris, Laffont, 1988, 492 p.

RUELLAN (Denis), *Le Professionnalisme du flou. Identité et savoir-faire des journalistes français*, Presses univ. de Grenoble, 1993, 240 p.

SCHWARZ (Francis), *Les Sociétés de rédacteurs en France, actions et pensées d'un mouvement démocratique pour la presse quotidienne, des origines à nos jours*, Thèse pour le doctorat en sciences de l'information et de la communication sous la direction de M. Georges Thibault, Bordeaux-III, 1991.

Une heure de ma carrière, souvenirs et interviews (trente journalistes) Paris, La Baudinière, 1926, 320 p.

SOULE (Robert), *Lazareff et ses hommes*, Paris, Grasset, 1992, 413 p.

VOYENNE (Bernard)
– « Les journalistes », *Revue française de Science politique*, vol. IX, n° 4, décembre 1959, p. 901-934.
– *Les Journalistes français*, CFPJ-Retz, 1985, 283 p.

Presse et pouvoirs

L'Abominable vénalité de la presse. Paris, Librairie du travail, 1931, 450 p.

ALBERT (Pierre)
– « La corruption du journalisme », *Pouvoirs*, 1984, n° 31, p. 53-64.
– « Pratiques du journalisme et crise de la presse quotidienne », *Histoire et médias. Journalisme et journalistes français, 1950-1990*, Paris, 1991, p. 31-42.

BEAUD (Paul), *La Société de connivence : media, médiations et classes sociales*, Paris, Aubier, 1984, 382 p.

BOEGNER (Philippe), *Presse, argent, liberté*, Paris, Fayard, 1969, 192 p.

CARRASCO GAETE (Luis Erico), *Le Pouvoir et la presse hebdomadaire. Essai d'analyse pragmatique*, CIACO Louvain-la-Neuve, 1988, 289 p.

CIVARD-RACINAIS (Alexandrine), *La Plume et la Balance*, Paris, Kimé, 1995, 118 p.

CORNU (Daniel), *Journalisme et vérité. Pour une éthique de l'information*, Genève, Labor et Fides, 1994, 510 p.

Le Crapouillot, « La satire politique », avril 1959, 74 p.

DEROGY (Jacques) et PONTAUT (Jean-Marie), *Investigation, passion. Enquête sur trente ans d'affaires*, Fayard, 1993, 570 p.

DUMAS (Roland), *Le Droit de l'information*, Paris, PUF 1981, 614 p.

EISENDRATH (Charles R.), *Free Within Limits : The French Press and Politics 1970-1985*, (tapuscrit), 1990, 416 p.

Le financement de la presse, Actes du colloque de Nanterre 25 et 26 avril 1975, *Presse et Politique* (II), *Cahiers du CEREP*, n° 2, 1977.

FREIBERG (J.W.), *The French Press : Class, State and Ideology*, New-York, Praeger, 1981, 320 p.

Le Général de Gaulle et la presse française, Paris, Éditions Galic, 1962, 159 p.

GERBAUD (Sophie), *Le Journalisme d'investigation en France de 1945 à nos jours*, Thèse de doctorat d'histoire sous la direction de M. Jean-Jacques Becker, Paris-X Nanterre, 1993, 3 tomes.

Le Gouvernement Pompidou et la presse française, Paris, Éditions Galic, 1962, 157 p.

HUNTER (Mark), *Aspect du journalisme d'investigation*, Thèse de doctorat en sciences de l'information et de la communication sous la direction de M. Francis Balle, Paris-II, 1995.

JEANNENEY (Jean-Noël)
– *François de Wendel en République, l'argent et le pouvoir 1914-1940*, Paris, Seuil, 1976, 669 p.
– *L'Argent caché, milieux d'affaires et pouvoirs politiques dans la France du XXe siècle*, Paris, Seuil, 1981, 364 p.

LECLERC (Henri) et THÉOLLEYRE (Jean-Marc), *Les Médias et la justice*, Paris, CFPJ, 1996, 154 p.

Les Médias entre droit et pouvoir. Redéfinir la liberté de la presse, Éditions de l'Université de Bruxelles, 1995, 124 p.

La Nef, « L'information politique », Paris, Julliard, mai-juillet 1966, 168 p.

ORY (Pascal) dir., *La Censure en France à l'ère démocratique*, Bruxelles, Complexe, 1997, 357 p.

PERIER-DAVILLE (Denis), *La liberté de la presse n'est pas à vendre*, Paris, Seuil, 1978, 254 p.

Le Pouvoir personnel et la presse française, Paris, Éditions Galic, 1962, 159 p.

Presse et politique, Actes du colloque organisé par le Centre d'études sur la presse et le personnel politique de la France contemporaine (Nanterre 30-31 mars 1973), Cahiers du CEREP, n° 1, 1975.

Les Pressions du pouvoir sur la presse, Zurich, Institut international de la presse, 1955, 137 p.

Rapport d'information sur le respect de la présomption d'innocence, Paris, Sénat, 1995, 230 p.

SCHWOEBEL (Jean), *La Presse, le pouvoir et l'argent*, Paris, Seuil, 1968, 287 p.

SOULEZ-LARIVIERE (Daniel), *Du cirque médiatico-judiciaire et des moyens d'en sortir*, Paris, Seuil, 1993, 186 p.

STRENZ (Herbert), *De source bien informée... l'enquête journalistique*, Paris, Nouveaux Horizons, 1983, 129 p. (trad. de : *News Reporters ans News Sources*, éd. par Iowa State University Press, 1978).

TRINQUET (Daniel), *Une presse sous influence*, Paris, Albin, Michel, 1992, 369 p.

Dessin de presse

ABOS (Sophie), *L'Imagerie politique à travers le dessin de presse pendant l'affaire Dreyfus*, Mémoire de maîtrise d'histoire sous la direction de Jean-Yves Mollier et Pascal Ory, UVSQ, 1995, 143 p.

AMBROISE-RENDU (Anne-Claude), « Du dessin de presse à la photographie (1878-1914) : histoire d'une mutation culturelle », *Revue d'histoire moderne et contemporaine*, n° 39, janv.-mars 1992, p. 6-28.

AVELOT (Henri), *Traité pratique de la caricature et du dessin humoristique*, Paris, Henri Laurens, 1932, 128 p.

BACHOLLET (Raymond), « Le catalogue des journaux satiriques », *Le Collectionneur français* (voir en particulier n° 345 juin 1996 et n° 352 février 1997.)

De de Gaulle à Mitterrand, trente ans de dessins d'actualité en France, Paris, Musée d'histoire contemporaine-BDIC, 1989, 280 p.

DELANOUE (Élizabeth), « La caricature politique sous les IIIe, IVe, Ve République », *Histoire de notre temps*, 1968, n° 5, p. 231-304.

DELPORTE (Christian)
– *Dessinateurs de presse et dessin politique en France des années 20 à la Libération*, Thèse pour le doctorat d'histoire sous la direction de M. René Rémond, Institut d'études politiques de Paris, 1991, 4 vol.
– « Le dessin de presse et les dessinateurs. Des objets d'étude pour l'historien », *Sources. Travaux historiques*, n° 26, 1991, p. 69-80.
– « Le dessinateur de presse, de l'artiste au journaliste », *Vingtième Siècle*, n° 35, juillet-septembre 1992, p. 29-42.
– « Les journalistes sous l'Occupation (1940-1944). Le cas des dessinateurs de presse », *Guerres mondiales et conflits contemporains*, janvier-mars 1993.
– *Les Crayons de la propagande. Dessinateurs et dessin politique sous l'Occupation*, Paris, CNRS, 1993, 223 p.

DUCATEL (Paul), *Histoire de la Troisième République vue à travers l'imagerie populaire et la presse satirique*, Paris, J. Grassin, 1973-1979, 5 vol.

FORCADELL (François), *Le Dessin de presse. Histoire de la caricature politique française*, Paris, Syros alternative, 1989, 159 p.

GOUREVITCH (Jean-Paul), *La Politique et ses images*, Paris, Edilig, 1986, 215 p.

JOLY (Martine), *L'Image et ses signes : approche sémiologique de l'image fixe*, Paris, Nathan, 1994, 191 p.

JONES (Philippe)
– *La Caricature du Second Empire à la Belle Époque*, Paris, Club français du livre, 1963, 462 p.
– *De Daumier à Lautrec, essai sur l'histoire de la caricature française entre 1860 et 1890*, Paris, Les Beaux-Arts, 1960, 197 p.
– « La presse satirique illustrée entre 1860 et 1890 », *Études de presse*, n° 14, 1956, p. 7-113.

LALOUETTE (Jacqueline), « Iconoclastie et caricature dans le combat libre-penseur et anticlérical (1879-1914) », *Usages de l'image au XIXe siècle*, sous la direction de S. Michaud, J.-Y. Mollier et N. Savy, Créaphis, 1992, p. 51-61.

LETHEVE (Jacques), *La Caricature et la presse sous la Troisième République*, Paris, A. Colin, 1961, 272 p.

Groupe Mu, *Traité du signe visuel. Pour une rhétorique de l'image*, Seuil 1992, 504 p.

MELOT (Michel), *L'œil qui rit. Le pouvoir comique des images*, Fribourg. 1975, 203 p.

MORIN (Violette), « Le dessin humoristique », *Communications*, n° 15 1970, p. 110-131.

RAGON (Michel), *Le Dessin d'humour. Histoire de la caricature et du dessin humoristique en France*, Paris, Seuil, 1992, 186 p.

SERRE-FLOERSHEIM (Dominique), *Quand les images vous prennent au mot ou comment décrypter les images*, Paris, Éditions d'Organisation, 1993, 256 p.

SOLO, *Plus de 5 000 dessinateurs de presse & 600 supports en France, de Daumier à l'an 2000*, Dico Solo AEDIS 2004.

VETTRAINO-SOULARD (Marie-Claude), *Lire une image. Analyse de contenu iconique*, Paris, Armand Colin, 1993, 191 p.

WATELET (Jean), *La Presse illustrée en France, 1814-1914*, thèse d'histoire, Paris II, 1998.

Études portant sur Le Canard enchaîné

Travaux universitaires

BARREYRE (Frédéric), *Le* Canard *vu par ses confrères, les confrères vus par le* Canard, Mémoire de fin d'études sous la direction de MMmes Edith Rémond et Michèle Garrec, IUT de journalisme de Bordeaux, 1988, 88 p.

BAUDET (Laurence) *et al., Le Canard enchaîné*. Diagnostic d'entreprise Mémoire ISG, 1989, 45 p.

BIBAS (Valérie), Le Canard enchaîné *(1915-1918) : contribution à l'étude de la presse satirique de gauche pendant la Première Guerre mondiale*, Mémoire de maîtrise d'histoire sous la direction de M. Philippe Vigier, Paris-X-Nanterre, 1982, 179 p.

BUSSY (Solange), *La guerre civile espagnole vue par* Le Canard enchaîné, Mémoire de maîtrise en études ibériques et latino-américaines, Paris-III, 1973, 146 p.

CARDO (Gilles), *La satire politique du* Canard enchaîné, Mémoire de DEA en science politique, Paris-II, 1992, 119 p.

EVIN (Guillaume), *La Politique française au miroir du* Canard enchaîné *de 1969 à 1981*, Mémoire de maîtrise d'histoire sous la direction de M. Philippe Levillain, Paris-X-Nanterre, 1994, 143 p.

FRANCOIS (Bernard), *La* Vis satirica. *Approche des mécanismes de la presse satirique à travers l'étude du* Canard enchaîné, Mémoire de DEA en sciences de l'information, Paris-II, 1979, 108 p.

FRONISTAS (Hélène), Le Canard enchaîné *sous le règne de Giscard et Giscard sous le bec du Canard*, Mémoire de licence en journalisme et communication sociale, Université libre de Bruxelles, 1980, 165 p.

GAGLIONE (Véronique), *L'Influence du journalisme d'investigation du* Canard enchaîné *sur* Le Monde : *mutation et dérive du quotidien*, Mémoire de maîtrise de journalisme, Paris-IV, 1989.

GAUDE (Yvan), *La Critique des médias par* Le Canard enchaîné, Mémoire de maîtrise de sciences de l'information et de la communication, Paris-II, 1994, 116 p.

HAUSMAN (Franz-Josef), *Studien zu einer Linguistik des Wortspiel : das Wortspiel im Canard enchaîné Tübingen*, Niemeyer, 1974, 166 p.

LHOST (Sophie), *Satire politique et déontologie, l'exemple du* Canard enchaîné, Institut d'Études politiques d'Aix-Marseille, 1997, 108 p.

MEHANNA (Micheline), *L'Idéologie du* Canard enchaîné. *La dérision politique par le rire et l'investigation*, DEA de sociologie politique sous la direction de M. Philippe Braud, Paris-I Sorbonne, 1995, 158 p.

PASSERIEUX (Laurence), *La guerre d'Indochine et* Le Canard enchaîné *décembre 1946-juillet 1954*, Mémoire de maîtrise sous la direction de M. René Girault, Paris-I Sorbonne, 1987-1988, 154 p.

PHAN (Jean-François), *La guerre d'Algérie à travers* Le Canard enchaîné *1954-1962*, Mémoire de maîtrise sous la direction de

Mme Rey, Université de Picardie Jules-Verne, 1994, 213 p.

PRADEAU (Jean-Sylvain), *La philosophie politique du* Canard enchaîné, Mémoire présenté à la faculté de droit et de sciences économiques de Poitiers, 1961, 109 p.

SCHIFRES (Alain), « L'idéologie du *Canard enchaîné* », Analyses de presse, Paris, PUF, 1963, p. 91-176.

WITTE (Kerstin)

– *Eine politisch-satirische Wochenzeitschrift*, 1983, 283 p. multig.

– « *Le Canard enchaîné*: Ein Porträt », *Medium*, juillet-août 1984, p. 57-64.

Livres et articles

AUDOIN-ROUZEAU (Stéphane), « *Le Canard* s'envole des champs de bataille », *Le Monde*, 17 août 1994, p. 2.

BECKER (Jean-Jacques)
– « Les débuts du *Canard enchaîné* », *L'Histoire*, n° 28, novembre 1980, p. 81-82.
– « Canard enchaîné » dans le *Dictionnaire historique de la vie politique française au XXe siècle*, sous la direction de Jean-François Sirinelli, PUF, 1995.

CHAMPAGNE (Patrick), « *Le Canard enchaîné*, de la satire politique à la défense de la morale publique », Actes de la recherche en sciences sociales/*Liber*, n° 89, septembre 1991, p. 6-8.

DELPORTE (Christian), « Le monstre bicéphale. L'exécutif dans le dessin du *Canard enchaîné* (1959-1981) », *Matériaux*, n° 28, juillet-septembre 1992, p. 45-51.

EGEN (Jean)
– *Messieurs du* Canard, Paris, Stock, 1973, 297 p.
– *Le Canard enchaîné*, Paris, Seghers, 1978, 187 p.

YSMAL (Colette)
– « L'idéologie du *Canard enchaîné* », *Revue politique et parlementaire*, mars 1970, p. 54-68.
– « *Le Canard enchaîné* ou les pièges de la lucidité », *Esprit*, n° 2, février 1971, p. 233-243.

INDEX

A

Abramovici (Jean) ou Jean Avran 388, 389
Alain 61, 189
Allard (Paul) 62, 65
Alleg (Henri) 324
Almereyda (Miguel) ou Eugène-Bonaventure Vigo 27, 81, 82, 99
Altman (Georges) 215, 239, 287
Amaury (Émilien) 479
Angéli (Claude) 386-391, 402, 425, 430-433, 435, 436, 439, 440, 442, 444, 446, 460, 481, 482, 487, 494, 520, 532, 533, 541, 543, 546, 568
Anquetil (Georges) 157
Aragon (Louis) 248, 275, 277, 288
Aranda (Gabriel) 363, 420-423, 449
Argenlieu (Thierry d') 264
Armorin (François-Jean) 257, 258, 263
Armstrong (Neil) 450
Arnaud (Georges) 437
Audin (Maurice) 324
Audoin-Rouzeau (Stéphane) 57, 58, 59
Audouard (Yvan) 236, 237, 258, 302, 371, 397, 401, 523
Autant-Lara (Claude) 305
Avran (Jean). Voir Abramovici
Aymard (Camille) 155, 157

B

Bacri (Roland) 523
Ballyot (Georges) 260, 261, 299
Barbie (Klaus) 415
Barbusse (Henri) 81, 176, 177, 189
Barrat (Robert) 323
Barre (chevalier de la) 306, 307
Barre (Raymond) 402, 409, 423, 424, 477, 484
Barrès (Maurice) 33, 59, 60, 68
Barril (capitaine) 481
Barrot (Jacques) 516
Basch (Victor) 79, 193
Bascoulary 113
Bayet (Albert) 212, 213
Baylot (Jean) 261
Bayrou (François) 503
Becker (Jean-Jacques) 14, 57, 58, 413, 498
Bédarida (François) 59

Ben Barka (el Mehdi) 352-354
Bénard (Pierre) 113, 115, 118, 124, 125, 132, 156, 157, 161, 163, 166, 186, 190, 193, 195, 196, 200, 203, 210-213, 218, 220, 232, 234-236, 239, 242, 243, 252, 280, 287, 292
Bénouville (Pierre de) 339
Béraud (Henri) 35, 41, 42, 45-49, 99-101, 119, 128, 131, 132, 134, 217
Bérégovoy (Pierre) 506-509, 513, 534
Berger (Marcel) 62, 65
Bergerol (Gaston) 350, 351
Bergeron (André) 425
Bergery (Gaston) 194, 196, 204, 220
Bernard (Charles) 318
Bernard (Tristan) 35, 41, 42, 135, 207, 248
Beuve-Méry (Hubert) 240, 280, 375
Biaggi (Jean-Baptiste) 324, 339
Bibas (Valérie) 14, 31, 66, 67, 84
Bidault (Georges) 212, 253, 255, 265, 267, 324
Billiet (Ernest) 148, 151
Billy (André) 96, 111, 131
Blachette (Georges) 318
Blank (Patrice) 213
Blum (Léon) 160, 163-166, 195, 206, 251, 265, 286
Boccara (Angelo) 445
Bokanowski 145
Bokassa (Jean-Bedel) 425, 439-447
Bonnaure (député) 155
Bonnefous de Caminel (Max de) 318, 391
Bonnet (Christian) 424
Bonnet (Georges) 165
Bordeaux (Henry) 208
Borgeaud (Henri) 318
Borne (Étienne) 226
Bosson (Bernard) 516
Bost (Pierre) 306
Botrel (Théodore) 39
Boublil (Alain) 506
Boulanger (général) 24, 161, 341, 342
Boulin (Robert) 422-426, 440, 445, 508, 534
Bour (Paul) 35, 36, 37, 100, 148, 217
Bourdet (Claude) 323, 324
Bourgeois (Léon) 172, 212
Bourgeon (Martial) 113, 201, 210, 211, 222, 236, 239, 257, 288, 289
Bourgès-Maunoury (Maurice) 323, 324
Bousquet (René) 415
Boussac (Marcel) 479
Breffort (Alexandre) 113, 114, 123-125, 134, 193, 198, 221, 236, 266, 273, 279
Breton (André) 190
Briand (Aristide) 25, 26, 149, 153, 154, 181, 182, 265
Brimo (Nicolas) 9, 388, 389, 393, 427, 535
Bringer (Rodolphe) 35, 38, 41, 44, 77, 103, 113, 114, 119, 182, 184, 222
Brinon (François de) 223
Brisson (Pierre) 259
Brito 523
Brizon (Pierre) 38, 67, 75, 81

Broglie (Jean de) 422, 426, 427, 429, 440, 445, 447
Bromberger (Serge et Merry) 339
Bunau-Varilla (Maurice) 59
Buré (Émile) 61
Buron (Robert) 313
Buzelin (René) 35, 38, 39, 41, 113, 115, 119, 125, 208, 236, 378

C

Cabrol (Raoul) 217, 236
Cabut (Jean) ou Cabu 490, 566, 587
Caillaux (Joseph) 73
Calvel (Jean) 307
Calvet (Jacques) 549, 550, 551
Campinchi (César) 219
Camus (Albert) 210, 240, 241, 248, 249, 317, 323, 328, 458
Capgras (Roger) 219
Capus (Alfred) 59, 64
Carco (Francis) 61, 248
Cardon (Jacques-Armand) 392, 502
Carignon (Alain) 511-513
Carton (Marcel) 498
Catenoy (Roland). Voir Dorgelès
Caviglioli (François) 387
Céline (Louis-Ferdinand) 189
César. Voir Garcia
Chaban-Delmas (Jacques) 324, 403, 404, 409, 417-419, 426, 555
Chabrillat (Antonin) 234
Chalandon (Albin) 363, 420, 477, 493, 494
Chalier (Yves) 494, 495
Challaye (Félicien) 194
Challe (général) 329
Champagne (Patrick) 121, 569
Chapuis (Bernard) 388
Châtelain-Tailhade (Pierre) 120, 124, 179, 180, 198, 307-309, 311, 316-318, 327, 328, 330, 373, 376, 378, 390, 395, 396, 528
Chatenay (Édouard) 53
Chaumet (affaire) 493, 494
Chautemps (Camille) 155, 156, 158, 165, 166
Chavelet (Hubert) 453
Chiappe (Jean) 158, 159
Chirac (Jacques) 402, 413, 419, 496, 497, 499, 501, 503, 507, 510, 579, 580-585
Claude. Voir Godement
Clavel (Bernard) 400
Cleirens (Francis) 213
Clemenceau (Georges) 33, 44, 61, 62, 65, 127, 328
Clémentin (Jean) 271, 312, 314, 315, 329, 349, 350, 379, 385-387, 389, 391, 397, 401, 402, 407, 409, 411, 417, 523, 541
Clouzot (Henri-Georges) 309
Cocteau (Jean) 41, 309
Cohn-Bendit (Daniel) 372, 373
Collamarmi (René) 307
Colomer (André) 174
Coluche 567
Coriem (Maurice) 119, 340
Coty (François) 102, 479
Coty (René) 306, 307, 325
Cousteau (Pierre-Antoine) 13, 295

D

Dacko (David) 439, 444
Dahl (André) 35, 38, 40, 41, 77, 80, 100, 125, 182, 188
Daladier (Édouard) 158, 159, 165, 206
Danger (Robert) 213, 234, 236, 239
Daniélou (cardinal) 534
Daquin (Louis) 306
Darius (Pierre) 157
Dassault 479
Daudet (Charles) 89
Daudet (Léon) 156, 160, 208
Davis (Gary) 281
Déat (Marcel) 213, 218
Debray (Régis) 570, 571
Debré (Michel) 329, 334, 342, 350, 354, 367, 395, 398, 403
Defferre (Gaston) 283, 324, 368, 369
Dega (affaire) 419
Degoutte (Lucien) 224
Deixonne (Maurice) 306
Delanglade (Frédéric) 217
Delarue (Maurice) 213
Deligny (Henri) 397, 398, 399, 400, 401, 420, 421
Delmas (André) 194
Delpey (Roger) 442, 447
Delporte (Christian) 14, 71, 111, 115, 216, 217, 238, 243
Dépaquit (Jules) 24, 35, 36, 37, 38, 40, 119
Depreux (Édouard) 324
Descaves (Lucien) 41, 42
Desjouis (René) ou KB2 236
Desnos (Robert) 248
Despuech (Jacques) 257, 258, 259
Dieudonné (Robert) 113
Dior (Raymond) 236
Dorgelès (Roland) ou Roland Catenoy 24, 35, 40-46, 61, 119, 144, 176, 189
Doriot (Jacques) 161, 199, 215
Doumeng (Jean-Baptiste) 476, 477, 478
Doumergue (Gaston) 212
Doumergue (Paul) 150, 151
Dreyfus (affaire) 71, 324, 342, 531, 539
Droumaguet (Yves) 455
Dubosc (René) 182, 183, 217, 242, 243
Duc 113
Duchet (Roger) 324
Duclos (Jacques) 275
Dufrenne (Oscar) 105
Duhamel (Georges) 176, 178, 207
Dumas (Roland) 131, 357, 358, 437, 444, 445, 447, 520, 521, 522
Dumay (Pierre) 102
Dumont (René) 409
Dunbar (Mike) 490
Dunoir (Georges) 224
Dupuy (Fernand) 348
Dupuy (Jean) 64
Duran (Michel) 120, 132, 189, 279, 304, 305
Durand (Dominique) 388, 397
Dutourd (Jean) 225, 226, 227
Duval (Émile-Joseph) 82, 209
Duverger (Maurice) 265
Dyke (W.S. van) 189

E

Effel (Jean) 23, 113, 162, 210, 218, 236, 238, 249, 252, 276, 288
Egen (Jean) 14, 23, 31, 39, 235, 240, 289, 371, 372
Einstein (Albert) 189, 193, 281
Emmanuelli, (Henri) 495
Emptaz (Erik) 388, 523
Escaro (André) 236, 237, 244, 315, 386, 433, 435, 437, 455
Escarpit (Robert) 318
Estier (Claude) 14
Étiemble 306
Étienne (Luc) 318
Eveno (Patrick) 17

F

Fabius (Laurent) 495, 508
Fabre (Henri) 37, 77, 81, 116
Fallet (René) 236, 237
Fanlac (Pierre) 237
Farge (Yves) 255, 256, 276
Faucier (Nicolas) 367
Faure (Edgar) 259
Faure (Paul) 81, 194, 203
Fauvet (Jacques) 445
Fauxbras (César) 86
Felut (Maurice) 211-213, 234, 236, 239, 283, 287, 291
Ferenczi (Thomas) 527, 529, 572
Ferjac (Pol) 113, 134, 217, 236, 238, 268, 303, 324-326, 328, 342, 368, 392
Ferniot (Jean) 339
Ferrey (René) 236, 237
Ferry (Abel) 26
Ferry (Jules) 247
Flandin (Pierre-Étienne) 206, 226
Flores (Gilbert) 490
Foccart (Jacques) 350, 354-358, 363, 439, 445
Fontaine (Marcel) 498
Fontaine (Pierre) 316
Fouchardière (Georges de la) 35, 38, 40, 41, 69, 77, 100, 120, 125, 132, 159, 180, 218
Foy (André) 35-37
Foyer (Jean) 424
France (Anatole) 41, 128, 567
Franchini (Matthieu) 258
Franco (Francisco) 226, 341, 366, 367
Fraval (Charles) 26
Fressoz (Roger) ou André Ribaud 7, 9, 16, 37, 106, 193, 236, 244, 288, 304, 313-315, 341, 373, 374, 378, 384-388, 391, 401, 404-420, 429, 435, 438, 440, 443-445, 447, 449, 453, 467, 483-487, 490, 492, 502, 507, 523, 531, 534, 535, 541, 550, 551, 560, 564, 568
Freud (Sigmund) 74
Frey (Roger) 348, 349, 352
Frick (Louis) 113, 217, 242
Friley (Géo) 35, 38, 39
Froment-Meurice (François) 514, 515
Frossard (Ludovic-Oscar) 205, 372
Fuzier (Paco) 284, 309, 460, 461, 463, 465, 467
Fuzier (Robert) 23

G

Gaillard (Michel) 9, 16, 323, 371, 373, 391, 487, 523, 533, 541, 560

Gaillard (Robert) 391
Galtier-Boissière (Jean) 47, 56, 69, 86, 100, 101, 105, 113, 115, 116, 120, 128, 130, 136, 137, 159, 160, 161, 164, 165, 185, 186, 187, 193, 195-203, 222, 235, 242, 253, 283, 288, 295
Garcia (César) 236, 237
Garretta (Michel) 504
Gassier (Henri-Paul) 20-25, 28-31, 33, 35, 36, 40, 41, 44, 61, 62, 77, 78, 91, 100, 119, 172, 253, 559
Gaudin (Claude) 518
Gaulle (Charles de) 249, 250, 252-254, 267, 269, 273-275, 286, 287, 293, 308-315, 324-326, 328, 331-344, 348, 349, 352, 354-357, 363, 364, 365, 366, 368, 369-372, 375-379, 385, 403, 404, 407, 408, 410, 490, 560
Gauthier (Jérôme). Voir Châtelain-Tailhade
Gerbaud (Sophie) 420
Gérin (René) 179, 180, 241
Germain (José) 207
Gide (André) 89, 200
Gilson (Étienne) 280
Giono (Jean) 189, 194, 207
Giraudoux (Jean) 189, 190, 205
Girault (Jacques) 23
Giroud (Françoise) 397
Giscard d'Estaing (Anne-Aymone) 443, 446
Giscard d'Estaing (François et Jacques) 444, 445
Giscard d'Estaing (Valéry) 397, 409-413, 417, 419, 422, 438-446, 477, 554, 555
Godement (Michel) ou Claude 318
Gohier (Urbain) 59, 82
Gouin (Félix) 253, 256, 267
Gracq (Julien) 558
Grandremy (Alain) 391, 392, 523
Grognet (Émile) 234
Grosrichard (Yves) 113, 222, 235, 236, 239, 257, 276, 287, 291
Grousset (Jean-Paul) 236, 371
Grove (William Napoléon) 217, 236-238
Grum. Voir Magrume
Gründ 217
Grynspan (Herschil) 207
Guédé (Alain) 484, 485, 490, 504, 536, 578, 586
Guéhenno (Jean) 61
Guérin (André) ou Drégérin 23, 113, 182, 207, 218, 219, 242
Guérin (Raoul) 35-37, 100, 136, 146, 148, 219
Guesde (Jules) 26, 172, 332
Guichard (Olivier) 422
Guignebert (Jean) 232, 236
Guilac (Henri) 104, 113, 114, 117, 134, 146, 149, 151, 162, 182, 236
Guillauma (Yves) 285
Guillaumat (Pierre) 477
Guillemin (Henri) 227
Guiraud (Ferdinand) ou Kiro 392

H

Haag (Paul) 359, 361
Halimi (Gisèle) 397
Hallier (Jean-Edern) 533
Hanau (Marthe) 154-156

Harstrich (Jacques) 436
Henry (Maurice) 218, 238
Herbart (Pierre) 213
Hermann (Paul) 71
Hermant (Abel) 208
Hernu (Charles) 307, 482, 483, 496
Herriot (Édouard) 150-153, 211, 251
Hersant (Robert) 476, 478, 479
Hervé (Edmond) 504
Hervé (Gustave) 21, 22, 26-28, 33, 59, 60, 81, 87, 91, 98
Hervé (Pierre) 277, 279
Hervieu (Paul) 65
Heuré (Gilles) 22, 28
Hincker (Raymond) 388, 389, 401
Horeau (Louis-Marie) 388, 424, 478, 514, 521, 522, 532, 536, 577
Hugo (Victor) 52, 69, 527
Hulin (Pierre) 302
Hunter (Mark) 533, 536
Huon 113

J

Jacob (Alexandre) 391
Jacob (Max) 24, 248
Jacquard (Roland) 387, 424
Jacquemart (Claude) 497
Jacquemart (Noël) 348
Jaubert (Alain) 396
Jaurès (Jean) 25, 27, 28, 60, 128, 173, 278
Jeander 306
Jeanneney (Jean-Noël) 15
Jeanneney (Jules) 251
Jeanson (Francis) 330
Jeanson (Henri) 23, 60, 99, 113, 118, 120, 125, 127, 130-132, 162, 164, 185, 193-198, 207, 218, 219, 220, 243, 247, 248, 259, 273, 277, 279, 288, 306, 308, 309, 371, 376, 378, 388
Joffre (maréchal) 19, 173
Joly (Éva) 521
Jouhaux (Léon) 28, 60
Jouvet (Louis) 207, 248
Jovené (Gérard) 490
Julliard (Jean-François) 490, 512, 513, 536, 586
Juppé (Alain) 516, 580, 581, 583
Juven (Félix) 43

K

Kahn (Bernhard) 35
Kalifa (Dominique) 542
Kanapa (Jean) 277
Kauffmann (Jean-Paul) 453, 498, 499
Keramane (Hafid) 480
Kerleroux (Jean-Marie) 392
Kessel (Joseph) 185, 207
Klotz (Lucien) 144
Koutiepov (général) 199
Kraus (Karl) 74
Kravchenko (Victor A.) 276
Krivine (Alain) 376, 389
Kubrick (Stanley) 305

L

Lacoste (Robert) 246, 323, 324, 326, 482
Lacretelle (Jacques de) 283

Lacroix (Jean-Paul) 36, 82, 118, 179, 236, 237, 277
Laforge (Lucien) 35-37, 77, 119
Lamalle (Jacques) 391, 392
Lambert (préfet) 323
Lamour (Philippe) 23
Langevin (Paul) 189
Languy (Émile) 306
Laniel (Joseph) 255, 268
Laplaine (Jacques) ou Lap 490
Laroche (Pierre) 236, 237, 273, 306, 312, 318
Laubreaux (Alain) 244
Laval (Pierre) 153, 198, 210, 214, 224
Lavedan (Henri) 60
Le Mée (Jean-Paul) 357, 358
Le Pen (Jean-Marie) 272, 476, 478, 479, 480, 481
Lebesque (Morvan) 236, 244, 260, 263, 278, 300, 304, 311-313, 316, 317, 319, 322, 328, 330, 333, 334, 367-378, 388, 396, 401, 407, 557
Lecanuet (Jean) 425
Leclerc (général) 264
Lecoin (Louis) 207, 281, 308, 309, 367
Lecomte (Georges) 193
Lefèvre (Frédéric) 40, 132
Lefèvre (René) 123, 306, 318
Leretour (Gérard) 179, 180
Leroy (Roland) 425
Longuet (Gérard) 510, 515
Longuet (Jean) 26, 81
Loraud (Jean) 285, 289
Lorge (Joanny) 215
Loy (Robert) 456, 525
Lyon-Caen (Arnaud) 437

M

Mac Orlan (Pierre) 35, 41
Macé (Gabriel) 236, 325, 331, 334, 341, 376, 385, 406, 408, 522
Maginot (André) 149
Magrum (Marcel) ou Grum 217, 236, 237
Malafosse (Pierre) 256
Malladot (Andrée) 383
Malraux (André) 248, 326, 567
Malvy (Louis) 73, 164
Mandel (Georges) 61, 65
Mandon (Maurice) 214
Marcellin (Raymond) 358, 429, 433, 435
Marchais (Georges) 373, 413, 425
Marcovici (Philippe) 387
Maréchal (Jeanne) 32, 84, 222, 234, 235, 260, 291-295, 329, 346, 347, 349, 354, 378, 379, 383, 384, 560
Maréchal (Maurice) 20-35, 39, 40, 42, 44, 51-56, 61, 70-73, 77, 78, 80, 83, 86-88, 91, 96-109, 114-120, 126-139, 144, 146, 151, 155, 159, 161, 162, 166, 167, 176, 177, 180, 192, 196, 197, 199, 201-203, 208-211, 225, 233-235, 241, 242, 260, 296, 301, 303, 304, 316, 383, 385, 390, 467, 515, 523, 559
Margueritte (Victor) 189, 191
Marin (Louis) 251
Marion (Georges) 388-390, 447, 481, 482, 486, 487, 489

Marion (Paul) 200, 214
Martial (Claude). Voir Bourgeon (Martial)
Martin (Hervé) 523, 536, 586
Martinaud-Déplat (Léon) 205
Masse (Pierre) 157
Massignac (colonel de) 205
Masson (Georges-Armand) 80
Massot (Henri) 347
Massu (général) 325, 326, 334
Mauriac (François) 207, 241, 271, 324, 567
Maurras (Charles) 59, 160, 208
Mayer (Daniel) 324, 327
Mayer (René) 267
Mehanna (Micheline) 14, 569, 571
Melnik (Constantin) 350
Melville (Jean-Pierre) 222
Mendès France (Pierre) 229, 255, 259, 265-271, 313, 324, 332, 339, 368, 370, 379, 475
Mentépin (Xavier de) 52
Menthon (François de) 245
Méric (Victor) 192, 194, 198
Merle (Eugène) 98-101, 116, 157
Merlo (Eugène) 98
Messimy (Adolphe) 62
Messmer (Pierre) 328, 329, 349, 404, 406, 433, 436
Meunier (Paul) 81
Meyer (Arthur) 33, 59
Milestone (Lewis) 189
Millerand (Alexandre) 25, 64, 149, 154
Mirbeau (Octave) 128
Mitterrand (François) 368-370, 407, 409, 412-414, 447, 484, 486, 487, 492, 501-510, 520, 533, 534
Moisan (Roland) ou Moisan 244, 298, 318, 325, 328, 334, 341, 377, 378, 410, 490
Mollet (Guy) 322, 323, 368
Monclin (Roger) 221
Monier (Henri) 113, 131, 132, 134, 210, 217, 236-238, 242, 253, 273, 302, 303, 523
Monnerville (Gaston) 368, 376
Monnier (Pierre) 201
Montagné (Georges) 134
Montagnon (Barthélemy) 205
Montaldo (Jean) 386, 387, 430
Montherlant (Henri de) 241, 567
Morandat (Yvon) 212
Mottelet (Roger) 306
Moulin (Jean) 212

N

Nardy (Auguste) 113, 222
Naud (Albert) 308

O

Oberlé (Jean) 48, 131, 217
Ornano (Michel d') 423
Ory (Pascal) 9, 216, 265, 289
Oufkir (général) 352
Oustric (Albert) 154-157

P

Pabst (Georg Wilhelm) 189
Pagès (Frédéric) 490, 587
Pagnol (Marcel) 306
Paillat (Claude) 313, 315, 316, 339, 387
Painlevé (Jean) 248

Painlevé (Paul) 150-152
Paleirac (commandant de) 205
Palewski (Gaston de) 247
Pancho 490
Pandraud (Robert) 437, 582
Papon (Maurice) 334, 415
Parmelin (Hélène) 411
Pasqua (Charles) 491, 495, 498, 499, 503, 516, 583, 584
Pasquini (Xavier) 420
Passérieux (Laurence) 14
Passeur (Steve) 248
Paul-Boncour (Joseph) 251
Pawlowski (Gaston de) 34, 35, 40, 42, 43, 119
Péan (Pierre) 489
Pedro de Pedrals (Auguste) ou Pedro 113, 217, 242, 243
Pelat (Roger-Patrice) 506-508, 534
Petkov (Nicolas) 288, 289
Peugeot (affaire) 345-349, 534, 549, 550
Peyrefitte (Roger) 306, 307, 396, 426
Pfimlin (Pierre) 338, 368
Phan (Jean-François) 14, 311, 323
Philip (André) 324
Philippon (Charles) 70
Piat (Yann) 517-519, 541
Picasso (Pablo) 24, 277
Picollec (Jean) 430
Picq (Robert) 217, 218, 242, 243
Pinay (Antoine) 255
Pinsseau (juge) 437
Piot (Jean) 96, 111, 203
Piot (Michel) ou Pierre Scize 120, 121, 132, 140, 177, 178, 182, 184, 185, 190-193, 198, 200
Pivert (Marceau) 194
Plateau (Marius) 160
Plenel (Edwy) 482, 568, 575
Pleven (René) 246
Plume (Christian) 345, 346, 420, 430
Poher (Alain) 354, 356, 358, 376, 377
Poincaré (Raymond) 65, 150, 152, 153, 174, 267
Poirot (Maurice) 307
Pompidou (Georges) 342, 354, 355, 363, 371, 376, 377, 402-411, 422, 429, 435, 439
Poniatowski (Michel) 396, 426, 427, 428
Ponsot (Georges) 105
Porquet (Jean-Luc) 523
Pouillon (Fernand) 360, 361, 362
Poujade (Pierre) 271-275, 324, 350, 351
Poulbot 24, 71
Prévert (Jacques) 248
Prost (Antoine) 146
Proust (Marcel) 90
Prouteau (commandant) 481
Prouvost (Jean) 101, 205, 479
Prunier (Lucien) 113
Prunier (Madeleine) 30, 383
Pruvost (Jacques) 104, 113, 217, 242, 243

Q

Queneau (Raymond) 306

R

Racine (Nicole) 21

Raimond (Jean-Bernard) 499
Ramadier (Paul) 246, 255
Ravé (Albert) 306
Raynaud (Ernest) ou Tréno 113, 118, 121, 200, 214, 235, 292, 293, 383
Raynaud (Marcel) 215, 221, 244
Remarque (Erich Maria) 171, 189
Renard (Jules) 128
Renaudel (Pierre) 26, 145
Renaudot (Théophraste) 52
Renn (Ludwig) 189
Renoir (Jean) 189, 247
Renoult (sénateur) 155
Reynaud (Ernest) 215
Reynaud (Paul) 138, 247, 267, 368
Ribaud (André). Voir Fressoz
Richard (Serge) 388, 441
Rioutord (Marcel) 236
Rioux (Jean-Pierre) 267
Rip 208
Rivarol 326, 327
Rivet (Jules) 104, 113, 117, 119, 135, 149, 155, 172, 179, 196, 218, 235, 242
Rocard (Michel) 503, 506
Rocca (Françoise de) 431
Rochon (Henri) 213, 236, 291
Rochon (Jean) 211, 212, 214
Rocque (colonel de la) 160, 161, 338
Roire (Claude) 388, 389, 424, 493, 536, 550, 551, 586
Rolland (Romain) 61, 172, 173, 177, 189
Rosenfeld (Oreste) 196
Rossigneux (Brigitte) 523
Rostand (Jean) 194, 281, 369
Roubille 53
Rougeot (André) 509, 517-520, 541
Rous (Jean) 263
Roux (Michel) 427
Russell (Bertrand) 281

S

Saincené (frères) 517
Saint-Exupéry (Antoine de) 207
Salan (général) 313, 326, 338, 339
Salardenne (Roger) 113, 182, 185, 210, 215, 236, 378
Salengro (Roger) 160, 165, 361, 418, 425
Salmon (André) 44
Salmon (Robert) 212, 213
Sanguinetti (Alexandre) 436
Sartre (Jean-Paul) 248, 323, 324
Sauger (André) 23, 122, 211, 212, 214, 236, 239, 242, 295, 347, 455
Schifrès (Alain) 14, 29, 301
Schneider (Eugène) 172, 186
Schneiter (Pierre) 272
Schumann (Maurice) 226, 368
Scize (Pierre). Voir Piot (Michel)
Séché (Léon) 52
Sembat (Marcel) 81
Semet (Roger) 318
Sennep 236, 238, 253, 289
Sérigny (Alain de) 326
Seurat (Michel) 498
Smadja (Henry) 375, 386, 387
Snell (Victor) 35, 38, 77, 80, 84, 104, 122, 145, 176, 183, 192, 193

Sorokine (Olaf) ou Soro 218, 236, 238
Soustelle (Jacques) 324, 326, 338, 339
Stavisky (Alexandre) 155-158
Steinlen 24
Stéphane (Roger) 258, 259, 270
Stirn (Olivier) 435
Storck (Henri) 306
Sudreau (Pierre) 361

T

Tabouis (Geneviève) 209
Tardieu (André) 153, 156-160
Teitgen (Paul) 480
Teitgen (Pierre-Henri) 233, 239, 246, 265, 324
Terrace (Hervé). Voir Deligny
Téry (Gustave) 33, 38, 48, 59, 69, 77, 82, 131, 132, 235
Tesson (Philippe) 375, 385, 388, 486, 489
Théret (Max) 506
Thomas (Bernard) 391, 396, 401
Thorez (Maurice) 275, 277, 288, 411
Tillon (Charles) 411
Tixier-Vignancourt (Jean-Louis) 324
Torrès (Henry) 157
Tournet (Henri) 423, 424, 426
Tournoux (Jean-René) 339
Tréno. Voir Raynaud (Ernest) 605
Trinquier (colonel) 350, 351
Triolet (Elsa) 288
Trivas (Victor) 189
Truc (Tony) 157

V

Vadrot (Claude-Marie) 388-402, 411, 443, 485, 488
Vaillant-Couturier (Paul) 35, 41, 42, 45-47, 119, 175, 176, 201
Vallès (Jules) 527
Valot (Thérèse et Guy) 307
Varenne (Alexandre) 151, 211
Varenne (Pierre) 193
Varga (Pierre de) 426
Varna (Henri) 105
Vasquez de Sola (Andrès) 367, 392
Vautier (Patrice) 391, 392, 442, 443
Vautier (René) 480
Veil (Simone) 397
Verdot (Guy) 236
Vergès (Paul) 348
Verne (Jean-Michel) 518, 519
Vernet (Madeleine) 191
Viannay (Philippe) 248
Vichnievski (Laurence) 521
Vidal-Naquet (Pierre) 480
Vié (Jean-Émile) 432
Viennet (Georgie) 308
Vigo (Eugène). Voir Almeyda
Voltaire 69, 303, 306, 527

W

Waleffe (Maurice de) 59, 60
Warnod 44
Wells (H.G.) 189
Wendel (de) 172, 186
Werth (Léon) 189
Wozniak 490
Wurmser (André) 162, 277

Y

Ysmal (Colette) 201, 536, 562, 569

Z

Zac (Pino) 490
Zaharoff (Basile) 186, 187
Zeldin (Théodore) 111
Zola (Émile) 247, 324, 527

TABLE DES MATIÈRES

REMERCIEMENTS 9

AVANT-PROPOS 13

PREMIÈRE PARTIE
La grande guerre du *Canard enchaîné* 1915-1918 19

I Les deux naissances du *Canard enchaîné* 21
II Contre la censure et le bourrage de crâne 51
III Le *Canard* dans son milieu 77

DEUXIÈME PARTIE
Survivre à la paix 1919-1940 93

I Une reconversion difficile 95
II La belle équipe 119
III La France politique de l'entre-deux-guerres 143

TROISIÈME PARTIE
Le *Canard* entre deux guerres 1919-1944 169

I Préserver la paix dans les années 1920 171
II Éviter la guerre dans les années 1930 183
III Une si longue semaine 205

QUATRIÈME PARTIE
Nouveaux départs 1944-1956 229

I La Libération 231
II La Quatrième République 251

CINQUIÈME PARTIE
Le *Canard* contre de Gaulle 1954-1969 293

I Les combats du *Canard enchaîné* 295
II La guerre d'Algérie 311
III De Gaulle et la Cinquième République 337

SIXIÈME PARTIE
La mue du *Canard enchaîné* 1969-1981 381

I La relève 383
II Chronique des années 1970 395
III Le temps des affaires 415
IV Succès et mutations du *Canard enchaîné* 449

SEPTIÈME PARTIE
Un *Canard* fin de siècle 1981-2000 471

I Le premier septennat de François Mitterrand 473
II De Mitterrand à Chirac 501
III Comment un journal d'opinion
est devenu un journal d'investigation 527

CONCLUSION 557

POSTFACE 573

NOTES 589

ARCHIVES ET BIBLIOGRAPHIE 721

INDEX 759